마터호른의 그림자

KB139206

＊이 도서의 국립중앙도서관 출판예정도서목록(CIP)은 서지정보유통지원시스템
홈페이지(http://seoji.nl.go.kr)와 국가자료공동목록시스템(http://www.nl.go.kr/
kolisnet)에서 이용하실 수 있습니다.(CIP제어번호: CIP2018021215)

에드워드 윔퍼의 일생
마터호른의 그림자

초판 1쇄 2018년 7월 23일

지은이　이언 스미스Ian Smith
옮긴이　전정순

펴낸이　변기태
펴낸곳　하루재 클럽
주소　　(우) 06524 서울특별시 서초구 나루터로 15길 6(잠원동) 신사 제2빌딩 702호
전화　　02-521-0067
팩스　　02-565-3586
이메일　gitae58@hotmail.com
출판등록 제2011-000120호(2011년 4월 11일)

윤문　　김동수
편집　　유난영
디자인　장선숙

ISBN　979-11-962490-4-5 03900

＊책값은 뒤표지에 있습니다.

에드워드 윔퍼의 일생

마터호른의
그림자

이언 스미스 지음 전정순 옮김

ᐱ 하루재클럽

이 책을 내 남동생 마이클(1960-1988)과
푸앙트 데 제크랑에서 함께한 추억에 바칩니다.

리사 "저 산은 무슨 산이에요?"

스테판 "마터호른이에요."

리사 "올라가 보셨나요?"

스테판 "물론이죠."

리사 "말씀해주세요, 산에 올라간 다음에는 어떻게 되는 거죠?"

스테판 "다시 내려와야 하죠."

창밖으로 스위스의 풍경 그림이 지나가는 동안 마차에 앉아서 조앤 폰테인Joan Fontaine
과 루이스 조던Louis Jourdan이 나눈 대화 ─ 막스 오퓔스Max Ophuls 감독의 1948년작 영
화 「미지의 여인으로부터 온 편지Letter from an Unknown Woman」 중에서

목 차

3부 · 아메리카 대륙

감사의 말씀

내 시간과 에너지를 에드워드 윔퍼에게 바쳐보라고 처음 설득한 사람은 내 남동생 데이비드였다. (밴프에서 바우강을 따라 걷고 있을 때였다.) 데이비드는 한결같이 열정적인 성원을 보내주었을 뿐만 아니라 윔퍼가 올랐던 알프스 봉우리들을 나와 함께 올라주었다. 폴 크레인 역시 등반 대부분을 함께하며 한결같이 사기를 북돋워 주고 발군의 실력을 보여주었기에 그에게 감사의 인사를 전한다. 특히 그랑드 조라스와 마터호른의 이탈리아 쪽 능선에서 악전고투하는 동안 그의 도움은 빛을 발했다.

　윔퍼의 원정일지, 노트, 10대 시절 쓴 일기, 판각용 도구들, 75벌의 판각된 판목을 비롯해 학교 성적표 등 각종 문서들은 윔퍼의 조카 에이미 우드게이트Amy Woodgate에게 전해졌는데, 그녀는 자료 일체를 1968년에 영국 케임브리지에 있는 스콧극지연구소Scott Polar Research Institute에 위탁했다. 나는 몇 달 동안 스콧극지연구소에 파묻혀 자료를 조사했다. 그동안 특히 그곳에서 일하다가 은퇴한 로버트 헤드랜드Robert Headland의 백과사전을 방불케 하는 방대한 지식과 그의 열정과 도움에 큰 신세를 졌다. 윔퍼에 대한 그의 관심과 내 작업에 대한 그의 응원은 고스란히 후임자인 나오미 본햄Naomi Boneham과 자료실 직원들에게 이어졌다. 그들의 한결같은 도움 — 그리고 그곳에서 가진 오전과 오후의 티타임 — 덕분에 자료실에 가는 일이 즐거웠다. 윔퍼의 일기와 원정일지에서 발췌한 내용들은 모두 스콧극지연구소의 허락에 따라 게재한다. 연구소에서 자료 조사를 하는 동안 피터하우스칼리지에 있는 방문자 숙소에서도 신세를 졌다. 아침을 먹으면서 마라톤과 인생, 그 밖에 모든 것을 주제로 대화를 나누어준 마이크 터너Mike Turner에게도 고마움을 표한다. 그 덕분에 윔퍼의 원정일지를 읽으러 가는 길은 언제나 늦어졌다.

워퍼의 자손들과 형제들은 내가 연락을 했을 때 선뜻 도와주었고, 그들의 '워퍼 삼촌'에 대해 열정적인 관심을 보여주었다. 특히 여러 친척들을 소개해준 빌 워퍼Bill Whymper에게 감사를 표한다. 그의 어머니인 조앤 워퍼Joan Whymper — 윌리엄 너새니얼 워퍼의 손자이자 에드워드 워퍼의 종손인 존 워퍼John Whymper의 부인 — 는 조사이어 워퍼를 필두로 한 족보를 열람할 수 있도록 호의를 베풀어주었다. 윌리엄 너새니얼 워퍼의 또 다른 손자인 티모시 우드게이트Timothy Woodgate는 생전에 가족사에 관한 노트와 편지, 사진 등을 많이 수집했는데, 이 자료는 현재 부인 에바 우드게이트Eva Woodgate가 소장하고 있다. 그녀는 다락에 쌓아둔 자료를 아낌없이 꺼내주면서 내가 집으로 가져와 정독할 수 있도록 배려해주었다. 워퍼의 손녀인 나이젤라 홀Nigella Hall은 어머니 에설 로사Ethel Rosa의 어린 시절에 관한 자료를 보여주었을 뿐만 아니라 외할머니 이디스 르윈Edith Lewin의 사진을 사용할 수 있도록 허락해주었다. 수전 블록Susan Block, 제러미 콕스웰Jeremy Cogswell, 마이클 페터Michael Petter(페터는 워퍼의 가족 사진을 복제하도록 허락해주었다), 스티브 베네딕Steve Bennedik, 질 헤더링턴Jill Hetherington, 리처드 웨브Richard Webb를 만난 것도 큰 기쁨이었다. 그들은 모두 가문에 대한 이야기를 들려주었다. 해리 스미스Harry Smith와 그렉 르윈Greg Lewin 역시 워퍼 가문과 르윈 가문에 대한 내 조사 결과를 검증해주었다. 프랜시스 콜게이트Frances Colegate는 할아버지 앨프리드 휴잇Alfred Huitt의 편지와 일기를 복제할 수 있도록 허락해주었다.

워퍼는 50년 동안 영국산악회 회원이었고, 그의 영혼은 여전히 영국산악회 위를 맴돌고 있다. 이 단체의 많은 회원들이 내 집필 작업에 지지와 격려를 보내주었다. 제리 로밧Jerry Lovatt, 글린 휴스Glyn Hughes, 피터 버그Peter Berg, 고인이 된 밥 로퍼드Bob Lawford가 그러했다. 영국산악회 도서관 사서를 지낸 마거릿 에클스턴Margaret Ecclestone과 이본 시볼드Yvonne Sibbald는 자료를 찾고 연락을 취하는 데 큰 도움을 주었다. 사진 자료를 뛰어나게 다루는 애나 로퍼드Anna Lawford는 이 책에 사용된 영국산악회 소장 사진들을 찾는 일에 가장 큰 도움을 주었다.

목판화판각공협회에서 활발하게 활동하는 회원인 사이먼 브렛Simon Brett과 존 로런스John Lawrence는 많은 시간을 할애해 목판화 기술에 대한 내용을 설명해주었다. 루이스 허렐Louise Hurrell과 스티브 밀턴Steve Milton에게도 감사를 표하고 싶다. 두 사람은 19세기 목판화와 윔퍼 공방에서 일한 예술가들에 대한 지식을 공유해주었다. 루이스 허렐은 친절하게도 대영박물관 인쇄회화부에 소장된 존 윌리엄 노스John William North의 빼어난 그림에 대해서도 알려주었다. 이 그림은 윔퍼의 초상화 중에 가장 연대가 이른 작품이 거의 확실하다.

나 역시 사서이면서도 전 세계에 있는 사서와 기록물 관리자들에게 한결같은 도움을 받아 감명했다. 영국산악회에는 세 상자에 달하는 윔퍼의 그린란드 원정 관련 자료가 보관되어 있고, 대영박물관 도서관에는 윔퍼의 편지가 소장되어 있다. 이 책에 사용한 미출간 자료 목록은 참고문헌에 수록했다. 특히 그린란드 국립기록보관소에서 일하는 닐스 프란센Niels Frandsen에게 감사를 표한다. 그는 방대한 자료를 보내주는 친절을 베풀었을 뿐만 아니라 덴마크어로 된 출판물에서 유용한 자료들도 복사해서 보내주었다. 그가 아니었다면 나로서는 알지 못했을 자료들이었다. 코펜하겐 왕립도서관의 에바 크레너Eva Krener, 헤이슬미어 교육박물관의 그레타 터너Greta Turner, 존 머리 기록보관소가 아직 앨버말 스트리트Albemarle Street에 있던 시절에 그곳에서 일했던 버지니아 머리Virginia Murray, 앨버말 스트리트에서 스코틀랜드 국립도서관으로 이전한 후에 일했던 데이비드 맥클레이David McClay에게도 감사를 표하고 싶다. 참고문헌 중에 도서 자료는 주로 대영박물관을 이용했다. 대영박물관은 언제나 만족을 주는 곳이다.

그 밖에도 감사를 전할 분들이 많다. 윔퍼가 에콰도르에서 수집해 온 지네를 보여준 자연사박물관의 재닛 베칼로니Janet Beccaloni에게 감사드린다. 당시 테이트 갤러리에서 일하면서 존 러스킨John Ruskin과 사진과 판각에 대한 지식을 나누어준 헤더 버첼Heather Birchall에게도 감사드린다. 앨버타대학교의 스티브 슬레먼Steve Slemon, 요크셔산악회의 빌 토드Bill Todd, 대영박물관의 비르기트 파욱스타트Birgit Pauksztat, 브로켄 현상에 관한 연구 결과를 공유해준 존 하드윅John Hardwick, 호턴앤드와이턴 지역사협회의 게리 피크스Gerry Feakes, 웨일스어 기사를 번역해준 알룬 존스Alun Jones, 프랜시스 더글러스에 관한 정보를 정리해 준 내 여동생 니키Nicky, 이 책이 모양을 갖추는 동안 원고를 읽고 의견을 준 쉬오나 요크Sheona York, 렌 홀솔Len Halsall, 나의 어머니 다이애나Diana, 마크 개디스Mark Gaddes(그와 함께 몇 년 전에 체르마트에 처음 갔었고, 그때 테오둘 고개를 넘었으며 우연히 윔퍼슈튀베Whymperstübe에서 묵게 되었다), 레딩대학교의 마틴 앤드루스Martin Andrews, 19세기 판각에 관한 지식을 나누어준 폴 골드먼Paul Goldman, 관심과 조언을 아끼지 않은 로빈 이글스Robin Eagles, 내 원고를 뛰어난 솜씨로 편집해준 헬렌 고든Helen Gordon, 키토에서 찍은 사진을 보내준 앤드루 코널리Andrew Connolly에게도 감사를 표한다.

앨런 리올Alan Lyall이 마터호른에 관한 방대한 연구를 해두었기에 나는 품을 덜 수 있었다. 그는 내가 윔퍼의 생애를 파고들겠다고 처음 결심했을 때 누구보다 큰 응원을 보내주었고, 내 작업에 관심을 가져주었으며, 폭넓은 지식을 기꺼이 공유해주었다. 마지막으로 몇 년 동안이나 케닝턴에 있는 작은 아파트에서 윔퍼 씨와 더불어 살아준 내 아내 엘리너Eleanor에게도 고마운 마음을 전해야겠다. 엘리너는 그린란드에서 구한 덴마크어로 된 방대한 자료들, 게다가 알아보기 힘든 경우도 많았던 그 자료들을 번역하느라 애써주었다. 이 전기가 윔퍼 사망 100주기와 동시에 출간된 것은 리처드 세일Richard Sale의 관심과 열정 덕분이었다. 윔퍼에 대한 그의 신념에 감사할 따름이다.

마르셀 프루스트Marcel Proust는 "우리 모두에게는 우리가 특히 사랑하는 영혼에 대한 책임이 있고, 그들을 알려서 사랑받게 할 책임이 있으며, 그들에 대해 조금이라도 오해하지 않도록 할 책임이 있다."라고 믿었다. 프루스트는 러스킨을 염두에 두고 한 말이었지만, 체르마트에 처음 가보고 『알프스 등반기』를 읽은 후부터 나는 그동안 윔퍼에 대해 어떤 책임감을 느꼈다. 그래서 프루스트의 표현을 빌려 말하건대, 내가 "그 영혼을 가능한 한 부드럽게 어루만졌기를" 적어도 "그 영혼이 망각되는 일"은 피했기를 바라는 바이다.

1부

알프스

1

그의 산

1911년 9월 9일 토요일, 에드워드 윔퍼Edward Whymper는 샤모니Chamonix
에 도착했다. 그가 샤모니를 찾은 것은 이때가 마지막이었다. 여느 때
처럼 쿠테Couttet 씨의 호텔에 여장을 푼 그는 몇몇 친구와 인사를 나누
고, 여동생 엘리자베스Elizabeth에게 편지를 썼으며, 영국 영사로 취리히
에 주재하는 오랜 지인 헨리 앵스트 경Sir Henry Angst에게도 하루속히
샤모니로 와달라는 편지를 썼다.[1] 한 해 전 이혼으로 얻은 마음의 고통
과 점점 쇠약해져만 가는 육체의 고통에 시달리면서도 윔퍼는 방에서
나오지 않았고, 평소답지 않게 의사를 부르지도 않았다. 일주일 후인
9월 16일 토요일, 윔퍼는 홀로 죽음을 맞았다. 숨을 거둘 때까지 그가
놓지 못했던 미련은 파경으로 끝난 짧은 결혼 생활이 아니었다. 그것
은 46년 전에 있었던 샤모니 출신 가이드 미셸 크로Michel Croz의 비극
적인 죽음이었다. 윔퍼는 크로의 죽음에 평생토록 책임을 느꼈다. 생
전 마지막 생일에 윔퍼는 크로의 초상화를 영국산악회에 기증하고 나

서, 친구인 에드워드 데이비드슨 경Sir Edward Davidson에게 이렇게 썼다. "내 눈에서 눈물이 흐르는 일은 아주 드문데 말일세. 더없이 훌륭한 가이드였던 크로의 끔찍한 최후를 떠올릴 때면 그렇게 된다네."[2] 윔퍼는 마터호른Matterhorn 하산 중에 일어난 크로와 세 영국인의 추락사고에 직접적인 원인을 제공한 사람은 아니었지만, 애초에 그들을 그 운명의 산으로 몰고 간 것이 자신의 젊은 혈기와 저돌적 충동이었음을 잘 알고 있었다. 그래서 1865년 6월과 7월에 우연히 발생한 일들, 즉 크로와 자신이 오르지 말았어야 할 사람들과 함께 마터호른에 오르게 함으로써 비극적 필연을 낳은 그 일들에 대한 책임이 자신에게 있다는 죄책감을 평생 짊어지고 살았다.

미셸 크로를 가이드로 고용한 윔퍼는 1864년 하계 시즌과 보름간의 빡빡한 일정이었던 1865년 6월에 알프스 곳곳을 누비며 눈부신 성공을 거두었다. 혈기 왕성한 청년 윔퍼는 빅토리아시대 런던에 팽배했던 계급 차별 따위에 얽매이지 않고 크로와 스스럼없이 어울렸다. 두 사람은 윔퍼의 — 그리고 크로의 — 생애에서 가장 찬란한 영광의 순간들을 함께했다. 푸앙트 데 제크랑Pointe des Écrins 등정, 그랑드 조라스 Grandes Jorasses 등정, 놀랍기 그지없는 콜 돌랑Col Dolent 횡단 그리고 마터호른의 기쁨을 함께한 것이다. 구름 한 점 없는 청명한 하늘 아래, 이 상징적인 산의 정상에 최초로 발을 딛고 선 인간이 되어, 300여 미터 아래 패배한 이탈리아인들을 내려다보던 그 황홀한 1시간을 함께한 것이다. 크로에게 마터호른 정상에 올라선 성취감을 누릴 시간은 단 1시간밖에 주어지지 않았다. 그 1시간이 크로가 이승에서 보낸 마지막 시간이었다. 윔퍼는 '콧대 높은' 크로라고 부르며, 걸핏하면 프랑스인 특유의 기질을 소재로 악의 없는 농담을 던지곤 했지만, 크로와 있을 때면 편안함을 느꼈다. 크로는 프랑스어밖에 하지 못했는데, 윔퍼의 프랑스어 실력은 격식 표현을 많이 써서 학교에서 배운 티가 나고 런던 억양이 좀 도드라졌을 뿐 꽤 수준급이었다. 윔퍼는 크로를 등반가로서 존경했고, 한 인간으로서 존중했으며, 크로도 자신을 똑같이 여긴다고 느꼈다.

윔퍼와 크로는 보름 전에 샤모니에서 헤어졌다가 1865년 7월 12일 체르마트Zermatt에서 우연히 다시 만났다. 훗날 윔퍼는 마터호른으로 출발하기 전날 호텔에서 보낸 그날 밤을 회상하며 이렇게 썼다.

> 침대에 몸을 누이고 잠을 청하면서 그 어떤 기이한 우연들이 우리 둘을 갈라놓았다가 이렇게 다시 이어준 건지 궁금했다. … 이 치명적으로 얽힌 사슬 중 어느 하나만 없었던들 얼마나 다른 이야기가 되었으랴![3]

생애 마지막 20년 동안 윔퍼는 해마다 체르마트를 찾았고, 한 번도 빼놓지 않고 가톨릭 묘지에 안치된 미셸 크로의 묘를 찾아가 사진을 찍었다. 쿠테 씨의 호텔에서 가슴통증에 시달리며 몸져누워 있는 동안, 윔퍼는 분명 크로의 끔찍한 최후에 대해 괴로워하며 그때 일을 머릿속에서 떨치지 못했을 것이다.

윔퍼의 부고訃告가 런던에 전해졌을 때 윔퍼의 전처 이디스Edith는 그를 아는 한 친구에게 "나의 친애하는 남편과 그의 산"에 관해 편지를 썼다.[4] 쿠르마예Courmayeur 위로 우뚝 선 그랑드 조라스에는 윔퍼봉Pointe

Whymper이 있고, 에귀 베르트Aiguille Verte에는 윔퍼 쿨르와르Whymper Couloir가 있으며, 에콰도르의 침보라소Chimborazo에는 윔퍼 정상Cumbre Whymper과 윔퍼 대피소Whymper Refuge가 있는 데다, 캐나다 로키산맥에는 윔퍼산Mount Whymper까지 있고, 키토Quito와 샤모니에는 심지어 윔퍼의 이름을 딴 거리까지 있는데, 마터호른만큼은 그 어디에도 그의 흔적이 없다. 하지만 마터호른이야말로 윔퍼의 생애와 불가분의 관계인 등반 도전의 결정체로, 이 차갑고 고독한 봉우리 위를 맴돌고 있는 것은 윔퍼의 영혼이다. 체르마트 중심부를 가로질러 남쪽 끝까지 걸어가면 호리호리한 피라미드 형태의 마터호른이 하늘을 찌를 듯 서 있는데, 체르마트 계곡을 에워싼 페닌 알프스Pennine Alps 산군에서도 단연 돋보이는 위용이다. 칼날 같은 능선과 깎아지른 북벽 위에서 일어난 위대한 승리와 재앙을 마터호른보다 더 많이 목격한 봉우리가 또 있으랴 싶지만, 이 산의 본질을 규정해버린 것은 초등의 비극이었다. 사고 후 30여 년이 흐른 1897년에 토머스 하디Thomas Hardy는 체르마트의 한 호텔에서 에드워드 클로드Edward Clodd에게 다음과 같이 썼다.

> 창문 너머로 마터호른을 보고 있으니 자네와 윔퍼가 떠오르는군. 우리가 올드버러Aldeburgh에서 보낸 행복한 시간도 말일세. 그때 윔퍼는 그 참사를 아주 생생하게 묘사해주었지. … 윔퍼에게 내 안부 좀 전해주시게나.[5]

하디는 윔퍼의 입을 통해 사고 이야기를 처음 들었을 때 충격으로 그 자리에 얼어붙었다.

엄숙함과 긴장감이 서린 얼굴, 굳게 다문 입술, 딱딱한 목소리가 모두 그 이야기에 무게를 더했다. 그 일이 마치 인간의 삶에서 일어날 수 있는 특별한 일이 아니라 당연한 일이라도 되는 것처럼 그의 어조는 담담하기만 했다.[6]

하디가 다녀가고 나서 석 달이 지난 후에 윔퍼도 체르마트를 방문했다. 체르마트에서 윔퍼는 케직Keswick 출신의 암벽등반가 겸 사진작가인 에이브러햄 형제와 마주쳤다. 두 사람은 마터호른 등정에 실패하고 회른리 능선Hörnli Ridge으로 하산해 마을로 내려오던 중이었다. 조지 에이브러햄George Abraham은 그때 윔퍼가 보인 반응을 다음과 같이 묘사했다.

> "자네들 얘기는 들었네. 마터호른에 올라갔던 게로군." 그는 이렇게 말하더니 야릇한 미소를 띠며 다음과 같이 덧붙였다. "하지만 정상까지는 못 갔구먼!" 우리는 실패한 이야기를 간략히 전했다.
>
> 그러자 다음과 같은 답변이 돌아왔다. "낙담하지 말게나. 살다 보면 다시 싸워볼 날이 있겠지. …"
>
> 그날 저녁, 몬테로사 호텔의 흡연실에서 보낸 시간은 정말 짜릿했다. 원로 등반가 윔퍼가 직접 마터호른 사고 이야기를 다시 들려주었다. … 나는 그 노인장이 탁자 모서리를 거의 기괴하리만치 발작적으로 움켜쥐던 모습과 말을 갑자기 끝냈을 때 번득였던 그의 사나운 눈빛을 결코 잊지 못할 것만 같다. 그 비극에 대해 전혀 몰랐던 사람처럼, 그가 믿고 의지하던 동료들이 죽음의 나락으로 사라지는 광경을 다시 보기라도 한 것처럼, 그는 벌떡 일어서서 아래를 가리켰다.[7]

마터호른은 체르마트 계곡을 굽어보는 산 중에서 가장 높은 산은 아니다. (돔Dom, 태쉬호른Täschhorn, 바이스호른Weisshorn, 몬테로사Monte Rosa가 모두 마터호른보다 높다.) 가장 어려운 산은 더더욱 아니다. 하지만 체르마트에서 보는 마터호른은 진정 산다운 산의 면모를 뽐낸다. 탁 트인 대지에 홀로 우뚝 솟은 뾰족하고 가파른 산, 자주 구름 모자를 덮어쓰는 마터호른은 키 큰 이웃 산들과는 달리 체르마트 마을을 굽어본다. 등반 애호가를 유혹하는 산은 바로 이 마터호른이다. 해마다 마터호른에 도전하는 사람의 수는 돔과 태쉬호른, 바이스호른, 몬테로사를 찾는 사람의 수를 다 합친 것보다도 많다.

마터호른은 모든 등반을 통틀어 윔퍼 스스로 가장 높이 평가하는 업적은 아니었다. 마음속 깊은 곳에서 윔퍼는 샤모니를 굽어보는 에귀 베르트 등정이나 에콰도르의 활화산 코토팍시Cotopaxi 분화구 옆 해발 5,900여 미터 고지에서 했던 야영 — 당시까지 인간이 야영한 가장 높은 곳 그러나 "지금까지 살면서 내가 했던 가장 무모한 짓"[8] — 이 마터호른보다 훨씬 더 모험다운 모험이었다고 생각했다. 하지만 그의 삶을 정의해버린 산은 마터호른이었다. 마터호른을 향한 불굴의 도전기를 담은 그의 저서 『알프스 등반기Scrambles amongst the Alps』는 가장 훌륭하고 완성도 높은 등반기로 손꼽힐 뿐만 아니라 삽화를 사용했다는 점이나 삽화의 완성도 면에서도 매우 새로운 형태의 등반기로 손꼽힌다. 방방곡곡 순회강연을 다니면서 마터호른의 비극을 이야기할수록 윔퍼는 가엾은 크로의 죽음에 대한 책임을 점점 더 통감하게 되었다. 잘 알지 못했던 세 영국인 등반가의 죽음에 아무렇지도 않았다는 말은 아니

리펠알프Riffel Alp에서 본 마터호른을 윔퍼가 유리 환등 슬라이드로 제작한 사진. 1892년 혹은 1893년에 촬영한 사진으로 추정된다. (© Alpine Club Picture Library)

다. 다만 사고가 일어난 그해 혹은 그 전해에 일어났던 수많은 소소한 사건들 가운데 어느 하나라도 비켜갔더라면, 크로가 마터호른에 걸맞지 않은 일행을 정상에서 하산시키려고 애쓰다가 그렇게 위험한 지경에 처하지는 않았으리라는 생각을 윔퍼는 평생 떨치지 못했다.

30년 후에 윔퍼가 다시 찾은 알프스는 많이 변해 있었다. 산에는 등반가를 위한 산장이 들어서고, 체르마트 너머까지 철도가 놓였으며, 미답봉은 단 한 개도 남아 있지 않았다. 그의 젊은 날은 분명 아득히 먼 딴 세상처럼 느껴졌을 것이다. 윔퍼는 50대와 60대 때 알프스에 자주 모습을 드러내면서 낭만적인 탐험 시대의 표상이자 전설적인 인물로 명성을 굳혔다. 훗날 마터호른 등반사 연구가로 유명해지는 귀도 레이 Guido Rey는 청년일 때 다음과 같은 경험을 한다.

나는 테오둘Theodul 고개에서 하산 중이었다. 고갯마루에서 지오메인Giomein 마을 방향으로 절반쯤 내려왔을 때였다. 키가 훤칠한 한 노인이 천천히 올라오고 있었다. 깔끔하게 면도한 혈색 좋은 얼굴에 눈빛은 형형하고 머리카락은 순백의 눈처럼 새하얀 노인이었다. 얼굴에는 강철 같은 의지가 서려 있었고, 세월을 거스른 듯 화살처럼 꼿꼿한 몸에는 원기가 넘쳐흘렀다. 넓은 보폭에 속도가 일정한 걸음걸이는 그가 얼마나 산에서 단련된 사람인지 말해주고 있었다. 노인을 지나치면서 나는 산에서의 예절에 따라 모자를 벗고 가볍게 묵례했다. 노인은 답례를 하면서 나를 지나쳐 갔다. 내 가이드가 걸음을 멈추고 노인의 가이드와 몇 마디 주고받고 오더니 이렇게 속삭였다. "저분이 누구인지 아세요?" 나는 모른다고 답했다. "윔퍼 선생님이시잖아요!" 윔퍼의 이름을 발음하는 가이드의 목소리에는 존경심이 가득 배어 있었다. 나는 유령이라도 본 것처럼 소스라치게 놀랐다. 사진으로만 보았을 뿐 실제로 보기는 처음이었다. 나는 얼른 뒤로 돌아 윔퍼를 쳐다보았다. 그도 걸음을 멈춘 채 마터호른을 바라보고 있었다. 그 지점에서 보는 마터호른의 자태는 그야말로 경탄을 자아낼 만큼 압도적이었다.

그곳에서 윔퍼를 보고 내가 받은 감동은 말로 이루 다 표현할 수가 없다. 내가 본 것은 단지 한 인간의 모습이 아니었다. 나를 비롯한 많은 이들이 그토록 닮기를 꿈꿔온, 완벽한 등반가가 보여줄 수 있는 이상적인 모습 그 자체였다. 마터호른과 윔퍼가 그곳에 있었다. 거대한 두 맞수가 서로를 마주한 그 모습은 무릎 꿇은 거인 앞에 선 작은 정복자의 위대함을 새삼 절절히 느끼게 해주었다. 그는 30년이라는 세월이 흐른 뒤 30년 전에 자신에게 명성을 가져다준 산을 다시 찾았다. 그곳에 옛 동료들은 아무도 없었다. 크로는 체르마트에, 카렐은 발투르낭슈*Valtournanche*에 영원히 잠들어 있었다. 오직 마터호른만이 변치 않은 모습으로 그 자리에 서 있었다. 마터호른을 바라보며, 그는 아마도 혈기 왕성했던 젊은 날 이 완강한 봉우리에서 자신이 했던 대담한 몸짓들을 회상하고 있었으리라. …

나는 기꺼이 내 마음을 표현하고 싶었다. 경의를 표하고, 같은 산꾼으로서 공감하는 마음을 보여드리고 싶었다. 그가 쓴 책을 닳도록 읽고 또 읽었다고 말하고 싶었다. …

윔퍼는 다시금 천천히 오르기 시작했고, 나는 끝내 소원을 이루지 못한 채 우두커니 서 있었다.[9]

2

가문의 분열과 램버스 그리고 목판화

윔퍼 가문 사람들은 서퍽Suffolk주에 토지를 소유한 젠트리*gentry 출신이라는 자부심이 대단했다. 런던 토박이였던 윔퍼조차 서퍽주를 "나의 고향"으로 여길 정도였다.[1] 가문의 연원은 17세기에 서퍽주에 정착한 윌리엄 윔퍼William Whimper까지 거슬러 올라간다.[2] 18세기 후반까지 윔퍼 가문은 위컴마켓Wickham Market 근처에 있는 글레버링 홀Glevering Hall이라는 저택을 소유했는데, 1787년에 이 저택에서 윔퍼의 조부인 너새니얼 윔퍼Nathaniel Whimper가 태어났다. 조상 대대로 살아온 이 애정 어린 집에서 태어난 윔퍼 가문의 마지막 후손이었던 너새니얼은 맥주 양조업자가 되었으며, 입스위치Ipswich 시의원을 지내기도 했다. 너새니얼은 첫 번째 부인인 엘리자베스 오리스Elizabeth Orris와의 사이에서 낳은 자식 중 영아기를 넘긴 8명의 자식을 키웠다. 1813년에 차남

---

* 귀족계급 아래 토지와 저택을 가진 지주계급을 가리키는 명칭으로 젠트리 계급에 속하는 남자를 젠틀맨gentleman, 즉 신사라고 불렀다. — 옮긴이

으로 태어난 조사이어 우드 윔퍼Josiah Wood Whymper는 석공이 되려고 도제 생활을 시작했지만, 작업장에서 아찔한 사고를 겪은 뒤 석공의 길을 포기했다. 1829년에 엘리자베스 오리스가 세상을 떠난 후 당시 열여섯 살이었던 조사이어는 형 에베니저Ebenezer와 함께 런던으로 이주했다. 두 사람은 템스강 남쪽 램버스Lambeth에 정착해 그때부터 판각공의 길을 걷기 시작했다.

스물두 살 때 한 살 연상의 메리 앤Mary Ann과 결혼한 사실로 보아 조사이어가 얼마나 빠르게 자리 잡았는지 짐작할 수 있는데, 메리 앤은 결혼하고 얼마 되지 않아 세상을 떠났다.[3] 조사이어는 2년 후에 재혼했다. 이번 상대는 가난한 고아인 엘리자베스 클라리지Elizabeth Claridge였다. 가난한 은행원의 딸로 태어난 그녀는 조실부모하고 잉글랜드은행의 고위 임원이었던 새뮤얼 리Samuel Leigh — 윔퍼의 의견에 따르면 "가장 자상한 사람인 동시에 가장 엄격한 사람으로 손꼽을 만한 분"[4] — 에게 입양된 양녀였다. 그녀는 런던 남부 페컴Peckham에 있는 웅장한 저택에서 어린 시절을 보냈는데, 유산 상속은 전혀 받지 못한 채 생업을 위한 직업교육을 받아야 했다. 하지만 열여덟 살에 함께 다니던 교회에서 청년 조사이어의 눈에 띄면서 이러한 의무에서 해방되었다. 결혼 상대에게 유산이 한 푼도 없다는 말을 들은 조사이어는 당차게 이렇게 대답했다고 한다. "돈 걱정은 하지 마시오."[5]

조사이어는 그 무렵 템스강에 면한 램버스궁과 베들레헴 왕립정신병원의 중간쯤 되는 곳인 램버스 로드Lambeth Road 캔터베리 플레이스Canterbury Place 20번지에 정착했다. 이 집에서 1838년에 장남 프레더릭Frederick이, 1840년 4월 27일에 차남 에드워드 윔퍼가 태어났다. 식구는 꾸준히 늘었다. 3년 후인 1843년에는 남동생 앨프리드Alfred가 태어났으며, 1845년에는 남동생 헨리 조사이어Henry Josiah가, 1848년에는 여동생 엘리자베스가 태어났다. 프레더릭이 총애를 한 몸에 받는 장남으로서 아버지의 보살핌 속에서 성장했다면, 윔퍼는 전형적인 둘째 위치에서 성장하면서 스스로 지혜와 지략을 키워나갔다. 10대 시절 윔퍼는 스케치 여행과 음악회, 예술 좌담회 같은 어른들의 세계에 이미 발을 들여놓은 프레더릭을 동경하면서 언젠가 자신에게도 그런 날이 오기를 기다렸다. 원만한 성품에 사교성이 좋았던 프레더릭은 모험으로 세상에 첫발을 내디딘 뒤 런던으로 돌아와 자유기고가 겸 언론인으로 자리 잡았다. 프레더릭은 세상을 있는 그대로 받아들였고, 형제 중에서 가장 성취욕이 낮았으며, 아마도 장남으로 자란 탓에 많은 것을 당연하게 생각했다. 윔퍼는 항상 형을 동경했지만, 아무것도 당연하게 생각하지 않았다. 깊이 뿌리박힌 둘째라는 의식 속에서 그는 모든 것을 노력해서 얻어내야 한다고 생각했다. 두 사람이 학교를 그만두고 진로를 모색할 무렵, 윔퍼는 형 프레더릭보다는 차분하고 감정을 잘 드러내지 않는 남동생 앨프리드와 더 가깝게 지냈다.

1851년에는 아들 조지프Joseph와 프랭크Frank도 캔터베리 플레이스 20번지의 식구 명단에 올라 있었다. 이곳은 직원 스무 명과 하인 두 명을 둔 목판화 공방 역할도 겸하고 있었는데, 사업이 점점 번창해감에 따라 결국 식구들이 같은 램버스 로드에 별도의 살림집을 차려 나가면서 이곳에는 판각공들을 위한 책상과 인쇄기, 종이 더미, 회양목

더미, 수년간 쌓아놓은 — 나중에 윔퍼가 치우게 되는 — 목재만이 남겨졌다. 아직 램버스에 살 때 아들 셋이 더 태어났다. 세 아들의 이름은 각각 찰스Charles, 윌리엄 너새니얼William Nathaniel, 새뮤얼Samuel이었다. 새뮤얼이 태어난 후에 윔퍼는 일기에 다음과 같이 적었다.

> 우리는 이제 열 명이 되었다. 아들 아홉에 딸 하나는 성비 불균형이 매우 심한 편이지만, 그래도 지금 이대로가 낫다. 우리가 아는 어떤 신사의 형제는 딸만 열셋에 아들은 한 명도 없기 때문이다.[6]

막내 여동생 애넷Annette은 윔퍼 가문이 램버스를 떠난 후인 1859년에 태어났다.

조사이어는 자신의 과거에 대해서는 입을 굳게 다물었다. 아버지가 어머니를 만나기 전에 결혼한 적이 있다는 사실을 아는 자식은 아무도 없었다. 1829년에 조사이어의 친모와 사별한 아버지 너새니얼이 그 후로 재혼을 두 번 더 해서 안 그래도 컸던 대가족이 더욱 커졌지만, 조사이어는 계모들을 몹시 싫어했다. 자식들에게 할아버지의 두 번째 부인에 대해서는 일언반구도 하지 않았으며, 세 번째 부인은 아예 인정조차 하지 않았다. 윔퍼의 남동생 찰스에 따르면, 가문은 '입스위치파'와 조사이어를 필두로 한 '런던파'로 분열되었다. 런던파는 "건달처럼 빌빌거리기나 하고, 일을 했다 하면 망치기만 한다는 등의 이유로 입스위치파를 비난했고, 이들 때문에 조사이어는 등골이 휠 지경이었다. 가문 전체를 혼자 다 먹여 살리는 듯했기 때문이다." 1930년대에 노인이 된 찰스는 열세 살 때 했던 심부름을 여전히 기억했는데, 그가 했던 심부름이란 바로 근면 성실하고 사업수완이 뛰어난 조사이어의 덕을 보려고 런던으로 내려온 무일푼 친척들에게 돈을 갖다 주는 일이 었다.[7] 입스위치파와의 이러한 소원한 관계에도 불구하고 조사이어의 식구들은 항상 오래전에 빼앗긴 글레버링 홀에 강한 애착을 품었다. 조사이어는 1881년에 처음으로 글레버링 홀을 둘러보고 나서 쓴 편지에서 "잔인하고 불공정한 방법으로 빼앗긴 이 건물"에 관해 토로했다.[8] 찰스는 1894년에 글레버링 홀을 스케치한 후에 가문이 "석연치 않은 사기와 법적 소송"에 의해 이 건물을 빼앗겼다는 아버지 의견에 동조하고 나섰다.[9]

조사이어의 아들들이 왜 하나같이 독립적으로 자라고, 손재주와 머리를 이용하는 일에 뛰어들었는지는 쉽게 이해할 수 있다. 두 딸은 모두 결혼을 하지 않았지만, 교회나 구세군, 선교사 단체를 비롯해 자선 활동이라면 어떤 일이라도 마다하지 않고 적극적으로 발 벗고 나서면서 지역사회의 기둥 역할을 톡톡히 해냈다. 아들딸을 통틀어 성격 면에서 아버지를 가장 많이 빼닮은 자식은 에드워드 윔퍼였다. 둘 다 대가족의 차남이라는 공통점이 있었다. 한 가지 목표에 매진하는 성취욕, 매사에 적극적으로 임하는 한결같은 태도, 타인의 행동을 잘 이해하지 못하는 성향 면에서 윔퍼는 아버지와 판박이처럼 닮은 자식이었다. 또한 개인적인 영역을 보호하려는 성향 역시 아버지로부터 물려받은 것이었다.

조사이어는 형 에베니저와 함께 목판화 사업을 시작했다. 비록 윔퍼는 1850년대에 가업에 뛰어들었을 때 백부 에베니저가 사업에 보

조사이어 우드 웜퍼(1813~1903).
존 왓킨스John Watkins와 찰스 왓킨스
Charles Watkins가 1860년대에 촬영한
계란지 명함판 사진. (© National Portrait
Gallery, London, NPG Ax17148)

탬이 되기보다는 문제를 일으키는 사람이라 생각해 그를 "일을 망치는
사람"으로 표현하기는 했지만, 그들의 사업은 1838년 3월에 신문에
도제를 모집하는 광고를 냈을 정도로 번창했다.[10] 조사이어가 목판화
사업을 시작한 시기는 더없이 적절했다. 1830년대부터 적어도 50년
간은 꾸준히 인쇄물용 삽화의 대다수가 목판화로 제작되었으며, 목판
화는 일반 대중이 외부 세계에 대한 시각적 표상을 얻을 수 있는 수단
이었다. 웜퍼 가문이 비교적 부유한 가문이 될 수 있었던 배경에는 이
목판화 기술이 있었으며, 자연히 목판화는 50여 년 동안 에드워드 웜
퍼의 생애에서 중심을 차지했다.

눈목판 기법은 널판의 횡단면을 사용함으로써 전통적인 널목판
기법의 장점인 내구성에 동판화의 장점인 정교함과 섬세함을 접목한

판화 양식으로, 판재로는 주로 회양목을 사용한다. 동판화의 다양한 기술을 나무에 처음 접목한 사람은 토머스 뷰익Thomas Bewick, 1753-1828 이었다. 타인Tyne강에 면한 오빙엄Ovingham에서 태어난 뷰익은, 보석 및 금속 세공사로 도서 삽화를 동판화로 제작하는 일도 겸하던 랠프 베일비Ralph Beilby의 제자였다. 동판화에서 얻을 수 있는 세밀함과 농도는 그대로 추구하되 동판화의 기법과 도구를 나무 판재에 응용하고 싶었던 뷰익은 널판의 횡단면을 선택했다. 횡단면은 종단면보다 단단해서 정교한 선과 세밀한 모양을 훨씬 더 많이 새겨 넣을 수 있었다. 동판화에 사용하는 끌은 검지와 엄지 사이에 넣고 감싸 쥘 수 있는 작은 크기로, 나무 표면 위에서 손쉽게 눌려가며 얕은 홈을 파내는 데 제격이었다. 이처럼 여백으로 표현할 부분을 파낸 다음에는 전통적인 널목판 기법에서처럼 파내지 않은 볼록한 표면에 잉크를 묻혔다. 하지만 단단한 횡단면 위에는 정교한 선과 세밀한 도안을 그려 넣고 더 섬세하게 판각할 수 있어 전통적인 널목판 기법을 이용할 때보다 훨씬 더 정밀하고 기교가 풍부한 작품을 찍어낼 수 있었다. 판재로는 가격이 저렴하고 목질이 단단한 회양목을 주로 사용했지만, 회양목은 지름이 작다는 단점이 있었기에 뷰익이 그린 삽화는 표지나 각 장의 첫머리에 들어가는 가로 5센티미터 세로 10센티미터의 작은 크기가 주를 이루었다. 이와 같은 목판화 기법은 금속판화에서 차용한 것이 거의 분명하지만, 뷰익은 도서 삽화를 본업으로 삼은 최초의 영국 예술가이자 '눈 목판 기법의 아버지'로 널리 인정받고 있다. 그가 그린 작지만 강렬한 삽화들은 새와 동물과 자연의 세계에 대한 관심이 날로 높아지던 시대적 요구와 딱 맞아떨어졌다. 윔퍼는 눈목판 기법의 역사와 전통에 지대한 관심을 보였으며, 훗날 "뉴캐슬Newcastle이 낳은 명사 뷰익"이 새겼다고 적어둔 작은 목판 두 벌은 그의 애장품이 되었다.[11]

21세기 관점으로는 상상하기조차 어려울 정도로 시각적 이미지가 결핍된 세상에서, 외로움과 소외감에서 벗어나려고 발버둥 치던 샬럿 브론테Charlotte Brontë의 여주인공 제인 에어Jane Eyre는 뷰익의 삽화에 넋을 빼앗겼다.

> 나는 다시 책으로 눈길을 돌렸다. 내가 보던 책은 뷰익의 『영국 조류사』였다. 대체로 본문에는 흥미가 없었으나, 이 책의 머리말에는 어린 나로서도 도저히 그냥 넘겨버릴 수가 없는 면들이 있었다. … 머리말에서 묘사된 내용은 뒤에 나오는 작은 삽화로 연결되어 있었고, … 각각의 그림이 저마다 하나의 이야기를 속삭이고 있었다.[12]

훗날 알프스와 에콰도르를 다룬 두 권의 명저에서 윔퍼는 삽화를 제작하는 탁월한 재주를 유감없이 드러내게 된다. 눈목판 기법은 삽화에 대한 이러한 수요를 충족하기 위해 발달했다. 양각으로 새긴 목판은 활자와 함께 인쇄기에 집어넣을 수 있어서 하나의 판면에 본문과 삽화를 동시에 찍어낼 수 있다는 장점이 있었다. 또한 목판으로는 가장 많은 장수를 찍어낼 수 있었고 많은 노동력을 동원하면 대량생산도 가능했다. 금속판을 사용하면 더 정교하고 세밀한 그림을 찍어낼 수 있지만, 파낸 홈에 잉크를 채워 찍어내는 과정에서 세게 눌러야 하는 만큼 상대적으로 판재가 빨리 닳아버린다는 단점이 있었다. 하지만 목판을 사용하면 파내지 않은 부분에 잉크를 묻혀 찍어낼 수 있으므로 세게 누를 필요가 없었다.

19세기 초에는 박물학의 인기가 날로 높아져, 리처드 오언Richard Owen이 자연사박물관을 개관하기에 이르렀다. 새와 물고기, 꽃 그림을 판화로 제작해달라는 의뢰가 봇물 터지듯 쏟아지면서 윔퍼 공방은 수익성이 좋은 몇 개월짜리 장기 프로젝트를 맡을 수 있었다. 조사이어는 박물학 분야에 대한 이러한 열풍에 불을 지피는 책을 두루 작업했다. 그중에는 친구이자 『박물학의 낭만The romance of natural history』 같은 인기 도서를 집필한 필립 헨리 고스Philip Henry Gosse의 책들도 있었다. 청년 다윈Charles Darwin이 비글호를 타고 세상을 누비고, 무일푼의 헨리 월터 베이츠Henry Walter Bates와 앨프리드 러셀 월리스Alfred Russel Wallace가 동식물을 채집하러 아마존으로 떠나 자연선택에 의한 진화를 발견하게 된 배경에는, 자연계의 다양성과 복잡성에 대한 인식이 커지던 이와 같은 시대적 조류가 있었다. 훗날 영국 왕립지리학회에서 연설할 때 윔퍼는 이 선구적인 박물학자들의 연구를 보고 있으면 "서식지 내에 있는 사과라는 과일을 연구하기 위한" 자신의 첫 식물 채집 원정이 떠오른다면서 그러한 결과를 얻기 위해 사과나무를 기어올랐다고 농담을 던졌다. 나무를 기어오른 동기가 상당히 큰 오해를 불러일으킨 탓에 윔퍼는 이후에 비슷한 일을 벌이려고 할 때마다 부모로부터 심한 제지를 받아야 했다.[13]

윔퍼는 집에 자주 놀러 온 박물학자 필립 헨리 고스를 흠모했다.

나는 고스 씨가 굉장히 좋다. 그분은 명석하고 박식한 분이기도 하지만 — 그리고 그러한 분과의 대화는 언제라도 내게 즐거움을 선사할 게 분명하지만 — 훌륭한 기독교인이기도 하다. 성경에 관해서라면 모르는 것이 없을 정도라 어느 구절이든 자유자재로 인용할 수 있는 분이다. 그분은 플리머스 형제교회의 교인이다. 그 말인즉 '교파'가 없다는 뜻이자, 종교를 바라보는 견해와 시각 면에서 나와 거의 일치한다는 뜻이다. 집에 그러한 분이 온다는 것은 분명 행운이다.[14]

윔퍼 가문의 아들들은 모두 어릴 때부터 박물학에 관심이 많았다. 윔퍼는 거의 모든 것을 수집하는 열성 수집가가 되었다. 그린란드와 에콰도르에서는 수천 종의 곤충과 새, 물고기는 물론 가능한 곳에서는 포유류까지 채집해 왔다. 그린란드에서는 개 한 마리를 들여오려고 했으며(이 개는 귀국하는 배에서 선원들에게 잡아먹혔다.) 에콰도르에서는 나무늘보 한 마리를 채집해 왔고, 캐나다에서 다람쥐 한 마리를 들여오는 데 성공하기도 했다. 윔퍼에 대한 조카 도라Dora의 첫 번째 기억에는 램버스 집 정원에서 삼촌을 따라다니는 애완 두꺼비가 등장한다.[15] 찰스는 선구적인 야생동물 화가 겸 삽화가가 되었으며, 막내 남동생 새뮤얼은 평생을 헌신적인 조류 연구가로 살았다. 새뮤얼이 겨우 열 살 때 윔퍼는 그린란드에서 박제해 온 새를 선물했으며, 5년 후에는 새뮤얼에게 파브리치우스Fabricius가 쓴 곤충 관련 책의 번역을 부탁하기도 했다.

노동자 계급이 유례없이 많은 교육을 받고 문맹률이 낮아지면서 인쇄물에 대한 수요는 점점 더 높아졌다. 종교 출판물 시장이 활발해

지고 저렴한 전도서와 성경이 배포되자 노동자 계급의 문자 생활은 획기적으로 달라졌다. 1698년에 창설된 기독교지식보급회는 1800년대에 들어서서 대대적인 출판 사업을 전개했다. 이 단체와 더불어 1799년에 창설된 전도지협회 역시 윔퍼 공방에 수익성 좋은 일거리를 많이 안겨주었다. 수작업 인쇄기는 350년간 큰 변화 없이 사용되고 있었는데, 1814년부터 증기 인쇄기를 사용하게 되면서 런던 발행 일간지『더 타임스The Times』를 기존보다 4배 빨라진 시간당 1,100부 이상의 속도로 찍어낼 수 있었다. 윔퍼 공방에서 가까운 워털루Waterloo 근처에 있던 클로우스Clowes 인쇄소 같은 대형 인쇄소들은 1820년대부터 증기 인쇄기를 사용했다. 저렴한 비용에 대량으로 찍어낼 수 있는 출판물은 상업적으로 아주 매력적인 품목이었다.

대량생산 이미지의 가치를 최초로 꿰뚫어 본 출판업자는 찰스 나이트Charles Knight였다. 그는 1832년에『페니 매거진Penny Magazine』을 창간했는데, 조사이어는 사업을 시작한 초창기에 이 주간지의 삽화를 맡았다. 10년 후에는 풍자주간지『펀치Punch』와 시사주간지『일러스트레이티드 런던 뉴스Illustrated London News』가 창간되었다. 1850년 당시『일러스트레이티드 런던 뉴스』의 구독자는 10만 명을 웃도는 수준이었다. 1850년대에 들어서자 크림전쟁1854-1856이 발발하고 전신이 발명되면서 적절한 삽화를 곁들인 뉴스에 대한 수요가 더욱 높아졌다. 전신의 발명으로 뉴스를 즉시 전파할 수 있게 되고, 철도를 이용해 인쇄물을 신속하게 배포할 수 있게 된 데다, 값싸고 쉬운 읽을거리를 원하는 독자들이 늘어나자 활자에 곁들일 삽화에 대한 수요도 높아졌다.

크림반도에 직접 가서 사진을 찍은 사람들은 있었지만, 아직 통신 기술이 미흡한 탓에 그들이 찍은 사진이 보도 기사와 동시에 인쇄될 수는 없었다.

조사이어가 형 에베니저와 함께 공방을 시작했을 때만 해도 도제를 모집하는 입장이었지만, 작업물의 완성도가 높다는 평판이 쌓이자 지망생들이 제 발로 찾아오기도 하고, 달지엘Dalziel 형제 공방 같은 큰 회사에서 소개를 받고 찾아오기도 했다. 이 무렵에는 "최고의 판각공을 모십니다."라고 광고할 수 있었다.[16] 1840년대 초반에는 웜퍼 공방에서 작업한 책에 홍보 차원에서 전략적으로 웜퍼 가문의 이름을 싣기도 했다. 이 무렵 조사이어는 개인적으로 수채화를 그리기 시작했다. 그는 런던에서 교습소를 크게 운영하던 풍경화가 윌리엄 콜링우드 스미스William Collingwood Smith에게 사사하면서 1844년부터 꾸준히 작품을 전시했고, 1854년에는 신수채화협회 회원으로 선출되면서 풍경화가로서 상당한 명성을 쌓을 수 있었다.[17] 『더 타임스』는 이 협회의 연례 전시회를 보도하는 기사에서 다음과 같이 언급했다.

> [조사이어] 웜퍼 씨는 이 협회에서 가장 솜씨가 뛰어나고 부지런한 작가로 손꼽는다. 서리Surrey주의 공원과 울타리로 둘러싸인 시골길을 그린 여러 작품은 야외의 풍경을 가감 없이 매우 사실적으로 담고 있으며, 현장에 가서 직접 관찰했음을 알 수 있는 생생함이 녹아 있다.[18]

프레더릭 워커Frederick Walker, 1840-1875, 찰스 그린Charles Green, 1840-1898, 존 윌리엄 노스John William North, 1842-1924는 모두 웜퍼 공방에서

도제 생활을 한 뒤 목판화 업계를 넘어 존경받는 화가로 발돋움했다. 윔퍼는 존 윌리엄 노스와 두터운 우정을 쌓았는데, 서머싯Somerset주와 알프스로 스케치 여행을 함께 다녀왔으며, 훗날 『알프스 등반기』에 노스의 작품을 싣기도 했다. 윔퍼는 프레더릭 워커와도 친하게 지냈다. 비록 워커가 수줍음을 많이 타고 긴장을 많이 하는 성격이기는 했지만, 둘 다 뱃놀이를 워낙 좋아해 서로 통하는 데가 있었다. [19]

1851년에는 5월부터 10월까지 5개월에 걸쳐 런던 만국박람회가 개최되었다. 세계 곳곳에서 출품된 예술과 과학, 산업, 공업, 문화 관련 전시품 10만여 점이 이 박람회를 위해 조지프 팩스턴Joseph Paxton이 하이드파크Hyde Park 공원 내에 설계한 크리스털 팰리스를 빼곡하게 채웠다. 조사이어는 달지엘 형제가 감독을 맡은 공식 카탈로그에 들어갈 삽화 몇 점을 작업했으며, 만국박람회에 입장한 600만 명 중에는 물론 윔퍼 가문 사람들도 끼어 있었을 것으로 보인다. [20] 만국박람회는 빅토리아시대의 철학, 다시 말해 세계를 이해하기 위한 조사와 탐구, 세부적인 것에 대한 호기심, 포착하고 수집하고 이해하고자 하는 끝없는 욕망의 발현이었다. 세부적인 것에 대한 호기심과 탐구 정신, 특히 진귀한 물건에 대한 애정은 윔퍼가 평생토록 유지한 고유의 성격을 매우 잘 연상시킨다. 1892년에 출간한 그의 저서 『적도의 대산맥 안데스 여행기Travels amongst the Great Andes of the Equator』는 에콰도르의 자연과 현지인들의 생활상을 담은 일종의 '축소판 만국박람회'라고 할 수 있다. 1854년에 크리스털 팰리스가 해체되어 시드넘Sydenham에 재건되었을 때 윔퍼의 어머니는 정기 이용권을 받았고, 윔퍼는 틈만 나면 전시장을 찾았다. 윔퍼는 아주 열성적인 런던 박물관 애호가였다. 현 빅토리아 앨버트 박물관의 전신이 사우스켄싱턴South Kensington에 문을 열었을 때는 아홉 살 여동생 엘리자베스와 일곱 살 남동생 조지프를 데리고 관람하러 간 적도 있었다.[21]

많은 사람이 북적거리는 램버스 공동 주택에서, 윔퍼는 비록 실용적이고 사무적인 눈으로 보기는 했지만 책과 그림에 파묻혀 어린 시절을 보냈다. 조사이어는 초창기에는 주로 프랑스어로 된 정기 간행물이나 도서에 들어갈 삽화 작업을 맡았다. 그가 처음 맡은 굵직한 일감에는 찰스 나이트가 세 권으로 엮은 에드워드 레인Edward Lane 영역본의 『아라비안나이트』와 풍부한 삽화를 곁들인 그리스 관련 도서가 있었다.[22] 얼마 후에는 셰익스피어의 여덟 권짜리 삽화본 작업도 맡았는데, 이 작업 역시 찰스 나이트가 의뢰한 것이었다. 훗날 명성 높은 판각공으로 자리 잡은 후에는 월터 스콧Walter Scott의 『마미온Marmion』, 『마지막 음유시인의 노래The Lay of the Last Minstrel』, 『섬의 영주The Lord of the Isles』의 삽화본 작업도 맡았다.[23]

책은 이처럼 윔퍼 가문 사람들에게 당연히 수입과 사업의 원천이었지만, 그들 삶에서 빼놓을 수 없는 크고 중요한 부분이기도 했다. 윔퍼의 어머니 역시 양서와 인쇄물이 가득 찬 집에서 자랐으므로, 윔퍼는 지적 수준을 높여주는 정교하고 우수한 인쇄물의 가치를 꿰뚫어 볼

줄 아는 심미안을 양친 모두에게서 물려받은 셈이다.[24] 한편 윔퍼 가문 사람들은 문학작품 낭독회에도 열심히 참석하는 부류였다. 윔퍼는 디킨스Charles Dickens가 공개 낭독회를 막 시작했을 무렵 『크리스마스 캐럴Christmas Carol』과 『피크위크 클럽의 기록The Pickwick Papers』의 낭독을 들을 수 있었다.[25]

아홉 살에 윔퍼는 형 프레더릭의 뒤를 이어 작은 사립학교인 클래런던하우스Clarendon House에 입학했다. 법정변호사 콘래드 핀치스Conrad Pinches가 운영하던 이 학교는 윔퍼의 집에서 매우 가까웠다.[26] 테라스가 있는 저택의 방 하나를 교실로 꾸민 이 작은 사립학교는 '고전과 과학의 학교'를 기치로 내걸고 웨스트민스터스쿨 같은 명문으로 이름난 사립학교의 운영 방식을 그대로 모방했다. 윔퍼의 첫 성적표를 보면 30여 명으로 이루어진 학급에서 모든 과목의 등수가 3, 4등 아니면 5등이었음을 알 수 있다. 이후에도 윔퍼는 지리학과 자연철학, 산수, 웅변 과목에서 우등을 놓치지 않았다. 이 학교에는 ― 조숙한 아이였던 윔퍼 때문에 도입된 것으로 보이는 ― 교칙이 하나 있었는데, 바로 한 학생이 한 학년에 최대 세 번까지만 상을 받을 수 있다는 교칙이었다. 윔퍼가 평생 동안 간직한 학교 성적표와 표창장에는 그 학년에 받을 수 있는 세 번의 상을 이미 받았다는 이유로 마땅히 주어야 할 상을 주지 못한 데 대한 보상 차원에서 교사들이 써준 칭찬이 수두룩하다. 윔퍼는 이 학교에서 수준 높고 격식 있는 프랑스어도 배웠고, 실용적인 과학의 기초도 익혔다. 윔퍼의 공책을 보면 자기력과 열, 직류전기, 역학, 공기역학, 생리학, 이원소성 화합물, 증기 기관 같은 개념

조사이어 웜퍼가 판각한 판화. 『그림과 묘사와 역사로 보는 그리스Greece: pictorial, descriptive and historical』(1839)에 삽화로 수록되었다.

을 — 열두세 살 나이치고는 — 상당히 잘 이해하고 있었음을 알 수 있다.[27] 이때 학교를 같이 다닌 토머스 로피Thomas Roffey는 웜퍼와 평생 동안 우정을 나누었으며, 훗날 웜퍼의 사무변호사가 된다. 웜퍼의 바로 아래 동생인 앨프리드 역시 형들의 뒤를 이어 클래런던하우스에 입학했다.

몇 년 뒤, 웜퍼는 크림전쟁의 경제적 여파 때문에 예정보다 일찍 학업을 중단해야 했다고 말했다.[28] 눈목판화에 사용된 기본 재료인 회양목이 주로 흑해 연안에서 공급되다 보니 전쟁의 여파로 분명 가격이 올랐을 테지만, 전쟁으로 수요가 늘어난 것은 값싼 그림 뉴스였다. 아마도 웜퍼 공방은 이때 앞으로 숱하게 되풀이될 침체기의 하나를 겪었으리라 보인다. 이듬해 1월에 웜퍼는 사업이 잘되고 있다고도 썼지만, 달지엘 형제가 직원을 해고했다는 내용도 남겼다. 1년 뒤, 웜퍼는 다음과 같이 생각한다. "전쟁이 우리(판각공)들에게 엄청난 피해를 준 것만은 틀림없는 사실이다."[29] 이유야 어찌 되었든 에드워드 윔퍼의 정규 교육은 열네 살에 중단되었으며, 이때부터 윔퍼는 아버지의 공방에서 판각공이 되기 위한 도제 생활을 시작했다.

3

윔퍼 군은 많은 일을
너무나 훌륭하게 해냈습니다

열네 살의 윔퍼는 아버지에게서 자기 주도의 힘과 성취욕을 물려받기는 했지만, 한편으로는 거대한 산 같은 아버지의 그늘은 물론 형의 그늘에서도 벗어나야 한다는 생각도 강했다. 윔퍼는 1855년 1월부터 1859년 10월까지 꾸준히 일기를 썼다. 페이지마다 깔끔하게 삼단으로 줄을 그은 여섯 권의 공책에는 일상과 가족 이야기, 세계 곳곳에서 들려오는 ― 새롭게 발명된 전신으로 수집된 ― 뉴스, 런던 거리에서 일어나는 각종 사건과 사고들, 견습공들 이야기, 출판계 동향은 물론 자기주장 강한 10대 소년의 다양한 걱정거리와 관심사들이 생생하게 그려져 있다. 이 일기는 근면 성실한 한 소년이 인쇄출판과 삽화라는 세계에 어떤 기회가 숨어 있는지 깨닫는 과정을 담은 한 편의 성장기로도 읽힌다. 내용은 대부분 전형적인 학생의 고민거리로 시작해 그날그날의 사건, 의회에서 벌어진 찬반 토론, 크림전쟁 관련 뉴스를 비롯해 국제 정세까지 아우르는데, 훗날 윔퍼의 기질적 특징이 되는 신랄한 언변과 반어법을 곳곳에서 엿볼 수 있다.

> 상트페테르부르크에 주재하는 페르시아 대사에게는 얼마 전 하인
> 의 부주의로 석탄 때문에 숨진 아들이 있었다. 대사는 격분한 나
> 머지 그 하인의 살가죽을 산 채로 벗기겠다고 러시아 정부에 통
> 보했다. 하지만 러시아 정부가 이를 허용하지 않자, 대사는 형을
> 집행하기 위해 하인을 페르시아로 보내버렸다. 참 대단한 사람이
> 다.[1]

크림반도의 전황 분석은 일기에 자주 등장한다. 무슨 수를 써서라도
세바스토폴을 포위해야 한다고 영국 정부에 촉구하는가 하면, 군사령
관들을 향해 다음과 같은 신랄한 비판을 퍼붓기도 한다. "오늘, 믿을 만
한 소식통에 따르면, 래글런 경Lord Raglan이 전사했다고 한다. 그의 친
구들에게야 안타까운 일이겠지만, 영국으로서는 잘된 일이다."[2] 웜퍼
는 상대적으로 안전한 램버스에 있었지만 살인과 강도, 교수형, 화재
및 도시의 치안을 위협하는 각종 사고에 대한 걱정을 드러내고 있는
데, 다음과 같은 일기가 전형적이다. "연중 이맘때만 되면 살인이 판을
침. 최근에도 몇 건 발생. 매우 춥고 건조함."[3]

　　웜퍼는 자기주장이 강한 소년이었지만, 여느 사내아이들처럼 빅
토리아시대 초기 런던에서 자주 발생한 화재 현장마다 넘치는 호기심
을 주체하지 못하고 달려가는 영락없는 10대 소년이기도 했는데, 화재
이야기를 쓸 때면 나름대로 도덕적 해석을 덧붙이곤 했다.

> 오늘 오후 4시 정각 카튼Cotton 씨의 불꽃놀이용품점에서 불이 나
> 2시간 만에 몽땅 다 타버렸다. 이 집이 무너진 것만 벌써 네댓 번

째다. 카튼 부인은 지금까지 두 명의 남편을 화재로 잃었으면서도 매번 무사히 빠져나왔다. 이것은 너무나 명백해서 나는 카튼 부인이 화재와 모종의 관련이 있는 게 틀림없다고 생각한다. 아마도 불순한 동기일 테지.[4]

윔퍼의 소년다운 호기심은 커가면서도 없어지지 않았다. "오늘 저녁 세인트캐서린St. Katherine 선착장에서 매우 큰불이 나서 그곳에 ― 가능하다면 늘 그랬듯이 ― 갔었다."[5]

그렇다고 윔퍼가 일기를 매일매일 쓴 것은 아니었다. 며칠 미뤄두었다가 돌이켜 생각해보면서 쓰는 때가 많았다. 때로는 일주일을 넘기기도 했는데, 이러한 습관은 평생 이어졌다. "휴우, 산더미같이 일이 몰려오는구나. 오늘로 일기를 쓰지 않은 지 나흘째다."[6] 뉴스에서 접한 사건이나 자신이 한 일에 대해 상세히 적기 위해 신중하게 계산해 여백을 남겨둔 적도 많았지만, 그 여백을 다시 채운 적은 없었다. 윔퍼는 일기를 쓸 때 맥락을 갖추려고 노력했다. 윔퍼의 일기에는 그날그날 적은 내용 ― 그날 한 일, 시간, 단서, 이름 등 ― 과 며칠에서 몇 주일쯤 지나 생각을 정리한 후에 의식적으로 쓴 서술이 섞여 있다. 일기를 쓸 당시에는 나중에 어떻게 활용할지 구체적으로 생각하지 않았겠지만, 나중에 활용할 수도 있다는 생각에 적어놓은 것들이었다. 윔퍼는 그림과 사진, 스케치, 정보, 물건, 인맥을 모은 것처럼 나중에 활용할 만한 생각이나 단상도 모아두었다. 그러나 점차 맡은 일이 늘어나고 가업에서 더 많은 책임을 떠안은 후에 쓴 일기는 신변잡기와 개인적인 생각과 감정에 좀 더 치우쳐 있음을 볼 수 있다.

윔퍼 공방에 들어온 도제의 일반적인 고용 조건은 주3일 근무로 남는 시간에는 각자 따로 돈을 벌 수 있었는데, 윔퍼는 열네 살 때 처음으로 은행에 돈을 저금했다.[7] 조사이어는 견습공들에게 공공미술관에 가서 미술 작품들을 보고 견문을 넓히라고 조언했다. 윔퍼는 대영박물관이 개관하자마자 커다란 돔 지붕이 덮인 원형 열람실을 방문해 "놀라고, 감동받고, 기쁜 마음으로 돌아왔다."[8] 원형 열람실의 애용자가 된 윔퍼는 훗날 전등의 도입으로 개방 시간이 길어지자 "런던에 있는 모든 공공건물 중에서 가장 만족스러운 건물까지는 아니더라도 가장 웅장한 건물의 하나"라고 예찬하는 글을 쓰기도 했다. 하지만 "세계에서 가장 훌륭한 무료 공공도서관"의 미덕을 격찬하면서도 성격상 다음과 같은 점을 꼬집지 않을 수는 없었다. "이곳은 만남의 광장으로 쓰이기 위해 만들어진 곳이 아니다. 소설이나 읽으며 시간을 때우는 곳도 아니다."[9]

도제 생활을 막 시작했을 때 윔퍼가 맡은 일은 회양목을 판목 크기로 자르는 일, 제도공의 작업을 위해 판목을 표백하는 일, 판화지를 준비하는 일, 인쇄기 사용법을 익히는 일, 간단한 도안을 그리는 일, 그 밖의 각종 심부름이었다. 그러다 차츰 정기 간행물 기사에 본문을 보완하거나 장식하기 위해 들어갈 찻잔 같은 단순한 그림과 화환이나 바다표범 같은 도안을 판목에 그리는 일도 맡게 되었다. 판각 작업은 정확한 손놀림은 물론 흑백으로 찍혀 나올 그림을 미리 생각하는 능력도 요구한다. 정확하고 정밀한 표현 수단인 목판화로 빛과 그림자가 만들어내는 미묘한 질감과 색조 변화를 표현하기 위해서는 세부에 대한 꼼꼼한 주의력도 필수적이다. 장남 프레더릭은 같은 수련을 받았지만, 판각공의 길 대신 아버지의 관심사를 따라 더 명성 높은 수채화가의 길을 택했다. 장남으로 총애를 받은 프레더릭은 런던 주변과 서리주 전원 지역, 멀리는 요크셔Yorkshire 지방과 스코틀랜드까지 아버지를 따라 자주 스케치 여행을 다녔다. 프레더릭과 달리 윔퍼는 그러한 여행을 하려면 스스로 기회를 만들어야 했다. 그 말인즉, 게으르고 빌빌거리는 삼촌들을 조르는 수밖에 없었다는 뜻이다. 하지만 윔퍼는 그림에는 천부적 소질이 없었다. 리치먼드Richmond에서 돌아온 후에 속상한 마음을 숨기지 못하며 윔퍼가 내뱉은 말은 다음과 같았다. "나는 스케치를 채색하려고 했지만, 저번에도 그랬던 것처럼 완전한 실패작이되어버렸다."[10]

윔퍼 가문은 시간을 유익하게 사용하고 근면하게 살라는 개신교 윤리를 신봉하는 아주 독실한 가정이었다. 일요일이면 아침저녁으로 두 번씩 런던브리지 부근의 메이즈폰드Maze Pond에 있는 침례교회까지 걸어가 예배에 참석했다. 이 교회에는 윔퍼 가문의 전용 신도석도 있었다. 조사이어는 교회에서 다양한 위원회에 몸담았고, 1855년에 집사로 선출되었으며, 교회를 중심으로 사회생활을 해나갔다.[11] 교회가 있는 자리는 부둣가와 슬럼가, 고약한 냄새가 나는 서더크Southwark와 버몬지Bermondsey의 가죽공장 지대에 둘러싸인, 런던에서 가장 가난한 지역으로 손꼽히는 곳이었지만, 교회에 오는 신도들은 대개 은행가 아니면 변호사, 포도주 상인, 공장주들, 즉 윔퍼 가문과 같은 전문직 종사자들이었다. 이 교회에 부임한 목사들은 인구가 계속 느는 지역에서 신도 수는 계속 줄어드는 기현상을 그냥 지켜보는 수밖에 없었다. 경제력이 좋은 중류 계급 신도들이 그들만의 작은 세계에 하층민을 들이는 것을 싫어했기 때문이다. 위원회는 가난한 자들을 보살피기 위해 꾸려졌지만, 가난한 자들은 교회에 들어갈 수 없었다.[12]

윔퍼의 일기에는 설교 이야기도 자주 등장한다. 간혹 "가장 화려한 찬사가 아깝지 않을 만큼 인상적인 설교"라는 호평도 있지만,[13] 주를 이루는 것은 다음과 같은 신랄한 비판이다. "그가 내게 미치는 영향은 거의 어김없이 달콤한 잠에 빠지게 하는 것이다. 적어도 그가 설교랍시고 떠드는 모든 것에 관해서는 그렇다."[14] 어느 일요일에는 70대에 접어든 연극배우 셰리든 놀스Sheridan Knowles가 교회에 찾아와 설교를 했다. 연극 애호가였던 프레더릭은 어린 시절 놀스를 만난 추억을 훗날 이렇게 묘사했다.

> 신도들의 흥미와 호기심을 어찌나 잘 끌어내던지 … 한순간, 놀스는 갑자기 말을 멈추더니 천천히 엄숙한 어조로 말했다. "성경을 읽으십시오. 그리고 윌리엄 셰익스피어를 읽으십시오." 이 말은 다소 융통성 없고 무뚝뚝한 신도들에게는 상당히 도발적인 발언이었다.[15]

윔퍼는 연극에는 흥미를 느낀 적이 없었다. 아마도 한눈을 팔게 해 생산적인 활동을 방해한다고 여겼던 모양이다. 그래서 같은 사건을 두고 쓴 그의 일기는 형의 일기와는 전혀 딴판이었다.

> 나는 연극적인 설교가 마음에 들지 않는다. 나로서는 차분한 설교

가 차라리 들을 만한데, 다른 사람들은 그런 연극적인 설교가 좋은 가 보다. 결과적으로 교회가 평소와 달리 발 디딜 틈 없이 꽉 차고 말았다.[16]

윔퍼는 평생에 걸쳐 뛰어난 대중 연설가의 면모를 보였다. 좋은 발음을 이해하는 귀와 명확한 언어 구사력, 청중을 휘어잡는 요령은 분명 일요 설교를 꾸준히 또 통찰력 있게 경청하면서 얻은 것으로 보인다. 윔퍼는 형편없는 연설에는 언제나 비판을 쏟아냈다.

왜 연설을 못하는 사람들은 앞에 나서서 다른 사람을 지루하게 하는 것일까? 또 왜 연설을 잘하는 사람들은 좀 더 들을 만한 가치가 있는 이야기를 하지 않을까?[17]

윔퍼 가문 사람들에게 일요일은 종교적인 날이었다. 윔퍼는 한 친척 어른과 버스를 타고 캠던Camden으로 여행을 간 적이 있는데 "그 때문에 안식일에 불필요하게 움직이고 다른 사람을 움직이게 한 일"에 죄책감을 느끼면서 이렇게 덧붙였다. "다시는 그러고 싶지 않다. 그것이 옳지 않은 일이라고 생각하기 때문이다."[18] 안식일 규정을 깨고 공원과 미술관, 박물관을 일요일에 개장하려는 의회의 시도 또한 깐깐한 소년 윔퍼를 분노하게 만들었다. "쉬는 날인 안식일을 망가뜨리는 짓은 영국을 정치적으로 또 도덕적으로 훼손하는 짓임을 만천하가 알게 되리라."[19] 알프스를 누비던 시절에도 윔퍼는 가능하면 일요일에는 격렬한 활동을 삼가려고 노력했다. 침례교 교리를 특별히 신봉한 적은 없었지만, 20대 때는 일요 예배에 거의 빠지지 않고 참석했다. 그리고 런던에 머물 때면 일요일은 항상 집에서 조용히 보냈다. 강한 종교적 신념 때문이었다기보다는 사회적 전통으로 이미 확립된 것이라고 믿었기 때문이다. 윔퍼 가문의 딸들은 훗날 헤이슬미어Haslemere에 있는 회중교회의 열성 신도가 되었지만, 찰스를 제외한 윔퍼 가문의 아들들은 침례교 교리를 특별히 신봉하지 않았다.

18세기 산업화의 진전과 함께 인구의 도시집중이 심화되면서 램버스로 대거 모여든 사람들로 인해 도시 빈민이 급격히 불어나자, 빅토리아시대 박애주의자들은 이들을 위한 자선 활동을 전개했다. 식초 양조업으로 부를 쌓은 가문의 일원인 헨리 뷰포이Henry Beaufoy는 1851년에 1만 파운드의 사비를 출연해 램버스 빈민들을 위한 빈민학교를 세웠다.＊ 윔퍼의 양친은 모두 이 빈민학교의 위원회에 몸담았으며, 학교 운영비를 기부했다. 윔퍼의 어머니는 학생들에게 줄 간식을 전달하거나 완두콩 수프를 배식해주러 자주 이 학교에 찾아갔다.[20] 윔퍼는 의무감에 가끔 어머니를 따라 이 학교에 갔는데, 하루는 섀프츠베리 백작Earl of Shaftesbury이 "하류 계층의 행복과 복지 증진을 위해 노력한 공로로 밀러W.H. Miller에게 감사장"을 수여하는 모습을 보게 되었다. 그날

＊ 헨리 뷰포이의 아버지인 마크 뷰포이Mark Beaufoy는 1787년 몽블랑을 오른 최초의 영국인이 되었다. 드 소쉬르보다 단 며칠 뒤에 이루어진 등정으로 제4등의 기록이었다. 윔퍼는 뷰포이의 등정 사실은 알고 있었지만, 램버스 뷰포이 가문과의 인연은 생애 말년에야 알게 되었다. 빈민학교 건물은 블랙프린스 로드Black Prince Road에서 조금 떨어진 뉴포트 스트리트Newport Street에 있다. 건축 당시에는 고전 양식의 주랑 현관과 두 채의 별관이 있었으나, 지금은 남관만 남아 있다.

윔퍼가 남긴 "솔직히 고백하건대 행사는 예상대로 램버스 방식으로 진행되었다."라는 촌평은 윔퍼 가문 사람들이 교양과 문화적 소양 면에서 주변 이웃들보다 수준이 높다고 생각했음을 나타낸다.[21]

윔퍼는 어머니의 피를 물려받아 가까운 이웃을 돕는 일에 관심이 많았다. 일단 어떤 문제를 보았다 하면 절대 그냥 지나치는 법이 없었다. 1859년 3월 19일 자『더 타임스』에는 윌슨 양Ms. Wilson과 에드워드 윔퍼의 이름이 나란히 적힌 작은 공고가 실려 있다. 강도에게 피습당해 가족을 부양할 수 없게 된 런던의 한 가장을 위한 기부금을 호소하는 내용이었다. 당시 윔퍼의 일기에는 "나는 다음과 같이 상당히 묘한 처지에 놓이게 되었다."라고만 적혀 있을 뿐 이후 며칠은 여백으로 남아 있다.[22] 모금 결과가 어땠는지, 윌슨 양과 윔퍼가 어떤 관계였는지 궁금증을 자아내지만 알아낼 길은 없다. 이 일화가 증명해주듯이, 그 자신도 사회 속에서 설 자리를 만들기 위해 부단히 노력하는 사람이었던 만큼 윔퍼에게는 하류 계층을 향한 타고난 동정심이 있었다.

윔퍼의 일기에는 당대의 정치적 권모술수도 제법 상세히 적혀 있다. 윔퍼는『더 타임스』의 애독자로 10대 시절부터 확고한 토리당 지지자였다. 윔퍼는 이미 확립된 전통과 사회적 관습을 신봉했을 뿐 아니라 공공사업의 가치도 신봉했다. 그래서 대영박물관 도서관, 사우스켄싱턴에 생긴 박물관, 집 근처에 세워진 템스 제방, 배젤제트Bazalgette의 하수도 시설 같은 공공사업을 열렬히 지지했다.

> 대도시 사업국이 착수한 사업은 … 런던의 가장 낙후된 부분인 하
> 수도였다. 런던과 템스강에서 하수를 깨끗이 치우는 일은 그들이

할 수 있는 가장 훌륭한 서비스일 터이다. 그 목표를 향해 부지런
히 노력한다면 우리는 지금같이 더럽고, 지저분하고, 정체되고, 악
취가 진동하며, 건강을 위협하는 템스강 대신 전과 같이 아름다운
강을 다시 볼 수 있으리라.[23]

기술을 적극적으로 활용해 부를 쌓은 전형적인 '프티 부르주아petit
bourgeois' 가문의 일원이면서도, 윔퍼는 변화와 근대성을 중시하는 자유
주의 철학을 받아들이지는 않았다. 윔퍼는 예부터 해오던 관행과 사회
적 행동을 신봉했고 평생 바뀌지 않았다. 일기를 보면 그가 유년 시절
에 아버지와 교회 지인들의 보수주의를 그대로 흡수했음이 드러나 있
다. 지역 도자기회사 출신의 프레더릭 덜튼Frederick Doulton이 급진파 하
원의원으로 램버스에 출마했을 때 윔퍼는 이 문제에 개입하는 것이 의
무라고 생각했다.

> 방해하거나 방해하는 일을 돕고자 하는 마음에 빅토리아 극장에
> 서 열린 덜튼의 모임에 갔다. 하지만 굳이 나까지 나서지 않더라
> 도 소란은 충분했다. 탄식과 야유 소리가 어쩌나 크던지, 연사들
> 에게서 불과 몇 발자국 떨어져 있었는데도 그들이 하는 말을 단
> 한마디도 알아들을 수 없었다. 나는 무대에 오르는 행운을 누릴
> 수 있었다. 극장에서 무대에 올라본 것은 처음이었다.[24]

하지만 윔퍼는 대안에 대해서는 많이 생각하지 않았다.* 윔퍼는 유년 시

---

* 덜튼은 1857년에 선출된 자유당 소속의 현직 램버스 하원의원이었던 윌리엄스Williams와 루펠
Roupell을 지지하며 사퇴했다. 3년 후 루펠은 유언장 및 부동산 양도문서 위조죄로 기소되어 14
년의 중노동형을 선고받았다. 재판 과정은 몹시 선정적으로 보도되었다.(윔퍼는 물론 열광적으
로 기사를 챙겨 읽었다.) Judy Harris, The Roupells of Lambeth: politics, property and peculation in Victorian
London(London: Streatham Society, 2001). 1848년 4월에는 대규모 차티스트 시위대가 케닝턴 커먼
Kennington Common에 집결했는데, 이곳은 윔퍼의 집에서 가까웠다.

절에 형성된 이러한 정치적 성향을 평생 유지했다. 1872년 일기에는 그린란드 원정에 대한 기고문이나 강연에 사용하려던 것으로 보이는 다음과 같은 내용이 있다.

> 나는 경위의*를 혁명적인 도구로, 모든 것을 측량할 수 있는 도구로 생각해왔다. 그러나 진성 보수주의자로서 나는 지금까지 이것을 가지고 여행한 적이 없다.[25]

19세기 중반 휘그당원과 자유당원들은 정부의 규제와 개입을 최소화하고 귀족 중심의 낡은 사회제도를 철폐하자는 고삐 풀린 '자유방임적' 자본주의를 지지했다. 노동 관행에 대한 국가 규제를 찬성한 사람들은 윔퍼가 램버스 빈민학교에서 본 섀프츠베리 백작 같은 보수적인 귀족 중심의 토리당원들이었다. 1840년대에 10시간 노동법과 공장법을 도입하게 된 배경에는 섀프츠베리의 입김이 크게 작용했다. 윔퍼의 조부인 너새니얼은 입스위치의 자유당 시의원이자 차티스트Chartist 운동† 지지자로 유명했는데, 아마도 이 사실은 조사이어가 입스위치파에 대해 가진 반감과 큰 관련이 있을 것으로 보인다.[26]

윔퍼는 어떤 일도 대충대충 건성으로 하는 법이 없었다. 복잡한 도안을 판각하는 일이든, 걷는 일이든 예외가 없었다. 그리고 항상 자신에게 높은 기준을 적용했다. 어느 겨울날에는 일을 마친 후에 아버지의 스케치 작업을 구경하겠다고 트위크넘Twickenham까지 걸어간 일

---

* 각도를 측정하는 데 사용하는 측량 기구 — 옮긴이

† 1830년대부터 1840년대까지 영국에서 노동자 계급의 주도로 참정권을 요구하며 전개된 정치 운동 — 옮긴이

도 있었다.

> 거기서부터 햄 커먼Ham Common까지 걸었다. … 그곳에서 차를 마
> 신 후에 곧장 걸어왔다. 2시 반부터 9시 반까지 40킬로미터를 주
> 파했다. 오늘 신기록을 세웠다. 처음으로 1시간에 9킬로미터를 걸
> 었고, 리치먼드까지 16킬로미터를 1시간 50분 만에 걸었다. 훈련
> 도 부족한 상태였고, 길 상태도 안 좋았으며, 새 신발이었음을 감
> 안하면 나에게는 훌륭한 기록이었다.[27]

길 상태가 어떻든 1시간에 8킬로미터를 꾸준히 걸을 수 있다면, 대부
분 걸어서 여행하던 시대에도 제법 괜찮은 속도라고 할 수 있다. 이듬
해 봄 윔퍼의 건축물 스케치 여행지 중에는 세인트올번스St. Albans도
들어 있었다.

> 성가대석을 스케치한 시간까지 포함해서 5시간이 걸렸다. 집에서
> 유스턴스퀘어Euston Square까지 5킬로미터를 걷고, 왓퍼드Watford에
> 서부터 12킬로미터를 걸었다. 같은 길로 되돌아와야 했다는 점만
> 빼면 나쁘지 않았다.

윔퍼는 당연히 미래에 실용적으로 도움이 되느냐를 잣대로 시간을 배
분했다. "언젠가 수도원에 다시 가봐야겠다. 내부에 도움이 될 만한 것
들이 많이 있기 때문이다."[28] 윔퍼는 늘 얼마나 걸었는지를 꼼꼼히 기
록했고, 장거리를 꾸준한 속도로 걸을 수 있는 능력을 자랑스럽게 생
각했다. 훗날 영국산악회 동료인 레지널드 맥도널드Reginald Macdonald
와 런던에서 포츠머스Portsmouth까지 120킬로미터에 이르는 길을 시간
을 재면서 걸은 적도 있는데, 20시간을 약간 초과한 기록을 세웠다.[29]

63세 때는 밴프Banff에서 밴쿠버Vancouver까지 놓인 캐나다태평양철도를 따라 800킬로미터를 종주하기도 했다. 도시에서 주로 앉아서 일하는 사람이었음에도 — 혹은 아마도 그랬기 때문에 — 그는 지칠 줄 모르는 체력으로 신체 활동 그 자체에서 얻을 수 있는 기쁨을 만끽했다. 이렇게 자주 도보 여행을 다니는 한편으로, 형 프레더릭이나 학교 친구들, 공방 동기생들과 함께 템스강에서 뱃놀이도 즐겼으며, 램버스에 살 때는 집 앞에 새로 생긴 실내 수영장도 자주 이용했다. 캐나다에 머물 때는 60대의 나이가 무색하게도 틈만 나면 근처 호수로 달려가 원기를 북돋워 주는 냉수욕을 즐기는가 하면, 그린란드에서는 북극의 빙산들 틈에서 과감하게 수영을 즐기는 모습으로 덴마크인들은 물론 그린란드인들까지 혀를 내두르게 했다.

이처럼 몸을 단련하는 일을 게을리하지 않았지만 윔퍼는 잔병치레가 많은 편이었다. 특히 젊었을 때 더 심했는데, 신경쇠약과 심한 두통을 달고 살았으며, 매사에 적극적으로 임하려고 하는 끝없는 욕망에서 비롯된 스트레스와 과로에서 오는 갖가지 질환에도 시달렸다. 가업에서 책임이 늘어났을 때 가족 주치의는 윔퍼에게 몸을 돌보라고 충고했다. "몸을 돌보지 않고 계속 무리하면 어김없이 또 열이 오를 것이라고 하셨다. 좋은 소식 있음."[30] 스트레스와 과로에 대한 취약성은 평생 계속되었지만, 주변 사람들은 이 사실을 거의 눈치채지 못했다. 청년 시절 윔퍼는 수려한 용모에 매력적인 인물이었다. 키가 아주 큰 편은 아니었지만 중간쯤은 되었다. 20대 초반에 런던 사진관에서 찍은 두 장의 사진에는 단호한 표정에 단정한 용모가 돋보이는 청년 윔퍼의 모습이 담겨 있는데, 움푹 들어간 파란 눈이 날카롭게 빛나 지적인 인상을 풍긴다. 윔퍼는 항상 머리를 단정하게 자르고, 가부장적으로 수염을 기른 아버지와는 달리 깔끔하게 면도를 하고 다녔다. 빅토리아시대에 유행하던 턱수염이나 콧수염, 구레나룻은 단 한 번도 기른 적이 없었다.

평생 윔퍼의 흥미를 잡아두면서 사회생활의 폭을 넓혀준 운동은 바로 크리켓이었다. 케닝턴 오벌Kennington Oval 구장은 1845년에 서리 크리켓 팀의 홈구장이 되었는데, 윔퍼는 짬만 나면 그곳으로 달려가 서리주의 영웅들을 보거나 학교 친구들과 크리켓을 즐겼다. 윔퍼는 당연히 홈팀을 열렬히 응원하는 팬이 되었다.

> 오후에는 케닝턴 오벌 구장으로 가서 우리 서리주와 서식스Sussex 주의 경기를 보았다. 정말 환상적인 경기였다. … 서리주가 멋진 수비로 타구를 처리하는 방식은 정말 최고의 찬사를 받아 마땅하다. 밀러F. Miller 씨는 특히 뛰어났다.[31]

어머니의 은인인 새뮤얼 리 가문을 방문하러 페캄에 자주 갔던 윔퍼는 그 지역 동호회에 가입해서 그곳에 갈 때마다 크리켓을 즐겼지만, 다음과 같이 다짐했다. "걱정스러운 점은 그들이 괴짜 짓을 많이 하고, 늘 맥주에 취해 있는 무리라는 점이다. 그런 나쁜 습관에 물들지 않도록 노력해야겠다."[32] 윔퍼는 노스램버스 크리켓클럽의 열정적인 창단회원이었으며, 동호회나 협회에서 공식적으로 마련한 사회 활동은 언제나 좋아했다. 캔터베리 대주교가 램버스 궁전 뒤편에 있는 땅을 내준 덕분에 윔퍼를 주장으로 내세운 노스램버스 크리켓클럽은 노스브릭스

20대 초반에 사진관에서 찍은 윔퍼의 사진 (© Alpine Club Picture Library)

턴 크리켓클럽을 상대로 개막전을 펼쳤다. 선수가 한 명 부족했음에도 총 득점 48점 중에서 무려 19점을 득점한 윔퍼의 활약으로 램버스 팀이 승리할 수 있었다. 브릭스턴 팀은 이듬해에 개막전의 패배를 설욕했다.[33]

윔퍼는 천성적으로 타고난 사교가는 아니었다. 타고난 자신감이 부족했고, 사교 모임에 나가는 일을 꺼려했다. ("아버지와 어머니는 오늘 밤 교회에서 열리는 사교 차 모임에 갔다. 나는 차 모임이 정말 싫다."[34]) 윔퍼는 동호회나 협회에서 하는 공식 행사에 참가할 때 좀 더 편안함을 느꼈다. 하지만 공교롭게도 목판화 제작은 사교적인 활동이었다. 판각공들은 긴 의자에 나란히 앉거나 탁자에 둘러앉아 일했으며, 화가나 제도공, 저자들은 담배를 피우거나 한담을 나누러 수시로 들락거렸다. 게다가 하급 견습공들은 발이 부르트도록 심부름을 다녀야 했는데, 윔퍼의 일기에는 하루에 여섯 명에서 여덟 명, 혹은 그 이상을 만났다는 기록도 심심치 않게 보인다. 그렇다고 윔퍼가 비사교적인 사람이었던 것은 아니다. 어릴 때는 사람들과 잘 어울리기 위해서 또는 운동 등을 같이 할 친구를 찾기 위해서 많이 노력했지만, 특유의 외골수적이고 완고한 성격 탓에 혼자 보내는 시간이 훨씬 더 많았을 뿐이다. 윔퍼는 어릴 때만 해도 친구나 친척들이 주최하는 '청소년 모임'에 나갔지만, 좀 더 컸을 때 어른들의 사교 모임에서는 자신 있게 어울리지 못했다. 형 프레더릭은 친척이 연 파티에 기쁜 마음으로 참석했지만, 다음과 같은 언급은 윔퍼의 자신감에 대해 많은 점을 시사한다. "나는 그곳에 초대받았지만 참석을 기피했다."[35] 윔퍼는 어떤 방식으로

든 도전을 해오거나 곤란한 질문을 하지 않는 사람들, 특히 형제자매나 친한 친구들과 있는 시간을 좋아했다. 생애 말년에는 거의 스무 살차이가 나서 오빠를 우상처럼 여기는 여동생 애넷과 가장 친했다. 특히 유년기에는 그가 상대방에게 좋은 감정을 느낀다면 상대방도 그에게 좋은 감정을 느낄 것이라고 상당히 순진하게 생각했지만, 내면의 자신감이 부족했던 만큼 때때로 의심이 파고들기도 했다. "내가 항상 좋아한 동창인 체스터 폴샴Chester Foulsham을 만났는데, 그 녀석도 나만큼 반가웠는지는 잘 모르겠다."[36] 훗날 산악계 지인들이 자신에게 느끼는 감정이 자신이 그들에게 느끼는 감정과 다르다는 사실을 알게 되었을 때 윔퍼는 상당한 충격을 받게 된다. 소개장을 부탁하면서 윔퍼는 한 친구에게 다음과 같이 말했다.

> 어릴 때 소개장 없이 끼어들었다가 한두 번쯤 심한 모욕을 당했었지. 그 결과 지금의 나는 과하다 싶을 정도로 철저하게 챙긴다네.[37]

그중에서도 가장 큰 충격은 형 프레더릭의 지인으로, 그린란드에 함께 갔던 로버트 브라운Robert Brown과의 관계에서 받은 충격이었다. 윔퍼는 어릴 때부터 사람을 공손하게 대해야 한다고 배웠다. 그래서 상대방이 신분이 높은 귀족이건 신분이 낮은 소작농이건 자신에게 똑같이 행동해주기를 바랐다. 생애 말년의 윔퍼를 잘 알았던 한 친구는 이렇게 말했다. "윔퍼는 자신의 신분과 전혀 어울리지 않는 이웃이나 동료들과 가까워지고 친분을 유지하는 솜씨가 매우 뛰어났다. 이발사나 조류 박제사, 뱃사공, 그물 수선공에게 흔치 않은 정보를 많이 주워듣고 그들과 몇 시간이고 대화를 나누곤 했다."[38] 윔퍼는 책과 예술가, 종교적인 절주, 근면으로 이루어진 환경에서 자란 만큼 자신을 '신사라고 생각했으며, 램버스에 사는 불결하고 가난한 이웃들보다는 한 단계 높은 계급이라고 생각했다. 윔퍼의 자기 확신은, 더 정확히는 그가 소년 시절에 가졌던 자기 확신은 'h' 발음을 자주 빠뜨리는 런던 남부 사투리를 쓴다는 사실과 수공업에 종사한다는 배경이 어떤 사람의 눈에는 다르게 보인다는 사실을 깨달은 순간부터 흔들렸다. 아마도 빅토리아 시대 상류층은 지금 우리가 알고 있는 것보다는 더 유동적이고 계급이 덜 고착화된 성격이었던 것으로 보이는데, 윔퍼는 분명 자신의 재능을 인정해주는 교양 있는 중상류 계층의 친구와 지인을 많이 알고 있었지만, 자신이 도전받지 않는다고 느끼는 사람들과의 관계를 더 편안해했다. 사회적 인정은 노력해서 얻어내야 하는 것이라고 생각한 윔퍼는 항상 다른 사람의 실용적인 업적에 주목하곤 했다. 하이드파크 공원에서 열린 첫 번째 빅토리아 십자훈장 수여식을 묘사하면서 윔퍼는 다음과 같은 생각에 전적으로 찬성했다. "이것은 전시에 세운 혁혁한 공훈에 따라 주어진다. 따라서 이와 같은 훈장 대부분이 그렇듯이 공적을 쌓은 행위에 주어져야지 협잡 행위에 주어져서는 안 된다." 하지만 윔퍼는 유감스럽다는 투로 이렇게 덧붙였다. "심히 안타까운 일은 이 십자훈장을 가장 명예롭게 받아 마땅한 사람들이 이 훈장을 받을 수 없는 곳, 즉 무덤에 있다는 점이다."[39]

윔퍼 가문은 매년 램버스를 벗어나 여름휴가를 즐길 만큼은 부유했다. 초반에 아들이 두서넛만 있을 때 즐겨 찾던 곳은 와이트섬Isle of Wight이었다. 윔퍼가 열다섯 살이던 해에는 식구 수가 불어나 이스트본Eastbourne에 있는 집을 한 달 동안 빌렸다. 이스트본에서 흥미를 끄는 대상을 찾을 수 없었던 윔퍼는 형 프레더릭과 함께 비치헤드Beachy Head로 갔다. 알리스터 크롤리Aleister Crowley와 믹 파울러Mick Fowler 같은 걸출한 등반가들보다도 앞서 이 백악 절벽에 도전한 셈이었다. 윔퍼의 일기에는 단지 "비치헤드에 갔었다. 그곳에서 절벽을 기어오르다가 하마터면 목이 부러질 뻔했다."라고만 적혀 있지만, 생애 말년에 그는 영국해협을 건너려는 한 친구에게 이 절벽을 강력히 추천했다. "나의 유한한 존재가 끝날 뻔했었지. … 백악과 치즈는 좋은 등반 소재가 아니라네."[40] 윔퍼는 식구들보다 일주일 먼저 런던으로 돌아왔고, 몹시 바빠 일기를 쓸 겨를이 없었다.

이듬해 여름, 동생들은 딜Deal에 가자고 성화고, 어머니는 와이트섬에 다시 가고 싶어 하고, 아버지는 사우스엔드Southend를 원했는데, 결국 낙찰된 곳은 햄 커먼이었다. 동생들은 어머니를 따라가고, 프레더릭 — "화가가 되겠다는 야망을 품은" — 과 아버지는 요크셔 지방으로 가고, 윔퍼는 램버스에 남았다. 이제 열여섯 살이 된 윔퍼는 동생들과 노는 시간보다 일을 하거나 크리켓을 하는 시간이 더 좋았다. "몇 주일간 집이 조용할 거라 기분이 매우 좋다." 주말이면 걷거나 기차를 타고 리치먼드로 갔는데 "이 동네에 안 본 곳은 거의 없지만, 그래도 리치먼드 공원 주변에는 예쁜 곳들이 꽤 많다. 리치먼드에서 킹스턴Kingston으로 흐르는 템스강의 경관도 훌륭하다."라고 생각했다.[41]

이듬해, 조사이어와 프레더릭이 스케치 여행차 스코틀랜드에 있는 동안 윔퍼는 케닝턴 오벌 구장에서 열린 서리-서식스 연합팀과 올 잉글랜드 일레븐All England XI의 대전에 정신이 팔려 있었다. 윔퍼는 크리켓 경기에서 연합팀이 승리해서 기뻤지만 — "우리 주와 이웃 주(없더라도 아주 잘할 수 있었겠지만) 만세" — 인도에서 항쟁을 일으킨 용병들에게 가해진 살인적인 응징 — "끔찍하지만, 옳은 일" — 에 대한 두려움도 나타냈다. 버넘 비치스Burnham Beeches로 휴가를 가는 어머니와 여덟 명의 동생들을 기차역까지 배웅하고 돌아오면서 윔퍼는 다음과 같이 생각했다. "이제부터는 평화로운 집이 되겠지." 하지만 백부 에베니저는 전혀 도움이 되지 않기 때문에 "사업을 돌보는 모든 책임이 이제 나한테 있다." 윔퍼는 내심 책임감이 싫지 않았지만, 까다로운 아버지의 명령과 관행을 따라야 한다는 점은 싫었다. "내게 융통성을 발휘할 수 있는 권한이 있어 내 생각대로 할 수 있다면 분명 더 빨리, 더 잘 처리할 수 있을 텐데." 윔퍼가 서서히 목판화 사업을 책임지게 된 이유가 달리 할 사람이 없었기 때문인지, 아니면 윔퍼가 그 일에 필요한 정확하고 명료한 판단력과 체계적인 일 처리 방식을 가지고 있어서인지는 알 수 없다. 윔퍼는 분명 태평하고 다소 도락가적인 장남 프레더릭과는 성격 면에서 전혀 달랐다. 이 시기에 윔퍼는 "최상급 수식어를 동원해야 할 정도로 바빠서 일기를 쓸 겨를이 없다."라고 썼다.[42] 주말에는 식구들이 있는 버넘 비치스로 갔는데, 한번은 45킬로미터를 중간에 쉬지도 않고 걸어간 적도 있었다. 하지만 바쁜 와중에도 시간을 쪼개 스토크 포지스Stoke Poges에 있는 교회에 들렀다. 아버지가 최신판에 판각 작업을 한 시집인 『어느 시골 묘지에서 쓴 비가An elegy written in a country churchyard』를 쓴 시인 토머스 그레이Thomas Gray가 잠들어 있는 교회였기 때문이다.[43]

대가족 출신이었음에도 가족 내에서 윔퍼의 위치는 역설적이게도 아주 고립된 것이었다. 형 프레더릭은 화가라는 더 화려한 길을 택하기로 마음을 굳히고 도제 과정을 수료하기 전부터 런던 화랑에 그림을 전시하기 시작했다. 윔퍼는 형을 존경하고 형이 아버지와 다니는 여행을 동경했는데, 질시라기보다는 세상 속에 자신 있게 설 자리를 만들어가는 모습에 대한 동경에 가까웠다. 프레더릭은 1858년 9월에 도제 과정을 수료하고, 전통에 따라 예비 판각공들을 모두 모아 뒤풀이를 즐겼다. 토요일 오전 일과가 끝난 후에 다들 리치먼드로 우르르 몰려가 오후 내내 뱃놀이와 크리켓을 즐기면서 양껏 먹고 마셨다. 월요일 아침에 프레더릭은 켄트Kent주로 그림 여행을 떠났다. 이후 3년간 프레더릭은 그림을 꾸준히 전시하면서 수채화가로서 승승장구해나갔다. 1862년 여름에는 밴쿠버행 선박에 몸을 싣고 지구 반대편으로 한층 더 모험적인 삶을 찾아 떠났다.

윔퍼의 바로 아래 남동생인 앨프리드는 클래런던하우스를 졸업하자마자 인쇄업 실무를 익히기 위해 에든버러Edinburgh에 있는 알앤드알클라크R. and R. Clark 인쇄소로 파견되었다. 앨프리드가 1년에 보름씩 램버스로 내려왔지만, 가업은 점점 더 윔퍼 혼자서만 돌보게 되었다. "아버지는 그림 때문에 사업에 신경을 덜 쓰고 있다. 백부는 그 어느 때보다 있으나 마나 한 존재다. 해야 할 일이 산더미 같다는 건 아는

데, 어떻게 해야 할지는 모르겠다."[44] 윔퍼의 삼촌인 일라이자Elijah 역시 싸구려 대중소설에 삽화를 그리며 런던에서 판각공으로 먹고살았다. 또 다른 삼촌인 존John은 공방에 자주 들락거리다가 나중에는 얼마간 눌러살기도 했다. 윔퍼는 그 역시 있으나 마나 한 존재임을 깨달았다. "욱! 갈팡질팡하고 머뭇거리며 변덕스럽고 묶는 데 한나절 걸리고 푸는 데 한나절 걸리는 사람들이 몽땅 없어졌으면 좋겠다. 이 묘사는 존 삼촌에게 해당하는 것이다."[45]

윔퍼는 빅토리아시대 기술의 발달이 예고한 가능성들을 환영했으며 초기부터 사진에 적극적인 애정을 보였다. "이 기술은 지금 놀라울 정도로 완벽한 경지에 이르고 있다."[46] 로저 펜턴Roger Fenton은 윔퍼 가문 사람들에게 크림전쟁 사진을 처음 공개하는 사진전의 입장권을 보내주었고, 윔퍼는 한걸음에 달려갔다.[47] 윔퍼는 런던에서 열리는 사진전이라면 무조건 가서 "화랑에서 실용적인 목적으로 쓸 만한 사진을 잔뜩 사 왔다."[48] 공식 단체라면 늘 열성적으로 가입했던 윔퍼는 건축사진협회에 가입했고, 협회 모임에 참석하기 위해 토요일 밤의 즐거움을 포기했지만, "행사들은 상당히 지루했다."[49]

윔퍼는 유년 시절에 여러 가지 야망을 품었지만, 그 야망들을 어떻게 성취해야 하는지는 몰랐다. 웨스트민스터 왕좌법원에 갔을 때 윔퍼는 다음과 같이 생각했다.

내가 들은 것이 평소 수준에서 크게 벗어나지 않은 재판이라면, 판사들에게 그 멍청한 법정변호사들의 말을 그렇게 오래 듣고 앉아 있는 일은 참으로 고역일 것이다. 변호사가 되고 싶지만 아마 그런 변호사는 절대 되지 않을 것이다. 내가 이 일에 잘 맞고, 이 일이 나에게 잘 맞는다는 사실이 좋다. 두고 보면 알게 될 거다.[50]

웜퍼는 상황을 중요한 요점별로 나누어 파악할 수 있는 예리한 판단력과 어느 세부적인 것 하나 놓치지 않는 꼼꼼한 주의력이 있었으니 아마도 훌륭한 변호사가 되었을 것이다.

처음 판목에 그림을 그리고 고된 판각 작업을 했을 때 웜퍼는 야망이 채워지는 느낌을 받지 못했다. 하지만 웜퍼는 천성적으로 어떤 일도 절대 건성으로 하지 않는 사람이었다. 이 일과 이 일에 잠재된 가능성을 점점 더 알게 될수록 웜퍼는 기술적 숙련도와 예술적 감수성, 정확한 손놀림과 세부에 대한 주의력이 두루 필요한 이 일에 자신이 특별한 재능이 있다는 사실을 깨닫게 되었다. 이러한 재능 덕분에 웜퍼는 당시 판각공들 중에서 선도적인 인물이 될 수 있었다.

처음 이 일 — 나무에 그림 그리기 — 을 접했을 때는 조금도 흥미를 느끼지 못했다. 그저 바다를 항해하고 싶은 마음뿐이었다. 이런 마음은 차츰 누그러들었고 나는 운명을 — 어느 정도는 — 받아들이기로 마음을 정했지만, 불만이 완전히 사라진 것은 아니었다. 머릿속에는 내가 언젠가 위대한 인물이 될 것이라는, 오늘의 인물이 될 것이라는, 아마도 총리 아니면 적어도 백만장자는 될 것이라는 생각이 떠다녔다. 그런 생각이 없는 사람도 있을까? 그 생각들은 아직도 있다. 그 생각들이 사실인지 거짓인지는 시간만이 말해 줄 것이다. 하지만 지금은 내 운명이 무엇이든 받아들일 수 있다. 내가 그래야 한다고 생각했던 것보다 훨씬 더 만족스럽게.[51]

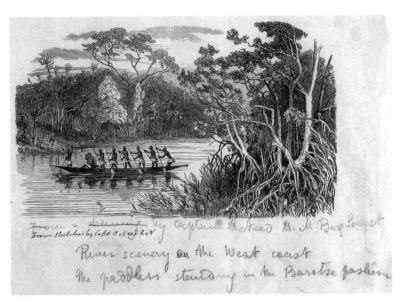

데이비드 리빙스턴의 『남아프리카 전도 여행기Missionary Travels and Researches in South Africa』(1857)
에 수록하기 위해 웜퍼 공방에서 판각한 목판화 교정쇄. 리빙스턴의 주석이 달려 있다. (스코틀랜드
국립도서관 이사회의 승인 아래 복제됨.)

웜퍼는 바다를 항해하고 싶다는 꿈을 한시도 잊은 적이 없었지만, 열
일곱 살에는 그로부터 겨우 8년 뒤에 자신이 어떻게 갑자기 '오늘의 인
물'이 되는지는 꿈에도 상상하지 못했다.

　　1857년 오늘의 인물은 아프리카에서 15년간의 선교 활동과 탐험
을 마치고 1856년 12월에 영국으로 돌아온 데이비드 리빙스턴David
Livingstone이었다. 아프리카를 서에서 동으로 횡단하고 빅토리아 폭포
를 본 최초의 유럽인이 된 그의 이야기는 존 머리John Murray가 책으로
엮기로 했는데, 출간 전부터 많은 기대를 모은 책인 만큼 생동감 넘치
는 삽화가 필요했다. 판각 작업은 웜퍼 공방에서 맡았다. 대부분의 작
업은 조사이어가 직접 했고, 한 점은 프레더릭이 맡았다. 판목에 삽

화를 그리고, 주제를 고르고, 구도를 잡는 데 많은 역할을 한 사람은 1848년에 영국으로 이주한 독일 태생의 박물화가 요제프 볼프Joseph Wolf였다. 삽화는 리빙스턴이 손수 그린 스케치나 그가 볼프에게 구술해준 내용을 바탕으로 그려졌다. 하지만 볼프는 탐험가의 눈썰미를 그리 높이 평가하지 않았다. "그는 주제를 제안하곤 했지만, 그가 말한 것을 이해할 방법은 없었다. 그의 마음속에는 삽화로 표현할 수 없는 것들만 들어 있었다."[52] 그러한 감정을 한쪽에서만 느낀 것은 아니었다. 리빙스턴 역시 볼프의 그림을 높이 평가하지 않았다. 특히 「사자를 피해 도망치는 선교사」라는 삽화에 크게 실망한 리빙스턴은 존 머리에게 다음과 같이 썼다.

> 사자에게 잡힌 그림은 차마 눈 뜨고 봐줄 수 없을 정도로 형편없군요. 간청하건대, 이 그림을 책에서 빼주십시오. 사자가 어떻게 생긴 동물인지 아는 사람은 이 그림을 보면 아마 포복절도할 것입니다. 이것은 볼프가 여태껏 그린 그림 중에서 최고의 졸작입니다.[53]

볼프는 조사이어가 한 판각 작업도 높이 평가하지 않았으므로 아무도 딱히 만족하지 않은 셈이었다. 조사이어가 작업한 아프리카 삽화들은 분위기나 신비감이 부족했고, 웜퍼가 당시에 그리던 로마와 피렌체Firenze의 작은 삽화들과 비교해도 완성도가 떨어진다는 평가를 받았다. 볼프는 조사이어의 결과물이 못마땅했던 듯하지만, 리빙스턴의 책을 계기로 그와 웜퍼 가문 사이에는 오랜 인연이 시작되었다.

웜퍼 가문 사람들은 리빙스턴을 타인의 의견을 잘 이해하지 못하는 까다로운 사람이자, 같이 일하기 힘든 사람이라고 평가했다. 리빙스턴은 인쇄소에서 삽화 교정쇄를 받았을 때 조사이어에게 수정과 보완을 요구하는 지시사항을 빼곡히 적어주었다. 윔퍼는 존 머리의 사무실, 요제프 볼프의 집, 리빙스턴의 집 사이를 오가며 숱한 심부름을 해야 했다. 리빙스턴이 사자 그림에 관해 편지를 보낸 다음 날, 윔퍼는 일기에 다음과 같이 적었다. "우리는 아직도 후반 작업에 매달리고 있다. 이 작업에서 영영 해방되지 못할 것만 같다."[54]

이 책에 들어간 삽화는 총 45점으로 대부분이 전면 삽화였다. 윔퍼 공방에서 작업한 기간만 몇 달이었다. 출간이 되자마자 윔퍼는 책을 몇 부 얻기 위해 존 머리의 사무실로 갔지만, 빈손으로 돌아와야 했다. 사흘 만에 1만 5,000부가 몽땅 다 팔린 탓이었다. 평소 시무룩하고 무뚝뚝한 존 머리의 얼굴에 웃음꽃마저 피어 있었다. 윔퍼는 다음과 같이 생각했다. "이것은 — 엄청난 일인데 — 존 머리 씨를 기분 좋게 만들고 상당히 호의적인 사람으로 만들었다."[55] 이 책은 리빙스턴에게 막대한 수익을 안겨주었다. 윔퍼 공방은 판각 작업비로 242파운드를, 볼프는 원화 작업비로 75파운드를 받았다.[56] 다들 리빙스턴을 같이 일하기 성가신 사람으로 생각했을지 몰라도, 윔퍼는 분명 그에게 호감이 있었다. 몇 년 후, 윔퍼는 리빙스턴의 마지막 여행을 주제로 장문의 글을 쓰기도 했다.[57]

아버지와 형이 사자와 아프리카 부락을 판각하느라 분주한 동안 윔퍼는 브리태니커 백과사전에 들어갈 측미계*의 모식도를 그렸다. 이

---

* 100만 분의 1미터까지 잴 수 있는 기구 — 옮긴이

것은 "인간이 상상할 수 있는 가장 지리멸렬한 작업"이었다.[58] 이 작업이 끝난 뒤에는 광학光學이라는 표제어 밑에 들어갈 300여 개의 모식도를 그려야 했다. 실로 인내심을 시험하는 일이었다. 작업 대상이 단조롭고 흥미를 느낄 수 없는 그림인 탓도 있었지만, 상대적으로 굵은 직선을 그리는 작업이 매우 힘들었기 때문이다. "선은 40밀리미터 두께로 그려야 했다. 회양목에 두꺼운 선을 그리는 작업은 매우 지루하고 끔찍하다."[59]

브리태니커 백과사전에 들어갈 모식도를 그리는 "도무지 끝날 것 같지 않은 지긋지긋한 일과" 속에서도 윔퍼는 좀 더 마음을 사로잡는 주제에는 열정적으로 임했다.[60] 아들의 재능을 간파한 조사이어는 윔퍼에게 건축물을 그리게 했다. 윔퍼의 명료하고 정확하고 체계적인 접근법은 조사이어가 좋아한 후기 컨스터블시대의 낭만적 풍경보다는 건축물을 묘사하는 데 적합했다. 윔퍼는 건축물 그림 공모전에 지원하고, 각종 대회에 출품했으며, 가능한 모든 곳에 기획서와 제안서와 스케치를 돌렸다. "오늘 내가 그린 시계탑 도안이 탈락했다는 얘기를 들었다. 다시 도전해야겠다."[61] 윔퍼 공방에서는 기획과 제안, 실행 단계를 망라한 각종 프로젝트가 끊이지 않고 맞물려 돌아갔다. 조사이어는 조지 클로우스George Clowes와 정기 간행물을 새로 시작하기로 하고, 함께 목판화 관련 도서를 조사하고, 지역 신문에 판화를 공급하겠다고 제안했다. (윔퍼는 온종일 직접 작성한 기획서를 들고 지역 신문 편집장을 만나러 레딩Reading으로 가야 했다.)[62] 개인적으로 상업 세계에 진출하려고 했던 윔퍼의 시도는 모두 실패로 끝났다. 작곡가 헨델의 100

주년 기념 전기, 『톰 브라운의 학창시절Tom Brown's Schooldays』삽화본, 존 카셀John Cassell의 잡지 및 각종 건축물 그림 공모전에서 모조리 탈락했다. 하지만 혈연의 굴레에 얽혀 윔퍼로서는 정말 하기 싫은 일 한 가지를 떠안아야 했는데, 바로 고모부 윌리엄 우즈William Woods가 목사로 있는 서퍽주 스와펌Swaffham에 새로 지을 침례교회를 그리는 일이었다.

> 오늘은 스와펌에 있는 사람들이 내가 보내준 교회 입면도가 굉장히 마음에 든다고 말하는 편지를 받아 기분이 좋지 않았다. 이제 평면도와 단면도까지 달라고 하겠지. 전부 다 공짜로.[63]

석 달 후에 판각본을 발송할 때 윔퍼는 다음과 같은 말을 덧붙였다. "이 건물은 더는 보고 싶지 않네요. 재미도 없고 보수도 없으니까요."[64]

윔퍼가 처음 맡은 중요한 건축물은 기독교지식보급회가 출판한 로마 역사서에 들어간 삽화였다.[65] 이 책에 들어간 작은 삽화들에서는 예술적 감수성과 풍부한 세부묘사, 건축물을 표현하는 뛰어난 감각을 엿볼 수 있는데, 물론 원화의 완성도가 높은 이유도 있었지만 그에 못지않게 윔퍼의 판각 기술이 뛰어난 덕분이었다. 자연 풍경과 건축물이 어우러진 삽화를 더없이 풍부한 질감으로 표현하는 기술은 그때부터 40년 동안 윔퍼 공방에서 작업한 수작들의 특징이 되었다.

윔퍼는 1857년 가을 동안 이 삽화들을 작업했다. 조사이어의 격려를 받으며 피터버러 대성당의 사진을 판목에 옮겨 그렸다. 총 6주일이 걸렸다. 조사이어는 윔퍼가 그린 대성당 그림을 존 머리에게 보여주었다. 존 머리는 그림을 보고 흡족해하며 그대로 판각해달라고 주문했다. 기쁨에 들뜬 소년 윔퍼는 "내 이름을 건축물 전문 제도공으로 널리 알릴 계기가 될지도 모른다."라며 희망에 부풀었다.[66] 존 머리에게서 얻은 이러한 신임과 조사이어가 판각 작업을 한 리빙스턴의 『남아프리카 전도 여행기』의 성공을 발판으로 윔퍼에게 굴러온 기회는 기대한 것 이상이었다.

> 만세! 내게도 아주 멋진 일감이 들어왔다. 잉글랜드 북부에 가서 스마일스 씨가 쓴 조지 스티븐슨의 전기 삽화본에 들어갈 스케치를 해 오는 일이다. 아버지가 몇 달 전에 존 머리 씨에게 제안했고, 존 머리 씨가 스마일스 씨에게 이야기를 전해주었다. 고로, 나는 간다.[67]

영국 곳곳을 여행할 수 있다는 점은 말할 것도 없거니와 증기 기관차와 철도 공학 기술은 윔퍼에게 더없이 흥미로운 대상이었다. 윔퍼가 쓴 일기의 행간에는 하늘이 준 기회에 흥분으로 들끓는 열정적이고 호기심 많고 야망 넘치는 열여덟 살 소년의 모습이 엿보인다. 여행의 설렘에다 존 머리와 새뮤얼 스마일스Samuel Smiles를 직접 상대하는 일감을 맡았다는 책임감에 길을 떠나는 윔퍼의 발걸음은 가볍고 경쾌했다. 스마일스가 쓴 조지 스티븐슨 전기는 1년 전에 초판이 나와 날개 돋친 듯 팔렸다. 윔퍼로서는 아주 기쁜 일이었는데, 존 머리는 삽화를 넣고 가격을 낮춘 축약본을 기획했고, 아들이 산업화 시대의 경이로운 공학적 업적에 관심이 많다는 사실을 잘 알고 있던 조사이어는 일감을 수락했다. 윔퍼는 블랙히스Blackheath에 있는 자택으로 찾아가 스마일스

"내가 지금까지 그린 그림 중에서 아버지가 조금이라도 못마땅한 점을 꼬집지 않은 유일한 그림인 것 같다." 윔퍼가 판각한 카라칼라 목욕탕. 1857년 11월 12일에 완성되었으며, 『로마 역사서 A History of Rome』(1859)에 삽화로 수록되었다.

를 만나고 온 후에 그를 "매우 신사적이고 정중한 분"이라고 평했으며 "그는 이번 여행에서 내게 필요한 모든 정보를 최대한 상세히 전해주었다."라고 적었다.[68] 수공업에 종사하는 램버스 출신이라는 배경을 가진 윔퍼는 성장 과정에서 사회적으로 존경받는 위치에 있는 교양인에게 주어지는 공손한 대우와 존중을 아무런 노력 없이 받을 수 있다고 생각해본 일이 없었다. 윔퍼는 상대방이 정중하게 대우해주면 언제나 감동했으며, 생애 말년에는 그런 사람에게는 즉시 마음의 문을 열었다. 편지와 일기, 원정일지들을 살펴보면 사람을 처음 만났을 때 정중하게 대해주었는지, 혹은 그렇지 않았는지가 그의 유일한 관심사 같다는 인상을 지울 수가 없다. 새뮤얼 스마일스는 윔퍼에게 우호적인 인상을 남겼다.

윔퍼는 보름 일정으로 집을 떠나 리버풀을 시작으로, 맨체스터, 뉴캐슬, 달링턴, 더비를 차례로 여행한 후 마지막으로 레스터로 갔다. 그곳에서 아무나 흉내 낼 수 없는 그만의 방식으로 "런던에서 아침을 먹기 위해" 새벽 1시 반에 길을 떠났다. 이 여행 때 윔퍼는 리버풀에서 맨체스터를 잇는 생키 철도다리Sankey Viaduct, 타인강에 면한 와일럼Wylam에 있는 조지 스티븐슨의 생가, 뉴캐슬 주변의 여러 탄광, 더비 근처에 있는 철도와 산업 시설, 체스터필드에 있는 삼위일체 교회를 둘러보았다.* 윔퍼는 런던으로 돌아와 스케치를 좀 더 다듬은 후에 아버지와 스마일스, 존 머리에게 차례로 보여주었다. 셋 다 만족을 표시하자 윔퍼는 대단히 기뻐했다.

> 스티븐슨의 전기 작업을 하게 되다니 운이 참 좋았다. 아버지를 기쁘게 하고, 스마일스 씨를 만족시켰을 뿐만 아니라 — 조금도 과장하지 않고 — 존 머리 씨까지 만족시켰기 때문이다. 한 가지 일에 세 명의 관리자가 있을 때 그들 모두를 만족시킨다는 것은 엄청난 일이다.[69]

---

* 리버풀로 떠날 때부터 레스터에서 돌아올 때까지 윔퍼의 일기는 안타깝게도 비어 있다. 삽화를 의뢰받은 책은 새뮤얼 스마일스의 『철도공학자 조지 스티븐슨의 생애The story of the life of George Stephenson, railway engineer』(London: John Murray, 1859)였다. [한글 번역본 『의지의 힘』(정경옥 옮김, 21세기북스, 2007) 참조.] 이 책의 감사의 말에는 다음과 같은 문장이 있다. "이 책에 실린 삽화는 에드워드 윔퍼 씨가 현장에서 직접 그린 스케치를 바탕으로 제작되었다." 스마일스의 『자조론Self help』도 같은 해인 1859년에 출간되었다.

스마일스는 존 머리에게 만족한다는 의사를 다음과 같이 표현했다.

> 목판화가 상당히 잘 진행되고 있네요. 4점은 의심의 여지없이 빼
> 야겠습니다만, 전체적으로 삽화가 책의 흥미를 돋우는 역할을 하
> 겠군요. 헛된 투자가 아니었음을 증명해주리라 생각합니다. 윔퍼
> 군은 맡은 일을 너무나 훌륭하게 해냈습니다.[70]

하지만 조사이어는 만족시키기 쉬운 사람이 절대 아니었다. 결과물에
만족하지 못할 때면 '일장연설'을 늘어놓기로 유명했다. 강압적인 기질
과 엄격하고 깐깐한 태도로 정평이 나 있긴 했어도, 조사이어는 "이유
없이 꼬투리를 잡지 않고, 일부 말씨가 부드러운 사람들이 하듯이 가
격을 깎을 작정으로 불평하지도 않는" 공정한 사람으로 여겨졌다.[71] 윔
퍼의 일기를 보면 어떤 작품을 보았을 때 조사이어의 가장 일반적인
반응이 비판이었음을 알 수 있다. 로마 유적지인 카라칼라 목욕탕을
그린 삽화는 "내가 지금까지 그린 그림 중에서 아버지가 조금이라도
못마땅한 점을 꼬집지 않은 유일한 그림"이라는 평가를 이끌어냈다.[72]
윔퍼의 일기에 어머니 이야기는 거의 등장하지 않지만, 아버지의 불같
은 성질에 관한 내용은 종종 등장한다.

> 아, 세상이란 참. … 저녁에 들어온 아버지는 광기 어린 태도로 행
> 동했다. 프리드리히 대왕의 아버지가 했던 행동을 방불케 했다.
> 이보다 더 적절한 예는 생각이 나지 않는다.[73]

여름 내내 윔퍼는 스마일스의 책에 들어갈 스케치를 판목에 옮겨 그렸
고, 판각 작업은 윔퍼 공방에서 진행했다. 윔퍼가 그린 작은 삽화들에

House at Willington Quay.

새뮤얼 스마일스의 의뢰를 받아 윔퍼가 그린 조지 스티븐슨의 생가. 『철도공학자 조지 스티븐슨의 생애』(1859)에 삽화로 수록되었다.

는 아버지의 판화에서는 찾아보기 힘든 픽처레스크한* 매력과 강렬한 분위기가 있었다. 스마일스의 일을 맡았다는 것은 윔퍼가 다음과 같은 결심을 해야 한다는 뜻이었다. "올 한 해만큼은 오벌 구장을 비롯한 어떤 크리켓 구장에도 얼굴을 내밀지 않겠다. 지금의 나에게는 너무나 값비싼 희생이다. 신이시여, 이 다짐을 지킬 수 있도록 도우소서."[74] 그러나 윔퍼의 의지는 결심만큼 굳세지는 않았다. 3주일 후에 윔퍼는 오

---

* 1730~1830년 사이 영국에서 발전한 낭만주의 미학의 기본 개념으로, 인위적이지 않은 자연 속에서 회화로 표현하기에 적합한 풍경을 말한다. ― 옮긴이

벌 구장에서 잉글랜드 일레븐과 서리 팀의 경기를 관전했다. "내 예언대로 올 잉글랜드 일레븐은 충격적인 참패를 당했다. 한 이닝에 28점 차로 졌다. 우리 주 만세!"[75] 윔퍼는 작업 중인 삽화를 보여주러 영국 하원의원인 조지 스티븐슨의 아들을 찾아갔다가 "그에게 아주 극진한 대접을 받았다."[76] 그날 밤에는 에든버러에서 내려와 있던 남동생 앨프리드와 함께 크리스티 악단의 흑인분장 악극을 보러 갔다.

리빙스턴의 『남아프리카 전도 여행기』가 성공한 후로 윔퍼 공방에는 더욱 권위 있는 문학 작품에 들어갈 삽화 의뢰가 쏟아졌다. 역시 대부분은 존 머리가 준 일감이었다. 조사이어가 낭만파 시인 조지 고든 바이런George Gordon Byron의 『귀공자 해럴드의 순례Childe Harold's Pilgrimage』 신판에 들어갈 전면 삽화 50점의 판각을 맡은 일은 특별한 자부심으로 남았다. (몇 달짜리 일이었다.) 윔퍼는 아버지의 서명이 담긴 판화들 중 일부 작업을 도왔을 것으로 보인다. 단, 제4편의 표제화인 「산마르코의 말Horses of St. Marks」은 전적으로 윔퍼 혼자서 완성한 작품이었다. 윔퍼는 스마일스의 전기 작업을 위해 북부로 여행을 떠나기 직전에 이 삽화를 시작했고, 바이런의 시집이 출간되었을 때는 스마일스에게 자랑스럽게 한 부를 선물했다.[77] 『귀공자 해럴드의 순례』 신판과 같은 작업을 할 때 윔퍼 공방 사람들은 의뢰받은 도안을 단순히 판각하는 작업 이상을 해냈다. 많은 경우 거의 출판업자처럼 일하곤 했다. 즉, 책을 고르고, 출판사에 책의 가치를 설득하고, 삽화를 넣을 장면을 고르고, 화가에게 작업을 의뢰하는 일은 물론 화가의 작업물을 감수하는 일까지 했다. 판각한 삽화의 인쇄는 이미지의 품질을 결정하는 아주 중요한 기술적 절차였던 만큼 아마도 출판사가 아닌 웜퍼 공방에서 진행했을 것으로 보인다.

이 무렵 웜퍼 공방은 에드거 앨런 포Edgar Allan Poe의 시집을 작업했으며, 존 길버트John Gilbert가 삽화를 그린 존 버니언John Bunyan의 『천로역정』도 맡았는데, 소년 웜퍼의 의견에 따르면 "이 판본이야말로 '판본다운 판본'이 될 책"이었다.[78] 존 버니언의 신판을 내기 위한 물밑 로비에는 출판업자와 화가에게 술과 음식을 접대하는 일도 포함되었다.[79] 조사이어의 친구인 길버트는 아주 뛰어난 화가로 훗날 작위를 받았으며, 웜퍼는 길버트의 방대한 목판화 작품들에 관해 설명하는 기고문을 쓰기도 했다. 길버트는 인쇄소에서 온 심부름꾼이 밖에서 기다리는 동안 원고를 읽자마자 판목에 곧바로 선명한 스케치를 그려서 넘기는 능력으로 유명했다. 웜퍼가 인정할 만한 매우 능률적인 일 처리 방식이었다. "그는 믿을 수 있는 사람이고 실제로 그랬다. 예술가로 사는 데 필수 요소로 여겨지는 불규칙한 생활과 시간 개념 미약이 그에게는 절대 문제가 되지 않았다."[80] 20년 후에 쓰인 이 기고문은 길버트에 대해서만큼이나 웜퍼에 대해서도 많은 것을 말해준다.

1858년 말, 웜퍼 공방은 다색 판화 시장으로의 첫 진출을 꾀했다. "우리는 다색 인쇄를 시작하려고 검토 중이다. 서너 명의 주요 판각공들이 벌써 시도해 성공했다고 한다. 이제 평범한 판목을 거의 추월했을 정도로 수요가 대단히 높은 만큼 이 시장에 뛰어들지 않는다면 자멸하는 꼴이 될 것이다."[81] 목판화를 다색으로 찍으려면 같은 도안을 새긴 판목을 색깔별로 한 벌씩 준비하는 복잡한 과정이 필요하다. 6년 후, 다색 인쇄 기술은 윔퍼의 알프스 등반 일정을 단축하는 원인을 제공해 등반사에 극적인 영향을 미치게 된다.

19세기 중반에는 자연계에 대한 관심이 날로 커져가는 분위기 속에서 삽화를 곁들인 관련 도서들이 봇물 터지듯 쏟아졌다. 새와 동물을 위주로 그린 토머스 뷰익의 작고 강렬한 삽화는 선구적인 사례였다. 길버트 화이트Gilbert White가 쓴 『셀본의 자연사Natural History of Selborne』는 증쇄를 거듭했다. 윔퍼 공방은 새로 나올 이 책의 축약본에 들어갈 삽화를 맡았다. 윔퍼가 맡은 일은 책을 읽고 삽화에 적합한 주제를 고르는 것이었다. 조사이어는 셀본과 인근 지역을 스케치하러 다니다가, 하루는 헤이슬미어에 있는 주택 하나를 눈여겨보고 돌아왔다.

조사이어 윔퍼 가족이 40년 이상 거주한 헤이슬미어의 타운하우스 (사진: 엘리너 홀솔Eleanor Halsall)

가족 주치의가 아내 엘리자베스 클라리지의 건강을 위해 램버스의 오염된 공기에서 벗어나 시골로 이사하는 것이 좋겠다고 권유한 적이 있었기 때문이다. 그때는 워털루에서 포츠머스까지 철도도 완공되었고, 조사이어가 그 주변으로 스케치 여행도 자주 다녔으므로, 가족들은 헤이슬미어 중심가에 있는 이 주택을 임대하기로 결정했다.

윔퍼 가문의 타운하우스Town House는 웅장한 조지아식 주택으로, 현관에 들어서면 — 17세기 영국의 건축가 이니고 존스Inigo Jones의 작품으로 추정되는 — 나무로 조각한 널빤지를 덧댄 인상적인 나무 층계가 3층까지 이어진다. 윔퍼는 처음에는 사업에 지장을 주리라 생각해 이사를 반대했지만, 나중에는 램버스의 정신없이 돌아가는 바쁜 일상에서 잠시 벗어나 헤이슬미어에서 누릴 수 있는 평온함과 고독감을 즐기게 되었다. "나는 이번 결정에 참여하지는 않았지만, 항상 반대 입장이었다. 많은 문제를 일으키리라 생각하기 때문이다."[82] 1859년 여름에는 윔퍼만 램버스에 남고 다른 식구들은 모두 헤이슬미어로 이사했다. 윔퍼는 6월 한 달 내내 길버트 화이트의 셀본 자택 삽화를 판각하느라, 또 혼자 살기로 한 캔터베리 플레이스 20번지에서 "몇 년간 방치되었던 방을 치우는 아주 지저분한 노동"을 하느라 바빴다. 처음 헤이슬미어에 가본 것은 7월 말이었다. 그해 여름이 지나기 전에 몇 번 더 갔는데, 그중 적어도 한 번 이상은 램버스에서부터 70여 킬로미터를 걸어서 갔다.

엘리자베스 클라리지가 몇 달 남지 않은 생애 마지막 시간을 텃밭을 가꾸는 기쁨을 누리며 보내는 동안, 조사이어는 기차를 타고 워털루까지 일을 하러 다녔다. 프레더릭은 가끔 헤이슬미어나 램버스에 들렀지만, 주로 스케치 여행을 다니느라 집에 없을 때가 많았다. 앨프리드는 에든버러에, 나머지 동생들은 헤이슬미어에 있었다. 윔퍼는 혼자 편안하게 램버스에서 지냈다. 공방의 실무는 모두 윔퍼가 관장했다. 도제 과정을 마친 후부터는 가업에서 더 많은 권한을 갖게 되었을 뿐만 아니라 직접 의뢰받는 일감도 많아졌다. 안타깝게도 윔퍼는 이 시기에 너무 바빠서 일기를 계속 쓸 겨를이 없었다. 그래서 일기는 1859년 10월에 끝이 난다. 우리는 그해 11월에 존 머리가 출간한 다윈의 『종의 기원』에 대한 그의 생각도, 같은 달에 있었던 막내 여동생 애넷의 탄생에 대한 그의 생각도, 그로부터 2주일 후 향년 40세를 일기로 세상을 떠난 어머니에 대한 그의 생각도 알 길이 없다. 런던 남부의 오염된 공기와 바쁜 사회 활동, 열한 번의 출산은 그녀에게 톡톡한 대가를 요구했던 것이다.

4

생애 첫 알프스 여행길

도제 과정을 마치고 캔터베리 플레이스 20번지에서 혼자 살게 된 윔퍼는 일상을 좀 더 주도적으로 꾸려나갔다. 그리고 삽화라는 분야를 점점 더 깊이 알게 될수록 삽화가 가져다줄 수 있는 기회에 점점 더 눈을 뜨게 되었다. 조사이어 윔퍼는 4년 전에 삽화 작업을 하러 파리에 갔다가("프랑스어를 전혀 구사하지 못하는 그로서는 상당히 어려운 도전"이었다.) 돌아온 뒤에 루브르 박물관과 진한 커피가 특히 좋았다고 말했다.[1] 집에 자주 놀러 온 조사이어 윔퍼의 친구들은 저마다 영국의 야생지대와 유럽 대륙, 멀리는 동양 이야기까지 풀어놓았다. 그중 한 명인 맥커완McKewan 씨가 터키 술탄에게 바칠 철도 그림을 의뢰받았다고 말했을 때는 식구들 모두가 부러움에 눈을 반짝였다. "참으로 훌륭한 일감이었다. … 게다가 벌이까지 쏠쏠했다."[2] 석 달 후, 맥커완 씨는 동양에 대한 이야기를 — 그리고 두둑한 수입을 — 가득 안고 돌아왔다.* 19세기 중반에는 거룩한 땅, 성서적 역사, 팔레스타인과 시리아 여행기, 근동 지역의 이국적인 대리석을 다룬 책들이 인기가 많았고, 그림에도 이러한 열풍이 반영되었다. 윔퍼는 예루살렘과 베들레헴Bethleham, 다마스쿠스Damascus, 바알베크Baalbec, 이집트의 피라미드를 — 간접적으로나마 — 두루 여행했으며, 6월의 나흘 동안은 올드델리Old Delhi에 있는 이슬람 대사원 '자마 마스지드Jama Masjid'에 있었다.[3] 윔퍼는 기행문의 열렬한 애독자였지만, 책에 나온 장소에 언제나 매혹되지는 않았다.

> 요즘 윌리엄 호윗William Howitt이 빅토리아에서 보낸 2년에 관해 쓴 책을 읽고 있다. … 이 책은 … 그 장소를 매혹적으로 묘사했음에도 사람들을 그곳으로 유혹하지는 못한다. 저자는 그곳이 교양인이 갈 만한 장소가 아니라고 말한다. 그가 왜 갔는지 궁금할 따름이다.[4]

윔퍼가 도제 생활을 하는 동안 윔퍼 공방에서는 마다가스카르와 뉴질랜드, 적도 아프리카, 중동 지역, 페닌 알프스를 다룬 책에 들어갈 삽화를 판각했다.[5] 윔퍼와 프레더릭과 찰스는 어릴 때부터 야심 찬 삽화가가 되려면 꼭 여행을 해야 한다고, 이왕이면 평범하지 않고 이국적이며, 윔퍼가 가장 즐겨 쓰던 형용사 중 하나인 '픽처레스크한' 장소로 여행을 떠나야 한다고 생각했다. 윔퍼는 새뮤얼 스마일스로부터 의뢰받은 스케치 작업을 위해 잉글랜드 북부를 혼자 여행하면서 독립심을 키

---

* 맥커완은 1859년 신수채화협회 연례 전시회에서 스미르나Smyrna(지금의 이즈미르Izmir)에서 그려 온 철도 그림들을 선보였다.

울 수 있었고, 일감을 잘만 활용한다면 여행과 모험을 할 수 있는 흥미 진진한 기회가 숨어 있다는 사실도 몸소 체득했다.

웜퍼는 도제 생활을 함께한 두 살 아래 동기인 존 윌리엄 노스와 함께 서머싯주를 걸어서 여행하기도 했다. 아마도 1860년 봄으로 추정되는데, 이때 두 사람은 훗날 노스가 정착하면서 일종의 화가 마을이 되는 할스웨이 영지 농장Halsway Manor Farm을 방문했다.[6] 그 후에는 유럽 대륙으로의 좀 더 긴 여행을 계획했다. 아버지의 관심사와 취향을 따라 유럽 대륙의 풍경을 스케치하기 위해서였다. 훗날 웜퍼가 주장한 바에 따르면, 그 무렵 웜퍼는 직접 그린 — 아마도 노스와 여행할 때 서머싯주에서 그렸으리라 추정되는 — 스케치를 동봉한 '제안서'를 출판사에 돌리면서 유럽 대륙을 여행할 계획이며 일감을 맡고 싶다고 말하고 다녔다.[7] 아마도 조사이어 웜퍼의 물밑 로비 덕분이었을 텐데, 웜퍼는 영국산악회 회원으로 도피네 알프스Dauphiné Alps의 삽화를 원하던 출판업자 윌리엄 롱맨William Longman에게 고용되었다.[8] 롱맨은 여름에 몸소 스위스 알프스에 갈 계획이었던 만큼 청년 웜퍼에게 사람들이 더 많이 찾는 이탈리아와 비교할 때 스위스 알프스가 풍경 스케치 장소로 어떤 면에서 좋은지 조목조목 일러주었다.

형 프레더릭과 비치헤드에 무모하게 덤볐던 일을 제외하면, 웜퍼는 산이나 바위를 올라본 경험이 전혀 없었다. 산을 오르겠다는 야망을 품고 스위스에 가지는 않았지만 우뚝 솟은 설산과 빙하에 둘러싸여 많은 시간을 보내고 머리가 희끗희끗한 영국산악회 회원들과 만찬을 즐기면서 혈기 왕성한 청년 웜퍼는 자연스럽게 그 세계의 일부가 되어갔다. 윔퍼는 이 여행 때 호주머니에 쏙 들어가는 손바닥만 한 크기의 작은 수첩을 가지고 다니며 일기를 썼다. 그의 일기가 평생에 걸쳐 그렇게 되는 것처럼, 이 생애 첫 외국 여행에 대한 설명 역시 미래의 쓰임을 염두에 두고 쓴 것들이었다. 무모한 도전과 사고, 낭패를 보거나 실수한 일, 우스꽝스러운 외국인들 사이에서 기지를 발휘한 일화 등을 나중에 활용할 생각을 가지고 글감으로 모아두었다는 뜻이다. 윔퍼의 일기에는 대자연이라는 새로운 풍경을 보고 느낀 경이로움과 설렘, 다양한 사람들과 그들의 풍속, 여행 중에 만난 여행자들과 그들의 이야기도 흘러넘치지만, 한편으로는 저명한 다른 예술가들처럼 이제 자신도 어엿한 예술가가 되어 공적인 목적으로 아름다운 장소들을 답사하는 스케치 여행을 하고 있다는 자부심도 흘러넘친다.

이 여행이 끝나고 나서 11년 후에 출간된 『알프스 등반기』의 첫 문장은 "1860년 7월 23일 나는 생애 첫 알프스 여행길에 올랐다."로 시작한다.[9] 런던을 떠난 지 일주일 만에 윔퍼는 인터라켄Interlaken에서 난생처음 본 알프스 봉우리였을 융프라우Jungfrau의 모습을 소박하지만 매력적인 컬러 스케치로 담아낼 수 있었다. 인터라켄을 뒤로한 윔퍼는 칸더슈텍Kandersteg 마을 위쪽에 자리한 황홀할 정도로 아름다운 외쉬넨제Oeschinensee 호수를 지났다. 알프스 풍경과 친해지는 데 높은 봉우리들로 둘러싸인 이 빙하 호수는 더없이 훌륭한 곳이었다. 윔퍼는 앞으로 수없이 넘게 되는 겜미Gemmi 고개를 처음으로 넘어 론Rhône 계곡으로 나아간 다음, 비스프탈Visptal 계곡을 따라 올라가 계곡이 갈라지는 분기점에 있는 슈탈덴Stalden 마을에 도착했다. 이 마을이 바로 윔퍼가 8월 5일 자로 첫 일기를 적은 곳이다.

윔퍼는 롱맨의 조언대로 먼저 사스탈Saastal 계곡을 따라 미샤벨 Mischabel 연봉이 내리뻗은 난공불락의 벽 아래 현곡懸谷에 터를 잡은 마을인 사스페Saas Fee까지 걸었다.

> 지금까지 살면서 본 가장 아름다운 경치였다. 참으로 비할 데가 없는 비경이라고 생각한다. 빙하가 흘러내린 모양이 어찌나 웅장하고 장엄하던지 … 위로는 스위스에서 가장 높은 산군인 미샤벨 연봉의 장엄한 봉우리들이 우뚝 솟아 있고, 아래로는 각양각색의 샬레와 가옥들이 점점이 박힌 페 계곡이 보인다.[10]

윔퍼는 상당히 보수적인 아버지의 취향에 따라 크고 웅장한 배경을 위주로 풍경을 보았던 만큼 전경의 인물을 세심하게 구도 속에 넣는 일은 없었다. 윔퍼는 바이스미스Weissmies 산허리에 있는 조망 지점에서 본 사스탈 계곡 너머로 펼쳐진 미샤벨 연봉의 파노라마에 깊은 감명을 받았으며, 자신이 발견한 이 전망을 자랑하고자 친구인 존 윌리엄 노스를 데리고 이곳을 다시 찾았다. (이듬해인 1861년 여름으로 추정된다.) 이곳에서 바라본 미샤벨 연봉을 색분필로 스케치한, 아름답고 세밀한 묘사가 일품인 노스의 그림에는 전경에 누워 있는 윔퍼의 모습이 보인다. 훗날 윔퍼는 『알프스 등반기』에서 이곳의 전망을 "아마도 알프스에서 가장 훌륭한 경치일 것"이라고 묘사했다.[11]

이튿날 윔퍼는 "구름이 걷힐 수도 있다는 한 줄기 기대를 품고" 롱맨이 추천해준 또 다른 조망 지점으로 올라갔지만, "오랫동안 기다리기만 하다가 시무룩한 표정으로 내려왔다."[12] 1860년 여름 알프스의

인터라켄에서 본 융프라우의 모습을 그린 윔퍼의 스케치. 1860년에 그린 것으로, 판화로 제작되어 『그림으로 보는 스위스Swiss Pictures』(1866)에 삽화로 수록되었다.

날씨는 살아 있는 사람들의 기억 속에 가장 혹독한 날씨였다. 거의 매일같이 구름이 끼고 억수같이 비가 쏟아졌다. 1860년에 존 틴들John Tyndall과 함께 마터호른에 도전했던 본 호킨스Vaughan Hawkins는 "1860년의 여름과 가을은 스위스 역사상 아마도 공식적으로 가장 무자비하고 끔찍한 계절로 길이 기억될 것"이라고 말했다.[13] 구름이 스케치할 풍경을 가렸다는 말은 종종 있어도 윔퍼의 일기에서 그해 여름의 지독한 날씨 때문에 좌절했다는 인상은 거의 받을 수가 없는데, 아마도 날씨 같은 사소한 문제가 새롭고 황홀한 산이라는 세계를 접하면서 느낀 설렘을 반감시킬 수는 없었던 까닭일 것이다.

온 길을 되짚어 슈탈덴으로 간 윔퍼는 마터탈Mattertal 계곡을 따라 걸어 올라가 처음으로 체르마트에 들어섰다. 향후 몇 년간 제집처럼 드나들게 될 몬테로사 호텔에 들러 여장을 푼 후에는 국경을 이루는 능선에 있는 테오둘 고개로 올라갔다. 그곳에서 "가장 장엄한 파노라마"를 보는 행운을 누릴 수 있었다. "열여덟 개가 넘는 웅장한 봉우리들이 한눈에 들어왔다. 미샤벨 연봉과 당블랑슈Dent Blanche와 마터호른은 특히 그 자태가 돋보였다. … 날씨는 더할 나위 없이 완벽했다."[14] 이튿날에도 그 고개로 올라갔다. 젊은이 특유의 자만심으로 가득 찬 많은 여행자처럼 윔퍼 역시 풍문으로 익히 들은 유명한 장관에 지나치게 압도되기를 거부했다. "물론 마터호른을 보고 또 보았다. … 웅장함은 인정하지만 아름답지는 않다고 생각한다."[15] 마터호른에 대한 윔퍼의 첫 평가는 그의 성격과 감수성을 폄하하는 빌미로 사용되어 왔지만, 이러한 표현을 쓸 당시에는 물론 어떤 미래가 펼쳐질지 전혀 알지 못했다. 란다Randa 마을 위쪽으로 구름 속에 떠 있는, 눈과 얼음으로 덮인 눈부시게 아름다운 피라미드 모양의 바이스호른과 비교할 때(윔퍼는 란다 마을에서 본 바이스호른에 아주 깊이 탄복했다.) 윔퍼의 눈에 비친 마터호른은 굳건하고 경이로우며 위풍당당하긴 해도 아름답지는 않았다.

윔퍼에게는 그날 저녁 식탁에 둘러앉은 사람들이 훨씬 더 인상적이었다. "호텔은 산꾼들로 가득 차 있는데, 다들 굉장히 용감한 사나이들"로 그중에는 레슬리 스티븐Leslie Stephen(버지니아 울프의 아버지)

과 토머스 힌칠리프Thomas Hinchliff도 있었다. [16] 이튼스쿨과 케임브리지 대학교를 나온 레슬리 스티븐은 윔퍼와 마찬가지로 런던 토박이였으며 평생 생업에 종사했다. 그는 자만심으로 가득 찬 청년 윔퍼를 '상당히 무시하는' 부류에 속하지는 않았던 듯하다. 이 만남을 계기로 윔퍼는 레슬리 스티븐과 친밀한 우정까지는 아니더라도 평생 존경하는 사이로 발전하게 되었다. 당시 레슬리 스티븐은 케임브리지대학교 연구원 신분으로 알프스에서 5년간 체류 중이었고, 한 해 전인 1859년에는 림피시호른Rimpfischhorn과 비에치호른Bietschhorn을 초등했다. 토머스 힌칠리프는 영국산악회 창립회원으로 당시 총무이사를 맡고 있었다. 윔퍼가 두 사람을 처음 만난 그날은 두 사람이 알프후벨Alphubel 초등에 성공하고 돌아온 날이었다. 알프후벨은 눈을 밟으며 무난하게 오르면 되는 기술적으로 어렵지 않은 곳이지만, 체르마트에서 출발해 저녁식사 때까지 다시 돌아오기에는 꽤 시간이 빠듯한 대상지였다.

1860년의 체르마트는 그때 막 알프스 등반과 관광의 중심지로 부상하는 중이었으므로 마을 전체에 호텔이라고는 몽세르뱅과 몬테로사, 단 두 곳뿐이었다. 몬테로사 호텔은 알렉산더 자일러Alexander Seiler가 1854년에 인수해 몬테로사라는 이름을 붙였는데, 체르마트 토박이가 아닌 론 계곡 출신인 자일러는 오랫동안 이 마을에 살면서 체르마트의 발전과 번영에 지대한 공헌을 했음에도 항상 이방인 취급을 당했다. 체르마트는 로마시대 때부터 사람이 살았는데, 당시 테오둘 고개는 — 오늘날 스위스와 이탈리아의 국경을 이루는 — 거대한 산맥을 가로지르는 고대 무역로로 이용되었다. 알프스를 사랑한 위대한 선구자였던 오라스 베네딕트 드 소쉬르Horace-Benedict de Saussure는 1789년에 이 고개를 넘었지만, 외딴 마을이었던 체르마트에서 몹시 싸늘한 대접을 받았다. 19세기 초반에 이곳을 찾았던 몇 안 되는 초기 여행자들은 첫 번째 호텔이 문을 연 1839년까지는 지역 사제들에게 신세를 져야 했다. 1842년에는 제임스 데이비드 포브스James David Forbes가 빙하를 연구하러, 1844년에는 존 러스킨John Ruskin이 체르마트를 찾았다. 윔퍼가 방문했던 1860년 당시만 해도 체르마트로 들어가려면 비스프Visp에서부터 계곡을 따라 40여 킬로미터를 걸어 올라가야 했음에도 이곳에서 보이는 마터호른의 압도적인 장관 덕분에 체르마트는 이미 스위스 관광에서 빼놓을 수 없는 명소가 되어 있었다.

청년 윔퍼의 자기 확신은 레슬리 스티븐이 자신의 예술적 견해에 동조해주자 한껏 부풀어 올랐다. "스티븐 씨가 나의 미샤벨 예찬에 맞장구를 쳐주었기에 기분이 몹시 좋다. 스티븐 씨는 알프스에 가장 정통한 사람이다."[17] 몬테로사 호텔에는 에드워드 워커Edward Walker도 묵고 있었다. 워커는 윔퍼의 집에서 몇 발자국 거리인 램버스 성모 마리아 성공회 교회의 보좌신부였다. 워커는 함께 산책하러 나가자고 말을 건넸고, 윔퍼는 이 제안을 듣고 뛸 듯이 기뻐했다. 두 사람은 비를 맞으며 트리프트 협곡을 따라 계곡 끝에 있는 빙하까지 걸었다.*

윔퍼의 일기는 산이라는 세계에서 새로 찾은 호기심과 등반 이야기를 생생하게 들을 수 있는 현장에 있다는 흥분으로 가득 차 있다.

---

* 에드워드 워커 신부는 훗날 윔퍼 가문이 헤이슬미어로 이사하고 빈집이 된 램버스 집으로 이사했다.

얼마 전 라우터브루넨Lauterbrunnen에서 훌륭한 등반을 해낸 틴들 교수와 호킨스 씨가 에기스호른Eggishorn에 있다고 한다. 킹스칼리지의 홀Hall 교수도 와 있고, 새로운 무리의 등반가들도 왔으니 식탁에서 오가는 이야기는 계속 흥미진진할 것이다.[18]

당시 윔퍼는 등반에는 문외한이었지만, 이 활동적인 런던 토박이가 생애 첫 알프스 여행에서 몬테로사 호텔의 식탁 앞에 앉은 채로 산사나이들이 펼쳐놓는 대담무쌍한 무용담에 얼마나 넋을 잃고 빠져들었을지는 충분히 상상이 간다. 1860년에는 체르마트 주변 봉우리 중 극소수만이 초등되었다. 오르기 쉬운 브라이트호른Breithorn이 몇십 년 전에, 돔과 몬테로사가 불과 몇 년 전에 초등되었을 뿐, 1860년에 청년 윔퍼가 떫은 포도주를 마시며 경건함마저 자아내는 전문가들의 이야기에 귀 기울이던 그때, 선명히 보이는 봉우리 대부분은 미답 상태였다. 리스캄Lyskamm, 당데랑Dent d'Hérens, 오버가벨호른Obergabelhorn, 치날로트호른Zinalrothorn, 태쉬호른, 당블랑슈, 바이스호른의 초등 그리고 가장 극적인 마터호른의 초등이 모두 1860년을 기점으로 5년 사이에 이루어졌다. 며칠간 산 이야기에 푹 빠져 있던 윔퍼는 등반이라는 행위에 관해 자신이 알만큼은 알았다고 느꼈다. 자신도 이제 이 세계의 일부가 되었다는 매력적인 믿음을 갖게 된 윔퍼는 사람들의 바이스호른 등정 시도를 놓고 다음과 같이 평한다.

그들이 성공을 갈구하는 이유는 올해 그 산에 평년치를 웃도는 어마어마한 양의 눈이 쌓였기 때문이다. 바이스호른은 등반가들이 '눈사태의 산'이라고 명명한 만큼, 당연히 이러한 눈은 등반을 무척

위태롭게 한다.[19]

그해 8월에는 영국인 세 명과 가이드 한 명이 콜 뒤 제앙Col du Géant에서 쿠르마예 쪽으로 하산하는 도중에 추락사하는 사고가 발생했다.[*] 일주일 후에 사고소식을 들은 윔퍼는 자신이 등반의 위험도를 신중하게 판단하기에 충분한 지식을 습득했다고 느꼈다.

> 이 일로 나는 확신하게 되었다. 경험이 풍부한 등반가라도 올해만큼은 바이스호른과 융프라우 같은 산에는 근처에도 얼씬거리지 않는 편이 좋을 것이다. … 신설은 수많은 위험을 유발할 수 있으므로 지금 같은 시기에 그러한 등정 시도는 매우 무모한 짓이다.[20]

윔퍼는 리펠베르크Riffelberg에서 등반 기술을 가르쳐주겠다는 토머스 힌칠리프의 제안에 몹시 신이 났다. 알프후벨에서 방금 돌아온 힌칠리프였던 만큼 이것은 아주 각별한 호의였다. 하지만 날씨가 받쳐주지 않았다. 윔퍼는 온종일 테오둘 고개에서 스케치를 한 후 돌아오다가 어찌 되었든 리펠베르크를 지나오기는 했지만, 어둠 속에서 숲길을 걷다가 그만 길을 잃고 말았다. 나무와 덤불과 바위 사이를 미끄러지고 굴러가며 900여 미터 높이의 언덕을 내려와, 먼지를 뒤집어쓰고 여기저기 긁혀 피투성이가 된 몸으로 몬테로사 호텔에 도착했을 때는 이미 자정이 넘어 있었다. 바닥을 닦던 여인들이 그의 몰골을 보고는 소스라치게 놀랐다. "공짜로 해드리는 충고: 절대로 숲을 혼자서, 전에 한

---

[*] 콜 뒤 제앙에서 사고가 일어난 날짜는 8월 15일이었다. 일행은 모두 6명이었는데, 중간에 선 4명은 한 줄로 로프를 묶고 있었다. 하지만 1860년에는 보통 그랬던 것처럼, 양 끝에 선 가이드는 로프를 몸에 묶지 않고 손에 들고만 있었다. 한 명이 미끄러지는 순간 로프가 두 가이드의 손에서 빠져나갔다. 두 가이드는 목숨을 건졌지만, 한 줄로 묶여 있던 손님들은 모두 추락사했다.

번도 가보지 않은 길을 따라, 어둠 속에서 통과하지 말 것." 레슬리 스티븐과 힌칠리프는 35분 만에 리펠베르크에서 돌아와 이것이 보통 소요 시간임을 윔퍼에게 각인시켰다. 윔퍼는 "간밤의 4시간과는 상당히 큰 격차"라고 적었다.[21]

체르마트 첫 방문을 짧게 마친 후에 윔퍼는 론 계곡으로 되돌아가, 이번에는 비에쉬Viesch로 빠졌다. ("길에서 보는 풍경은 별로였다. 즉, 예술적인 관점에서 쉽게 표현할 수가 없었다."[22]) 비에쉬에서는 힌칠리프, 레슬리 스티븐 일행과 다시 만났다. 이번에는 레슬리 스티븐의 형인 제임스 피츠제임스 스티븐James Fitzjames Stephen도 함께 있었다. 일행은 관광객에게 인기가 높은 에기스호른 전망대로 길을 잡았는데, 윔퍼는 걸음이 빠른 레슬리 스티븐과는 도저히 보조를 맞출 수가 없었다. 그래서 뒤로 처진 다음 제임스와 나란히 걸었다. "매우 기분 좋은 동행"이 되어준 그는 윔퍼에게 이렇게 말했다. "나는 정말이지 이 높은 산들을 오르고 싶네만 내 목을 부러뜨리고 싶지는 않다네."[23] 그는 법정변호사이자 당대의 여러 정기 간행물에 다양한 주제로 글을 쓰는 기고가이기도 했는데, 윔퍼는 인기 잡지사들과 일하는 이야기를 아주 재미있어했다.[*]

쏟아지는 폭우 속에서 윔퍼는 그림젤Grimsel 고개를 넘어 메이링겐Meyringen으로 가다가 영국인 여행자 두 명과 동행하게 되었다. 그들은 짐을 들어주는 가이드를 한 명 데리고 있었는데, 이 불쌍한 가이드가 혹독한 날씨에 겁을 집어먹고 세 영국인보다도 훨씬 더 오들오들 떨고

---

[*] 사흘 후 레슬리 스티븐은 융프라우 정상까지 형 제임스를 데리고 올라갔다.

있는 모습은 웜퍼의 눈에 매우 우스운 광경이었다.

> 우리는 다시 걸음을 재촉했다. 물웅덩이를 지나고, 눈밭을 헤치
> 며, 얼굴과 손을 마구 때리는 우박을 온몸으로 맞아가며 걸음을 옮
> 겨나갔다. 마치 누군가 매듭이 있는 작은 채찍으로 후려갈기는 듯
> 한 기분이었다. 결국 가이드는 더 이상 견디지 못하고 바위 뒤로
> 숨더니 못 가겠다고 주저앉아 버렸다. 그 모습은 가련하기 그지없
> 었다. 배낭 두 개를 등에 메고, 온전히 펼 수도 없는 우산을 들고,
> 얼굴은 물론 온몸에도 물이 주룩주룩 흐르고 있었다.[24]

인터라켄에서 머문 며칠 동안 웜퍼는 남쪽으로 뻗은 계곡을 부지런히
돌아다녔다. 키엔탈Kiental 계곡과 칸더슈텍, 라우터브루넨, 뮈렌Mürren
을 답사하며 스케치를 하는 한편, 박물화가인 요제프 볼프를 찾아다녔
다. 웜퍼는 인터라켄에 완전히 반해버린 나머지 인터라켄이야말로 "이
세상에서 가장 사랑스러운 곳"이라며 "오래 머무를 수 없어 그저 안타
까울 따름"이라고 말했다.[25] 요제프 볼프를 찾아 온종일 칸더슈텍을 헤
맸으나 만날 수가 없었다. 웜퍼는 요제프 볼프를 찾는 일을 포기하고
키엔탈 계곡을 따라 올라가 툰Thun으로 빠진 다음, 베른Bern으로 가는
기차를 탔다. 베른에서는 호화로운 슈바이처호프 호텔에 묵었다. "지
금까지 살면서 묵었던 방 중에서 가장 고급스러운 방으로 들어갔다.
아마도 상당한 액수를 지불해야 할 것 같다."[26] 하지만 운이 좋았다. 터
무니없이 비싸지 않은 가격에 기대 이상의 안락함을 누릴 수 있었기
때문이다. 베른에서 딱 하루를 머무는 중에 베른 대성당에 들렀다. 그
곳에서 성가대석을 장식한 예언자 목각 상을 그런대로 훌륭하다고 평

1860년 8월 17일 쏟아지는 폭우 속에서 윔퍼가 그림젤 고개를 넘는 모습. 『그림으로 보는 스위스』(1866)에 삽화로 수록되었다.

가하기는 했지만 "나의 가장 큰 관심사는 베른의 상징인 곰을 보는 것이었다. 곰이란 얼마나 근사한 동물인가. … 크리켓 용어를 빌려 한 녀석을 '나이스 캐치'라고 불러야겠다. 왜냐하면 녀석은 빵 한 조각도 절대 놓치는 법이 없기 때문이다."라고 적었다. 50년 후에 생애 마지막으로 베른에 들렀을 때도 윔퍼는 곰의 크리켓 실력을 두고 여전히 감탄사를 연발했다.[27] 베른을 뒤로한 윔퍼는 제네바 호수Lake Geneva에 접한 마을인 브베Vevey로 향하는 길에 마침 가는 길이 겹치는 길동무를 만났다. 그림으로 자주 본 시옹성Chateau Chillon을 지나면서 윔퍼는 "호수 경관에 온통 마음을 빼앗겼다. … 호수에 떠 있는 배들도 매우 픽처레스크했다."

윔퍼는 마르티니Martigny까지 걸어간 다음, 거기서부터 50킬로미터를 "이렇다 할 흥미도 없이, 별다른 사건도 없이" 터벅터벅 걸어서 생베르나르St. Bernard 고개 꼭대기에 있는 '유명한' 수도원에 다다랐다. 윔퍼는 그곳에서 받은 환대와 수도사들과 수도원의 역사에 상당한 흥미가 동해 그날 일을 처음부터 끝까지 상세히 적어두고자 일기장을 넉넉히 비워두었지만, 자주 그랬던 것처럼 이 여백은 영영 다시 채우지 못했다. 윔퍼는 대접받은 차에는 흡족했지만, 빵의 식감은 썩 마음에 들지 않았다.

> 나는 생베르나르 수도원의 빵이 매우 딱딱했다고 말하는 바이다. 나중에 그 이유를 들었는데, 듣고 보니 아주 그럴듯했다. 겨울에 수도사들이 아무 할 일이 없다 보니 돌아오는 봄에 먹을 빵을 전부 다 그때 만들어놓는단다. 이러한 설명은 매우 수긍이 간다.[28]

휴식을 취하고, 스케치를 하고, 터진 옷을 꿰매며 수도원에서 이틀을 묵은 후에 윔퍼는 다시 여장을 꾸려 이탈리아 쪽으로 내려갔다. 그리고 다음 엿새 동안은 폭우 속에서 고갯길을 내려가 발펠린Valpelline을 거쳐 프라라예Prarayer로 올라간 다음, 능선을 넘어 브로일Breuil에 도착했다. (윔퍼는 이곳에서 마터호른을 스케치하는 행운을 잡을 수 있었다.) 브로일에서 다시 프라라예로 나와 발펠린을 거쳐 아오스타Aosta로 빠진 다음, 이번에는 쿠르마예를 거쳐 콜 페레Col Ferret를 넘어 오르시에르Orsières로 가서, 다시 콜 포클라Col Forclaz를 넘어 샤모니에 도착했다. "나는 비에 젖은 고약한 샤모니에 도착해 당글레테르 호텔로 들어갔고, 앨버트 스미스Albert Smith의 축하를 받았다."[29] 무거운 배낭을 짊어진 채 이렇게 어마어마한 거리를 걸어서 이동했다는 사실은 아무리

보아도 놀라울 따름이다.

윔퍼가 샤모니에 도착한 날은 공교롭게도 프랑스의 황제 나폴레옹 3세와 황후가 샤모니에 행차한 날이었다. 이탈리아 북부의 피에몬테Piemonte 왕국이 프랑스 정부가 통일 이탈리아 건국을 꿈꾸는 피에몬테 사람들의 야심을 돕는 대가로 얼마 전 사보이Savoy 지역을 프랑스 정부에 할양한 터라 나폴레옹 황제가 자신의 새 영토가 된 산악지대를 시찰하러 온 참이었다. 윔퍼의 바쁜 스케치 일정에 제멋대로 불편을 주면서 말이다. "이곳은 미쳤다, 정말 그렇다, 완전히 광란 상태다!" 라는 말은 황제 부부를 보겠다고 개떼처럼 우르르 몰려온 군중을 보고 윔퍼가 한 말이었다.[30]

윔퍼는 몽땅베르Montanvert에 올라가 메르드글라스Mer de Glace 빙하를 보고 싶었는데, 공교롭게도 황제와 황후도 그러했다. 아름답기 그지없는 드류Dru의 뾰족한 암봉과 성벽처럼 버티고 선 샤모니 침봉들 아래로 흐르는 이 광대한 얼음 강은 접근성이 좋아 일찍부터 윌리엄 터너William Turner를 비롯한 많은 화가를 유혹했다. 포브스 교수나 루이 아가시Louis Agassiz 같은 초기 빙하학자들도 이 빙하를 조사했는데, 샤모니에 있는 동안 윔퍼는 그들의 발자취를 되짚어보고 싶었다. 황제가 있건 없건 그 사실은 중요치 않았다. 황제의 유람을 방해하지 못하도록 헌병까지 배치해 엄격하게 통제하는 상황이었지만, 윔퍼는 쉽게 단념하지 않았다.

체구가 우람한 헌병 두 명이 나타나더니 어디로 가느냐고 물었다.
"몽땅베르로 가는 중이오." 내가 대답했다. "그곳은 아무도 갈 수 없습니다. 통행이 금지되었습니다." 거만한 대답이 돌아왔다. 나는 이래저래 따져 물었지만, … 안 되는 일이었다. 실망감을 느끼면서 돌아서야 했겠지만, 몽땅베르로 가겠다는 나의 결심은 확고했다. … 나는 샤모니 바로 뒤편에 있는 산의 오른쪽 비탈을 오르기 시작했다. 초행길이었는데도 왠지 몽땅베르가 그 방향에 있을 것 같다는 확신이 들었기 때문이다. … 갈지자 모양의 가파른 길을 오르고 있을 때 비로소 헌병들이 나를 발견했다. 가엾은 동지들, 내가 얼마나 기뻤던지. 이제 내 차례였다. … 그들은 나를 막기에는 너무 멀리 떨어져 있었다. 그들은 내가 어디로 향하고 있는지 똑똑히 알고 있었으리라.[31]

윔퍼가 메르드글라스에 도착한 시간은 황제와 황후가 떠난 직후였으므로 자유롭게 돌아다니면서 스케치를 할 수 있었다. 그러나 그 전주에 장거리를 이동한 여파가 생각보다 훨씬 컸던지 그다음 날은 몸 상태가 좋지 않았다. 그래서 무리하지 않기로 하고 이동 계획을 단축했다. 25킬로미터만 걸어서 살랑슈Sallanches에서 하룻밤을 묵은 뒤(윔퍼는 꼬박 다섯 시간이 걸렸다고 불평했다.) 그다음 날 남은 65킬로미터를 마저 걸어 제네바에 도착했다.

철도에 관심이 많았던 윔퍼는 3년 전인 1857년에 착공한 철도터널 공사 현장으로 갔다. 이 터널은 몽스니Mont Cenis 고개 아래를 관통해 프랑스와 이탈리아를 이을 예정이었다. 소개장을 구한 뒤에 프랑스 쪽 터널 입구인 모단Modane으로 가서 현장 감독을 만났는데, 그는 "영어를 상당히 유창하게 구사하는 매우 정중한 남자였다. 몸소 여기저기 구경도 시켜주었고, 한 사람을 따라 터널 끝까지 가보아도 좋다고 허락해주었다. 아주 즐거운 시간이었다."[32] 11년 후, 윔퍼는 완공된 터널을 지나는 개통 열차의 승객으로 초대받았다.

몽스니 고개를 넘어 토리노Torino로 가는 길에는 피에몬테 공무원들과 맥주를 마시며 유쾌한 저녁을 보냈는데, 그들이 밤늦게까지 트럼펫을 불어대는 통에 한밤중에 잠을 깨야 했다. 파리 다음으로 처음 들른 대도시에서, 유럽 대륙을 여행한 경험이 없던 윔퍼는 다음과 같이 주장하지 않을 수가 없었다. "크기 면에서 나는 토리노가 유럽에서 가장 훌륭한 도시라고 생각한다. 카페들이 즐비하고 세계 각국에서 온 사람들로 꽉 차 있다. 몇몇 카페는 굉장히 근사하다." 토리노가 마음에 든 윔퍼는 "상당히 우아한" 호텔에서 묵은 후 빡빡한 알프스 풍경 스케치 여행의 대미를 장식하러 도피네 알프스 산군으로 향했다.[33] 몬테비소Monte Viso로 가는 관문인 파에사나Paesana 마을에서는 좁고 더러운 여관에서 묵었는데, 누더기를 걸친 주세페 가리발디Giuseppe Garibaldi 신봉자 넷이 즉흥 음악회를 열어준 덕분에 즐거운 밤을 보냈다. 나이가 들수록 윔퍼는 개인 시간을 방해하는 행위를 싫어하게 되었지만, 이 여관에서만큼은 흥겨운 분위기에 마음껏 취했다. "나는 매우 기분이 좋았다. 방에 벼룩이 없다는 사실도 기뻤다."[34]

파에사나에서부터 30킬로미터를 걸어 몬테비소 기슭에 닿은 후에는 산봉우리 바로 북쪽에 있는 3,000미터 높이의 안부를 넘었다. 윔퍼는 이 여행 때 존 머리가 펴낸 『스위스 안내서Handbook to Switzerland』를 들고 다녔는데, 윔퍼 공방에서 다양한 판본의 삽화 작업을 맡아온 이 책은 '19세기판 론리 플래닛'이라고 부를 만한 여행 안내서였다. 윔퍼는 이 책에 실린 추천 정보에 자주 신랄한 비판을 퍼부었는데, 자신이 혼자서 넘은 이 무난한 안부의 효용성과 난이도를 존 머리가 심하게 과장했다고 생각했다.

> 존 머리의 안내서에 등장하는 콜 비소Col Viso에 대한 위선적인 말은 정말이지 놀랍다. 이 부분을 읽으면 누구나 이 안부를 넘는 일이 엄청난 위업이며, 가이드 없이 넘는 일은 아예 불가능하다고 생각할 법하다. … 장엄함과 위대함, 기타 등등에 관한 허풍은 이 안부를 넘은 사람이 보기에는 완전히 터무니없는 소리일 뿐이다.[35]

프랑스 쪽으로 내려온 윔퍼는 몽도팡Montdauphin으로 가는 길 위에서 하룻밤을 묵었는데, 여권을 읽을 줄 모르는 여관 주인이 여권에 적힌 영국 총리의 이름인 존 러셀 경Lord John Russell을 윔퍼의 이름으로 오인했다. 다소 추레한 옷차림이었음에도 자신이 영국 귀족을 모신다고 생각한 여관 주인은 즉시 태도가 공손해졌다.(하지만 맥주 값은 바가지를 씌웠다.) "나는 굳이 오해를 풀어주지 않았다. 내가 귀족으로 대접을 받아본 유일한 경험이었으니까. 이런 기회를 날려버리는 일은 바보 같은 짓이다." 다음에 그 여관 문을 열고 들어올 영국인의 운명을 추측해보면서 윔퍼는 다음과 같이 생각했다. 그 손님은 "여관 주인을 깜짝 놀라게 할 것이다. 그가 영국에 [존 러셀 경의] 동명이인이 있을 수 있다고 생각하지 않는 한 분명 그 손님을 사기꾼으로 몰아붙여 가둬버릴 것이다."[36].

시간과 돈은 얼마 남지 않았는데, 아직 윌리엄 롱맨으로부터 의뢰받은 몽펠부Mont Pelvoux 그림이 남아 있었다. 윔퍼는 발걸음을 재촉해 언덕 위의 요새 마을 몽도팡으로 내려갔다. 그리고 온종일 55킬로미터를 걸어서 발루이즈Vallouise를 지난 다음, 몽펠부를 스케치하고는 다시 계곡을 따라 브리앙송Briançon까지 걸었다. 영국산악회 회원 토머스 보니Thomas Bonney는 그해 8월에 미셸 크로를 가이드로 대동하고 몽펠부에 도전했지만, 악천후로 인해 그리 높이 올라가지는 못했다. (보니는 저명한 지질학자로 훗날 케임브리지대학교의 교수가 되는데, 윔퍼와 오랫동안 우정을 이어나간다.)

　　윔퍼의 첫 알프스 여행에서 완성된 수채화와 스케치 작품을 보면 풍경과 장면을 그리는 데 탁월한 소질과 아버지의 화풍에서 받은 영향이 엿보인다. 더 어렸을 때만 해도 윔퍼는 수채화가라는 명성 높은 길을 택한 형과 아버지의 뒤를 따라야 한다고, 그러니 "곧 시작할 화가의 길"을 준비해야 한다고 생각했다.[37] 하지만 윔퍼는 자신의 그림을 전시한 적이 없었다. 그가 판각공으로서 만들어내는 작업물에는 점점 더 그림을 사용될 대상으로 보는 실용적인 관점이 스며들었다. 그 말인즉, 전사轉寫 용도로 팔거나 사진으로 만들거나 판화로 제작하기 위한 원화로 보았다는 뜻이다. 런던에서 윔퍼는 도서와 신문, 잡지는 물론 돈벌이가 되는 형태라면 어떤 일이든 가리지 않고 맡았다. 점차 윔퍼의 스케치는 더 정교한 삽화로 제작하기 위한 초안 역할을 도맡게 되었다. 윔퍼가 그린 초안은 다른 제도공이 판목에 옮겨 그렸다. 옮겨 그린 도안은 윔퍼가 직접 판각하기도 하고, 인쇄소나 출판사, 달지엘 공방 같은 다른 판화업체에 팔기도 했다. 윔퍼는 무엇이 팔릴 수 있는지, 무엇이 좋은 그림이 될 수 있는지 배워나갔고, 자신이 본 대상물을 화폭에 담아내는 실력도 키워나갔다.

　몽펠부 스케치를 끝낸 윔퍼는 빨리 런던으로 돌아가고 싶었다. 의뢰받은 작업을 모두 완수했고, 『일러스트레이티드 런던 뉴스』에 보낼 그림도 몇 장 그렸으며, "스케치를 모두 완수한 결과로 주머니 사정이 좋아질" 터였다.[38] 7주일 동안 놀라울 정도로 넓은 대지를 거의 두 발로 ― 그것도 주로 빗속에서 ― 누비고 다녔다. 그 길에서 재미있는 사람이나 호기심을 자극하는 사람, 도움을 준 사람도 만났고, 훼방을 놓는 사람도 만났다. 그리고 가장 훌륭한 경치로 손꼽히는 알프스의 몇몇 비경들도 눈에 담았다. 더불어 "다들 굉장히 용감한 사나이들"로 이루어진 산꾼들의 흥미진진한 세계에도 매료되었다. 떠나는 날 아침, 오래된 요새 마을인 브리앙송을 둘러본 후 역마차 사무실에 가보니 그레노블Grenoble로 가는 마차의 전석이 매진이었다. 낭패였다. 마냥 기다리기보다는 철도역이 있는 그레노블까지 110킬로미터 길을 걸어가는 편이 낫겠다고 생각한 윔퍼는 오후 2시에 길을 떠났다. 윔퍼가 처음 25킬로미터를 빠른 걸음으로 주파해 콜 드 로타레Col de Lauteret에 닿았을 즈음 비가 내리기 시작했다.

> 고갯마루에서 바라보는 경치가 매우 훌륭할 듯했지만, 비가 내리고 날이 저문 탓에 아무것도 보이지 않았다. 고갯마루에 돌로 만든 몹시 허름한 대피소가 보여 안으로 들어갔더니 공사 인부들로 꽉 차 있었다. … 하지만 그들은 나를 굉장히 정중하게 대해주었다. 와인을 마실 수 있었고, 뜨거운 찻물을 6펜스에 구할 수 있었다.

친절한 인부들이 캄캄한 밤중에 빗속을 뚫고 더 가려는 윔퍼를 말려 보았지만 소용이 없었다. 윔퍼는 13킬로미터쯤 더 갔을 때 라 그라브 La Grave의 여관이 괜찮아 보여 잠시 요기를 할 생각으로 안으로 들어갔 다. 여관에 묵던 다른 손님들은 폭우가 내리는 한밤중에 길을 계속 가 려는 윔퍼를 보고 제정신이 아니라고 생각했다. 윔퍼는 라 그라브에서 하루 묵어갈 만큼 의지력이 약했다는 점에 대해 부연 설명이 좀 필요 하다고 생각했는지 일기에 다음과 같이 적었다.

> 거의 자정이 가까운 시간, 비가 억수같이 쏟아지는 와중에 80킬로 미터의 초행길을 떠나는 일은 상당한 담력을 요구한다. 그래서 나 는 주위 사람들의 만류를 뿌리치지 못하고 잠자리에 들었다.

다음 날 새벽 아무도 깨워주지 않은 탓에 윔퍼는 거의 6시가 다 되어 서야 길을 떠날 수 있었다. 출발이 늦어져 몹시 짜증이 난 윔퍼는 폭우 속에서 걷고 또 걸었다. 하지만 날이 저물 무렵 "시속 10킬로미터 이상 으로 달리는 역마차의 유혹은 뿌리칠 수 없었다." 결국 마지막 남은 약 10킬로미터는 역마차로 이동했다. "그레노블 입성은 승리 그 자체였 다. 온몸이 흠뻑 젖어 있었다."[39](윔퍼는 『알프스 등반기』에서 이 이야 기를 쓸 때는 마지막 10킬로미터를 남기고 역마차의 유혹에 굴복했음 을 시인하지 못했다.)

유럽 대륙으로의 첫 여행길에서 윔퍼는 처음으로 산을 만나게 되었다.

왕성한 체력을 발산할 배출구를 찾았지만, 그의 첫 등반은 다소 안일하게 시작되었다. 스케치 여행의 마지막 날, 윔퍼는 발루이즈에서 보니와 함께 몽펠부에 도전했던 "매우 쾌활한 친구"인 장 레노Jean Reynaud와 우연히 만났다.[40] 윔퍼는 레노에게 호감을 느꼈고, 레노는 윔퍼에게 이듬해 여름에 같이 몽펠부에 도전하자고 제안했다. 런던으로 돌아온 윔퍼는 영국산악회 회원이었던 윌리엄 롱맨에게 등반을 어떻게 시작하면 좋을지 조언을 구했다. 롱맨은 영국산악회 회원 명부를 건네주었다. 윔퍼가 이튼스쿨 졸업생으로 식민성에서 일하던 동갑내기 레지널드 맥도널드와 친분을 쌓은 사실로 보아 아마도 이때 비슷한 야망을 품은 회원들에게 연락을 돌렸던 것으로 보인다.[41] 맥도널드는 영국산악회 회원이었으며, 윔퍼가 체르마트를 처음 방문한 날 몬테로사를 등정했다. 윔퍼는 로프와 피켈 등 고산 등반에 필요한 장비들을 구해 장레노 앞으로 부치고 나서, 1861년 7월 초에 한 달 일정으로 프랑스 남부 해안을 스케치하러 떠났다.

1861년에 스물한 살 윔퍼의 눈에 등반은 하나의 오락거리, 즉 스케치를 해 오고 잡지에 투고하면 돈벌이가 가능한 오락거리에 지나지 않았다. 아직은 등반가가 되겠다는 일념에 사로잡힌 상태가 아니었다. 산은 아직 그림과 자리를 다투고 있었다. 프랑스 남부의 극심한 한여름 무더위를 견디다 못한 윔퍼는 남은 스케치 일정을 접고 부르드와장 Bourg d'Oisans으로 넘어가, 그곳에서 새로 사귄 맥도널드를 만났다. 몽펠부에 오르기로 의기투합한 두 사람은 일주일 뒤 반대편 산기슭에서 다시 만나기로 하고 헤어졌다.

도피네 산군은 전년도인 1860년 여름에 찾아온 토머스 보니와 윌리엄 매슈스William Mathews, 존 클라크 호크셔John Clarke Hawkshaw를 제외하면, 영국인 여행자의 발길이 아주 뜸한 곳이었다. 1841년에는 포브스 교수가 이 지역을 방문해, 계곡을 따라 라 베라르드La Bérarde까지 올라가 높은 안부를 넘었다. 이 지역은 잘 알려지지 않은 외딴 마을이었고, 참고할 만한 지도라고는 불완전하고 부정확할지언정 1754년에 프랑스의 부르세Bourcet 장군이 만든 지도가 전부였다. 보니는 도피네 산군에 대해 이렇게 기술했다. "아마도 알프스에 있는 어떤 지역도 이 곳만큼 발길이 뜸한 곳은 없을 것이다. 그만큼 정확한 정보를 입수하기가 더욱 어렵다."[42] 보니는 또한 편의시설이라고는 전혀 없으며, 모든 산장에 '어떤 재빠른 벌레'가 수시로 출몰하여 도저히 잠을 잘 수가 없다는 이야기도 언급했다. 이 벌레는 나중에 윔퍼도 잘 알게 된다.

도피네 산군에 있는 봉우리에 대해서는 여전히 많은 혼선이 있었다. 보니는 몽펠부를 올랐다고 생각했으나, 몽펠부를 약 4,100미터 높이의 산, 즉 도피네 산군의 최고봉으로 착각했다. 라 베라르드 쪽에서 몽펠부라고 생각한 봉우리는 너무 가팔라 보였으므로 보니는 일행을 이끌고 산군의 반대편인 발루이즈로 이동했다. 사실 보니가 본 산은 도피네 산군의 최고봉 푸앙트 데 제크랑이었지만, 1860년 당시만 해도 사람들은 몽펠부로 착각하거나 독립된 봉우리로 인지하지 못했다. 푸앙트 데 제크랑의 남쪽과 몽펠부의 서쪽에는 레일프로와드l'Ailefroide 라는 가파른 봉우리가 있는데, 이 봉우리는 몽펠부보다 불과 몇 미터가 더 높다. 당시 이 봉우리들은 지도에 정확히 표시되지 않은 관계로 어느 산이 어느 산인지 파악하기가 몹시 어려웠다. 1828년에는 뒤랑 Durand 대위가 이끈 프랑스군 측량대가 몽펠부의 정상 설원에 도달해, 그곳에서 며칠간 야영을 하면서 산마루에(최고점은 아니었다.) 거대한 피라미드 모양의 케른을 쌓았는데, 오늘날 이 지점은 '뒤랑봉Pointe Durand'이라고 불린다. 1848년에 프랑스인 퓌즈외Puiseux가 뒤랑 대위와 동행했던 가이드를 대동하고 몽펠부에 도전해 최고점[*]에 올랐음은 명백한 사실이지만, 현지인들은 이 등정에 대해 전혀 모르고 있었으며, 1861년의 보니와 윔퍼 역시 퓌즈외의 등정 사실을 듣지 못했다.

보니 일행은 발루이즈 쪽에서 몽펠부에 접근했지만, 1860년의 기록적인 악천후 탓에 약 3,200미터 지점에서 돌아서야 했다. 윔퍼와 맥도널드 역시 보니 일행과 같은 루트로 오를 생각이었다. 윔퍼는 전년도 여름에 걸었던 길을 거꾸로 되짚어 부르드와장에서 브리앙송까지 70킬로미터 구간을 10시간 만에 주파했다. 이번에는 날씨가 좋아서 "찬란하게 빛나는 설산"을 볼 수 있었다.[43] 약속한 날이 되었는데도 맥도널드는 나타나지 않았다. 윔퍼와 장 레노는 짐꾼으로 구두장이 지로 Giraud를 대동하고 묵직한 포도주 통을 거추장스럽게 지팡이에 매단 다음 몽펠부를 향해 출발했다. 그리고 계곡을 따라 올라가는 길에 소위 가이드라고 주장하는 세미옹Sémiond 노인도 합류시켰다. 그는 33년 전에 뒤랑 대위와 함께 몽펠부에 오른 적이 있어 "그 누구보다 몽펠부에 대해 잘 안다."라고 소문난 사람이었지만, 아는 것은 많지 않았다.[44]

윔퍼 일행은 떨어진 바위와 소나무 사이에서 훌륭한 막영지를 찾

---

[*] 오늘날 이 지점은 그의 이름을 따서 '퓌즈외봉Pointe Puiseux'이라고 불린다. ― 옮긴이

아냈으나, 정상보다는 여전히 1,800미터나 낮은 고도였다. 담요로 만든 침낭 속에 몸을 밀어 넣은 윔퍼는 생애 첫 등반을 하고 있다는 사실에 한껏 들떠 있었다.

> 그날의 모닥불은 지금 생각해도 유쾌한 추억이다. 포도주 통을 지고 오르는 일은 이만저만 고생이 아니었다. … 프랑스인들은 형편없는 포도주에서도 위안을 얻는 듯했다. … 날씨는 환상적이었다. 다음 날 날씨도 좋을 것 같았다.[45]

숲을 통과하고, 돌밭을 기어오르며, 빙하를 건너기를 몇 시간째 했지만, 가도 가도 정상은 보이지 않았다. (빙하 구간을 지날 때 구두장이지로는 스텝 깎는 기술의 진정한 달인임을 입증해 보였다.) "암탑과 버트레스buttress, 쿨르와르couloir가 이어질 뿐 설원은 나타나지 않았다."[46] 지역 정보도 부실하고 명명법도 헷갈리다 보니, 일행 사이에 설전이 오갔다. 윔퍼와 레노는 그때까지 아무도 오른 적이 없는 피크 데 잘시느Pic des Arcines를 오르고 있다고 생각한 반면, 세미옹 노인은 그 산이 아님을 이미 알고 있지 않았느냐고 따지며 뒤랑 대위가 쌓은 피라미드 케른까지가 이번 등반의 목표였다고 우겼다. 누군가 다녀간 정상은 레노와 윔퍼가 원하던 바가 아니었으므로, 그들은 그 길로 돌아서서 하산을 시작했다. 열심히 앞만 보고 내달려 막영지까지 철수한 다음, 에일프로와드Ailefroide라는 샬레 마을까지 내려가 건초 더미 위에서 하룻밤을 묵었다. 맥도널드는 부지런히 일행을 쫓아 산으로 올라갔지만 막영지를 찾는 데 실패했다. 이튿날 아침에 높은 곳에서 정상을 향해 올라가는 윔퍼 일행을 발견한 맥도널드는 침울한 표정으로 마을로 돌아왔다.

윔퍼와 맥도널드는 결국 마을에서 다시 만날 수 있었다. 몽펠부에 재도전하기로 의기투합한 두 사람은 이번에는 세미옹 노인을 가이드가 아닌 짐꾼으로 강등시키고 다시 산으로 올라갔고, 이번에도 산기슭에 막영지를 꾸렸다.

> 우리는 또 한 번 즐거운 저녁을 보냈다. ⋯ 날씨는 완벽함 그 자체였고, 산꾼이라면 우리가 해가 지는 시간과 해가 뜨는 시간에 어떤 즐거움을 누렸는지 내가 말로 표현할 수 있는 것보다 훨씬 더 잘 상상할 수 있으리라.[47]

경험이 아주 풍부하지는 않더라도 알프스 봉우리를 한 번 올라본 맥도널드가 곁에 있는 만큼 윔퍼는 이번에는 좀 더 성공할 자신이 있었다. 윔퍼는 흥분이 되어 좀처럼 잠을 이룰 수가 없었다. 윔퍼와 레노, 맥도널드, 세미옹 노인은 새벽 4시에 출발해 이틀 전과 거의 비슷한 루트로 오르기 시작했다. 이번에는 꿋꿋이 전진을 계속해 설원에 도달했다. 세미옹에게는 기쁜 일이었고 다른 사람들에게는 실망스러운 일이었는데, 설원에 올라서니 뒤랑 대위가 쌓은 피라미드 케른이 보였다. 설원을 가로지르며 이 원치 않은 정상을 향해 걷다 보니 "왼편으로 새하얀 원추형 봉우리가 아주 멋지게 솟아 있었다." 그 봉우리가 진짜 몽펠부의 정상이었다. (빙하를 가로지르면 45분 거리에 있는 이 봉우리는 뒤랑이 올랐던 곳보다 겨우 14미터가 높다. 오늘날 등반자들은 몽펠부에 오를 때 굳이 두 정상을 다 밟으려고 하지 않는다.) 세미옹이 더 높은 이 봉우리에 대해 전혀 아는 바가 없다는 사실은 금방 탄로가 났다.

게다가 세미옹은 정상까지 이어지는 마지막 바위 몇 개를 오를 생각도 없었다. 여전히 쾌청한 하늘 아래 "행복감에 젖은 세 사람은 정복된 몽펠부의 최고점에 서서 악수했다. 그곳이 바로 우리가 찾던 피크 데 잘시느였다."[48]

사방 어디를 둘러보아도 시야가 훤히 트였지만, 불과 3킬로미터 거리에 수직으로 곧추선 검은 암봉 하나가 유독 그들의 시선을 잡아끌었다. 윔퍼의 눈에는 그들이 서 있는 봉우리보다 약간 더 높아 보였다. 실은 이 검은 암봉이 진짜 '피크 데 잘시느', 즉 푸앙트 데 제크랑으로 몽펠부 정상보다 156미터가 더 높다. 그들에게는 처음 보는 이 산에 대한 정보가 전혀 없었는데, 맥도널드와 레노는 낙관적으로 몽펠부보다 높지 않다고 생각했다. 윔퍼는 런던으로 돌아와 도피네 산군에 관한 자료를 좀 더 조사해본 후에 이 검은 암봉이 더 높은 봉우리임을 확신하게 되지만, 당시에는 다른 사람들처럼 자신이 프랑스에서 가장 높은 봉우리에 서 있으며 그곳에 최초로 발을 디딘 사람이라고 믿었다.

오후 시간도 많이 지나가고 있었다. 날이 저물기 전까지 막영지에 도착할 수 없었기에 그들은 식량도 물도 없이 여전히 3,000미터가 넘는 고지의 가파른 산비탈에서 끔찍한 밤을 견뎌야 했다. 세미옹은 물을 구하러 근처로 나갔다가 어둠 속에서 길을 잃었고, 레노는 불행한 처지를 비관해 두 손을 꽉 잡은 채 뜬눈으로 밤을 새웠다. 맥도널드는 윔퍼의 알코올램프에 양말을 말린 후에 자는 시늉만 했고, 윔퍼는 돌을 치워낸 바위 턱을 오르락내리락했다. "아무리 긴 밤도 반드시 끝이 난다." 윔퍼는 이렇게 적었다. 그들은 동이 튼 후에 식량이 있는 막영지에 들렀다가 발루이즈의 숙소로 내려왔다. 마을에 도착하자마자 윔퍼는 의기양양하게 『더 타임스』 앞으로 승전보를 부쳤다. 윔퍼와 맥도널드는 그때까지도 자신들이 몽펠부의 최고점에 최초로 올랐다고 믿고 있었다. 더 높은 봉우리를 — 편지에서 윔퍼가 "몽펠부의 우월함을 반박하는 듯 보였다."라고 인정한 봉우리를 — 두 눈으로 똑똑히 보았음에도 그들은 몽펠부가 최고봉이라는 현지인들의 말을 믿고 싶었고 "엄밀한 의미에서 프랑스에서 가장 높은 산의 최고점에 올라선 초등자"라고 믿고 싶었다.[49] 『더 타임스』에 편지를 보내자는 의견을 맥도널드가 낸 것으로 보이지는 않는다. 윔퍼 가문 사람들은 상당히 상업적인 세계에서 생계를 유지했으므로, 스스로 알리지 않고 가만히 있으면 일감을 따내거나 그림을 팔거나 글을 투고해서 돈을 벌 수 없었다. 윔퍼는 이른 나이에 노련한 자기 홍보의 달인이 되었다. 등반가로서 윔퍼의 명성에는 등반 기록 못지않게 그의 필력과 그림, 언변도 많은 기여를 했다. 1869년에 『알프스 등반기』를 집필하면서 윔퍼는 퀴즈외와 연락을 주고받았고 — 먼저 올라간 뒤랑 대위를 논외로 한다면 — 그가 초등자임을 인정하게 되었다. 그렇더라도 윔퍼는 여전히 다음과 같이 생각했다.

> 이번 여행에서 우리는 초등이 줄 수 있는 즐거움을 마음껏 누렸다. 본격적으로는 처음 해본 이 산행을 떠올리면 아주 만족스럽고, 이 책에 기록한 어떤 산행 못지않게 즐거웠다.[50]

다소 자만심에 빠진 윔퍼는 젊은이 특유의 경험 부족에서 오는 자신감의 발로로 이제 알프스에 있는 어떤 산도 오를 수 있다고 호기를 부렸지만, 여전히 산은 그가 가진 다양한 관심사와 열정을 쏟은 대상들보다는 후순위에 있었다. 발루이즈에서 축제 분위기에 들떠 며칠을 보낸 후에 맥도널드는 브리앙송으로 떠나고, 윔퍼는 그 전해 여름에 갔던 길을 되짚어 몬테비소로 넘어갔다. 윔퍼는 인근 마을에서 구한 가이드를 데리고 그 전해에 토리노에서 브리앙송으로 갈 때 넘은 안부에서부터 북릉으로 몬테비소 등정을 시도했지만 실패했다.* 이어진 열흘간은 여기저기 돌아다니면서 스케치를 했다. 밤에는 담요로 만든 침낭을 덮고 밖에서 자거나 벼룩이 우글거리는 여관에 묵었다. 이번에는 이탈리아 쪽 터널 입구인 바르도네키아Bardonecchia에서 몽스니 철도터널 공사현장을 구경하기도 했다.

훗날 윔퍼는 "아직 처녀봉으로 남아 있는 알프스 봉우리 중에서 두 곳이 내 흥미를 자극했다."라고 말했다.[51] 비교적 쉽게 몽펠부를 등정한 후에 윔퍼의 마음에 들어찬 젊은이 특유의 자만심은 마터탈 계곡 위로 떠오른 거대한 두 피라미드, 즉 바위 피라미드인 마터호른과 얼음 피라미드인 바이스호른을 노릴 차례라고 속삭였다. 발투르낭슈에 도착한 윔퍼는 존 틴들이 8월 19일에 바이스호른을 등정했으며, 이번에는 브로일에서 마터호른을 노리고 있다는 소식을 들었다. 8월 23일에 체르마트에서 브로일로 넘어온 틴들은 마터호른이 마을에서 출발해 당일에 등정하기에는 무리라는 사실을 이미 알고 있었다. 틴들의 일기에 따르면, 스위스 가이드 베넨J. J. Bennen이 "극도의 주의력과 정확

---

* 몬테비소는 불과 며칠 후에 초등이 이루어진다. 초등의 주역은 영국산악회 창립회원이었던 윌리엄 매슈스, 역시 영국산악회 회원이었던 프레더릭 제이콤Frederick Jacomb, 가이드 역할을 한 미셸 크로와 장 밥티스트 크로Jean-Baptiste Croz(미셸 크로의 형) 이렇게 네 명이었다.

성으로 모든 것을 관찰한 후에 큰 문제점을 발견했다. 잠을 잘 만한 곳, 즉 두 사람이 밤을 보낼 만한 바위 턱을 도저히 찾을 수 없다는 점이었다. 높은 데서 시작하지 않고 정상에 도달하는 일은 분명 불가능했다." [52] 틴들은 이 소식을 듣고 매우 낙담했지만, 가이드 베넨의 판단력을 한 치도 의심하지 않았으므로, 이튿날 체르마트로 되돌아갔다. 베넨의 의견은 멀리서 산을 관찰해 내린 결론인데, 마터호른에서 바위 턱을 찾을 수 없었다는 것은 뜻밖의 결론이었다. 아마도 베넨은 등반대가 안부에서 상당히 위쪽으로 올라가 막영지를 꾸려야 성공할 수 있다고 생각했거나, 아니면 정복이 불가능해 보이는 마터호른의 위용에 압도당했던 듯하다.

그러나 한 사람만큼은 그리 압도당하지 않았다. 계곡을 따라 브로일로 올라가는 길에 윔퍼는 발투르낭슈 여관의 방명록에 이렇게 적었다. "에드워드 윔퍼, 마터호른으로 가는 중."[53] 폭이 좁은 계곡을 — 오늘날은 통행량이 많은 도로를 — 따라 걸어 올라갈 때 마터호른은 길이 꺾이는 정도에 따라 나타났다 사라졌다 한다. 브로일에서 보는 마터호른은 체르마트에서 보는 모습보다 웅장한 산세를 자랑하지만, 선의 아름다움은 덜하다. 윔퍼는 틴들이 떠나고 나서 불과 며칠 후에 브로일에 도착했던 만큼 베넨의 조사 결과를 틀림없이 들었을 것이다. 마터호른이 되었든, 다른 어떤 산이 되었든 널리 믿어지는 통념에 영향을 받기에는 아직 산이라는 세계에서 문외한에 가까웠던 윔퍼는 다음과 같이 생각했다. "이 산에는 통행 제한선 같은 것이 있어서 거기까지 가더라도 그 위로는 오르지 못한다고 되어 있으며, 보이지 않는 제한선 너머에는 악마와 요괴들이 사는 것으로 되어 있다."[54] 마터호른은 실제로 등반가와 산 밑에 사는 사람들에게 강력한 제지 효과를 발휘했지만, 1861년까지 몇 차례의 등정 시도는 있었다.

1857년에 장 앙투안 카렐Jean-Antoine Carrel(이하 카렐)과 그의 삼촌 장 자크 카렐Jean-Jacques Carrel, 에메 고레Amé Gorret는 테트 뒤 리옹Tête du Lion에 도달해, 스위스 쪽으로 뻗은 깎아지른 낭떠러지를 처음 본 사람들이 되었다. 빅토르 카렐Victor Carrel과 가브리엘 마퀴냐츠Gabriel Maquignaz까지 합류한 이들은 그 후로 2년 동안 콜 뒤 리옹Col du Lion 쪽으로 몇 차례 시도한 끝에 능선 위로 조금 더 올라서는 데 성공했다. 1860년 8월, 윔퍼가 스케치를 하러 브로일에 도착하기 열흘 전에는 존 틴들과 본 호킨스가 외지인으로서는 처음으로 마터호른에 도전했다. 스위스 출신의 베넨과 장 자크 카렐을 가이드로 대동한 그들은 콜 뒤 리옹에서 300미터 이상 전진하는 성과를 올렸으나, 길이 점점 험해지고 시간이 늦어져 하는 수 없이 브로일로 철수했다. 사실 틴들이 모르는 사이 ― 훨씬 훗날까지 윔퍼도 몰랐는데 ― 파커Parker 삼형제가 1860년 7월에 체르마트 쪽에서 회른리 능선으로 가이드 없이 도전한 사실이 있었다. 파커 삼형제는 이듬해 여름에도 재도전에 나섰지만, 악천후에 가로막혀 3,500미터쯤에서 물러서야 했다. 그 지점이 대략 현재 산장이 있는 높이다. 삼형제의 도전은 그때가 마지막이었다.

석공이자 사냥꾼이었던 장 앙투안 카렐은 마터호른 초창기 도전자 중 한 명으로 윔퍼의 표현을 빌리자면 "발투르낭슈의 수탉"이라는 명성을 얻었는데, 장차 윔퍼의 생애에서 중대한 역할을 하게 된다. 윔퍼가 마터호른에 뜻을 두고 발투르낭슈에 도착했을 때 다들 이구동성으로 추천한 가이드가 바로 카렐이었다. 하지만 카렐은 윔퍼에게 장 자크 카렐도 함께 고용할 것을 조건으로 내걸었다. 추가 비용을 부담하기 싫었던지, 아니면 아직 다행스럽게도 등반의 어려움을 몰랐던지 윔퍼는 카렐의 조건을 거부했다. 윔퍼는 두 영국인 여행자를 통해 베르너오버란트Bernese Oberland 출신의 가이드 한 명을 추천받아 샤티용 Châtillon에서 계곡을 따라 올라갔지만, 데리고 갈 만한 현지인은 결국 찾지 못해, 가이드와 단둘이서 콜 뒤 리옹까지 올라갔다.

콜 뒤 리옹 뒤에서 갑자기 카렐과 장 자크 카렐이 넘어오자 윔퍼는 화들짝 놀랐다. 두 사람은 능선을 따라 계속 올라 틴들과 호킨스가 앞서 도달했던 곳보다 60~90미터쯤 더 높은 곳까지 도달했다. 카렐의 이번 마터호른 출격은 단지 우연은 아니었을 것이다. '나의 산'이라고 여기는 산을 경계하는 마음으로, 카렐은 자기 영역을 침범한 이 거만한 젊은 침입자를 예의 주시하고 있었다. 윔퍼는 콜 뒤 리옹에서 밤을 보낸 뒤 아침이 되자 능선 위쪽에 붙어 있는 카렐 일행이 무슨 소리를 내지 않나 귀를 쫑긋 세우고 집중했다. 카렐 일행이 그날 오후에 철수하자 윔퍼와 가이드는 적막한 대자연과 일몰 속에 단둘이 남겨졌다. 위로는 마터호른의 가파른 암벽이, 아래로는 스위스 쪽으로 뻗은 아득한 낭떠러지가 보였다. 윔퍼는 그때의 광경, 그때의 소리, 그때의 메아리를 이렇게 언급했다. "이곳에서는 모든 것이 차원이 달랐다."[55] 몽펠부에서 며칠 밤을 자기는 했지만, 그때 한 야영과는 전혀 다른 경험이었다. 윔퍼가 가져간 텐트는 "런던에서 처보았을 때만 해도 굉장히 근사했지만, 알프스에서 치고 보니 전혀 쓸모없는 물건이었다." 바람이 텐트를 허공으로 날려버릴 기세로 거세게 휘몰아쳤다. 그래서 두 사람은 텐트를 몸에 둘둘 말고 눈 위에 누웠다. "경이로울 정도로 적막했다. 우리의 외로운 막영지 근처에 살아 있는 생명체라고는 아무것도 없었다. … 살을 에는 듯 추웠다. 베개로 깔고 누운 병 속에 든 물이 꽁꽁 얼어버렸다."

콜 뒤 리옹은 벼랑 위의 독수리 둥지 같은 곳으로 아마도 윔퍼가 몽펠부에서 경험한 그 어떤 장소와도 달랐을 것이다. 이곳은 안부라고 표현하기도 좀 그렇다. 스위스에서 접근하는 길이 굉장히 가파른 데다, 텐트 한 동을 겨우 칠 만큼 좁기 때문이다. 마터호른의 능선은 이 안부에서부터 급격히 치솟아, 곧바로 암벽등반을 요구한다. 햇빛이 산등성이를 물들이며 퍼져나갈 때 윔퍼는 가이드와 함께 능선을 오르기 시작했는데 "등반이 그렇게 재미있을 수가 없었다." 윔퍼에게 "산이 바다처럼 펼쳐진" 광경은 처음이었다. 알프스의 완벽한 일출은 그 무엇과도 비교할 수 없는 장관이었고, 그 광경은 윔퍼의 예술적 영감을 휘어잡았다.

그늘진 부분을 본다. 그늘진 부분마저 빛을 반사하면서 인간이 형용할 수 있는 그 어떤 수사보다 더욱 찬란하게 반짝인다. 그늘진 부분 안에도 설원이 부드럽게 굽이치며 그림자 안에 그림자를 드리운다. 낙석이 떨어지면서 파인 고랑에도 그림자 위에 그림자가 겹친다. 그림자마다 밝은 부분과 어두운 부분이 있으며, 부드러운 색감이 무한한 계조로 펼쳐진다.

윔퍼가 콜 뒤 리옹을 묘사한 삽화로 『알프스 등반기』에 수록되었다.

그때까지 윔퍼는 가파른 바위를 몇백 미터씩 기어오르는 본격적인 등반, 즉 지금 기준으로는 기술적으로 어려운 등반으로 치지 않지만 등반에 필요한 기본적인 소질, 능숙함과 민첩함, 자신에 대한 믿음을 요구하는 이러한 등반을 해본 적이 없었다. 두 사람은 여전히 전날 카렐 일행이 올랐던 최고점보다는 낮은 높이였지만, 안부에서부터 200~250미터 정도 위까지 올라가는 데 성공해 '침니Chimney'에 도달했다. (이때부터 윔퍼와 장 앙투안 카렐은 리옹 능선Lion Ridge의 다양한 지형마다 별칭을 붙이기 시작했다.) 윔퍼는 '침니'를 기어 올라가는 데 성공했지만, 가이드는 후등인데도 올라가지 못했다. 윽박질러보기도 하고 살살 구슬려보기도 했지만 소용이 없었다. 윔퍼는 그러다가 문득 '침니'를 내려가려면 밑에 있는 가이드의 도움이 필요하다는 사실을 깨달았다. 그래서 어쩔 수 없이 등반을 포기하고 브로일로 내려갔다. 윔퍼는 여전히 사분사분한 스위스인 가이드와 함께 테오둘 고개를 넘어 체르마트로 이동했다.

다소 가벼운 마음으로 오만하게 임했던 마터호른 등정 시도는 윔퍼에게 동료의 중요성을 깨우쳐주었고, 작은 안부 위에서 대자연의 장관에 둘러싸여 보낸 소름 끼칠 정도로 적막하고 추운 밤은 다시 산으로 돌아가고 싶은 갈망을 불러일으켰다. 윔퍼는 젊은이 특유의 열정만을 앞세운 채 사실상 경험이 없는 상태에서 몽펠부와 마터호른에 올랐지만, 두 번의 경험을 통해 사전 준비를 철저히 한다면 무엇을 이룰 수 있는지 맛보게 되었다.

5

역대 추락사고 중에서 가장 멋진 생환

몽펠부 등정에 성공하고 돌아온 윔퍼는 영국산악회에 입회 신청서를 제출했고, 윌리엄 롱맨의 추천서 덕분에 1861년 12월에 회원이 되었다. 영국산악회와 이곳에서 발간한 간행물, 이곳에서 주최한 모임, 이곳에서 여행과 모험을 할 수 있도록 이끌어준 기회는 윔퍼의 남은 50년 생애를 알알이 채웠다. 영국산악회는 29명을 창립회원으로 1857년 12월 런던에서 발족했다. 이 단체의 목표는 "등반가들끼리 친목을 도모하고 … 문학과 과학, 예술을 통해 산에 대한 올바른 지식을 전파하는 것"이었다. 연간 회비는 1기니*였는데, "문학적 성과나 등반 기록"을 증빙해야만 회원이 될 수 있었다.[1] 1859년 당시 등반가가 아닌 회원으로는 출판업자 존 머리와 윌리엄 롱맨, 인쇄업자 조지 클로우스(윔퍼 가문과도 친분이 있었다.), 윌프리드 블런트Wilfrid Blunt, 매슈 아널드Matthew Arnold, 몽블랑 대중화에 기여한 앨버트 스미스 등이 있었

---

* 영국의 옛 화폐단위로 현재의 1.05파운드에 해당한다. — 옮긴이

다. 제임스 데이비드 포브스 교수와 영국 왕립지리학회의 로더릭 머치슨 경Sir Roderick Murchison은 명예회원이었다. 윔퍼가 입회한 1861년에 그를 포함해 158명이었던 회원 수는 5년 만에 두 배로 불어났다. 1858년부터 1895년에 새빌로Savile Row로 이사하기 전까지 영국산악회가 사무실로 사용한 건물은 트래펄가 광장Trafalgar Square에서 가까운 세인트마틴스 플레이스St. Martin's Place에 있었는데, 이곳은 윔퍼의 집에서 강만 건너면 걸어갈 수 있는 거리였다. 영국산악회는 영국 등반가 전체를 대표하는 단체였으며, 공무원과 성직자를 비롯해 교육과 경영, 법학, 의학, 예술, 군사 방면의 전문직 회원들로 꾸려졌다. 수공업에 종사한 윔퍼의 배경은 분명 이례적이었겠지만, 1861년에 이름 있는 알프스 고봉을 초등했다고 말할 수 있는 사람은 겨우 손에 꼽힐 정도였다. 이때부터 윔퍼는 자신을 '예술가'로 소개하기 시작했다.

영국산악회의 창립은 알프스 등반에 활기를 불어넣었으며, 이 단체가 없었더라면 윔퍼가 등반을 시작했으리라고 보기도 어렵지만, 알프스에서의 등반은 1857년 훨씬 이전부터도 이루어지고 있었다. 1760년에 근대 등반의 선구자격인 드 소쉬르는 서유럽 최고봉인 몽블랑 정상으로 갈 수 있는 루트를 찾아내는 사람에게 현상금을 주겠다고 공표했다. 이 현상금은 1786년에 몽블랑 초등을 이룩한 두 샤모니 사람에게 돌아갔다. 드 소쉬르 자신도 이듬해인 1787년에 제3등을 달성했으며, 며칠 뒤 마크 뷰포이가 제4등을 기록하면서 몽블랑 정상에 오른 최초의 영국인이 되었다. 이러한 초창기 등반가들은 등반 기술이라고는 조금도 알지 못했다. 크레바스 추락을 막아줄 로프나 고통스러운 설맹에 걸리지 않도록 눈을 보호해줄 고글의 사용은 아직 조악하고 위험한 수준이었다. 1850년까지 몽블랑 등정은 거우 40여 차례 이루어졌으므로, 여전히 몽블랑 등정은 희소성 있는 업적이자 선망의 대상이었다. 유럽인 여행자와 지역 가이드들은 알프스 곳곳을 누비며 몽블랑보다 낮은 봉우리들을 숱하게 오르고, 몇몇 4천 미터급 봉우리에도 올랐다. 융프라우는 1812년에, 체르마트 위로 우뚝 솟은 브라이트호른은 1813년에 초등되었다.

19세기 초반은 지질학이 큰 인기를 끌면서 알프스 산맥과 빙하에 대한 관심이 고조되던 시기였다. 뇌샤텔대학교의 박물학 교수였던 루이 아가시는 유럽 대륙이 한때 빙하로 덮여 있었으며 이 빙하가 현재의 지형을 만들었다는 학설을 발표했다. 런던에서 이 같은 내용을 강의하자 곳곳에서 격렬한 논쟁이 일었다. 사람들은 불편함과 적대감을 강하게 드러냈다. 1840년대 초에 루이 아가시와 제임스 데이비드 포브스는 알프스를 돌아다니며 빙하를 연구했다. 아가시는 베르너오버란트 산군에 있는 한 빙하 위에 막영지를 꾸렸고, 포브스는 메르드글라스 빙하를 정밀하게 측정했다. 1841년에는 두 사람이 함께 융프라우에 올랐다. 포브스가 알프스 구석구석을 여행한 뒤 1843년에 출간한 『사보이 알프스 여행기Travels through the Alps of Savoy』는 기행문 겸 지질 조사 보고서 형식을 취한 책으로, 오랫동안 알프스에 대한 유일한 참고서 역할을 했다. 철도의 증설로 교통이 훨씬 편리해지면서 스위스는 곧 관광지로 급부상했다. 1851년에는 당대 인기인이었던 앨버트 스미스가 몽블랑을 등정했다. 그리고 이듬해부터 6년간 피커딜리 극장 이집트 홀에서 「몽블랑 등정The Ascent of Mont Blanc」이라는 터무니없는 과장이 판치는 환등 슬라이드 강연회를 진행했다. 마지막 해에 강연회가 끝나기 직전에 그의 상연물을 처음 본 열여덟 살 윔퍼는 다음과 같이 평했다. "사람들은 이런 종류의 상연물을 보러 갈 때 그때까지 들은 설명으로 과도하게 부풀려진 기대를 품고 간다지만, 나는 꽤 만족스러웠다."[2]

1850년대에는 영국 등반가들이 본격적으로 알프스에 진출하기 시작했다. 찰스 허드슨Charles Hudson은 몽블랑에 새 루트를 내기 위해 도전을 거듭했다. 1854년에는 스미스Smyth 삼형제가 체르마트와 사스페 사이에 있는 슈트랄호른Strahlhorn을 올랐고, 알프스에서 두 번째로 높은 몬테로사의 정상 부근까지 도달했다. 1855년에는 허드슨과 스미스 형제를 포함한 대규모 등반대가 몬테로사 등정에 성공했다. 그로부터 몇 년에 걸쳐 레슬리 스티븐, 프랜시스 폭스 터켓Francis Fox Tuckett, 찰스 배링턴Charles Barrington 같은 영국 등반가들이 아이거Eiger와 알레치호른Aletschhorn, 림피시호른을 올랐다. 1861년에 틴들이 바이스호른을 등정하고, 레슬리 스티븐이 베르너오버란트 산군에 있는 슈레크호른Schreckhorn을 등정하면서 등반의 수준이 한 차원 더 높아졌다.

윌리엄 롱맨의 기획 아래 1859년에 출간된 『봉우리와 고개 그리고 빙하』 제1권에는 등반 후기와 알프스 이야기가 풍부하게 실려 있다. 1862년에 출간된 제2권에는 윔퍼가 쓴 몽펠부 등정기도 실려 있다. 윔퍼가 처음 대중에게 발표한 완성도 높은 이 장문의 글에는 지질학적·지형학적 사실에 대한 꼼꼼한 관찰력, 주의 깊은 역사적 탐구심,

글쓰기 취향이 엿보이는 동시에 웜퍼의 기질적 특징인 냉소적인 유머도 곳곳에서 번득인다. 도피네 지역의 초기 여행자 수속 절차에 관한 이야기는 웜퍼의 배낭과 피켈을 군사 장비로 오인한 세관원에 대한 자기 비하적인 일화와 섞여 있다. 그들이 웜퍼의 등산 장비를 보고 한 말은 "이 자는 중요한 군인이다."와 "공병工兵이 틀림없다."였다.[3] 웜퍼는 롱맨과의 친분을 바탕으로『봉우리와 고개 그리고 빙하』제2권에 들어가는 모든 삽화의 감수를 맡았다. 삽화들의 완성도는 그리 높지 않아 대개 단순하고 정형화된 것들이었지만, 가장 수작으로 손꼽을 만한 것은 단연 웜퍼가 직접 판각해 몽펠부 등정기에 곁들인 삽화였다. 존 틴들은 1862년 4월에 롱맨의 도움으로 출간한『1861년의 등산: 휴가중의 여행Mountaineering in 1861: a vacation tour』이라는 제목의 얇은 책에 바이스호른 등정기를 실었다. 이 책에는 웜퍼가 판각한 삽화 두 점이 실렸는데, 그중 한 점이 바로 웜퍼가 1860년 스케치 여행 때 그린 바이스호른이었다.[4]

영국산악회 회원이 되자마자 바로 활동을 시작한 웜퍼는 머지않아 몇몇 기존 회원들과 친분을 쌓을 수 있었다. 그중 터켓과는 평생 동안 친분을 유지했다. 웜퍼의 등반은 다소 아마추어적인 방식으로 시작되었지만, 등반은 그의 열정과 상상력을 사로잡았다. 미지의 영역을 오르고 탐험하는 짜릿한 흥분이 있었고, 더없이 픽처레스크하면서도 웅대하기 그지없는 새로운 풍경을 발견하는 기쁨도 있었다. 알프스에는 서리주에서 볼 수 있는 숲과 황야는 물론 아버지가 수채화로 화폭에 담았던 웨일스와 스코틀랜드의 산도 있었다. 하지만 알프스는 산세가 훨씬 더 웅장한 데다 알려지지 않았다는 매력까지 있었다. 초기에 발표한 어떤 글에서 윔퍼는 체르마트를 다음과 같이 묘사했다.

> 매력적일 정도로 다채로운 풍경이다. 맹렬하고 웅대할 뿐만 아니라 평화롭고 온화하기도 하다. 폭포에 싫증이 나면, 단지 어느 쪽으로든 걸음을 옮기면 된다. 아름다운 초원을 유유히 흐르는 개울에 가장 완벽한 모습으로 비치는 주변 산들이 보일 테니까.[5]

윔퍼는 다른 일을 할 때 바치는 굳은 의지와 철두철미한 태도를 이때부터는 등반에도 고스란히 바치기 시작했다. 콜 뒤 리옹에서 사용해보고 불만족스러웠던 텐트를 두고 고심한 끝에 20세기까지 널리 사용될 디자인을 완성했다. 고무 방수포 깔개를 깔고 물푸레나무나 서인도산 경목硬木으로 만든 졸대 네 개를 모서리마다 하나씩 세워 위쪽에서 강철 볼트로 고정했다. 이렇게 하면, 튼튼하고 단단하며 바람을 막아주는 삼각형 구조물을 세울 수 있었다. 텐트 고정 줄은 앞면에 하나, 뒷면에 하나, 단 두 개면 충분했다. 디자인에 만족한 윔퍼는 이렇게 만든 텐트를 평생 동안 원정 때마다 가지고 다녔다. 무게는 고작 8킬로그램에 재료비는 4파운드가 채 되지 않았으니, 1860년대 기준으로 보자면 편리하고 가벼운 텐트였다. "유일한 단점은 방수가 완벽하지 않다는 점"이었다.[6] 1862년 봄에는 틴들 교수의 요청으로 졸대 대신 지팡이를 이용하는 더 작고 가벼운 텐트를 만들어주기도 했다. 윔퍼 텐트는 등산 및 원정용 장비로 날로 인기를 더해, 마침내 한 회사에서 양산하기에 이르렀다.[*]

---

[*] 1960년, 크리스 보닝턴Chris Bonington이 눕체Nuptse에 갔을 때도 여전히 윔퍼 텐트가 사용되었다.

도피네 산군에서 프랜시스 터켓과 만나기로 한 잠정적인 약속이 있었지만, 윔퍼는 몽펠부를 함께 등정했던 맥도널드를 붙들고 마터호른에 재도전해보자고 설득했다. 그리하여 1862년 7월 초의 날씨가 궂은 어느 날 두 사람은 체르마트에서 만났다. 맥도널드는 터켓과 윌리엄 매슈스William Mathews와 함께 샤모니에 체류하면서, 그 전주에 몽블랑 정상에 올라갔다 온 참이었다. 맥도널드와 윔퍼는 스위스인 가이드 두 명을 데리고 브로일로 넘어가, 마을에서 치즈를 만들던 곱사등이 뤼크 메이네Luc Meynet를 텐트 지게꾼으로 고용했다. 메이네는 윔퍼를 항상 높이 평가했다. 윔퍼는 불쌍한 메이네를 대할 때에도 다른 사람을 대할 때와 다름없이 격식을 차려 대했다. 윔퍼는 번잡한 램버스에서 생업을 위해 땀 흘려 일해야 했던 집안에서 자란 어린 시절을 절대 잊지 않았다. 직업에는 귀천이 없다고 생각했지만, 일단 어떤 서비스의 대가로 돈을 지불하면 최상의 서비스를 기대했다. 메이네는 언제나 불평하지 않고 성심을 다해 윔퍼를 수행했다. 이후 몇 년간 윔퍼의 일기를 보면 메이네가 다른 사람들에게 존중받도록 배려해주었음을 알 수 있다. 메이네의 첫인상은 "근심과 슬픔이 짙게 밴" 얼굴에 "볼품없이 뒤뚱거리며 걷는 사람"으로 묘사된다.[7] 이렇듯 곱사등이 메이네를 향한 애정이 남달랐음에도 윔퍼는 성격상 그가 입은 옷의 재봉질을 타박하지 않을 수는 없었다. 1863년에 쓴 일기에는 이런 구절이 나온다. "메이네는 꼭 허수아비 같다! 메이네가 입은 옷의 값어치를 정확히 계산하면 — 낡은 넝마조각처럼 무게로 단다면 — 1실링 5펜스 정도나 되려나. 그가 쓴 모자는 그야말로 골동품이다."[8]

윔퍼는 이번에도 1861년에 그랬던 것처럼 콜 뒤 리옹에 막영지를 꾸렸다. 이번에는 바람을 견딜 수 있는 텐트까지 준비했지만, 사나운 강풍과 혹독한 추위 때문에 더 위로는 전진이 불가능했다. "중요한 치즈 가공 작업 때문에" 밑에서 자기를 찾을 것이라는 메이네의 성화에 못 이겨 하는 수 없이 다 같이 마을로 철수했다.[9] 외국인 등반가들에 대한 소문은 계곡 아래 발투르낭슈까지 퍼졌다. 장 앙투안 카렐은 잠깐 스쳤던 윔퍼와의 관계를 새로이 하고 건방진 이 외지인들을 관찰하기 위해 브로일로 넘어왔다. 윔퍼와 맥도널드는 카렐과 그의 친구인 페시웅Pession을 데리고 마터호른에 재도전하기로 의기투합했다. 그들은 지체 없이 산으로 올라갔다. 카렐은 콜 뒤 리옹보다 높은 곳에 텐트를 치자고 제안했다. 석공이었던 카렐의 지시에 따라 일행은 약 3,800미터 고지에 텐트 칠 자리를 만들었다. 윔퍼는 이 지점을 '제2막영지'라고 명명했다. 그들은 틴들과 호킨스가 1860년에 도달한 지점까지 올랐지만, 페시웅이 몸이 좋지 않아 더는 갈 수 없다며 나자빠졌고, 카렐은 페시웅 없이는 더 가려고 하지 않았다. 맥도널드와 윔퍼는 어쩔 수 없이 철수를 받아들여야 했다.

맥도널드는 식민성에 일이 생겨 런던으로 돌아가고, 윔퍼는 날씨가 험악한 브로일에 남았다. 윔퍼는 이번 산행까지 합쳐 마터호른에서 총 세 번을 야영했지만, 앞서 도전했던 이들보다 조금도 더 높이 오르지 못했다. 윔퍼는 테오둘 고개를 넘어 체르마트로 이동한 다음 몬테로사를 올라 두 번째 알프스 봉우리 등정을 기록했지만, 이에 대한 설명은 전혀 남기지 않았다. 몬테로사는 초등이 이루어진 1855년부터

1862년까지 7년 동안 이 지역에서 대중적이고 쉬운 등반 코스가 되어 있었다.

체르마트에서 윔퍼는 영국산악회의 젊은 피에 속하는 동료인 토머스 케네디Thomas Kennedy를 만났다. 당시 케네디는 페닌 알프스 산군이 거느린 고봉 중 하나로 4,300미터가 넘는 당블랑슈에 강한 집념을 불태우고 있었다. 윔퍼와 만났을 때 케네디는 당블랑슈 첫 도전을 마치고 막 돌아온 참이었다. 첫 도전은 가이드인 페터 타우그발더Peter Taugwalder의 사기 저하로 무위에 그치고 말았는데, 타우그발더는 3년 후 마터호른에서 일어난 극적인 사건에서 윔퍼의 생애에 다시 등장하게 되는 인물이다.[10] 타우그발더는 동계 마터호른 등반이라는 케네디의 비범한 도전에 함께하면서 윔퍼를 만나기 전부터 이미 마터호른 등반사에서 작은 일익을 담당하고 있었다. 케네디는 회른리 능선이 적어도 돌출된 숄더shoulder까지는 등반 가능하며, 가파른 암벽 구간도 겨울에 눈이 쌓이면 등반이 가능해지리라 생각했다. 케네디와 가이드 페터 페렌Peter Perren은 체르마트에서 "누가 봐도 일할 의욕이 넘치는" 타우그발더를 일행에 합류시켰다. 세 사람은 깊이 쌓인 눈을 헤치고 세찬 강풍을 이겨내며 간신히 능선 위로 올라서 약 3,000미터 고지에 도달했지만, 그곳에 선 순간 동시에 가망이 없음을 깨달았다.[11] 윔퍼는 이때 케네디와 만나서 아마도 틀림없이 체르마트 쪽에서 마터호른을 오르는 방법에 대해 의견을 주고받았겠지만, 1862년 당시에는 여전히 브로일 쪽 능선을 주목하고 있었다. 윔퍼는 브로일로 되돌아갔고, 케네디는 다음 날 이번에는 장 밥티스트 크로를 가이드로 대동하고 당블

랑슈 초등에 성공했다.[12]

날씨는 좋아졌지만 카렐도 메이네도 다른 일로 바빴다. 할 일 없이 빈둥거리기가 싫었던 윔퍼는 혼자서 산으로 향해, 콜 뒤 리옹을 지나 텐트를 놓아둔 '제2막영지'까지 올라갔다. 『알프스 등반기』에서 공개한 내용에 따르면, 며칠간 몰아친 폭풍에 텐트가 문제없는지 확인하고 싶어서였다고 하지만, 이제는 미지가 아닌 영역으로 올라가 혼자서 탐험을 해보고 싶은 감춰진 욕망과 부족한 인내심 때문이었다고 보는 편이 훨씬 더 타당할 것이다. 텐트에 식량도 있겠다, 해가 넘어가면서 보이는 파노라마 전망에 압도된 윔퍼는 혼자서 야영을 하기로 결심했다.

> 3,700여 미터 고지에서 나 홀로 일몰을 바라보고 있자니 느낌이 너무나도 새롭다. 어떤 말로도 형용할 수 없고, 어떤 글로도 이 찬란한 장관을 전달할 수 없다.[13]

그 순간 유럽에서 가장 높은 곳에 있는 사람이었던 스물두 살 윔퍼에게 경이로울 정도로 적막한 대자연 속에서, 그것도 겨우 손에 꼽힐 정도의 사람들만이 와본 산에서 홀로 석양을 본 일은 분명 대단히 감명 깊고 넋을 빼앗길 만한 경험이었을 것이다.

> 남쪽 하늘에 커다란 반딧불이 같은 어떤 물체가 공중에 떠 있었다. … 한참을 생각한 후에야 비로소 그것이 직선거리로 150킬로미터쯤 떨어진 몬테비소의 북면을 덮은 거대한 설사면에 반사된 달빛이라는 놀라운 사실을 깨달을 수 있었다.[14]

아침이 밝았다. "완벽하게 맑은 날씨에 매료된" 윔퍼는 혼자서 더 오르고 싶은 충동을 주체할 수 없었다. 윔퍼는 자신이 올랐던 최고점과 호킨스와 틴들이 올랐던 최고점을 통과해 '대암탑Great Tower'의 가파른 벽을 돌아갈 수 있는 쿨르와르를 발견했다. '대암탑' 위로 올라서자 능선이 좁아지면서 뾰족한 침봉이 연이어 솟아 있는 구간이 나타났다. 이 구간을 윔퍼와 카렐은 '닭볏 능선Crête du Coq'이라고 불렀는데, 후에 이 이름이 그대로 굳어졌다. 윔퍼는 "내 모든 알프스 경험을 통틀어 '대암탑' 뒤편에 있는 이 황량하고 황폐하며 이리저리 부서진 능선보다 더 압도적인 장관은 그 어디에서도 본 적이 없다."라고 기록했다.[15]

윔퍼는 이 구간을 넘어선 다음, 상당히 가파른 암벽에 가로막혀 더 나아갈 수 없을 때까지 전진을 멈추지 않았다. 이탈리아 쪽의 리옹 능선은 무척 경이로운 곳이다. 수천 명의 등반가가 이미 발자국을 남겼고, 등반을 도와주는 쇠사슬과 밧줄이 있다고 해서 이곳의 웅장함과 장대함이 퇴색되지는 않는다. 작은 안부인 콜 뒤 리옹을 넘어서면 비교적 쉽게 리옹 능선으로 바로 붙을 수 있는데, 능선 위쪽으로 올라갈수록 스위스 쪽으로 내려다보이는 장관과 건너편으로 보이는 당데랑의 가파른 북벽이 점점 더 압권으로 다가온다. 능선을 따라 계속 올라가면, 오늘날 대피소가 있는 자리인 — 그리고 아마도 윔퍼의 '제3막영지'로 추정되는 — '대암탑'이 나온다. 그리고 가파른 암벽 구간을 얼마간 오르고 나면, 능선에서 약간 벗어나서 위로는 어렴풋하고 아래로는 아득한 낭떠러지에 압도된 채 몇 차례 횡단을 해야 한다. 마침내 가파른 암벽을 좀 더 오르면 다시 능선으로 나오는데, 그곳이 바로 '닭볏 능선' 위다. 즉, 티에프마텐 빙하Tiefmatten Glacier로 매끈하게 떨어지는 거대한 츠무트Zmutt 벽 위쪽으로 전망은 아름답지만 간담이 서늘해지는 위치에 서게 되는 것이다. 아직 초보자에 가까웠던 윔퍼에게 이곳은 로프를 잡아줄 동반자도 없이 혼자 서 있기에는 꽤 무서운 구간이었을 것이다.

윔퍼는 혼자서 능선을 올라 약 4,100미터 지점까지 도달했다. 앞서 도전했던 그 누구보다도 150미터 이상 높이 올라간 기록이었다. 이때 윔퍼는 로프 한 동과 쇠갈고리를 이용했다. 쇠갈고리는 로프를 이용해 짧은 구간을 내려갈 때 사용한 다음, 다 내려가면 잡아채서 회수할 수 있도록 만든 장비였다. 텐트는 원래 있던 곳에 놓아두고, 내려갈 때 거추장스러운 피켈도 그곳에 놓아둔 채 콜 뒤 리옹까지 내려온 후에는 테트 뒤 리옹의 가파른 암벽 아래에 있는 눈 쌓인 좁은 걸리의 상단부를 가로질러야 했다. 눈이 녹으면서 전날 그 걸리를 올라오면서 만든 스텝은 다 지워지고 없었다. 겨우 몇 미터를 건너기 위해 다시 올라가 피켈을 가져오는 수고를 하는 대신, 윔퍼는 위쪽에 있는 바위를 붙잡고 종종걸음으로 횡단을 시도했다. 하지만 거의 발을 떼자마자 미끄러져 걸리 아래쪽으로 고꾸라졌다. 훗날 아버지에게 보낸 편지에서 윔퍼는 그때 사고의 자초지종을 다음과 같이 설명했다.

역대 추락사고 중에서 가장 멋진 생환이라고 생각하는 그날 일에 대해 간단히 설명해 드리고자 이 편지를 씁니다. 저는 추락했습니다. 제가 계산한 바로는 60미터 이상을 말 그대로 거꾸로 처박히는 동안 머리를 네 번이나 바위에 찧었는데, 신의 은총 덕분에 제가 가려고 하던 걸리의 측면에 있는 뾰족한 바위에 가까스로 걸려 눈 속에 파묻혔습니다. 만약 3미터만 더 굴렀더라면 250미터의 낭떠러지로 떨어져 분명 갈갈이 찢겼겠지요. … 손과 뒤통수에 난 상처는 놀라울 정도로 빨리 아물었지만, 이마 위쪽에 난 상처는 오랫동안 모자로 가리고 다녀야 할 것 같습니다.[16]

젊은이 특유의 자신감에 도취된 윔퍼는 마터호른의 쉬운 구간에서 한순간의 부주의 때문에 미끄러졌다는 사실을 알고 있었기에 아마도 아버지가 할 걱정을 대수롭지 않게 생각했을 테고, 조사이어 입장에서 이러한 설명은 분명 알피니즘의 어리석음을 대표하는 것으로 보였을 것이다. 조사이어는 즉시 존 머리에게 그의 주요 삽화가 중 한 명인 아들의 생환 소식을 알렸다.

그때 사고가 그렇게 심각한 것이었는지 전에는 전혀 내색한 적이 없었습니다. 아들 녀석을 살려주신 신의 자비로운 은혜에 가슴 깊이 감사드릴 수밖에요.[17]

눈을 뭉쳐 머리에 난 상처를 지혈한 후에 좀 더 안전한 곳으로 기어 내려간 윔퍼는 어둠 속을 헤치며 브로일 위쪽에 있는 파브르 씨의 여관까지 하산했다. 그가 마귀 꼴을 하고 나타나니 여관에서 일하는 사람들이 소스라치게 놀랐다. 사람들이 소금과 식초를 가져와 상처를 치료해주었다. 윔퍼는 같은 호텔에 머물던 "한 친절한 영국인 숙녀"의 극진한 간호도 받았다.[18](30여 년 후 윔퍼는 기적적으로 운이 좋았던 생환 장소를 사진으로 남기고, '추락의 모퉁이Tumble Corner'라는 설명을 붙였다.)

나흘간 상처를 돌보고 몸을 추스른 윔퍼는 치명적일 뻔했던 사고 따위에 아랑곳하지 않고 카렐과 세자르 카렐Cézar Carrel, 곰사둥이 메이네를 데리고 다시 마터호른 능선 위에 놓아둔 텐트로 올라갔다. 그들은 텐트를 회수한 후에 윔퍼가 혼자 올랐을 때 점찍어 둔, 더 높은 고지에 있는 자리('제3막영지')로 이동했다. 이곳은 '대암탑' 근처로 고도는 약 4,000미터였다. 그런데 구름이 끼고 눈보라가 몰아쳐 더 높이 올라갈 수는 없었다. 하지만 윔퍼는 날씨 변화가 단지 일시적이라고 생각해 텐트에서 기다려야 한다고 믿었다. 카렐은 그럴 마음이 없었다. 카렐은 하산을 고집했다. 하산하는 도중에 보니 구름과 안개는 정말로 일시적이었다. 윔퍼는 카렐의 태도를 이해할 수 없었다.

> 이번 도전에서 그의 등반 의지는 거의 이해할 수 없는 지경이었다. 그가 비겁한 겁쟁이일 리는 없었다. … 내 생각에는 그가 고의로 등정을 지연시키려는 것 같았다.[19]

마터호른을 자신의 사냥터로 여긴 카렐은 이 산의 정상에 처음으로 발을 디디는 사람이 되고자 하는 욕망이 있었던 만큼 자신 말고 누가 정상에 오를 것인지, 또 어떤 상황에서 그러한 등반이 가능한지에 대해서 아마도 민감했을 것이다. 카렐은 다른 사람에게 고용된 신분으로 정상에 오를 생각이 없었다. 윔퍼의 의견에 따르면 "카렐은 다루기 어려운 사람이었다."[20] 윔퍼는 그로부터 며칠 후 틴들 교수의 등정 시도에서 무슨 일이 일어났는지, 또 1865년에 일어난 격동의 사건들 후에 무슨 일이 일어났는지 잘 아는 채로 이러한 표현을 썼다. 물론 가난했던 카렐이 산에서 날씨가 변하기를 기다리는 것보다 중요한 다른 일이 있었을 가능성을 여전히 배제할 수는 없다.

웜퍼 일행이 계곡으로 내려온 이후에도 날씨는 계속 좋았다. 메이네는 웜퍼가 다시 도전한다면 기꺼이 수행하겠다고 말했다. 파브르 씨의 여관에서 하룻밤을 자고 나서 웜퍼와 메이네는 다시 콜 뒤 리옹으로 올라갔다. 그곳에서 메이네는 처음으로 구름이 걷힌 콜 뒤 리옹을 경험했다. 그때까지 미지의 세계였던 광경을 보며 감정에 북받친 메이네는 무릎을 꿇고 환희에 젖어 산의 아름다움을 찬미했다. 이 장면은 특히 웜퍼에게 감동적이었다. 웜퍼가 아버지에게 쓴 편지에 따르면, 이튿날 아침 두 사람은 웜퍼가 일주일 전 단독등반 때 도달했던 최고점을 지나자마자 곧 "사다리가 필요한 수직의 절벽"에 도달했다.[21] 웜퍼는 그 암벽에 이름의 머리글자를 새겨 넣고는 메이네에게도 똑같이 하게 했다. 메이네는 리옹 능선에서 그들이 도달한 가장 높은 곳에 'M. Luc'라는 글씨를 남겼다. 하지만 웜퍼는 포기할 마음이 없었기에 텐트를 '제2막영지'에 놓아두고 내려왔다. 파브르 씨의 여관으로 돌아오니 존 틴들이 와 있었다. 옆에는 1860년에 틴들이 마터호른에 도전할 때 함께했던 가이드 베넨이 있었다. 또 발레Valais주 출신의 발터Walter라는 다른 가이드와 짐꾼으로 고용한 듯한 장 앙투안 카렐과 세자르 카렐도 있었다. 틴들 일행은 날이 밝는 대로 마터호른으로 향할 예정이었다.

웜퍼는 두 카렐을 가로채 간 사실에 마음이 언짢았지만, 틴들에게 산에 놓아둔 텐트와 장비를 사용해도 좋다며 호의를 베풀었다. 틴들은 감사히 호의를 수락했다. 그 시절 웜퍼는 다른 사람과 어울리는 일을 항상 좋아했으며, 그렇게 하는 데 조금의 거리낌도 없었다. 그는 마터호른에서 그 누구보다도 높은 데까지 올랐으며, 심지어 카렐보다도 더 오랜 시간을 마터호른 위에서 머물렀다. 윔퍼는 '산사나이들' 세계의 일원이 되었다는 긍지와 자만심에 부풀어 있었던 만큼 틴들에게 등반의 성격과 난이도에 대해 기꺼이 이야기해줄 의향이 있었을 것이다. 틴들은 윔퍼에게 합류를 제안했고, 신이 난 윔퍼는 채비를 하러 방으로 들어갔다. 그러나 틴들은 조금 후에 다시 나타나 변명조로 계획이 바뀌었다며 이렇게 말했다. "자네는 우리와 함께 가지 않는 편이 좋겠네."[22]

자신이 이미 전문가 수준이 되었다고 생각하는 산에 틴들 등반대의 말단 대원으로 오르고 싶은 마음이 별로 없었을 텐데도 윔퍼는 혼자 뒤에 남겨진다는 사실에 낙담했고 틴들 교수의 도전이 어떻게 되는지 알고 싶어 조바심이 났다. 도저히 충동을 억제할 수 없었던 윔퍼는 이튿날 아침 틴들 등반대를 쫓아 산으로 올라갔다. 그리고 텐트를 놓아둔 바위 턱으로 가는 길목까지 올라갔을 때 그들을 앞지를 수 있었다. 『알프스 등반기』에서는 "생각해보니 짐을 꾸릴 때 꼭 필요한 물건 몇 개를 텐트에 놓고 왔다."라고 말했지만, 이것은 비이성적인 미련과 결과에 대한 집착을 인정할 수 없어서 늘어놓은 변명에 불과했다. 브로일로 내려온 윔퍼는 이튿날 "사랑에 눈이 먼 남자가 애정 상대의 주위를 맴돌듯" 틴들 일행이 산에서 내려올 때까지 마을을 떠나지 못하고 서성거렸다.[23]

틴들은 윔퍼의 최고점을 통과해 정상에서 250여 미터 아래에 있는 돌출된 '숄더'(지금의 틴들봉Pic Tyndall)에 도달했다. 그리고 이곳에서 격렬한 논쟁을 낳는 후퇴 결정이 내려진다. 그들은 이 '숄더'에 깃발을 꽂았고, 정상이 정복되었다고 생각한 파브르 씨는 앞으로 자신의 여관에 굴러들어올 막대한 부를 상상하며 기뻐하기 시작했다. 정상은 그날 정복되지 못했다. '숄더'와 마터호른 정상 부근의 가파른 절벽 사이에는 깊지만 비교적 건너기 쉬운 갈라진 틈이 있다. 윔퍼와 카렐은 둘 다 이 지형을 알고 있었다.* 틴들은 계속 가고 싶어 했고, 베넨은 망설였는데, 둘 다 상대방이 결단을 내려주기를 바라고 있었다. 보조 가이드로 따라간 발터는 곤경에 처했다는 사실에 지레 겁을 먹어 베넨에게 전혀 도움을 주지 못했다. 카렐은 이 지점에서 나아갈 길을 보고 있었지만, 훗날 윔퍼에게 말한 바에 따르면, 틴들이 의견을 물어왔을 때 다음과 같이 대답했다. "우리는 짐꾼이니 가이드에게 물어보시지요."[24] 카렐은 '나의 산'으로 점찍은 산의 정상으로 가는 길을 외지 출신 가이드인 베넨이 찾도록 도울 마음이 없었다. 등정의 모든 공이 주 가이드인 베넨에게 돌아가리라는 점을 알고 있었기 때문이다.† 자존심 강한 성격과 예민한 성격이 격돌하면서 존 틴들은 영광의 기회를 놓쳤다. 윔퍼로서는 당연히 안도할 만한 일이었는데, 틴들은 "풀이 죽은 채 상심한" 모습으로 돌아와, "정상에 돌을 던지면 닿을 만큼 가까이" 갔었다고 말했다.[25] 틴들은 "평소보다 유난히 정겹고 따뜻하게" 윔퍼의 손을

---

* 한 안내서에 따르면 "일부 등반가들은 이 틈을 뛰어넘었는데, 이렇게 하지 않으려면 내려갔다가 다시 올라가야 한다." Robin Collomb, ed., *Pennine Alps Central* (London: Alpine Club, 1975), 247.

† 가이드 베넨은 틴들과 마지막으로 마터호른에 도전한 이때로부터 18개월 후인 1864년 2월에 눈사태에 휩쓸려 사망했다.

잡으며 그렇게 끔찍한 산에는 더 이상 가까이 가지 말라고 충고했다.[26] 윔퍼는 틴들의 표현을 듣고 그들이 이탈리아 쪽 정상과 그보다 더 높은 스위스 쪽 정상을 가르는 정상 능선 상의 갈라진 틈까지 갔었음을 짐작할 수 있었다. 1862년에 이곳은 어려운 구간으로 여겨졌을 수 있다.(사실 이 구간은 정상 능선 상의 갈라진 틈 중에서는 가장 얕은 축에 속한다.) 두 카렐은 멋쩍게 길을 피했다. 윔퍼가 사건의 전말을 알게 된 것은 이듬해가 되어서였다. "카렐은 내게 지난해 마터호른에 도전할 때 오전 8시가 조금 넘은 시간에 틴들의 가이드들이 철수를 명령했다고 말했다."[27]

틴들은 훗날 이 마터호른 등정 시도에 관한 이야기를『알프스에서 보낸 시간Hours of Exercise in the Alps』이라는 책으로 펴냈다. 이 책보다 나중에 나온『알프스 등반기』에서 윔퍼는 "틴들 교수가 책에 쓴 이야기와 두 카렐에게 구두로 들은 설명 사이에 일치하지 않는 내용이 있다."라고 썼다.[28] 틴들은『알프스에서 보낸 시간들』제2판에 '추가 주석'을 넣어 등반대 합류를 제안했을 때 윔퍼가 "이성적인 행동과는 아주 거리가 먼 행동"을 했다는 식으로 응수하는 한편 "카렐은 지난 등반 때 위험한 구간에서 몸을 사렸다."라고 말했다.[29] 윔퍼는『알파인 저널Alpine Journal』에 장문의 반박문을 실었다. 이 잡지의 편집장이자 윔퍼와 친한 사이인 더글러스 프레시필드Douglas Freshfield가 직접 쓴 한 쪽 분량의 지지 발언도 실렸다. 상황이 이렇게 되자 틴들은 이후에 나온 판본에서는 모두 '추가 주석'을 빼버렸다. 보수적인 베넨은 분명 젊고 충동적인 윔퍼가 등반대에 끼는 것을 달가워하지 않았을 테고, 윔퍼의 합류를 취소하게 할 만한 문제점들을 제기했을 것이다. 소문은 금세 퍼졌다. 윔퍼가 거만하게도 가이드 없이 혼자 산에 도전했다는 사실, 게다가 하마터면 큰 사고가 날 뻔했다는 사실이 알려지면서 성급하고 경솔하다는 평판이 따라붙기 시작했고, 이러한 평판은 몇 년이나 따라다녔다. 논쟁을 좋아하는 과민한 성격의 틴들은 윔퍼에게 등반대에 끼지 않았으면 좋겠다는 말을 전했을 때 윔퍼가 보인 반응을 오해한 것이 분명하다. 틴들은 책을 쓰면서 약속파기에 대한 책임을 윔퍼에게 떠넘기고 싶어 했다. 윔퍼는 분명 자신이 다른 사람보다 마터호른 경험이 풍부하다고 생각했지만, 등반을 시작한 초창기에는 다른 사람과 함께 등반하는 일을 언제나 좋아했고, 가이드의 판단을 존중했다.

윔퍼는 다른 사람에 대해 앙금을 남기는 일이 없었다. 그저 틴들이 비판하는 내용에서 사실관계를 수정해야겠다고 생각했을 뿐이다. 1871년 출간된 틴들의 저서에 들어갈 삽화 4점의 원화와 판각을 맡아 36파운드를 받기도 했고, 훗날 빙하 연구를 위한 지원금을 신청할 때는 틴들에게 도움을 청하기도 했다. 하지만 틴들은 윔퍼를 좋아하지 않았다.(얄궂게도 틴들은 윔퍼의 양친 및 계모와 나란히 헤이슬미어 교회 묘지에 묻혔다.)

윔퍼는 실패한 틴들이 마을로 돌아온 후에야 비로소 브로일을 떠날 수 있었다. 도피네 산군에서 일주일간 스케치 작업을 하고 나니 터켓을 만나기에는 너무 늦어버려 그냥 런던으로 돌아와야 했다.[30]『아테내움Athenaeum』과『더 타임스』는 마터호른에서 그해 여름에 일어난 사건에 대해 부정확하고 선정적인 기사를 실었다.

그 봉우리는 모든 도전을 거부한다. 영국산악회 회원인 윔퍼 씨는 그동안 도전한 그 어떤 사람보다 더 높은 곳에 도달했다. 하지만 실수로 추락한 일은 즉사의 위기를 모면한, 역사상 가장 기적적인 생환으로 묘사될 만한데, 그 일은 윔퍼 씨로 하여금 현재 그리고 아마도 영원히 그 처녀봉에 대한 더 이상의 공격을 포기하게 만들 었다.[31]

신문에 실린 기사들은 윔퍼의 입에서 나온 말임은 틀림없겠지만, 터켓의 표현을 빌리자면 "참으로 어처구니없게도 실제로 일어난 일을 최대한 이용했다."[32] 이 일을 겪으며 윔퍼는 언론 매체의 생리를 체득할 수 있었다. 극적으로 생환한 윔퍼는 『레저 아워Leisure Hour』 10월호에 곧바로 기고문을 실었다.

> 자비롭게 살아남은 일에 대해 나는 오랫동안 찬찬히 생각해보았다. … 그 걸리에서 추락해 벼랑 끝에서 멈추는 일은 어느 누구도 기대할 수 없는 일이다. 눈이 없었다면 나는 그 자리에서 기절했을 테고, 정말로 그랬다면 분명 계속 굴러서 심하게 박살이 났으리라. …
>
> 결론적으로 나는 독자들이 이와 같은 사고 때문에 모든 등반이 미친 짓이나 어리석은 짓이라고 말하지 않길 바란다.[33]

(편집장은 그러한 견해에 동조한다는 입장이 분명히 드러나는 주석을 붙였다.) 윔퍼의 극적 요소를 가미한 자기 홍보는 당시에는 널리 우호적으로 받아들여지지는 않았지만, 윔퍼는 생계를 유지하려고 애썼다. 이 기고문에는 등반의 극적 요소와 즐거움을 과대 포장하려는 젊은 날

의 시도가 엿보인다. 3년 후에는 이내 사그라지고 마는 소년다운 혈기와 젊은이 특유의 허세도 담겨 있다. 콜 뒤 리옹에서 혼자 밤을 보내고 걸리에서 추락한 이야기는 적어도 18개월은 앞서 써둔, 리펠알프에서 체르마트까지 한밤중에 하산했던 우스꽝스러운 이야기와 그날 낮에 지름길을 택하려고 빙하를 가로지른 이야기와 함께 발표되었다.

마터호른에 가까이 가지 말라는 틴들의 충고를 무시한 채, 윔퍼는 이듬해인 1863년 여름에 발투르낭슈로 돌아갔다. 전보다 일거리가 훨씬 늘어난 탓에 등반에 할애할 수 있는 시간은 기껏해야 보름 정도였지만, 메이네와 함께 올랐던 최고점에서 목격한 어려운 구간을 생각해 이번에는 4미터짜리 사다리도 챙겨갔다. 윔퍼는 전년도 여름에 겪은 추락사고가 기억력에 영향을 미쳤다고 생각했다. 아마도 그래서인 것 같은데, 이때부터 알프스 등반 일지를 적기 시작했으며, 이 습관은 5년간 이어졌다. 1863년에 쓴 첫 등반 일지에는 산이라는 세계의 일원이 되었다는 새롭게 얻은 자신감이 배어 있으며, 등정에 성공한 새로운 봉우리와 횡단에 성공한 새로운 고개에 관한 정보도 담겨 있다. 또한 그때그때 변하는 상황에 유연하게 대처하는 모습과 주변 사람들에 대한 흥미로운 시선, 그들의 별난 기질을 수용하는 태도도 엿볼 수 있다.

1863년 7월 29일 오전 7시, 윔퍼는 파리행 기차를 탔다.("도시에서 번화한 대로를 지날 때 사다리는 큰 주목을 받는다.") 그리고 토리노와 이브레아Ivrea를 거쳐 샤티용으로 이동해, 그곳에서 거추장스러운 사다리를 실을 노새 한 마리를 구했다. 노새를 구한 후에는 사다리 때문에 한바탕 생난리를 치른 후에야 겨우 30킬로미터 떨어진 브로일을 향해 떠날 수 있었다.

> 사다리는 노새의 머리를 찧어댄다. 또 잘 맞물리지 않을 때는 엉덩이를 찧어댄다. 결국 이 우스꽝스러운 모습을 막으려면 브로일까지 가는 내내 사람이 사다리 끝을 붙잡고 노새 뒤를 졸졸 따라가야 한다.[34]

윔퍼는 계곡을 따라 7시간을 걸어 올라가 그날 밤 11시가 다 되어서야 마을에 도착했다. "런던에서 브로일까지 이틀 반이면 빨리 이동한 셈"이었다.[35] 윔퍼는 알프스 등반을 위해 몇 주일 일찍 런던을 떠난 맥도널드가 함께 마터호른 재도전에 나서주길 바랐지만, 맥도널드는 나타나지 않고 브로일로 편지만 보내왔다. "그 편지를 받고 나는 그가 믿을 만한 동료와는 거리가 멀다는 사실을 깨달았다!"[36]

윔퍼는 보름 일정의 등반을 위해 카렐을 고용했지만, 카렐은 마터호른에 눈이 너무 많이 쌓여 바로 도전하는 것은 무리라고 생각했다. 밤사이 눈이 한바탕 더 쏟아져 성격이 급한 윔퍼조차도 도전이 불가능하다고 생각하게 되었다. 며칠간 마을에서 소일하며 시간을 때우는 동안, 윔퍼는 카렐과 함께 "쉬엄쉬엄 심블랑슈Cimes Blanche 꼭대기까지 올라가기도 하고" 메이네의 허름한 집을 구경하기도 했다. 당분간 최우선 목표에 도전할 수 없는 상황이었으므로, 윔퍼는 충동적으로 다른 도전을 실행에 옮기기로 했다. 바로 새로운 고개를 통해 체르마트로 넘어가 당데랑에 도전하는 것이었다. (당데랑은 바위보다는 눈이 많은 산이므로 당시 궂은 날씨로 인한 문제가 덜할 터였다.)

윔퍼와 카렐, 메이네는 새벽 3시 반이 되기 전에 브로일을 출발해 마터호른의 남동쪽 숄더를 가로질러 체르마트로 향하는 직선 루트로 길을 잡았다. 고갯마루로 올라갈 때 빙하에 스텝을 깎고 얼마간 가파른 내리막을 걸어야 했음에도 그들은 오전 11시경 체르마트에 도착했다. 총 6시간 반이 걸린 셈이었다. 윔퍼는 한동안 체르마트와 브로일 사이를 좀 더 직선으로 잇는 새로운 — 하지만 더 쉽지는 않은 — 루트를 발견했다는 기쁨에 젖었지만, 몬테로사 호텔 방명록을 보았을 때 이 기쁨은 한풀 꺾여버렸다. 방명록에는 겨우 3주일 전에 역시 영국산악회 회원이었던 모스헤드Morshead가 자신의 루트와 거의 평행하게 비슷한 횡단을 해냈다는 사실이 적혀 있었다. 윔퍼와 카렐은 아무도 걸은 적 없는 3,300미터 고개를 넘는 오전 운행을 끝낸 날 오후에도 어슬렁어슬렁 산책을 계속했다. 핀델른 협곡Findeln Gorge으로 올라가 리펠베르크를 넘어 체르마트로 돌아오는 데 또다시 6시간을 걸은 것이다. 3년 동안 매년 체르마트를 찾은 윔퍼는 이때쯤에는 영국산악회 회원으로서 자신이 경험 많은 등반가라고 생각했으며, 호텔에 몰려드는 관광객들을 향해 눈살을 찌푸리게 되었다. "그곳에는 속물들이 가득했다. 이들은 리펠베르크를 등정한 후에 자신이 너무 위대하다고 생각해 타인에게 말도 걸지 않는 부류였다."[37]

윔퍼는 예정보다 늦게 잠자리에 들었고, 자일러는 새벽에 출발해야 하는 윔퍼를 침대에서 강제로 끌어내려야 했다. 윔퍼와 카렐, 메이네는 마터호른의 거대한 북벽 앞을 지나 콜 드 발펠린Col de Valpelline을 넘어 발펠린 초입에 있는 마을인 프라라예로 갔다. 이곳에서는 마터호른과 당데랑의 북벽이 한눈에 들어온다. 윔퍼는 일지에 "얼음에 덮인 마터호른 절벽의 장엄한 모습"을 언급했다.[38] 그리고 2년 후에 일어날 끔찍한 사고를 마치 예감이라도 하듯 윔퍼는 이렇게 말한다.

> 이쪽에서 보는 마터호른보다 더 철옹성 같은, 혹은 더 철옹성인 것
> 은 없으리라. 감정이 메마른 사람일지라도 이 장대한 절벽을 볼
> 때면 숨이 멎으리라.[39]

신선한 음식을 찾으러 다녔으나 안타깝게도 "프라라에의 빵은 올해에 만든 빵이 아니었다." 하지만 윔퍼는 원시적이긴 해도 마을의 시설에 만족하는 한 터줏대감을 만났다. "물을 마시며 꼬리를 흔드는 커다란 마멋이 보인다."[40] 1년간 런던에만 있다가 알프스 빙하 위에서 이틀을 내리 돌아다닌 탓에 윔퍼는 심한 화상을 입었다. "얼굴이 지독하게 화끈거리고, 한 손은 보기 드물 정도로 심하게 부었다. 얼굴과 손에 버터를 골고루 발랐다." 그들은 프라라에 위쪽에 있는 외양간에서 밤새 잠을 설친 후에 일찌감치 서둘러 당데랑으로 향했다. 카렐과 메이네가 티에프마텐 콜Tiefmatten Col에서 서릉으로 붙자는 의견을 내서 다들 금방이라도 무너질 듯한 세락sérac 밑에서 신경을 곤두세우고 빙하를 가로질러 서릉으로 올라섰다. 그곳에서 곧 정상에 설 수 있으리라 생각했지만 "아레트arête까지 절반밖에 가지 못했을 때 장애물을 만났다."[41] 윔퍼는 일지에 "이 지점 아래에 있는 무너질 듯한 뾰족한 것들을 묘사할 것. 아주 자세히."라고만 간략히 적어놓았다. 그곳은 금방이라도 무너질 듯한 바위들로 이루어진 부서진 능선이었다. 바위들이 흔들거리는 탓에 돌아서 지나갈 수도, 그대로 밀고 나갈 수도 없었다. 일행은 후

퇴한 다음 빙하에 걸린 스노브리지snow bridge를 건너 프라라예로 내려 갔다.*

워퍼는 어떤 상황에 처해도 개인위생만큼은 항상 철저하게 관리 했다. 나흘간 마터호른 주변을 돌아다니고 벼룩이 들끓는 외양간에서 잤다는 사실이 단정치 못한 용모에 대한 변명이 될 수 있다고 생각하 지 않았다.

> 이런 말을 하긴 좀 미안하지만 메이네는 대다수 영국인이 존경받
> 는 청결이라는 덕목에서 그리 뛰어난 사람이 아니다. 내가 경험한
> 바로는 전혀 몸을 씻지 않는다.[42]

그들은 다음 날 브로일에 도착함으로써 마터호른 일주에 성공했다. 워 퍼와 카렐은 — 걸음이 느려 배제된 불쌍한 메이네는 빼고 — 연이어 카렐의 고향인 발투르낭슈 위로 우뚝 솟은 암봉인 그랑 투르날랭Grand Tournalin 초등에 성공했다. 맑게 갠 아침 워퍼와 카렐은 서둘러 길을 나 섰다. 워퍼는 "매 순간 점점 더 웅장해지는" 마터호른의 장관을 감상 하느라 여념이 없었다.[43] 정상에 도달하기 직전에 갈라진 틈이 나타났 다. 그곳은 "로프를 이용해 약간 내려가는 방법이 유리해 보였다. 그래 서 카렐에게 로프를 묶은 다음 나를 내려달라고 했다." 워퍼의 도움으 로 카렐이 뒤따라 내려왔다. "우리는 그랑 투르날랭을 꺾었다는 희열 을 느꼈다." 정상에 케른을 만들었는데 "카렐은 석공답게 케른이 튼튼

---

* 당데랑은 며칠 후 맥도널드와 윌리엄 홀William E. Hall, 크로퍼드 그로브Crauford Grove, 가이드 멜히 오르 안데렉Melchior Anderegg에 의해 초등이 이루어졌다. 그들은 워퍼의 시도에 대해서는 알지 못 했지만, 설사면을 좀 더 올라가서 정상 근처에서 서룽으로 붙었다.

하게 쌓였는지 꼼꼼하게 확인했다." 정상 근처에서만 잠깐 암벽등반이 필요한 그랑 투르날랭은 크게 어려운 부분이 없는 무난한 산으로 윔퍼가 알프스에서 기록한 첫 초등이었다. 비록 이때까지도 자신이 맥도널드와 함께 몽펠부 정상을 밟은 초등자라고 믿고 있었지만 말이다.* 하산 후에는 카렐의 집에 들렀다. 그곳은 램버스에서 윔퍼가 관리하는 먼지한 톨 없이 깨끗한 작업장과는 사뭇 다른 공간이었다. "외람된 말이지만, 그 집은 더러운 소굴이었다. 갖가지 잡동사니 사이사이에 마멋 가죽, 샤무아의 뿔, 낡은 로프 조각들이 눈에 띄었다."[44] 파브르 씨의 여관에서 윔퍼는 햇볕에 타서 벗겨진 얼굴 때문에 '숙녀들'이 모인 자리는 애써 피해 다녔으며, 남들 앞에 내보일 만한 용모를 갖추기 위해 얼굴에 버터를 바르고 단장을 하는 데 공을 들였다.

윔퍼는 런던으로 돌아가기 전에 카렐과 함께 마지막으로 마터호른을 공격하기로 했다. 무거운 짐을 잔뜩 든 여섯 명의 등반대는 동이 트기 전에 브로일을 출발했다. 카렐은 로프를 어깨에 들쳐 메고, 세자르 카렐은 사다리를 들고, 메이네는 "가장 **빵빵해** 보이는 커다란 식량 자루"를 등에 지고, 다른 짐꾼은 텐트와 담요 — "대단히 무거운 짐" — 를 들고, 또 다른 짐꾼은 식량이 담긴 고리버들 바구니를 들고, 그 뒤로 격자무늬 천을 걸친 윔퍼가 피켈과 배낭을 들고 "이 픽처레스크한 행렬"의 끝에 섰다.[45] 윔퍼는 존 틴들이 한 해 전인 1862년에 돌아선 '숄

---

* 윔퍼와 카렐이 로프를 꺼낸 그랑 투르날랭의 정상은 이전에 도달한 사람이 확실히 있었다. 하지만 그보다 더 높은 진짜 정상은 그렇지 않았다. 정상이라고 생각한 곳에서 짧고 가파르지만 기술적으로는 쉬운 곳을 기어 내려간 다음, 다시 살짝 기어오르면 진짜 정상에 도달할 수 있다. 오늘날 대부분의 등반자는 더 낮은 정상까지만 오른다.

더'까지 치고 올라가 거기서 야영한 다음 새벽같이 출발해서 피라미드 모양의 마지막 절벽을 공격할 생각이었지만, 곧 상황이 바뀌었음을 알게 되었다. 바위는 얼어서 미끄러웠고, 눈에 덮여 널찍했던 콜 뒤 리옹은 딱딱한 얼음으로 된 좁은 아레트로 변해 있었다. 카렐은 1862년에 웜퍼가 굴러떨어졌던 걸리를 가로질러 스텝을 깎아나갔다. 로프 한 동을 손잡이용으로 고정했음에도 웜퍼는 또 한 번 눈이 있는 곳에서 미끄러졌다가 운 좋게 살아났다. 그들은 꾸준히 전진을 계속해 '제2막영지'를 통과했으나, 곧 날씨가 급변하더니 눈발이 휘날리기 시작했다. 카렐은 '대암탑' 밑에서 그날의 운행을 마쳐야 한다고 말했다. 그곳은 1862년에 '제3막영지'로 만들어둔 곳이었다. "나는 설명을 해달라고 요구했고, 그가 올바로 판단했음에 만족했다." 지역 날씨에 대한 카렐의 타고난 직감은 곧 매우 귀중한 능력으로 판명이 났다. 텐트를 간신히 치자마자,

> 천둥을 동반한 폭풍이 맹렬한 기세로 우리를 덮쳤다. 끝이 갈라진 번개가 내리치는데 … 섬광을 보기만 해도 간담이 서늘할 정도로 가까운 거리였다. 꼭 번개가 우리를 불살라버릴 것만 같았다. 폭풍의 한가운데에 서 있었기 때문이다. 천둥과 번개는 동시에 일어났다. 짧고 날카로웠다. … 마치 문을 거칠게 닫을 때 나는 쾅 소리가 수천 배로 증폭된 것 같았다.[46]

카렐은 내려가자고 하고, 웜퍼는 "1시간만 기다려보자."라고 했다.[47] 갑자기 몰아친 거센 폭풍이 잠잠해지자마자 짐꾼 한 명을 콜 뒤 리옹 아래로 내려 보냈다. 텐트가 딱 다섯 명만 잘 수 있는 크기였기 때문이

다. 다섯 명은 약 4,000미터 고지에 지은 독수리 둥지 같은 곳에서 석양을 보았다. "몽블랑 주변 봉우리들 너머로 지는 해가 너무나도 아름다웠다. 모든 산봉우리가 선명히 눈에 들어왔다. 특히 선명한 몬테비소는 환상적이었다." 텐트 내부의 자리 배치는 비누와 친한 정도에 따라 정해졌다.

> 우리는 꽤 단잠을 잤다. 메이네는 특유의 강한 냄새 때문에 항상 출입구 옆이라는 영광의 자리에 추대된다. 카렐은 가끔 몸을 씻는다고 믿는지라 내 옆자리를 내준다.

윔퍼는 새벽 3시 반에 눈을 떴다. 밖에는 계속 눈이 내리고 있었다. 다들 꼼짝도 못 하고 텐트 안에 갇혀 있다가 9시가 지나서야 겨우 움직일 수 있었다. 그러나 거의 2시간 동안 올라간 고도는 고작 150미터였다. 틴들이 매어둔 로프가 보이는 지점이었다. 로프가 매달린 곳은 윔퍼와 메이네가 한 해 전인 1862년에 도달했던 최고점이기도 했다. 윔퍼는 여전히 텐트와 장비를 '숄더'까지 올려 야영하고 싶었지만, 사실상 미답 지역이나 마찬가지인 데다, 날씨가 악화되면 자칫 탈출이 불가능할 수도 있는 곳에 며칠 동안 고립될 위험이 있음을 모두 잘 알고 있었다. "카렐의 강력한 반대에 부딪혀" 등반은 중단되었다. 윔퍼는 마지못한 듯 씁쓸하게 패배를 받아들였다. 리옹 능선 아래쪽으로는 올라온 흔적이 남아 있었다. 빛바랜 로프가 걸리와 침니에 그대로 걸려 있어 하산 시간을 단축할 수 있었다. 윔퍼는 브로일에서 2시간 동안 머무르면서 품삯을 치르고 저녁을 먹은 다음 계곡을 따라 30킬로미터를 걸어 자정 무렵 샤티용에 닿았다. 그리고 사흘에 걸쳐 런던으로 돌아왔다.

　웜퍼는 이번까지 총 일곱 차례 마터호른에 도전했고, 마터호른 둘레를 완전히 한 바퀴 돌면서 이 산을 동서남북에서 모두 자세히 관찰했다. 카렐은 여전히 스위스 쪽 능선의 등반 가능성이 희박하다고 보았지만, 웜퍼는 좀 더 가능성을 열어놓은 채 여러 차례 실패한 이탈리아 쪽 능선보다 좋은 대안이 될 수 있지 않을까 고심 중이었다. 이때는 미처 알지 못했으나, 너무나 많은 정열을 쏟고, 자신을 고스란히 바쳤으며, 놀라운 신세계를 경험했던 이 능선을 웜퍼가 다시 밟기까지는 무려 30년이 넘는 세월이 필요했다. 30년이 흐른 후, 세상은 그리고 마터호른은 완전히 다른 곳으로 변해 있었다. 웜퍼와 카렐이 폭풍 속에 놓고 온 텐트는 5년 후인 1868년 티올리François Thioly가 체르마트에서 브로일 방향으로 마터호른을 최초로 횡단했을 때에도 여전히 그 자리에 너덜너덜해진 채로 놓여 있었다.

6

우리밖에는 아무도 본 적이 없는 경치가 눈앞에 펼쳐졌다

생애 첫 알프스 여행 이후 윔퍼는 삽화 일감이 줄을 서는 판각공이 되었다. 등반가로서의 자신감이 높아짐과 동시에 뛰어난 판각공으로서의 사회적 지위도 높아진 셈이었다. 1863년에 맡은 중요한 일감은 영국 고전 시 선집에 들어갈 삽화 32점을 판각하는 일이었다.[1] 이 작업에는 윔퍼 공방에서 수련을 받은 3인방인 존 윌리엄 노스, 프레더릭 워커, 찰스 그린 외에도 요제프 볼프 등이 화가로 참여했다. 시문 옆에는 시골 건축물과 오래된 기념물 등을 그린 작은 삽화가 곁들여졌는데, 상당히 높은 완성도를 자랑했다. 윔퍼는 주제를 고르고 삽화의 방향을 결정했을 뿐만 아니라 직접 판각하기 전에 판목에 그려진 밑그림을 감수하는 작업도 한 것으로 보인다.

윔퍼는 알프스를 다녀온 등반가로 이름이 알려지면서, 날로 인기가 높아지던 등반 이야기 장르에 들어갈 삽화 의뢰도 줄을 이었다. 영국산악회 회원들로부터 다양한 문학적 결과물에 곁들일 삽화 작업을 도와달라는 요청이 끊이지 않았다. 1864년 초에 윔퍼는 길버트Gilbert 와 처칠Churchill이 돌로미테Dolomites에 관해 쓴 책에 들어갈 삽화 27점을 판각했다. 이 책의 서문에는 "에드워드 윔퍼 씨는 산에 대한 개인적인 지식을 바탕으로 극도의 정교함과 정확성을 발휘해 원화로부터 돌로미테의 형상을 극대화했다."라고 적혀 있다.[2]

윔퍼는 영국산악회 활동에 적극적으로 임했으며, 런던에서 열린 친목 모임에도 자주 참석했다. 「야영Camping out」에 관해 쓴 보고서도 발표했는데, 직접 설계한 텐트와 마터호른에서 해본 여러 번의 야영 경험을 모형과 그림을 곁들여 설명한 보고서였다.[3] 한편 인쇄와 판각에 대한 전문 지식을 보유한 덕분에 앤서니 애덤스 라일리Anthony Adams Reilly, 1836-1885의 몽블랑 지도 편찬 작업을 맡은 소위원회에도 발탁되었다. 아일랜드 태생으로 럭비스쿨과 옥스퍼드대학교를 졸업한 애덤스 라일리는 1863년 여름에 몽블랑 산군을 측량했다. 그는 경위의와 물을 끓이는 장치, 아네로이드 기압계를 들고 포브스 교수의 조언에 따라 몽블랑 산군을 끝에서 끝까지 답사했다. 1862년에 영국산악회 회원이 되었으며, 1861년에 두 차례 몽블랑을 등정한 경험과 에귀 베르트에 도전했다가 커다란 베르크슈른트bergschrund 앞에서 물러선 경험이 있었다.[4] 몽블랑 지도 편찬 작업을 계기로 애덤스 라일리와 윔퍼 사이에는 유쾌한 우정이 싹트기 시작했다. 과연 그의 기질답게 친구의 게으름을 타박하면서 윔퍼는 아일랜드에 있는 애덤스 라일리에게 이렇게 썼다. "나는 자네가 무얼 하는 중인지 보러 가고 싶은 마음이 굴뚝같네. 뭐 보나 마나 낚싯대와 총을 들고 빈둥거리는 일 아니겠나."[5]

윔퍼는 영국산악회 정기 월례회의보다 앞서 열리는 친목 만찬 모임에도 열성적으로 참석했다. 훗날 영국만찬회Alpine Dining Club로 발전하는 이 모임의 참석자 중에는 레슬리 스티븐과 아돌푸스 무어Adolphus Moore, 크로퍼드 그로브 등이 있었다. 윔퍼와 몽펠부를 함께 올랐던 맥도널드도 있었는데, 그로브의 누이와 결혼한 맥도널드는 이튼스쿨 출신으로 식민성에서 일했고, 레슬리 스티븐은 문예지인 『콘힐 매거진 Cornhill Magazine』 편집장을 맡기 위해 케임브리지대학교 연구원을 그만둘 생각이었다. 윔퍼보다 한 살 아래였던 무어는 해로스쿨 출신으로 당시 동인도회사 인도 지사에서 일하고 있었다.* 이러한 집단에서 윔퍼가 어떻게 어울렸는지 정확히 알 수는 없지만, 그래도 비교적 잘 받아들여졌던 것으로 보인다. 아마도 스스로 그 자리에 어울리지 않는다고 생각하지는 않았을 것이다. 실용적인 업적을 인정받고자 하는 젊은 혈기와 욕망에 불타던 윔퍼는 좋은 사립학교를 나오고 대학 교육을 받은 동료들, 즉 사회적 지위를 애써 확립할 필요가 없는 그들 무리에서는 분명 튀는 존재였을 것이다.

맥도널드와 함께한 1861년과 1862년의 여름, 혼자서 산행한 1863년의 여름을 통해 윔퍼는 마음 맞는 동료의 중요성을 절실히 깨달았다. 그래서 1864년 여름에는 애덤스 라일리와 샤모니에서 만나기로 약속했다. 애덤스 라일리는 몽블랑 산군의 측량 작업을 마저 끝

---

* 그의 아버지는 동인도회사의 임원이었다. 무어는 인도 지사에서 랜돌프 처칠Randolph Churchill의 개인비서 자리까지 올랐으나 1887년에 결핵으로 사망했다.

존 윌리엄 노스가 원화를 그리고 윔퍼가 판각한 롱리트 하우스Longleat House. 『영국 고전 성시 모음English sacred poetry of the olden time』(1864)에 삽화로 수록되었다.

내고 싶어 했고, 그 작업을 위해 여러 봉우리를 오를 계획이었다. 윔퍼가 그 작업을 돕는 대신 지도 제작을 위한 답사가 끝나면 함께 마터호른에 재도전하자는 약속도 했다. 윔퍼는 몽펠부 등정에 성공한 후로 도피네 산군을 다시 찾은 적이 없었지만, 터켓과 보니, 윌리엄 매슈스는 이 지역을 계속 탐험하면서 도피네 산군의 최고봉으로 인정된 푸앙트 데 제크랑에 도전했었다. 세 시즌 연속 알프스를 종횡무진 누비고 다닌 무어는 푸앙트 데 제크랑에 욕심이 있었다. 윔퍼는 애덤스 라일리의 계획에 찬성한 것처럼 무어의 계획에도 기꺼이 찬성했다. 도피네 산군을 속속들이 탐험하고, 새로운 등반을 시도하며, 함께 즐거운 추억을 만들기 위해서였다. 윔퍼가 샤모니 출신 가이드였던 미셸 크로를 고용하면서 그와의 짧지만 깊은 인연이 시작된 것은 아마도 터켓의 추천 때문이었을 것이다. 크로는 터켓과 함께 1862년에 푸앙트 데 제크랑에 도전한 경험이 있었다. 무어는 그린델발트Grindelwald 출신의 노련한 가이드인 크리스티안 알머Christian Almer를 고용했다. 무어는 독일어밖에 못 하는 알머가 어떻게 프랑스어를 구사하는 크로와 친하게 지낼지 자못 궁금해했다.

웜퍼는 1864년 6월 17일에 런던을 출발해 포크스턴Folkestone에서 하룻밤을 묵었다. 그런데 놀랍게도 그곳에서 우연히 호러스 워커Horace Walker(이하 워커)를 만났다. 그의 누이인 루시 워커Lucy Walker와 아버지인 프랭크 워커Frank Walker도 같이 있었다. 워커 가족은 무어와 친분이 있었던 만큼 워커는 운명적으로 도피네 원정을 함께하게 되었다. 다 함께 배를 타고 파리까지 이동했는데, 그 배에는 웜퍼가 바로 얼마 전에 삽화 작업을 끝낸 돌로미테 책의 저자인 처칠도 타고 있었다.[6] 같이 산에 오르기로 의기투합한 무어와 워커, 웜퍼는 각자 일행과 헤어진 후에 퀼로즈Culoz에 들러 알머를, 생미셸St. Michel에 들러 크로를 합류시켰다.

그들의 계획은 새로운 안부를 통해 라 그라브로 가서 라 베라르드로 넘어간 다음, 푸앙트 데 제크랑에 도전하고 새로운 고갯길을 통해 라 베라르드로 돌아오는 것이었다. 6월 21일 이른 새벽, 전날 묵은 허름한 샬레를 출발한 그들은 이틀 동안 에귀 다르브Aiguilles d'Arve의 중앙봉과 북봉 사이에 있는 새로운 고갯길을 넘고, 바로 옆 능선에 있는 에귀 드 골레옹Aiguille de Goléon을 초등한 다음, 라 그라브로 내려왔다. 에귀 드 골레옹 정상에서는 라 그라브 위쪽으로 그들이 넘으려는 고개가 잘 보였다. 보기만 해도 아찔한 메이주Meije 북벽과 라토Rateau 북벽 사이로 난 이 좁은 고갯길을 현지에서는 '브레시 드 라 메이주Brèche de la Meije'라고 불렀다. 가파른 사면은 멀리서 볼 때는 실제보다 훨씬 더 가파르게 보이는데, 이 고개도 예외가 아니었다. 윔퍼는 이 고개를 넘을 수 있을지 반신반의했지만, 알프스 고개를 넘어본 경험이 좀 더 많은 무어는 한결 더 자신만만했다. 라 그라브에서는 "금방이라도 쓰러질 듯한, 무어가 재치 있게 말한 대로 악취를 제외하면 아무것도 인정할 것이 없는" 숙소에서 밤을 보내는 호사를 누렸다.[7] 전에도 브레시 드 라 메이주를 넘어간 사람이 여럿 있었다고 말하는 사람도 있었고, 고개를 넘는 일이 불가능하다고 말하는 사람도 있었다. 가능성이 적다고 생각한 윔퍼는 무어와 워커에게 설령 올라간다 해도 시간이 너무 오래 걸린다는 데 2프랑의 내기 돈을 걸었다. 다음 날 아침 그들은 동이 트기 전에 숙소를 출발했다. 윔퍼는 달빛 아래에서 걷는 느낌이 좋았다. 바위지대는 다들 별로 힘들이지 않고 올라갔다. 멀리서 본 것보다는 훨씬 더 쉬웠고, 너무 쉬워서 윔퍼의 마음이 초조해질 정도였다. 윔퍼는 무어와 워커에게 내기 조건을 좀 고칠 생각은 없는지 슬쩍 떠보았지만, 무어와 워커는 웃으면서 "윔퍼에게서 정확히 내기 돈을 받아냈다."[8] 라 그라브 마을 주민들은 밖으로 나와 다섯 명의 등반가들이 빙하 위로 올라가는 모습을 지켜보았다. 9시 정각에 안부에 도착한 그들은 마을 주민들을 향해 의기양양하게 손을 흔들었다. 남쪽으로 하산할 때는 돌이 널려 있고 길도 없는 계곡을 통과하느라 갖은 고생을 겪어야 했다. 이곳을 겨우 통과해 "낙원 같은 장소"가 나오자 그 자리에서 멈추고 3시간을 쉬었다.[9] 무어는 일기에 자신이 명상을 하고 워커가 눈을 붙이는 사이 끊임없이 "풍경을 스케치하는 건전한 활동을 하며 … 시간을 활용하는" 윔퍼를 칭찬하는 듯한 표현을 적었지만, 이는 반어적 표현에 불과했다.[10]

그날 오후 그들은 두꺼운 안개 속을 뚫고 라 베라르드를 출발했다. 지역 가이드 로디에Rodier도 동행했는데, 로디에는 담요를 잔뜩 짊어진 탓에 다리를 비척거렸다. 그날 밤 잘 만한 데를 찾은 후에 윔퍼는 포트넘앤드메이슨 백화점에서 사 온 고형 수프를 끓였다. 윔퍼는 이 수프를 그럭저럭 훌륭한 음식이라고 생각했지만, 무어의 의견으로는 "가장 편파적인 요리사도 이것을 훌륭하다고 말할 수 없겠지만, 적어도 따뜻한 온기는 있었다."[11] 윔퍼가 준비한 간편식으로 다들 배를 채우는 동안 안개가 걷히더니 머리 위로 아득히 높은 곳에서 푸앙트 데제크랑 정상 능선을 이루는 봉우리들이 나타났다. 전혀 실감이 나지 않는 다음 날의 목표였다. 무어와 워커는 구덩이로 쏙 들어가서 잘 준비를 마치고는 윔퍼가 취침 장비에 대해 끊임없이 걱정하는 모습과 자신이 사용할 "매력적인 별장"을 짓느라 여념이 없는 모습을 흥미롭게 구경했다.[12]

아침이 밝았다. 과학적 현상에 관심이 많은 윔퍼는 "알프스 고지대에서 자주 일어나는 의문의 증발 사건"에 주목했다. 간밤에 포도주 다섯 병을 넣어 매달아 놓았던 주머니를 열어 보니 포도주가 조금밖에 남아 있지 않았던 것이다. 그런데도 다들 한 방울도 입에 댄 적이 없다

사진을 바탕으로 윔퍼가 판각한 미셸 크로의 인물화

고 했다. "사실 그 현상은 공기 중으로 날아가 버렸다고밖에 설명할 수 없었다. 그러나 공기의 건조 현상 — 즉, 포도주의 증발 현상 — 이 일행 중에 낯선 자가 끼어 있을 때 가장 심해진다는 점은 명백하다." 이 문제를 좀 더 조사한 윔퍼는 술병을 베고 자면 증발을 막을 수 있다는

결론에 도달했다.[13]

　새벽 4시, 그들은 로디에와 담요, 없어진 — 십중팔구 로디에의 배 속에 있을 — 포도주에 작별을 고한 뒤 막영지를 출발해, 좁은 쿨르와르를 따라 2년 전인 1862년에 크로와 터켓이 넘은 안부로 올라갔다. 그런 다음 안부에 큰 짐을 놓아두고, 터켓 일행과 보니 일행을 물리쳤던 푸앙트 데 제크랑 북벽의 가파른 설사면을 정찰하러 나갔다. 6시에 안부를 출발할 때 무어는 성공을 자신하면서 9시 반이면 정상에 서 있을 것이라고 호언장담하듯 말했다. 앞에 놓인 능선을 보는 윔퍼의 머릿속에는 1863년 여름 당데랑에서 실패했던 기억이 좀처럼 떨쳐지지 않았다. 그때와 능선이 몹시 닮아 있었기 때문이다. 윔퍼는 무어와 워커에게 잃은 본전을 찾고 싶은 마음에 정상에 못 간다는 데 다시 2프랑의 내기 돈을 걸었다. 북벽 기슭에는 커다란 베르크슈른트가 있는데 터켓 일행도, 보니 일행도 이 구간을 넘어서지 못했다. 윔퍼 일행은 북벽의 왼쪽에 있는 능선을 보고 곧장 나아가 베르크슈른트를 건넌 다음, 정상으로 이어지는 암릉에 붙었다. 그러나 곧 이 암릉은 까다롭고 오래 걸리는 루트로 밝혀졌다. 작전을 바꿔 크로가 베르크슈른트 위쪽 얼음지대를 수평으로 가로지르는 스텝을 깎아나가기 시작했다. 그러나 이 작업 역시 더디기만 했다. 30분을 깎았는데도 거의 진척이 없었다. 침착한 무어에게 윔퍼의 지칠 줄 모르는 기운과 크로의 불같은 성미는 흥미로운 구경거리였다. 무어의 표현을 빌리자면 "크로의 기질을 시험하기 위해" 다시 암릉으로 간다는 결정이 내려졌고 "그 여파는 가히 폭발적이었다."[14] 크로는 자신의 결정에 이의를 제기하고 자신의 실력에 의문을 제기하는 상황에 분을 삭이지 못했다. 평정심을 잃은 크로는 장비를 내동댕이치고 스텝을 되짚어 나오더니 이제 남은 일은 모르겠으니 알아서 하라고 외쳤다. 크로가 진정되고 다시 평화가 찾아온 후에야 로프로 서로를 묶고 가파른 얼음지대를 가로지를 수 있었다. 그리고 크로가 깎은 스텝을 따라 조심조심 정상 바로 아래까지 이동한 다음, 얼음이 붙어 있는 가파른 암릉으로 바로 치고 올라갔다. 다섯 명이 모두 로프를 묶은 채 한 줄로 섰다. 확보가 전혀 없었으므로, 누군가 한 번이라도 미끄러지면 큰일이었다. 돌멩이가 떨어질 때마다 뒤쪽에서 욕설이 터져 나왔다. 죽을 뻔한 고비를 넘겨가며 알머가 일행을 인솔했고, 폭이 좁고 위태로운 정상 능선을 따라 1시간을 더 걸으니 정상이었다. 정상에 도착한 시각은 오후 1시 반이었다. 푸앙트 데 제크랑은 윔퍼가 이룩한 첫 번째 4천 미터급 고봉 초등이었다. "지면이 허락한다 해도 이 훌륭한 전망을 묘사할 재간이 없으니 유감스럽기만 하다. 그러나 영국 땅덩이만큼이나 광활한 대지에 펼쳐진 파노라마는 고생을 무릅쓰고라도 볼만한 가치가 있음을 그리 어렵지 않게 짐작할 수 있으리라."[15]

올라온 길이 워낙 가파르고 얼어서 미끄러웠던지라 그쪽으로 하산하자는 사람은 아무도 없었다. 그래서 모두 정상 능선을 따라 서쪽으로 나아갔다. 서릉은 동릉보다 결코 더 쉽다고 말할 수 없었다. "칼날 같은 능선은 양쪽 다 폭이 너무나 좁아서 불안정하게 놓인 돌멩이가 어느 쪽으로 떨어질지 도무지 예측할 수가 없었다."[16]

난관을 극복할 최선책을 의논하며 두 가이드가 손짓 발짓을 하는 중간중간 알머의 우스꽝스러울 정도로 형편없는 프랑스어가 들려왔다. 다섯 명은 모두 말 등에 올라탄 자세로 능선의 양쪽에 한 다리씩 걸치고 발을 질질 끌며 걸었다. 마침내 알머가 베르크슈른트로 내려가서 빙하 위로 건너뛸 수 있었다. 베르크슈른트에서 정상까지 고도 250여 미터를 왕복하는 데 거의 9시간을 바친 셈이었다. 어느덧 5시였고, 자칫 빙하 위에서 날이 저물 위험도 있었다. 빙하에서 밤을 맞는 일은 당시로써는 아주 두려운 사태였다. 그들은 짐을 꾸려 부리나케 빙하를 가로질러 민가가 몇 채 있는 작은 마을인 에일프로와드로 향했고, 마지막 햇살이 지평선 너머로 사라지려는 찰나에 겨우 얼음지대를 빠져나올 수 있었다. 그리고 평평한 돌밭인 프레 드 마담 카를로*Pré de Madame Carlo*(지금은 대형 주차장이 들어서 있다.)를 건넌 다음, 강을 따라 계곡을 내려갔다. 긴 하루를 보내 다들 신경이 곤두선 데다 어둠 속에서 길을 찾기도 어려웠지만, 윔퍼는 서둘러 가서 에일프로와드 샬레에 눕고 싶었다. 이때쯤 무어는 윔퍼와 같이 있을 수 없는 상태가 되었다. 무어와 워커는 큰 바위 밑에서 비박을 하겠다고 말했다. 호들갑스럽게 자화자찬을 늘어놓는 윔퍼의 태도는 상류 계층인 무어의 심기를 건드렸다. 머리카락이 쭈뼛 곤두서는 그날 일을 쉴 새 없이 떠들어대는 윔퍼에게 무어가 피로감을 느꼈음은 어렵지 않게 짐작해볼 수 있다. 무어는 남들보다 앞서는 것을 당연하게 여기는 계급 출신이었지만, 윔퍼에게 지난 며칠은 흥분을 감추기 힘들 정도로 새로운 업적이자, 새로운 세계로의 입성이었다.*

---

* 아널드 런Arnold Lunn은 윔퍼를 그리 좋아하지는 않았는데, 역시 윔퍼와 껄끄러운 사이였던 쿨리

윔퍼는 무어와 워커에게 식량을 넘겨주고 크로와 길을 떠났지만, 얼마 못 가 길을 잘못 들었음을 깨달았다. 알고 보니 강 건너편이 맞는 길이었다. 결국 그들은 로도덴드론 수풀 사이에서 밤을 보내기로 했다. 향나무 가지를 주워다가 피운 모닥불 곁에서 몸을 말리면서 윔퍼와 크로는 밤이 깊도록 이야기를 주고받으며 그날의 승리를 되새겼다. 그날 윔퍼가 쓴 일기에는 시간만 적혀 있는데, 1년 후에 크로가 죽고 난 다음 그날의 일기를 쓸 때 윔퍼는 진심 어린 애정으로 그날 밤을 이렇게 회상했다.

> 그 바위 앞에서 보낸 밤을 나는 생생히 기억한다. … 밤이 깊을 때까지 우리는 파이프 담배를 물고 믿어지지 않는 묘사를 해가며 놀라운 이야기를 나눴다. 표현력 면에서는 크로가 나보다 한 수 위라는 점을 인정해야겠다.[17]

여전히 알프스에서 잘 알려지지 않은 지역에 있던 푸앙트 데 제크랑을 무대로 한 이 대담한 등정의 일등 공신은 무어의 자신감과 알머와 크로의 실력이었다. 이것은 도피네 산군에서 이루어진 최초의 본격적인 등정이었다. 윌리엄 쿨리지W.A.B. Coolidge가 1870년에 에일프로와드 등정을 시작으로 이 지역을 탐험할 때까지 더 이상의 등반은 거의 이루어지지 않았다. 푸앙트 데 제크랑은 윔퍼 일행이 떠나고 나서 7년 동안 오직 한 차례의 재등만 이루어졌다. 마터호른에 여러 차례 과감하

지와 나눈 대화 — 푸앙트 데 제크랑을 등정한 지 50여 년 후에 나눈 것으로 보이는데 — 를 기록으로 남겼다. 쿨리지의 표현을 빌리자면, "윔퍼는 상스러운 편인 반면, 무어는 기품 있는 공무원이었다. 윔퍼는 일종의 귀족이었던 그를 거슬리게 했다." Arnold Lunn, *Matterhorn centenary* (London: Allen and Unwin, 1965), 42.

게 도전장을 내밀기는 했지만, 아무도 시도한 적 없는 루트로 4천 미터급 고봉을 초등한 것은 윔퍼에게 완전히 새로운 경험이었다. 윔퍼 일행이 하산길에 택한 능선은 오늘날 정상으로 가는 노멀 루트로, 암벽 등반과 로프 사용 기술이 발전하면서 이 루트를 이용한 등정은 비교적 쉬워졌음에도 여전히 아찔한 경험을 선사한다.

무어와 워커, 알머는 아침에 발루이즈에서 윔퍼와 크로를 따라잡았다. 마을에서 "우리는 그곳에서 내놓을 수 있는 가장 나은 아침식사를 주문하고 자리에 앉았다. 그러나 식탁에 나온 송아지 머리는 맛이 없었고, 다른 것들은 마늘 냄새가 심해 형편없는 한 끼를 먹어야 했다." [18] 마늘 냄새를 역겨워한 무어도 그날 아침을 "내 생애 가장 끔찍한 일요일 아침"으로 기억했다. [19] 마을 사람들은 주일을 만끽하러 밖으로 나왔다. 술에 취한 한 남자는 영국인 윔퍼를 조롱하고 크로의 화를 돋우는 데 열을 올렸다. 여관 주인이자 부시장인 지로Giraud 씨는 형편없는 아침식사에 터무니없는 바가지를 씌웠지만, 윔퍼는 여전히 기분이 좋았다. 윔퍼는 여관을 나올 때 그의 등을 툭툭 치면서 말했다. "자, 지로 씨! 두둑이 챙긴 것은 잘 아실 테니 이리 와서 샤르트뢰즈 한잔하시면서 우리가 친구임을 보여주세요." 지로는 자신이 파는 가격이 얼마나 저렴한지, 각종 경비가 얼마나 많이 들어가는지, 먹고살기가 얼마나 어려운지 잔뜩 푸념을 늘어놓았지만, 모두에게 술을 샀다. 이 인색하기로 악명 높은 부시장을 구워삶아 공짜 술을 얻어 마신 후에 윔퍼는 마을에서 "찬사를 보내는 대중 앞에 얼굴을 보여주며" 남은 시간을 보냈다. (물론 무어는 짜증을 냈다.) [20]

새로운 고갯길로 라 베라르드에 돌아가기로 한 윔퍼 일행은 앙트 레그Entraigues라는 샬레 마을로 이동했다. 이곳에서는 발루이즈에서 받지 못한 따뜻한 환대를 받았다. 숙소 주인은 새벽 1시에 카페라테와 갓 구운 빵을 들고 와서 그들을 깨웠다. 아침을 먹고 있을 때 몽펠부에서 윔퍼와 친구가 된 장 레노가 도착했다. 다 함께 3시 반에 라 베라르드 로 넘어갈 수 있다고 믿는 고갯길로 출발했다. 하지만 마을에는 그러한 길에 대한 정보가 하나도 없었다. 그들은 가파르지만 무난한, 눈이 쌓인 쿨르와르를 찾아낸 후에 레 방Les Bans 봉우리의 바로 동쪽에 있는 능선을 보고 올라갔다. 하지만 고갯마루에 다다르자마자 삽시간에 안개가 사방을 덮어버려 아무것도 볼 수가 없었다. 짧지만 가파른 경사면을 내려간 다음에는 베르크슈른트를 건너뛰어 — 레노의 외투 호주머니에 있던 샤르트뢰즈를 희생한 끝에 — 빙하 위에 올라섰다. 이 빙하를 따라 크로는 짙은 안개 속에서도 노련하게 일행을 인솔했다.

이로써 도피네 원정 계획은 성공적으로 마무리되었다. 윔퍼는 샤모니에서 애덤스 라일리를 만날 예정이었고, 워커는 샤모니에서 가족과 합류하겠다고 말했다. 무어와 윔퍼는 몽블랑을 횡단하는 새로운 루트로 샤모니까지 이동한다는 계획을 세웠다. 하지만 윔퍼는 아침에 눈을 뜨자마자 속이 뒤틀려(샤르트뢰즈는 하산주로 적당한 술은 아니었던 듯하다.) 무어와 워커가 먼저 부르드와장 방향으로 길을 떠났다. 윔퍼는 크로와 함께 무어가 불러주기로 한 마차를 타기 위해 큰길까지 간신히 걸어 내려갔다. 마차를 오래 기다린 탓에 둘 다 기분이 썩 좋지 않았다. 라 그라브에 도착한 윔퍼는 상당히 언짢은 상태였고, 그러다 보니 브레시 드 라 메이주 횡단 이후 유명인이 된 새로운 지위마저 부담스러웠다. 무어는 다음과 같이 말했다. "우리의 업적은 무관심한 사람들 사이에서 우리가 상상했던 것보다 훨씬 더 열띤 호응을 불러일으켰다. 얼마나 많은 악수를 해야 했던지 손이 다 얼얼할 정도였다."[21] 그들은 밤이 늦어서야 콜 드 로타레에 있는 수도원에 도착했다. 웜퍼는 다음 날 아침까지도 기운을 차리지 못했다. 그래서 같이 떠나지 못하고 고개에 남아 스케치 작업을 하다가 기운을 좀 되찾은 후에 빠른 걸음으로 25킬로미터를 주파해 콜 뒤 갈리비에Col du Galibier를 넘은 다음, 열흘 전 도피네 대장정의 출발 지점이었던 생미셸에서 무어와 워커, 알머를 따라잡았다. 무어는 기분이 좋은 상태였고 "우리가 이룬 승리를 축하하는 데 물론 샴페인이 빠질 수는 없었다."라고 적었다.[22] 이튿날은 무티에Moutiers까지 장거리를 이동해야 했지만, 웜퍼는 침대에서 도저히 몸을 일으킬 수가 없어 새벽에 같이 출발하지 못했다. 웜퍼는 10시간을 걸은 끝에 무티에에 도착해 무어와 워커를 만났는데, 두 사람은 일찌감치 저녁을 먹고 나서 부르생모리스Bourg St. Maurice로 가는 마차의 마지막 자리를 이미 예약해놓고 있었다. "크로와 내가 탈 자리는 없었는데, 두 사람은 그 상황을 매우 즐기는 듯 보였다."[23] 이때 처음으로 웜퍼는 무어와의 관계가 편안하고 상호적인 우정이 아니었음을, 자신의 존재가 생각만큼 환영받지 못했음을 깨달은 것으로 보인다. 무어와 웜퍼는 영국산악회에서 많은 교류를 했다.(무어는 몇 년간 총무이사를 맡았다.) 두 사람의 관계는 화기애애했으나, 웜퍼는 워커에게 그랬던 것처럼 무어를 '친구'라고 표현하지 않았다. 워커는 리버풀에서 사업을 하고 있었는데(윔퍼는 훗날 리버풀에 있는 워커의 집에서 유숙하기도 했다.*) 아마도 사립학교를 나온 무어보다는 윔퍼의 배경을 더 잘 이해하고 수용했던 것으로 보인다.

윔퍼와 크로는 다음 날 아침 부르생모리스에 도착해, 콜 뒤 보놈 Col du Bonhomme을 넘어 콩타민Contamines으로 이동했다. 윔퍼는 전에 크리켓을 하다가 다친 무릎 때문에 빨리 걸을 수가 없어 무어에게 기다려달라고 말하기 위해 크로를 앞세워 보냈다. "하지만 무어는 벌써 가버리고 없었다. 나중에 들은 이야기지만, 몽블랑 등정을 위해 이미 벨뷰Bellevue로 떠난 것이었다. 그렇게 함으로써 서로 의논해서 정한 약속을 깨버리고 내 계획 전체를 틀어버렸을 뿐만 아니라 라일리의 계획도 틀어버렸다."[24] 화창한 다음 날 아침 윔퍼는 샤모니로 걸어갔다. 그날 오후에는 무어와 알머가 몽블랑 정상에 도착했음을 알리는 축포 소리가 들려왔다. 샤모니에 도착하니 우편물 두 뭉치가 기다리고 있었는데, 하나는 윔퍼 공방에서 제작한 판화의 컬러 인쇄를 맡은 호드슨 Hodson 씨의 인쇄소에서 온 소포였고, 다른 하나는 형 프레더릭이 캐나다 브리티시컬럼비아British Columbia주에서 벌어진 원주민들의 백인 대학살 현장에서 무사히 탈출했다는 소식이었다.[25] 다음 날인 일요일 아침 윔퍼는 교회로 갔다. 조금 있으니 무어도 교회로 왔다. 몽블랑 시즌 초등자로 무어가 받는 주목에 질투가 났던 윔퍼에게 무어가 전날 밤 샤모니 바로 위쪽에 있는 숲에서 길을 잃은 사건은 매우 통쾌한 일이었다.

---

* 1870년 9월 영국과학진흥협회 연례회의에 참석할 때였다.

애덤스 라일리는 쿠르마예에서 콜 뒤 제앙을 넘어 샤모니로 왔다. 그가 들고 온 소식에 따르면, 에귀 베르트 쪽은 상황이 좋지 않았다. 그 래서 에귀 다르장티에르Aiguille d'Argentière에 도전하기로 계획을 수정한 무어와 윔퍼, 애덤스 라일리는 아르장티에르 마을 위쪽에 있는 로냥 Lognan으로 올라갔다. 몽블랑 산군은 남서에서 북동으로 뻗어 있고, 몽 블랑 정상은 남단에 치우쳐 있다. 남서쪽 끝자락에서 볼 때 최고점은 에귀 드 트렐라테트Aiguille de Trélatête인데, 미아주 빙하Glacier du Miage의 길게 뻗은 도랑을 경계로 몽블랑과 마주 보고 있다. 국경을 이루는 능 선은 몽블랑에서부터 이탈리아 쪽으로 연속적인 벽을 이루며 북동 방 향으로 달려, 웅장한 산괴인 그랑드 조라스를 넘어 몽돌랑Mont Dolent까 지 이어진다. 이 능선은 몽돌랑에서 갑자기 북쪽으로 방향을 꺾는데, 이 북단을 이루는 능선의 최고점이 바로 에귀 다르장티에르이다. 이 연봉은 에귀 드 트리올레Aiguille de Triolet에서부터 북동쪽으로 흐르는 좁고 가파른 능선에 의해 완성되며, 에귀 베르트의 피라미드에서 끝 이 난다. 1864년까지 몽블랑 산군에서 등정이 이루어진 정상은 몽블 랑과 두 개의 위성봉뿐이었다. 1864년과 1865년에 걸쳐 윔퍼는 앞서 언급한 미등봉을 모조리 초등했다. 1863년 여름에 애덤스 라일리는 아르장티에르 빙하 분지와 투르 빙하Glacier du Tour, 살레나 빙하Glacier de Saleinaz 상단부와 연결지대를 두루 탐험했으며, 콜 뒤 샤르도네Col du Chardonnet를 최초로 횡단하기도 했는데, 그때 그 안부 쪽에서 에귀 다 르장티에르에 오를 수 있다고 생각했다. 겨우내 몽블랑 산군의 지도를 완성한 애덤스 라일리는 지도를 최대한 검증하고 싶었으므로 이 점을 염두에 두고 신중하게 등반 목표를 선택했다.

그들은 콜 뒤 샤르도네까지는 쉽게 나아갔지만, 고갯마루에서 사납게 몰아치는 강풍에 밀려 능선 — 능선이라기보다는 푸석푸석한 침봉들이 가파르게 배열된 구간 — 으로 올라서는 데는 실패했다. 무어와 알머는 보름 후에 치날Zinal에서 윔퍼와 다시 만나기로 잠정적으로 약속한 후에 스위스 쪽으로 내려갔다. 윔퍼와 크로, 애덤스 라일리는 아르장티에르로 되돌아가기로 했다. 그런데 고갯마루에서 조금 내려가자 정상 근처까지 뻗은 지류 빙하가 눈에 띄었다. 윔퍼 일행은 이 빙하를 타고 올라가 능선에 다다랐지만, 강풍 때문에 정상까지 불과 몇십 미터 고도를 남겨둔 지점에서 돌아설 수밖에 없었다. 애덤스 라일리는 손이 얼었다고 투덜댔다. 그들은 빙하를 되짚어 나와 아르장티에르로 내려간 다음, 계곡을 따라 샤모니로 이동해 몽땅베르로 올라갔다. 도착한 시각이 8시였으므로 그들은 그곳에서 묵기로 했다. 윔퍼는 "우리는 저녁식사를 앞에 놓고 꾸벅꾸벅 졸았다."라고 적었다. 이튿날에는 쿠베르클Couvercle 바위지대의 비박지까지 올라갔다. 그곳에서 윔퍼는 끔찍한 밤을 보냈다. "하지만 벼룩이 내 인생에 한 짓보다 내가 그놈의 인생에 더욱 비참한 짓을 했다는 사실에 뿌듯했다."[26] 쿠베르클에서부터 윔퍼와 애덤스 라일리는 에귀 베르트와 레 쿠르테Les Courtes, 레 드루아트Les Droites 아래로 뻗은 탈레프르 빙하Glacier du Talèfre를 타고 올라갔다. 에귀 드 트리올레의 바로 남서쪽에 있는 새로운 고갯길을 횡단해 발페레Val Ferret 계곡으로 넘어가기 위해서였다. 애덤스 라일리는 1863년에 그 능선까지 올랐을 때 이미 점찍어 둔 고개가 있었지만,

올라가는 동안 윔퍼는 다른 쿨르와르를 시도해보고 싶은 마음이 커졌다. 결국 그들은 더 경험이 많은 애덤스 라일리가 계획한 루트를 택했다. 시간대도 좋았다. 하지만 내려갈 때는 여기저기 깨진 복잡한 지형과 커다란 크레바스, 돌투성이 모레인moraine 지대를 넘어야 했다. 애덤스 라일리는 "베르크슈른트 옆에서는 우리의 목숨조차 짐스러웠다."라고 투덜거렸다.[27] 이 고갯길은 그때까지 알려진 그 어떤 루트보다 몽블랑 산군을 넘는 빠른 지름길로 보였으나, 윔퍼의 의견은 다음과 같다. "고갯길로서 나는 양심상 이 길을 아무에게도 추천할 수 없다. 나조차도 그 너덜지대를 다시 통과하고 싶은 마음은 추호도 없다."[28]

이러한 고생도 그들의 열정을 꺾을 수는 없었다. 다음 날 새벽 4시, 따뜻한 우유로 속을 채운 그들은 몽돌랑 초등에 도전하기 위해 전날 묵은 프레 드 바Pré de Bar를 출발했다. 몽돌랑은 그리 어렵지 않았다. 빙하를 따라 무난하게 올라가니 "길이 6미터, 고도 3,800미터, 폭 3센티미터"의 정상 능선에 닿을 수 있었다. 그들은 아무도 밟은 적 없는 깨끗한 눈이 덮인 능선을 따라 최고점까지 올라갔다. 크로는 말 등에 올라탄 자세로 조심조심 발을 질질 끌며 일행을 인솔했다.[29] 비록 작지만, 주 능선의 한 귀퉁이 — 오늘날 스위스와 프랑스, 이탈리아의 국경 분기점 — 에 있는 몽돌랑은 어디에 내놓아도 손색없을 멋진 파노라마를 선사한다. "몽블랑이 완벽하게 보였다. 훌륭한 심사위원이 틀림없을 애덤스 라일리는 이 모습을 자신이 본 경치 중에서 가장 빼어난 장관이라고 말했다." 동쪽으로는 베르너오버란트 산군, 바이스호른, 몬테로사, 당블랑슈, 슈트랄호른, 그랑 콩뱅Grand Combin(마터호른은 이 산에 가려 보이지 않는다.)이 보이고, 남쪽과 서쪽으로는 그란 파라디소Gran Paradiso의 봉우리들이 눈에 들어왔다. 도피네 산군도 선명히 눈에 들어왔다. 윔퍼는 뿌듯한 마음으로 브레시 드 라 메이주를 가리켰다. 북쪽으로는 에귀 베르트가 전망을 압도하며, 몽돌랑의 북사면은 아르장티에르 빙하로 떨어지지만 "보기에 아주 가파르지는 않았다."

그날의 결과에 매우 만족한 그들은 계곡을 따라 쿠르마예까지 기분 좋게 내려갔다. 쿠르마예에서는 토머스 보니를 만났다. 오후에는 발베니Val Veni 계곡을 따라 올라가 산군의 반대쪽 끝에 있는 콩발 호수Lac de Combal로 갔다. 이 아름다운 호수에 몸을 담근 애덤스 라일리는 심지어 윔퍼에게조차 못 말리는 사람이라는 찬사를 들었다. 윔퍼가 재본 물의 온도는 섭씨 10도였다.(해발 2,000여 미터에서 섭씨 10도는 늘 제법 상쾌한 것 같다.) 다음 등반 목표는 몽블랑 산군 서쪽 끝의 최고봉이자 당시 지도에서 혼선이 있던 에귀 드 트렐라테트였다. 윔퍼를 만나기 직전까지 애덤스 라일리는 콩발 호수에서 에귀 드 트렐라테트를 스케치하며 루트를 연구하고 있었다. 그들은 호수 위쪽으로 올라가 허름한 샬레에서 묵었지만, 다음 날 아침에 크로는 지시한 것보다 늦게 일어났다. 산꼭대기에 걸린 구름이 모두의 사기를 꺾어버렸지만, 윔퍼만은 예외였다. "나는 출발에 한 표를 던졌지만, 기각되었다. … 온종일 빈둥거린 끝에 마침내 오후 5시에 길을 떠났다." 막영지를 몽쉬크Mont Suc 사면 위쪽에 있는 "훌륭한 별장"으로 올랐다. 윔퍼는 기지를 발휘해 외투를 이용한 텐트를 만들고, "정상에 꽂을 깃발"도 만들었다.[30] 버터 바른 빵과 정향을 넣은 고형 수프로 이루어진 "호기심 어린

식사"에 정향을 넣은 따뜻한 포도주가 따라 나왔다.[31]

　"아침은 화창했지만 지독히 추웠다. 그래서 우리는 따뜻한 포도주와 더불어 짐을 짊어지고 오를 것인지 말 것인지에 대한 열띤 논쟁으로 몸을 녹였다. 나는 짐을 가져가자는 데 한 표를 던졌다. 목표로 삼은 정상은 물론이거니와 목표로 삼은 안부도 보였기 때문이다."[32] 윔퍼의 의견은 이번에도 받아들여지지 않았지만, 오르는 동안 아레트로 가야 한다고 끈질기게 주장해 끝내 크로의 주장을 꺾었다. 크로는 빙하로 내려간 다음 정상을 향해 좀 더 직상하는 길을 원했다. 이 길은 얼핏 최선책으로 보이지만, 윔퍼의 선택이 옳았다.("다른 길로 갔으면 낭패를 당할 뻔했었다는 사실을 나중에 알았다.") 따라 하기 어려운 특유의 방식으로 크로는 불같이 화를 내며, 기다렸다가 윔퍼를 로프에 묶어주지도 않은 채 윔퍼가 가리킨 방향으로 성큼성큼 가버렸다. 아레트는 미아주 빙하의 깊은 도랑으로 곧장 떨어지는데, 이 빙하의 건너편으로 거대한 몽블랑 서벽이 마주 보인다. "우리밖에는 아무도 본 적이 없는 경치가 눈앞에 펼쳐졌다. 몽블랑 정상에서 거대한 빙하가 흘러내렸다." 거대한 몽블랑 서벽은 미아주 빙하 위로 2,500~2,700미터 높이로 솟아 있으며, 몽블랑 정상에서 발원한 빙하들은 바위 아레트 사이로 폭포처럼 흘러내린다. 더없이 황홀한 이 광경은 웅장함 면에서 마쿠냐가Macugnaga에서 보는 몬테로사의 모습에 버금간다. 애덤스 라일리는 이 모습을 두고 "난생처음 보는 광경"이라고 말했다.[33]

　그들이 택한 길은 첫 번째 봉우리로 이어지는데, 여기를 넘어가면 좁은 능선 끝에 있는 더 높은 정상이 보인다. "크로는 기분이 아직 풀리지 않았던지 제일 높은 중앙봉 쪽으로 쿵쿵거리며 걸어갔다. 우리는 미끄러질까 봐 가슴을 졸이며 모두 한 줄로 묶고 뒤따랐다. 어쨌든 우리는 미끄러지지 않고 신중한 동작, 이를테면 네 발로 내려가거나 애벌레처럼 기어서 — 훌륭한 등반가라면 누구나 택할 만한 방식으로! — 움푹한 바닥으로 내려가 반대편에 있는 아레트를 따라 제일 높은 중앙봉 꼭대기로 나아갔다. 알레 블랑슈 빙하Allée Blanche Glacier 쪽에서 불어오는 골바람이 정상 주변에서 소용돌이쳤다."[34] 그들은 얼른 깃발만 꽂은 후에 올라갈 때와 같은 길로 콩발 호수까지 내려와 콜 드 라 사이뉴Col de la Seigne를 넘었다.* 이튿날에는 12시간 동안 내리퍼붓는 비를 뚫고 콜 뒤 몽통뒤Col du Mont Tondu와 콜 보자Col Voza를 넘어 샤모니로 이동했다.

샤모니로 돌아온 윔퍼는 상황이 어떻게 돌아가는지 확실치 않았지만 여전히 치날에서 무어를 만날 작정이었다. 하지만 그 전에 애덤스 라일리와 함께 에귀 다르장티에르와의 남은 일을 먼저 끝내고 싶었다. 윔퍼와 애덤스 라일리는 지난번과 같은 루트를 택했고, 이번에는 정상을 밟았다. 그리고 그 전주에 정상에 얼마나 가까이 갔었는지도 알게 되었다. 윔퍼는 지도 제작 작업에 몰두하는 애덤스 라일리의 집중력에 감탄했다. "최악의 조건에서도, 가장 힘든 상황 속에서도 라일리 씨의 머리와 손가락은 언제나 바삐 움직였다."[35] 애덤스 라일리의 공책에는 훌륭한 솜씨로 정확하게 그려놓은, 분명 현장에서 몇 분 만에 그렸을 풍경 그림들이 빼곡한데, 여기에는 에귀 다르장티에르 정상

---

* 에귀 드 트렐라테트의 정상에는 현재 라디오 방송국과 헬리콥터 착륙장이 들어서 있다.

에서 — 윔퍼는 추워서 빨리 내려오고 싶어 안달이었지만 — 그린 몇 장도 들어 있다.

윔퍼와 크로는 아르장티에르로 내려가고, 애덤스 라일리는 체르마트에서 합류하기로 약속한 후에 샤모니로 내려갔다. 이튿날 크로의 고향인 르 투르Le Tour를 지날 때 윔퍼는 크로에게 집이 어딘지 물었다. "크로는 '저기요.'라고 뒤를 가리키며 말했다. '안 들어가 봐도 되겠소?' 내가 물으니, 크로는 떡 벌어진 어깨를 으쓱 추어올리며 대답했다. '물론 괜찮습니다.' 나는 잠자코 있었지만 …" 우물가에서 빨래하던 마을 아낙들을 지날 때 크로는 한 달간 집을 비웠으면서도 집에 들르지 않았다고 야유를 받았다.[36] 푹푹 찌는 오후에 마르티니에서 기차를 탄 두 사람은 맑게 갠 알프스의 밤에 시에레Sierre에 도착했다. 윔퍼는 등반만큼이나 성패의 책임을 자기 어깨에만 짊어진 채 — 생애 마지막이 되지만 — 부담 없이 가볍게 하는 산행도 좋아했다. 그동안 알프스산맥의 뼈대를 이루는 몽블랑 산군을 누비고 다녔고, 옛 친구들을 만났고, 새로운 산친구를 사귀었다. 윔퍼와 크로는 그날 저녁 시에레를 어슬렁거리며 "계곡을 따라 울려 퍼지는 맑은 종소리"를 즐겁게 감상했다.[37] 이때에는 다른 목적 없이 주변을 보고 즐길 만큼 마음에 여유가 있었다. 이후로는 찾아볼 수 없는 모습이다. 느지막한 오후에 아르장티에르 위쪽에 있는 산비탈에 올라간 적도 있는데, 윔퍼는 이렇게 말했다. "숲에 세찬 비가 내렸다. 세찬 비는 기품이 있는 노송들을 더없이 싱그럽게 보이게 했다. 떨어지면서 빛을 머금어 맞은편에 있는 에귀 루즈 Aiguilles Rouges의 어두운 사면 쪽으로 휘날린 빗방울들은 꼭 진주가 쏟아지는 듯한 모습을 연출했다."[38] 15년 후 에콰도르에서 윔퍼는 변함 없이 폭우를 언급하지만, 숲의 아름다움을 찬미하지는 않았다.

상쾌한 아침에 윔퍼와 크로는 치날로 걸어 올라갔다. 전날보다는 날씨가 훨씬 좋았다. 두 사람은 5시에 시에레를 출발해 중간에 경치를 감상하느라 30분을 쉬었는데 "… 오솔길 사이로 실개천의 맑은 물이 유유히 흐르며 반짝이고, 멀리서 들려오는 비소예Vissoye의 종소리는 가까워졌다 멀어졌다 했다."[39] 무어와 알머는 약속을 지킨 윔퍼를 보고 상당히 놀라워했다. 무어는 샬리호른Schalihorn과 치날로트호른 사이에 있는 능선을 통해 체르마트로 넘어갈 생각이었기 때문이다. 이 길은 치날과 체르마트를 더 직선으로 잇는 길이므로 남쪽으로 상당히 많이 도는 기존의 트리프트요흐Triftjoch보다 이론상으로는 더 빠른 고갯길이다. 윔퍼와 크로, 무어, 알머는 치날에서부터 두어 시간쯤 걸어 올라가 그날 밤 묵을 숙소에 이르렀다. 숙소는 산비탈에 있는 아주 허름한 샬레였다. 잠자리를 개선하려고 깔끔한 체를 하는 윔퍼가 못마땅했던 무어는 반어적으로 "샬레에서 누리게 될 호사를 찬양하는 말을" 쏟아냈다. 그곳에 도착해서 윔퍼가 본 광경은 호사와는 거리가 멀었다. "산허리에 불쑥 돋아나온 움막이었고, … 주위에는 쓰레기가 넘쳤다." 안으로 들어가자 짚을 깔아 놓인 데가 "얄궂게도 내가 오면서 노래 불렀던 궁전, 즉 낙원 같은 장소의 침실이었다. … 침상을 뺀 나머지 바닥은 쓰레기투성이였다. 양과 돼지, 염소가 들락거리면서 본능에 충실하게 행동했기 때문이다." 마을의 중심지인 이 움막에서 이루어지는 많은 활동 중에 특히 눈길을 끈 것은 한 남자가 치즈를 만드는 모습이었다. "한 번에 15분씩 특정 상태의 우유가 든 관에 입을 대고 부는 것이 공정인 듯했다. 한 차례가 끝나면 남자는 등을 펴고 짧은 파이프 담배를 몇 모금 빨고 나서 호흡을 가다듬은 후에 다시 관에 입을 대고 있는 힘껏 불었다." 숙소에서 끔찍한 광경을 본 윔퍼는 밖으로 나가 바람이라도 쐴까 했지만 "이 행복의 집에서 나가려는 찰나에 호기심 많은 소 한 마리가 안으로 들어오려고 했다. 나는 군이 소와 대결하려고 하지 않았다." 폭우가 쏟아지기 시작했고 "실내에 머물러야 했지만, 그곳에는 문이라고 부를 만한 것이 없었다. … 심지어 빗물로도 씻기를 싫어하는 목동들이 우르르 움막 안으로 들어왔다. 결국 우리 외에 어른 네다섯과 아이 네다섯이 모였다." 젖은 장작으로 불을 피우자 매캐한 연기가 내부에 꽉 찼지만, 사람들은 음식을 먹었고, 주인은 마음에 드는 양가죽을 골라 깔고 자라고 했다.

> 나는 싫다고 했다. 벼룩에 시달리지 않고 푹 쉬고 싶었다. 하지만 무어는 벼룩이 물어도 좋다며 양가죽 위에 벌렁 드러눕더니 이내 깊은 잠에 빠졌다. 나는 출입문에서 가장 먼 귀퉁이를 골라서 축축한 땅이 나올 때까지 짚을 걷어치웠다. 아주 탁월한 선택이었다고 자부하며 담요를 깔고 누웠다. 머지않아 커다란 물방울이 콧잔등에 떨어져 잠이 깼다. 돌아눕다가 벽에서 튀어나온 돌에 머리를 찧었으나 다시 스르르 잠들었다. 조금 있자 빗물이 주룩주룩 목으로 떨어졌다. … 일어나려는 순간, 담요가 접힌 부분에 고였던 빗물이 쏟아지는 바람에 플란넬 셔츠가 몽땅 젖어버렸다. 이대로는 잠을 잘 수가 없었다. … 잠을 자기는 이제 글러 먹은 일이었다.

양가죽이 보기보다는 나쁘지 않다고 생각한 무어는 윔퍼에 대해 이렇게 말했다. 윔퍼는 "양가죽의 부드러운 안락함을 믿을 마음이 없었으므로 내 생각에는 밤새도록 돌바닥에 앉아 영혼 불멸 따위의 주제들을 명상했으리라."[40] 눈비가 사납게 퍼부은 밤이 지나고 구름이 잔뜩 낀 아침이 찾아왔다. 무엇을 해야 할지 불확실했다. 무어의 통역 덕분에 크로와 알머는 대책을 협의할 수 있었다. 윔퍼의 의견에 따르면, 그중에는 분명 산장에 남아 있자는 안은 없었다. 설왕설래 끝에 일행은 운을 믿어보기로 하고 안부를 향해 출발했다. 마을 사람들은 이구동성으로 어차피 가려는 곳까지 가지 못하고 얼마 못 가 되돌아올 테니 날씨는 걱정하지 말라고 외쳤다.

두어 시간쯤 오른 뒤에 윔퍼는 오른쪽에 있는 바위지대를 따라가자고 했지만, 나머지 셋은 반대했다. 크로는 설원으로 곧장 올라가는 길을 고집했다. 그러나 지대가 가파르고 복잡해 몇 시간은 족히 스텝을 깎아야 할 상황임을 알아차린 크로는 금세 마음이 바뀌어 바위가 있는 쪽을 시도해보자고 했다. 그 길로 가려면 위험천만하게 버티고 선 세락지대 아래에 놓인 가파른 얼음지대를 짧게 횡단해야 했다. 로프의 뒤쪽에 있는 알머는 크로에게 줄기차게 욕지거리를 퍼부었다. 독일어였을지라도 핵심만은 크로에게 잘 전달되었을 것이다. 무어는 그러한 빙하지대에서 경험이 좀 더 많았기 때문에 세락의 위험성에 대해 윔퍼보다 훨씬 크게 인지하고 있었다. 무어는 윔퍼가 상당히 안일하다고 생각했다. 20분 후에 얼음지대를 벗어나 바위지대에 다다랐는데, 그와 거의 동시에 — "높이가 런던브리지에 세워진 대화재 추모탑에 버금갈 정도로"[41] — 거대한 세락 하나가 무너졌다. 세락이 무너지

자 방금 지나온 발자국이 전부 지워져 버렸다. 그들이 딛고 있던 바위지대 역시 안락하지는 않았지만, 다들 세락 아래에 비하면 훨씬 낫다고 생각했다. 눈발이 날리고 하늘이 잔뜩 흐렸지만, 정오 무렵 그들은 고갯마루에 도착했다. 사방이 안개에 가려 보이지 않았고, "마치 큰 파도가 부서지면서 그대로 얼어버린, 파도의 물마루처럼 매달린 눈처마"에 막혀 하산이 지체되었다.[42] 크로와 알머가 무어와 윔퍼의 확보를 받아 눈처마를 통과하는 길을 낸 다음, 짧고 가파른 설사면을 따라 하산을 계속해 홀리히트 빙하Hohlicht Glacier에 다다랐다. 이쪽은 치날 쪽보다 결코 더 쉽다고 말할 수 없었다. 그들은 또 한 번 세락지대를 통과해야 했다. 로트호른 빙하Rothhorn Glacier로 이어지는 능선을 넘어 트리프트요흐의 정상에서 내리뻗은 길로 들어섰다. 체르마트에 도착한 시각이 7시 반이었는데, 도착하기가 무섭게 폭우가 쏟아졌다. 그들은 치날과 체르마트를 직선으로 잇는 고갯길을 개척은 했을지언정 가장 빠른 지름길은 절대 아니었으며, 고도도 3,900미터에 달했다. 윔퍼는 일기에 "크로는 그 고갯길이 지금까지 건너본 가장 위험한 고갯길이었다고 말했다."라고 적었는데, 이 점은 무어도 동의하는 바였다.[43]

무어가 몬테로사 호텔에서 친목을 다지는 동안 우체국에 다녀온 윔퍼는 호드슨 씨의 인쇄소에서 보낸 또 다른 소포를 확인하고는 근심에 빠졌다. 윔퍼는 당시 알프스로 출발하기 전에 요제프 볼프가 그린 전면 삽화를 판각했었다. 뿔이 멋지게 난 수사슴이 언덕에서 자세를 취한 삽화로『레저 아워』에 다색 판화로 실릴 예정이었다. 목판화를 인쇄하는 까다로운 작업은 다색으로 인쇄하려 할 때는 한층 더 까다로워진다. 올바른 종류와 두께의 종이를 사용해야 하고, 잉크는 원하는 선만 올바른 깊이로 찍혀 나올 수 있도록 판재에 꼼꼼하게 펴 발라야 한다. 판목 밑에 놓는 종이를 정확히 겹치면 인쇄의 색조를 미묘하게 바꿀 수도 있다. 판목을 다색으로 인쇄하려면 여러 벌의 전태판*을 만들어야 하는데, 각각의 전태판에는 정확한 위치에 색깔별로 잉크를 칠해야 한다. 웜퍼 공방에서 인쇄한 볼프의 수사슴은 주로 녹색과 갈색 계열이며, 하늘과 정교하게 표현한 그림자, 수사슴의 목털은 연한 청록색이었으므로 아마도 잉크를 매우 세심하게 펴 발라야 하는 작업이었을 것이다. 램버스에서 남동생 앨프리드가 보내온 교정쇄는 졸도할 정도로 실망스러웠다. 『레저 아워』의 편집장인 제임스 매콜리James Macaulay는 웜퍼 공방에 일감을 많이 의뢰해주는 주요 고객이었다. 웜퍼는 분명 모든 책임이 자신에게 있었던 만큼 조잡하게 인쇄된 전면 삽화로 가문 이름에 먹칠을 하고 싶지 않았을 것이다. 마터호른을 미루는 한이 있더라도, 더 완성도를 높일 수 있다는 사실을 알고 있으면서 완성도가 떨어지는 작품을 그냥 내보낼 수는 없었다.

웜퍼는 인쇄 작업을 감수하기 위해 당장에라도 런던으로 떠나고 싶은 마음이었지만, 마터호른 도전에 필요한 보급품을 챙겨오기로 한 애덤스 라일리를 기다려야 했다. 애덤스 라일리가 이튿날 오후 5시에 도착해서 본 웜퍼는 스트레스가 극에 달해 비스프까지 당장 밤을 새워서라도 걸어갈 태세였다. 애덤스 라일리는 웜퍼에게 아편을 건네면서

---

* 전기 주조 방식으로 복제한 인쇄용 판. 원판 손상이 없고 정밀도가 높아 지폐 등에 사용된다. — 옮긴이

잠을 청하라고 설득했다.[44] 하룻밤을 쉰 윔퍼는 새벽같이 길을 나서 빠른 걸음으로 비스프에 도착해, 기차를 타고 시옹Sion까지 이동했다. 남동생 앨프리드에게 "인쇄 상태 엉망"이라고 전보를 보내면서, 자신이 런던에 도착할 때까지 호드슨 씨의 인쇄소에서 완성도 높은 교정쇄를 준비해놓아야 한다고 단단히 일렀다.[45] 윔퍼는 크로에게 보수를 지급하면서 이듬해 여름에 함께 등반하자고 구두로 약속했다. 비록 윔퍼가 정신이 산만한 상태였던 터라 그 계획에 대해서 앞뒤가 맞지 않는 모호한 대화 이상을 한 것으로 보이지는 않지만 말이다. 윔퍼는 남은 평생 이때 크로와 두루뭉술하게 헤어진 일을 두고두고 후회하곤 했다. 이것은 1년 후 크로를 죽음으로 몰아간 얽히고설킨 냉혹한 사슬 중에서 첫 번째 치명적인 사슬이었다.*

무어와 애덤스 라일리를 따라다니면서 윔퍼는 등반 경험의 폭을 크게 넓힐 수 있었다. 미등봉이었던 주요 봉우리를 네 개나 초등했고, 새로운 고개를 네 개나 최초로 횡단했으며, 한 달간 등반을 하면서 끈끈한 동료애도 경험했다. 무어, 워커와 함께 도피네 산군으로 향할 때 윔퍼는 여전히 1860년의 생애 첫 알프스 여행 때와 똑같은 혈기 왕성한 젊은이였지만, 이번에는 마터호른에 야심 차게 도전한 경험도 있고, 삽화가로서 사회적 지위도 높아진 후였으므로, 첫 여행 때보다 훨씬 더 자만심에 꽉 차 있었다. 그해 여름을 지나면서 윔퍼는 무어와의 관계를 통해 세상 속에서 자신의 위치를 배울 수 있었다. 윔퍼는 그 후

---

* 윔퍼는 크로에게 한 달치 보수로 약 500프랑 — 당시 기준으로 약 20파운드 — 을 지급했다. 이 여행 때 쓴 경비는 총 53파운드였다.

로 다시는 무어와 산에 오른 적도, 그러려고 시도한 적도 없었지만, 거의 미답 지역에 가까운 도피네 산군을 성공적으로 개척했기에 두 사람의 이름은 함께 회자될 운명이었다. 애덤스 라일리와의 관계는 훨씬 더 친밀했다. 그래서 윔퍼는 이듬해에는 가능하다면 애덤스 라일리와 산에 오르고 싶었다. 까다롭지만 직설적인 성격을 지닌 크로는 윔퍼처럼 느낌이나 감정이 얼굴에 그대로 드러났다. 윔퍼는 크로와 있을 때 편안함을 느꼈다. 윔퍼는 훗날 코펜하겐과 그린란드에서 만난 덴마크인들에게서도 비슷한 감정을 느꼈다. 이들은 영국의 계급 문화와는 동떨어져 있었으며 윔퍼의 위치나 사회적 지위에 대해 전혀 개의치 않았다.

몽블랑에 대한 초기 도전이 이루어지고 난 후부터 80년 동안 몽블랑 산군에 있는 다른 봉우리에 대한 등정 시도는 거의 이루어지지 않았다. 1864년에 윔퍼와 애덤스 라일리가 해낸 등반은 등반사상 엄청난 진일보를 이룬 쾌거였다. 1864년 8월에는 에귀 뒤 투르Aiguille du Tour — 에귀 다르장티에르 북쪽에 있는 좀 더 낮은 봉우리 — 가 쉬운 루트로 등정이 이루어졌고, 훨씬 더 중요한 등정들이 1865년에 이루어졌지만, 윔퍼와 애덤스 라일리는 이 산군에 처음 노력을 쏟아부은 선구자였다. 1864년 여름에 이룬 이러한 업적에 대한 윔퍼의 자부심은 크로와 두루뭉술하게 헤어진 일로 인해 기억에서 비극적으로 흐려지게 된다.

체르마트를 떠나기 전에 윔퍼는 애덤스 라일리에게 크로를 데리고 마터호른에 도전해보라고 권유했지만, 당시 마터호른은 그 얼마 전

내린 비로 빙설에 뒤덮여 있었다. 애덤스 라일리는 기꺼이 마터호른을 내버려 두고 싶어 했다.[*] 무어는 체르마트에 도착했을 때 특별한 계획이 없었고, 윔퍼나 애덤스 라일리와 함께 마터호른에 도전할 마음이나 생각도 없었던 것으로 보인다. 무어는 베르너오버란트 산군으로 넘어가 알레치호른과 아이거, 베터호른Wetterhorn을 올랐다. 애덤스 라일리는 샤모니로 돌아가 에귀 베르트에 도전 중이던 친구 존 버크벡John Birkbeck을 만났다. 두 사람은 크로를 데리고 콜 드 미아주Col de Miage를 경유하는 새로운 변형 루트로 몽블랑을 올랐다. 이때 크로는 버크벡과 이듬해인 1865년 여름에 함께 등반하자는 확실한 계약을 맺었다. 정신이 또렷했던 버크벡과 한 이 계약은 아마도 크로의 머릿속에서 정신이 산만했던 윔퍼와 한 모호한 구두 약속보다 우선순위를 차지했을 것이다. 윔퍼는 시옹에서 크로와 헤어질 때 자신이 어떤 착오에 빠진 것인지 이해하지 못했다. 물론 이듬해에 자신이 세운 계획이 치명적이었다는 사실도 알지 못했다.

---

[*] 윔퍼가 체르마트를 떠난 날인 7월 20일, 애덤스 라일리의 일기에는 이렇게 적혀 있다. "마터호른은 얼음으로 뒤덮여 있어 말을 걸지 않기로 결심했다."

7

어떻게든 내려는 가겠어요

1864년에 윔퍼는 다른 사람의 계획을 따라 다녀 좋았지만, 마음에 품은 산 마터호른에는 도전해볼 기회가 없었다. 그해 여름의 원정은 충분히 눈부셨지만, 마터호른에 도전했다면 그 원정의 정점을 이루었을 것이다. 윔퍼는 그 무렵 더 멀리 외딴곳에 있는 세상의 끝을 여행하고 싶다는 생각을 품었던 만큼 자신만의 여행을 계획하는 능력을 시험해보고 싶었다. 다른 사람의 생각을 따르는 대신 미등봉에 오르는 새로운 루트를 윔퍼가 자기 힘으로 계획할 수 있었을까? 다음으로 나아가기 전에 윔퍼는 우선 마터호른과의 남은 일을 끝내고 싶었다.

1865년 초에 윔퍼는 영국산악회에서 집행위원으로 선출되었다. 영국산악회는 당시 시대적 조류에 발맞춰 스위스지도위원회도 꾸렸는데, 윔퍼와 애덤스 라일리도 위원이었다. 애덤스 라일리는 돌아오는 여름에 이탈리아 쪽 알프스를 측량할 계획이었다. 윔퍼는 그에게 브로일에 사는 곱사등이 메이네를 추천하면서 "전반적인 용모 면에서는 허수아비처럼 … 다소 불결하지만, 성격 면에서는 흠잡을 데가 없으며 매우 용감한" 사람이라고 말했다.[1] 이 무렵 윔퍼는 삽화가로서 입지도 단단해지고 생활도 윤택해졌다. 출판업자들의 비정기적인 의뢰가 그 어느 때보다 많이 쏟아졌다. 출판 과정 전반에 걸쳐 여러 가지 작업을 맡다 보니 등반에 시간을 얼마나 할애할 수 있을지 가늠하기가 어려웠다. 4월에 마침내 짬을 내 크로에게 편지를 썼을 때 윔퍼는 크로가 6월 말부터 6주일 동안 버크벡과 계약했다는 날벼락 같은 소식을 듣게 되었다. "헤어질 때 다음 시즌 초반에 크로를 고용하겠다는 점을 명백히 해두었다."라고 쓴 사실로 보아 윔퍼는 아마도 전년도 여름에 얼마나 정신없는 상태였는지를 잘 기억하지 못했던 것 같다.[2] 5월에는 애덤스 라일리에게 마터호른 재도전을 같이하자는 편지를 썼다.

> 내 생각은 이렇다네. 만약 일이 생기지만 않는다면 빡빡하게 원정 등반을 하고 나서, 7월 초쯤에 본격적인 스케치 작업에 착수하는 걸세. 1860년 이후에 그럴 기회가 없었지. 일에 매인 몸이다 보니 무엇이든 확정하기는 불가능하다네.[3]

체르마트 마을을 굽어보는 마터호른과 샤모니 계곡에 그늘을 드리우는 에귀 베르트는 알프스에 남은 미등봉 중에서도 단연 눈에 띄는 봉우리였다. 윔퍼는 두 봉우리에 각각 새로운 루트를 계획했지만, 두 봉우리를 노리는 사람은 또 있었다. 링컨셔Lincolnshire주 스킬링턴 Skillington의 주임신부인 찰스 허드슨은 영국산악회가 생기기 전 아마추어 탐험시대였던 10년 전에 몽블랑과 몬테로사로 대담한 원정을 떠난 등반가로 이미 명성이 자자한 인물이었다. 허드슨은 놀라운 체력의 소유자로 케임브리지 재학 시절에는 조정대회 우승자였고, 걷기의 명수로도 알려져 있었다. 크림반도의 종군신부였을 때는 아라라트산Mount Ararat을 보려고 걸어서 아르메니아를 횡단한 적도 있었다. 1855년에는 1854년 여름에 거의 정상 턱밑까지 갔었던 스미스 형제와 함께 몬테로사를 초등했으며, 역시 스미스 형제와 함께 몽블랑을 새로운 루트로 가이드 없이 등정하는 데 성공하기도 했다. 몽블랑과 1859년에 재등한 몬테로사를 제외하면 알프스 경험은 그리 많지 않았지만, 허드슨은 유명인사였고 영국산악회 집행위원이었다. 1865년 3월과 5월에 허드슨과 웜퍼가 나란히 위원회 회의에 참석했으니 허드슨은 당연히 3월 7일에 발표한 도피네 원정에 대한 웜퍼의 보고를 들었을 것으로 보인다. 허드슨은 1862년 신혼여행 이후로는 알프스에 가본 적이 없었다. 허드슨도 에귀 베르트와 마터호른에 눈독을 들이고 있었다. 3년 만에 다시 알프스 원정을 계획했을 때 허드슨은 함께 가고 싶은 동료인 토머스 케네디와 버크벡(크로의 고용주), 조지프 매코믹Joseph McCormick에게 두 봉우리를 함께 오르자고 제안했다. 애덤스 라일리는 버크벡으로부터 그 계획을 전해 듣고 웜퍼에게 편지를 썼다.

하지만 웜퍼는 운명적인 등반 휴가를 위해 이미 런던을 떠나고 없었기에 나중에야 이 편지를 읽을 수 있었다. 1864년 하계 시즌에 연이은 등반 성공으로 영국산악회에서 주목받는 자리에 오르고 삽화 분야에서 솜씨 좋은 판각공으로 입지를 굳힌 웜퍼는 자신감에 가득 차서 1865년 하계 시즌을 위한 원대한 계획을 세우고, 한 해 전 도피네 원정 때 무어의 가이드였던 알머를 고용했다. 그리고 1865년 6월 10일에 파리로 이동해 이튿날 밤은 라우터브루넨에서 묵었다. 이틀간 장거리를 이동했음에도 웜퍼는 새벽같이 일어나 그날 가야 할 길을 정찰했다. 새로운 고개를 넘어 콩코르디아플라츠Concordiaplatz와 에기스호른으로 간다는 야심 찬 계획이 수포로 돌아간 후에, 웜퍼와 알머는 기존 고갯길인 페터스그라트Petersgrat를 넘어, 론 계곡의 투르트만Turtmann으로 넘어갔다. (도중에 지역 사제와 시원한 맥주를 마시며 기분 전환을 했다.) 그곳에서 크로와 체르마트 출신 가이드 프란츠 비너Franz Biener를 만났다. 크로는 6월 27일에 버크벡을 만나러 샤모니로 가야 하는 상황이었으므로, 웜퍼는 크로와 함께할 수 있는 짧은 시간 동안 이 강한 사내들과 함께 가능한 한 많은 도전을 할 생각이었다.

네 사람은 치날로 이동해 다음 날 새벽 2시에 미등봉인 그랑 코르니에Grand Cornier로 향했다. 남쪽에 솟은 당블랑슈에 가려지긴 했어도 3,900미터가 넘는 빼어난 봉우리라는 이유도 물론 없지 않았겠지만, 무어가 전년도 여름에 등정에 실패했다는 점이 아마도 경쟁심이 강한 웜퍼를 자극했던 것으로 보인다. 웜퍼 일행은 다양한 빙하 지형을 넘어 그랑 코르니에의 남동벽을 끼고 돌아 동릉으로 올라섰다.

> 우리는 눈사태가 남긴 어마어마한 흔적을 넘었다. 평소처럼 맨 앞에 선 크로는 우리가 로프를 어떻게 묶을지 이야기하는 동안 성큼 성큼 앞으로 나아가더니 저만치 400여 미터는 앞서 나아갔다.[4]

좁은 동릉에는 거대한 눈처마가 떡 버티고 있었다. 알머는 과감히 앞장서 커다란 고드름이 주렁주렁 매달린 거대한 눈처마 아래에서 사면을 가로지르는 스텝을 깎아나갔다. 정상에 오른 후에 하산할 때도 오를 때 못지않게 고생스러웠다.

> 눈 쌓인 아레트로의 하산은 끔찍했다. 손님뿐만 아니라 가이드도
> 네 발로 기어 내려갔고, 한 번에 한 명씩만 나아갈 수 있었다.[5]

괄목할 만한 여름이 될 1865년의 첫 번째 성공을 거둔 후에 안전하게 빙하로 내려온 그들은 그랑 코르니에와 당블랑슈 사이에 있는 안부를 넘어 아브리콜라Abricolla라는 작은 마을로 향했다. 마을에 도착한 시각은 저녁 6시쯤이었다. 마을은 아주 형편없었다. 여관은 잿더미로 변하고, 산장은 모두 흉물스럽게 방치되어 있었다. 크로와 비너는 10여 킬로미터 떨어진 아랫마을까지 가겠다고 떠났지만 "알머는 내 곁에 남았다. 그가 이렇게 한 것을 후회하지는 않았다고 보는데, 특별한 날을 위해 아껴둔 별미를 몽땅 내주었기 때문이다."[6]

새벽 4시까지는 돌아오라고 신신당부를 했음에도 크로와 비너는 다음 날 1시간 늦은 5시에 나타났다. 처음 계획은 무난한 콜 데랑Col d'Hérens을 넘어 체르마트로 가는 것이었지만 "화창한 날 당블랑슈가 보내는 유혹에는 저항할 도리가 없었다."[7] 이 장엄한 봉우리는 토머스 케네디가 장 밥티스트 크로를 가이드로 대동하고 초등에 성공했다. 그러나 케네디 일행이 악천후 속에서 정말 최고점에 올랐는가에 대한 의혹 제기가 있었다. 1864년 9월에 제2등이 이루어지면서 케네디가 그보다 먼저 정상에 도달했었다는 사실이 확인되었지만, 윔퍼는 그 사실을 모르고 있었다. 크로와 비너는 당블랑슈를 오르자는 윔퍼의 제안에

THE GREAT ALETSCH GLACIER.

웜퍼가 판각한 알레치 빙하Aletsch Glacier로『그림으로 보는 스위스』(1866)에 삽화로 수록되었다.

찬성했고, 케네디가 택했던 남릉 대신 남서벽을 직등하자는 웜퍼의 의견도 수용했다.[*] 크로의 등반 의지는 점점 고도를 올릴수록 시들해졌다. 그들은 허기를 달래기 위해 잠시 휴식을 취했다. "얼마 안 가, 크로가 오는 내내 우리를 물리칠 것이라고 얘기했던 지점에 다다랐다. '거기는 가봤자 헛일이라니까요. 어차피 되돌아와야 할 것입니다.'라고 크로가

---

[*] 남릉은 현재 당블랑슈를 오르는 노멀 루트지만, 결코 만만치 않은 곳이다.

말했다."

웜퍼는 기질적으로 어려운 지점에 스스로 부딪히기 전까지는 절대 포기를 모르는 성격이었다. 알머와 비녀는 크로의 비관적인 견해에 동조하고 나섰다. "그 지점은 물론 기분이 썩 좋지 않은 곳이었지만, 이번 원정에서 앞서 통과했던, 혹은 지난 원정을 통틀어 통과했던 장소들보다 쉬웠다. 다들 하나같이 쉽게 돌아가고 싶어 하는 것만 같아서 짜증이 났다. 그래서 몸에 묶인 로프를 풀면서 나 혼자 도전하겠다고 말했다." 웜퍼의 고집스러운 배짱을 본 알머는 웜퍼가 예상한 대로 앞으로 나아가 어려운 구간을 돌파했다. 그 구간은 "아주 쉬운 데는 아니었지만, 내가 옳았음을 증명할 만큼은 쉬웠다."

1시간이 지나자 커다란 오버행overhang이 나왔다. 크로는 그곳에서 야영하고 다음 날 올라가자는 의견을 냈지만, 다음 날이 일요일이었던 만큼 웜퍼는 체르마트로 가고 싶었다. "나는 '내려갈 때 별장을 만듭시다.'라고 말했다. 크로는 평소처럼 어깨를 으쓱 추어올리면서 '하지만 8시 전까지 정상에 오를 턱이 없으니 거기서 자야 할 텐데요.'라고 말했다. 크로는 대놓고 삐딱하게 굴었다." 점점 거세지는 바람을 뚫고 그들은 오후 3시를 막 넘긴 시간에 케네디가 오른 남릉에 올라섰다. "바람과 추위는 그때쯤에는 몹시 혹독해졌다. … 손가락에서 디 이상 어떤 감각도 느껴지지 않았다." 아무도 돌아가자는 말을 하지 않았다. 점점 더 견디기 힘든 혹한에 맞서며 일행은 정상을 향해 나아갔다.

우리는 초췌하고 불쌍하지만 의지가 강한 대원들이었다. 턱수염마다 커다란 고드름이 달려 있었다. … 입김은 입 밖으로 나오는 즉시 얼어버렸다. … 정상을 넘고 넘었지만 우리가 찾아야 하는 작고 하얀 정상은 여전히 보이지 않았다.

1시간이 더 지나자 구름이 쫙 갈라지면서 케른이 보였다. 그것이 케네디 일행이 세운 케른이라고 단정한 일행은 그 즉시 발길을 돌렸다. "그런 날 밤에 어둠에 갇히는 일은 생각만 해도 몸서리가 처지는 일이었다." 그들은 산비탈에서 밤을 보내지 말자는 한마음 한뜻으로 단 한 번도 쉬지 않고 손발을 척척 맞춰 올라온 길로 하산했다. 그리고 베르크슈른트에 다다랐을 때에야 비로소 바람에서 벗어나 정상을 뒤돌아볼 수 있었다. 마지막 붉은빛을 발하는 일몰 아래로 보이는 정상은 우아한 자태를 뽐냈다. 그들은 안개와 어둠을 헤치고 아브리콜라에 있는 다 쓰러져 가는 샬레로 돌아왔다. 자정 무렵이었다. 거의 휴식도 없이 18시간 반을 내리 걸은 셈이었다. "그날 밤 우리는 완전히 녹초가 되어 그대로 곯아떨어졌다."[8]

보급품이 바닥난 탓에 윔퍼는 당장 체르마트로 떠나고 싶었지만, 비너는 미사에 참석하러 아랫마을에 내려가 있었다. 비너는 정오까지는 식량을 챙겨 돌아오겠다고 해놓고는 2시 반에 달랑 포도주만 들고 돌아왔다. 콜 데랑은 아주 옛날부터 이용해온 고개이다. 윔퍼 일행은 지난 이틀간의 성과에 도취한 나머지 얇은 구름이 쌓이는 조짐을 무시했고 기회가 있을 때 적절한 방위를 확인해두지 않았다. 설사면을 따라 안부로 올라가는 길은 실수 연발이었다. 한 명씩 돌아가면서 선두를 맡았지만, 누가 선두에 서든 뒤에서 전혀 갈피를 못 잡고 있다고 선두를 나무랐다. 물론 비너의 앞마당이었던 만큼 비너가 앞장섰으나, 크로는 곧 인내심을 잃고 쿵쿵거리며 선두로 나섰다. 모두가 크로에게 원 모양으로 뱅뱅 돌고 있다고 말하자, 크로는 불같이 화를 냈다. "우리는 모두 시끄러웠고, 모두 틀렸다." 결국 그들은 패배를 받아들이고 철수했다. 그리고 허름한 샬레에서 세 번째 밤을 보냈다. "다들 몹시 부루퉁했고, 몹시 허기졌다. 먹을 게 아무것도 없는 채로 또 하룻밤을 딱딱한 널판때기 위에서 자야 한다는 생각에 기운이 쭉 빠졌다."[9]

다음 날 아침, 콜 데랑을 넘어 체르마트로 갔을 때 "전날 밤의 발자국은 구경꾼들에게 보내는 경고였다. 크로의 발자국은 가장 훌륭했고, 완벽히 원을 그리고 있었다."[10] 마을로 들어가는 길에 우연히 토머스 케네디와 마주쳤는데, 당블랑슈 정상에 그가 쌓은 케른까지 갔었노라고 자랑했다가 그가 케른을 쌓은 적이 없다는 사실과 웜퍼 일행이 한 등정이 제2등이 아닌 제3등이라는 두 가지 새로운 사실을 알게 되었다. 몬테로사 호텔에서는 젊은 신부인 리처드 글러버Richard Glover를 만났다. 글러버는 테오둘 고개를 넘어 브로일로 가려고 했지만, 가이드를 고용할 형편이 아니었다. 웜퍼는 흔쾌히 동행을 수락했다.

1863년에 마터호른을 동서남북에서 모두 관찰한 후부터 웜퍼는 그때까지 온갖 노력을 쏟은 이탈리아 쪽의 리옹 능선이 아닌 다른 대안을 고민하게 되었다. 웜퍼는 스스로 만족할 만큼 조사할 때까지는 다른 사람의 주장을 받아들이지 않는 성격이었다. 마터호른은 그가 전념하던 삽화와 인쇄, 판각, 과학, 여행과 관련해 생기는 여느 문제와 다를 것이 없었다. 리옹 능선에 대한 자신의 일곱 번의 도전과 틴들의 도전을 분석한 끝에 윔퍼는 마터호른이 오랜 시간 사투를 벌이지 않고는 등정할 수 없는 산이라고 생각하게 되었으며, 다른 대안을 스스로 알아내고 싶었다. 테오둘 고개에서 3일간 야영해본 드 소쉬르의 글과 포브스의 글을 읽고 윔퍼는 마터호른의 지층 사면이 북동쪽에서 남서쪽으로 경사가 기운 곳으로 가야겠다고 생각했다. 리옹 능선은 바깥쪽으로 경사가 기운 지층들로 구성되어 있고 오버행이 많다. 동벽은 이와는 반대로 안쪽으로 경사가 기운 층층 바위로 구성되어 있다. 이렇게 안쪽으로 기운 지층은 이론상 오르기가 훨씬 더 수월하다. 또한 윔퍼는 체르마트나 리펠알프에서 볼 때 깎아지른 듯 보이는 동벽이 실제로는 여름 내내 눈이 쌓여 있다는 사실로 보아 동벽이 일반적으로 생각하는 것보다 훨씬 경사도가 낮을 수밖에 없다는 결론도 얻었다.

테오둘호른Théodulhorn에서 동벽을 마주 보면서 윔퍼는 가이드들과 등반 가능성을 논의했다. 천성적으로 눈과 얼음을 선호하는 크로는 동벽 위로 보이는 거대한 설사면에 매료되어 동벽으로 붙기 위한 출발점으로 삼을 만한 쿨르와르를 지목했다. 알머와 비너는 마터호른 등정에 성공할 가능성이 거의 없다고 보았으므로, 둘 다 잠을 자러 갔다. 크로와 윔퍼는 길게 뻗은 쿨르와르를 따라 올라가 동벽으로 붙은 다음, 거대한 설사면을 대각선으로 가로질러 돌출된 숄더 근처에서 북동릉인 회른리 능선으로 올라선다는 계획을 세웠다. 윔퍼는 마터호른의 동벽에 대해 많은 고민을 해왔던 만큼 1864년에 아마도 애덤스 라일리와 함께 회른리 능선이나 동벽 직등 루트에 도전할 생각이었던 것 같다. 당시 윔퍼와 크로, 비너, 알머가 왜 체르마트에서 곧바로 도전하지 않고 브로일로 건너갔는지는 지금도 풀리지 않는 수수께끼이다. 그들이 테오둘 고개를 넘은 날인 1865년 6월 20일 윔퍼의 일기는 마터호른에 도전할 마음이 없던 비너와 알머가 리옹 능선에 재도전하기 전에 윔퍼의 마음속에 있던 모든 가능성을 들었음을 시사한다. 테오둘 고개의 쉬운 부분을 넘을 때 윔퍼는 — 초지일관 그랬던 것처럼 — 모두 한 줄로 로프를 묶어야 한다고 주장했다. 크로는 역시 반대의사를 표명했다. 경험이 부족한 글러버는 빙하 위에서 안전에 주의를 기울이는 윔퍼에게 고마움을 느꼈다. 그 자신이 몇 번이나 크레바스에 빠졌다가 구출되어야 했기 때문이다.[11] 그들은 지오메인에 있는 파브르 씨의 여관으로 내려가 마터호른 공격에 필요한 보급품을 주문했다. 윔퍼는 메이네를 찾으러 브로일로 내려갔다. 메이네는 다시 텐트 지게꾼이 된 것에 기뻐했다.

이렇게 꾸려진 등반대는 다음 날 아침 동이 트기 전에 윔퍼가 직접 계획한 루트로 마터호른 공격에 나섰다. 추레한 곱사등이 메이네는 세 가이드에게 업신여김을 당했지만, 윔퍼는 메이네가 소외되지 않도록 마음을 썼다. 옷 상태가 어떻고, 위생 상태가 어떻든 윔퍼는 메이네와의 동행을 내심 좋아했고, 사람들이 메이네를 예의 바르고 정중하게 대해주기를 바랐다. 메이네는 훗날 다리를 쉬고 담배를 피우며 휴식을 취할 때 있었던 일화 하나를 공개했다. 파이프를 가져오지 않은 메이네는 크로가 담배를 다 피울 때까지 얌전히 기다렸다가, 아주 정중하게 혹시 파이프를 빌려줄 수 있는지 물었다. 크로는 난쟁이 곱사등이가 자기 파이프를 문다는 생각에 마뜩잖았지만, 이 대화를 엿듣게 된 윔퍼는 메이네에게 궐련 두 개비를 건네주었다. '손님'의 총애를 받은 메이네는 크로 앞에서 거들먹거리며 일부러 그의 얼굴 쪽으로 담배 연기를 뿜었다.[12]

10시경에 그들은 동벽으로 이어지는 거대한 쿨르와르 앞에 도착했지만, 이것이 자연이 만들어놓은 낙석 통로임을 깨닫는 데는 그리 긴 시간이 필요하지 않았다. 윔퍼를 제외한 모든 사람이 비록 오를 만한 경사도일지라도 쿨르와르 자체가 너무 위험하다고 판단했지만, 윔퍼는 쿨르와르 상단부에 있는 바위지대를 충분히 오를 수 있다고 생각했다. 다른 사람들이 아무런 열의도 보이지 않자, 윔퍼는 혼자서 바위지대 쪽을 향해 기어오르기 시작했다. 나흘 전에도 당블랑슈에서 비슷한 경험을 했던 터라 먼저 올라가면 다른 사람들이 어렴히 따라오려니 생각했으나, 이번에는 거만하다 싶을 정도로 지나친 자신감이 판단력을 가로막았다.

> 그래서 나 혼자 앞서 나갔고, 조금 후에 바위지대에 도착했다. 그곳에 올라서기까지 내가 아는 모든 기술을 총동원해야 했다. 곱사등이 메이네와 크로는 나를 따라왔지만, 비너와 알머는 머뭇거리고 있었다. 30여 분이나 갔을까 크로가 소용없는 짓이라며 내려오라고 외쳤다. 내 생각은 좀 달랐다. 당장 우리 앞을 가로막은 것이 아무것도 없었기 때문이다. 나는 계속 가겠다고 우겼다. 다들 미

적대고만 있으니 분노가 치밀었다. 전부 다 마음에 들지 않았다. 그래도 꾹 참고 좀 더 높이 올라갔지만, 마침내 오른쪽으로도 왼쪽으로도 오를 수 없는 데가 나왔다. 크로가 큰 소리로 웃었다. 아래를 내려다보았다. 곱사등이 메이네가 두려움과 호기심이 뒤섞인 얼굴로 쿨르와르를 통해 나를 올려다보고 있었고, 그 바로 뒤에 크로가 서 있었다. 알머는 바위에 걸터앉아 얼굴을 양손에 파묻고 있었다. 비너는 어디로 갔는지 아예 보이지도 않았다. [13]

웜퍼는 그리 높이 올라갈 수가 없었다. 사면 전체가 낙석 천지인 것 같았다. 오르고야 말겠다는 굳은 의지가 이성적 판단을 가로막았다. 웜퍼는 1863년에는 실패했고 1864년에는 기회가 없었던 마터호른에 다시 붙어 있었다. 더욱이 자신이 계획한 루트 위에, 누구보다 강한 사내들과 함께 있었다. 고산 탐험가로서 이름을 날릴 둘도 없는 기회였다. 그러나 성급함과 열의가 평소의 신중한 상황 판단력을 가로막고 있었다. 다른 사람들에 대한 인내심을 잃은 웜퍼는 회른리 능선으로 넘어가 다시 시도하겠다고 선언했다. 가이드들은 테오둘 고개를 넘는 길지만 쉬운 고갯길 대신 웜퍼가 1863년에 개척한 더 직선에 가까운 고갯길에 한 표를 던졌다. 하지만 능선에 도달해보니 빙하가 밀려난 탓에 반대쪽으로의 하산은 불가능했다.

　　그때 크로와 언성을 좀 높이며 말다툼을 했다. 크로의 태도는 매우 건방졌다. 내가 테오둘 쪽으로 돌아서 가고 싶다고 말했을 때 그는 반대했다. 곧장 샤티용으로 가자고 말했을 때도 역시 시큰둥했다. 사실 다들 예의를 지키지 않았다. 나는 어찌해야 할 줄을 몰라 당황스러웠지만, 결국 그 문제는 일단락이 되었다. 구름이 급작스럽게 모여들더니 구름 하나가 안부로 내려와 우리를 덮쳤다.
세찬 눈보라가 몰아치기 시작했다. 나는 당장 철수하자고 외쳤다
…14

그들이 애초부터 왜 브로일로 건너갔었는지는 여전히 의문이지만, 윔
퍼와 크로, 스위스인인 비너와 알머 사이의 관계와 상호작용은 분명
복잡했을 것이다. 윔퍼는 책임자였고 자신만의 선입관이 있어 좀처럼
생각을 바꾸지 않았지만, 자신이 존중하는 사람의 말은 따르는 편이었
다. 아마도 크로나 알머의 의견에 동의하지는 않았겠지만, 윔퍼는 두
사람 다 놀라운 경험을 지닌 전문가라는 점은 알고 있었다. 윔퍼의 알
프스 등반에 관해 우리가 아는 내용은 3~4년 후에 쓰인 『알프스 등반
기』에서 그가 정교하게 편집한 이야기에 크게 의존해온 만큼 내면에서
일어난 감정의 기복과 하루하루 일어난 우발적 사건, 등반 중에 일어
난 많은 변수를 모두 파악하기에는 아무래도 한계가 있다.

　윔퍼는 알머와 비너가 거세게 반대하는 이상 브로일에 체류하면
서 마터호른에 재도전하는 일은 무의미하다는 사실을 알고 있었다. 그
래서 크로를 데리고 있을 수 있는 남은 며칠만이라도 그와 함께 몽블
랑 산군에 있는 산들을 오르고 싶어 했다. 이미 콜 데랑에서 하루를 허
비하면서 금쪽같은 시간을 갉아먹은 터였다. 윔퍼는 메이네를 돌려보
내고 나머지 일행과 함께 샤티용으로 걸어간 다음, 마차를 타고 아오
스타를 거쳐 쿠르마예로 이동했다. "알머는 일부를 같이하는 쪽으로
마음을 바꿨다."15 쿠르마예를 출발한 일행은 몽삭스Mont Saxe의 조망
지점으로 올라가 계곡 건너편으로 보이는 그랑드 조라스를 자세히 관

찰했다. 거대한 벽이 길게 뻗은 그랑드 조라스는 몽블랑과 몽돌랑 사이에 국경을 이루는 능선 위에 자리한 산으로, 프랑스 쪽인 깎아지른 북벽의 모습은 철옹성 그 자체다. 남쪽인 이탈리아 쪽은 훨씬 더 험준하면서도 위압적인 가파른 버트레스와 설사면이 펼쳐져 있다.

몽블랑 산군에서 윔퍼가 가장 눈독 들인 산은 역시 다른 사람들처럼 에귀 베르트였다. 또한 이탈리아와 프랑스 사이에 있는, 몽블랑 주능선을 넘는 새로운 고갯길에도 관심이 많았다. 자주 이용되는 고개는 콜 뒤 제앙 하나뿐이었지만, 이쪽 산군에 대해서는 알려진 바가 거의 없던 만큼 윔퍼는 애덤스 라일리와 함께 한 해 전에 찾아낸 고갯길 외에도 더 나은, 더 빠른 대안이 있을 수 있다고 생각했다.[*] 1864년에 앨프리드 윌스Alfred Wills가 샤모니에서 올라가 그랑드 조라스의 서쪽으로 주 능선에 도달하는 데 성공하기는 했지만, 이탈리아 쪽인 남쪽으로의 하산은 불가능했다. 윔퍼는 발페레 계곡에서 윌스의 안부로 올라가는 길을 찾아 샤모니 쪽으로 하산한 후에도 여전히 크로와 에귀 베르트에 도전할 시간이 남아 있기를 바랐다. 이러한 이유로 윔퍼와 크로는 알머와 비너와 함께 몽삭스에 앉아 계곡 너머로 그랑드 조라스에서 뻗어 나온 복잡한 능선과 빙하들을 자세히 보았던 것이다.

이튿날 새벽 1시 반, 네 사람은 쿠르마예에 있는 베르톨리니Bertolini 씨의 호텔을 떠났다. 오늘날 발페레 계곡에서 숲을 벗어나 빙하 아래에 있는 바위지대를 통과하는 길은 잘 닦여 있으며, 사다리와

---

[*] 콜 뒤 제앙은 1787년에 처음 횡단이 이루어졌다. 이듬해에 드 소쉬르는 이 고갯마루에서 2주일 동안 야영했다.

밧줄을 이용해 가파른 구간도 쉽게 통과할 수 있다. 하지만 어둠과 새벽 별빛 속에서 윔퍼 일행이 사실상 미답 지역이나 다름없던 이 구간을 통과할 때 이와 같은 보조물은 없었다. 그들은 별로 힘들이지 않고 빙하로 이어지는 가파르고 복잡한 지대를 통과했지만, 그곳에서 윌스의 안부로 이어질 만한 길은 찾을 수 없었다.* 윔퍼는 마터호른에서 저기압이었고 다른 사람들에게 인내심을 잃고 심술궂게 굴었지만 이때는 기분이 훨씬 좋아져 있었다. 미지의 땅을 탐험하며 그 지역에 대한 지식에 공헌할 기회를 잡았기 때문이다. 네 사람은 숲을 통과할 때와 같은 꾸준한 보행속도를 유지하면서 양배암으로 올라가는 좋은 길을 찾아냈다. 해가 떠오르며 내뿜는 첫 번째 보랏빛 광선이 왼쪽으로 솟은 몽블랑의 거대한 덩어리를 물들였다.

능선을 넘어 샤모니로 갈 수 없게 되자 윔퍼는 차선책으로 그랑드 조라스 정상에 올라 에귀 베르트를 정찰하고 싶어 했다. 4,208미터 높이의 그랑드 조라스 정상은 최고점이 정상 능선의 동쪽 끝에 놓여 있지만, 윔퍼는 에귀 베르트를 정찰하기 위해 서쪽에서 약간 안쪽에 있는 뚜렷한 바위 스퍼spur의 꼭대기 방향으로 더 직등에 가까운 루트를 선택했다. 웬만한 방향에서 볼 때 두 지점은 거의 같은 높이로 보이지만, 그들이 서 있는 곳에서는 윔퍼가 잡은 루트를 택해야 정상 능선에 올라설 가능성이 높았다.† 정상으로 이어진 긴 바위 스퍼는 가파른 등반

---

* 이탈리아 쪽에서 이 안부로 접근하는 길은 가파르고 까다로운 터라 1865년 수준을 훨씬 능가하는 기술적인 등반을 요구한다.

† 윔퍼의 친구인 호러스 워커가 1868년에 초등에 성공해 오늘날 워커봉Point Walker으로 알려진 동봉은 윔퍼가 도달해 윔퍼봉으로 알려진 봉우리보다 24미터가 더 높다. 며칠 뒤 지역 가이드들로만 결성된 한 등반대가 윔퍼의 루트를 따라 정상에 올랐다.

과 꾸준하고 과감한 접근을 요구한다. 윔퍼가 그날 적은 짧은 일기에는 "매우 깔끔한 암벽등반을 요구함"이라고만 적혀 있다.[16] 그들은 오후 1시경 정상에 도달했지만, 그때는 구름이 많이 끼어 사방이 전혀 보이지 않았다. 좁은 아레트를 따라 더 높은 동쪽 정상으로 가보려고 잠깐 시도했으나, 두 꼭짓점 사이에 얼어붙은 가파른 스텝 때문에 여의치 않았다. 윔퍼는 하산 명령을 내렸다. 의도치 않게 빙하를 글리세이딩glissading으로 내려가게 되다 보니 하산 시간이 예정보다 단축되었다. 윔퍼의 일기에는 그랜드 조라스에서 실패할 경우 발페레 계곡을 따라 8킬로미터를 더 올라가 그날 바로 콜 돌랑을 넘을 생각이었다고 적혀 있다. 하지만 콜 돌랑을 넘기에는 너무 늦어버려 일단 쿠르마예로 이동했다. 쿠르마예에 도착한 시각이 8시 반이었으니 무려 19시간을 쉬지 않고 운행한 아주 긴 하루였다. 윔퍼는 주 능선을 넘지도 못하고 에귀 베르트 정찰에도 실패했지만, 몽블랑 다음으로 그 산군에서 가장 거대한 산의 정상을 첫 시도 만에 도달하는 데 성공했다. 다음 날은 일요일이었다. 윔퍼는 느지막이 일어나 호텔에서 열린 "목사들과 그들의 부인과 딸들만 함께한" 예배에 참석했다.[17] 그리고 1시간 반 정도 눈을 붙인 후 자정 직후에는 콜 돌랑을 향해 길을 떠났다.

1864년에 애덤스 라일리와 함께 몽돌랑에 올랐을 때는 콜 돌랑으로 가는 마지막 사면이 가려져 있었는데, 이번에는 고갯마루에 못 미친 능선에 있는 작은 콜을 보았다. 또 그때 콜 돌랑의 반대쪽에 있는 아르장티에르 빙하도 보았다. 아마도 능선에 있는 작은 콜에서 흘러내린, 살짝 눈이 덮인 설사면도 보았을 것이다. 그들이 이 설사면을 보았을 위치에서 올려다보면 설사면이 깎아지른 듯 보이지만, 실제로는 상당히 완만한 경사이다. 그랜드 조라스에서 거둔 성공에 한껏 고무된 혈기 왕성한 윔퍼는 이제 세상에서 못 할 일이 없다고 생각하고 있었다.

그들은 어둠 속에서 16킬로미터를 걸어 발페레 계곡이 끝나는 지점에 도착한 다음, 1864년에 갔던 길을 따라 몽돌랑 아래쪽에 있는 빙하로 나아갔다. 알머가 앞장서서 좁고 가파른 쿨르와르를 올라갔다. 안부에 다다른 시각은 오전 10시였다. 그들이 다다른 안부는 매우 좁아 몸을 움직이기가 쉽지 않았지만, 크로는 반대쪽을 내려다보았다.

> 긴장감이 감돌았다. 내려갈 수 있을까? 크로가 뒤돌아보는데 표정이 의기양양하다. "어떻게든 내려는 가겠어요." 우리는 로프 두 동을 하나로 묶는다. 알머가 능선에 서서 로프를 풀어주고, 이어서 비너가 알머에게 로프를 풀어준다. 나는 스케치를 한다.[18]

크로가 300미터 아래로 내려다본 것은 상단부는 약 50도, 하단부는 약 70도 기울어져 있고, 얼음으로 된 좁은 쿨르와르였다.(이러한 경사도는 특히 위에서 내려다볼 때 아주 깎아지른 듯 보인다.) 그들에게는 30미터짜리 로프 두 동이 있었다. 그들은 두 로프를 하나로 묶어 크로가 천천히 얼음 위에 사다리처럼 스텝을 깎아나가는 동안 조금씩 풀어주었다. 만약 얼음이 아닌 눈이었다면 발로 쿡쿡 찍으면서 신속하게 내려갈 수 있었겠지만, 딱딱한 얼음은 사정이 달랐다. 얼음지대에서 매끄러운 동작으로 효율적으로 스텝을 깎아나가는 작업은 아무나 할 수 없는 기술로 한때 본격적인 등반의 필수 요소였다. 1960~1970년대 들어 현대적인 아이젠과 피크가 굽은 피켈의 사용으로 이 기술이 필요

없어질 때까지는 그랬다. 숙련된 등반가는 피크로 두 곳을 찍어 사선 모양으로 스텝을 깎은 다음, 블레이드로 얼음을 치워 안전하게 발을 디딜 곳이나 손으로 잡을 곳을 남긴다. 이 작업은 비탈을 올라갈 때는 얼굴 바로 앞에서 피켈을 휘둘러야 하는 고된 중노동이다. 크로는 매우 가파른 빙벽에서 몇 시간 동안 이 중노동을 하면서, 뒤따르는 세 명이 사다리처럼 안전하게 밟고 내려갈 수 있도록 스텝을 깎아나갔다.

> 알머가 추워서 덜덜 떤다. 차가운 바람이 반대편에서 몰아치는 탓이다. 이따금 돌풍이 크로가 깎아내는 파편들을 감아 내 쪽으로 날린다. 마침내 로프 60미터가 다 풀린다. 크로가 로프를 푼 다음, 비너가 로프를 묶고 알머와 나의 확보를 받으며 내려간다. 아래로 내려간 크로와 비너는 바위에 확보한다. 다음은 내 차례다. 나는 천천히 신중하게 얼음 사다리를 내려간다. 크로와 비너가 서 있는 곳까지 내려갔을 때 서로를 꽉 붙잡은 다음 로프를 단단한 바위에 감았다. 이렇게 한 것은 당연히 알머가 가장 위험한 순서였기 때문이다. 알머가 내려왔을 때 나는 미안하지 않았다. 한 번이라도 미끄러지면 그야말로 '끝장'이었기 때문이다. [19]

비너와 윔퍼는 알머의 확보로 얼음 사다리를 내려간 후에 크로 옆에서 균형을 잡고 서 있어야 했다. 위쪽에서 확보해주는 로프도 없이 알머가 내려오는 동안 두 사람은 그 자리에서 천천히 로프를 사려야 했다.

> 알머의 순서는 모두가 선망하는 위치는 아니었지만, 알머는 50도 경사의 빙벽에서 평생 살아온 사람처럼 차분하게 내려왔다. [20]

이 과정은 250미터를 더 내려가는 동안 한 번 더 반복되었다. 크로는 다시 몸에 로프를 묶고 60미터 길이만큼 스텝을 깎아나간 뒤 로프를 풀고 한 번에 한 명씩 다 내려올 때까지 기다렸다. 경사가 70도로 급해진 빙벽 기슭에 닿은 뒤에는 베르크슈른트를 건너기 위해 돌아가야 했다. 알머가 앞으로 나서 수평으로 스텝을 깎아나갔다. 알머의 뒤를 비너가 바짝 따랐다. 윔퍼가 얼굴을 빙벽 쪽으로 향하고 그 뒤를 따를 때,

> 이렇게 하다 보니 비너와 나 사이에 로프가 50미터 남짓 늘어졌다. 나로서는 로프의 무게를 감당하는 것만도 벅찼으니 전진하면서 로프를 회수하는 일은 불가능했다. 말할 수 없이 고통스러운 시간이었다.[21]

쿨르와르로 하산한 지 7시간 만에 어려운 구간을 벗어날 수 있었다. "5시 35분, 천신만고 끝에 스텝 깎는 작업이 끝났다. 우리는 빙하의 평평한 곳 위로 올라서서 전속력으로 달려 내려왔다."[22]

 콜 돌랑 횡단은 경이로운 업적이었다. 일종의 빙벽등반으로서 시대를 몇 년이나 앞서 있었기 때문이다. 당시 윔퍼 일행에게는 아이젠도 없었을뿐더러 아이스스크루ice screw 같은 확보물도 전혀 없었다. 윔퍼는 이 안부가 콜 뒤 제앙을 대체하는 훌륭한 대안이기를 바랐지만, 그날이 끝난 뒤에는 솔직히 다음과 같이 인정했다. "콜 돌랑이 콜 뒤 제앙을 대체할 가능성은 별로 없다는 생각이 들었다."[23] 콜 돌랑의 두 번째 횡단은 13년 후 윔퍼의 친구인 에드워드 데이비드슨에 의해 반대 방향으로 이루어졌다. 윔퍼가 콜 돌랑을 횡단한 후로 윔퍼의 루트대로 이탈리아 쪽에서 프랑스 쪽으로 횡단한 사람은 무려 30년이 지나서

야 등장했다. 콜 돌랑은 지금까지도 어려운 등반지로 손꼽히며, 현대 장비를 이용하면 기술적으로 무난한 편일지라도 거의 시도하는 사람이 없다.* 빙하를 따라 전속력으로 내달리며 아르장티에르로 향하는 동안 이번 등반을 통해 익힌 등반 기술과 이번 등반을 통해 얻은 담력은 윔퍼의 심장을 고동치게 했을 것이다. 이날 간결하게 적힌 윔퍼의 일기에서는 놀라운 횡단을 해냈다는 자부심과 크로에게 느끼는 동료애가 엿보인다. 샤모니에 있는 호텔에 도착한 시각은 10시경이었다. 거의 22시간을 움직인 셈이었다. "나는 생페레산 포도주 한 병을 주문하고, 이어서 샴페인 한 병을, 이어서 또 맥주 한 병을 주문하고는 이 술 저 술 섞어 마신 탓에 의자에서 그대로 곯아떨어져 자다가 새벽에 깨서 다시 침대로 가 쓰러졌다."[24]

1865년의 6월 말부터 7월 초에 윔퍼가 쓴 일기에는 새로운 에너지로 가득 찬 모습과 불타는 열정, 산사나이들의 정감 어린 농담, 화기애애한 동료애에서 느끼는 기쁨이 잘 드러난다. 그때 이후로 다시는 볼 수 없는 모습이다. 윔퍼는 육체의 한계에 도전하고 있었고, 알프스 산맥에 대한 인류의 지식 발전에 지대한 공헌을 하고 있었으며, 세간의 주목을 받는 중심에 서 있었다. 빙벽등반의 새로운 기준을 확립하고 거친 지형을 30킬로미터 이상 걸은 다음 날이라면 누구라도 휴식을

---

* 오늘날 안내서는 이 루트를 알파인 난이도 등급으로 표기하며, 첫 횡단을 '역사적 사건'이라고 소개한다. 윔퍼의 손녀이자 노련한 등반가인 나이젤라 홀Nigella Hall은 1963년에 프랑스 쪽에서 이탈리아 쪽으로 콜 돌랑을 넘었는데, 2004년 7월 3일 저자에게 보낸 편지에서 "지금까지 살면서 겪은 가장 무서운 경험"이었다고 표현했다.

취할 것이다. 물론 윔퍼도 휴식을 취했지만, 그가 생각하는 휴식은 남달랐다. "해가 중천에 떴을 때 일어났던 것 같다. 담배를 피우고 샴페인이나 맥주를 실컷 마시는 것 외에는 하고 싶은 일이 없었다. 오후에는 잠을 털어내고 비너를 데리고 몽땅베르 호텔로 산책하러 나갔다."[25] (알머는 전날 스텝 깎는 작업을 많이 한 탓에 오른팔이 퉁퉁 부어 고생하고 있었고, 크로는 버크벡과 만나기로 약속한 날이었다.) 몽땅베르호텔에서는 쿠테 씨와 담소를 나누었다. "얼음을 넣은 맥주를 진탕 마신 후에 저녁 시간까지 샤모니에 닿으려고 부리나케 달렸다." 샤모니에서 몽땅베르 호텔까지 걷는 일은 오후의 차를 마시러 스노든Snowdon 정상에 있는 카페에 올라가는 일에 견줄 수 있었다.* 윔퍼의 원래 계획은 빙하 위쪽으로 더 올라가 보는 것이었지만 "왜 매일같이 경주를 한단 말인가." 샤모니의 저녁 식탁에서 윔퍼는 낯선 곳에 와서 어리둥절한 여행자들이 겪은 우스운 일화를 듣고 배꼽을 잡았다. "이름이 바커 Barker인 한 영국인이 나에게 바보 같은 이야기를 들려주었다. 그중에서도 노새몰이꾼과 영국인 이야기가 압권이었다. 두 사람은 사이가 틀어져 서로 험한 말을 퍼부었다. 노새몰이꾼은 말끝마다 '선생님, 거룩하신, 빌어먹을, 로스비프, 비프스테이크, 감자'를 붙였다."

　　버크벡은 — 제네바에 몸져누워 있던 탓에 — 샤모니에 나타나지 않았지만, 크로는 그를 기다려야 한다고 생각했다. 6월 28일 오후에 윔퍼와 알머, 비너는 크로가 빠진 대신 텐트를 날라줄 짐꾼 한 명을 구

---

* 윔퍼의 생애 말년에는 두 곳 모두 기차를 이용해 올라갈 수 있었지만, 1865년에는 몽땅베르 호텔로 가려면 상당히 가파른 비탈길을 올라야 했다.

해 몽땅베르를 지나 에귀 베르트 기슭에 있는 쿠베르클 바위지대로 올라가 야영을 했다. 4,100미터 높이에 있는 에귀 베르트의 뾰족한 피라미드는 샤모니 계곡에서 볼 때 위풍당당한 위용을 자랑한다. 그 당시 많은 시도가 있었지만 이렇다 할 성과는 없었다. 애덤스 라일리는 1863년에 쿠베르클 쪽에서 이 봉우리에 도전했지만, 베르크슈른트에서 그리 높이 올라가지는 못했다. 1864년에 윔퍼와 애덤스 라일리는 여러 각도에서 이 봉우리를 정찰했는데, 윔퍼는 남벽 위로 보이는 쿨르와르가 성공 확률이 가장 높은 루트라고 생각했다.

새벽 3시를 갓 넘긴 시각, 윔퍼와 비너, 알머는 소량의 식량만 챙겨 텐트를 출발하면서 "짐꾼에게 남은 식량을 다 먹어서는 안 된다는 엄중한 명령을 내렸다."[26] 그리고 알맞게 굳은 눈을 2시간 동안 밟고 올라가니 커다란 쿨르와르의 시작점이 나왔다. 한동안 이 쿨르와르를 따라 오르다가 오른쪽에 있는 작은 쿨르와르로 옮겨갔다. 발로 차서 스텝을 찍어가며 이 작은 쿨르와르를 오르자 마침내 정상이 모습을 드러냈다. 흥분한 알머가 선두에서 다음과 같이 외치는 소리가 들렸다. "어이, 에귀 베르트, 넌 끝장이야, 넌 이제 끝장이라고!"[27] 그들은 좀 더 올라가서 다시 커다란 쿨르와르로 건너간 다음, 눈이 얼음으로 바뀌는 지점에서 쿨르와르 왼쪽 바위로 붙어 정상 능선으로 올라섰다. 고운 눈이 소복이 쌓인 능선을 따라가니 정상이었다. 눈에 덮인 원뿔 모양의 정상은 세 명이 겨우 발을 디딜 만큼 좁았다. 윔퍼는 이날 일기에 "장엄한 전망"이라고만 적어두었지만, 석 달 후에 영국과학진흥협회에서 연설할 때는 이날 발아래로 펼쳐진 파노라마를 상세히 표현했다.

계곡도, 마을도, 초원도 보입니다. 첩첩산중이 끝없이 이어집니다. … 맑은 산 공기를 타고 올라온 양 떼의 방울 소리도 들립니다.[28]

그들이 누리던 평화는 에귀 베르트 아래쪽 빙하에 서 있던 관광객들로 인해 깨졌다. 관광객들은 에귀 베르트 정상에 선 사람들을 보자마자 뿔피리를 불며 주의를 끌려고 애썼다. 하산 중에는 날씨가 변했다. 눈보라가 비로 바뀌었지만, 4시 반에는 텐트에 도착할 수 있었다. 그런데 "짐꾼이 짐을 꾸려 막 떠나려는 참이었다. 식량은 몽땅 다 먹어치워 빵한 조각만 달랑 남아 있었다."[29] 그들은 불쌍한 짐꾼에게 모든 장비를 지게 한 다음 빠른 걸음으로 몽땅베르로 내려갔다. 쿠테 씨는 그들이 에귀 베르트를 등정했다는 소식을 듣고 깜짝 놀랐다. 에귀 베르트는 여전히 알프스에 있는 4천 미터급 봉우리 중에서 가장 까다로운 곳으로 손꼽히며, 윔퍼가 오른 곳은 오늘날 윔퍼 쿨르와르[*]로 불린다. 지난 보름간 눈부신 성공을 거둔 윔퍼는 자신감이 흘러넘쳤다. 그들의 업적은 등반 기술이 얼마나 뛰어났는지 뿐만 아니라 스스로에 대한 믿음이 얼마나 강했는지도 보여준다. 에귀 베르트 등정은 보름 후에 있을 마터호른 등정에 가려지고 마는 운명이지만, 윔퍼는 언제나 에귀 베르트가 더 힘들고 더 중요한 등반이었다고 생각했다.

몽땅베르에서 윔퍼가 쿠테 씨와 기쁨을 나누는 동안, 비녀는 소식을 전하러 샤모니로 내려갔다. 마을에서는 전통에 따라 축포를 쏘아

---

[*] 오늘날의 안내서는 윔퍼의 에귀 베르트 등정을 '알피니즘 황금기에 벌어진 가장 역사적인 사건'으로 소개한다. Lindsay Griffin, Mont Blanc Massif – volume II: selected climbs (London: Alpine Club, 2002), 158.

또 다른 봉우리의 정복을 알렸다. 샤모니의 호텔에 당도했을 때 윔퍼는 축하세례를 받았다. 사람들은 등을 툭툭 치며 축하의 말을 건넸다. "친구들 많았음. 케네디와 글러버. 샴페인. … 어질어질한 머리로 침대로 기어감. 따뜻한 목욕물 준비됨."[30] 숨 가쁘게 달려온 청년 윔퍼는 기적 같은 닷새 사이에 세 번째로 건배와 칭찬의 주인공이 되었다. 하지만 이것이 마지막이 될지 그때는 미처 알지 못했다. 다음번에, 그의 삶을 정의하게 되는 업적을 성취하고 친구와 동료들의 품으로 돌아왔을 때는 상황이 사뭇 달라져 있었다.

윔퍼가 호텔에서 승리를 만끽하는 동안 샤모니에서는 심각한 대립이 불거졌다. 가이드들은 샤모니 지역에서의 가장 큰 영예를 샤모니 가이드가 한 명도 없는 일행에게 빼앗겼다는 사실에 잔뜩 화가 난 나머지 에귀 베르트 등정이 그렇게 쉽게 이루어졌음을 믿으려 하지 않았다. 그린델발트 출신의 알머와 체르마트 출신의 비너는 마을에서 수난을 당해야 했다. 대립이 점점 격해지다 못해 결국 헌병까지 와서야 일단락이 되었다. 궂은 날씨가 이어지고 에귀 베르트 등정을 둘러싼 소동까지 계속되자 윔퍼는 열정도 한풀 꺾이고 마음도 침울해졌다. 윔퍼의 마지막에서 두 번째 일기에는 이렇게 적혀 있다.

요즘 내 머릿속은 뒤죽박죽 아무 정신이 없다. 시계를 고친 일과 머리를 자른 일은 기억한다. 셀 수 없이 많은 사람들이 끝도 없이 말도 안 되는 소리를 지껄여댄 일도 기억한다. 날씨가 끔찍했다는 사실도 기억하며, 내 상태가 날씨와 매우 흡사했다는 사실도 기억한다. 첫째 날은 거의 에귀 베르트 소동으로 정신이 없었다. 둘째

날도 소동이 끝나지 않았다.[31]

윔퍼는 오전에 경찰서장을 만나야 했지만, 오후에는 케네디와 함께 빙하를 구경하고 돌아와 저녁을 같이 먹었다. 윔퍼는 이제 샤모니에서 모든 사람이 쳐다보고 손가락으로 가리키며 접근해 오는 유명인사였다.

윔퍼는 샤모니에서 쿠르마예로 넘어갈 때 여전히 콜 뒤 제앙이 아닌 다른 고개를 시도해볼 마음이 있었다. 바로 에귀 드 탈레프르Aiguille de Talèfre와 에귀 드 트리올레 사이에 있는 주릉을 넘는 고갯길로, 1864년에 애덤스 라일리와 함께 넘은 고갯길보다 서쪽에 있는 루트였다. 7월 2일 일요일, 윔퍼는 샤모니에 있는 버크벡과 허드슨을 비롯한 친구들, 지인들에게 작별을 고했다. 허드슨은 여전히 에귀 베르트 등정을 꿈꾸고 있었으므로, 윔퍼와 허드슨은 이때 아마도 에귀 베르트 이야기를 나누었을 것이다. 윔퍼는 그날 아서 거들스톤Arthur Girdlestone도 만났다. 그도 허드슨처럼 등반가이자 신부였는데, 하그리브스Hargreaves라는 열일곱 살 청년을 데리고 이튿날 쿠르마예로 넘어갈 계획이었다. 그래서 메르드글라스까지는 윔퍼와 가는 길이 겹쳤다. 윔퍼는 자신이 계획한 새로운 루트를 권했지만, 거들스톤은 오래전부터 이용된 콜 뒤 제앙을 선호했다. 저녁식사 후에 윔퍼와 거들스톤은 함께 몽땅베르로 올라갔다.

혼란과 유명세 속에서 정신없이 떠들썩한 나날을 보내고 숲길을 지나 몽땅베르로 올라갈 때만 해도 윔퍼는 다시 샤모니에 오기까지 4년이 걸리리라는 것을 모르고 있었다. 그때 산악계는 변해 있었고, 윔퍼는 다른 사람이 되어 있었다. 윔퍼의 1865년 마지막 일기에는 몽땅 베르에서 보낸 밤에 관해 이렇게 적혀 있다.

> 쿠테 씨가 방문을 두드리는 소리에 악몽에서 깨어났다. 예정보다
> 1시간이나 늦게 일어났다. … 가이드들이 잘 일어나지 않아서 새
> 벽 4시에야 겨우 출발할 수 있었다. 다른 사람들(거들스톤 일행)
> 은 조금 전에 먼저 출발했다. 우리는 나중에 출발해서 '폰츠Ponts'에
> 서 그들을 따라잡았다.

윔퍼는 일기를 쓸 때 — 생애 마지막 20년간은 규칙적으로 쓰지는 않
았지만 — 시간과 기억할 만한 단상, 기억할 만한 구절, 이름만 간략
히 적기도 하고, 곱씹어본 다음에 문학적인 형태로 다시 활용할 생각
에 더 자세한 설명을 적기도 했다. 윔퍼는 마터호른에 오르기 전에 브
로일에서 별다른 일을 하지 않고 며칠을 머물렀지만, 일기장에는 그에
관한 기록이 전혀 없다.(그 기간에 루시 워커를 스케치한 그림만 있을
뿐이다.) 아마도 콜 돌랑과 에귀 베르트 이후에 다음의 원대한 목표인
마터호른을 해치우고 나면 그때 하나의 완결된 이야기를 적을 수 있다
고 생각했던 것 같다. 하지만 그럴 수 없었다. 많은 사건들이 그를 덮
쳤다. 그다음 몇 주일에 대해 우리가 알 수 있는 것은 윔퍼가 나중에 직
접 책에 쓴 내용과 당시 알프스에 있었던 사람들의 편지와 일기, 관련
인물들의 기억이 전부이다.

윔퍼와 알머, 비너는 큰 어려움 없이 고개를 넘어(윔퍼는 이 고개
를 콜 드 탈레프르Col de Talèfre라고 명명했다.) 그날 오후 5시쯤 쿠르마
예에 도착했다. 거들스톤 일행은 8시가 넘어서야 도착했다. 이를 근거

로 윔퍼는 샤모니와 쿠르마예를 잇는 가장 빠른 길을 발견했다고 확신했다. 콜 드 탈레프르에서부터는 여전히 윔퍼와 애덤스 라일리가 1864년에 그토록 싫어했던 길과 비슷한 모레인 지대를 내려가야 했다. 윔퍼와 알머, 비너는 그때 손발이 잘 맞는 훌륭한 팀이었으므로, 열일곱 살의 하그리브스가 낀 거들스톤 일행이 윔퍼 일행처럼 꾸준한 운행 속도를 유지했다고 보기는 아무래도 어렵다. 쿠르마예에서 하룻밤을 묵은 후 거들스톤 일행과 윔퍼 일행은 함께 마차를 타고 아오스타로 이동했다.

그다음 이틀간 윔퍼와 알머, 비너는 3,800미터의 빼어난 봉우리인 뤼네트Ruinette를 별 어려움 없이 초등한 후 포르통산Portons의 능선을 새로운 고갯길로 넘어 오테마 빙하Otemma Glacier 상단부를 횡단한 다음, 다시 콜 돌렌Col d'Olen을 넘어 정겨운 샬레 마을인 프라라예로 이동했다. 그리고 다음 날인 7월 7일 금요일에는 브로일로 넘어갔다. 윔퍼는 비너와 알머가 마터호른에 재도전할 의향이 없음을 잘 알고 있었기에 전에 산에 함께 올랐던 카렐을 찾아 나섰다. 카렐의 고향인 발투르낭슈에서 카렐이 이미 마터호른으로 떠났다는 말을 들었지만, 윔퍼는 날씨가 여전히 험악하고 산 쪽으로 구름이 잔뜩 낀 만큼 카렐이 그리 높이 올라가지는 못하리라고 생각했다. 윔퍼는 계곡을 따라 브로일로 돌아가는 중에 카렐과 마주쳤고, 스위스 쪽에서 마터호른에 도전해 보자고 설득했다. 카렐은 영 내키지 않는 눈치를 보이며 말을 얼버무렸으나 결국 이틀 후에 테오둘 고개를 넘어 회른리 능선에서 야영하자는 계획에 동의했다. 지난 몇 주간 자만심이 부풀 대로 부푼 윔퍼는 간절히 원해온 하나의 성공을 추가해 1865년 하계 시즌의 대미를 장식할 순간이 다가왔다고 생각했다. 마터호른에 도전할 마음이 정말로 있는 가이드를 고용했다고 굳게 믿은 윔퍼는 알머와 비너를 돌려보냈다. 두 사람은 곧장 체르마트로 넘어가 집으로 돌아갔다.

물론 카렐은 정말로 마터호른에 오를 마음이 있었다. 하지만 지난 2년간 윔퍼가 모르는 사이 이탈리아에서는 많은 일이 진행되고 있었다. 1863년에는 새롭게 구성된 통일 정부의 재무장관인 퀸티노 셀라 Quintino Sella를 주축으로 이탈리아산악회가 창립되었다. 회원들은 산악회 창립을 기념해 새로운 통일 이탈리아 왕국에 걸맞은 업적을 세우기를 원했다. 새 왕국에 걸맞은 업적이란 바로 아무도 오르지 못한 마터호른을 등정하는 것이었다. 정찰과 사전 준비를 위해 광산 기술자였던 펠리체 조르다노Felice Giordano가 파견되었다. 1864년에 조르다노는 체르마트에 들렀다가 브로일로 가서 카렐을 만나 새로운 통일 조국의 가장 유명한 산인 마터호른을 이탈리아 등반대가 등정한다는 계획을 설명해주었다. 카렐은 1848년에는 노바라Novara에서, 1859년에는 솔페리노Solferino의 대학살 현장에서 오스트리아군에 맞서 싸운 참전용사인 데다, 피에몬테 사람들과 그들의 이탈리아 통일에 깊은 애정이 있었던 만큼 이 계획에 찬성했다. 자금과 장비는 퀸티노 셀라가 마련했고, 카렐은 발투르낭슈 출신들로 꾸려진 등반대의 대장으로 임명되었다. 어떤 일이 있어도 이 등반 계획의 세부 내용이 윔퍼의 귀에 들어가는 일은 없어야 했다. 이탈리아인들은 윔퍼를 가장 큰 경쟁자이자, '우리의 산'에 강한 집념을 불태우는 요주의 인물로 여겼다. 윔퍼가 발투르낭슈에 갔을 때는 이러한 준비가 한창 진행되는 중이었지만, 윔퍼는 그 사실을 전혀 모르고 있었다. 카렐은 윔퍼가 눈치채지 못하도록 철저하게 보안을 유지했다.

윔퍼가 브로일에 도착한 그날 조르다노는 토리노에서 퀸티노 셀라에게 다음과 같은 편지를 썼다. "자, 그럼 이 마의 산을 공격하기 위해 출발해보겠네. 윔퍼가 우리를 앞지르지만 않는다면 성공할 것이네."[32] 이튿날 브로일에 도착한 조르다노는 카렐이 자신이 오는 줄 모르고 윔퍼와 약속을 해버렸다는 사실을 알게 되었다. 날씨는 불안정한 데다 축축하고 험악했고, 시꺼먼 먹구름이 마터호른을 뒤덮고 있었다. 윔퍼는 날씨에 아랑곳하지 않고 여전히 마터호른에 도전할 준비를 하고 있었는데, 저녁때 거들스톤과 같이 있던 하그리브스가 와서 도움을 청했다. 거들스톤은 체르마트에서 하그리브스의 아버지를 만나기로 약속했지만, 며칠 전 윔퍼와 헤어진 후부터 내내 몸 상태가 좋지 않았다. 거들스톤과 하그리브스는 발투르낭슈까지는 간신히 올라왔지만, 거들스톤이 열이 펄펄 끓는 바람에 운행을 멈출 수밖에 없었다. 일요일 아침 윔퍼는 몸이 아픈 거들스톤을 위해 해줄 일이 있을까 싶어 6킬로미터를 걸어 발투르낭슈로 넘어갔다. 그리고는 약을 구하러 샤티용까지 30킬로미터가 넘는 길을 왕복으로 다녀왔다.

그날 윔퍼는 카렐과 우연히 마주쳤다. 카렐은 조르다노의 도착으로 윔퍼와 한 약속을 깨야 하는 상황이었다. 진실을 감추기 위해 카렐은 한 가족에게 계곡을 구경시켜주기로 오래전에 맺은 선약이 있으며, 이 손님들이 도착했기 때문에 그에게 내어줄 수 있는 시간이 단 이틀

뿐이라고 말했다. 날씨는 여전히 좋지 않았다. 다음 날도 그다지 좋아 질 것 같지 않았다. 샤티용에서 돌아온 웜퍼는 거들스톤을 돕기 위해 발투르낭슈에 있는 여관에서 하룻밤을 묵기로 하고 카렐과 포도주를 마셨다. 아침에도 날씨는 도무지 갤 기미가 없었다. 웜퍼는 브로일에 있는 호텔로 돌아갔다. 조르다노도 같은 호텔에 — 하지만 멀리 떨어 진 방에 — 묵고 있었다. 몸이 조금 나아진 거들스톤도 뒤따라왔다.

카렐은 웜퍼에게 12일 수요일부터 수행하겠다고 말했지만, 월요 일 밤에 날씨가 좋아진 틈을 타 재빨리 이탈리아 등반대의 장비를 마 터호른으로 올리기 시작했다. 화요일에 조르다노는 퀸티노 셀라에게 다음과 같은 편지를 썼다.

> 웜퍼가 이삼일 전에 도착했네. 평소처럼 그자는 마터호른 등정을 원하고 있으며, 카렐을 고용했네. … 다행히 날씨가 나빠져 웜퍼 가 새로운 시도를 할 수는 없었지. 카렐은 웜퍼를 따돌리고 나와 함께하기로 했네. 이 계곡에서 으뜸가는 가이드로만 엄선한 다섯 명도 그러기로 했고. 우리는 방금 카렐을 대장으로 하는 선발대를 보냈네. … 좋은 소식을 받게 되는 즉시 전보를 보내겠네. … 간단 한 답신과 조언을 부탁하네. 나는 지금 이곳에서 날씨와 비용, 웜 퍼 문제 등으로 어려움에 빠져 있으니까.
>
> …
>
> 나는 모든 일을 은밀히 진행하려고 애썼지만, 마터호른에 목숨 을 건 듯한 그자가 와서 하나하나 의심의 눈초리를 거두지 않더 군. 유능한 사람은 모두 그자 곁에서 떼어놓았고 … 나는 그자와 말을 섞지 않으려 애쓰고 있네.[33]

알프스

205

거들스톤은 아침에 윔퍼를 깨워 대규모 등반대가 보급품을 실은 노새 한 마리를 끌고 마터호른을 향해 출발했다는 소식을 전했다. 윔퍼는 망원경을 들고 허겁지겁 밖으로 나갔다. 완전히 뒤통수를 얻어맞았다는 사실을 깨달은 윔퍼는 여관 주인 파브르 씨에게 들은 이야기와 가엾은 조르다노에게 들은 이야기로 조각을 끼워 맞춰보았다. 카렐은 체르마트 쪽이 너무나 어렵다고 판단했으므로, 서두를 필요가 없다고 생각했다. 카렐의 계획은 — 거들스톤의 표현에 따르면 "쇳덩어리와 나무망치와 끌"을 들고[34] — 윔퍼가 1862년에 만든 막영지보다 높은 곳을 찾아내서 조르다노가 정상에 도달할 수 있을 만한 길을 내는 것이었다. 윔퍼는 이것이 시간이 걸리는 일이며 이탈리아 등반대가 며칠은 너끈히 먹을 양의 식량을 챙겨갔음을 알고 있었으므로, 즉시 낙담하지는 않았다. 하지만 빨리 정신을 추스르고 11킬로그램짜리 텐트와 로프 등 등반 장비를 체르마트로, 그것도 짐꾼을 할 만한 사람들은 죄다 손을 떠난 상태에서 옮겨야 했다.

 윔퍼는 매우 부정직하게 행동한 카렐에게 결코 앙심을 품지 않았으며, 모두가 같은 목표를 놓고 경쟁 중이라는 사실을 받아들였다. 카렐은 윔퍼를 제외하고 그 누구보다 마터호른에 열심히 도전했던 인물이자, 윔퍼와 더불어 마터호른이 오를 수 있는 산이라고 믿은 몇 안 되는 사람들 중 한 사람이었다. 6년 후 『알프스 등반기』가 출간되었을 때 윔퍼는 이탈리아 국왕 비토리오 에마누엘레Vittorio Emanuele(그는 퀸티노 셀라 재무장관과 산이라는 공통 관심사를 가지고 있었다.) 앞으로 한 권을 헌상했으며, 이탈리아에서 받은 작위를 자랑스럽게 여겼다.[*] 7월에 브로일에서 정신없는 나날을 보내는 동안 윔퍼는 아마도 자신이 마터호른에 대한 신성한 권리를 가지고 있다고 믿어서라기보다는 흥미진진하게 진행되는 사건의 중심에 있다는 점에서 더 신이 났을 것이다. 윔퍼는 애덤스 라일리가 이탈리아 쪽 몬테로사 산군을 조사하고 있으며 곧 브로일로 넘어온다는 사실을 알고 있었으므로, 친구를 만날 생각에도 기뻤을 것이다. 애덤스 라일리는 윔퍼의 에귀 베르트 등정 소식을 전해 들었을 때 측량 작업을 하느라 윔퍼와 함께하지 못한 것을 못내 아쉬워했다.[35]

이탈리아인들이 철저히 준비된 대규모 등반대를 산으로 올려 보내는 바람에 윔퍼는 마터호른을 안내해줄 가이드는커녕 체르마트로 짐을 날라줄 짐꾼 한 명조차 구하기 어려웠다. 윔퍼는 거들스톤과 함께 오전 내내 호텔 밖에서 서성이면서 체르마트에서 넘어오는 사람들을 기다렸다. 가장 먼저 도착한 무리 중에 젊은 영국인 청년이 한 명 있었는데, 그가 바로 9대 퀸즈베리 후작 존 숄토 더글러스John Sholto Douglas의 남동생 프랜시스 더글러스 경Lord Francis Douglas(이하 더글러스)이었다. 두 사람은 더글러스와 대화를 나누었다. 열여덟 살이라는 어린 나이에 그 얼마 전 영국산악회 회원이 된 그는 지난 몇 년간 몬테로사와 브라이트호른, 알프후벨 등 체르마트 주변 산들을 오른 경험이

---

[*] 1872년 1월, 이탈리아 국왕 비토리오 에마누엘레는 『알프스 등반기』를 저술한 공로를 치하해 윔퍼에게 '성 모리스와 성 라자르 기사단' 작위를 내렸다.

아주 풍부했다. 윔퍼와 더글러스는 첫눈에 서로에게 호감을 느꼈으며, 더글러스는 그 전주에 오버가벨호른Obergabelhorn을 등정한 이야기를 들려주었다.[*]

6월 말에 체르마트에 도착한 더글러스는 타우그발더를 가이드로 고용한 다음, 미등봉이었던 오버가벨호른을 체르마트 쪽에서 도전하다가 이 봉우리의 위성봉인 운터가벨호른Untergabelhorn과 벨렌쿠페Wellenkuppe를 초등하는 쾌거를 이루었다. 두 사람은 치날로 건너가 요제프 비아닌Joseph Viannin을 보조 가이드로 고용하고 북서릉을 통해 오버가벨호른 정상에 도달했지만, 그곳에는 이미 케른과 눈 위에 찍힌 발자국이 있었다. 하루 전날 더글러스가 모르는 사이 — 더글러스는 체르마트에서 그들을 만나지 못했는데 — 아돌푸스 무어와 호러스 워커가 경험 많은 노련한 가이드 야코프 안데렉Jakob Anderegg과 함께 첫 시도 만에 체르마트 쪽에서 정상 등정에 성공했기 때문이다. 오버가벨호른의 정상은 눈에 덮인 작은 원뿔 모양인데, 그들이 쌓은 케른은 실제 정상보다는 약간 아래에 있었다. 더글러스와 타우그발더는 정확히 꼭짓점에 앉았는데, 그곳에 앉기가 무섭게 발자국이 거기까지 이어지지 않았던 이유를 단박에 알 수 있었다. 눈이 무너지면서 더글러스가 의식을 잃어 뒤에 있던 타우그발더를 확 잡아당겼기 때문이다. 비아닌은 두 사내의 무게를 온몸으로 지탱해 추락을 막았다. 무어와 워커가 예리하게 간파한 대로 최고점은 사실 위쪽이 튀어나온 눈처마였다. 타

---

[*] 3주일 후 윔퍼는 한 편지에서 "가엾은 더글러스 경은 … 대단히 쾌활하고 재주가 뛰어난 청년이었다."라고 적었다. Edward Whymper to Henry Brock, 5 August 1865, MS 63112, f.11, BL.

웜퍼가 판각한 프랜시스 더글러스 경의 초상화. 『체르마트와 마터호른 안내서A guide to Zermatt and the Matterhorn』와 『알프스 등반기』 후기 판본에 수록되었다.

우그발더는 6미터 이상 추락하면서 더글러스를 지나쳤다. (더글러스는 로프 중간에 묶여 있었다.) 더글러스로서는 매우 놀랄 만한 일이었는데, 로프는 끊어지지 않았다.[*] 기적적으로 위기를 모면한 그들은 하루 전날 무어와 워커가 이동한 루트를 따라 체르마트로 하산했다. 하산 후 날씨가 좋지 않아 사흘간 체르마트에 발이 묶여 있다가 브로일로 넘어오면서 우연히 웜퍼를 만나게 된 것이었다.[36]

　　웜퍼와 거들스톤, 더글러스는 밖에서 햇볕을 쬐고 담소를 나누면

---

[*] 1993년에도 이곳은 거의 그대로였다. 정상에 도달했을 때 나와 남동생은 최고점을 밟고 싶은 생각 따위는 추호도 없었다.

서 오후 시간을 보냈다. 윔퍼는 반가운 기회를 틈타 텐트를 말렸다. 더글러스가 고개를 넘어 브로일로 온 이유는 지금도 정확히 알려지지 않았다. 9일 뒤인 7월 20일에 형의 스물한 번째 생일을 축하하기 위해 스코틀랜드에 갈 예정이었기 때문이다. 더글러스는 피렌체에서 로버트 몽크리프Robert Moncrieff(더글러스의 연인으로 추정된다.)와 함께 지내다가, 형의 생일 후가 아닌 생일 전에 등반을 하기로 겨우 몇 주일 전에 결정을 내리고 스위스로 넘어온 참이었다.[37] 체르마트에 남겨진 더글러스의 수첩에서 마터호른을 주제로 쓴 단편 자작시가 발견되었는데, 오버가벨호른을 등정한 날과 브로일로 넘어온 날 사이에 쓴 시였다. 더글러스가 브로일로 온 이유를 추측해보자면, 날씨 때문에 아무 활동도 하지 못하고 사흘간 체르마트에 묶여 있었으니 그저 운동이 필요했을 수도 있고, 경치를 감상하며 마터호른을 보고 싶었을 수도 있으며, 이듬해 도전을 위해 가이드를 물색 중이었을 수도 있다. 애덤스 라일리는 그 이유를 마터호른 도전을 위해 윔퍼에게 텐트를 빌리려던 것이라고 생각했다.[38] 그 이유가 무엇이었든 윔퍼는 더글러스에게 — 더글러스 본인에게는 비극적인 일이었는데 — 형의 생일 전에 체르마트로 되돌아가 타우그발더를 데리고 마터호른에 도전할 시간은 아직 있다고 설득했다. 윔퍼는 타우그발더가 1862년 1월 케네디가 회른리 능선으로 야심 찬 도전을 감행할 때 동행했던 사실을 알고 있었으므로, 타우그발더라면 체르마트 쪽에서 마터호른에 도전할 의향이 있으리라 믿었다. 더글러스가 브로일로 넘어올 때 타우그발더의 아들이 짐꾼으로 따라오기는 했지만, 일행은 여관 주인 파브르 씨에게 짐꾼을 더 구해달라고 부탁했다. 이탈리아 등반대가 얼마나 높이 올라갔을지 몹시 신경이 쓰였던 윔퍼는 의욕적으로 자정에 체르마트로 출발해야 한다고 제안했지만, 날씨가 다시 안 좋아져 침대에 누워 있다가 동이 튼 후에야 출발할 수 있었다.

이렇듯 잠깐 사이 윔퍼의 행운은 시소처럼 오르락내리락했다. 윔퍼는 경험을 확실히 믿을 수 있는 쾌활한 동료와 함께 마침내 꿈에 그리던 마터호른을 스위스 쪽에서 도전하러 길을 나섰다. 자신감도 충만하겠다, 훌륭한 동료도 구했겠다, 윔퍼는 어느 정도 상황을 다시 통제할 수 있었다. 기적과도 같은 놀라운 3주일을 보낸 그는 무슨 일이든 못할 일이 없다고 생각하고 있었다. 그들은 테오둘 고개를 넘어 회른리 능선 아래쪽에 있는 슈바르츠제Schwarzsee 호수 옆에 텐트와 로프를 놓아두고 타우그발더를 찾으러 체르마트로 발걸음을 재촉했다.

8
마터호른 초등은
눈부신 성공이 될 수 있었다

체르마트에 닿은 윔퍼와 거들스톤, 더글러스는 곧장 몬테로사 호텔로 갔다. 그곳에서 담벼락에 기대앉은 미셸 크로를 발견한 윔퍼의 마음은 놀라움 반, 반가움 반이었다. 크로는 윔퍼가 열흘 전 샤모니에서 알게 된 허드슨과 함께 있었다. 원래 크로를 먼저 고용한 사람은 버크벡이었지만 버크벡이 계속 몸이 좋지 않은 틈을 타 허드슨이 에귀 베르트에 오르고자 크로를 고용한 것이었다. (윔퍼가 샤모니에서 버크벡을 만났을 때는 그가 크로와의 계약을 취소하기 불과 하루 이틀 전이었던 셈이다.)

허드슨과 케네디는 역시 영국산악회 회원인 조지 호지킨슨George Hodgkinson과 함께 크로, 페렌, 미셸 듀크로Michel Ducroz를 가이드로 대동하고 에귀 베르트의 남벽 아래 윔퍼가 야영했던 곳에서 밤을 보냈다. 윔퍼가 택한 루트보다 왼쪽에 치우친 등반선을 택한 일행은 에귀 뒤 무안Aiguille du Moine에서 내리뻗은 암릉을 통해 마침내 정상을 밟았다. 윔퍼가 6일 먼저 다녀간 곳이었음에도 이것은 굉장히 어렵고 까다로운 루트를 돌파한 자랑스러운 등정이었다. 허드슨 일행은 오후 3시경 하산을 시작했다. 하산할 때는 여섯 명 전원이 한 로프에 몸을 묶었는데, 이러한 방식은 케네디의 생각에는 "분명 최선이라고 말할 수 없는 전진 방식"이었다.[1] 크로가 앞장서고, 허드슨이 맨 뒤에 섰다. 이처럼 하산할 때 가장 노련한 등반가를 선두에 세우는 일은 요즘 같으면 절대 하지 않겠지만, 초창기에는 상당히 흔한 관행이었다. 이튿날 오후 케네디와 허드슨은 몽블랑 등정을 노리고 다시 한번 출격했다. 이번에는 허드슨의 어린 제자인 더글러스 해도우Douglas Hadow도 동행했다. 당시 열아홉 살이었던 해도우는 한 해 전 여름에도 알프스를 찾았지만, 등반이라고 부를 만한 유일한 경험은 샤모니 위쪽에 있는 인기 조망 지점인 몽뷰에Mont Buet에 오른 것뿐이었다. 허드슨의 친구인 조지프 매코믹 신부도 등반대에 합류했다.

매코믹은 그해 여름 동안 그린델발트와 체르마트 교구의 성공회 신부로 재직할 기회를 어렵사리 구했는데, 일요 미사를 집도하는 일 외에는 딱히 정해진 일이 없었다. 매코믹은 7월 2일 자정에 그린델발트를 출발해 인터라켄까지 걸어간 다음, 그곳에서 증기선을 타고 호수를 건너 기차로 갈아타고 그날 밤 9시 반쯤 마르티니에 도착했다. 그런 다음 고개를 두 번 넘어 허드슨과 만나기로 한 아르장티에르에 도착했지만, 허드슨은 보이지 않았고 계획이 바뀌어 샤모니에서 출발한다는 쪽지만이 남겨져 있었다. 매코믹은 굴하지 않고 샤모니로 내려갔다. 샤모니에 닿은 시각은 허드슨이 에귀 베르트를 향해 출발한 지 겨우 20분이 지났을 때였다. 매코믹은 여전히 포기할 생각이 없었으므로 뙤약볕 아래 몽땅베르 호텔로 이어지는 가파른 비탈길을 올라갔다. 호텔에 도착해 마침내 허드슨과 케네디를 만난 매코믹은 그 자리에서 탈진해 쓰러졌다. 무려 36시간 동안 이동을 하느라 이틀 밤을 꼬박 새운 여파였다.[2] 하루를 쉬며 원기를 회복한 매코믹은 몽블랑에 도전하는 일행에 합류할 수 있었다. 금요일 오전 딱 알맞은 시간대에 그들은 몽블랑 정상에 섰다. 에귀 베르트 등정 후 단 이틀 만의 쾌거였다. 몽블랑은 어린 해도우에게는 첫 산이나 다름없었다. 해도우는 제법 잘 걸었지만, 크레바스가 쩍쩍 갈라진 설사면에서는 발디딤이 불안정해 자꾸만 발을 헛디디거나 미끄러졌다. 케네디는 훗날 해도우에 대해 이렇게 썼다. "담력과 체력은 나무랄 데 없었지만, [해도우는] 발을 안전하게 디디는 연습은 아직 충분치 않았다."[3]

몽블랑 등정이 끝나고 매코믹은 허드슨과 마터호른을 시도할 때 다시 만나기로 약속한 다음, 일요 미사를 집도하러 부랴부랴 그린델발트로 되돌아갔고, 케네디는 영국으로 돌아갔다. 윔퍼의 발을 브로일에 묶어놓은 악천후는 남은 허드슨 일행의 의욕도 한풀 꺾어버렸다. 허드슨 일행은 별 어려움 없이 길을 찾아 7월 12일 수요일에 체르마트에 도착했다. 같은 날 윔퍼도 체르마트에 도착했다.

윔퍼의 일기장에 마지막으로 일기가 적힌 날짜는 9일 전이었다. 윔퍼는 일기를 미뤄두었다가 하려는 이야기의 결과를 다 알고 난 뒤에 쓰는 버릇이 있었다. 그러다 보니 많이 늦어지는 일도 다반사였다. 50년 넘게 쓴 일기에서 많은 사람이 그날의 사건에 대해 읽고 싶어 하는 가장 중요한 날일수록 공백인 경우가 많았다. 윔퍼는 심사숙고한 후에 그날 이야기를 풀어놓을 생각이었지만 그 여백을 채울 기회는 다시 오지 않았다. 그날의 일기는 영원히 백지로 남았다. 1865년의 경우에는 그가 눈부신 성공담을 원대한 하계 등반기의 정점으로 풀어놓을 수 있을 때까지 일부러 기다렸을 수도 있고, 마음 맞는 동료들과 끈끈한 동료애를 쌓는 자리에서 혼자 빠져나와 일기를 쓰고 싶지 않았을 수도 있다. 이 며칠 동안 무슨 일이 있었는지는 6년 후에 출간된『알프스 등반기』에서 윔퍼가 설명한 내용을 통해서만 짐작할 수 있다. 이 책은 주로 1868년과 1869년 상반기에 걸쳐 쓰였지만, 책에 수록된 내용 중 일부는 출간 전에 먼저 공개되었다. 사건이 일어나고 3주일이 지난 후 윔퍼는 마터호른 등정을 설명한 장문의 편지를『더 타임스』앞으로 보냈다. 이 내용은 사소한 변경 사항을 제외하면 나중에 책에 실린 내용과 일치했다. 윔퍼는 결코 허투루 말을 뱉은 적이 없었기에 일단 발표를 했다 하면 중대한 수정을 가하는 일이란 극히 드물었다.

마터호른 초등의 비극을 둘러싼 여러 정황과 당시의 기록들도 윔퍼의 진술에 힘을 실어주었으며, 윔퍼는 언제나 이야기의 세부에 대해 철두철미했다.[4] 하지만『알프스 등반기』를 저술할 때만큼은 사건과 등장인물을 자신의 이야기, 즉 자신을 중심에 놓고 펼쳐진 냉혹한 비극에 끼워 맞췄다. 이 책을 쓴 목적에는 수익을 창출하고, 저술가 겸 삽화가로 기반을 잡으려는 목적도 있었지만, 색다른 기행문을 선보이고, 독자에게 흥미를 주려는 목적도 있었다. 윔퍼는 이야기를 지어내지는 않았지만 책에 넣고 싶은 부분만 취사선택했다. 후회와 연민과 승리를 담은 그의 흡인력 넘치고 비극적인 설명은 사건의 무작위성을 재조명하지 못했다. 더불어 윔퍼와 허드슨, 더글러스가 사로잡혀 있던 무사안일한 동료애를 재조명하지도 못했다. 놀라운 등반 활동을 이어나간 4주일 동안 윔퍼의 원정등반 — 레슬리 스티븐의 말을 빌리자면 "알프스 역사상 가장 눈부신 성과"[5] — 은 알프스의 역사를 새로 썼다. 『알프스 등반기』의 서사는 이러한 결의에 찬 원정등반이 윔퍼가 계획한 대로 펼쳐진 듯한 인상을 풍기지만, 실상 계획대로 이루어진 것은 아무것도 없는 4주일이었다.

크로를 만난 일과 허드슨과 해도우와 동행하게 된 일에 대한 윔퍼의 설명은 나중에 일어나는 일을 고려해 세심하게 짜 맞추어졌다. 윔퍼는 이 책에서 거들스톤은 일절 언급하지 않고 더글러스와 둘이서 저녁식사를 마쳤을 때 허드슨이 들어왔다고만 언급했다.[6] 허드슨이 마터호른 이야기를 하는 것을 엿들은 윔퍼와 더글러스는 둘이서 의견을 모은 끝에 허드슨에게 팀을 합치자고 제안했다. 윔퍼의 부연 설명에 따르면, 해도우를 소개받았을 때 그의 경험에 대해 묻자 허드슨이 "해도우 씨가 보통 사람들보다 훨씬 빠른 시간 내에 몽블랑에 올랐다."라고 말해 윔퍼를 안심시켰다.[7] 허드슨은 해도우가 어떤 경험을 했는지 설명했으나, 그것이 그가 경험한 '전부'라고는 말하지 않았다. 며칠 후 윔퍼로부터 직접 마터호른 등정 이야기를 들었을 때 애덤스 라일리는 해도우의 등반 경험이 며칠 전에 무모하게 덤빈 몽블랑이 전부라는 사실을 알았더라면 윔퍼가 "결사적으로 반대했을 것"이라고 확신했다.[8]

어떤 일이 일어났더라도 두말할 여지없이 흥거운 저녁 시간이었다. 지인이든 새로운 사람이든 한 자리에 둘러앉아 포도주를 곁들여 만찬을 즐기며 산에 대한 이야기를 주고받고 무용담을 늘어놓느라 여념이 없었다. 식당 안은 떠들썩한 축제 분위기가 한껏 무르익었다. 윔퍼는 물론 해도우에 대해 물었겠지만, 아마도 크로와 다시 산에 오를 수 있다는 생각에, 또 허드슨처럼 존경받는 등반가와 한 팀을 이루어 자신이 계획한 루트를 통해 마터호른으로 향한다는 생각에 너무나도 흥분한 상태였기에, 어리고 경험이 부족한 해도우를 그냥 받아들인 것으로 보인다. 윔퍼는 해도우와 비슷한 또래였던 더글러스를 전폭적으로 신뢰했다. 며칠 전에 알려지지 않은 고개를 처음 넘을 때는 거들스톤(그는 등반 경험은 거의 없었고 윔퍼보다 두 살 아래였다.)을 데리고 갈 마음도 있었다. 거들스톤은 그날 저녁 윔퍼와 더글러스, 허드슨이 모인 자리에 같이 있었지만, 일행에 합류하라는 제안을 거절했다. 윔퍼에게서 철저히 준비된 대규모 이탈리아 등반대가 벌써 마터호른에 붙어 있다는 다급한 소식을 전해 들은 허드슨은 체르마트로 오고 있는 가엾은 매코믹을 기다릴 상황이 아니라고 생각했다. 매코믹과 만나기로 약속한 것으로 보아 — 그 전주에도 매코믹이 허드슨을 따라잡기 위해 강행군을 해야 했지만 — 허드슨이 매코믹을 빼놓고 마터호른에 오르려고 했던 것 같지는 않다. 크로와 다시 산에 오르고 싶은 마음에 한껏 들뜬 윔퍼가 허드슨에게 이탈리아 등반대가 벌써 마터호른에 붙어 있다는 사실을 상기시키면서 올지 안 올지 확실치 않은 동행을 기다리느라 지체하면 안 된다고 설득했다고 보는 편이 훨씬 그럴듯하며, 당시 윔퍼가 했던 전형적인 행동과도 부합한다. 그다음 이틀간 벌어진 사건은 윔퍼의 기억에 무의식적으로 영향을 주었으리라 보인다. 윔퍼로서는 크로를 등반대에 합류하게 만든 것까지 자신의 책임으로 인정하고 싶지 않았을 것이다.

날은 맑게 개었다. 구름 한 점 없는 청명한 하늘 아래, 윔퍼 일행은 이튿날 아침인 1865년 7월 13일 목요일 오전 5시 반, 체르마트를 출발했다. 일행은 윔퍼와 허드슨, 해도우, 더글러스, 가이드를 맡은 크로와 타우그발더, 짐꾼을 맡은 타우그발더의 두 아들, 이렇게 모두 여덟 명이었다. 일행은 우선 슈바르츠제 호수로 가서 미리 놓아둔 텐트와 로프를 챙긴 다음 회른리 능선으로 올라가 텐트 칠 만한 자리를 물색했다. 멀리서 볼 때는 윤곽이 뚜렷한 회른리 능선이야말로 정상으로 갈 수 있는 확실한 루트처럼 보였지만, 일단 붙고 보니 윔퍼가 예상한 대로 회른리 능선의 왼쪽에 있는 동벽이 오르기가 더 쉬웠다. 동벽에는 바위 턱들이 층층을 이루고 있어 7부 능선쯤에 있는 돌출된 숄더까지 어려운 구간이 몇 번 없었고, 그 몇 번도 짧은 편이었다. 적당한 막영지를 발견한 일행은 정오 무렵 그날의 운행을 접고 텐트 칠 자리를 평평하게 골랐다. 그동안 크로와 타우그발더의 큰아들은 다음 날 올라갈 루트를 정찰하러 좀 더 위쪽까지 올라갔다. 2시간쯤 후에 두 사람은 의기양양하게 돌아오더니 길이 쉬워 정상까지 확실히 오를 수 있겠다고 보고했다. 설렘으로 가득한 즐거운 저녁 시간이 모닥불 위로 흘러갔다. 가이드들은 밤이 깊을 때까지 노래를 불렀다. 타우그발더의 큰아들이 모국어인 독일어 외에 프랑스어도 할 줄 아는 덕분에 크로도 소외되지 않고 떠들썩한 자리를 같이 즐길 수 있었다. 윔퍼와 더글러스는 우렁차게 코를 고는 타우그발더 부자와 텐트를 같이 쓰기로 했지만, 나머지 일행은 별빛을 벗 삼아 밖에서 담요로 만든 침낭을 덮고 노숙하는 쪽을 택했다. 윔퍼는 메이네와 리옹 능선에서 했던 것처럼 막영지에 있는 바위에 자기 이름의 머리글자를 새겼다.

설령 타우그발더 부자의 합창이 없었더라도 윔퍼는 분명 잠들기에는 너무 흥분한 상태였을 것이다. 다들 동이 트기 한참 전부터 깨어 있었다. 타우그발더의 큰아들은 계속 함께 올라가고, 짐꾼을 맡았던 작은아들은 체르마트로 내려 보내기로 결정되었다. (큰아들은 몬테로사에는 여러 차례, 그보다 상당히 난이도가 높은 바이스호른에는 한 차례 가이드로 산에 오른 경험이 있었다.) 일행은 동벽의 바위 턱을 따라 느리지만 꾸준한 속도로 돌출된 숄더까지 치고 올라가 그곳에서 잠시 멈추고 간식을 먹었다. 윔퍼의 평소 기준에 비하면 운행 속도는 더디기 짝이 없었다. 길을 찾아야 하기는 했지만, 윔퍼의 설명에 따르면, 어려운 구간은 전혀 없었다. 앞서 그해 여름에 이곳과 지형이 비슷한 그랑드 조라스와 에귀 베르트를 초등할 때는 똑같이 모르는 길이었는데도 훨씬 더 빨랐다. 윔퍼는 본디부터 시간이 지체되는 것을 몹시 싫어하는 성격이었다. 예정에 없던 휴식이나 시간 낭비를 싫어했으며, 일행 중에서 아무 때나 멋대로 먹거나 마시는 사람도 매우 못마땅해했다. 더없이 좋은 날씨였으므로 윔퍼는 분명 산 반대편에 붙어 있는 이탈리아 등반대를 끊임없이 의식했을 것이다. 일곱 명이었으니 절대 서너 명만큼 빨리 움직일 수야 없었겠지만, 해도우는 이러한 등반이 처음이었고, 그의 경험 부족으로 일행 모두가 늦어졌다. 해도우는 자주 도움을 받아야 했으며, 그 등반이 자신의 경험을 넘어서는 수준임을 깨달았다. 하지만 윔퍼는 해도우가 심하게 지친 상태도, 그 상황에 겁을 먹은 상태도 아니었다고 잘라 말했다.

숄더에 이르자 능선이 급격히 가팔라졌다. 그 등반에서 유일하게 어려운 구간을 만난 크로는 북벽 쪽으로 돌아가 얼마간 직상한 다음, 다시 왼쪽으로 틀어 능선으로 붙었다. 윔퍼가 크로의 뒤를 따랐고, 허드슨이 세 번째, 해도우가 그다음, 타우그발더가 맨 뒤에 섰다. 사면의 경사도는 정상을 몇십 미터 남기고부터 완만해지는데, 이곳에서 윔퍼와 크로는 몸에 묶은 로프를 풀고 정상까지 내달렸다. 그 뒤를 허드슨이 바짝 따랐다. 7월 14일 오후 2시에 조금 못 미친 시각에 윔퍼와 크로가 정상을 밟았다. 그날은 앞으로 윔퍼가 눈을 감는 날까지 일기에서 거듭 이야기하게 될 바로 그 운명의 날이었다.

매코믹은 그날 아침에 체르마트에 도착해 허드슨이 남긴 또 다른 쪽지를 보았다. "우리는 윔퍼와 함께 마터호른에 도전하러 이제 출발하네. … 원한다면 부지런히 따라오게."[9] 가엾은 매코믹은 물론 허드슨의 뒤를 따르고 싶은 마음이 굴뚝같았겠지만, 몬테로사 호텔을 떠나지 않았다. 호텔에서 점심을 먹던 손님들은 망원경으로 등반가들의 모습을 보면서 흥분을 감추지 못했다.

> 2시 정각에 우리가 막 식사를 마쳤을 때쯤 그들이 마터호른 정상에 도달했다는 사실이 … 알려졌다. 식탁에 앉아 있던 모든 사람이 벌떡 일어나 그들을 보러 밖으로 나갔다. 망원경을 통해 그들의 모습을 똑똑히 볼 수 있었다. … 그들은 바위가 드러난 사면으

로 내려설 때까지 보이다가 이내 사라졌다.[10]

그날 거들스톤은 기운을 좀 차린 터라 윔퍼의 가이드였던 프란츠 비너와 함께 몬테로사에 오르기 위해 리펠베르크 호텔에 올라가 있던 참이었다. 그리고 2시 정각에,

> 나는 창밖으로 윔퍼와 크로가 마터호른 정상에 막 도달해 능선을 따라 달리는 모습을 보았다. 이 일로 나는 크게 기뻤으며 몬테로사 등반에 더욱더 즐겁게 임할 수 있었다.[11]

많은 사람이 염원하는 산의 정상에 오른 순간은 그 지점에 도달한 첫 번째 사람에게든, 만 번째 사람에게든 한없이 기쁜 순간이다. 1865년 7월 14일은 더없이 청명한 날이었다. 마터호른의 좁은 정상에서 바라보는 풍경은 사방이 막힌 것 없이 탁 트인 파노라마로 마치 신들의 세상에 올라온 것 같은 느낌을 준다. 윔퍼는 이 정상을 최초로 밟는 사람이 되고 싶다는 야망을 품고 5년이라는 세월을 바친 끝에, 그 순간, 완벽한 날씨에, 가장 존경해 마지않던 동료 크로와 함께, 아무도 다녀간 흔적이 없는 그곳에 올라섰다. 윔퍼는 그때까지 오른 산들을 내려다볼 수 있었다. (마터호른은 지난 28일 동안 이룩한 다섯 번째 초등이었다.) 서로 등을 두들겨주고 악수를 하며 기쁨을 나눌 수 있었다. 그날 저녁 체르마트에서 어떻게 환희의 시간을 만끽할지도 눈앞에 그려볼 수 있었다. 윔퍼의 경치 묘사는 지금까지 산 이름을 나열한 것에 불과하다는 온당치 못한 비판을 받아왔다. 3~4년 후에『알프스 등반기』에서 이 부분을 쓸 때 윔퍼는 곧 일어날 참사의 결과를 이미 알고 있는 상

황에서 그의 일생에서 가장 숭고했던 순간을 묘사해야 했다.

> 대기는 고요했다. 구름이나 안개도 없었다. 100킬로미터, 아니 150킬로미터 떨어진 산들도 손에 잡힐 듯 가깝게 보였다. 능선과 암벽, 설원과 빙하 등 봉우리를 이루는 요소 하나하나가 흠잡을 데 없이 선명하게 보였다. 낯익은 모양의 산을 발견할 때마다 지난날의 즐거운 기억들이 되살아났다. 그야말로 모든 봉우리가 훤히 내다보였다. 알프스의 주요 봉우리 중 어느 하나도 숨은 것이 없었다. 지금도 그 모습이 눈에 선하다. …12

알프스를 처음 본 지 5년 만에 윔퍼는 고산 등반가로서 누구도 범접하기 힘든 독보적인 명성을 쌓았다. 일생에서 최고로 손꼽을 만큼 황홀한 파노라마를 보는 동안, 야망을 절대 굽히지 않았던 이 스물다섯 살 청년의 마음속에 어떤 감정들이 흘렀는지, 그것이 개인적인 승리감이었는지, 영광스러운 성취감이었는지, 함께 나눈 동료애였는지는 그저 상상해볼 수밖에 없다.

마터호른 정상은 좁은 능선으로 거의 평평하지만 양 끝에 불룩 솟은 봉우리로 이어지는데, 지금은 각각 스위스 정상과 이탈리아 정상이라고 부른다. 크로와 윔퍼는 곡예사들이 타는 줄처럼 가는 이 능선을 달려 이탈리아 정상을 밟은 뒤에 300여 미터 아래에 있던 카렐 일행을 내려다보았다. 그들은 정상에 도달하지 못한 채 발길을 돌려 이미 하산 중이었다. 크로와 윔퍼는 그들의 주의를 끌기 위해 있는 힘껏 고함을 지르고 광대한 남벽 아래로 돌을 굴렸다. 마침내 정상에서 외치는 소리가 카렐 일행의 귀를 파고들었다. 카렐은 윔퍼가 즐겨 입던 밝은 색상의 플란넬 바지를 한눈에 알아보았다. 카렐 일행은 자신들이 실패했음을 눈으로 똑똑히 확인하고 나서 절망에 휩싸인 채 산을 내려갔다.

정상에 꽂은 깃발은 윔퍼 텐트에서 빼낸 졸대에 크로의 윗도리를 묶어서 만들었다. 이 깃발을 브로일에서 본 사람들은 이탈리아 등반대가 정상 등정에 성공한 줄로 착각했다. 조르다노는 즉시 퀸티노 셀라에게 승전보를 보낸 후에 다음과 같은 편지를 썼다.

> 오늘 오후 2시, 카렐 일행이 마터호른 정상에 선 모습을 보았다네.
> 나 말고도 많은 사람이 함께 보았으니 성공은 확실해 보이네. …
> 윔퍼는 반대편에서 시도했는데, 실패한 걸로 보이네.[13]

윔퍼와 허드슨은 하산 계획을 상의했다. 그때 윔퍼가 가져온 약한 로프를 가장 가파른 구간을 지날 때 확보용으로 바위에 걸어야 한다는 의견이 나왔다. 이러한 방식은 이탈리아 능선에서는 벌써 관행으로 자리 잡아, 1865년에는 이미 윔퍼와 틴들의 시도 때 사용된 빛바랜 로프들이 군데군데 매달려 있었다. 하지만 걷잡을 수 없는 총체적 혼돈 속에서 회른리 능선으로 하산을 준비할 때는 아무도 이렇게 하지 않았다. 그들은 온통 커다란 희열에 도취된 상태에서 함성을 지르고 노래를 불렀다. 서로에게 각각 다른 관계였던 일곱 명의 등반가들 사이에서 분명 많은 상호작용이 오갔을 터였다.[14] 그 전주에 에귀 베르트에서 하산할 때처럼 크로가 앞장서고 일행 중에서 가장 경험이 적은 해도우가 그다음에 섰다. 해도우 뒤에는 허드슨이, 그 뒤에는 더글러스와 타우그발더가 차례로 섰다. 더글러스까지 로프를 묶는 작업은 크로가 했다. 짐작건대, 크로는 타우그발더와 허드슨이 적당한 로프를 골라 상황에 맞게 묶으리라 믿었던 것 같다. 하지만 걷잡을 수 없는 흥분에 휩싸인 그 순간 윔퍼가 가져온 약한 로프는 실제로는 타우그발더와 더글러스를 묶는 데 사용되었다. 역사에 길이 남을 초등을 이루어냈다는 주체할 수 없는 희열에 빠진 일행 모두는 그날 하루가 이미 끝났으며, 단지 체르마트에서 친구와 지인들에게 받을 축하세례와 축하연만이 남았다고 생각했다. 윔퍼의 체계적인 조심성은 지난 이틀간의 상상을 초월하는 행운에 휩쓸려 어디론가 사라져 버리고 없었다. 정상에서 가장 마지막에 내려온 윔퍼는 일행이 하산을 시작했을 때에도 여전히 스케치 작업을 하고 있었다.

정상에 두 발을 딛고 서서, 알프스 전체를 한눈에 내려다보며, 다른 이들의 격앙된 목소리를 들으면서 윔퍼는 분명 형언할 수 없을 만큼 큰 성취감과 행복감, 보람을 만끽했을 것이다. 윔퍼는 종이에 이름을 적어 병 속에 넣었다. 타우그발더의 큰아들이 기다렸다가 윔퍼와 로프를 묶은 뒤에 하산을 시작했다. 두 사람은 20분쯤 내려갔을 때 일행을 따라잡을 수 있었다. 그들은 올라올 때 가장 애를 먹은 구간에서 한 번에 한 사람씩 천천히 내려가고 있었다. 바로 전주에 오버가벨호른에서 겪은 치명적일 뻔한 사고가 뇌리에 생생했던 더글러스는 뒤에 있는 타우그발더가 혼자 힘으로는 추락을 제동할 수 없을 것 같다는 불안감을 느꼈다. 더글러스는 윔퍼에게 타우그발더와 로프를 묶어달라고 부탁했고, 윔퍼는 더글러스의 부탁대로 했다. 그리하여 일곱 명 전원이 한 줄의 로프에 묶인 상태가 되었다.

1865년 7월 14일, 이탈리아 등반대보다 한발 앞서 마터호른 등정에 성공하고 나서 기뻐하는 자신과 크로의 모습을 담은 윔퍼의 삽화. 『알프스 등반기』(1871)에 수록되었다.

　윔퍼는 로프 앞쪽에서 다음에 벌어진 일을 정확히 볼 수 없었지만, 바로 앞에 있던 타우그발더보다는 좀 더 잘 보이는 위치에 있었다. 맨 뒤에 있던 타우그발더의 큰아들은 밑에서 일어난 일을 전혀 볼 수 없었다.[*] 그들이 서 있던 장소는 아주 가파른 구간은 아니었지만, 바위가 반질반질하고 얼음이 붙어 있었다. 그다음에 벌어진 일은 눈 깜짝할 사이에 끝나버렸지만, 윔퍼의 남은 평생 절대 잊히지 않는 순간이 되었다. 크로는 해도우가 안전한 곳에 발을 디딜 수 있도록 도와준 후에 (경험이 많고 적음과 관계없이 가이드가 손님에게 해주는 일반적인 관행이었다.) 몇 발자국을 더 내려가기 위해 몸을 돌렸다. 그 순간 해도우가 미끄러지면서 크로를 덮쳤다. 크로는 고꾸라지면서 외마디 비명을 질렀다. 허드슨은 해도우 바로 위쪽에서 대기하고 있었는데, 허드슨과 해도우 사이의 로프가 많이 늘어져 있던 터라 두 명이 추락하는 충격이 로프에 실리자 허드슨이 중심을 잃고 넘어지면서 불안정하게 서 있던 더글러스까지 넘어뜨렸다. 더글러스는 일주일 사이에 두 번째 추락했는데, 이번만큼은 로프의 구원을 받지 못했다. 윔퍼와 타우그발더는 동료들이 한 명 한 명 차례로 절벽 아래로 사라지는 광경을 보았다. 그리고 아무리 짧았더라도 절대 잊힐 리 없는 그 찰나에 분명 자신들에게도 엄습해 오는 죽음의 공포를 느꼈을 것이다. 타우그발더는 커다란 바위를 온몸으로 부둥켜안았고, 윔퍼는 피켈을 눈 속에 박았다. 네 명이 동시에 추락하는 충격이 타우그발더에게 전해졌다. 윔퍼가 로프를 단단히 고정하고 타우그발더가 바위를 꽉 잡은 덕에 타우그발더는 다행히 그 자리에서 버틸 수 있었지만, 그와 더글러스를 묶었던 약한 로프가 충격을 이기지 못하고 그만 공중에서 끊어져 버렸다. 로프

---

[*] 심문회에서 타우그발더는 사고를 묘사한 내용에 약간 다른 부분이 있더라도 윔퍼가 자신보다 더 잘 보았다고 밝혔다. Lyall, *The first descent of the Matterhorn*, 499

가 확 당겨지면서 타우그발더는 손이 찢어지고 엄청난 힘으로 허리가 조여지는 끔찍한 고통을 느껴야 했다. 크로와 해도우, 허드슨, 더글러스는 모두 한 줄로 묶인 채 굴러떨어지면서 추락을 멈추려고 필사적으로 허우적거렸지만, 끝내 멈추지 못하고 1,200미터를 추락해 북벽 기슭에 있는 빙하 위로 떨어졌다. 크로가 처음 내질렀던 외마디 비명을 제외하면 그 어떤 소리도 들리지 않았다.

웜퍼와 타우그발더는 가까스로 위기를 모면했지만, 동료들이 눈앞에서 사라져 가는 이해할 수 없을 정도로 충격적인 광경을 보고 분명 그 자리에 얼어붙었을 것이다. 불과 얼마 전에 느꼈던 기쁨과 희열은 삽시간에 사라졌다. 직접적인 책임이 없는 사고였다고 볼 수도 있었지만, 웜퍼는 그곳에 있던 모든 사람에 대한 책임이 자신에게 있음을 잘 알고 있었다. 더 힘주어 말했어야 한다는 사실을, 평소처럼 결벽에 가까운 조심성으로 허드슨과 가이드들이 내린 결정에 개입했어야 한다는 사실을 잘 알고 있었다. 타우그발더 부자도, 웜퍼도 큰 충격에서 쉽사리 헤어나지 못했다. 맨 뒤에 있어 상황을 전혀 볼 수 없었던 타우그발더의 큰아들은 큰 소리로 아버지를 불렀다. 둘 사이에 묶여 있던 웜퍼가 연거푸 설득해보았지만, 두 부자는 올라가려고도, 내려가려고도 하지 않았다. 아들은 아버지가 무사하다는 사실을 확인한 뒤에도 움직이기를 거부했다. 한참 시간이 흐른 후에야 그들은 겨우 하산을 다시 시작할 수 있었다. 이번에는 더욱더 신중을 기하며, 처음에 하려고 했던 대로 바위에 확보용으로 로프 조각을 걸었다.[*]

---

[*] 20년 후에도 이 로프 조각들은 색이 바랜 채 그 자리에 그대로 걸려 있었다.

동료들의 이름을 외쳐보았지만, 돌아오는 것은 무거운 침묵뿐이었다. 시간을 많이 지체한 데다 부들부들 떨고 신중을 기하느라 하산 중에 날이 어두워지고 말았다. 세 사람은 바위 턱에서 악몽 같은 밤을 보내야 했다. 윔퍼는 타우그발더 부자의 행동에 정신적으로 큰 충격을 받았다. 타우그발더는 극도로 겁에 질려 자주 멈춰 섰다. 그의 큰아들은 능선의 숄더 부분에 이르러 길이 쉬워지자마자 떠들썩한 축하 분위기로 돌변해 먹고 마셔댔다. 윔퍼의 입장에서는 극도로 비정하다고 생각할 수밖에 없는 행동이었다. 타우그발더 부자는 돈 문제를 끄집어냈다. 그들을 고용한 사람이 더글러스였기 때문이다. 말문이 막힌 윔퍼는 당연히 더글러스가 주기로 한 돈은 모두 자신이 주겠다고 답했다. 타우그발더 부자는 사실 돈을 받을 마음이 없었다. 윔퍼가 신문이나 잡지에 그들이 돈을 받지 못한 사연을 쓴다면 앞으로 더 큰 명성과 더 많은 고객을 얻게 되리라 생각했을 뿐이다. 윔퍼는 구역질이 났다. 춥고 불편한 6시간을 견딘 후에 세 사람은 동이 트자마자 부리나케 체르마트로 내려갔다. 윔퍼는 앞만 보고 전속력으로 내달렸다. 거의 이틀을 꼬박 새우다시피 한 상태로 몬테로사 호텔에 도착해 방으로 들어간 윔퍼는 그때서야 비로소 눈물을 흘리며 울었다. 거들스톤은 그날 몬테로사를 오르고 있었으므로, 체르마트에 윔퍼가 아는 사람이라고는 자일러 부부뿐이었다. 매코믹은 그날 아침에 이미 리펠베르크 호텔로 떠난 뒤였다. 윔퍼는 매코믹에게 전갈을 보냈다. "신부님이 어제 마터호른에 나와 같이 올랐던 찰스 허드슨 신부님의 친구라고 들었습니다. 그분께 사고가 일어났음을 알게 되어 몹시 마음이 아픕니다. 안타깝게도 치명적인 사고입니다."[15]

알렉산더 자일러는 대규모 수습대를 꾸렸다. 수습대는 그날 오후 마터호른 북벽 아래 빙하에 놓인 시신들을 발견했지만, 일몰 전까지 그곳에 닿기는 무리였다. 윔퍼는 사실상 사흘씩이나 거의 잠을 못 잔 상태였음에도 가만히 앉아 있을 수만은 없었다. 그래서 날이 밝자마자 시신이 있는 곳에 닿기 위해 매코믹과 그날 밤에 떠날 생각이었다. 체르마트 가이드들은 일요일 아침 미사에 참석하지 않으면 사제들에게 파문을 당할까 봐 두려워했지만, 윔퍼는 도저히 하루를 더 기다릴 수가 없었다. 사스페 출신 가이드 안덴마텐Franz Andenmatten, 세인트니클라우스St. Niklaus 출신 가이드 로흐마터Lochmatter 형제, 샤모니 출신 가이드 두 명[*]이 따라나섰다. 그날 오후에 체르마트로 넘어온 럭비스쿨[†] 교사 로버트슨Robertson과 필포츠Phillpotts도 수습대에 합류했다. 윔퍼 일행은 일요일 새벽 2시 정각에 출발해 회른리 능선 기슭으로 올라간

---

[*] 둘 중 한 명이었던 프레데리크 파요Frédéric Payot는 1911년 윔퍼의 장례식에 참석했다. 윔퍼는 가이드들이 파문당할까 봐 두려워했었다고 잘라 말했다. 사제들에게는 그렇게 할 권한이 없었지만, 윔퍼도 신도들도 이 사실을 알지 못했던 것 같다. 30년 후 체르마트에서 고르너그라트 호텔을 운영하던 여자와 나눈 대화를 윔퍼는 다음과 같이 적었다. "체르마트 사제들이 가이드들을 파문하겠다고 협박했다는 이야기가 나오자 그녀가 반색하더니 다음과 같은 이야기를 들려주었다. 그녀는 개신교도였고, 두 딸은 가톨릭교도였다. 그해 겨울 가엾은 개신교도 남자 하나가 체르마트에서 죽었는데, 두 딸이 그 남자를 돌보아주었다. 장례를 치르기 위해 한 사제가 시옹에서 파견되었는데, 그 사제를 무덤으로 안내한 사람은 두 딸뿐이었다. 장례식 직전에 [사제] 추브리겐Zurbriggen은 신도들에게 슈바르츠제 호수 옆에 있는 성당에서 열릴 미사에 참석하라고 공지했다. 두 딸은 장례식에 있느라 미사에 참석할 수 없었다. 다음 일요일에 추브리겐은 성당에서 이 문제를 거론하면서 그런 일이 재발하면 문제를 일으킨 사람을 파문하는 것이 자신의 소임이라고 말했다." Edward Whymper, 'Journal 1895,' 5 September 1895, MS 822/20, Archives, Scott Polar Research Institute. 그다음 일요일, 안덴마텐은 윔퍼와 시신을 찾으러 간 날 미사에 불참했다는 이유로 체르마트에 있는 성당에서 쫓겨났다.

[†] 워릭셔Warwickshire주 럭비Rugby에 있는 영국에서 가장 오래된 사립학교. 구기 종목인 럭비가 태어난 곳으로도 유명하다. ―옮긴이

다음, 북벽에서 떨어지는 낙석들의 포격에 공포를 느끼며 빙하로 내려갔다. 빙하는 처참한 죽음의 현장으로 변해 있었다.

크로와 해도우와 허드슨의 시신은 그곳에 있었지만, 더글러스의 시신은 보이지 않았다. 그의 시신은 윔퍼의 눈앞에서 사라진 후로 지금까지도 발견되지 않았다. 그 자리에 있던 어느 누구도 그토록 참혹한 광경을 눈으로 본 적은 없었다. 시신에서 벗겨진 옷가지들은 빙하 위에 여기저기 널브러져 있었다. 더글러스의 유품은 신발과 장갑, 허리띠뿐이었다. 크로의 머리통 윗부분은 날아가 버린 상태였고, 그가 목에 걸고 다니던 십자가는 턱에 박혀 있었다. 윔퍼는 몸서리가 쳐질 만큼 참혹한 그 장면을 훗날 이렇게 묘사했다.

> 크로는 한 마디로 갈가리 찢겨 있었다. 엄청난 몸집을 가진 거인이 그의 몸을 낚아채 인간의 형체가 하나도 남지 않을 때까지 바위에 몇 번이고 후려친 것처럼 보였다. 다른 두 구의 시신 상태도 별반 다르지 않았다.[16]

그들은 유품을 꺼낸 다음 시신을 눈에 묻었다. 허드슨의 깨진 시계는 3시 45분에 멈춰 있었다. 허드슨이 항상 지니고 다니던 기도서를 펼친 매코믹은 시편 90편을 낭송했다. "산이 생기기 전 … 주는 하느님이시니이다. 주께서 사람을 티끌로 돌아가게 하시고…" 윔퍼와 매코믹은 사고 후 처음 알게 된 사이였지만, 매코믹은 윔퍼에게 큰 버팀목이 되어주었다. 사고가 일어난 다음 일주일 동안 두 사람은 많은 시간을 같이 있었다. 빙하에 시신을 묻어주고 돌아온 후에 매코믹은 윔퍼로부터 들은 사고 내용을 자세히 적어 『더 타임스』 앞으로 보냈다.[17] 40년 후에 윔퍼는 매코믹에게 혼인미사 집전을 부탁했다.

거들스톤은 몬테로사 정상에서 내려와 리펠베르크 호텔로 돌아 왔을 때 참사 소식을 들었다. "준비할 때 바로 옆에서 지켜보았던 만큼 얼마나 가슴이 미어지는지 차마 말로 표현할 수가 없다." 거들스톤은 "그곳에 친구 한 명 없는 가엾은 윔퍼를 위로하기 위해" 황급히 체르마트로 달려갔다.[18] 거들스톤이 방으로 자러 들어가자 말벗이 간절히 필요했던 윔퍼는 그의 방으로 건너갔고 사고에 대해 이야기했다. 꼭 체르마트에 있어야 할 필요는 없다고 윔퍼가 재차 등을 떠미는 통에 거들스톤은 하는 수 없이 날이 밝자마자 마을을 떠났다. 그리고 브리크 Brig에 갔다가 아돌푸스 무어와 호러스 워커를 만났다. 두 사람은 하루 전날 사고소식만 들었지 자세한 내용은 모르고 있었다. 오버가벨호른에서 간발의 차이로 더글러스보다 앞서 초등에 성공한 무어와 워커는 쿠르마예로 넘어가는 길에 피느 다롤라Pigne d'Arolla 초등에도 성공했다. 윔퍼가 외롭고 쓸쓸하게 체르마트로 내려온 날인 7월 15일에 그들은 워커의 아버지인 프랭크 워커와 조지 매슈스George S. Mathews와 함께 멜히오르 안데렉과 야코프 안데렉을 가이드로 대동하고 브렌바 능선 Brenva Ridge을 통해 몽블랑 정상에 오르기도 했다. 이 등정은 마터호른보다 훨씬 더 험난한 등정이었지만, 마터호른에서 일어난 극적인 사건에 가려질 수밖에 없는 운명이었다.

윔퍼와 애덤스 라일리는 브로일에서 마주치기를 서로 반쯤은 기대하고 있었다. 하지만 애덤스 라일리는 윔퍼가 샤모니에 있는 동안 브로일에 들렀고, 윔퍼가 알머와 비너를 데리고 7월 7일에 브로일에 돌아왔을 때는 이미 마을을 떠나고 없었다. 애덤스 라일리가 7월 17일에 브로일로 돌아왔을 때는 이미 사고소식이 국경 너머까지 퍼져 있었다. "나는 가엾은 윔퍼에 대한 생각을 지울 수 없었다. 조금이라도 위안을 줄 수 있지 않을까 하는 마음에 당장 테오둘 고개를 넘어 체르마트로 달려갔다. 윔퍼는 가엾은 동료들 생각에 무척 괴로워하고 있었다."[19]

체르마트의 분위기가 하루 사이에 승리와 환희에서 우울과 비극으로 바뀌는 동안, 브로일도 축하와 절망 사이를 오갔다. 7월 11일 화요일, 카렐 일행은 브로일을 출발해 윔퍼가 1862년에 발견한 가장 높은 막영지인 4,000미터 고지에 텐트를 쳤다. 하지만 화요일 밤부터 수요일 밤까지는 날씨가 아주 험악해져 꼼짝도 할 수 없었다. 목요일에는 날씨가 좋아졌지만 새로 쌓인 신설 탓에 전진이 거의 불가능했다. 그 시간에 윔퍼 일행은 텐트를 치고 있었다. 마음이 다급해진 조르다노는 카렐 일행에게 윔퍼가 스위스 쪽으로 도전하러 이미 출발했으니 지체할 시간이 없다는 내용을 적은 편지를 보냈다. 당시 카렐이 야영하던 곳까지는 바위와 얼음이 섞인 혼합지대를 올라야 하는 상당히 까다로운 구간이었던 만큼 조르다노의 심부름꾼이 이 편지를 전달하지 못한 것은 당연한 일이었다. 카렐은 어찌 되었든 윔퍼가 북쪽에서 마터호른 등정에 성공할 가능성은 희박하다고 생각했다.

7월 14일 금요일 아침 6시, 카렐 일행은 막영지를 뒤로하고 정상 공격에 나섰지만, 2시경 윔퍼와 크로가 정상에 선 모습을 보고 실망을 금치 못했다. 카렐이 훗날 윔퍼에게 털어놓은 바에 따르면, 당시 카렐 일행은 정상 250여 미터 아래 '숄더'까지 다다랐다. 그곳은 카렐이 3년 전에 틴들과 함께 도달한 지점이었다. 그곳에서 올라가느냐 내려가느냐를 놓고 첨예한 논쟁이 벌어졌는데, 카렐은 계속 올라가고 싶어 했지만, 다른 이들은 틀림없이 능선에서 밤을 맞으리라고 생각해 하산해야 한다고 맞섰다. 윔퍼와 크로의 고함을 들은 것은 하산을 시작한 지 얼마 되지 않았을 때였다. 자부심이 강한 남자였던 카렐로서는 윔퍼에게 정상에 선 그를 보았기 때문에 이탈리아 등반대가 도망치듯 내려왔다고 말하고 싶지 않았을 것이다. 어쨌든 정상에 선 윔퍼와 크로를 본 시각은 2시경이었고, 정상까지의 표고 차는 300여 미터에 달했다. 그 시간에 등반을 계속한다면 하산 중에 어둠에 갇힐 것은 불을 보듯 뻔한 일이었다. (3년 전 카렐과 틴들 일행은 오전 8시를 조금 넘긴 시각에 '숄더'에서 발길을 돌렸었다.)

카렐 일행은 텐트에서 끔찍한 밤을 견디고는 날이 밝자마자 몹시 낙담한 채 브로일로 내려왔다. 조르다노는 괴로운 마음으로 퀸티노 셀라에게 패배 소식을 전해야 했다.

> 어제는 끔찍한 날이었네. 윔퍼가 결국 운이 따르지 않은 카렐을 제치고 승리를 쟁취했지. … 가엾은 카렐은 자신이 추월당했음을 눈으로 보았을 때 전진할 용기가 없어 장비와 짐을 들고 철수했다

네. … 나는 비통한 심경을 가눌 길이 없네만, 누군가가 지금 당장 이탈리아 쪽에서 등정을 해낸다면 반격할 수 있다고 생각하네. … 카렐은 여전히 이것이 가능한 일이라고 생각하네.[20]

카렐은 통일 이탈리아 왕국의 명예를 회복해야 한다는 조르다노의 설득에 마음이 움직였다. 일요 미사가 끝나고 웜퍼가 산 반대편에서 시신을 눈에 묻는 동안, 카렐은 다시 한번 마터호른을 향해 출격했다. 카렐과 함께 도전했던 이들 중에는 아무도 다시 가려는 사람이 없었다. 조르다노가 직접 오르고 싶어 했지만, 카렐이 초보자에게는 너무 위험한 등반이라며 만류했다. 8년 전 카렐의 첫 마터호른 도전 때 함께했던 에메 고레 신부가 가겠다고 나섰다. 장 밥티스트 비슈Jean Baptiste Bich와 장 오귀스탱 메이네Jean Augustin Meynet도 따라나섰다. 이번 등반에서 카렐은 '숄더'에서 왼쪽인 츠무트 능선Zmutt Ridge 방향으로 횡단한 다음, 지금은 '갤러리 카렐Gallery Carrel'이라고 불리는 구간을 따라 까다롭고 위험한 구간을 돌파해나갔다. 정상의 턱밑까지 이르렀을 때는 짧은 쿨르와르를 내려가야만 다시 능선으로 붙을 수 있었는데, 용감한 고레 신부가 희생정신을 발휘해 그곳에 남았다가 돌아오는 일행을 끌어올려 주기로 했다. 고레 신부와 메이네가 작은 콜 사이로 내려준 덕분에 카렐과 비슈는 쉽게 정상으로 갈 수 있었다. 웜퍼가 그곳을 다녀간 지 사흘 만에 카렐은 웜퍼가 쌓은 케른 옆에 이탈리아 국기를 꽂았다. 조르다노는 크로의 윗도리 옆에서 펄럭이는 이 깃발을 보고 카렐의 성공을 확신했다. 북벽을 내려다본 카렐과 비슈는 밑으로 보이는 빙하에 상당히 어지럽혀진 부분이 눈에 띄자마자 — 비록 그들이 사고 이야기를 들은 것은 그다음 날 브로일에 돌아가서였지만 ─ 어떤 사고가 일어났음을 직감했다. 발투르낭슈는 등정 성공을 축하하는 분위기로 온 마을이 들썩거렸다. 카렐은 마을로 돌아오자마자 주인공이 되었다. 조르다노는 정상에 나부끼는 이탈리아 국기를 드디어 보게 되어 무척 기뻤지만, 마음 한구석에는 직접 가지 못해 섭섭한 마음도 있었다. 조르다노는 퀸티노 셀라에게 이렇게 썼다.

> 비록 윔퍼에게 추월당하기는 했지만, 실용적인 측면에서 볼 때 승리는 우리의 것이라네. 이제 이탈리아 쪽에서도 정상에 오를 수 있음을 입증했는데, 체르마트 쪽에서 가까운 시일 내에 다른 등정을 시도할 것 같지는 않으니 말일세. 가엾은 윔퍼가 덧없는 승리에 빠져 있다면, 발투르낭슈는 환희로 가득 차 있다네.[21]

체르마트는 축제 분위기와는 거리가 멀었다. 마을 사람들은 체르마트에 닥쳐온 비극을 생각했다. 지방 당국은 적절한 장례를 치르기 위해 시신을 수습해 와야 한다는 강경한 입장을 굽히지 않았고, 타우그발더의 큰아들을 포함해 21명의 가이드로 꾸려진 대규모 수습대가 엄청난 위험과 난관을 무릅쓰고 그 일을 해냈다. 장례식은 사고가 일어난 지 일주일 후에 치러졌다. 다만 묻어야 할 시신은 이제 세 구가 아닌 네 구였다. 추가된 시신은 로버트슨과 필포츠 ─ 윔퍼가 시신을 찾으러 갈 때 도와준 사람들 ─ 와 함께 체르마트에 머물던 또 한 명의 럭비스쿨 교사 니벳 윌슨Knyvet Wilson이었다. 윌슨은 리펠하우스 호텔에 묵고 있었는데, 저녁을 먹고 나서 리펠베르크로 혼자 산책하러 나갔다가 발을 헛디디면서 떨어져 죽었다. 윔퍼와 매코믹이 그의 시신을 찾아냈다.

매코믹은 개신교 공동묘지에서 허드슨과 해도우, 윌슨의 장례식을 집전했다. 크로의 장례식은 그날 아침 일찍 가톨릭식으로 치러졌다. 윔퍼는 자비를 털어 크로의 추모비를 마련했으며, 비문碑文에 새길 문장도 손수 썼다. 윔퍼가 프랑스어로 쓴 초안을 당시 체르마트에 머물던 또 한 명의 럭비스쿨 교사 존 베쿠레이John Vecqueray가 다듬었다. 번역하자면 비문의 내용은 다음과 같다.

> 샤모니 계곡의 르 투르에서 태어난
> 미셸 오귀스트 크로를 추모한다.
> 동료들에게 사랑받고 여행자들에게 인정받던
> 용감하고 헌신적인 한 남자의 죽음에 깊은 애도를 표한다.
> 인정 많고 신실했던 한 가이드가
> 여기서 멀지 않은 곳에서 영원히 잠들었노라.[22]

조난 사고를 둘러싼 심문회가 열렸다. 심문회 진행은 발레주 자치위원장이자 몽세르뱅 호텔 — 더글러스가 윔퍼를 만나기 전에 묵었던 곳 — 의 주인인 비스프 출신의 요제프 클레멘츠Joseph Clemenz가 맡았다. 증인으로는 윔퍼와 타우그발더 그리고 윔퍼와 매코믹을 도와 시신을 수습한 가이드 안덴마텐과 로흐마터가 출석했다. 유일하게 남은 또 다른 생존자인 타우그발더의 큰아들은 출석이 요구되지 않아 샤모니로 떠났다. 클레멘츠의 몽세르뱅 호텔에서 7월 21일 금요일 오후 장례식이 끝난 후에 윔퍼의 증언을 듣기 위한 심문회가 시작되었다. 클레멘츠는 독일어로 작성된 질문지를 미리 제공했고, 윔퍼는 체르마트에 있던 여러 럭비스쿨 교사들의 도움을 받아 질문지를 영어로 번역한 다음, 프랑스어로 답변을 써 내려갔다. 클레멘츠는 윔퍼에게 타우그발더의 증인 심문서 초안 작성도 부탁했다. 윔퍼는 이것도 역시 프랑스어로 작성했다. 심문회가 개회되고 심문이 시작되었다. 윔퍼는 질문에 맞춰 적어온 답변을 낭독했다. 속기사는 윔퍼가 수기로 작성한 답변서를 받아 독일어로 번역한 다음 그대로 기록했다.

클레멘츠는 참사의 진상규명에는 별 관심이 없었던 것으로 보인다. 체르마트에서 가장 유명한 두 호텔 중 하나를 소유한 사람으로서 (다른 호텔의 소유주는 자일러였다.) 비난의 화살을 지역 가이드들에게 돌려 체르마트에 찾아오는 관광객의 발길을 끊게 할 정도로 진상을 철저히 파헤칠 의지는 없었던 것이다. 윔퍼는 단도직입적으로 요점만 답변했고, 조금이라도 비난을 암시할 만한 언질은 일절 피했다. "비참한 재앙은 어떻게 일어났습니까?"[23]라는 질문에 윔퍼는 며칠 뒤 『더 타임스』에 보낼 편지에서 하려고 했던 그대로, 평생 취하려고 했던 입장 그대로 사고 경위를 설명했다. 크로가 해도우에게 발 디딜 자리를 만들어준 다음, 하산을 계속하기 위해 몸을 돌렸을 때 해도우가 미끄러지면서 크로의 몸 위로 넘어졌으며, 두 사람이 추락하면서 허드슨과 더글러스를 차례로 낚아챘다는 내용이었다. 윔퍼가 심문회에서 한 답변은 크로와 해도우가 넘어진 시점이 그들의 무게가 허드슨에게 실리기 전임을 강하게 암시했지만, 윔퍼는 답변할 때 다음과 같은 말로 서두를 열었다. "이것이 사고의 원인이었다고 단정적으로 말할 수는 없습니다만, 제 생각에는 …"*

---

* 윔퍼가 말한 프랑스어 원문은 "Je ne saurais dire avec certaineté qu'elle était la veritable cause

윔퍼가 준비한 타우그발더의 증인 심문서에는 타우그발더에게 당시 체르마트에 떠돌던 비난, 즉 그가 로프를 일부러 잘랐다거나 더글러스와 묶을 때 고의로 약한 로프를 골랐다는 비난을 말끔히 해소할 기회를 주려는 의도가 담겨 있었다. 윔퍼는 타우그발더와 더글러스 사이에 왜 가장 약한 로프가 사용되었는지 정말로 알지 못했으며, 항상 같은 진술을 고수했다. 그것은 타우그발더를 믿지 못해서가 아니라, '왜 그 로프가 사용되었는지 정말로 알지 못했기' 때문이다. 윔퍼는 극단적인 규칙주의자까지는 아니더라도 객관적인 사실을 중시하는 사람이었기에 추측을 말할 수는 없었다. 여러 가지 설명이 있을 수 있다고 생각한 윔퍼는 타우그발더에게 사실상 법정이나 다름없는 자리에서 무슨 일이 일어났는지 진술할 기회를 주고 싶었다. 윔퍼가 작성한 심문서에는 이런 질문도 있었다. "당신과 더글러스 경을 묶었던 로프는 당신이 생각하기에 목적에 맞을 만큼 튼튼한 것이었습니까?"[24] 타우그발더는 '손님'이 가져온 모든 로프를 사용할 수 있으니까 챙겨온 것이라고 생각했으며, 그런 취지로 답변했다. 클레멘츠는 윔퍼에게 타우그발더의 답변을 보여주겠다고 말했지만, 심문회 결과는 윔퍼가 세상을 떠난 후인 1920년에야 공개되었다. 그때도 윔퍼와 가까운 사이였던 헨리 몬태니어Henry Montagnier의 끈질긴 노력이 아니었더라면 공개되지 못했을 것이다. 합의된 평결에 따르면, 해도우가 사고의 원인 제공

---

de l'accident. Mais je crois que …"이다. 윔퍼의 프랑스어 실력이 수준급이었다는 사실은 매우 중요하다. 그의 프랑스어 작문 실력은 상당히 우수했지만, 한 치의 오류도 없이 정확하기를 바라는 마음에서 꼼꼼히 작성했을 것이다. 자신이 적은 답변 초안과 타우그발더의 증인 심문서를 당시 체르마트에 머물던 럭비스쿨 교사들에게 보여주며 조언과 평가를 구했음은 확인된 사실이다.

자였으며 누구에게도 죄를 물을 수 없고 기소할 근거가 없었다. 윔퍼는 심문회 보고서를 열람하고 싶다고 몇 번이나 요청했지만, 죽기 전까지 읽어보지 못했다.

체르마트에서 윔퍼는 분명 일생에서 가장 괴롭고 비통한 일주일을 보냈을 테지만, 시신을 찾기 위해 할 수 있는 모든 일을 다 했고, 끝까지 사고를 뒷수습했으며, 공명정대하고 사무적인 태도로 심문회에 임했다. 윔퍼는 분명 사고에 대한 입장을 말해달라는 줄기찬 요구에 시달렸을 것이다. 하지만 윔퍼는 신중한 태도로 가까운 사람들 — 자일러, 매코믹, 거들스톤, 애덤스 라일리 등 — 에게 말고는 사고에 관한 이야기를 자제했다. 윔퍼는 죽은 동료들에게 책임을 떠넘기지 않기 위해 매우 신중하게 사고 경위를 진술했다. 윔퍼는 더글러스가 체르마트에서 지급해야 할 돈을 모두 지급했고, 크로의 가족을 위해 써달라며 애덤스 라일리에게 100프랑을 남겼다. 타우그발더 부자에게도 모든 정산을 끝냈다. 마터호른 등정에 대한 보수로 지급한 금액은 220프랑이었다. 윔퍼에 따르면 "역대 등정 보수 중에서 가장 높은 액수"였다.[25] 그런데도 타우그발더는 잔돈이 모자라다고 볼멘소리를 해댔다.[*]

윔퍼는 체르마트를 떠나고 싶은 마음이 간절했지만, 타우그발더가 토요일 아침에 조사를 받는 동안 클레멘츠 옆에 발이 묶여 있다가 그날 오후에 비스프까지 걸어갔다. 그리고 이틀을 꼬박 걸어 칸더슈텍을 거쳐 인터라켄으로 넘어갔다. 그곳에서 신문을 읽으며 돌아가는 사

---

[*] 당시 오르기 쉬운 산을 안내하는 일반적인 보수는 25프랑(약 1파운드)이었으며, 바이스호른이나 당블랑슈처럼 어려운 봉우리는 50~60프랑 선이었다.

정을 살핀 후에 윔퍼는 사고에 대해 처음 털어놓은 편지를 스위스산악회 총무이사 에드문트 폰 펠렌베르크Edmund von Fellenberg 앞으로 보냈다.

> 최근 발생한 … 비통한 사고에 쏠린 엄청난 관심을 볼 때 사람들은 진실을 갈망하고 있습니다. 사고에 대해서 스위스 국민들에게 거짓 없이 알려야 합니다. 그리하여 이미 발표된 수많은 낭설을 바로잡아야 합니다.[26]

비운으로 끝난 유명세로 인해 윔퍼는 집으로 돌아오는 길에 전혀 달갑지 않은 관심의 대상이 되어 있었다. 윔퍼는 예상대로 관심과 논쟁의 소용돌이에 휘말렸다. 헤이슬미어에 있는 아버지 집으로 피신한 윔퍼는 그곳에서 홍수처럼 쏟아져 들어오는 편지를 읽으면서 상상도 할 수 없었던 비극에 가려진, 한 달간 이루어낸 놀라운 성취들을 차분히 되새겨 보았다.

9

그 이름마저도 증오합니다

윔퍼는 집으로 돌아온 날 『더 타임스』에 실린 사설을 읽었다. 5년간 윔퍼가 매달려온 행위의 본질적인 의미에 의문을 제기한 이 사설은 분명 윔퍼의 폐부를 날카롭게 찔렀을 것이다.

고귀한 영국인들은 왜 여태껏 인간의 접근이 불가능하다고 여겨졌던 봉우리를 오르고, 만년설을 더럽히며, 다시는 돌아올 수 없는 아득한 심연에 다가가 헛되이 죽으려 하는가? 우리는 세 명의 동료*와 한 명의 가이드와 함께 1,200미터 깊이의 절벽으로 떨어진 사람이 영국에서 가장 고귀한 귀족, 아니 나아가 세상에서 가장 훌륭한 인물이 될 사람이었다고 믿는다. … 계곡에서 산을 올려다보는 세상 사람들에게 이 산은 세인트폴 대성당의 돔 지붕만큼이나 접근할 수 없는 것처럼 보인다. … 그곳에 올라갔다는 사실도 불가해한 마당이니 하산이 참담한 실패로 끝났다는 사실도 그리 놀라운 일은 아니다. … 이것은 굉장히 놀라운 일이다. 하지만 이것

---

* 『더 타임스』 원문의 오류로 보인다. 가이드 크로를 제외하면 두 명의 동료가 맞다. ― 옮긴이

은 삶인가? 의무인가? 양식 있는 행동인가? 허용 가능한 행동인가? 그릇된 일이 아닌가?[1]

세 명의 영국인 — 귀족 집안의 자제, 케임브리지 출신 성직자, 사립학교 학생 — 은 죽고, 한 명의 영국인 — 램버스 출신 무명의 직공 — 은 살아남았다.

> 최근 스위스에서 일어난 대참사는 오늘날 영국인들 사이에 만연한 유행에 대한 음울한 논평인데 … 많은 영국인 학생들이 여름마다 스위스의 산 정상에 발을 디딘다는 사실이 인류에게 어떤 은총을 가져다주는지 도무지 이해하기 어렵다.[2]

1865년 7월 19일 자 『더 타임스』에 단신으로 처음 사고소식이 보도된 후로 위와 같은 사설이 봇물 터지듯 쏟아졌다. (윔퍼는 이 사설을 전부 모아두었다.) 체르마트에서 윔퍼에게 직접 들은 내용을 상세히 적은 조지프 매코믹의 편지는 사흘 뒤에 실렸다. 고산 등반에 대한 찬반을 논하는 서신과 자세한 사고 경위가 『더 타임스』 지면을 도배했다. 윔퍼는 영국산악회 친구들로부터 많은 지지를 받았지만, 그들 역시 궁지에 몰리기는 마찬가지였다. 디킨스는 직접 발간하는 문예지 『올 더 이어 라운드All the Year Round』에 「용기와 만용Hardihood and foolhardihood」이라는 제목의 사설을 실었다.

> 1865년 7월이라는 달은 … 네 명의 목숨, 젊고 강인하며 총명하고 전도유망했던 청년들에게 붙어 있던 목숨을 앗아갔다는 오명으로 기록되리라. 그것은 무엇 때문이었나? 바로 만용 때문이었다.

디킨스는 도무지 무슨 실익이 있는지조차 이해할 수 없는 위험천만한 활동에 사람 목숨을 거는 무의미한 행위에 경멸을 퍼부었다.

> 단지 아무도 그곳에 오른 적이 없다는 이유로 … 높은, 더 높은, 가장 높은 봉우리나 고개를 오름으로써 명성을 쌓기 위해 너무나도 많은 허튼짓이 행해져 왔다.[3]

낭독회를 열심히 쫓아다닐 만큼 흠모하던 디킨스 같은 전국적 명사에게 자신의 업적과 동기를 의심받았다는 사실에 윔퍼는 분명 적잖은 충격을 받았을 것이다. 윔퍼는 대부분의 비판에는 대응하지 않았지만(윔퍼는 체르마트에서 자신을 도와준 한 럭비스쿨 교사에게 "결국 이런 사람들로부터 받는 모욕이나 비난은 무가치하다."라고 썼다.[4]) 디킨스에게만큼은 자기 생각을 설명하고자 편지를 썼다. 등반가라면 누구나 자신만의 성취욕과 동기를 품고 있지만, 다른 사람에게 산에 오르는 이유 — 흥분과 감격, 자신에 대한 도전, 원대한 야망, 인정과 찬사를 받고자 하는 욕망, 대자연의 아름다움, 값진 경험, 신체 활동에서 얻는 기쁨, 동료애, 이 중 몇 가지의 조합이라고나 할까 — 를 정확히 설명하지는 못한다. 하지만 산에 올라본 사람이라면, 마터호른 정상에서 신들의 세상에 발을 디디고 서서, 구름 한 점 없이 사방으로 탁 트인 파노라마를 바라볼 때 그가 어떤 기분이었을지 짐작하고도 남을 것이다. 윔퍼는 맥도널드, 레노와 함께 몽펠부 정상을 밟은 생애 첫 등정을 마친 후에 다음과 같은 글을 썼다.

> "대체 산에는 왜 올라가는 것입니까?"라고 사람들은 으레 묻는다.

그 질문에 나라면 이렇게 답하겠다. "높은 산에 올라가 보면 알게 될 것입니다."라고. 그리고 아마 어쩌면 산이 지금 내게 그러는 것처럼 당신에게도 과거를 기쁜 마음으로 돌아보게 하고, 미래에 대한 희망을 심어줄지도 모른다고.[5]

이 글을 썼을 때 그의 나이는 스물한 살이었고, 유명한 전망대인 에기스호른에 오른 것을 빼면 겨우 한 번 산에 올랐을 뿐이었다.

개인적으로 윔퍼는 디킨스의 사설이 — 비록 평생 디킨스 소설의 독자로 남는 일을 포기하게 하지는 않았을지라도 — "참을 수 있을 만큼 거칠고, 참을 수 없을 만큼 어리석은" 글이라고 생각했다.[6] 윔퍼가 디킨스에게 어떤 말을 써서 보냈는지는 알 수 없지만, 이 편지는 디킨스에게 아무런 영향도 미치지 못했다. 디킨스는 「원정등반Foreign climbs」이라는 제목을 붙인 두 번째 사설로 답을 대신했다.

> 만용을 부리는 동기는 무엇인가? 전에도 이야기했지만 거듭 말하자면, 유일하게 찾을 수 있는 동기는 '공명심'이다.
>
> …
>
> 무모한 등반은 도박보다도 어리석은 짓이다. 고양된 감정을 얻는답시고 '모든 것'을 걸지만, 공허한 허영심밖에 얻을 수 없기 때문이다.[7]

윔퍼는 마터호른에서 일어난 죽음에 대해 직접적인 비난을 받지는 않았으나, 디킨스를 비롯한 많은 사람은 애초에 그가 산에 올라간 것 자체를 문제 삼았다. 윔퍼는 고립되고 폄하된 느낌을 받았다. 런던에는 자신과 함께 마터호른에 갔던 사람이 한 명도 없었다. 타우그발더는 사고의 충격에서 헤어나지 못했다. 윔퍼는 타우그발더의 큰아들이 보인 태도에 역겨움을 느꼈다. 윔퍼는 그들 부자에게는 동료애를 느끼지 않았다.

영국산악회 자체도 많은 — 결코 우호적이지는 않은 — 시선의 대상이 되었다. 『펀치』는 산에 오르는 미치광이를 풍자하는 짧은 글을 실으면서 "진취적인 주교들이 의회에 영국산악회 회원의 목숨을 지키게 하는 법의 통과를 촉구하는 탄원서를 제출해야 한다."라고 주장했다.[8] 윔퍼는 이러한 공개적인 비판 외에 개인적으로도 엄청난 독설에 시달려야 했다.[9] 윔퍼는 헤이슬미어에 있는 가족들의 품에 틀어박혀 지냈다.

영국산악회 회원들 사이에서는 동정 여론이 거세게 일었다. 미셸 크로와 산에 오른 적이 있는 울모어 위그람Woolmore Wigram이 윔퍼에게 보낸 편지 내용이 대표적이었다.

마지막으로 동정하는 입장에서 한 마디 덧붙이겠네. 내 의견을 말하자면 어떤 등반가도 이 끔찍한 참사와 관련해 자네에게 책임을 묻거나 자네가 경솔했다고 비난할 수는 없다고 보네.[10]

윔퍼를 아는 모든 사람이 그때까지 그가 하지 않고 버틴 행동을 하라고 촉구했다. 바로 사고에 관한 공식 입장을 표명하라는 것이었다. 윌리엄 롱맨은 "사방에서 자네가 그 비운의 원정에 대한 이야기를 써야 한다고 성화라네."라고 썼다.[11] 윔퍼는 그렇게 하는 것보다 영국산악회가 청문회를 주관하기를 원했다. 한여름에는 영국산악회 회원과 간부

대다수가 부재중인 관계로 정례회의를 소집하고 청문회를 개최하려면 몇 주일은 소요될 판이었다. 많은 사람이 이런 절차를 따르자면 너무 늦은 대응이 된다고 생각했다. 법정변호사이자 당시 영국산악회 회장이었던 앨프리드 윌스도 그렇게 생각한 한 명이었다.

> 내 판단으로는 어쨌든 이 모든 논란에 종지부를 찍는 방법은 단한 가지밖에 없다고 생각하네. 자네 입장에서 설명을 하게. 진실되게, 남자답게, 당당하게 말일세. 어디에서 비난이 날아오든 날아오면 그냥 흘러가도록 놓아두게. 하지만 사람들이 최악을 추측하게 하지는 말라는 말일세. … 일정 정도는 영국산악회도 도마위에 올라 있는 상황이지. 사람들이 매일같이 우리를, 우리가 하는 일을 비난하는 편지를 쓰고 있지 않나. [12]

『더 타임스』의 편집장도 줄곧 공식 입장을 요청하고 있던 터라, 윔퍼는 윌스의 두 번째 독촉 편지를 받자마자 펜을 들고 마터호른 등정과 사고에 관해 길고 자세하게 써 내려가기 시작했다. 윔퍼는 "그 편지는 참으로 쓰기 어려웠다."라고 고백했다. [13] 비록 그 편지에서 윔퍼는 "저는 확실히 말할 수 없습니다. 타우그발더 부자도 같은 처지입니다. 앞서 가던 두 사람과 우리 사이에 바위가 있어서 시야를 일부 가리고 있었기 때문입니다."라고 썼음에도, 사고 발생 후 3주일이 지나서 신중하게 쓰인 이 진술은 윔퍼의 공식 입장이 되었다. 그는 남은 평생 같은 입장을 고수했고, 같은 단어를 반복해서 사용했다. 그리고 6년 후에 출간한 자신의 저서 『알프스 등반기』에는 정상에서 보낸 시간을 묘사하는 몇 단락만 추가했을 뿐이다. 윔퍼는 해도우가 심하게 지친 상태는 아니었지만, 경험 부족으로 인해 오르기 힘들어하는 때가 많았다고 강조했다. 윔퍼는 유족들의 감정을 깊이 의식했지만, 천성대로 최대한 사실적으로 설명했다. "단 한 번의 미끄러짐, 단 한 번의 헛디딤이 이 끔찍한 재난의 유일한 원인이었습니다." 아울러 "만약 로프가 끊어지지 않았다면, 지금 이 편지도 쓰지 못했을 것"이라고 인정하면서 "추락한 동료들 사이를 묶은 로프가 타우그발더와 저 사이를 묶은 로프만큼 튼튼했더라면 사고는 일어나지 않았을 것"이라고 말했다.[14]

허드슨과 해도우 사이를 묶은 로프는 팽팽하지 않았다. 허드슨의 안이한 접근과 부주의함 때문이었다. 윔퍼는 자신이 할 수 있는 가장 정확한 진술을 써 내려가는 동안 허드슨에게 책임이 있다는 어떠한 언질도 나타내지 않으려고 노력했지만, 나중에는 사고를 돌이켜보면 볼수록 허드슨의 판단력을 탓하게 되었다. 윔퍼는 생애 말년에 등반 사고를 주제로 쓴 한 사설에서 1861년에 버크벡이 겪었던 치명적일 뻔했던 사고에 주목했다.

> 이 일이 그의 후견인(허드슨)에게 절대 지워지지 않는 깊은 교훈을 남겼으리라고 생각할 것이다. 그런데도 그는 불과 몇 년 후에 또 한 명의 어린 청년을 알프스로 데려갔다. 그 청년은 미끄러져 추락했고, 본인의 목숨은 물론 보호자의 목숨까지 끊어버렸다.
>
> 마터호른 초등은 눈부신 성공이 될 수 있었다.[15]

윔퍼는 그 당시에는 죽은 동료들에 대한 추억과 평판을 지키고자 최선을 다했지만, 나중에는 어리고 경험이 부족한 친구를 그렇게 어려운 등반에 데리고 온 허드슨의 판단력 부족에 대해 곱씹게 되었다.[16] 25년도 더 지나 마터호른이 다시 인생에 등장했을 때 윔퍼는 한 사석에서 자제심을 잃고 허드슨을 비판해 그의 며느리를 불쾌하게 했다.[17]

윔퍼는 『더 타임스』에 보낸 절제되고 사려 깊은 편지로 널리 칭찬받았지만, 비공개 석상에서 영국산악회의 몇몇 원로들은 윔퍼가 타우그발더 부자를 좀 더 공개적으로 비판하기를 바랐다. 『더 타임스』에 보낸 편지에서 윔퍼는 그들이 보수에 대한 불만을 쏟아내고, 돈을 받지 않음으로써 명성을 얻으려던 욕심을 내비쳤던 부분은 일절 언급하지 않았다. 다만 타우그발더 부자가 "공포에 떨며 그 자리에 얼어붙었고, 어린아이처럼 울었으며, 서로의 운명을 위협할 정도로 떨었다."라는 내용만 언급했다. 비공개 석상에서 윔퍼는 하산 중에 타우그발더 부자가 자신이 미끄러져서 추락하기를 바라고 있다는 — 그렇게 되면 참사 생존자로 명성과 부를 쌓을 두 가이드만 남았을 테니까 — 느낌을 받았다고 넌지시 털어놓았다. 물론 이러한 견해를 글로 남긴 적은 없었다. 앨프리드 윌스는 윔퍼에게 보낸 편지에서 이렇게 말했다. "타우그발더 부자가 한 가증스러운 짓의 당연하고 마땅한 결과로부터 그들을 보호하려는 노력에 대해 나는 자네와 생각이 좀 다르다네. … 그런 자들을 감싸주면 더 많은 피해가 생긴다고 생각하네."[18] 『알프스 등반기』를 집필할 때 윔퍼는 타우그발더 부자가 체르마트에서 보수 — "역대 등정 보수 중에서 가장 높은 액수" — 에 대한 불만을 표출했다는 사실을 알고 있었다. 이 책에서 윔퍼는 타우그발더가 마을에서 고의로 로프를 잘랐다는 부당한 혐의를 받고 있다는 점, 그리고 왜 약한 로프를 사용했느냐는 질문에 대한 타우그발더의 답변이 담긴 심문회 보고서를 공개하지 않았다는 점에 불만을 표출했다. 웜퍼는 동료들이 추락하는 순간 "놀라운 힘으로 바위에 붙은" 타우그발더의 순발력에 주목했다. 그리고 타우그발더의 큰아들에 관해서는 단지 이렇게만 말했다. "가이드로서 그가 어떤 능력을 지녔든 간에 내 목숨을 맡기거나 호의를 베풀 사람은 아니다."[19] 하지만 타우그발더의 큰아들은『알프스 등반기』에 수록된「체르마트의 클럽룸The club room of Zermatt」이라는 판화 속 인물에 포함되었다. (이 판화는 웜퍼가 1869년에 작업한 것이다.) 웜퍼는 윌스의 충고를 따르지 않았고, 자기 생각도 혼자서만 간직했다.

사고소식이 스코틀랜드에 있는 더글러스의 가문에 전해진 것은 『더 타임스』에 뉴스가 처음 실린 당일이었다. 프랜시스 더글러스 경의 형인 존 숄토 더글러스는 즉시 체르마트로 달려갔다. 당시 겨우 스물한 살이었던 존 숄토는 예민하고 총명한 남동생과는 사뭇 달랐다. 그는 슬픔을 가눌 수 없을 정도로 동생에게 애착을 느꼈다.[20] 해도우의 삼촌과 동시에 체르마트에 도착한 존 숄토는 애덤스 라일리의 도움을 받았다. 동생이 죽었고 시신도 찾지 못했다는 사실에 극도로 정신이 혼미해진 존 숄토는 혼자서 마터호른 사면을 헤매다가 길을 잃고 회른리 능선 기슭에 있는 바위 턱에 쓰러져 잠이 들었다. 애덤스 라일리와 조지프 매코믹이 다음 날 아침에 실성해서 돌아다니는 그를 발견해 체르마트에 데려가서 눕혔다.

평생 동생을 잊지 못한 존 숄토는 체르마트를 자주 찾았으며「마터호른의 영혼The spirit of the Matterhorn」이라는 장편시를 발표하기도 했다.(그러나 문학적 재능이 뛰어났던 여동생 플로렌스 딕시Florence Dixie 가 대부분을 썼다는 주장도 있다.)

> 눈 덮인 사면 위로, 갈기갈기 찢겨 떨어진
> 내 사랑했던 동생이여, 그의 늠름한 육신은
> 그대의 암벽 위에 빛바랜 채 누워 있노라. 아, 마터호른이여![21]

존 숄토는 런던으로 돌아와 윔퍼를 만났다. 윔퍼는 이때 "내 사랑하는 아들이 묻힌 곳"의 사진을 부탁한 모친에게 전하라며 존 숄토에게 마터호른 사진을 건넸다.[22] 오빠처럼 모험심이 넘치던 여동생 플로렌스는 훗날 파타고니아와 남부 아프리카를 여행하고 책을 출간하는데, 이 책에는 윔퍼가 판각한 삽화가 실렸다.[23]

애덤스 라일리는 8월에 런던으로 돌아와 윔퍼에게 프랑스 신문을 전해주며 출판업자 구필Goupil이 마터호른 참사를 그린 귀스타브 도레Gustave Doré의 그림을 파리에서 전시하고 있다는 소식을 전했다. 사고 이야기에 관심이 많았던 구필은 도레의 그림을 출판하고 싶어 했다. 그래서 윔퍼에게 편지를 보내 사고에 대한 더 자세한 내용을 요청하면서 망자의 초상화를 구하고 있다고 알렸다. 해도우와 허드슨, 더글러스의 유족들은 사고의 세부 내용이 발표되는 것을 싫어했으며, 해도우의 아버지는 윔퍼에게 항의 편지를 보내기도 했다. 도레의 그림으로 만든 석판화 두 점은 하나는 정상에 도달한 모습을 묘사한 것이고, 다른 하나는 로프가 끊어지는 순간을 묘사한 것인데, 윔퍼의 도움을 받지 않고서는 완성할 수 없었을 만큼 정확하다. 윔퍼는 해도우의 아버지에게 답장을 쓰면서 당사자들의 초상화를 사용하는 부분에 대해서는 그의 의견에 동의하지만, 구필에게 마터호른 그림을 출판할 법적 권리가 있는 만큼 그 그림이 최대한 정확해야 한다는 점을 완곡하게 지적했다. 이러한 취지에서 윔퍼는 마터호른의 지형적 특징을 정확히 표현할 수 있도록 구필을 도왔지만, 해도우의 아버지에게는 삽화 출판이 자신의 발상이 아니었음을 분명히 밝혔다.[24]

윔퍼는 분명 가능한 한 정확하게 표현한 도레의 삽화에 직업적 관점에서 관심을 가졌을 텐데, 좀 더 개인적인 이유로 관심이 있었을 수도 있다. 석판화는 10월에 출판되었는데, 윔퍼는 출판되기 전에 도레를 만나러 파리로 갈 계획을 세우고 있었다. 그러나 실제로 도레를 만난 것은 이듬해 여름에 체르마트로 가는 길에 파리에 들렀을 때였다. 윔퍼의 일기는 두 사람이 서로 잘 아는 사이였음을 시사한다. 두 사람은 몇 시간을 같이 있으면서 도레가 한 출판사에 제안한 셰익스피어 삽화에 대해, 도레가 윔퍼에게 그려주기로 약속한 작품에 대해 이야기했다. 윔퍼는 이렇게 적었다. "그[도레]는 8월 말까지 6점을 그려주기로 약속했다."[25] 도레가 윔퍼를 위해 어떤 작품을 그리고 있었는지는 알 수 없지만, 『알프스 등반기』 1판에는 도레의 특징이 여실히 보이는 삽화 한 점이 들어 있다. 도레가 기획한 셰익스피어 삽화는 실현되지 못했지만, 윔퍼와 도레가 이야기했던 액수는 알려져 있다.("그[도레]는 1,000점의 크고 작은 삽화를 원한다. 제시한 가격은 2만 파운드다."[26]) 윔퍼는 저녁식사에 초대받았지만, 야간 기차를 타고 스위스로 가야 했으므로 이 초대를 사양했다.

떠들썩하면서도 사람을 휘어잡는 매력이 있는 스트라스부르 Strasbourg 사람인 도레는 윔퍼와는 성격이 매우 달랐지만, 두 사람은 서로의 전문성을 높이 평가했던 것 같다. 1879년에 『마터호른 등정기 Ascent of the Matterhorn』로 제목을 바꿔 출간된 『알프스 등반기』3판의 표지에 들어간 그림은 도레의 작품이며, 1878년 파리 만국박람회에서는 나란히 작품을 전시하기도 했다. 도레는 런던을 자주 오가며 삽화 작업을 해나갔고, 1872년에는 런던을 주제로 한 화보집도 펴냈다. 생애 말년에 윔퍼는 미셸 크로의 누이들을 후원하기 위해 모금한 300파운드에 관해 도레와 나눈 대화를 적어두었다. "귀스타브 도레는 '한 사람의 목숨과 바꾼 돈치고는 턱없이 부족하다.'라고 말했다. 나는 그의 의견에 동의를 표했다."[27]

이 시기는 도서 삽화의 활황기였다. 윔퍼는 삽화로 번 돈으로 알프스 여행을 할 수 있었고, 그보다 훨씬 더 막대한 경비가 드는 그린란드 원정도 꿈꿀 수 있었다. 남동생 앨프리드는 인쇄소 도제 생활을 마치고 램버스로 돌아와 있었다. 윔퍼 공방은 그 무렵 외국의 아름다움을 격찬하는 기행문이 유행하는 바람을 타고 풍경과 박물학 분야의 판화에서 뛰어난 업체로 굳건히 자리 잡았다. 윔퍼는 날로 인기가 높아지던 등반도서 분야에서 특히 높은 평가를 받으며 알프스 모험에 어울리는 삽화가 필요할 때 가장 먼저 찾는 이름이 되었다. 종교책자협회는 1866년에 윔퍼의 삽화로만 엮은 일종의 화보집으로 유럽 곳곳을 다룬 연재물 중 첫 번째 책인 『그림으로 보는 스위스』를 출간했다.

윔퍼의 정교한 판화는 주로 그가 직접 그린 스케치나 원화를 바탕으로 제작했는데, 몇몇 그림은 1860년 알프스 첫 방문 때 그린 작품이었다. 지리적 탐험과 과학 분야에서 명성을 쌓고 싶어 하던 윔퍼는 그해 9월 버밍엄Birmingham에서 열린 영국과학진흥협회 연례회의에 참석했다. 당시 창립된 지 30년이 넘었던 영국과학진흥협회는 대학에 관련 학과가 생기기 전부터 영국에서 가장 중요한 과학 토론 포럼 역할을 해오고 있었다. 이 포럼에 참석한 일반 대중과 아마추어 과학자, 전문가들은 다양한 분과 중에서 마음에 드는 곳을 선택해 그날의 주제를 놓고 벌이는 토론에 참여할 수 있었다. 1864년 배스Bath에서 열린 연례회의는 존 해닝 스피크John Hanning Speke가 나일강의 원류에 관해 리처드 버턴Richard Burton과 토론하기로 한 날을 하루 앞두고 급작스럽게 사망하는 바람에 회의 진행에 큰 타격을 입었다. 1860년 옥스퍼드에서 열린 연례회의에서는 다윈과 절친한 진화론자인 조지프 후커Joseph Hooker와 토머스 헉슬리Thomas Huxley가 종의 진화를 주제로 윌버포스Wilberforce 주교와 격돌한 그 유명한 논쟁이 벌어졌다. 마터호른 사고로 유명해진 윔퍼가 에귀 베르트 등정을 설명하기 위해 지리학 분과모임에 등장하자, 상대적으로 다윈의 진화론에 관한 토론은 인기가 떨어졌다. 애덤스 라일리가 몽블랑 산군 측량 결과를 발표한 바로 다음 차례에 윔퍼가 보고서를 발표하는 동안 객석에는 빈자리가 없었다. 직접 고안한 텐트를 자랑하면서 윔퍼는 과학 모임에 어울리지 않는 사람이 아니라는 것을 입증하기에 충분할 만큼 과학적·지리학적 지식을 뽐내면서도 평소처럼 우스꽝스럽고 자기 비하적인 농담을 섞는 일도 잊지 않았다.

그는 그랑드 조라스 정상에서 가져온 돌멩이를 보여주면서 꼭두새벽에 쿠르마예를 출발해 콜 돌랑을 향해 걸을 때 프란츠 비너에게 돌멩이가 어디 있는지 물었던 이야기를 했다. 비너는 쿠르마예에 놓고 온 그 돌멩이가 꼭 필요하다는 말에 깜짝 놀랐다. "하지만 아무럼 어때요. 그렇게 생긴 돌멩이는 천지에 널렸어요. 여기 이것도 정확히 똑같잖아요. 가는 길에 하나 주워 가시죠."(윔퍼는 나중에 이 돌멩이를 쿠르마예에 있는 베르톨리니 씨의 호텔에서 마주친 한 아이한테서 되찾았다고 설명했다. 그 아이는 돌멩이를 "남동생의 머리를 때리는 돌망치로 쓰고 있었다."[28]) 윔퍼가 발표를 끝내자 꽉 들어찬 청중들 사이에서 긴 토론이 오갔다. "사람들이 가장 많이 물은 질문은 '하지만 알프스 원정은 위험하지 않습니까?'였다."[29]

　그해 지리학 분과모임에는 클레먼츠 마컴Clements Markham의 북극점 원정 발표도 있었다. 마컴은 그린란드 서해안 북쪽에 있는 스미스해협Smith Sound이 북극점으로 가는 최선의 루트라고 주장했다. 윔퍼는 이때 이미 첫 북극 원정을 구상 중이었으며, 처음 세운 계획은 그린란드의 해안선을 탐사하면서 스미스해협까지 북상하는 것이었다. 윔퍼가 지리학 분과모임에 참석하는 동안 그가 작성한 마터호른의 지질 구조에 관한 보고서는 지질학 분과모임에서 그가 없는 채로 낭독되었다. 1860년대의 지질학은 지금보다 훨씬 더 논쟁적인 학문이기도 했지만, 지역 언론에 따르면, 윔퍼의 보고서는 "당연히 엄청난 관심을 끌었다. 모두의 기억 속에 최근에 일어난 비통한 대참사를 생생하게 되살렸기 때문"이다.[30] 존 틴들이 그 자리에 있었고, 발표 후 이어진 토론에 참여했다.

워퍼는 그날 저녁 애덤스 라일리와 함께 영국산악회 회원인 윌리엄 매슈스의 집에 머물렀다. 그 자리에는 세인트앤드루스대학교 총장인 제임스 데이비드 포브스도 있었다. 포브스는 훗날 다음과 같이 썼다.

> 워퍼 씨의 입으로 그 끔찍한 사고 내용을 들었을 때 기쁨과 애석함을 동시에 느꼈다네. 그 느낌은 오랫동안 나를 따라다녔지. 『더 타임스』에 보낸 워퍼 씨의 편지는 (…) 그의 품위를 높여주었다는 게 내 생각일세. 명사로 대우받고 싶은 유혹에 시달리기 쉬운 상황이었을 텐데도 … 버밍엄에서 그가 보여준 인내와 행동은 참으로 인상적이었네.[31]

워퍼는 이미 그린란드와 그곳의 광대한 — 얼마나 광대한지는 당시에 알려지지 않았었지만 — 빙원을 마음에 두고 있었고, 포브스는 알프스의 빙하를 좀 더 자세히 조사해보라고 조언했다. 애덤스 라일리와 오랫동안 알고 지낸 포브스는 워퍼를 마음에 들어 하면서 이듬해 봄에 오라며 세인트앤드루스대학교에 초청했다. 이듬해에 던디Dundee에서 출발하는 포경선을 타고 그린란드로 갈 생각이었던 워퍼는 그날 밤에 얼음과 빙하에 관한 포브스의 지식을 악착같이 전수받았다. 60년 후 포브스의 아들 조지George는 워퍼가 찾아왔던 날과 그가 해준 사고 이야기 그리고 "마터호른 정상에서 내려다본 세상에 대해 워퍼가 아버지에게 들려준 묘사"를 여전히 기억했다.[32]

워퍼는 그린란드에서 이룰 수 있을지 모르는 성취에 대해 무한한 야망을 품었다. 그 야망은 비단 지리적 탐험에만 국한되지 않았다. 윔퍼는 빙하의 형성 과정과 운동을 둘러싼 논쟁을 잘 알고 있었고, 루이 아가시의 연구와 존 틴들의 연구에 대해서도 잘 알고 있었다. (존 틴들이 저술한 『알프스의 빙하The glaciers of the Alps』는 1860년에 출간되었다). 포브스는 25년 전에 알프스를 직접 여행했지만, 그 후로는 곧 건강이 나빠져 집 밖으로 나가기를 힘들어했다. 포브스는 윔퍼에게 그린란드에 가기 전에 알프스 빙하의 빙맥氷脈 구조를 조사해보라고 권유했다. 윔퍼는 짧게라도 스위스를 여행하기 위해 바쁜 틈을 쪼개 1866년 7월 27일 야간 우편열차를 타고 런던을 떠났다.

윔퍼는 암벽이나 곡벽谷壁의 지질 압력을 받지 않는 고갯마루야말로 빙하 형성 과정을 연구하기에 최적의 장소라고 생각했다. 알프스에 그런 곳은 수두룩하지만, 윔퍼는 3년 전 카렐, 메이네와 함께 넘은 적이 있는 콜 드 발펠린 — 체르마트의 서쪽에 있으며 당데랑에서 약간 북쪽에 있는 안부 — 을 선택했다. 체르마트에서 이 콜로 가는 길은 마터호른 바로 앞을 지나므로 북벽의 장관을 올려다볼 수 있으며, 1865년에 윔퍼가 등반한 루트와 시신을 발견한 마터호른 빙하도 볼 수 있다. 1865년에 있었던 사고를 돌이켜보는 데 이보다 더 나은, 혹은 이보다 더 웅장한 장소는 아마 없었을 것이다. 윔퍼는 사고가 일어나기 얼마 전에 테오둘 고개를 함께 넘은 리처드 글러버에게 다음과 같이 썼다. "사람들은 인간의 욕망이 얼마나 헛된 것인지 이야기합니다. 5년 동안 저는 마터호른을 꿈꾸어왔습니다. … 그런데 이젠 그 이름마저 증오합니다. … 업적에 대한 축하는 쓰디쓰고 굴욕적입니다. … 이것은 제가 결코 잊을 수 없는 교훈입니다."[33] 윔퍼에게는 결코 잊을 수 없는 날이자, 결코 잊을 수 없는 순간이었다. 빙하를 조사하기 위해 윔퍼는 1865년의 추락사고를 매 순간 떠올릴 수밖에 없는 알프스의 바로 그 장소에 다시 갈 작정이었다.

윔퍼는 피켈과 삽을 들고 비스프에서부터 체르마트까지 올라가 심신에 모두 안정감을 주는 자일러 부부의 몬테로사 호텔에 짐을 풀었다. 손님은 별로 없었는데, 방명록을 펼치니 윔퍼가 그 얼마 전 삽화를 담당한 『그림으로 보는 스위스』를 쓴 저자인 새뮤얼 매닝Samuel Manning의 이름이 적혀 있었다. 윔퍼는 프란츠 비너를 가이드로 고용하고 시추 작업과 장비 운반을 담당할 인부 세 명을 고용한 다음, 식량을 충분히 준비해 악천후를 뚫고 슈톡리Stockli로 올라갔다. 슈톡리에 도착한 다섯 명은 모두 윔퍼 텐트에 몸을 밀어 넣었다. 살을 에는 바람과 쏟아지는 눈 속에서 윔퍼는 인부들에게 콜 드 발펠린의 최고점에 구멍을 파되, 눈 밑에 숨은 단단한 얼음에 닿을 때까지 파라고 지시했다. 인부들은 3미터를 파 내려갔다. "단면은 해마다 쌓인 눈을 선명하게 보여준다. … 위쪽의 3년치는 가장 뚜렷했다. 각 층 사이에는 뚜렷한 얼음 층이 있었다."[34]

잠은 슈톡리에 처둔 텐트로 돌아와서 잤는데, 맞은편에 있는 당데랑의 거대한 북벽에서 밤새 눈과 얼음이 폭포처럼 흘러내렸다. 악천후로 구름이 잔뜩 낀 데다, 얼음 층을 조사하는 데 정신이 팔린 윔퍼는 미처 고글을 낄 생각을 하지 못했다. 그날 밤 윔퍼는 3,300미터가 넘는 고지에서 자외선에 무방비로 노출된 눈이 심하게 따끔거려 밤잠을 설

처야 했다. 고통스러운 설맹에 걸리고 얼굴도 심하게 탄 윔퍼는 우울하게 텐트를 지켜야 했다.

> 거의 뜬눈으로 끔찍한 밤을 보낸 후, 오전 6시 45분에 인부들을 내보내고 텐트에 혼자 남았다. 텐트 안으로 새어 들어오는 빛조차 견딜 수 없었기 때문에 처절하게 고독했다. … 처음에는 눈이 엄청나게 뜨거워서 눈을 뜨고 싶었다. 눈을 뜨는 것은 거의 불가능했는데, 조금이라도 눈꺼풀이 떼어지는 순간 고름이 줄줄 흘러오고 눈꺼풀이 즉시 다시 붙어버렸다. … 먹기도 힘들었다. 음식을 입이 아닌 코에 갖다 대기 일쑤였다. 담배도 피울 수 없었다. 한참을 끙끙거린 끝에 안 되겠다 싶어 모든 것을 포기하고 등을 대고 누워 잠을 청하면서 다른 사람들이 돌아오기만을 애타게 기다렸다. …[35]

비너가 오후에 돌아와 윔퍼를 체르마트까지 부축해주었고, 그곳에서는 자일러 부부가 윔퍼를 돌보아주었다. 자일러 부인은 윔퍼가 먹을 수 있도록 음식을 잘게 잘라주었다. 윔퍼의 상태는 샴페인 한 병을 마시자 눈에 띄게 호전되었다. 샴페인을 볼 수는 없어도 마시는 데는 아무 문제가 없었던 모양이다. 다음 날인 일요일, 자일러 부인은 황산아연 용액으로 윔퍼를 치료해주었다. 윔퍼는 세 명의 인부를 다시 안부로 올려 보냈다. (이번에는 포도주와 치즈를 좀 더 챙겨 보냈다.) 이튿날 한결 나아진 윔퍼는 비너와 함께 식량과 텐트를 지고 콜까지 올라갔다. 그리고 혹독한 추위와 퍼붓는 눈 속에서 인부들을 위해 텐트를 펴준 다음, 완만한 설사면을 따라 콜에서부터 약 250미터 위쪽의 테트 드 발펠린Tête de Valpelline으로 올라갔다. 이곳은 날씨가 맑은 날이면 웅장한 당데랑 북서벽과 그 뒤에 솟은 마터호른을 한눈에 조망할 수 있는 지점이었지만, 그때까지는 아무도 오른 적이 없는 곳이었다. 인부들을 고개에 남겨둔 채 윔퍼와 비너는 이탈리아의 프라라예로 내려갔다. 한나절 동안 스케치를 하고 남동생 앨프리드에게 편지를 쓴 후에 고개로 돌아갔을 때 인부들이 빈들빈들 놀기만 한 채 바위에 걸터앉아 담배를 피우고 있는 모습을 본 윔퍼는 분노가 치밀었다. 윔퍼와 비너는 체르마트의 몬테로사 호텔까지 전속력으로 내달렸다.

> 내가 누군지 모르는 속물들이 식탁에 앉아 내 면전에 대고 가장 무자비하고 무례한 설교를 늘어놓았지만, 나는 아무런 내색도 대꾸도 하지 않았다. 그들은 나중에 종업원에게 내 이름을 물었다. 내 이름을 들었을 때 다들 얼굴이 몹시 화끈거렸을 테지.[36]

1865년 이후부터 윔퍼는 이와 같은 상황에서 자신이 누구라고 소개한 적이 거의 없었고, 누가 물어보지 않으면 구태여 자신이 누구인지 알리지 않았지만, 사람들이 알아보지 못할 때면 언제나 언짢아했다.

수요일은 빙하에서 작업을 하는 마지막 날이었다. 다시 눈이 아팠지만 윔퍼는 비너와 함께 폭우를 뚫으면서 식량을 지고 콜까지 올라갔다. 인부들은 구덩이를 파다가 6미터 깊이의 얼음에 닿은 뒤로는 아예 손을 놓고 있었고, 윔퍼는 그 모습을 보자마자 완전히 이성을 잃었다. 그래서 직접 피켈을 쥐고 허리케인처럼 휘몰아치는 강풍 속에서 눈을 파며 얼음으로 내려갔지만, 그때 또다시 눈이 퍼붓기 시작했다. 더 해보기에는 너무 늦어버린 셈이었다.

호통을 쳐보았지만 소용이 없었다. 작업에 아무런 도움도 되지 않았다. 인부들은 너무 추워서 작업 따위는 신경도 쓰지 않았다. 그래서 쌓인 눈을 좀 더 치우게 했다. 다들 일을 하기 싫어하는 기색이 역력했다. 이제 철수할 시간이라며 툴툴댔다. 사실 맞는 말이었지만, 나는 화가 났고 그런 방식으로 철수한다고 하는 게으른 태도에 속이 부글부글 끓었다. … 이 돈, 이 고생과 이 난리 끝에 내가 원하던 것을 성취하지 못하고 떠나려니 차마 발이 떨어지지 않았다.[37]

윔퍼는 단단히 다져진 만년설이 아닌 진짜 빙하에 닿았는지 확신할 수가 없었다. 구덩이의 측벽을 만져보자마자 빙결 작용의 시작지점을 발견한 윔퍼는 "승리가 손끝에 있는 바로 그 순간에" 철수해야 한다는 사실이 못 견디게 괴로웠지만 "내가 미쳤다고 생각하는 인부들은 내려가자고 재촉했다." 윔퍼는 쓸 수 있는 시간을 다 써버려 빨리 런던으로 돌아가야 했다. 5시 반이 넘어서 출발한 그가 체르마트에 도착했을 때는 한밤중이었다. 아침에 자일러 부인과 이별주로 마르살라산 포도주를 마신 윔퍼는 평소처럼 비스프까지 전속력으로 내려갔다. 런던 집에 도착하고 나서 얼마 후에는 노팅엄Nottingham에서 열린 영국과학진흥협회 연례회의에 참석해, 그린란드를 주제로 열린 지리학 분과모임에서 빙하 시추 작업에 관한 우스꽝스럽지만 양심적으로 정확히 적은 보고서를 발표했다. 빙맥 구조("그렇게 차가운 것에 사람들은 뜨거운 열정을 퍼부었다.")에 대해서는 거의 본 것이 없었으므로 별로 할 말이 없었다. 지금이야 빙맥 구조가 아이스폴ice fall 하부처럼 높은 압력을 받는 지대에 생긴다는 사실이 알려졌지만, 당시 윔퍼는 고갯마루에서 빙하를 조사했다. 윔퍼는 층화 작용이 빙맥 구조의 원인이라는 포브스의 의견에 동의하는 한편 이 구조가 크레바스가 메워진 자국일 수도 있다는 가설을 세웠다. 윔퍼의 친구인 지질학자 토머스 보니는 이러한 설명이 "분명 기발한 발상"이지만, 정확한 것 같지는 않다고 생각했다.[38]

1866년에 프란츠 비녀는 산에 대한 야망을 잃은 윔퍼의 모습에 분명 적잖은 충격을 받았을 것이다. 바로 1년 전에는 한 달 동안 알프스 역사상 가장 놀라운 등반 활동을 펼쳤던 그였다. 불굴의 의지와 열정을 바탕으로 놀라운 속도로 이루어진 윔퍼의 탐험과 대담한 등반은 등반의 형태를 바꿔놓았다. 윔퍼는 에귀 베르트 등반이 난이도 면에서 큰 발전을 이룬 등반이었음을 알고 있었다. (영국에 돌아와서 첫 번째로 한 강연의 주제도 에귀 베르트 등반이었다.) 하지만 1865년 이후로 윔퍼는 고산 등반의 발전에 더 이상의 공헌을 하지 않았다. 의미 있는 새로운 등반을 시도하지도 않았다. 5년간 불태우던 혈기와 야망이 다 어디로 사라져 버렸을까? 등반가들은 사고를 겪으면 여러 방면으로 영향을 받게 마련이다. 그러나 많은 등반가는 사고의 충격을 딛고 일어나 등반을 계속한다. 이것이 등반가들 사이에서 예상되는 행동이다. 윔퍼는 네 명의 동료가 1,200미터의 절벽 아래로 사라지는 모습과 절벽 밑에 있는 빙하 위에서 찾아낸 심하게 훼손된 세 구의 시신을 보고 아주 깊은 마음의 상처를 입었다. 1865년 이후에도 극적인 등반 사고는 자주 일어났지만, 윔퍼가 마터호른 정상을 밟고 내려오면서 목격한 사고만큼 충격적인 장면을 목격하는 등반가는 아마 앞으로도 많지 않을 것이다. 비록 찰나의 순간이었겠지만 더글러스의 뒤를 따라 산에서 떨어져 나가는 자신의 환영을 보는 동안 인간이 필멸의 존재라는 삭막한 자각은 젊은이 특유의 자신감을 파괴해버렸다. "내 인생에서 그토록 생생하게 나와 죽음 사이가 겨우 한 발짝 거리였던 적은 없었다." [39] 윔퍼는 용기나 담력을 잃지는 않았지만, 고양된 감정만을 위해 산과 맞붙으려는 패기는 잃었다. [40] 이때부터 시작된 등반 사고에 대한 그의 관심은 평생토록 이어졌으며, 훗날 이 주제에 관해 글을 쓰기도 했다. [41] 그로부터 30년 뒤에 앨버트 F. 머메리Albert F. Mummery의 저서에 대한 서평을 쓸 때는 이 젊은 등반가가 드러내는 위험을 경시하는 태도와 빙하 위에서 로프를 사용하지 않는 무신경한 태도에 화가 난 나머지 머메리의 표현을 빌려와 서평을 이렇게 끝맺었다. 등반가들은 때때로,

> 교수대와 교수형틀, 낙하 발판을 모두 갖춘 사형 집행인조차 도저히 더 훌륭하기를 바랄 수 없는 소멸의 위기라는 환영을 산의 신봉자들 앞에 펼쳐 보인다. [42]

그 찰나의 순간에 윔퍼는 임박한 죽음의 환영을 보았지만, 아주 우연히 그 환영은 윔퍼를 스쳐 지나갔다. 마터호른 북벽의 맞은편에서 설맹에 시달리며 혼자 텐트에 누워 있을 때 윔퍼는 1년 전에 있었던 끔찍한 사건들을 생각하지 않을 수 없었을 것이다. 런던으로 돌아온 윔퍼는 럭비스쿨 교사 로버트슨에게 편지로 크로의 묘비에 새길 비문에 관한 내용과 여름 여행에 대한 이야기를 전했다.

등정을 하거나 고개를 넘을 생각으로 간 것은 아니었습니다. 이
러한 것들에 대한 불타는 욕망이 전과 같지 않다고 생각하실 수도
있겠지만, … 저는 지금껏 살아온 그 어느 때보다 열심히 산에 오
르고 걸어다녔습니다. 이제 알프스와는 안녕입니다. …[43]

공포를 남자답지 못하게 받아들이는 일, 즉 담력을 잃는 일은 빅토리
아 문화에서 용인되는 일이 아니었지만, 윔퍼는 그렇게 되었다는 사실
을 정직하게 있는 그대로 받아들이려고 했다. 슈레크호른(1861년에
레슬리 스티븐이 초등한 봉우리로 여전히 어렵고 까다로운 등반지로
손꼽히던 곳이다.) 등정에 성공한 로버트슨을 축하하면서 윔퍼는 이
렇게 회상했다. "이 등정은 아마 올해의 가장 훌륭한 사건일 것입니다.
제게도 언제나 그 산을 오르고 싶은 야망이 있었지만, 그러한 호사는
이제 더 이상 제 몫이 아닙니다. 저는 다시는 산에 오르지 않을 것입니
다."[44] 윔퍼는 언제나 목표를 향해 질주하는 사람이었지만, 그 목표는
매우 다양했다. 조난 사고와 그 후폭풍은 윔퍼에게 순수한 등반을 위
한 등반이 얼마나 방종한 행위인지 일깨워주었다. 윔퍼는 단순한 '여가
산행'을 폄하한 적은 없었으며 언제나 산에 오르는 행위가 칭찬과 찬
사를 받을 만한 행위라고 생각했지만, 그 자신은 산을 떠나고자 했다.
윔퍼는 더 많은 그리고 더 어려운 미등봉의 정상을 끊임없이 찾아다니
는 오늘날의 등반가와는 달랐다. 평생 그린란드와 에콰도르, 캐나다에
서 해낸 초등을 자랑스러워하기는 했지만, 산의 정상에 첫 번째로 오
른 사람이 되는 것에는 더 이상 미련이 없었다. 여행과 탐험, 과학, 자
연계, 세상에 알려지지 않은 것들에 대한 빅토리아적 호기심은 윔퍼를

새로운 목표로 이끌었다.

생애 마지막 20년 동안 윔퍼는 등반가로서의 대외적인 이미지로 생계를 유지했지만, 그의 혈기와 열정은 마터호른에서 크로와 함께 사라졌다. 하지만 우리는 1865년에 알프스를 승리로 휩쓴 후에 그의 다음 계획이 어떤 것이었는지 생각해보지 않을 수 없다. 만약 마터호른 등정이 무사히 끝났더라면, 윔퍼는 이듬해에 더욱 대담한 새로운 목표를 세우고 알프스로 돌아갔을까? 아니면 크로를 데리고 그린란드로 미지의 빙원을 탐험하러 떠났을까? 10대 시절과 알프스 등반 시절 윔퍼에게는 더 많은 업적과 개인적 성공을 향해 나아가려는 끝없는 욕망이 자리하고 있었다. 스물다섯 살에 자신만의 알프스 원정을 계획했고, 아무도 오른 적 없는 봉우리 두 개에 남아 있던 초등의 영예를 차지한 만큼 아무래도 새로운 도전으로 나아가려고 했다고 보는 것이 그의 기질에 좀 더 부합해 보인다. 마터호른 등정 당시 스위스에 머물던 한 영국산악회 지인은 훗날 윔퍼에 대해 이렇게 썼다.

> 그는 마터호른을 해치울 작정이었고, 그와 동시에 그 일이 끝나면 등반을 때려치울 작정이기도 했다. 더 이상 정복해야 할 위대한 산이 없었기 때문이다.[45]

「집시 캠프Gypsy camp」 조사이어 윔퍼의 수채화 작품 (사진: 윌리엄 너새니얼 윔퍼 제공)

1860년 7월 30일에 윔퍼가 생애 처음으로 그린 알프스 봉우리인 융프라우 스케치. (에바 우드게이트Eva Woodgate 제공)
이 스케치로 윔퍼가 제작한 판화는 84쪽을 참조할 것.

「발모랄 뒷동산에서On the hills above Balmoral」 요제프 볼프가 원화를 그렸으며 판화로 제작되어 1864년도 『레저 아워』 566쪽에 수록되었다. 이 판화의 인쇄 품질에 대한 걱정 때문에 윔퍼는 1864년 하계 시즌 등반 일정을 단축했다.

미샤벨 연봉이 건너다보이는 사스페 위쪽 산허리에 누워 있는 윔퍼. 존 윌리엄 노스가 그린 그림으로 제작 연대는 1861년으로 추정된다. (© Department of Prints and Drawings, British Museum)

그랑드 조라스 워커봉에서 본 에귀 베르트의 모습. 윔퍼와 비너, 알머는 쿠베르클 바위지대(그림 왼쪽 맨 아래)에서 1박을 한 후 정상 오른쪽에 있는 설릉에서 흘러내린 쿨르와르를 등반했다. (사진: 이언 스미스)

이탈리아 쪽의 마터호른 남서릉. 왼쪽의 깊은 협곡이 콜 뒤 리옹이고, 그 오른쪽으로 보이는 수직에 가까운 구간이 '대암탑'이다. 그 위쪽으로 이어지는 뾰족뾰족한 능선을 윔퍼와 카렐은 '닭볏 능선'이라고 불렀다. 이 능선은 전위봉인 '틴들봉'까지 이어진다. 틴들봉 정상에서 약간 아래쪽으로 눈이 띠 모양으로 쌓인 구간에 윔퍼와 카렐은 '크라바트(용병의 목도리)'라는 별명을 붙였다. (사진: 데이비드 스미스)

왼쪽 _ 푸앙트 데 제크랑. 윔퍼 일행은 봉우리 오른쪽에 있는 능선을 타고 넘어와 정상 아래에 있는 베르크슈룬트의 왼쪽까지 횡단한 다음, 그곳에서부터 정상 능선까지 직상한 후에 능선을 따라 오른쪽에 있는 갈라진 틈까지 하산했다. (사진: 데이비드 스미스David Smith)

회른리 능선으로 하산하다가 찍은 사진. 이곳이 바로 초등 당시 치명적인 사고가 일어난 지점의 바로
아래쪽이다. (클라이머: 데이비드 스미스, 사진: 이언 스미스)

왼쪽 위 _ 마터호른 남서릉으로 하산하다가 '닭볏 능선'에서 찍은 사진. '대암탑' 아래쪽으로 오늘날의
대피소가 보인다. (클라이머: 이언 스미스, 사진: 데이비드 스미스)

왼쪽 아래 _ 회른리 능선 아래쪽의 쉬운 구간. (클라이머: 이언 스미스, 사진: 데이비드 스미스)

몬테로사를 배경으로 마터호른 스위스 정상에 서 있는 데이비드 스미스. 아마도 윔퍼가 그 자리에 서서 느꼈을 감정을 고스란히 느꼈을 것이다. (사진: 이언 스미스)

클라이머들이 스위스 정상에서 회른리 능선 쪽으로 하산을 시작하는 모습 (사진: 데이비드 스미스)

웜퍼 일행의 그랑드 조라스 등반 루트. "매우 깔끔한 암벽등반을 요구함"이라는 한 구절이 웜퍼가 이 등반에 관해 일기에 적은 유일한 내용이다. (클라이머: 폴 크레인Paul Crane, 데이비드 스미스, 사진: 데이비드 스미스, 이언 스미스)

몽돌랑 정상 능선에 서 있는 클라이머들. 웜퍼의 일기에 몽돌랑 정상은 '길이 6미터, 고도 3,800미터, 폭 3센티미터'라고 묘사되어 있다. (클라이머: 피터 베이커Peter Baker, 폴 크레인, 이언 스미스, 사진: 데이비드 스미스)

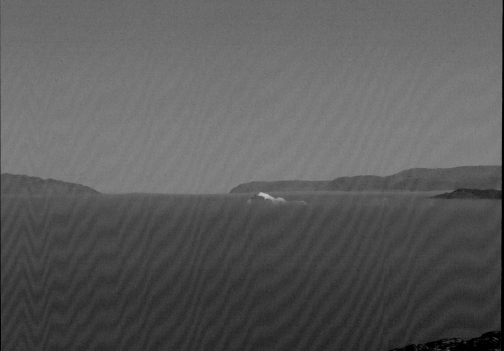

여름철에 썰매 개는 할 일이 없어 거의 일광욕으로 하루를 보낸다. 이 사진은 일룰리사트에서 촬영한 것이다. 웜퍼는 개를 이용해 썰매를 끌어보려고 했지만 실패했다. 고드하운에서는 썰매 개 한 마리를 데리고 배에 탔지만, 이 개는 배가 코펜하겐에 도착하기 전에 선원들에게 잡아먹히고 말았다. (사진: 리처드 세일)

왼쪽 위 _ 야콥스하운(지금의 일룰리사트)의 최근 모습. 웜퍼가 바다표범고기를 저장했던 교회는 사진 구도에서 약간 벗어난 왼쪽에 있다. (사진: 리처드 세일Richard Sale)

왼쪽 아래 _ 디스코만을 뿌옇게 덮은 아침 물안개. 그린란드 원주민들은 이곳에 몸을 담그는 웜퍼의 열정에 감탄하지 않을 수 없었다. 웜퍼는 그린란드 노트에 이렇게 적었다. "물속에서 대략 3분에서 5분 이상 통증 없이 담그고 있을 수는 없었지만, 연습을 했더라면 훨씬 더 오랫동안 머물 수 있었다고 생각한다." (사진: 리처드 세일)

일룰리사트 빙하가 바다와 만나는 빙하 협만의 모습. 웜퍼 일행은 내륙빙하로 올라갈 만한 진입로를 찾기 위해 이곳에서부터 배를 타고 북쪽으로 올라갔다. (사진: 리처드 세일)

에귀 드 트렐라테트 정상 능선. 웜퍼는 일기에 크로가 주봉의 정상까지 안내했다고 적었다. "우리는 미끄러질까 봐 가슴을 졸이며 모두 한 줄로 묶고 뒤따랐다. 어쨌든 우리는 미끄러지지 않고 …" (클라이머: 이언 스미스, 사진: 데이비드 스미스)

왼쪽 위 _ 에콰도르의 과야킬에서 본 침보라소. 과야킬에 있을 때 쓴 웜퍼의 일기에는 이 모습이 단 하루도 보이지 않았다고 적혀 있다. (사진: 산티아고 몬테스데오카Santiago Montesdeoca)

왼쪽 아래 _ 에콰도르의 수도 키토에 있는 웜퍼의 이름을 딴 현대식 건물

(사진: 앤드루 코널리Andrew Connolly)

르 브레방Le Brévent에서 본 몽블랑. 샤모니 쪽에서 오르는 노멀 루트는 정상 오른쪽에 있는 등반
선을 따라 이어진다. (사진: 리처드 세일)

에귀 드 트렐라테트에서 본 몽블랑 서벽. 윔퍼는 일기에 이렇게 썼다. "우리밖에는 아무도 본 적
이 없는 경치가 눈앞에 펼쳐졌다. 몽블랑 정상에서 거대한 빙하가 흘러내렸다." (사진: 이언 스미스)

2부

북극

부드러운 남풍에 커다란 돛이 유유히 펄럭였다. 눈앞으로 서서히 전경이 펼쳐졌다. 날이 저물면서 짙게 깔린 구름이 간간이 걷힐 때마다 눈이 쌓인 크고 작은 계곡들이 모습을 드러냈다. … 여기저기 산비탈마다 아련한 대로 크레바스 자국이 보이는 빙하가 흐르고, 그 위쪽으로 거대한 바위를 드러낸 침봉과 암탑이 치솟아 있었다. 어디까지나 이름뿐인 한밤중에는, 남북으로 뻗은 수평선의 거의 절반이 이처럼 황홀한 장관에 덮여 있었다. 숨 막히게 아름다운 석양은 하늘을 온통 보랏빛과 황금빛으로 물들었다. 밤은 아니었다. 낮이 끝났을 뿐이었다.

에드워드 윔퍼 『항해일지』*Voyage journal*(1867)

원대한 목표는
내륙으로 들어가는 것입니다

등반사에 큰 획을 긋고 샤모니와 쿠르마예의 호텔로, 맥주와 샴페인을 사주며 축하해주는 친구와 지인들의 품으로 돌아온 후로부터 2년이라는 시간이 흘렀을 때 윔퍼는 세상이 달라졌다는 것을 느꼈다. 야망이나 공명심을 잃어버리지는 않았지만, 비판에는 쉽게 상처받았다. 마터호른 사고 후 불거진 논란은 윔퍼의 내면 깊숙한 곳까지 영향을 미쳤고, 안 그래도 부족했던 자신감을 한풀 더 꺾어버렸다. 그는 무엇인가를 시도해 가치 있는 것을 성취하고 싶었지만, 마터호른에서 잔인한 운명에 휘말렸다고 동정을 받는 것은 성취가 아니었다. 빅토리아시대를 살았던 인물답게 과학과 지리학, 박물학을 비롯한 주변 세계에 다방면으로 호기심을 분출하던 윔퍼는 이 세상에 산의 정상에 오르는 일 말고도 할 일이 많다는 사실을 잘 알고 있었다.

윔퍼의 어린 시절은 북서항로*를 개척하러 떠났다가 비운으로 막을

---

* 유럽에서 북대서양과 북극해를 지나 북태평양에 이르는 항로. 16세기부터 이 항로를 개척하기

SITUATION OF THE TERROR IN HUDONS'S STRAIT.

윔퍼 공방에서 판각한 프랭클린의 테러호. 찰스 톰린슨Charles Tomlinson의 『북극 지방의 겨울 Winter in the Arctic Regions』(1861)에 삽화로 수록되었다.

내린 존 프랭클린 경Sir John Franklin 탐험대의 실종자들을 찾기 위한 수색작업이 장기화되면서 북극 탐험에 대한 사회적 열기가 매우 고조된 시기였다.

　　1845년 5월 런던에서 에러버스호와 테러호를 이끌고 출항한 프랭클린은 그해 7월 그린란드 해안을 떠난 후로 다시는 목격되지 않았다. 1848년부터 수십 차례나 수색대가 파견됐지만 번번이 실패로 끝났다. 그러다가 1855년에 가서야 비로소 허드슨만회사Hudson's Bay Company의 존 레이John Rae가 프랭클린 탐험대의 최후를 목격한 이누이트들과 접촉하게 되면서 그들에게 닥친 참상이 처음 세상에 알려졌다.

　　위한 많은 시도가 있었다. ─ 옮긴이

1859년에는 폭스호의 지휘관 레오폴드 매클린톡Leopold McClintock이 캐나다 북부의 킹윌리엄섬King William Island을 썰매로 수색한 끝에 마침내 프랭클린 탐험대의 흔적을 발견하기에 이르렀다.* 프랭클린의 부인 제인 여사Lady Jane가 불굴의 의지로 수색대를 줄기차게 파견한 탓에 프랭클린이라는 이름과 극지 탐험 이미지는 신문에 자주 등장했고, 북극의 자연 풍광과 극지 탐험을 묘사한 삽화의 수요가 높아지자 웜퍼 공방에도 관련 일감이 들어왔다. 이 시기에 웜퍼는 종종 도서나 정기 간행물에 들어갈 빙산이나 썰매 등을 판각해야 했다.[1]

웜퍼는 기행문을 즐겨 읽었다.

> 내가 지금 읽고 있는 책을 쓴 북극 탐험가 엘리샤 케인Elisha Kane 박사가 얼마 전 안타깝게도 쿠바에서 생을 마감했다고 한다. 그의 나이는 겨우 43세†였다. 이 책은 존 프랭클린 경을 찾으러 떠난 두 번째이자 마지막 항해를 다루고 있는데 굉장히 흥미진진하다. 원주민을 제외한 누구도 가본 적이 없으며 원주민들조차도 몇 번 가보지 못한 그린란드의 한 지역을 묘사하고 있기 때문이다.[2]

웜퍼가 탐험하려고 결심한 곳은 바로 이 지역, 그린란드의 극북 지역이었다. 1865년 말부터 웜퍼는 구할 수 있는 모든 자료를 수집하고 지인과 인맥을 최대한으로 활용하면서 그의 기질답게 철두철미하게 그린란드 원정을 준비해나갔다. 앞서 웜퍼는 그해 스물다섯 번째 생일하루 전날인 1865년 4월 26일에 다윈의 배다른 사촌 프랜시스 골턴

---

* 웜퍼는 매클린톡과 직접 만난 적이 있으며, 훗날 그의 썰매 한 대를 소장하기도 했다.
† 웜퍼의 일기에는 43세로 적혀 있으나, 사망 당시 엘리샤 케인의 실제 나이는 37세였다. — 옮긴이

Francis Galton의 추천으로 왕립지리학회 연구원으로 선출되었다.[*] 윔퍼는 아버지를 통해서, 또 영국산악회와 영국과학진흥협회에서의 적극적인 자기 홍보를 통해서 과학계 인맥을 넓혀나갔다. 윔퍼가 꾸준히 기고하게 되는 학술지『네이처Nature』를 창간한 노먼 로키어Norman Lockyer와의 우정은 1865년부터 시작되었다.[3] 1866년 1월경에는 더블린대학교의 로버트 헨리 스콧Robert Henry Scott과 서신 왕래를 하고 있었는데, 그의 배려 덕분에 윔퍼는 19세기 초에 그린란드를 탐험한 덴마크인 카를 기제케Karl Giesecke의 탐험일지를 볼 수 있었다. 윔퍼는 1850년에 프랭클린 수색대로 파견된 어시스턴스호에 대위로 승선했던 왕립지리학회 총무이사 클레먼츠 마컴도 만났고, 육군 대장이자 당시 왕립지리학회 회장이었던 에드워드 서빈 경Sir Edward Sabine도 만났다. 여든을 바라보던 서빈은 1818년 북서항로를 개척하러 떠난 최초의 영국 원정대에 박물학자로 참가했으며, 그린란드의 동해안에 자신의 이름을 딴 섬을 남긴 인물이었다.

윔퍼의 처음 계획은 포경선을 타고 스코틀랜드의 던디에서 그린란드의 우페르나비크Upernavik까지 이동한 다음, 그곳에서 개와 썰매와 원주민 언어를 통역해줄 사람을 구해 해안선을 따라 스미스해협 어귀에 있는 요크곶Cape York까지 북진함으로써, 당시까지 완전히 베일에 싸여 있던 그린란드의 북부 해안을 발견하는 것이었다. 던디의 고래잡이 배들은 보통 우페르나비크까지는 올라가니 거기까지 올려다주는 데는

---

[*] 유전의 중요성에 관한 프랜시스 골턴의 연구는 1865년에 처음 발표되었는데, 『알프스 등반기』에서 윔퍼가 크레틴병에 대해 언급하는 부분에 스며들어 있다. 『알프스 등반기』 원서 299~310쪽 참조.

무리가 없다고 했지만, 고래를 쫓다 보면 원하는 날짜에 맞춰 내려다 주기는 힘들 수 있다고 조건을 달았다. 1866년 5월 말에 열린 왕립지리학회 총회에서 로더릭 머치슨 경은 다음과 같이 발표했다.

> 우리 학회의 젊은 준회원 가운데 알프스 고봉을 오르며 이미 남다른 담력과 자신감을 증명한 에드워드 윔퍼 씨가 빙하 위를 가로질러 이 눈 덮인 동토의 내륙까지 파고든다는 아주 대담한 계획을 품고 있습니다. … 윔퍼 씨는 또한 육로를 통해 그린란드의 극북 지역에 도달할 수 있다고 믿고 있습니다. … 이것은 실로 한 개인이 이룰 수 있는 영국 지리 탐험사의 정점이 아닐 수 없습니다![4]

왕립지리학회를 통해 윔퍼는 덴마크 코펜하겐에 사는 카를 이르밍에르Carl Irminger, 1802-1888 제독과도 연이 닿았다. 두 사람은 금세 가까워졌다. 윔퍼에게 안톤 텡네르Anthon Tegner, 1830-1883라는 인물을 조수로 추천한 사람도 그였다. 안톤 텡네르는 그린란드에 가본 경험이 있었고 영어와 그린란드어를 구사해 윔퍼의 통역관 역할을 하게 되는데, 노르웨이 태생이지만 덴마크에 정착했으며 영국과 독일에서 의학을 공부했다. 윔퍼는 1866년 6월부터는 월 5파운드를, 코펜하겐을 떠난 후부터는 월 15파운드를 주기로 하고 텡네르를 고용했다.[5] 윔퍼가 이 결정을 후회하게 되는 데는 그리 오랜 시간이 걸리지 않았다. 윔퍼는 가까운 지인에게 그를 언급하면서 "전 인류를 통틀어 가장 게을러터진 자"라는 수식어를 붙였다. 한편 이르밍에르 제독과의 관계는 그보다 훨씬 더 좋았다. 윔퍼는 그렇게 중요한 인물과 친분을 맺었다는 사실과 그가 자신을 받아주었다는 사실을 자랑스럽게 여겼다. 청춘을 덴마크 해

옥스퍼드 모들린칼리지Magdalen College를 묘사한 윔퍼의 판화로, 1866년도 『레저 아워』 441쪽에 수록되었다.

군에 고스란히 바친 이르밍에르 제독은 영어에 능통했고, 수문학과 지리학에 조예가 깊었는데, 특히 북극 지역에 관심이 높았다.[6]

결과적으로 총 경비로 900파운드가 들어간 윔퍼의 그린란드 원

---

* 지구에 있는 모든 형태의 물을 중심으로 자연을 연구하는 학문 분야 — 옮긴이

정은 전적으로 혼자 힘으로 기획하고 준비하고 자금을 조달한 원정이었다. 여기에 9개월간 벌지 못한 기회비용까지 감안하면 이만한 돈은 젊은 청년이 유동자산으로 갖고 있기에는, 그것도 온전히 자기 손으로 벌어 모은 돈치고는 실로 거액이었다. 삽화용 목판화의 황금기였던 1860년대에 윔퍼 공방이 얼마나 번창하고 있었는지를 짐작케 하는 대목이다. 판화 한 점당 작업 비용은 보통 6기니였는데, 윔퍼 공방에서는 원화를 판목에 옮겨 그리는 작업까지 대행할 경우 약 12기니를 받고, 그중 일부를 떼어 화가에게 지급했다.[7]

해군을 통하지 않고 개인이 직접 북극 원정대를 조직하는 것은 분명 이례적인 일이었다. 알프스 빙하 여행으로 이미 극지 이동 기술을 어느 정도 체득했다는 윔퍼의 자신감은 전형적인 빅토리아적 낙관주의 ─ 혹은 자만심 ─ 의 표상이었다. 윔퍼는 평생 그렇게 해나가게 되는 것처럼 식량과 장비 준비, 기존 정보 수집 등 준비 단계 하나하나를 꼼꼼히 챙겼다. 비록 조금은 두서없이 자기 방식대로 헤쳐나가기는 했지만 말이다. 그는 허드슨만회사를 통해 충분한 양의 페미컨*을 확보하려고 노력했지만, 존 레이로부터 돌아온 답변은 다음과 같았다. "안타깝게도 회사 창고에 보관하던 페미컨을 쥐가 몽땅 다 파먹어 버렸습니다."[8]

그때까지의 북극 탐험은 북서항로를 찾는 일과 실종된 프랭클린 탐험대를 수색하는 일에 치우쳐 있었다. 실종된 선원들의 무덤과 유

---

* 말린 고기를 빻은 다음 지방에 녹여 굳힌 보존 식량의 일종. 북아메리카 원주민이 처음 만들었으며 열량이 높고 장기 보관이 가능해 극지 탐험가들이 주로 이용했다. ─ 옮긴이

류품이 1850년에 이미 배핀만Baffin Bay 서쪽에 자리한 비치섬Beechey Island에서 발견되었지만, 미국 탐험가 엘리샤 케인은 1853년에 탐험대를 이끌고 데이비스해협Davis Strait을 거슬러 스미스해협 안쪽까지 올라갔다. 케인은 그린란드 북극 지역의 얼음에 갇혀 두 해 겨울을 나고 선원들의 반란을 겪은 끝에 1855년 8월에야 우페르나비크로 귀환할 수 있었다. 1860년에는 케인 탐험대의 일원이었던 아이작 헤이스Isaac Hayes가 케인이 주장한 '얼지 않은 북극해open polar sea'를 찾아 스미스해협 안쪽까지 올라갔으며, 소규모 분대를 꾸려 그린란드 동토 위를 40~50킬로미터 정도 이동하면서 내륙을 탐험했다. 프랭클린 탐험대를 수색하느라 캐나다 북부의 동토 위에서 장거리 썰매 이동을 감행한 적은 있었지만, 인류가 그린란드의 내륙을 탐험한 것은 이때가 최초였다. 포경선과 프랭클린 수색대를 제외하고 덴마크령 그린란드에 발을 디뎌본 여행자는 거의 없었다. 그때까지 출정한 원정대는 모두 해군을 주축으로 항해에 기반을 두고 있었으므로, 그린란드의 내륙을 탐험하겠다는 윔퍼의 계획은 매우 이례적이고 원대한 목표였다.

그린란드는 1815년부터 덴마크의 식민지였다. 10세기에 남서부 해안에 건설된 바이킹 정착촌은 15세기 초엽에 소멸했는데, 북쪽에서 남하한 이누이트족과의 충돌이 가장 유력한 원인으로 꼽힌다. 엘리자베스시대 항해사였던 마틴 프로비셔Martin Frobisher와 존 데이비스John Davis는 각각 1576년과 1587년에 북극권 한계선을 통과했는데, 이때 데이비스는 북위 73도에 있는 우페르나비크까지 도달했다. 17세기 초엽에는 덴마크인들이 초기 바이킹 정착촌의 후손들을 찾아보고자 배를 보냈지만 아무런 성과를 거두지 못했다. 1616년에는 윌리엄 배핀 William Baffin이 북위 78도까지 도달했다. 배핀이 세운 이 최북단 도달 기록은 향후 200년 동안 깨지지 않았다. 17세기를 거치면서 고래 무역이 융성했지만, 이를 제외하면 선교사 한스 에게데Hans Egede가 서쪽 해안에 작은 덴마크인 정착촌을 건설하는 1721년까지 외부인과 그린란드 원주민의 접촉은 거의 없었다. 덴마크인들은 학교와 교회, 교역소를 세우고 서쪽 해안선을 따라 영구 거주지를 건설해나갔다. 윔퍼는 그린란드로 이주한 덴마크인들에게 대체로 호의적인 편이었는데, 한스 에게데를 "훌륭한 인물"이라고 생각했지만, 그가 그린란드 원주민들에게 늘어놓는 루터식 설교를 듣고는 배꼽을 잡지 않을 수 없었다.

> 그가 종교에 관해, 미래의 보상이나 처벌에 관해 설교할 때면 어떠한 벽에 부딪히곤 했다. 특히 처벌에 관한 부분이 그랬다. 그는 온갖 화려한 수식어를 동원해 고통스러운 불지옥을 설명했고, 원주민들은 그가 하는 말에 귀를 기울였다. … 그는 마침내 억제책으로 갖고 있던 수단이 원주민들에게는 전혀 공포를 안겨주지 못한다는 사실을, 즉 영원히 타오르는 불이 원주민들에게는 환영할 만한 경사임을 깨달았다.[9]

1774년에는 왕립그린란드무역회사Royal Greenland Trading Company가 설립되었다. 덴마크인들은 원주민의 이익 도모를 명분으로 그린란드와의 무역 독점권을 손에 넣을 수 있었다. 그린란드는 고트호프 Godthaab(지금의 누크Nuuk)를 거점으로 하는 남부 총독령과, 디스코섬 Disko Island의 고드하운Godhavn(지금의 케케르타르수아크Qeqertarsuaq)을 거점으로 북쪽으로 우페르나비크까지 관할하는 북부 총독령으로 나뉘었다.(극북 지역은 포함되지 않았다.) 1848년에는 힌리크 링크Hinrich Rink가 그린란드와의 오랜 인연을 시작했다. 링크는 그린란드의 지리와 풍습과 박물사를 연구했으며, 1861년에는 그린란드어로 된 최초의 신문을 발간하기도 했다. 윔퍼는 1872년에 코펜하겐에서 링크를 직접 본 적이 있는데, "그는 몸이 너무나 지저분하고 씻기를 극도로 혐오한다는 소문이 자자하다. … 나는 그린란드에서뿐만 아니라 덴마크에서도 이런 이야기를 숱하게 들었다."라고 기록했다.[10]

윔퍼는 뜻밖의 인물을 통해 그린란드에 함께 갈 동행자를 구할 수 있었다. 윔퍼의 형 프레더릭은 1862년 6월에 런던에서 증기선을 타고 밴쿠버섬Vancouver Island으로 향했다. 이 배는 포클랜드제도의 스탠리Stanley에 잠시 정박했다가 혼곶Cape Horn을 돌아 밴쿠버섬에 도착했다. 당시 프레더릭은 광산회사나 빅토리아의 유력인사들을 위해 지형도와 그림을 그려주는 일로 돈벌이를 하고 있었는데, 1864년 3월에는 뷰트 해협Bute Inlet을 건너 본토로 올라가 빙하를 스케치하고 카리부Cariboo 골드러시 지역에 건설 중인 금 운반용 마차 도로를 스케치했다. 프레더릭이 작업을 마치고 빅토리아로 돌아가기 위해 카누를 타고 출발하던 날은 공교롭게도 도로를 건설하던 백인 인부 14명이, 그들이 천연두를 옮길지 모른다는 공포에 사로잡힌 칠코틴족 원주민에게 무자비하게 학살되던 날이었다. 빅토리아로 돌아온 프레더릭은 곧 밴쿠버섬 탐험대에 동행 화가로 합류하게 되었다.

이 탐험대의 지휘관은 스코틀랜드 출신의 젊은 박물학자 로버트 브라운이었다. 브라운은 에든버러대학교에서 식물학과 박물학을 공부했다. (다만 학위는 받지 못했다.)* 1861년 3월에 브라운은 아이슬란드와 얀마옌섬Jan Mayen Island, 스피츠베르겐섬Spitzbergen Island으로 떠나는 포경선 나르월호에 '의사'로 고용되었다. 이 배는 던디로 돌아온 다음 이번에는 데이비스해협을 거슬러 배핀만과 그린란드 서해안 일대를 돌았다. 브라운은 10월에 계약이 끝나자 박물학자로 경력을 넓힐 곳을 물색했고, 1863년 2월에 고작 80파운드를 초임 연봉으로 받기로 하고 에든버러식물학협회에 3년 계약직 종자 채집가로 임명되었다.[11] 협회 후원자들 눈에 그는 회원들을 위해 종자를 채집해 오는 사람에 불과했지만, 브라운은 자신을 발로 뛰는 박물학자로 생각했다. 후원자들이 생각한 것보다 자신의 사회적 지위를 한 단계 높게 생각했다는 뜻이다. 브라운이 1년 동안 채집해 온 종자에 대한 반응은 그리 신통치 않았다. 브라운은 밴쿠버섬 탐험대가 만들어준 기회를 놓치지 않고 지휘관으로 임명된 뒤 이렇게 말했다. "저는 힘 있는 위치에서 탐험할 것입니다. 작년처럼 보잘것없는 무명 식물 채집가로서가 아니라요."[12] 협회 후원자들은 브라운의 행동이 마뜩잖았다.

브라운의 탐험대는 1864년 6월부터 10월까지 약 4개월간 밴쿠버섬을 동에서 서로 횡단했다가 다시 원점으로 돌아오면서 섬 내륙을 탐험했다. 프레더릭은 고생스러운 환경에 대한 적응력 면에서 ─ 그리고 알코올이 들어간 음료에 대한 취향 면에서 ─ 동생과 얼마간 닮은 구석이 있었다.

---

* 브라운은 당대에 유일하게 박물학을 공부할 수 있는 길이었던 의학부에 진학했다.

인간이 뭐든, 심지어 콩이라도 — 그것도 집에서라면 말에게나 먹일 법한 종류의 콩이라도 — 맛있게 먹을 수 있을 때, 마실 거리 중에서 홍차를 가장 기운을 북돋워 주는 음료라고 여길 수 있을 때 이것은 그가 건강하다는 매우 좋은 징조. … 우리는 20~50킬로그램의 짐을 등에 지고 기복이 심한 지형을 헤쳐나갔다. 강은 온통 물살이 빠른 산간 계류였고, 숲은 거의 밀림에 가까웠다. 우리는 땅이 젖었을 때가 아니면 굳이 담요를 꺼내 덮고 자지 않았다.[13]

브라운과 조직위원회 사이에는 보급품과 경비 문제를 둘러싼 갈등이 있었다. 금맥을 탐사하라는 위원회의 요구 때문이기도 했는데, 브라운이 생각하기에 이런 요구는 지리 탐사와 과학 활동에 방해가 될 뿐이었다.* 빅토리아로 귀환한 탐험대원들은 이미 지역 명사가 되어 열렬한 환호를 받았으며, 그해 11월에는 프레더릭의 스케치와 수채화를 선보이는 전시회도 열렸다. 하지만 에든버러의 후원자들은 자신들이 고용한 종자 채집가가 한눈을 팔고 있다는 사실이 몹시 못마땅했다. 총무이사는 브라운에게 보낸 편지에서 "위원회에서 표출된 불편한 심기를 그대로 다 전달하기란 불가능"하다고 말했다.[14] 기분이 언짢은 한 회원은 다른 회원에게 다음과 같이 토로했다.

맥냅McNab 씨가 브라운이 쓴 편지를 보내줘서 읽어보니 세상에나 구역질이 나더군요. 그자는 멍청하기 짝이 없으며, 그자가 쓴 편지는 장황하게 늘어놓은 헛소리에 불과합니다. 편지를 쓸 때 술에 취해 있던 게 틀림없어요. 알아먹지도 못하게 휘갈겨 놓은 글씨

---

* 브라운이 보급품 문제를 따지느라 잠시 빅토리아에 있는 동안 소량의 금이 발견되었다.

위: 프레더릭 웜퍼(1838~1901).
(Image A-02535 © Royal British Columbia
Museum, British Columbia Archives)

왼쪽: 로버트 브라운(1842~1895).
(Image G-03439 © Royal British Columbia
Museum, British Columbia Archives)

중에*… 정보다운 정보라고는 단 한 글자도 건질 게 없더군요. …
그자는 못된 사기꾼이거나 지독한 머저리입니다. … 그자를 가능
한 한 빨리 퇴출시켜야 합니다.[15]

그들은 정말로 그렇게 했다. 그들은 브라운과의 계약을 파기했다.

한편 프레더릭은 러시아와 미국을 잇는 전신망 구축 사업단에 동

---

* 로버트 브라운의 편지는 실제로 심한 만연체인데, 구두점도 거의 없이 몇 장에 걸쳐질 만큼 긴 문
장도 있었다.

행 화가로 합류하게 되어 1865년 여름을 캄차카반도에서 보냈다. 그리고 겨울에는 샌프란시스코로 내려왔다가, 이듬해 6월에는 다시 시베리아와 알래스카로 이동했다. 알래스카 내륙을 관통하는 유콘강Yukon River 유역에 있는 눌라토Nulato의 한 오두막에서 유난히 추운 겨울을 나는 동안 프레더릭은 양쪽 다리에 동상을 입었는데, 평생 후유증에 시달리다가 결국에는 다리를 절게 되었다. 1867년 봄에는 카누를 타고 포트유콘Fort Yukon까지 유콘강을 거슬러 올라갔다가 가을에 샌프란시스코로 내려왔고, 11월쯤 런던으로 돌아왔다.[16]

머치슨이 윔퍼의 원대한 계획을 소개한 내용은 신문에도 실렸고, 이 기사는 빅토리아에 있는 로버트 브라운의 눈에도 띄었다. 브라운은 윔퍼 가문의 한 사람과 친분을 맺었으니 당연히 다른 사람과도 친분을 맺을 수 있으리라 믿었다. 에든버러식물학협회에서 퇴출당한 브라운에게 윔퍼의 그린란드 원정은 북극의 동식물상을 연구하는 박물학자로서 명성을 쌓을 수 있는 뜻밖의 기회였다. 브라운은 1866년 8월에 빅토리아를 떠나 샌프란시스코와 니카라과를 거쳐 영국으로 돌아왔다. 윔퍼가 훗날 다소 씁쓸하게 표현한 대로 "우리는 이제 로버트 브라운 씨가 무대에 등장하는 시점에 이르렀다." 10월 8일에 브라운은 헤이슬미어에 있는 조사이어 앞으로 편지를 보냈다. "캘리포니아 신문에서 에드워드 윔퍼 씨가 그린란드에서 제가 갔던 곳들을 방문하러 곧 떠난다는 기사를 보았기에 이미 떠나고 없을까 봐 저어됩니다."[17] 조사이어가 아들이 아직 런던에 있다고 답해주자 브라운은 즉시 윔퍼에게 자신을 소개하는 편지를 보냈다. "좀 늦었지만 마터호른에서 아슬아슬하게 위기를 모면하고 무사귀환하신 데 대해 축하인사를 전합니다."[18] 윔퍼에게 환심을 살 수 있으리라는 다소 낙관적인 생각으로 브라운은 몇 달 전 미국 워싱턴주에 있는 베이커산Mount Baker에 도전했던 일을 언급했다. (브라운 일행은 산자락에 닿기도 전에 원주민들에게 쫓겨났다.) 윔퍼가 즉각적으로 써 보낸 답장은 과연 그의 기질답게 호의적이었다. "저의 그린란드 탐험대에 합류해주신다니 이것 참 반가운 일입니다. … 이번 원정 계획은 솔직히 말씀드리건대 아주 원대합니다."[19] 브라운은 12월 초에 런던에서 윔퍼를 만났을 때 프레더릭이 그린 그림 몇 장을 윔퍼에게 전달했다.* 브라운은 포경선보다는 코펜하겐에서 출항하는 왕립그린란드무역회사의 선박이 낫다는 의견을 피력했지만, 윔퍼는 좀 더 고민해보기로 했다.

　　윔퍼가 왕립지리학회의 부총무이사였던 헨리 월터 베이츠와의 오랜 인연을 시작하게 된 것은 아마도 아버지의 소개를 통해서였을 것이다. 열세 살에 학교를 그만둔 베이츠와 윔퍼는 성장 배경이 비슷했다. 주경야독으로 곤충학을 독학한 베이츠는 1848년에 역시 독학으로 공부한 앨프리드 러셀 월리스와 함께 동식물 표본을 채집하러 아마존 밀림으로 떠났다. 19세기는 박물학에 대한 사회적 관심이 아주 높

---

* 프레더릭 윔퍼는 1866년 6월부터 1867년 9월까지 시베리아와 알래스카에 있었으므로, 브라운과 계속 친분을 유지한 사이였을지라도 브라운에 관한 일로 동생과 편지를 교환했을 가능성은 적다.

았던 시기로, 런던으로 표본을 가져와 팔면 그럭저럭 여행 경비를 충당할 수 있었기에 베이츠와 월리스처럼 학식이 뛰어나지만 가난한 채집가들도 잘 알려지지 않은 오지에 들어가 몇 년씩 연구 활동을 하는 일이 가능했다. 두 사람은 얼마 못 가 사이가 틀어져 따로 여행하게 되었지만, 베이츠는 아마존에 총 11년간 머물면서 강의 상류까지 탐험을 이어나갔다. 탐험 결과를 정리한 그의 저서 『아마존강의 박물학자 The Naturalist on the River Amazons』는 1863년에 존 머리가 출간해 대단한 성공을 거두는데, 이 책에는 요제프 볼프가 원화를 그리고 조사이어가 판각한 삽화가 실렸다.[20] 월리스는 아마존으로 떠난 지 4년 만인 1852년에 런던으로 돌아왔지만, 그를 태우고 돌아오던 배가 대서양 한복판에서 불에 타 가라앉는 바람에 표본과 일지를 몽땅 잃어버린 채 빈손으로 돌아와야 했다. 월리스가 다음으로 선택한 지역은 말레이제도 Malay Archipelago였다. 월리스는 그곳에 8년간 머물며 연구에 몰두해 다윈과는 독자적으로 진화론을 완성해냈다.

웜퍼에게 디스코만Disko Bay의 화석 산지에 대한 호기심을 불어넣고, 영국과학진흥협회 지원금 문제를 헨리 스콧과 상의해보라고 조언한 사람도 바로 헨리 베이츠였다. 그는 웜퍼에게 보낸 편지에서 이렇게 말했다. "이 경이로운 지역에서 새로운 발견을 해낸다면 자네가 분명 성취감을 느끼리라 생각하네. 브라운 박사는 어떤가? 그와 함께 간다면 화석을 속속들이 이해할 수 있을 걸세."[21] 헨리 스콧은 디스코만 지역의 식물화석을 채집하기 위해 영국과학진흥협회로부터 100파운드의 지원금을 따냈지만, 그린란드가 아닌 런던으로 가야 하는 상황이었다. 전임 기상국장이었던 로버트 피츠로이Robert Fitzroy — 다윈의 세계일주 때 비글호의 선장 — 가 목을 그어 자살하는 바람에 기상국장 자리가 비었는데, 에드워드 서빈이 의장을 맡은 인사위원회가 심사를 거쳐 그 자리에 헨리 스콧을 임명한 터였다.[22] 베이츠는 윔퍼에게 이 지원금을 노려보라고 말했는데, 윔퍼는 그의 제안에 이렇게 답했다.

> 식물화석 발굴에는 언제나 관심이 있었네. 오래전부터 익히 들어 알고 있었고, 전에도 그랬고 지금도 그렇고 직접 발굴해볼 마음이 있다네. … 스콧 씨와 관련한 솔깃한 제안에 감사하네만, 식물학에 대한 지식이 전혀 없다 보니 내가 하는 채집 작업이 주먹구구식이 될 수도 있다는 점을 스콧 씨가 아셔야 할 것 같네.[23]

윔퍼와 헨리 스콧은 금세 합의점을 찾았다. 헨리 스콧은 협회를 대신해 윔퍼가 제시한 지원금 수혜 조건을 수락했다. 윔퍼는 "식물학 관련 지식은 전혀 없으며, 화석 산지 탐사자로서 저의 자격은 매우 제한적"임을 명확히 밝혀두었다.[24] 이번 원정의 주목적은 어디까지나 지리상의 발견이었지만, 윔퍼는 화석 채집이 과학계와 학계에서 명성을 얻는 데 좋은 발판이 될 수 있으며, 어쩌면 삽화 일쪽으로도 좋은 기회를 열어줄 수 있다고 믿었다. 이때 새로 생긴 화석 분야에 대한 관심은 평생 식지 않았다. 윔퍼는 또 서빈 장군과의 꾸준한 유대관계 덕분에 왕립지리학회에서 주는 200파운드의 지원금도 확보할 수 있었다. 역시 식물화석을 충분히 모아오는 조건이었다.

윔퍼가 북극 원정 준비에 한창이던 1866년 12월, 조사이어 윔퍼는 세 번째 — 자식들이 알기로는 두 번째 — 결혼식을 올렸다. 세 번째 부인 에밀리Emily는 런던 남부 버몬지에서 가죽 사업으로 부를 축적하고 클래펌 커먼Clapham Common에 저택을 소유한 토머스 헵번Thomas Hepburn의 장녀였다. 1832년생인 에밀리와 여동생 소피아Sophia는 둘 다 열정이 넘치는 화가였으며, 조사이어가 램버스에 살던 때에는 셋이서 종종 스케치 여행을 같이 다니기도 했다. 두 집안은 같은 메이즈폰드 침례교회의 교인으로 가문끼리 오랫동안 알고 지냈는데, 윔퍼 가문 사람들은 종종 헵번의 클래펌 저택에 초대를 받았다. 윔퍼는 헵번 가문의 파티에 갈 때마다 기분전환이 된다고 기록했다.

> 저녁때 클래펌에 있는 헵번 씨네 집에서 열린 파티에 갔다. 헵번 씨는 현재 고급 주택 — 저택이라는 말이 더 적절하겠지만 — 을 소유하고 있는데, 집세로 1년에 350파운드를 내고 있으며, 부속 건물과 가구 등에 지금까지 총 3000파운드를 썼다고 한다. 내부는 제법 아름답게, 상당히 호화스럽게 장식되어 있다. 파티에는 80명쯤 있었다. 헵번 씨는 무두장이다. 버몬지에 굉장히 큰 공장을 갖고 있다. 그런 여건치고는 헵번 씨는 매우 친절한 분이고 그의 가족들도 상당히 정감 넘치는 사람들이다.[25]

아마도 소년 윔퍼가 구태여 단서를 붙인 이유는 헵번 가문이 수공업에 종사한다는 배경 때문이었을 것이다. 에밀리는 영국 왕립미술원에 작품을 전시하고 가끔 그림이 출판될 정도로 수채화가로 성공했다. 결혼식을 올린 장소는 런던 남서부 배터시Battersea에 있는 성모마리아 교회였다.[26] 윔퍼는 생애 대부분을 계모 에밀리와 가깝게 지냈는데, 평생에 걸쳐 다른 여자들과도 그렇게 되는 것처럼 딱딱하고 권위적인 아버지보다는 계모 에밀리와 훨씬 더 친밀한 관계를 다져나갔다.

브라운은 2월에 다시 런던으로 건너와 일주일 동안 윔퍼와 원정대 합류 조건을 조율했다. 윔퍼는 경험 많은 여행가인 브라운의 합류를 처음부터 반겼다. 가장 큰 이유는 물론 화석 산지를 조사하고 싶었기 때문일 것이다. 하지만 브라운은 개인적인 야망이 따로 있었으며, 원정대 내에서 차지할 직책과 지위에 관심이 많았다. 윔퍼는 마터호른 참사를 겪으며 통제력과 의사결정권이 얼마나 중요한지 깨우친 만큼 각자의 역할에 대한 선을 명확하게 그어놓기를 원했다. 어디까지나 윔퍼가 원정의 기획자이자 책임자였으며, 그가 목판화로 벌어들인 돈으로 모든 경비를 충당하는 원정대였다. 브라운은 자신이 윔퍼보다 두 살이 어리기는 해도 과학 분야의 전문 지식이 풍부하며, 북극에 가본 경험도 있는 데다 원정대를 직접 통솔해본 경험자라는 점에서 자신이 유리한 위치에 있다고 생각하고 있었다. 밴쿠버섬에서 절반의 성공을 이룬 브라운은 이번 그린란드 원정으로 명성을 쌓고 발로 뛰는 박물학자로서 경력을 넓힐 수 있다고 믿었다. 야심 찬 두 청년에게 이번 원정은 기회로 가득 차 있었지만, 두 사람이 원정에 임하는 태도는 확연히 달랐다. 윔퍼의 목표는 상당히 구체적이었다. 물질적 혹은 재정적 이득을 가져다줄 표본을 채집하고, 탐사한 지역을 상세한 지도로 작성하고, 탐험 이야기를 삽화를 곁들여 재미있게 서술함으로써 북극의 지리 지식 발전에 괄목할 만한 기여를 하는 것이었다. 브라운의 목표는 북극 박물학에 자신의 이름을 아로새길 새로운 발견을 해냄으로써 역사적으로 중요하게 평가될 원정대에서 자신이 중요한 몫을 한 일원으로 인정받는 것이었다. 훗날 브라운은 원정대의 역사적 의의와 위상을 제멋대로 부풀려 윔퍼의 분노를 사게 된다.

　겨울이 지나는 동안 윔퍼는 브라운의 합류를 철석같이 믿고 있었지만, 그는 확답을 주지 않고 시간을 질질 끌었다. 브라운은 원정대를 자신에게 유리하게 이용할 수 있다는 생각만 했지, 윔퍼가 매사에 그렇게 철두철미하리라고까지는 미처 예상하지 못했다. 2월 5일 자 편지에 윔퍼는 브라운에게 이렇게 썼다.

> 내 계획은 디스코섬에서 배를 타고 우페르나비크까지 올라가서, 그곳에서 다시 배로 본토에 접근한 다음 육로로 요크곶 혹은 요크곶이 보이는 데까지 가는 것입니다. 그런 다음 여건이 허락하는 대로 우페르나비크로 내려와 영국으로 귀환할 생각입니다.

윔퍼는 이어서, 귀환에 실패할 경우 두 번째 대안은 디스코만에 있는 화석 산지를 방문하는 것이다, 브라운이 맡을 임무는 천문 관측을 통해 정확한 경도와 위도를 측정하는 것과 동식물상을 조사하는 것이다, 브라운이 채집하는 모든 표본은 협회에 제출하기로 약속된 식물화석과 함께 자신이 처분할 권리를 가진다고 설명한 다음, 자신이 브라운 몫의 경비 일체를 지원하고 보수로 100파운드를 지급하겠다는 내용까지 밝힌 뒤에 다음과 같이 덧붙였다.

> 내가 직접 쓸 원정일지를 토대로 결과를 정리해 발표하는 연구 보고서를 출판할 생각입니다. 당신의 전문 분야에 대해 서술한 일부 장 — 또는 별책 — 을 끼워 넣어도 됩니다. 우리 이름은 공동 저자로 올리겠습니다. … 판권은 나에게 있습니다.[27]

브라운에게는 출판물에서 발생하는 순수익의 5분의 2를 주기로 했다. 윔퍼가 둘의 관계를 명확하게 해두기를 원했던 이유는 원래 타고난 사무적인 성격 때문이기도 했지만, 마터호른에서 통제력을 잃었던 아픈 기억 때문이기도 했다. 윔퍼는 두 사람이 함께 결정하는 방식 — 정확히 브라운이 원했던 방식 — 은 절대 택하지 않을 생각이었다. 브라운은 윔퍼에게 고용된 사람으로 보이고 싶지 않다면서 지식인답게 — 브라운은 분명 자신이 윔퍼보다 지적으로 우월하다고 생각했는데 — 그때그때 유연하게 결정할 수 있기를 바란다고 썼다. 더불어 합의 내용을 비공개로 유지해달라고 말하면서 윔퍼가 보수로 제시한 100파운드를 받을 마음이 없다고 말했다. 에든버러식물학협회에서 쓰라린 경험을 한 브라운으로서는 단순히 윔퍼에게 고용된 종자 채집가로 보이고 싶지 않았지만, 윔퍼는 이렇게 답장을 보냈다.

> 내가 제안한 100파운드에 관해 씁니다. 수락하든 거절하든 결정하십시오. 아니면 더 적은 액수에도 만족한다면 충분하다고 생각하는 액수를 얘기해주십시오. 하지만 이 문제를 매듭짓고 넘어갑시다. … 나는 인색하게 행동하고 싶은 마음은 추호도 없습니다. … 우리는 서로를 좀 더 신뢰해야 합니다. … 나는 당신이 함께 가줄 마음이 있다고 해서 얼마나 기쁜지 모릅니다.[28]

브라운은 원정대의 최종 경비가 윔퍼가 책정한 예산을 넘지 않을 경우 보수를 받겠다고 한발 물러섰다.

북극 탐험가를 꿈꾸던 두 청년은 이보다 더 다를 수가 없었다. 브라운은 고등교육을 받은 자신감 넘치는 중류 계급의 스코틀랜드인으로, 자신이 세운 업적에 비해 공정한 평가와 보상을 받지 못했다고 생각하는 부류였다. 천성적으로 사교성이 뛰어나고 자신감이 넘쳐흐르는 그는 동료들과 모닥불 곁에 둘러앉아 여유롭게 우애를 다지는 시간을 좋아했다. 브라운은 등반 ― 혹은 목판화 ― 쪽으로는 전혀 아는 바가 없었으므로, 윔퍼가 보유한 지식이나 경험에 관해서는 거의 문외한이나 마찬가지였다. 그는 당시 큐 왕립식물원의 원장이었던 조지프 후커(윔퍼와는 우호적인 관계였다.)에게 조언을 구하는 편지를 쓰면서 "한낱 예술가일 뿐인 윔퍼 씨"라는 표현을 끼워 넣었다.[29] 훗날 한 잡지에 그린란드 원정대의 대원들을 소개할 때는 다음과 같이 윔퍼를 폄훼했다.

> 맨 처음에 기재한 신사[윔퍼]만 제외하면 … 횟수의 차이만 있을 뿐 모두 북극에 가본 경험이 있었다. 그래도 윔퍼 씨에게는 스위스 알프스에 몇 번 가본 경험은 있었다.[30]

그 후 수년간 브라운은 글을 쓸 때마다 윔퍼의 업적을 미묘하게 깎아내리는 이런 표현을 일삼았다. 윔퍼 역시도 밴쿠버섬의 밀림지대를 왔다 갔다 한 것을 두고 콜럼버스 이래 가장 위대한 탐험이라고 생각하지는 않았다. 윔퍼는 밴쿠버섬 탐험대 이야기를 형 프레더릭의 입을 통해 들었는데, 프레더릭은 물론 이 탐험대의 지리학적 의의를 부풀려 생각한 사람이 아니었다.[31] 윔퍼는 브라운이 훌륭한 식물학자라는 점을 인정했고, 그린란드에서 그가 식물학 분야와 관련해 세운 공로를 인정했다. 다른 사람들처럼 윔퍼도 처음에는 브라운이 '박사'라는 직함을 갖고 있는 줄로만 알았다. 브라운이 자기 입으로 그렇게 말하고 다녔기 때문이다. 훗날 브라운이 쓴 편지에서 비문과 철자 오류를 발견한 웜퍼가 학위에 관해 캐묻자, 브라운은 퉁명스러운 말투로 박사는 아니지만 "언제든지 원한다면 학위를 받을 수 있죠."라고 대꾸했다.[32]

웜퍼는 지체 높은 왕립지리학회 신사들의 세계에 들어가려고 애쓰고 있었지만, 그 세계에서 웜퍼는 여전히 거의 독학으로 공부한 젊은이로 출신 배경에 대한 자신감이 부족했다. 선천적으로 사무적이고 계획적인 성격이었던 웜퍼는 사회생활을 하는 내내 화가나 기능공, 출판업자, 인쇄업자, 원료 공급업자, 제지공을 비롯한 다양한 사람들과 협력해나가야 했다. 평생 인맥을 쌓고 발전시키는 일에 노련해지게 만든 것은 이러한 필요성이었지, 사교적 목적이 아니었다. 웜퍼가 알고 있는 한 브라운에게는 그가 맡은 특정한 임무가 있었으며, 그가 그 임무를 훌륭하게 해낼 것으로 기대했다. 웜퍼는 브라운과 정중하고 우호적인 관계를 유지하고 있다고 믿고 있었다. 알프스 등반 시절 언제나 함께 산에 오를 동료를 갈구했던 것처럼, 웜퍼는 신세계로 떠나는 이 여행에 브라운이 나서주어 기뻤다. 하지만 1864년 알프스 원정 때 아돌푸스 무어와의 관계에서 그랬던 것처럼, 웜퍼는 램버스에서 수공업에 종사하는 자신의 배경이 타인과의 관계에 부정적인 영향을 끼친다는 사실을 또 한 번 서서히 깨닫게 되었다.

출발을 두 달 앞두고 각자 동상이몽을 품은 두 사람은 들뜬 마음으로 원정 준비에 박차를 가했다. 웜퍼는 영국산악회 정기모임에는 꼬박꼬박 참석했지만, 1867년에는 거의 해외에 있을 예정인 만큼 연초에 집행위원 자리에서는 물러났다. 브라운은 육분의[*]를 좀 더 연구하겠다며 에든버러로 돌아갔다. 웜퍼는 런던에서 인맥을 공고히 하는 데 힘을 쏟았다. 대영박물관의 자연사 분과장인 리처드 오언을 만나고, 왕립지리학회의 서빈 장군을 만났으며, 큐 왕립식물원의 원장인 조지프 후커도 만났다. 훗날 오언의 도움을 이끌어낸 사실로 보아 아마도 웜퍼에게 오언의 악명 높은 속물근성과 무례한 기질쯤은 과학계에 적응하기 위해 감내할 만한 불편이었던 것 같다. 후커는 1839년부터 1844년까지 제임스 클라크 로스James Clark Ross가 이끈 남극 원정대에 박물학자로 참가한 인물로, 가히 극지 식물 분야의 권위자라고 할 수 있었다. 남극에서 돌아온 후커는 약혼을 한 뒤에 이번에는 히말라야로 3년 일정의 식물 채집 원정을 떠났다. 이때 기록한 여행일지를 1854년에 존 머리가 책으로 엮어 출간했는데, 이 책에는 조사이어가 판각한 삽화 80점이 들어갔다. 출간을 준비하는 과정에서 조사이어는 후커와 자주 만났다. 후커는 조사이어의 작품에 대단히 흡족해하며 존 머리에게 이렇게 썼다. "목판화들을 보니 감탄사가 절로 나오는군요." [33] 후커는 웜퍼 가문 사람들에게 언제나 호의적이었다. 웜퍼가 그린란드 원정 계획을 상의하려고 연락을 취했을 때도 후커는 다음과 같은 회신을 보냈다. "마이오세 지층은 훌륭한 연구 대상이라네. … 그린란드 식물상의 기원에 관한 내 이론을 완성하려면 철저한 조사가 뒷받침되어야 하지."[34]

3월 초에 웜퍼는 처음으로 코펜하겐을 방문했다. 디스코만의 야

---

[*] 천체와 수평선 사이의 각도를 측정하는 기구 — 옮긴이

콥스하운Jakobshavn(지금의 일룰리사트Ilulissat)까지 가는 왕립그린란드 무역회사의 선박을 예약하기 위해서였다. 돌아오는 길에는 쾰른Köln과 함부르크Hamburg를 거쳤는데, 쾰른에서는 쾰른 대성당을 방문했고, 함부르크에서는 친구 토머스 로피에게 이런 편지를 썼다.

> 슐레스비히*Schleswig는 참 아름다운 곳이라네. 살아 있는 것이라고는 아무것도 눈에 띄지 않거든. 생명에 필요한 것은 물만 있으면 다 만들어지는데 말이지. … 슐레스비히 땅 전체에 나무가 열일곱 그루 있다네. … 프로이센들이 다른 건 죄다 가져간 듯한데, 이것들은 왜 안 가져갔는지 알다가도 모를 일이야.[35]

3월 말에 윔퍼는 우페르나비크까지 북진한다는 계획을 포기했음을 알리며 브라운에게 이렇게 썼다. "원대한 목표는 내륙으로 들어가는 것입니다."[36] 윔퍼가 북진을 포기한 이유는 북부 총독을 지내고 왕립그린란드무역회사 소장이 된 올리크Olrik의 조언 때문이었다. 올리크는 커다란 빙하 몇 개가 해안으로 내려왔으니 분명 내륙으로 가는 길이 열렸을 것이라면서 야콥스하운에서 출발하라고 조언했다. 윔퍼는 4~5주짜리 무보급 썰매 여행으로 해안에서 북동쪽으로 올라갔다가 다시 야콥스하운으로 회귀하는 것으로 계획을 수정했다.[37]

윔퍼는 그의 기질답게 동분서주하며 어마어마하게 많은 일을 처리하다가 결국 신경쇠약에 걸려버렸고, 이 소식을 들은 브라운은 이렇게 말했다. "체력이 많이 고갈되셨다는 이야기를 들으니 무척 걱정이

---

* 덴마크 영토였다가 프로이센 왕국에 영유권을 빼앗긴 지역. 물이 아주 풍부한 지역으로 윔퍼는 전쟁으로 폐허가 된 땅을 바라보며 반어법을 구사하고 있다. ─ 옮긴이

됩니다. … 일을 너무 과하게 하시는 것 같습니다."[38] 브라운은 4월 초에 다시 런던으로 내려왔고, 윔퍼는 브라운을 덴마크 영사관으로 보내 장비와 보급품의 통관 문제를 처리하게 했다. 보급품에는 변성 알코올 40리터, 페미컨 250킬로그램, 라임 주스 35리터, 그린란드와 북극 관련 출판물 일체 ― 아이작 헤이스, 엘리샤 케인, 힌리크 링크, 한스 에게데, 에드워드 벨처Edward Belcher, 윌리엄 스콜스비William Scoresby의 책, 덴마크어 사전, 덴마크어 회화책, 두 권짜리 이누이트어 어휘집 ― 가 들어 있었다. (윔퍼는 평생 덴마크어나 그린란드어를 익히지 않았지만, 언어 감각이 상당히 뛰어났던 브라운은 훗날 코펜하겐에 사는 덴마크 여자를 아내로 맞았다.)

출발을 코앞에 둔 시점에 런던 발행 일간지 『이브닝 스탠더드 Evening Standard』는 북극 탐험의 무익함을 통탄한 뒤에 "북극 지역을 조사하러 떠나는 원정대"를 가리켜 다음과 같이 덧붙였다.

> 이것은 황량한 알프스 정상을 오르는 훨씬 덜 위험한 모험에서 이미 치명적인 결과를 목격한 신사가 이끌 예정이다. … 이 모든 것은 어떤 결말로 가는가? 왜 지구에서 가장 쓸모없는 지역이 과학 탐험의 대상지로 선정되는가?[39]

기사의 작성자는 이 무의미한 모험의 경비가 국고에서 나가지 않는다는 점만이 유일하게 감사할 부분이라고 썼다.

1867년 4월 19일 아직 동이 트지 않은 새벽, 브라운은 보급품을 챙겨 런던의 타워브리지에서 출항하는 증기선 피닉스호에 승선했다. 윔퍼는 런던에서 몇 시간을 더 머물며 남은 일을 처리한 다음, 그림즈비Grimsby까지 기차로 이동해 이틀 뒤에 같은 배에 승선했다. 코펜하겐에서 이틀을 체류한 뒤에 그린란드를 향해 출항하던 날은 마침 윔퍼의 스물일곱 번째 생일날이었다. 통역관 텡네르는 코펜하겐에서 승선했는데, 브라운은 아들을 배웅하러 나온 "팔팔한 노인"이 아들에게 "그 전도유망한 청년의 두 가지 큰 약점"인 슈납스*schnapps와 여자를 조심하라고 타이르는 모습을 흥미롭게 구경했다.[40]

---

* 곡식이나 과일을 증류해서 만든 독한 술 — 옮긴이

11

모닥불마저 내 희망과 함께 꺼져버렸다

브라운과 윔퍼는 각자 그린란드 원정일지를 작성했는데, 일지만 비교해보더라도 두 사람의 극명하게 다른 성향이 드러난다. 윔퍼는 공식 원정일지라면 마땅히 들어가야 한다고 생각한 내용으로 일지를 채웠다. 윔퍼는 노트에 날짜, 풍속과 풍향, 온도와 아네로이드 기압계 측정값을 적을 칸을 직접 그려 넣었다. 드문드문 화려한 수사를 동원해 풍부하게 묘사한 대목도 있었지만, 대부분은 원정대장으로서 그날그날 한 일을 기록한 업무일지 성격이 짙었다. 브라운이나 텡네르에게, 혹은 그린란드의 느러터진 일 처리 속도에 분노가 치밀어 오를 때면 더러 개인적인 생각이나 감정이 녹아드는 때도 있었다. 브라운의 노트는 덴마크인들의 사회 풍습과 그들에 대한 소문이나 비방이 훨씬 더 큰 비중을 차지했다. 브라운은 윔퍼가 나중에 일지를 보려고 할 때를 의식해 윔퍼를 언급할 때면 일부러 비꼬는 표현을 사용했다. 윔퍼는 공식 원정일지와는 별개로 개인 일기도 썼다. 또 알파벳순으로 적을 수 있는 두꺼운 주소록도 가지고 갔는데, 거기에는 떠다니는 소문에서부터 타인과 나눈 대화, 알려진 일화, 관찰한 내용, 객관적 사실 등 그린란드와 관련이 있는 정보라면 무엇이든 가리지 않고 정리해두었다. 'B' 밑에는 '곰', '코피', '자작나무', '토종의 번식' 등 여러 항목이 있는데, 그중 '브라운'이라는 표제어 밑에는 페이지마다 분노와 욕설, 비아냥조의 농담, 불평불만, 풍자의 표현이 가득하다. 브라운보다는 약간 — 그리 큰 차이는 아니었지만 — 나은 텡네르에 대한 내용은 'T' 밑에 '온도', '송어', '타타라트(새 이름)', '무역', '이빨' 등과 나란히 수록되어 있다.[1]

코펜하겐에서 그린란드로 가는 배에서 웜퍼 일행을 제외한 유일한 승객은 갓 결혼한 보길Boggild 목사와 그의 신부 — "로타리오*Lothario와 함께 두어도 안전할 만큼 못생긴" — 뿐이었다. 브라운은 "설교에 시달리지 않았다."라고 기뻐했다. "둘이서 사랑을 속삭이느라 너무 바쁜 나머지 우리의 영혼까지 굽어살펴줄 겨를이 없었기" 때문이다. 배에서의 식단은 주로 맥주와 호밀 빵을 넣어 끓인 수프에 소금에 절인 청어와 말린 대구가 곁들여 나왔다. "술자리는 어쩌다 한 번이었지만, 슈납스는 작은 잔에 스트레이트로 매일같이 마셨다."[2]

웜퍼는 시간을 절대 허투루 쓰는 법이 없었다. 그래서 항해 중에도 만에 하나 스코틀랜드로 회항하는 어선을 만날지도 모른다는 생각에 남동생 앨프리드에게 보낼 편지를 써두었다. 편지에는 다색 판화에

---

* 세르반테스의 『돈키호테』에 나오는 인물. 아내의 사랑을 시험하려는 친구 안셀모의 부탁으로 안셀모의 아내를 유혹하는 역할로 나온다. — 옮긴이

대한 지시사항과 공방에서 해야 할 일이 빼곡히 적혀 있었다. 집에 있는 모든 것이 먼지 한 톨도 없이 깔끔하게 정리되어 있어야 한다는 생각은 북대서양 위에 떠 있는 순간에도 그의 머릿속을 떠나지 않았던 모양이다. 공방에 있는 사람들은 "공방 내부에 있는 모든 것을 가능한 한 깨끗이 닦고, 먼지를 탈탈 털고, 인쇄기를 분해해서 청소하고, 버릴 것은 버리고, 네앨프리드는 내 앞으로 보내줄 크림색 편지지 열 묶음에 너와 아버지에게 필요한 수량을 더해 '램버스 로드 캔터베리 플레이스 20번지'를 인쇄해둘 것"을 지시받았다."[3]

항해 초반에만 해도 윔퍼는 자신과 브라운의 관계가 합리적이라고 믿고 있었다. 처음으로 날씨가 좋아진 날, 윔퍼는 그에게 연습 삼아 육분의를 꺼내볼 좋은 기회라고 말했다가 "제 일에는 신경 끄시지요. 제 일은 제가 알아서 할 테니까요."라는 퉁명스러운 반응이 돌아오자 황당하기 짝이 없었다.[4] 브라운은 육분의를 잘 다루지 못하는 모습을 눈이 예리한 뱃사람들에게 들키고 싶지 않았다. 선장과 선원들이 브라운에게 그린란드에 대해 아는 것을 말해달라고 집요하게 캐묻자 브라운의 얼굴에는 불편한 기색이 역력했는데, 알고 보니 우페르나비크 북쪽 작은 섬 연안에서 1시간 정도 머문 것이 그가 한 경험의 전부였다. 윔퍼에게 믿게 한 것과는 달리 브라운은 당시 그들의 목적지인 디스코 섬 쪽으로는 근처에도 가본 적이 없었던 셈이다.

열흘 동안 배는 맞바람을 피해 항로를 바꾸거나 바람이 잠잠해져서 있다가를 반복했지만, 바다에서 한 달을 보낸 후인 5월 30일, 마침내 유년 시절부터 간직해온 윔퍼의 오랜 꿈이 성취되는 순간이 찾아왔다. 북극이 처음으로 시야에 들어온 것이다.

> 낮고 길게 뻗은 해안선이 환하게 빛났다. 멀리서 보기에는 꼭 거
> 대한 빙산이 반짝이는 모습 같았다. 두꺼운 구름이 윗부분을 다
> 가려 아랫부분만 보였지만, 가까이 다가갈수록 뾰족한 봉우리가
> 하나둘씩 구름 위로 모습을 드러냈다. 무수히 떠 있는 크고 작은
> 섬 사이사이로 흘러가는 바닷물은 어디까지 이어지는지 알 수 없
> 었다. 배가 미끄러지듯 나아가자 솜털오리가 날개를 파닥거리며
> 바다 생물이 잔뜩 붙어 있는 해초 더미를 헝클었다. 부드러운 남
> 풍에 커다란 돛이 유유히 펄럭였다. 눈앞으로 서서히 전경이 펼쳐
> 졌다. 날이 저물면서 짙게 깔린 구름이 간간이 걷힐 때마다 눈이
> 쌓인 크고 작은 계곡들이 모습을 드러냈다. 계곡마다 실처럼 가는
> 작은 계곡들이 밭고랑처럼 뻗어 있었다. 여기저기 산비탈마다 아
> 련한 대로 크레바스 자국이 보이는 빙하가 흐르고, 그 위쪽으로 거
> 대한 바위를 드러낸 침봉과 암탑이 치솟아 있었다. 어디까지나 이
> 름뿐인 한밤중에는, 남북으로 뻗은 수평선의 거의 절반이 이처럼
> 황홀한 장관에 덮여 있었다. 숨 막히게 아름다운 석양은 하늘을
> 온통 보랏빛과 황금빛으로 물들였다. 밤은 아니었다. 낮이 끝났을
> 뿐이었다.[5]

다음 날은 구름 사이로 윔퍼의 '알프스'가 나타났다.

> 우리는 알프스에서 보았던 봉우리들과 닮은꼴을 볼 수 있었다. 아
> 이거와 슈레크호른은 셀 수 없을 정도로 많았다. 몬테로사도 하나
> 찾았는데, 웅장함 면에서는 본디의 것과 견주더라도 결코 밀리지
> 않을 정도였다.[6]

이 풍경은 단지 눈에 익은 알프스의 환영이 아니었다. 세상 끝에 있는

진짜 알프스였다. 6월 1일에는 북극권 한계선을 넘었으며, 그날 밤 "태양은 지지 않았다. 수평선의 절반에 걸쳐 노을빛을 퍼뜨렸을 뿐이다." 마침내 북극에 도달했다는 벅찬 감격 속에서도 윔퍼는 기상 관측을 잊지 않았다. "측심추를 매단 심해온도계를 바닷물 속으로 떨어뜨렸는데, 이럴 수가! 측심추도 온도계도 다 바닥에 걸려 건져 올릴 수가 없었다."[7] 배가 에게데스민데Egedesminde(지금의 아시아트Aasiaat)에 가까워지자 그린란드 원주민 네 명이 카약을 타고 바다로 나왔다. "하지만 영국 배가 아닌 덴마크 배임을 알게 된 순간 그들의 얼굴에는 실망한 기색이 역력했다. 그들은 '슈냅스'를 원했고 넉 잔씩을 하루 평균 권장량으로 생각했다."[8]

윔퍼 일행은 그들로부터 북서부 그린란드를 휩쓸던, 그래서 머지않아 탐험대의 일정에 치명적인 결과를 야기하게 되는 유행성 독감 소식을 처음 전해 들었다. 6월 6일에는 도선사와 현지인 선원들 — 브라운의 표현을 빌리자면 "비누와 별로 친하지 않은" — 이 승선해 배를 에게데스민데로 예인했다. 윔퍼와 브라운은 관찰사와 커피를 마신 후에 함께 산책하러 나갔다. 윔퍼는 섬에서 가장 높은 곳인 해발 80미터 높이의 언덕으로 올라가 주변을 둘러보았다. 야콥스하운까지 가는 길은 완전히 얼음으로 막혀 있었으므로, 배는 에게데스민데에 세워둘 수밖에 없었다. 일행은 밤에는 배에서 잠을 자고 낮에는 정착촌에 사는 덴마크인들과 어울리며 뱃길이 열릴 때까지 기다렸다. 그들이 에게데스민데에 도착한 시점은 카를 볼브뢰Carl Bolbroe가 북부 총독 자리에서 물러나고 소프후스 크라루프 스미스Sophus Krarup Smith가 얼마 후 새 총독으로 부임하려는 시점이었다. (크라루프 스미스는 7월에 그린란드에 도착했다.) 웜퍼는 4월에 코펜하겐에 있을 때 크라루프 스미스를 잠깐 만난 적이 있었는데, 그때부터 그와 그의 부인 마르가레테Margarethe와 오랫동안 우정을 유지하며 편지를 주고받았다.[9] 남부 총독령과 북부 총독령은 다시 13개 구역으로 나뉘었으며, 각 구역은 '관찰사'가 통치했다. 관찰사 외에는 보통 무역상과 목사가 한 명씩 있었고, 더러 의사나 교사, 술장수가 있는 곳도 있었다. 벽촌에 있는 작은 정착촌은 '무역상'이 관리했는데, 무역상은 그 마을에 사는 유일한 덴마크인인 경우가 많았다. 당시 그린란드에 사는 덴마크인들은 대부분 수십 년 전에 이주한 사람들로, 야콥스하운에 사는 크누드 플라이서Knud Fleischer의 가족(웜퍼는 이들과 많은 시간을 함께 보냈다.)처럼 그린란드에서 태어났어도 여전히 자신을 덴마크인이라고 생각하는 사람도 있었다.

웜퍼가 방문했을 당시 그린란드 인구는 약 1만 명으로, 절대 다수가 서해안 지역에 모여 살고 있었다. 정착촌은 남으로는 페어웰곶Cape Farewell까지, 북으로는 우페르나비크까지 뻗어 있었다. (우페르나비크보다 북쪽인 덴마크령 그린란드 밖에는 이누이트족이 살고 있었다.) 덴마크인들은 그린란드의 무역을 독점적으로 장악했다. 즉, 이 땅에서 사고파는 모든 물품은 왕립그린란드무역회사를 통해야 했으며, 그린란드 원주민들은 오직 정해진 가격으로만 물건을 팔 수 있었다. 웜퍼는 공시 가격이 너무 낮다고 생각했지만, 그린란드 원주민들은 저축이라는 개념이 따로 없어 돈이 조금이라도 생기면 바로 커피나 담배, 화약을 사는 데 다 써버렸다. 주류 판매는 금지되어 있었지만 라벤더수는 수입이 허용되었다. 원래 라벤더수는 원주민들의 위생과 체취를 개선할 목적으로 들여온 것이었지만, 원주민들이 이것을 술처럼 마셔대는 바람에 수요가 폭증했다. 덴마크인들이 품삯으로 돈과 슈납스 — 웜퍼의 표현에 따르면 "카옌 고추를 넣은 묽은 황산"[10] — 를 제공했던 만큼 그린란드 원주민들의 알코올 의존도가 높아진 것은 당연한 수순이었다.

에게데스민데에 머무는 동안 웜퍼 일행은 훌륭한 서재를 갖춘 목사의 집도 방문했다. 목사의 서재에는 『일러스트레이티드 런던 뉴스』를 비롯한 찰스 디킨스, 월터 스콧, 윌리엄 새커리William Thackeray, 앤서니 트롤럽Anthony Trollope의 책들이 꽂혀 있었으며, 브라운에 따르면 "잘 알려지지 않은 저자의 양서도 많았다."[11] 그린란드 아가씨들과 북유럽 선원들이 참석한 무도회가 열린 날도 있었다. 브라운은 밴쿠버섬의 원주민 무도회에 비하면 다소 지루하다고 생각했지만 나름대로 즐거운 시간을 보냈다. "아가씨들 가운데 몇몇은 못생긴 얼굴이 전혀 아니었는데 … 정조 관념은 그들의 미모에 부합하지 않았다."[12] 밤이 되면 — 이 무렵에는 밤에도 전혀 어두워지지 않았지만 — 웜퍼는 브라운과 함께 무덤을 파헤쳐 이누이트 조상의 두개골을 수집했다. 두개골 수집은 원정 기간 내내 계속되었다. 두 사람에게 무덤 앞에서 들었던 일말의 감상적인 기분은 개들이 틈만 나면 무덤을 파헤쳐 남은 살점이란 살점은 모조리 다 파먹었다는 사실을 알고 나자 싹 가셔버렸다.

현지에 사는 덴마크인들이 그린란드 원주민들과 어울리는 과정에서 브라운은 웜퍼가 둘 사이의 관계를 어떻게 보고 있는지 명확히 알게 되었다. 그는 원정일지에 이렇게 적었다. "W에게 할 말이 좀 있는데, 개인 일기장에 적어야겠다."[13] 윔퍼가 둘 사이의 관계를 공개하지 않겠다고 합의했을 때부터 브라운은 윔퍼에게 종속된 위치가 아닌 그와 동등한 위치에 있는 사람처럼 행동했다. 브라운은 윔퍼의 고용인으로 보이기가 싫었고, 윔퍼로서는 브라운이 끊임없이 자기를 폄훼해대는 행동이 거북했으니, 그 관계는 분명 누가 보아도 서먹하고 불편해 보였을 것이다. 윔퍼는 그린란드 원정대의 기획자이자 수장으로서 그에 걸맞은 대우를 받고 싶었지만, 마음속 깊은 곳에는 원정대장이라는 새로운 역할에 대한 확신이 부족했다. 알프스에서 맥도널드나 아돌푸스 무어, 허드슨과 함께했을 때는 그들이 자기보다 더 많지는 않더라도 거의 엇비슷한 경험과 지식을 가진 사람들임을 알고 있었으므로, 동료 등반가 이상으로 대우받기를 기대하지 않았었다. 무어, 워커와 함께 도피네 원정을 한 후로 3년이나 흘렀고, 그사이 많은 발전을 이룬 터였다. 그린란드 원정에서 돌아온 지 1년이 지났을 때 윔퍼는 지인에게 보낸 편지에서 브라운에 대해 이렇게 썼다. "그를 알게 된 일은 깊은 후회를 남겼습니다. 그가 가려는 길은 제가 가려는 길과 전적으로 달랐습니다."[14] 그린란드 원정이 끝나고 10월에 코펜하겐으로 돌아왔을 때 브라운은 그린란드에서의 6개월을 "제 인생에서 가장 불쾌했던 시기"로 못 박으면서 "원정대에서 있었던 일들은 우리 모두에게 많은 상처를 남겼습니다."라고 말했다.[15] 윔퍼는 여행 중에 이미 브라운의 불만을 눈치챘기에 원정대에서 빠져 따로 여행하고 싶다면 보급품과 자금의 절반을 떼어주겠다고 먼저 제안하기도 했다. 하지만 브라운은 윔퍼를 몹시 싫어하면서도 혼자서는 명성을 얻을 수 없다고 생각해 그 제안을 뿌리쳤다. [16] 여행 내내 브라운은 윔퍼의 자금에 의존하고 있다는 사실에 자존심이 상했지만, 윔퍼가 고민하는 운영상의 걱정들과 그의 재정관리 능력을 폄훼해대는 일은 멈추지 않았다. 윔퍼가 덴마크 공무원들과 비용 문제를 상의하고 있을 때 브라운은 다음과 같은 말로 끼어들곤 했다. "아주 저렴하네요. 정말로 저렴해요. 그린란드 물가는 굉장히 저렴하군요." 윔퍼는 인색한 사람은 아니었지만 목판화 일을 하면서 무슨 일을 하든 가치와 가격을 따져보는 습관이 몸에 밴 사람이었다. 윔퍼는 그린란드 원주민들이 가져오는 물건에 항상 값을 후하게 쳐주고 품삯도 후하게 지급했다. 대개 왕립그린란드무역회사의 공시 가격보다 높은 수준이었다. 브라운이 자기 돈으로 값을 치른 적은 한 번도 없었는데, 그의 기록을 보면 "그가 값을 치른 것처럼 보였다. 물론 나는 기분이 좋지 않았지만, 그는 기분이 좋았던 것 같다."[17]

일주일 후, 그들은 거대한 빙산들을 피해 야콥스하운 항구에 도착했고, 관찰사 크누드 플라이서가 마중 나와 그들이 여름 동안 지낼 숙소인, 18세기에 지어진 교회 옆에 딸린 병원 건물로 안내했다. [18] 플라이서는 탐험가들을 환영하는 연회를 베풀었고, 브라운은 유쾌한 저녁이었다고 적었다. 플라이서가 영어를 하지 못하는 탓에 대화는 주로 텡네르의 통역으로 덴마크어로 진행되었는데, 엉터리 영어와 프랑스어, 독일어, 그린란드어가 총동원되었다. 저녁 식사로 호밀을 섞은 빵과 순록고기, 푹 삶은 고래껍질, 연어, 슈납스, 적포도주, 그린란드 맥주, 덴마크산 버터와 치즈, 연한 홍차가 나왔다. 담배를 피우고 럼주와 펀치 칵테일을 마신 후에는 바이올린 연주에 맞춰 왈츠와 스코틀랜드 민속춤을 추며 여흥을 즐겼다. 교회 다락방에서 잠을 잔 탐험가들은 다음 날 아침에는 숙취에 시달리며 잠에서 깨어났다.

야콥스하운에 도착한 지 사흘째 되던 날, 윔퍼는 플라이셔가 내어 준 낡은 고래잡이배 한 척에 텡네르와 그린란드 원주민 선원들을 태우고 북쪽으로 가서 내륙빙하로 올라갈 가장 좋은 진입로를 찾아보기로 했다. 브라운은 "윔퍼가 따로 말이 없었기에 나는 뒤에 남았다."라고 적었다.[19] 윔퍼에게 타협안까지 받은 마당이었으니 원정대 내 지위에 대한 브라운의 불안감은 그 어느 때보다 컸을 것이다. 브라운은 야콥스하운을 막 떠나려는 윔퍼를 붙잡더니 막무가내로 새 계약서를 들이밀며 그 자리에서 즉시 서명할 것을 요구했다.[20] 이 계약서에 담긴 법률적인 세부 내용과 용어로 볼 때 브라운이 이 문서를 야콥스하운에서, 혹은 코펜하겐에서 잠깐 체류한 하루 이틀 사이에 직접 썼다고는 보이지 않는다. 아마도 영국에서 출발하기 전에 변호사의 도움을 받아 작성해두고서 윔퍼에게 내밀기에 가장 유리한 순간까지 기다렸다고 보는 편이 더 타당해 보인다.

야콥스하운에서 북쪽으로 30킬로미터 정도 떨어진 파키초크Pakitsok에 있는 협만에 도착한 윔퍼 일행은 좁은 해협을 따라 동쪽으로 계속 나아갔다.

전방 15킬로미터 정도 지점 바다가 끝나는 곳에 빙하에 덮인 내륙이 나타났다. 넓고 아름다운 내해에는 작은 섬들이 점점이 박혀 있었고, 가장자리는 가파른 낭떠러지로 둘러싸여 있었는데, 갈매기와 오리, 제비갈매기 떼가 바위 둥지 주위에서 날개를 푸드덕거리며 깍깍 울어대고 있어 풍경에 생동감을 더했다.[21]

그들은 빙하 기슭에 있는 해안가에 야영지를 꾸렸다. 대낮처럼 환한 자정 무렵에 윔퍼는 텡네르와 그린란드 원주민 세 명을 데리고 내륙빙하를 살펴보러 언덕 위로 올라갔다.

> 아침은 고요했다. 하늘은 구름 한 점 없이 맑았다. … 크레바스의 흔적은 거의 보이지 않았으며, 순백의 깨끗한 눈이 동쪽과 북쪽, 남쪽 어디로든 시야가 미치는 곳까지 아득하게 뻗어 있었다.[22]

윔퍼는 광대한 규모에도 압도되었지만, 표면이 이동하기 쉬워 보인다는 면에도 고무되었다. 다시 빙하 위에 선 윔퍼는 물을 만난 고기처럼 능숙하게 움직였고 "산에서 하듯이 5미터 간격으로 모두를 한 줄로 묶어" 그린란드 원주민들을 놀라게 했다.[23] 다 묶은 후에는 모두 빙하 위에 올라서서 동쪽으로 나아갔다. 그린란드 원주민들은 이런 표면이라면 썰매로 하루에 50킬로미터쯤은 너끈히 이동할 수 있다고 장담했다. 그들은 모두 의기양양해져서 야콥스하운으로 돌아왔다.

> 끝없이 이어지는 낮, 구름 한 점 없는 하늘에도 … 눈이 매우 단단해서 거의 큰길 위에서 움직일 때만큼이나 쉽게 움직일 수 있었다. 위대한 성공이 손에 잡힐 듯 가까워 보였다.[24]

지리상의 발견을 해낼 수 있으리라는 기대에 한껏 부푼 윔퍼는 성공을 믿어 의심치 않았고, 혹시 내륙빙하로 올라갈 더 좋은 대안은 없는지 찾아보고 싶은 마음의 여유까지 생겼다. 이틀 후 윔퍼는 브라운, 텡네르와 함께 배를 타고 야콥스하운 남쪽에 있는 거대한 빙하 협만을 지나쳐 좀 더 남쪽에 자리한 클라우스하운Claushavn으로 이동했다. 그곳에서는 덴마크인 주민대표 닐슨Neilson이 그들을 맞아주었다. 웜퍼는 내륙빙하에 접근하는 루트와 앞서 파키초크에서 본 루트를 비교하기 위해 이틀 동안 정찰을 나섰다. 브라운은 이때도 뒤에 남았다. "웜퍼의 강력한 소망에 따라 나는 채집을 위해 닐슨의 집에 남았다."[25] 단지 며칠을 미루려던 계획은 유행성 독감 때문에 한 달이나 미뤄지는 끔찍한 결과를 낳았으며, 그러다 보니 눈의 상태가 좋은 초여름이 다 지나가 버리고 말았다.

웜퍼는 아무리 고생스러워도 좀처럼 투덜대지 않는 성격이었지만 "모기들 때문에 미치겠다. … 세어 보니 얼굴에만 스물다섯 군데를 물렸다."라고 적었다.[26] 브라운은 우스꽝스럽게 변한 웜퍼의 얼굴을 보고 즐거워했다.

> 새벽 3시 반쯤 웜퍼가 모기에 잔뜩 물린 채 돌아왔는데, 눈이 얼마나 심하게 퉁퉁 부었던지 꼭 거구의 북방정토인*이나 북극의 빌 사익스Bill Sykes처럼 보였다.[27]

브라운은 "모기는 아주 성가시지만 나를 괴롭힐 수는 없는 존재"라고 생각했다. 브라운은 사람들 앞에서 캐나다에서 이 지독히 성가신 벌레를 이미 겪어보았다고 젠체하면서 컬럼비아강Columbia River에서 실전 테스트를 마쳤다는 얼굴 모기장을 자랑했다.[28] 하지만 웜퍼가 그린란

---

* 그리스 신화에 나오는 세계의 북쪽 끝에 사는 민족 — 옮긴이

† 찰스 디킨스의 소설 『올리버 트위스트』에 악역으로 등장하는 사채업자의 이름 — 옮긴이

드 노트의 '모기'라는 표제어 밑에 적어둔 내용은 다음과 같았다.

> 브라운과 모기에 얽힌 매우 재미난 이야기를 들었다. 브라운은
> "녀석들이 가까이 오지 못하게 하는 물건"이라는 얼굴 모기장을
> 사람들에게 보여주면서 "모기들은 절대 나를 물 수 없다."라는 등
> 자랑을 늘어놓았다. 하지만 그걸 어떻게 꽉 조일 수 있느냐고 누
> 군가가 물었다. 브라운은 기쁜 마음으로 모기장을 단단히 조였는
> 데, 모기 한 마리가 안에 갇혔다. 녀석은 당장에 앵앵거리며 물어
> 대기 시작했고, 구경꾼들은 폭소를 터트렸다.[29]

윔퍼가 클라우스하운 근처에서 본 해안은 숨이 멎을 정도로 아름답기
는 했지만, 내륙빙하로 접근하는 데는 전혀 적당하지 않았다.

> 유리처럼 매끄러운 바다는 산뜻한 장밋빛을 띤 가파른 절벽에 둘
> 러싸여 있었다. 빙빙 둘러 어느 곳을 보아도 눈부시게 하얀 얼음
> 침봉이 솟아 있었다. 경치로만 보자면 대단히 매혹적인 장소였지
> 만, 내륙으로 들어가는 출발 지점으로는 아무 짝에도 쓸모가 없었
> 다.[30]

처음 계획대로 파키초크 쪽에서 내륙으로 접근하기로 마음을 굳힌 윔
퍼는 한시라도 빨리 출발하고 싶었지만, 마을 인구 전체를 휩쓴 유행
성 독감 때문에 3주일 동안 야콥스하운에 발이 묶여 있어야 했다. 클라
우스하운에 갔다 온 선원 한 명이 야콥스하운으로 돌아온 지 이틀 만
에 사망했다. 다섯 명 중 한 명꼴로 독감을 앓았고, 거의 매일 사망자가

나왔다. 목수는 관을 만드느라 정신이 없어 웜퍼의 배를 고쳐줄 시간이 없었다. 관을 만드는 곳은 숙소 바로 옆이었고, 숙소 지붕 위에 달린 교회 종탑에서는 망자를 애도하는 종소리가 쉴 새 없이 울려 퍼졌다. 선원을 구한다거나 어떤 일을 처리하기란 아예 불가능했다. 플라이셔는 최대한 호의를 베풀었고 웜퍼는 그의 정중하고 신사적인 행동에 고마움을 느꼈지만 "이런 상황에서 나를 도와달라고 플라이셔 씨를 채근하는 일은 그야말로 잔인한 짓 같았다. … 참으로 가슴 아픈 시간이었다."[31] 브라운은 그린란드 원주민들이 웜퍼를 깐깐하고 대하기 어려운 고용주로 여겼다고 적었지만, 웜퍼는 "우리는 원주민들과 좋은 관계를 유지했으며, 그들은 우리에게 해줄 수 있는 일이면 다 해주었다."라고 생각했다.[32]

웜퍼는 평생 아이들과 잘 어울렸는데, 아마도 아이들을 어른과 다름없이 대했기 때문일 것이다. 그는 상대방이 몇 살이든 다른 사람을 대할 때 똑같은 태도로 행동하려고 했다. 그는 야콥스하운에 있는 아이들이 큰 힘이 된다고 생각했으며, 그들이 항상 아이다운 동심을 유지하는 모습을 유심히 지켜보았다.

> 야콥스하운에서는 아주 작은 꼬마한테조차 칭얼거림을 들어본 기억이 없다. 아이들은 항상 행복해 보였다. 그중에서도 가장 행복해하는 순간은 물론 — 여느 아이들과 다름없이 — 배가 잔뜩 부를 때나 진흙 파이를 만들 때였다. 그러고 나면 개를 때리거나 개를 물에 던지고 놀면서 엄청난 희열을 만끽하는 듯했다.[33]

웜퍼는 텡네르와 브라운의 비협조적인 태도에 대한 불만도 적었다. 항상 실내 청결을 중요하게 여긴 윔퍼는 7월에 요리사가 그만두고 나서 곧바로 지저분해진 야콥스하운 숙소를 방마다 다니면서 직접 쓸고 닦았다. 브라운의 방도 예외가 아니었다. 나중에 닐슨 씨의 집에서 이 이야기를 화제에 올리자 브라운은 냉소적인 어조로 "내 말을 툭 자르면서 '그것참, 고생 많으시네요.'라고 말했다."[34] 윔퍼는 남동생 앨프리드에게 보낸 편지에서 다음과 같은 불만을 쏟아냈다.

> 되든 안 되든 한 번 올라가 보지도 않고 집으로 돌아가지는 않겠어. 하지만 주변 사람들이 얼마나 날 화나게 했는지 넌 아마 짐작도 못 할 거야. … 모든 일을 내가 직접 했다니까. 마음만 있다면 아장아장 걷는 아기들도 얼마든지 돌아다닐 수 있을 만큼 쉬운 곳인데, 주변에 온통 멍청이와 겁쟁이들뿐이란다.
>
> 모두에게 사랑을 전하며. 새뮤얼이 박제할 새가 아주 많아.[35]

이 무렵 윔퍼는 브라운이 자신의 평판을 깎아내리려고 하는 언행들에 대해 눈에 띄게 불편한 기색을 드러냈다. 윔퍼는 앨프리드에게 신문에 원정대 관련 내용이 나오면 무엇이든 오려두라고 부탁하면서 이렇게 말했다. "이런 부탁을 하는 데는 여러 가지 이유가 있단다."

그린란드에는 이례적으로 좋은 날씨가 이어졌다. 살아 있는 사람들의 기억 속에 최고의 여름으로 손꼽힐 정도로, 비가 내린 날이 거의 없었다.(그래도 모기는 엄청나게 많았다.) 윔퍼는 기다리는 시간이 길어지자 점점 인내심의 한계에 다다랐지만, 어쩔 도리가 없었으므로 남는 시간을 잘 활용해보기로 마음을 고쳐먹었다. 다 같이 모여 머리를 맞대고 회의를 한 끝에 썰매를 끌고 내륙빙하 위로 올라가 본다는 계획이 수립되었다. 썰매 개를 구해 올 사람으로는 개를 잘 다룬다는 소문이 자자한 텡네르가 선정되었다. 윔퍼는 허드슨만회사를 통해 입수한 페미컨 260킬로그램을 개 사료로 쓸 생각이었지만, 썰매 개들은 페미컨은 거들떠보지도 않았다. 허드슨만회사의 페미컨은 인간 대원들 사이에서도 별반 나은 대접을 받지 못했다.

> 식량으로 남겨둔 분량은 한참이 지나도 거의 줄어드는 기미가 없었다. 영양의 질 때문이 아니라 사람들의 극심한 혐오감 때문이었다. 페미컨은 단지 눈으로 보는 것만으로도 식욕이 사라지기 충분했다. 겉으로 보면 싸구려 지방과 말린 버펄로 고기에 힘줄이 잔뜩 섞인 모양이었다. 내 의견을 말하자면 꽤 만족스러운 식단이라고 평하겠다. 이가 좋지 않은 사람의 생각은 좀 다르겠지만 말이다.[36]

식성이 윔퍼보다 까다로운 썰매 개들이 페미컨에는 입도 대지 않았으므로 확실히 개들이 잘 먹는다고 알려진 말린 바다표범고기를 구해야 했다. 하지만 그린란드에는 음식을 저장해놓는 문화가 없는 데다, 최고의 사냥꾼 대부분이 독감으로 몸져누운 터라 고기를 구하는 일은 녹록지 않았다. 겨우 수백 킬로그램을 마련해 교회 다락방 창고에 넣어두었지만, 이례적으로 좋은 날씨는 전혀 도움이 되지 않았다. 고기에서 구더기가 들끓기 시작했고 점점 불어난 구더기들이 창고 바닥 틈새로 빠져 아래층에 모인 교회 신도들 머리 위로 떨어지자 — 윔퍼는 분명 구더기보다 사람들이 경악하는 모습에 더욱 놀랐는데 — "격렬한 소동이 일어났다."[37] 윔퍼는 하는 수 없이 여자 인부 두 명을 고용해 구더기를 치우게 하고 바다표범고기를 몽땅 밖으로 꺼냈다. 밖에 두려니 개와 굶주린 아이들로부터 고기를 사수할 보초도 필요했다. 대원들 중에서 개를 다루어본 사람이라고는 텡네르 한 명뿐이었으므로, 웜퍼는 다른 썰매 하나를 인력으로 끌어볼 생각이었지만, 이 이야기를 들은 브라운은 텡네르에게 생각조차 하기 싫은 그런 생고생에는 동참할 생각이 없다고 털어놓았다.

크라루프 스미스 총독의 배려 덕분에 웜퍼는 왕립그린란드무역회사에서 일하는 카를 에밀레 올스비Carl Emile Olsvig를 고용할 수 있었다. 25년 동안 그린란드에 거주하며 1860년에 아이작 헤이스를 수행한 적이 있는 올스비는 웜퍼의 원정대에 합류하기를 간절히 원하고 있었다.[38] 올스비는 오자마자 고래잡이배를 고치기 시작했고, 웜퍼는 7월 9일 자 일지에 "그린란드에서 처음으로 일이 잘 풀린 날"이라고 적었다. 다음 날은 "올스비가 … 아무런 감정도 드러내지 않고 1시간만 나갔다 올 수 있을지 물었다. 곧 장지에 묻힐 그의 모친을 애도하는 종소리가 울려 퍼지고 있었기 때문이다."[39] 공석이었던 요리사도 새로 충원했다. 새 요리사에게는 원주민 언어로 '작은 항문'이라는 뜻의 별명이 있었는데, 플라이서는 이 별명을 재미있어하는 웜퍼를 보고 적잖은 충격을 받았다.

웜퍼와 브라운의 관계는 조금도 나아질 기미가 없었다. 야콥스하운의 의사인 파프Pfaff와 밤늦게까지 술을 마신 웜퍼는 다음 날 아침 10시까지 누워 있었다.

브라운은 아침식사를 원했지만 새끼손가락 하나 까딱할 생각이 없었다. 그는 늘 그렇듯 쿵쿵거리며 요란하게 다가오더니 이렇게 말했다. "설탕이 없어요. 윔퍼, 설탕 어디 있나요? 설탕이 있어야 하잖아요." 이제 물건을 다루는 브라운의 태도가 이렇다 보니 지금까지 나는 최선을 다해 그가 어떤 상자도, 어떤 물건도 못 건드리게 막았다. [40]

브라운은 — 이런 문제라면 일가견이 있었는데 — 양조를 하는 것을 보고 "빙하를 녹인 물보다 갈증 해소에 좋은 뭔가가 있다."라는 사실을 눈치챘다. [41] 일행은 다시 한번 클라우스하운으로 이동했다. 브라운은 그곳에서 썰매 개를 더 구하고 가능한 한 썰매몰이꾼까지 구하려면 닐슨의 가족에게 또 신세를 지지 않으면 안 된다는 부분을 민감하게 의식하고 있었다. 그린란드 원주민들은 내륙빙하 위로 올라간다는 발상 자체에 심한 반감이 있었지만, 얼마간의 설득과 주머니칼 몇 개, 아내 선물용 거울을 건넨 끝에 존경받는 암마크Ammak를 합류시킬 수 있었다. 하루에 주기로 한 품삯은 2달러였다. 노련한 사냥꾼이자 카약의 명수인(모든 그린란드 원주민이 그런 것은 결코 아니었다.) 암마크를 브라운은 이렇게 묘사했다.

디스코만 일대에서 제법 중요한 인물이다. … 덩치가 크고 힘이 센 사내인데 항상 웃는 얼굴이다. … 비누와 물과 조금도 친하지 않은 것은 굳이 말할 필요도 없다. [42]

브라운과 윔퍼는 마을 주민들의 배웅을 받으며(들어갈 때도 나올 때도 이러한 환대를 받았다.) 클라우스하운을 떠났고, 텡네르는 개를 데리고 뒤따라오기로 했다. 텡네르는 다음 날 개 14마리를 구해서 나타났지만, 윔퍼는 더 많이 구해 오라며 그 즉시 돌려보냈다. 내륙빙하 탐험조에 마지막으로 합류한 사람은 플라이셔의 아들 옌스Jens였다. 브라운은 그를 "그린란드에서 태어나 그린란드식 게으름이 온몸에 밴 다루기 곤란한 손님 … 그래도 서글서글하고 점잖은 열아홉 소년"이라고 묘사했다.[43] 옌스의 누이인 카테리나Katerina(그녀는 나중에 목사와 결혼해 브라운에게 큰 실망을 안겨주었다.)에게 각별한 관심이 있던 브라운은 옌스의 합류를 반겼다. 브라운과 윔퍼 사이에 날 선 공방이 오간 쟁점 중의 하나는 하인의 고용, 더 정확히 말하자면 하인의 비고용 문제였다. 브라운은 덴마크 관습에 따라 플라이셔의 집에 하인이 세 명 있음을 지적하면서 이렇게 덧붙였다.

> 하지만 우리 원정대는 동정 어린 — 아니 거의 무시에 가까운 — 눈초리를 받았다. 우리에게는 하인이 없기 때문이다. … 매클린톡과 헤이스는 — 두 사람에 관해서라면 이제 귀가 따갑게 들었는데 — 하인을 두지 않았다. … 그들은 윔퍼 씨와 브라운 씨가 작은 짐 보따리를 손수 배에 싣고 내리는 모습을 의아한 눈초리로 쳐다본다.[44]

윔퍼는 자신의 행동에 관해 어떤 말이 나오든 전혀 개의치 않았다. 불필요한 곳에 돈을 쓸 마음도 없었고, 체면 때문에 하인을 고용한다는 발상이 어리석은 낭비로 느껴졌기 때문이다. 윔퍼는 자라온 환경의 영향으로 노동의 가치를 깨우친 사람이었다. 그 자신이 판목에 그림을 새기는 일로 돈을 버는 사람이었던 만큼 윔퍼에게는 맡은 일을 수행하고 돈을 받는 자기 같은 사람들의 직분에 대한 본질적인 자각이 있었다. 물론 이러한 자각은 탄탄한 중류 계급 출신인 브라운에게는 없는 것이었다.

7월 20일, 윔퍼 일행은 마침내 '내륙 탐험'을 위해 야콥스하운을 떠날 수 있었다. 고래잡이배와 우미악umiak ― 주로 '여성용 배'로 불리는 긴 카누 ― 을 타고 파키초크 방향인 북쪽으로 뱃머리를 잡았다. 썰매 개 스무 마리와 내륙 탐험 준비를 도와줄 그린란드 원주민 여덟 명도 함께 타야 했는데, 정오가 되기 전에 일행을 출발시키는 일은 불가능했다. 7시 정각이 되자 저녁식사 때문에 배를 세워야 했다. 이름뿐인 밤 시간에 서둘러 일라르틀레크만Martlek Inlet으로 들어갔다. 마침내 24시간 동안 깨어 있던 선원들은 반란을 일으키고 일제히 잠에 빠졌다. 선원들은 깨자마자 먹을 것을 요구했지만, 윔퍼는 만 안쪽 모래톱에 도착할 때까지는 식량을 주지 않았다. 모래톱에 막영지를 꾸린 뒤에 윔퍼는 브라운, 암마크, 옌스와 함께 두 동 중에서 더 큰 텐트를 쓰려고 했지만, 옆에서 하도 심하게 코를 골아대는 통에 얼마 못 견디고 밖으로 뛰쳐나와 로프 더미 위에서 눈을 붙였다. 이튿날에는 모든 장비를 빙하 위까지 옮겼다. 계곡을 따라 빙하로 올라가는 길은 축축한 진창으로 변해 있었다. 브라운은 짐 보따리를 왜 직접 들어야 하는지 모르겠다고 투덜거렸고, 윔퍼는 옷 보따리를 작은 썰매에 싣고 끌어보려고 했지만 아무래도 여의치 않았다. 윔퍼는 그린란드 원주민들의 명랑함과 올스비의 '티롤 요들'은 좋아했지만, 그들의 게으름과 불성실성에 대해서는 거의 체념 상태였다.

그린란드 사람들의 문제는 이렇다. 터무니없이 낮은 일당을 불러도 쉽게 동의하지만, 곧 이것도 필요하고 저것도 필요하고 또 다른 것도 필요하다고 말한다. 그러니 이틀이나 사흘, 혹은 나흘치 보수를 미리 줄 수밖에 없게 된다! 그에게 신발도 옷도 파이프도 담배도 없다는 사실을, 한마디로 갑자기 그가 아무것도 가진 게 없는 빈털터리라는 사실을 알게 된다.

문제는 또 있다. 그들은 큰일을 보는 데 선수다. 이 점을 어쩌나 유리하게 이용하는지. 고용한 일꾼 가운데 누구에게든 뭔가 일을 시킬라치면 그 즉시 큰일을 보고 싶어졌다고 말한다.[45]

윔퍼는 일행 중에서 텡네르(윔퍼는 그를 지독히도 게으르다고 생각했다.)와 옌스보다는 암마크와 올스비가 훨씬 더 일을 잘한다고 생각했다. 윔퍼가 일행을 재촉하려고 할 때면,

역시나 놀고 있던 브라운은 자기에게 하는 말로 알아듣고 "저는 하인이 아닙니다. 말을 가려서 하시는 편이 좋을 것입니다. 안 그러시면 저도 한 말씀 드리겠습니다."라고 하더니 식량 이야기를 들먹이기 시작했다.[46]

브라운의 묘사에 따르면, 그들 일행은 "하루에 두 번 태양만이 찾아오는, 매우 춥고 고약하고 말할 수 없이 혹독한" 빙하 기슭에 막영지를 꾸렸다.[47] 그린란드 원주민 선원들은 저녁에 마을로 돌아갔다. 원주민들은 모두와 악수를 나누고 가면서도 탐험대의 모습이 안 보일 때까지 응원을 보내주었다. 윔퍼는 그들의 따뜻한 마음과 열렬한 응원에 감동했지만, 브라운은 원정대가 "반쯤은 비아냥거림"을 받고 있다고 생각

했다.[48] 윔퍼는 일꾼들의 우두머리 격이자 "내가 좋아하는 크리켓 선수 체형처럼 다부진 데다" 잘생긴 그뢴발Gronvald이 마음에 쏙 들었다. 다음 날인 7월 24일, 윔퍼와 브라운, 올스비는 내륙의 상태를 자세히 살펴보기 위해 언덕 위로 올라갔다. 브라운에게는 이때가 "풍경을 가르는 지평선 외에는 오로지 눈과 얼음으로만 채워진 대평원"을 처음 보는 순간이었다.[49] 한 달간 계속된 따뜻한 날씨로 눈이 다 녹아버린 채 굴곡진 난빙지대만이 바다처럼 펼쳐져 있음을 두 눈으로 똑똑히 보았는데도 윔퍼는 출발하고 싶다는 의지가 강했다. 암마크는 개를 몰기에는 바람이 너무 심하다며 반대했다. 윔퍼가 계속 지체되는 상황에 인내심을 잃은 상태이다 보니 두 사람 사이에는 심한 말이 오갔다. 윔퍼는 마음이 상한 암마크에게 슈납스를 건네 화해를 시도했다. 다음 날은 한바탕 세찬 폭우가 쏟아졌다. "개 짖는 소리와 텐트가 펄럭이는 소리에서 얻을 수 있는 것 외에는" 지루함을 달랠 만한 아무런 소일거리 하나 없이 비좁은 텐트에 갇혀 있어야 했다. "음식을 조리하는 일은 여간 어려운 일이 아니었다. … 브라운은 평소처럼 식사 준비에 관한 한 손가락 하나 까딱하지 않고서는 질이 어떻다는 둥 양이 어떻다는 둥 하나부터 열까지 투덜거리더니 자신은 단지 다른 이들의 생각을 대변하고 있을 뿐이라고 말했다."[50]

주식은 페미컨과 비스킷이었지만, 윔퍼는 보급품에 소고기와 토끼고기, 가금류 12킬로그램, 말린 채소 6킬로그램, 연료로 사용할 포도주 35리터도 챙겼다. 윔퍼는 탐험가 한 명 한 명이 들고 갈 장비 목록을 신중하게 배분했다. 자신이 챙길 장비만도 수십여 가지에 달했는데, 쌍안경과 온도계, 아네로이드 기압계, 등산용 지팡이, 원주민 선물용 바늘과 목걸이, 여벌의 옷가지, 스케치북과 일지, 칫솔, 지도를 그릴 종이 등이었다. 브라운의 이름 밑에는 육분의와 경선의,* 식물표본 노트 등 열 가지가 적혀 있었다. 텡네르의 이름 밑에는 달랑 '휴대용 나침반' 하나만 적혀 있었다. 텡네르가 육체노동을 얼마나 싫어했는지 알 수 있는 대목이다.

브라운이 끊임없이 불평을 해대자 윔퍼는 나머지 사람들에게 의견을 물었다. 올스비와 암마크는 식단에 만족한다고 말했다. 텡네르와 엔스는 페미컨이 싫지만 먹기는 하겠다고 말했다. "가까운 돌부리에 부루퉁하게 앉아 있던 브라운에게서 더 이상의 볼멘소리는 나오지 않았다."[51] 다음 날 일행은 강풍이 부는데도 출발을 강행했다. 하지만 그들이 가져간 원주민 썰매는 거친 얼음 표면 위를 달리기에는 부적합했다. 몇 킬로미터도 채 못 가 썰매 하나가 부서져 버렸다. 윔퍼는 텡네르의 조언을 듣고 영국에서 썰매를 만들 단단한 나무를 구해 갔지만, 유행성 독감이 번진 탓에 썰매를 만들어줄 목수를 구할 수가 없었다. 하는 수 없이 대안으로 원주민 썰매를 가져갔는데, 이런 난빙지대에는 확실히 적합하지 않은 썰매로 판명이 난 셈이었다. 브라운과 엔스, 암마크는 서로의 몸을 로프로 묶은 채 앞쪽의 얼음 상태를 살펴보러 정찰을 떠났지만, 2시간도 채 안 되어 돌아와서는 더 가보았자 별반 다르지 않다고 말했다. 다 같이 부서진 썰매 주위에 모여 대책을 논의하기 시작했다. 텡네르는 계속 갈 마음이 없다고 잘라 말했다. 빙하에 겁을

---

* 경도 계산을 위해 사용하는 항해용 정밀 시계. 크로노미터chronometer라고도 한다. — 옮긴이

집어먹은 올스비는 헤이스와 탐험했을 때보다 얼음 상태가 훨씬 더 안 좋다고 말했다. 암마크와 옌스는 계속 갈 마음은 있었지만 아무것도 짊어질 생각은 없었다. 브라운은 — 윔퍼가 완곡하게 기록한 대로라면 — 계속 갈 마음이 있으며 들 수 있는 한 많은 짐을 들겠다고 했다. (브라운의 일지에 따르면, 계속 갈 마음이 있었지만 혼자서는 "다시 말해 윔퍼와 단둘이서는" 갈 마음이 없었다.) 적어도 80킬로미터 이상 전진하지 못하면 의미 있는 업적은 달성할 수 없는 상황이었다. 윔퍼는 이것이 헛된 꿈임을 깨달았다. 막영지로 철수한 뒤 다들 곯아떨어졌지만, 윔퍼는 자작나무와 삼나무를 주워다 피운 모닥불 곁에 혼자 앉아 있었다.

> 아무리 생각해보아도 이번 도전은 가망이 없는 듯했다. … 마음이 착잡했다. 모험은 끝났다. 빈틈없는 계획이었고, 완벽히 실행할 수 있는 계획이었는데도 불운이 잇달아 겹치는 바람에 완전한 실패작이 되었다. 모닥불마저 내 희망과 함께 꺼져버렸다.[52]

윔퍼는 운이 나빴다. 그가 주지했다시피 5월이나 6월 초순에 출발했다면 훨씬 더 나은 업적을 이루어냈을 테니 말이다. 하지만 그에게는 썰매와 썰매 개를 몰아본 경험도(실제로 해보니 완전히 통제 불능이었다.), 북극에서 이동해본 경험도 없었다. 거의 2년을 꼬박 준비해온 모험이 완전한 실패작이 되자 윔퍼는 정신적으로 심한 타격을 받았다. 한 해 전 스위스의 빙하에서 미완으로 그친 도전에 이은 또 하나의 실패였다.

모든 짐을 배까지 나르는 데 이틀, 노를 저어 야콥스하운으로 돌아가는 데 또 이틀이 걸렸다. 텡네르는 몸이 안 좋았고 윔퍼는 손에 상처가 난 터라, 브라운과 암마크, 올스비가 거의 모든 일을 다 했다. 야콥스하운 주민들은 딱 열흘 만인 7월 30일에 그들의 귀환을 보게 되었다. 윔퍼는 오후 5시 반쯤 자러 들어가 이튿날 아침 8시까지 깨지 않았다. 그가 기억하는 한 가장 오랫동안 잔 잠이었다.

12

식물화석과 바다표범 선지수프

이번 원정의 핵심 목표가 실패로 돌아가 상심이 매우 컸음에도 그린란드에서의 남은 시간을 디스코섬과 와이가트해협Waigat Strait의 화석 산지를 탐사하며 생산적으로 보내겠다는 윔퍼의 의지는 쉽게 꺾이지 않았다. 윔퍼는 크라루프 스미스에게 "일행 중 한 명" — 보나 마나 브라운이겠다 — 이 코펜하겐으로 가는 가장 빠른 배를 탈 수 있도록 늦어도 9월 초순까지는 고드하운으로 갈 것이라고 썼다.[1] 유행성 독감은 다소 누그러지고 있었지만, 여전히 현지인의 도움을 받기는 어려웠다. 북쪽으로 올려다줄 배를 기다리느라 야콥스하운에서 또 한 번 3주일 동안 발이 묶여 있어야 했다. 그동안 브라운은 올스비와 암마크(그는 품삯으로 받은 돈을 현명하게도 슈납스가 아닌 소총을 사는 데 투자했다.)를 데리고 클라우스하운과 크리스티안스호프Christianshaab에 다녀왔다. 윔퍼는 보길 목사의 생일을 축하해주었으며, 저녁 시간은 주로 파프와 물 탄 럼주를 마시며 보냈다.[2] 윔퍼와 브라운은 교회에 딸린 숙소에서 파티를 열기로 했다. 초대장을 돌리라고 보낸 텡네르는 술이 곤죽이 된 채 돌아왔다. 접시와 식탁보를 빌려 오고, 파프가 럼주 한 병을 사 왔으며, 크누드 플라이서와 보길 목사도 파티에 참석했다. 브라운은 "모든 것이 꽤 순조롭게 진행되었다."라고 생각했지만 "병원은 어쨌거나 사람들이 오고 싶어 하는 장소는 아닌가 보다."라고 적었다.[3]

브라운과의 관계가 진전될 여지가 완전히 사라졌을 때 윔퍼는 클라우스하운에 있는 닐슨에게 편지를 쓰면서 브라운이 원정대 내에서 맡은 직책이 무엇인지, 브라운과 텡네르의 어떤 점에 실망했는지 조목조목 설명했다. 브라운은 자신의 위치를 ─ 적어도 그 자신의 의견으로는 ─ 명망 있고 유능한 박물학자로 추켜세우려고 부단히 노력했다. 윔퍼는 브라운이 동식물 분야에 해박하다는 점은 충분히 인지했고, 이 점에 대해서는 기꺼이 그를 인정했다. 하지만 자신이 과학 분야의 학문적 지식이 부족하다는 사실을 빌미로 틈만 나면 명예훼손을 일삼는 그의 태도에는 극심한 분노를 느꼈다. 야콥스하운에서 윔퍼가 파프에게 표본을 보여주고 있을 때 브라운은 계속 끼어들며 표본 하나가 산호라고 주장했다. 파프는 동의하지 않았다. 브라운은 윔퍼에게 "세상에 제가 이보다 더 잘 아는 것은 없다고, 이 분야로 금장 메달까지 받았다고 전하세요."라고 말했다. 윔퍼는 이 말을 전했고 파프는 농담조로 "저야 뭐, 아주 미천할 따름이지요."라고 말했다.[4] 나중에 고드하운에서 만난 크라루프 스미스는 브라운이 위대한 식물학자가 아님에도 윔퍼가 그를 그렇게 대우해주었다고 말했다. 브라운이 기록한 경위도 자료를 훑어본 크라루프 스미스는 놀랍게도 "이제 브라운 씨가 한 실수가 뭔지 짚어드리겠습니다.'라고 말했고, 함께 기록을 살펴보던 우리는 동시에 웃음을 터뜨렸다." 크라루프 스미스는 이렇게 덧붙였다. "브라운 씨를 저도 본 적이 있습니다만, 그가 엉터리 학자라는 사실은 알 만한 사람은 다 알 것입니다."[5]

브라운은 원정대에 관해 기고한 글에서 웜퍼를 거의 언급조차 하지 않았는데, 드물게 언급하는 경우에도 기껏해야 보존 처리 작업을 얼마나 근면 성실하게 했는지 칭찬하는 내용이 전부였다. 브라운은 글래스고지질학협회 논집(웜퍼는 이 논집에 판매금지 처분 소송을 제기했다.)에 기고한 논문에서 텡네르의 도움에 감사의 뜻을 표한 다음 "영국인 예술가 에드워드 웜퍼 씨는 … 내 과학 관련 임무에 도움을 줄 수는 없었지만, 채집물을 보존 처리하는 데는 열과 성을 다했다."라고 적었다.[6] 웜퍼는 원정일지에 브라운의 평소 행동, 즉 멍하니 있거나 『펀치』를 읽거나 투덜거리는 행동을 참아주기 어려웠다고 적었다. 또한 자신이 천문 관측을 하라고 하거나 표본의 채집·인양·발굴을 지시하거나 수집품을 분류하라고 채근할 때마다 브라운이 몹시 짜증을 냈다는 내용도 적었다. "10월 25일 코펜하겐에서"라고 밝히고 『식물학 저널 Journal of Botany』에 게재한 공개서한에서 브라운은 그린란드 식물 5천 점과 더불어 동물표본, 두개골, 각종 뼈, 식물화석을 채집했다고 밝힌 뒤에 이렇게 덧붙였다.

이뿐만이 아닙니다. 우리가 통과한 곳의 경위도를 파악하기 위한 천문 관측을 아마 수백 번도 넘게 했을 것입니다. 원정대 일 중에서 제 몫을 다 하는 와중에 이 모든 일을 거의 다 제가 직접 했으니,

따분할 틈도 없이 얼마나 바쁘게 일했는지 짐작이 가실는지요.[7]

눈코 뜰 새 없이 바쁘게 모든 일을 혼자 다 했다는 브라운의 푸념은 조지프 후커 앞으로 보낸 편지에도 어김없이 등장했다. 브라운은 "몇 권에 달하는 분류 도감과 노트"에 대해 자세히 설명하면서 그 일뿐만 아니라 "한 번에 며칠씩 개 먹이를 구하느라 원주민들을 만나러 다니는 일 등" 여러 가지 일로 바빴다고 썼다.[8] 윔퍼는 머지않아 브라운이 그린란드에 관해 쓴 글 대부분을 직접 보게 되었다. 그중에는 직접 찾아낸 것도 있었지만, 대개 헨리 스콧 같은 친구들이 귀띔해준 덕분이었다.

텡네르는 불타는 밤(야콥스하운이니까 가능한 일이었다.)을 보내러 나갔다가 다음 날 저녁에야 돌아오더니 주저리주저리 변명을 늘어놓았다. 윔퍼는 짜증이 솟구쳤다. 플라이서는 "많은 손님들"을 위해 연회를 베풀었다. 연회가 끝나고 자정 무렵에 윔퍼와 브라운은 두개골을 수집하러 나갔다. "세 포대를 꽉 채웠고 새벽 1시가 되어서야 잠자리에 들 수 있었다."[9] 이튿날 윔퍼는 체념 섞인 일기에서 그가 느낀 좌절감을 이렇게 요약했다.

카약을 확인해보라고 보냈다. 준비가 되지 않았다. 실을 만들어줄 여자를 찾아보라고 보냈다. 오지 않았다. 목수를 찾아보라고 보냈다. 아프다며 오지 않았다. 요하네스Johannes를 찾아오라고 보냈다. 오기는 했지만 그 일은 못 한다고 말했다. 플라이서에게 가서 대철을 구해 오라고 보냈다. 구해줄 수 있는 게 없다고 했단다. … 요리사 카를Carl은 이곳에 신물이 난다며 떠나겠다고 말했다.[10]

윔퍼의 날에 대미를 장식한 주인공은 아이를 업고 나타나 텡네르를 향해 비난을 퍼부은 한 젊은 여인이었다.("상호 경범죄의 결실"은 브라운에게는 흥미로운 구경거리였다.)[11] 여자는 요리사의 누이로, 두 사람이 불장난을 즐긴 코펜하겐에서 막 돌아온 참이었다. 윔퍼는 브라운과는 달리 이 상황에서 어떤 즐거움도 느낄 수 없었다. 윔퍼는 밤 10시에 글자를 읽을 수 없을 정도로 어두워졌다는 말로 일기를 마무리했다.

플라이셔는 클라우스하운의 고래잡이배를 구해주겠다고 약속했다. 며칠간 허송세월을 보낸 끝에 마침내 플라이셔가 구해준 배가 새벽을 뚫고 도착했다. 선장은 곧바로 출발하자고 일행을 재촉했다. 어김없이 한바탕 소동을 치르고 슈납스를 마신 후에 출발할 수 있었던 시각은 정오 무렵이었고, 새벽 1시 반에 가까스로 리텐벵크Ritenbenk에 도착했는데, "순전히 운이 좋았던 탓이지, 선장의 맨정신 탓은 아니었다."[12] 그렇게 한밤중에 도착했음에도 일행은 덴마크인 주민 안데르손Anderson과 그의 부인으로부터 "세상에서 가장 따뜻한 환대"를 받았고, 새벽 3시에 배가 터지도록 진수성찬을 즐길 수 있었다.[13] 안데르손 부부는 16년째 그린란드에 살고 있었는데, 부인은 영어를 조금 할 줄 알았다.

안데르손이 배 두 척에다 선원으로 고용할 남자 일곱 명과 여자 네 명을 구해준 덕분에 여정은 순조롭게 이어졌다. 일행은 순록고기로 속을 든든히 채운 뒤 그날 밤 10시에 바로 길을 떠났다. 동쪽에서 흘러오는 토르수카타크Torssukatak 빙천*을 건너는 동안, 빙하에서 갓 떨어져

---

* 높은 곳에서 천천히 흘러 내려오던 빙하 덩어리가 좁은 통로로 한꺼번에 빠져나오면서 빠르게 이동하는 빙하로, 강처럼 흐른다고 해서 빙천氷川이라고 부른다. —옮긴이

나온 거대한 빙산들 곁을 지났다. 빙산이 떨어져 나오는 소리는 가까이서 들으면 권총 소리 같았고, 좀 더 멀리서 들으면 대포 소리 같았다. 웜퍼의 눈에 "어슴푸레한 달빛 아래 장관을 연출한" 세로로 쩍쩍 갈라진 얼음 기둥들의 모습은 꼭 고대 그리스 사원처럼 보였다.[14] 오전 8시에 사카크Sakkak에 도착하자 "24년째 이 외딴 곳을 혼자서 지켜오다가 우리가 상륙했을 때 처음 잠에서 깬 듯한" 덴마크인 옌센Jensen이 마중을 나왔다.[15] 마을 전체에 스물세 명밖에 살지 않는 이 오지 마을은 반도 끝에 있는 누사크Nussak 다음으로 가장 늦게 마을이 형성된 곳이었다. 길이는 알 수 없어도 내륙인 동쪽으로 쭉 뻗은 계곡은 웜퍼가 생각하기에는 "론 계곡에 견줄 만큼 훌륭했다."[16]

그들은 사카크에서 하루를 쉬고 나서 해안을 따라 좀 더 북쪽에 있는 아타네케르들루크Atanekerdluk 화석 산지로 향했다. 그곳에 도착한 뒤에는 해안가에 버려진 민가 안에 막영지를 꾸렸다. 사카크에서 "게으름뱅이" 두 명이 도착하고 "끔찍한 커피"를 마신 후에 웜퍼는 모두에게 화석을 발굴하라고 지시했다. 커피를 마시는 문화는 이미 그린란드의 관습으로 굳어져 웜퍼는 이 관습을 체념하고 받아들일 수밖에 없었다.

> 시간을 질질 끌다가 마침내 사람의 애간장을 다 녹인 끝에 … 고용한 원주민들이 출발 준비가 되었다고 말해서 짐을 가리키며 배에 실으라고 말하면, 원주민들은 "우선 커피부터 좀 마시고요."라고 말하고는 다시 사라진다. 이렇게 이동하기 직전에 커피를 마시는 관습은 보편적이고 예외가 없는데, 1시간에서 3시간은 족히 잡

아먹는다. … 이것을 타파하려는 시도는 무의미할뿐더러 현명한 처사도 아니다.[17]

커피를 만드는 과정은 불을 지피고, 주로 낡은 양말 속에 넣고 두들기는 방법으로 원두를 간 다음, 가루를 천천히 볶는, 아니 더 흔히는 태우는 과정으로 이루어졌다. 웜퍼는 결과물에 단 한 번도 만족한 적이 없었다.

아타네케르들루크는 힌리크 링크를 비롯한 여러 사람이 이미 다녀간 데다 화석도 이미 발견되었지만, 브라운은 이곳을 찾은 최초의 식물학자였다. 지층을 조사하고 표본을 채집하라고 브라운을 남겨둔 뒤에 웜퍼는 근처에 있는 언덕에 올라가 보고, 오래된 이누이트 무덤을 조사하고, 바다 수영을 즐겼다. 아타네케르들루크에서는 총 80종의 마이오세 식물이 발견되었는데 그중 20종은 그린란드에서 처음 발견된 미기록종으로, 일부는 학계에 처음 보고되는 신종이었다. 웜퍼는 이때 모은 식물화석을 평생의 자랑거리로 여겼으며, 백당나무류에 속하는 한 신종의 학명 — 비부르눔 브힘페리Viburnum Whymperi — 에는 자기 이름을 넣었다.[18] 지질학은 브라운의 전공 분야가 아닌 만큼 그는 웜퍼보다도 화석 산지에 대한 관심이 없었다. 실제로 브라운의 지질학적 소양은 훗날 둘 사이에 공방이 벌어진 많은 논쟁점 중의 하나였다.

사흘째 되던 날에는 남쪽으로 배를 저어 와이가트해협을 가로지른 다음 디스코섬 북쪽 해안에 자리한 유일한 마을인 우자라수수크Ujarasussuk로 이동했다. 그곳에서는 원주민 교리교사 파울루스Paulus가 마중 나와 빼곡히 모인 인파를 헤치고 자기 집으로 이들을 안내했다.

"그곳은 더럽기 그지없었지만" 파울루스의 식구들과 함께 집 안으로 들어갔다.[19] 파울루스까지 가세한 웜퍼 일행은 기제케의 탐험 경로를 되짚어가면서 기제케가 주장한 석탄 퇴적층을 찾아보기 위해 해안선을 따라 서쪽인 쿠들리세트Kudliset 방향으로 이동했다. 쿠들리세트에 도착하기 전에 잠시 운행을 멈추었을 때는 그린란드 원주민 한 명이 아주 귀하디귀한 목련 열매 화석을 발견했다. 브라운은 따분해하며 빨리 그곳을 뜨고 싶어 했지만, 웜퍼는 조금도 그럴 생각이 없었다. 웜퍼는 쿠들리세트에 막영지를 꾸리도록 지시했다. 텡네르도 그곳의 경치가 썩 마음에 들지 않았던지 디스코섬의 남쪽으로 뻗은 거대한 협곡이 꼭 지옥문의 입구 같다고 말했다. 웜퍼는 일기에 "그에게 픽처레스크한 풍경이란 보나 마나 카드 게임용 탁자와 럼주 한 병일 것이다."라고 적었다.[20] 다음 날 아침 커피를 만드느라 또 몇 시간을 허비한 끝에 브라운의 등을 떠밀어 화석이 발견된 강줄기를 따라 좀 더 거슬러 올라가 보게 했지만, 더 이상의 발견은 없었다. 쿠들리세트에서 사흘째 되던 날, 와이가트해협 위쪽을 더 탐사해보고 싶었던 웜퍼는 거세게 반발하는 브라운을 리텐벵크로 돌려보냈다.

오늘 밤 브라운 씨는 나보다 먼저 리텐벵크로 돌아가기를 거부했다. 안데르손 씨가 겉으로는 친절해 보일지 몰라도 보이는 게 전부가 아니며 뒷말이 무성하다는 것이 그 이유였다. 안데르손 씨가 나를 환영하지 않았다는 암시를 풍기는 말이었다. 내가 자세한 설명을 요구하자 그의 입에서 놀라운 답변이 흘러나왔다. "더 이상은 말하지 않겠습니다. 저한테 이래라저래라 하지 마세요. 저도 윔퍼는 분명 안데르손의 호의를 액면 그대로 받아들였을 것이다. 자신이 불청객이었다면 안데르손이 말을 했을 것이고 그랬으면 해안가에서 야영하면 되었을 문제라고 생각했을 것이다. 윔퍼가 덴마크인 주민들에게 신세를 진 행동은 윔퍼와 브라운 사이에 민감한 공격거리였지만, 윔퍼는 천성적으로 돌려 말하지 않는 사람이었고 남들도 그렇게 해주기를 바랐다. 브라운은 일지에 "강력하게 항의했음에도, 또 지금 당장은 글로 쓰고 싶지도 않은 가장 설득력 있는 이유 때문에 오늘 아침 11시 정각에 쿠들리세트를 출발했다."라고 적었다.[22] 윔퍼는 브라운이 디스코섬의 해안선을 되짚어가면서 기제케가 언급한 석탄 퇴적층을 찾아보기를 바랐지만, 브라운은 들은 체 만 체 배를 띄우더니 곧장 와이가트해협을 건너가 버렸다. 윔퍼가 해안가에서 큰 소리로 불러보았지만 브라운은 이렇게 받아쳤다. "오, 물론 가야겠지요. 빌어먹을 헛소리군요."[23] 브라운은 사카크로 돌아가 그날 밤 옌센의 집에서 옌센과 그린란드인 부인과 아들딸과 한 침대를 나누어 썼다. 브라운은 열일곱 살 소녀의 가슴을 ― 무심코라도 ― 베고 잘 수 있는 호사도 마다하고 날이 밝는 대로 길을 재촉했다. "민폐를 끼치지 않을 시간에 리텐뱅크에 도착해서 디스코만 일대에 빠르게 퍼지고 있는 믿음, 즉 새벽 2시에 자던 사람을 깨워서 초대받지도 않은 사람들과 함께할 영광을 주고 싶어 하는 것이 영국인들의 관습이라는 믿음을 깨뜨리고 싶었기 때문이다." 브라운은 안데르손 부부의 환대를 받았고 밤늦게까지 원정대

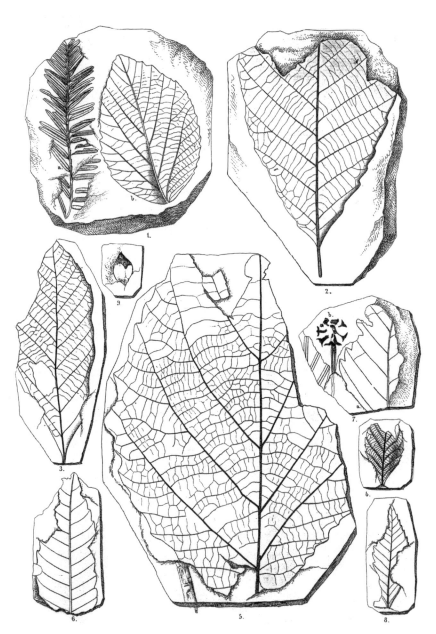

아타네케르들루크에서 윔퍼와 브라운이 발견한 마이오세 식물화석들. 왼쪽 상단에 1b로 표시된 화석이 비부르눔 브힘페리Viburnum Whymperi이다. 오스발트 헤어의 논문(『북부 그린란드의 식물화석에 관한 논고』, 『철학 연보』, 1869)에 도판 46번으로 수록되었다.

의 이런저런 일을 이야기하면서 "상황이 실제보다 좀 더 나아 보이게 하려고 노력했다."[24]

윔퍼는 해안선을 따라 좀 더 올라가 보았지만, 그린란드 원주민들이 더 가기를 굉장히 꺼려해 하는 수 없이 브라운보다 하루 뒤에 리텐벵크로 돌아왔다. 그때부터 궂은 날씨가 이어진 탓에 며칠간은 꼼짝도 할 수가 없었다. 브라운은 『펀치』를 읽으며 시간을 때웠고 텡네르는 아무것도 하지 않았으므로, 윔퍼는 브라운이 뒤죽박죽 섞이도록 방치해 둔 화석을 분류했다. 브라운은 먹기는 했지만 "썩은 내가 진동하는 바다표범 선지수프로 식단이 통일된 이 끔찍한 밤들은 최악"이라고 생각했다.[25] 8월의 마지막 날인 토요일 오후에는 고드하운에서 코펜하겐으로 가는 배를 탈 수 있으리라는 희망으로 고래잡이배를 타고 리텐벵크를 떠났다. 그들이 탄 배는 고래기름을 실을 수 있게 만든 작은 배로 출렁거림이 아주 심했다. 배를 몰던 그린란드 원주민의 이름은 각각 아모스, 다니엘, 파울루스, 제임스, 에게데, 새뮤얼이었는데, "이름 말고는 존경할 만한 점이 아무것도 없는 거룩한 선원들"이었다.[26] 폭우가 쏟아져 모든 것이 흠뻑 젖었고, 브라운은 뱃멀미에 시달렸으며, 바람은 변화무쌍했다. 선장은 조심조심 디스코섬 북동쪽 해안에 있는 강 쪽으로 배를 몰았다. 그들은 이틀간 하는 일 없이 "음울한 습지에 누워서 … 먹고 자고 투덜거리고 축축해졌다."[27] 9월 4일에 마침내 문명의 안락함을 누릴 수 있는 고드하운에 도착했을 때 코펜하겐으로 가는 율리안네호프호는 항구를 막 떠나는 중이었다. 크라루프 스미스 총독은 배를 회항시키려고 했지만, 윔퍼는 그 배 대신 며칠 후에 떠나는 발피

스켄호를 타겠다며 그를 만류했다.[28]

웜퍼는 크라루프 스미스와도, 영어를 완벽하게 구사하는 그의 부인 마르가레테와도 오랫동안 친분을 유지했다. 브라운은 크라루프 스미스는 좋아하지 않았지만(일방통행만은 아니었다.) 고드하운의 관찰사이자 "뼛속까지 자유당 지지자인 덴마크인" 한센Hansen과는 자주 어울렸다. 9월 10일, 그들은 크라루프 스미스에게 작별을 고하고 에포 소리가 울려 퍼지는 가운데 발피스켄호에 올라탔다. 웜퍼는 "소박한 작별 선물을 만들어준" 그린란드 원주민들에게 가슴 뭉클한 정을 느꼈다.[29] 브라운은 원주민들의 행동을 언제나 다소 삐딱한 시선으로 보았지만, 웜퍼는 그들의 행동을 액면 그대로 받아들였고 그들의 열린 마음과 호의를 마음속에 고이 간직했다. 그날 밤 웜퍼는 생애 처음으로 북극 오로라를 보았다.

웜퍼는 배에 올라탈 때 그린란드 개 한 마리를 데리고 탔는데, 이녀석은 배 안을 난장판으로 헤집으며 앞발이 닿는 곳에 있는 모든 것을 먹어치우기 시작했다.

> 내 그린란드 개가 어쩐지 어제 유난히 기분이 좋아 보인다 했더니, 오늘 아침에 갑판장의 모피 장갑을 기어이 훔쳐다 먹어치웠다는 사실이 밝혀졌다. 일등 항해사의 장갑을 먹어치운 지 겨우 하루 만에 말이다.[30]

페어웰곶을 돌아 오크니제도Orkney Islands를 지나는 동안 배는 거의 한 시도 빼놓지 않고 강풍과 험랑에 맞서 싸워야 했다. 하루는 폭우가 쏟아졌는데, 웜퍼의 침상은 젖지 않았지만 웜퍼는 일지에 "브라운은 그

때 갑판에 있어 온몸이 홀딱 다 젖었다."라고 적었다.[31] 오크니제도에 가까워졌을 때 윔퍼는 스코틀랜드에 편지를 전해줄 작은 어선을 만날 때를 대비해 아버지에게 편지를 썼다. "저는 잘 지내고 있습니다만, 이번 항해로 많이 지쳐 있어요." 설령 남동생 윌리엄과 새뮤얼이 런던으로 이사하더라도 캔터베리 플레이스 공방에 아직 여유 공간이 있기를 기대하며 윔퍼는 다음과 같이 털어놓았다.

> 아버지라면 아마도 쓰레기라고 생각하실 물건들을 엄청나게 많이 가져가요. … 바다표범 두개골과 원주민 두개골(환하게 웃고 있어요.), 각종 뼈, 땅에서 캐낸, 사람 손으로 빚은 기묘한 모양의 돌, 같은 땅에서 캐낸 나뭇잎 무늬가 찍힌 돌, 500킬로그램 정도 나가는 멋진 돌, 표면에 아무것도 없는 돌, 날짐승, 들짐승, 길짐승, 어류, 온갖 종류의 작은 사슴, 썰매 두 대 그리고 그린란드 원주민들의 남녀 복식. 특히 여자 옷은 엘리자베스의 취향에 잘 맞아요. … 엘리자베스가 외출할 때 입는다고 하면 주려고요.[32]

아쉽게도 윔퍼의 다소 특이한 옷 취향이 열아홉 살 여동생의 취향과 잘 맞았는지, 혹은 여동생이 정말로 그린란드 원주민의 옷을 입고 외출한 적이 있었는지 확인할 길은 없다. 10월 5일에는 윔퍼의 개가 유일하게 배에 남은 신선한 고기였지만, 녀석은 주인을 대신해 엄청난 양의 식량을 축내고 있었다. 일주일 뒤 개는 죽은 채로 발견되었다. 사인은 알 수 없었지만, 윔퍼는 선원들을 의심했다.

브라운은 기쁜 마음으로 집에 가는 배에 올라타면서 그린란드에서 보낸 여름을 빨리 잊어버리고자 했다.

석 달이 흘렀다. 그리 즐겁지만은 않았다. … 우리의 대화는 또다시 앞날에 관한 것이다. … 우리의 대화는 — 적어도 텡네르의 이야기와 나의 이야기는 — 지난날에 대한 이야기도 많다. 지난 몇 달보다 즐거운 기억이 적었던 몇 달은 내 인생에서 없었을지라도 말이다. … 하지만 아무래도 우리의 마음은 — 스스로 판단하는 게 실례가 안 된다면 — 야콥스하운과 클라우스하운, 크리스티안 스호프와 리텐벵크를 생각하면 아플 것이다. 쓰라림과 수치심, 마음의 상처와 경멸이 뒤엉킨 감정 속에서 그래도 몇 가지 밝은 부분이 없지는 않겠지만. …[33]

천성적으로 내성적이었던 웜퍼는 식탁에 앉을 때 세이스트루프Seistrup 선장이 공식적으로 초대하기 전까지는 그의 옆자리에 앉지 않았다. 그 자리는 항상 브라운이 차지하고 앉아 줄기차게 웜퍼를 폄훼하고 그가 하는 말을 반박했다. 보름 동안 이런 행동을 묵묵히 참아오던 웜퍼는 브라운에게 공개적으로 다툴 생각은 없지만 이런 모욕적인 언행을 계속한다면 스코틀랜드까지 가는 여비를 주지 않겠다고 엄포를 놓았다. "그는 언성을 높였다. … 하지만 그날 이후 불평불만은 몽땅 수그러들었다."[34] 바다에서 한 달째 되던 날에는 마침내 노르웨이가 시야에 들어왔다. 스카게라크해협Skagerrak Strait에 진입하자 대서양의 강풍이 무풍으로 바뀌어 배는 거의 나아갈 생각을 하지 않았다. 밤마다 마시던 물 탄 럼주도, 웜퍼의 인내심도 모두 바닥이었다. 웜퍼는 노르웨이든 스웨덴이든 아무 데서나 내리겠다고 말했다. 10월 20일에는 코펜하겐과 스웨덴 사이에 있는 해협에 진입했는데, 같은 방향으로 가려는 135척의 다른 배들도 마찬가지였다. 다음 날에는 코펜하겐 앞바다에서 어선 한 척이 접근하더니 열심히 소식을 캐물었다. "듣자 하니 감자 한 통에 4달러 50센트였다면서요. '그런데 다른 것은 없었나요? 다른 소식은 없나요? 유럽에 전쟁이 났나요?' 아니요, 하지만 호밀은 한 통에 11달러였어요."[35]

하선하기 전에 추천서를 부탁하는 텡네르를 보고 윔퍼는 놀라지 않을 수가 없었지만("그는 내가 그를 통해 한 인간이 다른 인간에게 느낄 수 있는 실망감의 최대치를 느꼈다는 사실을 너무나도 잘 알고 있었다.") 심사숙고 끝에 당장은 아니더라도 증명서 한 장은 써주기로 약속했다.[36] 코펜하겐 앞바다에서 대기하는 동안 브라운은 자신의 선실에서 몇 발자국 떨어진 윔퍼의 선실로 아홉 장짜리 편지를 보내 한 달간의 침묵을 깼다. 첫 문장은 다음과 같았다. "저의 일지와 … 경위도 측정값을 … 전해 드릴 시간을 정해주시기를 바라고 있음을 알려드립니다." 박물학 관련 수집품에 관해 좀 더 자세히 설명한 후에는 경위도 측정값을 일부러 대충 적어놓은 것이며 나중에 손보면 된다고 말했다. 브라운은 "북극 지역에서 영국으로 가져온 수집품 중에서 최대 규모인 … 무려 5천 점이 넘는" 식물표본에 대단히 만족하며 '북극의 식물상'이라는 책을 쓰고 싶다고도 썼다.[37] 브라운은 그린란드에서 윔퍼와 공동으로 한 조사 작업을 자신의 학계 경력을 쌓는 발판으로 이용하고 싶었으므로, 윔퍼와의 관계가 세상에 공개되면 자신에게 좋을 리가 없다고 생각했다. 그러나 그는 윔퍼를 있는 그대로 받아들이고, 주어진 상황을 유리하게 이용하기에는 지나치게 외골수인 데다, 자신의 위치에 대한 불안감도 컸다. 브라운은 다음과 같이 덧붙였다.

이제 몇 마디만 더 하겠습니다. … 저에게는 … 처음부터 끝까지 가장 이해할 수 없는 결정을 내리셨지요. … 더 이상은 말을 하고 싶지 않지만, 집으로 가고 있으니 저는 — 심사숙고 끝에 — 먼저 손을 내밀기로 했고 우리 사이의 묵은 감정이 어떤 것이든 상처를 치유하기 위해서는 그게 가장 좋은 방법이라고 생각했습니다. … 제가 순간적으로 발끈해서 너무 거침없이 속내를 드러냈던 일을 두고 — 뒤늦은 후회가 밀려옵니다만 — 곡해하신 것 같기도 합니다. 모쪼록 사과의 의미에서 합의점을 찾고 싶습니다.

사과로 말문을 연 부분이 무색하게도 브라운은 곧 자신을 "부당한 대우를 받은 일원"으로 지칭하더니 윔퍼의 행실에 대한 불만을 줄줄이 쏟아내기 시작했다. "우리 둘 다 상호 관계에 대해 매우 잘못된 개념 속에서 원정을 떠났습니다." 브라운은 "어떤 면에서는 저에게 불리할지라도"라는 단서를 붙이며 야콥스하운에서 서명한 계약서의 수정을 요구하고는 "앞날의 우정을 약속드리겠습니다. 적어도 세상 사람들의 눈에 비칠 때만큼은요."라고 편지를 맺었다.

윔퍼는 물론 브라운이 "부당한 대우를 받은 일원"이었다고 생각하지 않았다. 당연히 브라운과의 상호 관계를 잘못 이해하고 있지도 않았다. 자신이 원정대의 대장이었고, 자금을 댄 사람이었으며, 수집품은 모두 자신이 권리를 갖기로 했다. 윔퍼는 선실에 틀어박혀 있던 브라운에게 당장은 그렇게 긴 편지에 회신할 시간이 없으니 기다려달라고 답장을 보내면서 코펜하겐에 내리면 서로 다른 호텔에 투숙하자고 제안했다. 코펜하겐에는 그날 오후에야 내릴 수 있었다. 윔퍼는 가족에게 전보를 보내고 텡네르에게 저녁을 사주었다. 저녁식사 후에는 비록 텡네르가 술에 취해버리기는 했지만 그와 기나긴 대화를 나누었다. 윔퍼는 텡네르를 게으르기 짝이 없는 무뢰한으로 보고 있었고, 그런 사람으로 받아들이고 있었다. 손톱만큼도 쓸모없는 경우도 적잖이 있었지만, 그는 윔퍼를 깎아내리지는 않았으며 속이 빤히 보이게 자기 평판을 걱정하는 인물이었다. 텡네르는 코펜하겐에 인맥이 많다고 자랑하며 원정대에 대한 우호적인 기사를 잡지에 실어줄 수 있다고 말했다. 이 말에 대한 윔퍼의 반응은 다음과 같았다. "나는 그에게 똑똑히 말했다. 그나 다른 사람이 [원정대에 대해] 뭐라고 하든 개의치 않을 것이고, 내가 직접 이야기를 쓸 것이며, 진실에 충실하게 쓸 것이라고 말이다." 그럼에도 윔퍼는 "진실은 보기에 따라서는 다양하게 해석될 수도 있다."라는 텡네르의 의견에는 수긍했다.[38] 얼마간 대화를 이어가다가 텡네르는 놀랍게도 의사 자격으로 그린란드에 다시 가고 싶다고 말했다.(그가 실제로 간 곳은 아이슬란드였다.)

그때부터 사흘간 윔퍼와 브라운은 편지 공방전을 계속했다. 자신의 위치를 최대한 유리하게 이용하려는 욕심이 있던 브라운의 편지는 시작 부분은 다분히 외교적이었지만, 그 어느 때보다 긴 편지에는 아래로 갈수록 점점 더 심한 폭언이 난무하기 시작했다. 그러다 보니 윔퍼는 브라운에게 다음과 같은 이의를 제기하지 않을 수가 없었다.

> 당신에 대해서, 입증할 수 없거나 타당한 근거가 없는 내용을 다른 사람에게 말로 한 적도, 글로 쓴 적도 없습니다. 근거 없는 불만이 생겼을 때 그 얘기를 곧바로 해주었더라면 추문을 퍼뜨리고 다니는 사람이나 참견하기 좋아하는 사람들이 왜곡하거나 과장한 내

용에 신경 쓰느라 나에게 손해를 끼친 만큼은 적어도 나에게 이득
을 줄 수 있었을 텐데요.[39]

브라운은 다음 날 답장을 보내왔다. 없는 시간을 겨우 쪼개 길고 격렬
한 답장을 쓸 수 있었다고 말하고는 윔퍼의 행실이 그린란드 서해안을
탐사하는 내내 무성한 뒷말을 남겼다고 지적했다.[40] 윔퍼는 더는 미끼
를 물지 않았지만, 몇 번 더 편지가 날아오자 급기야 그에게 저녁에 만
나서 담판을 짓자고 제안했다. 그날은 발피스켄호의 선원들을 초대해
맥주와 담배를 대접하려던 날이었다. 두 사람이 계약서의 세부 조항
을 논의한 후에 합의된 내용은 다음과 같았다. 출판을 취소할 경우 브
라운에게 150파운드를 지급하며 둘 다 원하는 책을 출판할 자유를 가
진다. 윔퍼가 책을 출판하기로 결정할 경우 브라운은 판매 수익의 5분
의 2를 가져가며 수집품을 정리한 부록 및 그 외 집필에 필요한 도움을
제공한다. 윔퍼는 이듬해 2월까지 출판 여부를 결정한다. 출판 여부와
관계없이 50파운드는 브라운에게 가능한 한 빨리 지급한다.

발피스켄호의 선원들이 떠난 뒤에도 두 사람은 몇 시간 동안 앉아
서 계약 조건을 교섭했다. 윔퍼는 모든 협의사항을 서면으로 작성했
다. 윔퍼는 브라운, 텡네르와 함께 기념사진을 촬영한 다음 그들에게
만찬을 대접했다. 이때를 제외하면 윔퍼와 브라운은 런던에 갈 때까지
서로 마주친 일이 없었다.

윔퍼는 스웨덴의 룬드Lund로 넘어가 룬드대학교에서 동물학과 지
질학을 연구하는 오토 토렐Otto Torell 교수를 만났다.[41] 토렐 교수가 알
프스 빙하학을 연구한 데다 그린란드에 가본 경험도 있던 터라, 저녁

을 먹는 동안 둘 사이에는 화제가 끊이지 않았다. 코펜하겐에 머무는 동안 윔퍼는 짬이 날 때마다 책방을 돌아다니며 북극과 박물학 및 동물학 관련 희귀 도서를 모았다. 그린란드 사진도 모았는데, 그중에는 정교하게 채색한 사진도 들어 있었다. 과학적·인종학적·동물학적 주제뿐만 아니라 실로 거의 모든 것에 대한 지칠 줄 모르는 윔퍼의 호기심은 이르밍에르 제독과 스틴스트루프Steenstrup 교수, 존스트루프 Johnstrup 교수, 왕립그린란드무역회사의 올리크 소장과의 교류를 통해 점점 더 커져만 갔다.[42] 윔퍼는 그들과의 교류를 진심으로 즐겼고, 존경받는 학계 인사들에게 거리낌 없이 받아들여진 경험 덕분에 내면의 자신감도 높아졌다. 윔퍼 같은 사회적 배경과 야망을 가진 사람에게 덴마크의 상류 사회는 런던의 상류 사회보다 격식에 덜 얽매인 곳이었다.

작은 증기선 한 척을 구입해 그린란드의 북부 해안을 탐험하고 싶었던 윔퍼는 왕립그린란드무역회사에서 이 참신한 계획을 지원해주기를 기대했다. 윔퍼는 올리크 소장과 발피스켄호의 세이스트루프 선장에게 도움을 청했다. 그리고 그들의 도움을 받아 항구를 돌며 충분히 조사를 해본 끝에 증기선 건조에 필요한 비용을 알아낼 수 있었다. 텡네르의 아버지는 세심하게 설계한 2연발 산탄총을 이듬해 2월까지 준비하는 일을 맡아주었다. 런던이나 헐Hull 쪽으로 가는 증기선이 한 척도 없음을 확인한 윔퍼는 텡네르에게 작별을 고하고 11월 6일에 코펜하겐을 출발한 뒤 함부르크를 경유해 런던으로 이동했다. 브라운은 하루 뒤에 스코틀랜드의 리스Leith로 가는 증기선을 탔다.

13

한낱 여가 여행의 기록

램버스 집으로 돌아온 웜퍼는 다시 공방 일을 손에 잡았지만, 이 시기에 쓴 편지들로 보건대 거의 매일같이 그린란드에서 수집해 온 것들을 분류하고 비협조적인 브라운에게 자료를 요구하는 일에 매달렸음을 알 수 있다. 브라운은 에든버러에 도착하자마자 웜퍼에게 편지를 써서 자신의 불행한 처지 — 수신인이 누구든 그가 쓴 거의 모든 편지에 흐르던 일명 '브라운 테마곡' — 를 푸념하면서 수중에 돈이 다 떨어졌으니 협의된 50파운드를 즉시 지급해달라고 독촉했다. 브라운은 원정일지만 보냈을 뿐 주기로 약속한 경위도 측정값은 보내지 않았다.[1] 코펜하겐에서 선편으로 부친 식물화석 상자가 도착했을 때 웜퍼는 브라운에게 화석이 도착했음을 알려주었지만, 그와 동시에 취리히대학교 교수로 북극 고식물 분야에서 이름난 권위자였던 오스발트 헤어Oswald Heer에게 화석을 보낼 준비도 시작했다. 브라운은 일주일 동안 램버스에 머물면서 화석을 훑어보았지만, 마이오세 식물 쪽에는 그다지 흥미가 없었던 것으로 보인다. 윔퍼가 화석을 곧 스위스로 보낸다는 사실도 알고 있었고, 얼마 안 있으면 성탄절이었는데도, 브라운은 툭 하면 목이 아프다는 둥 길에서 우연히 누구를 만났다는 둥 이런저런 사소한 핑계를 대며 나타나지 않다가는, 화석을 헤어 교수에게 보내자 그제야 아직 다 보지 못했다면서 어차피 자신이 적어놓은 지질 조사일지 없이는 무용지물일 것이라고 항변했다. 하지만 브라운의 지질학적 소양은 민감한 공격거리였다. 브라운은 처음에는 일지를 헤어에게 제공했지만, 헤어가 표본 수집자를 윔퍼로 발표할 예정임을 눈치챈 순간 태도가 돌변하더니 그때부터는 표본의 가치를 깎아내리는 데 온갖 노력을 다했다.

브라운이 야콥스하운에서 윔퍼에게 서명을 요구한 계약서에는 분명 자신이 경위도를 측정하고 그 측정값을 토대로 그들이 탐사한 장소의 위치를 계산하겠다는 내용이 들어 있었다. 윔퍼는 브라운이 이 자료를 주리라 기대했지만, 그가 보내온 일지에는 위도와 시간 측정값만 적혀 있을 뿐 그 값을 바탕으로 계산한 위치 자료는 없었다.* 1월 7일 자 편지에서 브라운은 윔퍼에게 자료를 정리하는 중이지만 워낙 손이 많이 가는 작업이라 일주일에서 열흘은 걸리겠다고 말했다. 그리고 불과 며칠 뒤 그는 윔퍼에게 다음과 같은 이의를 제기했다. "위치를 계산하라는 요청을 받을 줄은 꿈에도 생각해본 적이 없으며, 시간이 갈수록 이 자료는 유능한 계산원의 손에 넘겨야 한다는 사실을 절감하고 있습

---

* 당시 위도는 육분의를 이용하면 바로 측정이 가능했던 반면, 경도는 기준점의 시간과 현장에서 천문 관측 등으로 얻은 시간의 오차를 구해 각도를 계산해야 했기에 측정이 좀 더 까다로웠다. ― 옮긴이

니다."[2]

브라운은 결국 경위도 측정값 계산을 마무리하지 않았다. 윔퍼는 분명 그가 그 일을 해낼 능력이 없다는 사실도, 그가 돈을 주고 다른 사람에게 맡길 형편이 아니라는 사실도 알고 있었다. 하지만 엄연히 계약서가 있었으므로, 브라운이 재수정을 요구할 때까지는 계약서대로 일을 추진할 작정이었다. 브라운으로부터 돌아온 것은 변명뿐이어서, 윔퍼는 이 문제를 사무변호사를 맡아준 학교 동창 토머스 로피에게 넘겼다. 토머스 로피와 브라운의 사무변호사 헨더슨Henderson 사이에 지난한 편지 공방전이 이어졌지만, 이 문제는 아무런 성과 없이 일단락되었다. 윔퍼는 그린란드를 학술적으로 다루고자 하는 책 — 그가 브라운에게 주장한 바에 따르면, 출판업자와도 이미 상의가 끝난 책 — 에 경위도 측정값을 넣고 싶어 했다. 브라운은 윔퍼가 집필하는 그린란드 책에는 일말의 관심도 없었지만, 윔퍼가 이 책의 출판 가치를 판단할 때까지 그에게는 본인의 저작물을 출판할 자유가 없었다.

하지만 브라운은 이 계약에 구속받을 생각이 없었다. 윔퍼는 이런 저런 경로로 — 주로 친구인 헨리 스콧을 통해 — 브라운이『에든버러 식물학협회 논집』과『글래스고지질학협회 논집』등에 논문을 기고한 사실을 알게 되었다. 표면상으로는 지질학과 식물학에 관한 학술논문이었지만, 내용에는 어김없이 윔퍼에 대한 빈정거림과 모욕을 담은 미묘한 암시가 깔려 있었다. 윔퍼는 그때부터 온갖 수단을 동원해 게재된 논문을 취소하기 위해 노력했다. 브라운은 교수직에 임용될 기회를 늘리고자 그리 대단치 않은 원정대의 규모와 의의, 그 안에서 자신이

한 역할을 논하는 데 긴 지면을 할애했고, 이 글을 본 윔퍼는 브라운의 지인에게 다음과 같은 편지를 썼다.

> 저는 이번 원정 전체를 기획하고 실행하고 처음부터 끝까지 모든 자금을 댄 사람입니다. 저는 절대로 이번 원정을 '서부 그린란드 탐사 원정대'로 부른 적이 없으며, 또한 그러한 명칭에 반대합니다. 왜냐하면 그렇게 부풀림으로써 저에게 조롱이 쏟아지도록 계산된 작명이기 때문입니다. … [브라운은] 사람들이 그가 중요한 원정대의 대장이었다고 믿게 함으로써 자기 이름을 돋보이게 하려고 갖은 수고를 아끼지 않았네요.[3]

브라운은 그린란드에서의 경험을 쓴 책을 몇 번이나 출판하려고 했지만, 그때마다 윔퍼는 이를 막고자 백방으로 노력했다. 어느 날 레슬리 스티븐을 통해 브라운이 책을 출판하려는 낌새를 포착했을 때 윔퍼는 한 식물학자 겸 삽화가에게 급히 서신을 띄웠다.

> 저는 며칠 전 '왕립지리학회 연구원 로버트 브라운의 그린란드로 간 박물학자의 생활'이라는 책을 출판한다는 스미스앤드엘더 출판사의 발표문을 보았습니다. 보니까 제가 그린란드에 데려갔던 그 로버트 브라운이더군요. 책 표지에 쓰인 선생님의 존함을 보고 하마터면 놀라서 기절할 뻔했습니다. 브라운 씨에 대해 제 이야기를 들으신다면 그에게 어떤 도움도 주지 않으실 것이라고 거의 확신하고 있기 때문에 … 표지에 선생님 존함이 적힌 것이 선생님께서 원하신 것도, 선생님께서 동의하신 것도 아닐 것이라는 생각이 들었습니다.[4]

헨리 스콧은 "브라운은 이상한 사람이 분명하네."[5]라고 말하면서 저명한 지질학자 아치볼드 가이키Archibald Geikie에게서 받은 편지를 윔퍼에게 보여주었다.

> 그린란드에서 브라운의 행실과 관련해 말씀해주신 내용을 들으니 상당히 유감스럽군요. 그리고 보니 몇 달 전엔가 에든버러에서 윔퍼 씨와 친한 어떤 사람에게도 거의 같은 이야기를 들었던 기억이 납니다만, 이 브라운이라는 자가 바로 그 사람이라는 사실은 잊고 있었습니다.[6]

윔퍼는 분명 식물학자로서 브라운이 세운 업적은 인정했지만 채집물을 무신경하게 다루는 그의 태도에는 분노했다. 브라운은 식물표본을 멋대로 가져가 아무 언질도 없이 일부를 큐 왕립식물원에 기증하더니 나머지는 본인이 꿀꺽해버렸다. 그는 윔퍼의 원정대에 참가한 경험을 본인의 변변치 못한 학술 경력을 넓히는 발판으로 삼아 대학에서 한자리를 꿰차려 했다. "한낱 판각공"이라고 윔퍼를 교묘하게 깎아내리면서도 윔퍼와 공개적으로 다투어보았자 신상에 좋을 것이 없다는 사실은 알고 있었다. 『콘힐 매거진』에 그린란드에 관해 익명으로 발표한 글이 대표적이었는데, 브라운은 이 글에서 윔퍼를 "사람들에게 지혜롭다는 인상을 주지 못한 또 한 명의 외국인"으로 깎아내렸다.[7]

　브라운이 식물학이나 박물학 분야의 교수직을 차지하려는 시도는 번번이 실패했는데, 그의 학술적 성과가 미미한 탓도 있었겠지만, 윔퍼가 부정적으로 평가했다는 소문도 크게 영향을 미친 것으로 보인다. 한 단체는 금맥 탐사대의 대장 자리에 로버트 브라운을 검토 중이었는데, 그에게는 상당히 운이 나쁘게도 이 단체는 윔퍼에게 추천서를 요구하는 편지를 썼다가 "그의 자격 요건과 행실에 관해 상충하는 대단히 많은 진술"을 받게 되었다.[8] 윔퍼는 브라운을 추천하지 않는다고 썼다.

윔퍼는 1868년 여름에 알프스를 방문할 계획이었으므로 취리히에 있는 헤어 교수에게 만나자는 말을 자주 내비쳤다. 그러나 윔퍼가 일 때문에 여행 일정을 거듭 미루면서 나타나지 않자 헤어는 서운함을 감추지 못하며 이렇게 말했다. "매일 자네를 기다렸는데 얼굴을 볼 수 없어 섭섭하구먼."[9] 헨리 스콧의 등쌀에 못 이겨 윔퍼는 지원금을 준 영국과학진흥협회에 약속한 「그린란드 탐험Explorations in Greenland」이라는 보고서를 썼고, 그해 8월에는 노리치Norwich에서 열린 연례회의에 참석해 이 보고서를 발표했다.[10] 1868년 연례회의의 의장은 조지프 후커였다. 후커는 이 자리를 자연선택에 관한 다윈의 연구에 찬사를 바치고 자연신학의 명제들을 비판하는 기회로 삼았다. 후커는 당대에 가장 선도적인 과학계 인사들에게 윔퍼를 소개했고, 윔퍼는 헤어에게 보낸 편지에서 위대한 지질학자 찰스 라이엘 경Sir Charles Lyell이 자신의 식물화석에 관심을 보였다고 자랑하며 이렇게 썼다. "교수님께서 기존에 확립해놓은 종 구분이 지금 이 표본들로 더 공고해졌다며 [찰스 라이엘 경이] 크나큰 기쁨을 … 저에게 몇 번이나 표현하셨습니다. 특히 목련 쪽에서 그렇다고 하셨습니다."[11]

11월이 되어서야 드디어 윔퍼는 여름에 가지 못한 알프스 여행을 떠날 수 있었다. 폭풍우가 몰아쳐 배가 영국해협을 건널 때 평소보다 오랜 시간이 걸렸지만 "툰 호수는 여느 때보다 훨씬 더 아름다웠다."[12]

인터라켄으로 가기 위해 증기선을 타고 호수를 건널 때는 매서운 추위 탓에 다른 승객들은 모두 갑판 아래로 들어갔지만, 윔퍼는 "나를 백치로 생각했을 법한 조타수를 놀라게 하며" 갑판 위에 그대로 서 있었다. 썰매를 구해 계곡을 따라 그린델발트까지 올라간 윔퍼는 한 여관에서 크리스티안 알머를 만났다. 이때가 마터호른 초등 후에 쓰라린 마음으로 산에서 내려왔을 때 인터라켄에서 마지막으로 본 후로 그와는 첫 대면이었다. "그는 내가 등산을 하러 왔겠거니 짐작하고 있다가 내가 베터호른의 이름을 꺼내자 상당히 심각한 표정으로 눈이 너무 많이 쌓여서 안 되겠다고 말했다." 알머는 "같이 오를 수 있는 다양한 봉우리들"의 이름을 읊었지만, "내가 봉우리를 오르는 대신 빙하 위를 돌아다닐 작정임을 알자 적잖이 실망하는 눈치였다."

윔퍼는 그린델발트에서 이틀 정도만 머물면서 알머와 그의 아들 울리히Ulrich에게 얼음을 파놓으라고 한 다음, 여름 내내 목이 빠지게 자신을 기다린 헤어 교수를 만나러 취리히로 넘어갔다. 헤어는 "가장 주목할 만한 발견은 의심의 여지없이 목련 열매 두 개", 즉 찰스 라이엘에게 깊은 인상을 남긴 그 목련이라고 단언했다.[13] 그로부터 몇 년 후 윔퍼는 한 친구에게 이 목련 열매 화석에 얽힌 이야기를 들려주었다. 디스코섬에서 이 화석이 발견되었을 때 자세히 관찰하려고 손수 반으로 쪼갰다는 취지의 이야기였다. 취리히에서 헤어는 윔퍼가 가져온 화석이 서로 종이 다른 목련 열매임을 지적했다.

"그럴 리가 없어요. 같은 목련입니다. 그 점에 대해서는 한 치의 의

혹도 있을 수 없습니다." 윔퍼가 말했다. "자네의 착각일세." 교수는 이의 제기에 언짢은 듯 퉁명스럽게 말했다. "나는 두 개 다 현미경으로 들여다보았고, 두 개가 서로 다른 종이라고 단호하게 주장하는 바이네." "같은 종입니다." 윔퍼가 되풀이했다. "다른 종이라네." 교수가 주장했다. 그때 윔퍼는 두 조각을 포갰다.[14]

두 사람의 만남은 그럼에도 화기애애했다. 윔퍼는 아타네케르들루크 화석 산지를 스케치해서 촬영한 사진을 헤어에게 선물했다. 두 사람은 이듬해에 헤어가 논문을 발표하러 런던을 방문했을 때도 만났다.

　브라운은 헤어에게 따로 편지를 보냈다. 한 마디로 요약하자면 자신이 원정대의 대장이었다고 소개하는 편지였다. 지질 조사일지를 공유하겠다고 적은 뒤에 편지 맨 끝에는 "현 에든버러지질학협회 회원, 현 캘리포니아과학아카데미 회원, 전 밴쿠버섬 탐험대 지휘관 및 정부 대리인, 전 브리티시컬럼비아 탐험대 식물학자, 전 에든버러 식물학과 조교"라고 써넣었다.[15] 하지만 헤어가 제출한 논문 제목("북부 그린란드의 식물화석에 관한 논고 — 에드워드 윔퍼 씨가 수집해 온 식물에 대한 기재를 중심으로")을 본 브라운은 태도가 돌변했고, 가엾은 헤어는 브라운으로부터 산더미 같은 항의와 자기 합리화의 변을 들어야 했다. "이 제목은 매우 부정확하며 저에게 부당한 처사이기 때문에 — 윔퍼 씨는 채집가가 아니었기 때문에 — 다음 질문들에 대해서 되도록 빨리 답변을 주시기 바랍니다. … 제목을 이렇게 붙인 이유가 무엇입니까?" 헤어는 브라운에게 프랑스어로 쓴 답장에서 일지를 제공해 준 부분에 대해 감사의 인사를 전한 뒤에(이 부분은 논문 내 감사의 말에도 명시되어 있다.) 가장 풍부한 식물 중 한 종의 학명 — 아랄리아 브라우니아나Aralia Browniana — 에 그의 이름을 넣었다는 점을 지적했다.[16] 헤어는 다음과 같은 말로 편지를 맺었다. "하지만 이 말은 꼭 해두어야겠군요. 나는 윔퍼 씨에 대해 그런 식으로 말하는 것을 용인할 수 없습니다."* 헤어는 브라운에게 그린란드위원회에 직접 연락해 논문 제목의 변경을 요청하라고 했다. 브라운은 그런 방법이 통하지 않으리라는 사실을 물론 알고 있었으므로 헤어에게 악감정으로 도배된 네 장짜리 답장을 보냈다. 다소 논점에서 빗나간 브라운은 헤어에게 표본을 수집해 온 사람이 충분한 자격과 경험을 가진 로버트 브라운 자신이라고 생각하는지, 아니면 "박물학의 어느 하위 분야와도 조금의 연결고리도 없으며 그쪽과는 전혀 관계가 없는 직업 — 판각공 — 에만 평생 종사한 에드워드 윔퍼 씨"라고 생각하는지 물었다. 그리고 "썩 만족스럽지는 않을지라도 논문에 저를 언급해주신 데 대해서는" 감사하다는 말로 편지를 맺었다.[17] 그때부터 브라운은 기회가 있을 때마다 헤어의 논문을 깎아내려 헤어의 분노를 샀다. 브라운은 본인의 경험담을 서술한 글이나 학술논문을 쓸 때마다 헤어의 논문을 빼놓지 않고 언급하면서 다음과 같은 주석을 달았다. "기이한 실수 때문에 『철학 연보The Philosophical Transactions』에 실린 헤어 교수의 논문 제목은 수집의 공로가 있는 사람을 전혀 엉뚱하게 표현했다."[18]

윔퍼는 그린란드 책을 과학적으로나 지리학적으로나 중요성을 띤

---

* 프랑스어 원문은 다음과 같다. "mais il faut dire, que je ne peux pas approuver la manière avec quelle vous parlez de Mons Whymper."

홀륭한 책으로 쓰고 싶은 욕심이 있었으며 그러한 생각을 코펜하겐에 머물 때 브라운에게 쓴 편지에서 조리 있게 펼쳐놓았는데, 이 과정에서 『알프스 등반기』를 완성하는 바탕이 된 통찰을 얻게 되었다. 윔퍼의 관점에서 그린란드 원정은 지리학적으로는 "완전한 실패작"이었고, "상당히 가치 있는" 표본을 모은 만큼 박물학적으로는 흥미로운 것이었으며, 예술적으로는 "적당히 괜찮은" 것이었지만 "감동은 완전히 결여된 것"이었다. "만약 이 여행에 모험이 넘치거나 지리학적 가치가 있었다면 제 이야기를 출판하는 의미가 있겠지만, 출판업계 돌아가는 사정을 아는 이상 그렇게 하지 않겠습니다."[19] 윔퍼는 존 프랭클린 탐험대의 실종자들을 찾는 이야기나 엘리샤 케인과 아이작 헤이스의 탐험기들과 비교할 때 자신의 그린란드 원정에 특별한 — 적어도 그가 발표하고 싶을 정도의 — 이야깃거리가 없다는 사실을 여느 출판업자 못지않게 잘 알고 있었다. 브라운으로부터 일지와 기록을 받아내려고 애쓰는 동안 윔퍼는 오히려 알프스 모험담에 특별한 이야기와 감동이 있으며, 바로 그 이야기에 출판 가치가 있음을 깨달았다.

아마도 그린란드로 떠나기 전에 알프스 책에 대한 구상을 어느 정도는 했으리라 보이지만, 1866년과 1867년에는 그 구상을 구체화할 시간이 거의 없었다. 알프스에서의 경험을 다룬 기고문은 몇 편 게재했는데, 윔퍼는 미래의 쓰임을 대비해 이런 자료들 — 경험한 것, 글로 써놓은 것, 대강 적어놓은 것, 일지 등 — 을 항상 차곡차곡 모아두었다. 알프스 풍경을 그린 판화도 몇 점 만들어두었고, 미리 준비해둔 다른 그림과 스케치도 있었다. 알프스 책을 구상하고 있었든 그렇지 않든 윔퍼는 거의 미지나 다름없는 그린란드에서의 경험을 자세히 기록하는 작업 — 빙하와 내륙빙하, 박물사, 그곳 사람들에 대한 묘사 — 이훗날 에드워드 서빈에게 "한낱 여가 여행의 기록"일 뿐이라고 말한 알프스 책보다 훨씬 더 가치 있는 목표라고 생각했던 것 같다.[20] 그린란드 책과 관련해 브라운으로부터 어떠한 협조도 받을 수 없으리라는 사실을 깨달았을 무렵 윔퍼는 『알프스 등반기』 집필 작업에 착수했다. 때는 1868년 초였다. 이듬해 8월에는 원고를 존 머리에게 보냈다. 판각이 끝난 판목들은 이미 에든버러의 알앤드알클라크 인쇄소로 다 넘긴 상태였으므로 윔퍼는 1년 동안 맹렬히 집필 작업에만 몰두할 수 있었다.[21] 작업은 주로 헤이슬미어의 아버지 집에서 했다. 그곳에서는 끊임없이 밀려드는 방문객과 일거리로부터 한 발짝 떨어질 수 있었다. 막내 여동생 애넷이 더듬을 수 있는 가장 어릴 때 기억은 탁자 한쪽에 저녁이 담긴 쟁반이 놓여 있고, 반대쪽에 종이와 원고가 가지런히 펼쳐져 있는 모습이었다. 다른 식구들이 모두 잠자리에 드는 밤 10시가 넘으면 정력적으로 채워질 종이들이었다. 아침식사 시간이 끝나면 "늘 불면증에 시달린" 윔퍼는 까치발을 들고 살금살금 자러 가곤 했다.[22]

브라운은 신문에서 윔퍼의 신간을 소개하는 광고를 보고 존 머리에게 편지를 써서 그린란드 원정 내용을 포함할 경우 계약 위반임을 지적했다. 이 책에는 야콥스하운 주변 빙하를 다룬 내용과 윔퍼가 그린란드를 여행했다는 사실 자체는 들어 있지만 그 이상의 상세한 내용은 없었다. 이 책에는 그린란드 내용을 담지 않았지만 윔퍼는 뉴캐슬에서 각각 '스위스와 그린란드의 빙하'와 '그린란드의 생활상'을 주제로 두 번의 강연을 했다. 강연을 하면서 그린란드에서 수집해 온 유물과 지질표본도 시연했다. 두 번째 강연은 뉴캐슬문학철학협회에서 많은 청중을 앞에 놓고 했는데, 이때는 그린란드의 역사와 고대 스칸디나비아인과 이누이트족에 대해 소개하고 그곳의 생활상을 재미있는 일화를 섞어 설명했다. 윔퍼는 한스 에게데가 영원히 타오르는 불에 관해 설교하는 장면을 농담 소재로 활용했고, 그린란드 원주민들의 "비누 혐오증"에 관해 이야기했으며, 라벤더수를 "숙녀들이 경구용으로 사용했다."라고 언급해 좌중의 웃음을 자아내기도 했다.[23]

책 출간은 윔퍼의 형 프레더릭이 윔퍼보다 한발 빨랐다. 프레더릭은 윔퍼가 그린란드에서 돌아왔을 때 간발의 차이로 밴쿠버섬에서 런던으로 먼저 돌아와 있었다. 윔퍼는 프레더릭이 성취한 업적을 자랑스럽게 여겼으며, 영국산악회와 왕립지리학회 모임에 형을 데리고 가서 런던에서 알게 된 지리학 권위자들에게 소개했다. 윔퍼는 헨리 베이츠에게 "자네와 만나면 형님이 무척 반가워하실 걸세. 나보다 더 훌륭한 여행을 하신 것 같네. 그럼 잘 있게나."라고 썼다.[24] 프레더릭은 머지않아 집필을 끝냈고, 『알래스카에서의 여행과 모험Travel and adventure in the territory of Alaska』이라는 제목으로 존 머리가 출간한 이 책은 약간의 성공을 거두었다. 프레더릭은 "한결같이 따뜻한 성원을 보내준 아버지와 동생"에게 바치는 감사의 인사를 적었다.[25] 이 책에 들어간 삽화는 모두 프레더릭이 현장에서 그려온 스케치를 바탕으로 제작한 것으로, 모두 윔퍼 공방에서 판각한 것이다. 알래스카와 시베리아 해안 지역을 주로 보행자 입장에서 사실적으로 묘사하고 있는데, 짧게나마 브라운의 밴쿠버섬 탐험대에 대한 비화도 들어 있다. 저자에 관한 언급은 거의 찾아볼 수 없는데, 이 책은 윔퍼가 타파하고자 했던 전통적인 빅토리아 기행문의 전형이라고 할 수 있다. 프레더릭은 기고와 저술로 생계를 유지했지만, 서사와 감동, 독자의 흥미를 유발하는 방법, 출판 시장에 관한 직감적인 이해도를 가진 쪽은 동생이었다.

『알프스 등반기』는 전적으로 에드워드 윔퍼라는 한 인물과 마터호른을 향한 그의 영웅적인 모험을 중심으로 전개된다. 윔퍼는 스스로 이렇게 말하기도 했다. "이 책은 전적으로 개인적이며 자의식으로 가득 차 있습니다."[26] 하지만 윔퍼에게 이 책은 단지 활자로 된 이야기가 아니라 눈을 사로잡고 눈을 즐겁게 하는 하나의 공예품이었다. 19세기 중반 런던에서는 도서 편집 디자인에 흥미로운 발전이 일어나고 있었고, 에드워드 윔퍼와 조사이어 윔퍼는 이러한 혁명을 이끄는 선봉에 서 있었다.[27] 조사이어 윔퍼는『고대 스페인 담시집Ancient Spanish Ballads』을 중세 채색 필사본을 떠올리게 하는 화려한 삽화로 장식해 선물용 책으로 만드는 작업에 참여했으며, 오언 존스Owen Jones는 이 담시집을 위해 자신의 저서인 알람브라 책을 본떠 이슬람 문양을 넣은 내지 테두리와 작은 삽화를 디자인했다.[28]

본문과 삽화의 결합은 적어도 디킨스가 로버트 시모어Robert Seymour의 판화에 어울리는 이야기를 연재하기 시작한 1836년부터는 출판 과정에서 중요한 비중을 차지했다. 이 연재물이 바로『피크위크 클럽의 기록』의 시작이었다. 디킨스는 자신의 저서에 들어갈 삽화가 무엇을 보여주어야 하는지, 활자에 어떻게 어울려져야 하는지에 대

The Excommunication of the Cid.

It was when from Spain across the main the Cid had come to Rome,
He chanced to see chairs four and three beneath Saint Peter's dome :
' Now tell, I pray, what chairs be they?'—' Seven kings do sit thereon,
As well doth suit, all at the foot of the holy Father's throne.

' The Pope he sitteth above them all, that they may kiss his toe,
Below the keys the Flower-de-lys doth make a gallant show ;
For his great puissance, the King of France next to the Pope may sit,
The rest more low, all in a row, as doth their station fit.'

내지 편집 디자인 견본. 조사이어 웜퍼가 판각한 『고대 스페인 담시집』(1842)의 한 페이지.

해 굉장히 깐깐한 기준을 가지고 있었지만, 삽화를 그리는 사람은 그가 아닌 다른 사람이었다. "그렇게 심하게 왜곡된 삽화가 어떠한 고통과 분노를 일으키는지 말로 표현할 수가 없다."라는 문장이 『돔비와 아들Dombey and Son』에 들어간 삽화를 놓고 디킨스가 한 말이었다.[29] 1850년대와 1860년대에 출간된 유명한 책들, 특히 달지엘 공방에서 제작한 유명한 책들에는 주로 웅장한 라파엘 전파*의 그림이 들어간 반면, 원고의 청탁은 삽화에 구색을 맞출 목적으로 이루어지는 경우가 많았다. 삽화의 효과는 판각공의 숙련도에 따라 크게 차이가 났다. 라파엘 전파의 일원이었던 단테 가브리엘 로세티Dante Gabriel Rossetti는 에드워드 목슨Edward Moxon의 의뢰로 앨프리드 테니슨Alfred Tennyson의 시집에 들어갈 삽화를 그렸는데, 그는 이 작업에 대해 이렇게 말했다. "이것은 힘만 들고 보람은 조금도 느낄 수 없는 작업이다. 보름간 작업한 내 판목은 아가그Agag 같은 판각공에게 조심조심 전해져 발기발기 찢긴다."[30] 달지엘 형제들은 로세티의 그림이 "물감과 연필, 색분필, 펜과 잉크를 이용해 매우 훌륭한 효과를 내기는 했지만" 흑백의 인쇄 잉크에 맞도록 줄이기에는 더없이 부적절한 그림이라고 항변했다.[31] 테니슨 역시도 자신의 시에 들어간 삽화에 만족하지 않았다. 특히 로세티의 삽화가 탐탁지 않았는데, 그가 선택한 소재들이 시의 주제와 어떠한 연관성이 있는지 전혀 이해할 수 없었기 때문이다.[32]

자신의 저서를 쓸 때 윔퍼는 글을 쓰고, 책에 넣을 삽화를 결정하

---

* 19세기 중반 빅토리아시대 영국의 젊은 화가들이 결성한 단체. 당대 화풍에 반기를 들고 라파엘로Raffaello 이전 시기인 14~15세기 이탈리아 미술에서 영감을 찾고 사실적인 화풍을 추구했다. ─ 옮긴이

고, 그 삽화를 제작하고, 인쇄를 감리하고, 조판과 제작 과정 전반을 챙기는 일을 모두 직접 했다. 이는 19세기 말 이전에는 거의 유일무이한 경우였다. 『알프스 등반기』에는 윔퍼가 직접 램버스에서 찍어낸 21점의 전면 삽화가 실려 있으며, 작은 삽화 90점도 본문 사이사이에 세심하게 배치되어 있다. 19세기 중반까지만 해도 삽화는 주로 본문을 장식하는 목적으로 사용되었지만, 윔퍼의 삽화는 서사의 일부였고, 글과 그림이 한데 어우러지도록 본문은 삽화 주변으로 배치되었다. 당대 기행문에 들어간 전통적인 삽화가 주로 풍경과 볼거리를 제공하기 위한 것이었다면, 윔퍼는 삽화에 좀 다른 역할을 부여했다. 그는 저마다 목적에 부합하고 이야기나 묘사의 특정한 대목을 조명하는 삽화를 추구했다. 지질학자 아치볼드 가이키에게 청탁한 '삭박削剝작용*'에 관한 기고문을 받았을 때 윔퍼는 감사의 인사를 쓰면서 이렇게 말했다. "제가 만들고 있는 알프스 책에 들어갈 목판화 교정쇄를 교수님께 꼭 보여드리고 싶습니다. 흔히 보실 수 있는 그 어떤 삽화보다 월등히 우수한 작품인 데다, 소재 중 상당수가 교수님의 흥미를 끌 것이라고 생각하기 때문입니다."[33]

21점의 전면 삽화는 모두 윔퍼가 사 오거나 빌려 온 사진을 판목에 전사轉寫해 판화로 찍어낸 것이다. 나머지는 윔퍼의 스케치나 구상을 바탕으로 제작한 것인데, 아마도 윔퍼 공방에 고용된 화가들이 더 세밀하게 판목 위에 옮겨 그린 뒤에 그림이 완성되면 윔퍼가 아버지

---

* 삭마작용이라고도 하며 물, 얼음, 빙하, 바람 따위가 땅이나 바위를 깎아 닳게 하는 작용을 말한다. ─ 옮긴이

와 함께 판각한 것으로 보인다. 전사 작업이란 판각공이 정확히 어느 선을 파야 하는지 알 수 있도록 대충 윤곽선만 그려진 간단한 스케치를 이해해서 표백 처리한 판목 위에 옮겨 그려야 하는 고도의 숙련도가 필요한 작업이었다. 작은 삽화들 가운데 절반가량은 처음 같이 일한, 알코올중독에 빠진 아일랜드 청년 존 머호니John Mahoney의 작품이었다. 이 삽화들에는 원화의 출처 — 주로 윔퍼의 스케치 아니면 사진 — 는 빠져 있고 판목 위에 옮겨 그린 작가의 이름만 적혀 있다. 마터호른의 험준한 암벽 주위로 천둥 번개가 내리치는 장면을 묘사한 삽화에는 작가의 이름이 빠져 있는데, 산의 모습을 그린 다른 모든 장면과 비교할 때도 양식이 사뭇 달라 귀스타브 도레의 작품일 가능성이 유력하다. 도레는 이 무렵에 윔퍼 공방의 일을 맡고 있었으며 1868년부터 꾸준히 런던을 방문했다. 한 서평자는 "가장 선정적인 효과가 가득한" 이 그림에 "도레 본인이 직접 더 '괴기스러운' 면을 가미할 수는 없었을 것"이라고 생각했다.[34]

윔퍼는 『알프스 등반기』의 흥행을 믿어 의심치 않았기에 이 책을 위탁 판매 방식으로 출간했다. 당시에 아주 흔한 관행이던 이 방식은 인쇄비는 저자가 부담하고 출판업자는 판촉과 유통을 담당해주는 대가로 통상 매출의 10퍼센트에 해당하는 수수료를 떼어가는 계약 형태였다. 윔퍼에게 삽화는 책에서 가장 공을 들인 부분이었다. 석판화로 인쇄한 지도를 포함해 삽화에 들어간 비용만 무려 1,250파운드에 달했다. 윔퍼의 의견에 따르면 "비용을 들인 가치가 있었다."[35] 윔퍼는 에든버러의 알앤드알클라크 인쇄소에 직접 가서 특수 처리한 용지에 책의 지면이 한 장 한 장 찍혀 나오는 모습을 기계 옆에 붙어 서서 지켜보았다. 목판화를 찍어내는 일, 특히 윔퍼가 제작한 수준의 목판화를 찍어내는 일은 고도의 기술을 요하는 작업이었다.

윔퍼는 1869년 8월에 원고를 존 머리에게 넘기자마자 한 달 일정으로 알프스를 방문하기 위해 토리노로 향했다. 먼저 도피네 지역에서 카렐과 함께 일주일을 머물고 나서 브로일과 체르마트, 샤모니를 차례로 방문해 책의 세부 내용을 점검했다. 4년 만에 만난 카렐과 마터호른 이야기를 나누기도 했다. 윔퍼는 카렐에게 1862년에 틴들이 정상을 조금 남겨놓고 철수한 일에 관해 물었고, 1865년 사고 당시 이탈리아인들이 겪은 일에 관해서도 물었다. 『알프스 등반기』에는 본문과 삽화가 보강되고, 최신 소식을 담은 주석이 붙었으며, 부록도 완성되었다. 지면 조판과 인쇄는 1870년 10월에 시작해 이듬해 5월에 끝났다. 윔퍼가 교정쇄에 적은 수정사항을 보면 조판과 철자, 구두점, 서체, 글자 크기, 띄어쓰기, 표의 위치, 그림 설명, 면 제목(이것은 막판에 결정한 부분이었다.), 여백, 사소한 문법, 괄호의 종류, 본문과 삽화의 배치 등 어느 세부사항 하나 놓치지 않고 세밀한 정성을 쏟았음을 알 수 있다.[36] 인쇄소 입장에서는 단순히 책을 집필한 저자가 아닌 자기들만큼이나 그 일의 성격을 잘 아는 사람을 상대하는 셈이었다. 훗날 알앤드 알클라크 인쇄소의 사장이 되는 한 직원은 다음과 같이 회상했다.

> 인쇄에 관해 어찌나 까다롭게 구시던지, 또 자기가 작업한 판목에서 최상의 인쇄물을 뽑아내야 한다고 어찌나 깐깐하게 구시던지…. 그분은 자기 작품을 굉장히 높이 평가했습니다. 로버트 클

라크 씨가 에드워드 윔퍼 씨 같은 고객을 맡으면 어떤 점이 이롭다고 말했었는지는 지금도 기억이 납니다. 기계공들에게서 그들 안에 잠재되어 있던 최상의 실력을 끌어냈으니까요. 윔퍼 씨는 직접 기계 옆에 붙어 서서 『알프스 등반기』의 지면이 한 장 한 장 나올 때마다 눈으로 확인하곤 했습니다.[37]

배를 타고 북대서양을 항해하던 중에 남동생 앨프리드에게 다색 판화의 인쇄 작업에 관해 편지를 보냈다는 일화는 세부사항을 꼼꼼하게 챙기는 윔퍼의 강박과 어떠한 결정권도 남에게 내주기 싫어하는 성격을 여실히 드러내는 한 예이다. 정작 인쇄공으로 수련을 받은 사람은 그가 아니라 남동생 앨프리드였음에도 윔퍼는 다음과 같은 세부적인 지시사항을 전달하지 않고는 못 배기는 성격이었다.

> [판목을] 가능한 한 빨리 깎아내고 중간 강도의 갈색으로 교정쇄를 뽑아. 최근에 갈색 교정지로 했던 방식으로. 이 판목이 마음에 들지 않으면, 처음부터 그렇게 될 리는 거의 없겠지만, 한두 장만 밀어보고 판목을 꺼내서 손을 본 다음에 몇 장 더 밀고 제대로 나올 때까지 계속 반복해. 더 잘 뽑을 수 없다는 생각이 들 정도로 나오면 그때, 내가 전에 말해준 방법대로 매콜리 씨에게 교정쇄를 제출할 것.[38]

지시사항은 몇 장에 달할 정도로 길었다. 일머리라면 앨프리드 역시 형 못지않게 잘 알고 있었을 텐데도 말이다.

『알프스 등반기』에 대한 서평들은 모두 삽화의 완성도를 칭찬하는 데 긴 지면을 할애했다. 『더 타임스』는 이런 평을 실었다.(다만, 형 프레더릭 윔퍼와 혼동해 도서명과 저자명을 잘못 적었다.)

> 누군가가 갠지스강 옆 논두렁에서 나고 자란 힌두교도에게 눈 쌓
> 인 사면과 절벽, 산과 등반을 선명한 인상으로 보여줄 수 있는 책
> 을 딱 한 권만 추천해달라고 한다면, 우리는 주저 없이 윔퍼 씨의
> 책을 보내주어야 한다.[39]

1871년에는 사진으로나마 알프스를 본 사람조차 드물었으며, 그때까
지 나온 삽화에는 거대한 크레바스를 기어서 건너거나 가파른 쿨르와
르를 기어오르거나 암벽 중간에 튀어나온 바위 턱에서 비박하는 등반
가들의 모습도 찾아볼 수 없었다. 윔퍼의 책에 실린 흑백 목판화는 오
늘날처럼 이미지가 발달한 세상에서야 대수롭지 않게 보인다고 해도,
1871년 당시에는 대단히 독창적인 것으로 가히 "풍경 삽화의 신기원"
이라 할 수 있었다.[40]

당시 『알파인 저널』의 편집장이었던 레슬리 스티븐은 윔퍼에게
보낸 안부 편지에서 투고 양이 턱없이 부족한 탓에 "뜻밖의 횡재가 오
지 않는다면, 자네 책의 서평을 아주 길게 실어야겠네."라고 털어놓았
다.[41] 레슬리 스티븐도 다른 서평자들과 마찬가지로 그림을 이용해 알
프스를 생생하게 담아냈다는 점을 논하는 데 긴 지면을 할애했다.

> 윔퍼 씨의 목판화는 자연의 경이로움과 조형미로 가득한 알프스
> 의 참모습을 우리 앞에 선사하는 것 같다. 어느 선 하나도 빠진 것
> 이 없고 어느 선 하나도 아무렇게나 들어간 것이 없다. … 윔퍼 씨
> 는 우리에게 보여주는 풍경에 대해서 있는 그대로의 모습뿐만 아
> 니라 그 아름다움의 진가까지 깊이 이해하고 있다.[42]

레슬리 스티븐은 여러 편의 서평에서 이 책이 지닌 "예술적 아름다움"을 강조했으며, 윔퍼의 산문에 흐르는 엄숙함 — "다소 완고하고 딱딱한 어조" — 에 주목했다. "그는 미문美文으로 흐르지 않도록 … 단호하게 억누른다."[43] 윔퍼는 천성적으로 장황한 미사여구라고 생각하는 문체를 싫어했다. 열여덟 살 때 새로 나온 소설책을 읽은 후에 그가 쓴 일기는 다음과 같았다.

> 나는 간결한 문체, 자연스럽고 꾸밈없는, 너무 상세하지 않으면서
> 힘 있게 묘사하는 문체가 더 효과적이며, 가장 화려한 문체로 쓴,
> 가장 고결한, 혹은 가장 웅장한 사건보다 더 진한 감동을 줄 것이
> 라고 확신한다.[44]

윔퍼 가문 사람들이 추구한 예술 세계는 윌리엄 터너가 생애 후기에 추구한 낭만적인 드라마의 세계가 아니었다. 그것은 요소들이 매력적으로 배열된 픽처레스크한 풍경 속에서 자연의 진실을 찾는 세계였다. 터너의 작품을 보러 전시회에 갔다 온 소년 윔퍼는 이런 소감을 남겼다.

> 소묘는 대부분 마음에 들었고, 그중 몇몇 작품은 대단히 마음에 들
> 었다. … 내 예상을 뛰어넘는 섬세함과 신중함으로 완성된 작품이
> 었다. 그의 회화를 두고는 같은 말을 할 수가 없다. … 부옇고, 흐
> 릿하고, 볼품없으며, 색이 튀고, 흉측하며, 부자연스럽고, 무의미
> 하다. … 의심할 여지없이 그는 후기 작품들이 증명해주듯이 너무
> 오래 산 위대한 천재였다.[45]

조사이어 윔퍼의 수채화에는 컨스터블의 후기 회화에서 볼 수 있는

강렬한 시골 풍경의 매력이 담겨 있다. 조사이어는 야생의 자연을 찾아다니는 여행은 했을지라도 터너가 보여준 웅장함과 자연의 드라마를 표현하려고 노력하지는 않았다. 그에게는 서리주의 픽처레스크한 다리와 옛날 시골 장터 주변에 있는 숯 화로가 더 정직하고 유익한 소재로 여겨졌다. 다소 자만심에 차 있던 스무 살의 에드워드 윔퍼가 러스킨과 마터호른에 대해 내린 평가("러스킨은 다른 많은 것에 대해서도 그랬지만, 이것에 대해서도 지나치게 꾸며서 글을 썼다.")에는 담백한 접근법을 좋아하고 시적이고 장황한 것을 싫어하는 윔퍼 가문 사람들의 분위기가 그대로 녹아 있다.[46] 러스킨이 「터너식 픽처레스크 Turnerian picturesque」에 있어서 산이 가지는 의미에 대해 열변을 토한 『근대화가론Modern Painters』 제4권이 출간된 연도는 1856년이었다. 러스킨은 이 책에 산에 관한 지질학적·지형학적 정보를 자세히 실었다. 산이 없다면 "공기는 정화될 수 없고, 강물도 흐를 수 없으며, 땅이란 땅은 거의 다 메말라 사막으로 바뀔 것이다." 러스킨에게 있어서 산이란 단지 이러한 물리적 기능보다 훨씬 더 고차원적인 목적을 내포한 존재였다.

> 신이 빚은 아름다움으로 인간 내면의 갈증을 채우는 것 — 즉, 감탄이라는 깊고 순수한 동요로 잠든 영혼을 일깨우는 것 — 이 산의 고차원적인 임무이다. 위대하고 고귀한 조형물로서 산은 …[47]

「절벽Precipices」이라는 소제목을 붙인 장에서 러스킨은 마터호른에, 직접 보고 여러 장의 스케치를 남기고 다게르식daguerreotype 은판 사진으

admirable skill through a maze of crevasses up to the foot of a great snow *couloir*, that rose from the head of the glacier to the summit of the ridge over which we had to pass.

We had settled before-hand in London, without knowing anything what-ever about the place, that such a couloir as this should be in this angle; but when we got into the Val d'Entraigues, and found that it was not pos-sible to see into the cor-ner, our faith in its exist-ence became less and less, until the telegraphing of Almer, who was sent up the opposite slopes to search for it, assured us that we were true prophets.

Snow *couloirs* are no-thing more or less than

삽화와 본문이 함께 배치된 내지 디자인. 「눈 쌓인 쿨르와르A snow couloir」라는 제목으로 『알프스 등반기』(1871)에 수록되었다.

로 촬영하기도 한 이 "오래전에 조각된 듯 … 이집트 신전처럼 서 있는 불변의 기념물"에 긴 지면을 할애했다.[48] 『알프스 등반기』에서 윔퍼는 젊은이 특유의 거드름을 피우며 오로지 러스킨이 그린 삽화의 정확도만을 평가 준거로 삼았다.[49]

러스킨도 물론 삽화가였지만, 윔퍼는 삽화를 직업으로 하는 전문가였다. 윔퍼는 그림이 할 역할을 산문이 해야 한다고 생각하지는 않았지만, 알프스 정경이 품은 신비로운 분위기를 글로 표현할 능력이 있었다. 콜 뒤 리옹 위쪽으로 올라가 마터호른 산자락에서 홀로 맞이한 밤을 묘사한 대목에는 화가 특유의 색깔과 분위기에 대한 관심이 잘 드러나 있다.

> 해가 저물고 있었다. 장밋빛 햇살이 눈에 반사된 푸른빛과 섞여 시선이 미치는 저 멀리까지 연보랏빛과 진보랏빛을 드리웠다. 이처럼 계곡들은 음울한 자줏빛을 머금었지만, 봉우리들은 놀라울 정도로 밝게 빛났다. 텐트 출입구에 앉아 황혼이 어둠으로 바뀌는 광경을 바라보았을 때 대지는 저속함을 벗고 숭고함을 입은 듯이 보였다. 세상은 쥐죽은 듯 고요했고, 나는 이 세상에 던져진 유일한 존재 같았다.[50]

윔퍼의 산문은 직설적이고 군더더기가 없는데, 오랜 고군분투 끝에 비극으로 막을 내린 마터호른 정복을 서사적으로 이야기하기 때문이다. 많은 서평자는 이 책이 고전주의 극작법에서 강조하는 극적 통일성 — 레슬리 스티븐의 표현에 따르면 "마터호른 서사시Matterhorniad" — 을 따랐음에 주목했다. 윔퍼는 5년에 걸친 알프스 등반과 마터호른이라는 성배를 찾기 위한 모험을 기술하면서, 이 굵직한 서사를 중심으로 지질학과 빙하의 본질, 크레틴병의 만연, 몽스니 철도터널 공사, 고산 식물, 아이벡스의 습성에 대한 여담을 군데군데 끼워 넣었다. 이야기는 뉴헤이븐Newhaven에서 증기선을 타고 생애 첫 알프스 여행을 떠나면서 본 비치헤드의 모습으로 시작해서(웜퍼의 친구인 존 윌리엄 노스가 그린 그림으로, 형 프레더릭과 했던 어린 시절의 모험을 회상하는 장면에 들어 있다.) 파멸에 이른 청년을 그린 불가사의한 그림으로 끝이 난다.(웜퍼는 이 그림을 명함에 사용했다.) 이 그림은 원고를 탈고 하기도 전에 판각되었는데, 앞날이 창창한 청년이었던 프랜시스 더글러스의 찾지 못한 시신과 소멸된 생명을 암시할 뿐만 아니라, 이야기의 결말, 웜퍼가 품었던 희망과 야망의 소멸, 웜퍼의 화려한 알프스 등반 경력의 종말도 상징한다. 이 책은 이처럼 비극적인 분위기로 마무리된다. 다음과 같은 마지막 단락은 역대 산악문학 작품을 통틀어 아마도 가장 널리 인용된 잠언일 것이다.

> 아무것도 급하게 서두르지 마라. 한 걸음 한 걸음에 집중하라. 처음부터 끝이 어떨지 생각하라.[51]

웜퍼는 평범한 기행문을 쓰지 않았다. 예술가적 감각을 바탕으로 자신의 이야기 속에 담긴 통속적 요소를 끄집어내 서사를 흡인력 있고 비극적인 결론으로 끌고 갔다. 세부적인 내용, 사건과 등장인물은 모두 글쓴이를 중심으로 한 이야기에 맞게 취사선택되었다. 사고 직후에 브로켄 현상으로 추정되는 환영을 보았다는 부분은 그가 이야기에 극적 분위기를 가미하기 위해 사건을 선택한 전형적인 본보기라 할 수 있다. 표지 삽화에는 웜퍼와 타우그발더 부자가 구름 속에서 호弧 안쪽에 세 개의 십자가 모양이 비치는 "외경심을 자아내는 광경"에 압도된 모습이 담겨 있다. 웜퍼는 당시에는 심한 정신적 충격으로 미처 이 현상을 자세히 관찰할 겨를이 없었지만, 런던으로 돌아온 후에는 기상국의 헨리 스콧을 만나 이 희귀 현상에 대해 이야기를 나누었다. 50년 후에 타우그발더는 환영이 있었다는 사실 자체를 부인했지만, 웜퍼가 없는 것을 만들어냈을 리는 없어 보인다. 웜퍼가 일종의 브로켄 현상을 본 것은 명백하며, 이 사건을 효과를 극대화하는 방식으로 서사 속에 집어넣은 것뿐이다.[52]

몽스니 고개를 관통하는 철도와 그린란드 빙하에 관한 긴 설명은 근래에 나온 『알프스 등반기』 판본에는 대개 빠져 있지만, 당대 독자들에게는 책의 가치를 한층 더 올려주는 새롭고 흥미로운 소재였다. 알프스와 그린란드를 직접 탐험하고 돌아와 용기를 얻은 웜퍼는 빙하의 침식력에 대한 틴들 교수와 앤드루 램지Andrew Ramsay 교수의 견해에 과감하게 맞서며 반론을 제기했다. 틴들은 알프스의 계곡들이 — 빙하가 단지 지나간 것이 아니라 — 빙하에 의해 깎여나갔다고 주장했지만, 웜퍼는 "[틴들] 박사가 취한 입장은 처음부터 근본적으로 잘못된 것이었다. … 틴들 박사는 지식의 진보를 심각하게 저해했다."라고 단언했다. 이 일과는 관계없이 웜퍼는 왕립지리학회에 빙하 연구를 위한 지원금을 요청할 때 틴들에게 추천서를 부탁했다.[53] (빙하의 운동에 관해 진실에 좀 더 가까운 쪽은 웜퍼가 아닌 틴들이었다.)

윔퍼는 철도와 철도 공학에 항상 관심이 많았다. 그리고 나폴레옹이 건설한 고갯길을 대체할 철도터널 공사에 남들도 다 흥미가 있을 것이라고 생각했다. 또한 자신의 책이 "한낱 여가 여행의 기록" 이상이 되기를, 내심 학술적 지위를 인정받기를 원했다. 등반사와 동식물상, 지질학, 인류학 관련 조사 내용에는 학자들이 하는 것처럼 주석과 참고 문헌을 꼼꼼하게 달았다. 과학적 지위를 인정받으려는 이러한 욕망은 윔퍼의 건조하고 풍자적이면서 종종 자기 비하적인 유머를 엿볼 수 있는 많은 사례와 어우러져 있다. 평생 골칫거리였던 작은 벌레와 인간의 몸에 기생하는 그놈의 버릇에 대해 윔퍼는 이렇게 썼다.

> 이곳 원주민들은 다들 어떤 날쌘 동물을 몸에 지니고 다닌다. 동작이 어찌나 빠른지, 개체수와 식탐에 맞먹을 뿐이다. … "아! 벼룩이라면, 애써 남들과 다른 척은 하지 않겠어. 내 몸에도 있다네." 세미옹 노인은 말했다. 이번만큼은 확실히 진실을 말한 셈이었다.[54]

일행 중에 낯선 자가 있을 때 포도주가 증발하는 기이한 현상이나 소중히 아껴둔 담배가 사라진 일, 산 중턱에서 할 일 없이 빈둥거려야 할 때 참을성이 부족한 성격에 대한 자기 비하, 세관 공무원들에게 수상쩍게 생긴 등반 장비들이 곡예사의 물건이라고 믿게 한 일은 자기 성찰적이고 풍자적인 필치를 엿볼 수 있는 많은 사례 가운데 극히 일부에 지나지 않는다.

『알프스 등반기』는 등반의 특징을 생생하게 구현하고, 고산 등반에 필요한 장비와 로프 사용법, 빙하 횡단 기술, 야영 기술, 가파른 빙벽에서 스텝을 깎는 기술, 환희와 공포, 미지의 세계에 대한 탐험과 발견 등 고산 등반에서 접할 수 있는 모든 것을 보여주는 책이다. 등반가의 성취욕과 동기도 잘 담아내고 있지만, 무엇보다도 20대 초반의 건장한 청년일 때 세상과 부딪치며 산과의 교감을 즐기는 혈기 왕성한 윔퍼의 젊은 패기를 잘 담아내고 있다. 그러면서도 비극적 결말로 끝나는 이야기 전체에 차분한 추모의 분위기도 흐른다. 일례로 1863년에 마터호른 북벽 옆을 지나는 장면에서는 장엄하게 묘사하지만, "이제는… 아아, 떠오르는 기억 때문에 더욱 더 무시무시하게 보인다."라는 말로 단락을 끝맺는다.[55] 이렇게 비극적 결말을 알고 있으면서도 윔퍼는 성취하려는 목표에 대한 젊은이다운 설렘과 무한한 기대감에 찬 태도를 견지한다. 걸출한 등반가이자 등반사 연구가인 제프리 윈스롭 영Geoffrey Winthrop Young은 윔퍼의 책이 "시끄러운 나팔 소리처럼 내가 가지고 있던 편협한 벽을 느닷없이 쾅 하고 울리더니 그 벽을 하얀 설산 뒤로 펼쳐진 푸른 창공까지 날려버렸다."라고 썼다.[56] 그는 윔퍼의 책이 영국산악회 회원들의 전유물이었던 등반을 다른 사회 계층에까지 대중화시키는 데 얼마나 크게 기여했는지도 언급했다. 등반의 무한한 가능성과 산에 대한 도전정신을 일깨운 윔퍼의 책은 1950년대에 에베레스트 이야기가 등장할 때까지 젊은 등반가들에게 그 어떤 책보다 많은 영감을 불어넣었다.

등반가에게 로프는 문화적으로나 정신적으로나 깊은 상징성을 지닌다. 로프는 같은 목적으로 두 사람을 묶는다. 두 사람은 하나의 로프에 목숨을 의지하고, 로프는 서로에 대한 신뢰를 바탕으로 두 사람을 연결한다. 등반의 도상학iconography이 로프를 중심으로 세워진 만큼 로프가 끊어진다는 두려움은 등반에서 맞닥뜨릴 수 있는 가장 근원적인 공포였다. 조 심슨Joe Simpson이 『난, 꼭 살아 돌아간다Touching the void』라는 책에서 묘사한 경험은 그러한 신뢰가 파괴된 드라마를 잘 담아내고 있다.* 사상 초유의 극적인 등반 사고에 대중의 관심을 끌어 모으는 과정에서 이 도상학을 확립시킨 사람이 바로 윔퍼였다. 윔퍼와 타우그발더의 공포에 질린 눈앞에서 약한 로프가 툭 하고 끊어진 순간은 등반의 문화사에 한 획을 그은 역사적 사건이 되었다.[†] 로프가 가지고 있는 의미, 즉 두 사람을 물리적·상징적으로 묶어준다는 점은 곧바로 당대를 풍미한 소설가들에게 소재로 차용되었다.

프랑스의 문호 알퐁스 도데Alphonse Daudet는 1872년에 출간한 『타라스콩의 타르타랭Tartarin de Tarascon』이라는 희극 소설에서 자기중심적이고 저돌적인 돈키호테를 연상시키는 주인공 타르타랭Tartarin을 탄생시켜 대중의 찬사를 받았다. 『알프스 등반기』는 1873년에 프랑스어로 번역 출간되었는데, 도데는 타르타랭을 주인공으로 하는 속편을 청탁받았을 때 윔퍼의 로프 절단 사고에 매료되었다. 알프스에 다녀온 도데는 1884년에 속편을 내는 조건으로 거액의 계약서에 서명했다. 『알

---

* 1985년 사이먼 예이츠Simon Yates는 조 심슨과 함께 페루 안데스산맥 깊숙이 자리한 시울라 그란데Siula Grande 서벽 초등에 성공한다. 그러나 하산 중에 조의 다리가 부러지고 만다. 사이먼은 조를 하산시키려고 사투를 벌이지만, 조가 깊은 크레바스에 빠지자 어쩔 수 없이 둘 사이를 묶고 있던 로프를 자른다.

† 영국의 영화제작자 겸 감독인 알렉산더 코르다Alexander Korda가 설립한 런던영화사는 1938년에 윔퍼와 카렐의 초등 경쟁과 추락사고를 극화한 영화 「챌린지The Challenge」를 제작했다. 각본은 에머릭 프레스버거Emeric Pressburger가 맡았다. 2003년에 조 심슨의 동명 소설을 영화화한 「터칭 더 보이드Touching the void」의 감독은 프레스버거의 손자인 케빈 맥도널드Kevin Macdonald였다.

프스의 타르타랭Tartarin sur les Alpes』이라는 제목을 단 속편은 1885년에 발표되었다. 이 책에서 영웅 행세를 하는 주인공 타르타랭은 타라스콩 마을에 사는 알피니스트들의 명예를 걸고 기필코 가장 높은 산인 몽블랑 정상에 오르겠다고 맹세한다. 로프를 함께 묶은 타르타랭과 그의 동료 봉파르Bompard는 '살아도 같이 살고, 죽어도 같이 죽는다'는 엄숙한 신의의 맹세를 하지만 정상에 도달하지 못하고 후퇴하며 능선을 넘던 중에 각각 능선의 이쪽과 저쪽으로 떨어지고 만다. 로프가 갑자기 쓸려나갔기 때문에 두 사람은 서로 상대방이 추락했다고 생각한다.[57] 엄숙한 선서 따위는 까맣게 잊은 영웅적인 알피니스트들은 동시에 로프를 자르고 서로 반대 방향으로 도망친다. 타라스콩 마을에서 다시 마주친 두 사람은 몽블랑 정상에 영웅답게 당당히 함께 올라섰으며 하산 중에 타르타랭이 크레바스에 빠졌으나 혼자 힘으로 빠져나왔다는 허위 사실을 퍼트린다. 윔퍼는 타르타랭 이야기를 재미있어했던 것으로 보인다. 도데의 가족은 두 사람이 실제로 만난 적이 있으며 친구가 되었다고 증언했다. 윔퍼는 도데에게 『알프스 등반기』를 선물했으며, 도데는 윔퍼와 오랜 친분이 있는 마틴 콘웨이Martin Conway와도 아는 사이가 분명했다.[58]

윔퍼는 『알프스의 타르타랭』보다 1년 먼저 출간된 그랜트 앨런 Grant Allen의 소설 『필리스티아Philistia』는 그다지 좋아하지 않았다. 『필리스티아』는 유대인이자 런던 사회주의자들의 수장인 막스 슐츠Max Schurz — 아마도 마르크스를 모델로 한 — 를 신봉하는, 귀족 출신의 젊은 사회주의 영웅 에르네스트 르 브르통Ernest le Breton의 이야기를 다룬 정치 소설이다. 에르네스트의 형인 에르베르Herbert는 여주인공의 오빠인 해리 오스월드Harry Oswald와 함께 알프스로 간다. 그리고 아주 위험한 '마르가슈봉'에 도전하던 중 청년 해리가 미끄러져 아래쪽에 서 있던 가이드 위로 넘어지면서 위쪽에 있던 가이드를 잡아챈다. 사악한 에르베르에게는 운이 좋게도 곧바로 로프가 끊어져, 에르베르는 목숨을 건지고, 가엾은 해리는 아득한 심연으로 떨어진다.[59]

윔퍼는 분명 이 책에 대해 들었겠지만, 마터호른 사고에서 자신의 역할을 교양 없고 인정머리 없는 악인으로 못 박은 부분에 대해서는 심기가 불편했던 것 같다. 『필리스티아』가 출간된 후 어느 날 윔퍼는 함께 아는 친구인 에드워드 클로드를 통해 그랜트 앨런과 인사를 나눈 적이 있는데, 그때 그는 평소 자신의 기질답지 않게 앨런에게 아주 퉁명스럽고 무례한 태도를 취했다. 두 사람의 불화설은 런던 문단에서 오랫동안 회자되었다. 한 가지 설은 그랜트 앨런이 윔퍼에게 다짜고짜 마터호른 사고에 관해 캐물었는데, 윔퍼가 그 일은 "당신이 알 바가 아니니 그 이야기는 하지 않겠다."라고 대꾸했다는 설이었다. 윔퍼는 낯선 사람이 다가와 질문하는 행동을 싫어했다. 마음이 내킬 때 마터호른 이야기를 하는 것은 좋아했지만 낯선 사람이 그 이야기를 끄집어내면 몹시 불쾌해했다. 클로드는 그때 일을 회상하며 앨런이 강연료에 대해 캐물어 윔퍼를 거북하게 만들었다고 생각했지만, 윔퍼는 보통 그런 이야기는 아무렇지 않아 했다. 캐나다 출신인 앨런은 성품이 온화하고 겸손한 신사로 헤이슬미어 근처에 살았기에 헤이슬미어예술가협회를 통해 역시 이 단체의 회원이었던 조사이어 윔퍼와 찰스 윔퍼와도 분명 아는 사이였을 것이다. 윔퍼는 훗날 그에게 퉁명스럽고 무례하게 굴었던 일을 뒤늦게 후회했지만, 성격상 그에게 직접 연락할 수는 없어 사과를 하기 위해 런던에 있는 클로드를 다시 찾아갔다. 윔퍼답지 않은 행동을 촉발한 직접적인 원인이 무엇이었든 이 문제의 밑바탕에는 마터호른 비극을 다소 노골적으로 우려먹는 그랜트 앨런에 대한 윔퍼의 불편한 심기가 깔려 있었던 것으로 보인다.[60]

1871년에는 『알프스 등반기』 외에도 이와 비슷한 종류의 등반 모험을 다룬 책이 두 권 더 나왔다. (두 권 다 윌리엄 롱맨이 출판했다.) 레슬리 스티븐은 알프스에 관해 쓴 기고문들을 엮어 『유럽의 놀이터 The Playground of Europe』라는 제목을 붙인 책을 윔퍼보다 한발 앞서 출간했다. 윌리엄 롱맨은 일반 독자에게 좀 더 친근하게 다가갈 수 있도록 삽화를 넣자고 제안했고, 레슬리 스티븐은 윔퍼에게 도움을 청했다. "표지에 어울릴 만한 소재를 생각해낼 수 있겠나? … 무섭고 위험해 보이는 장면은 당연히 빼야 하네. … 나와 친구들이 아슬아슬하게 매달려 있는 그림이면 좋겠네만."[61] 윔퍼는 네 사람이 치날로트호른의 좁은 능선을 등반하는 장면을 그렸다. 머호니가 이 스케치를 판목에 옮겨 그렸고, 판각 작업은 윔퍼가 직접 했다. 스티븐은 "매우 흡족해했다."[62]

레슬리 스티븐의 책은 비록 오래전에 절판되었지만 문학적으로 한결같이 높은 평가를 받아왔다. 스티븐은 비에치호른, 슈레크호른, 치날로트호른 등 다양한 초등 기록을 기술하면서도 자신이 이룩한 업적에 대해 편안하고 객관적이면서 부드러운 유머를 갖춘 태도를 견지한다. 『유럽의 놀이터』는 산을 오르는 행위에 대한 사색을 담고 있으며, 알피니즘이라는 철학과 알프스에 관심을 갖게 된 인류의 역사를 자세히 설명하고 있다. 이 책에 실린 등반 이야기와 성찰의 글은 모두 신사의 여가 시간을 등반에 사용하는 일이 교양 있는 행위라는 인상을 심어준다. 이러한 스티븐의 책과는 대조적으로 윔퍼의 책에는 성취욕과 자극 그리고 충동이 있다. 윔퍼의 성격과도 일면 닿아 있는데, 그는 장황한 설명 대신 모든 사건과 묘사를 미래지향적으로 풀어나간다. 스티븐의 책이 등반의 본질에 대한 철학적 고찰이라면, 윔퍼의 책은 등반이라는 물리적 행위를 생생하게 전달하는 책이다. 스티븐이 알프스에서 느낄 수 있는 경이로움과 기쁨을 영국에 있는 독자들에게 전달하고자 했다면, 윔퍼에게 책은 자기 이야기를 하는 수단이었다. 높은 학력도, 문학적 명성이나 학술적 명성도, 사회적 기반도 없었던 윔퍼는 『알프스 등반기』로 명성을 쌓게 된다. 이 책은 한 마디로 불굴의 투쟁을 담은 책이다.

같은 해에 나온 세 번째 알프스 책은 존 틴들의 『알프스에서 보낸 시간』이었다. 이 책도 스티븐의 책처럼 여러 편의 글을 엮은 책으로, 틴들의 등반과 마터호른을 향한 사투, 얼음과 빙하와 날씨에 대한 과학적 설명을 다루고 있다. 윌리엄 롱맨은 이 책에도 삽화를 넣자고 했다. 네 점은 윔퍼가 새로 판각했고, 틴들의 전작 『1861년의 등산』에 실린 윔퍼의 판화 두 점은 다시 사용했다. 삽화에 대한 틴들의 다소 인색한 태도는 그가 쓴 서문에 잘 나타나 있다.

나는 이 책을 삽화 없이 펴내기를 바랐다. 만약 독자가 여기에 소

개된 … 윔퍼 씨의 뛰어난 감독 아래 제작된 삽화들이 마음에 든
다면, 내가 아닌 윌리엄 롱맨 씨의 추진력에 감사해야 할 것이
다.[63]

산에 오르지 않는 사람들이 기대할 만한 공포와 위험이 가득한 윔퍼의
책은 일반 독자를 위한 대표적인 산악 도서로 자리매김했다. 1873년
에는 프랑스어 번역본과 미국판도 출간되었다. 유럽 여행에 관한 재미
있는 책을 쓰고자 1878년에 체르마트에 머물며 글감을 취재하던 마크
트웨인Mark Twain은 우연히 만난 거들스톤 — 1865년에 체르마트로 갈
때 윔퍼, 더글러스와 함께 고개를 넘은 인물 — 을 통해 끊어진 로프와
영국인 귀족의 죽음을 둘러싼 소문을 모두 듣고 나서 마터호른 이야기
에 깊은 관심을 갖게 되었다. 마크 트웨인의『해외유랑자A tramp abroad』
(1880)는 나중에 알퐁스 도데가 사용하게 되는 것과 유사한 영웅 행세
적이고 풍자적인 접근법으로 알피니즘을 논한 책이다. 리펠베르크를
등정하려면 일주일이 필요하고, 사람 수와 동물 수를 합치면 200에 이
르는 행렬이 카라반을 해야 한다면서, 카를 베데커Karl Baedeker가 여행
안내서에서 이 카라반에 3시간이 걸리며 가이드가 필요 없다고 주장
한 것은 명백한 실수라고 주장한다. 리펠베르크를 등정하는 대위업을
달성한 뒤에 마크 트웨인은 고르너Gorner 빙하를 타고 체르마트로 돌아
가려고 하다가 다음과 같은 사실을 깨닫는다. "빙하를 타고 가는 데 걸
리는 시간은 무려 500년 이상이다! 나는 '걸어가는 게 더 빠르겠다.'라
고 혼잣말로 중얼거렸다."[64] 마크 트웨인은『알프스 등반기』의 많은 부
분, 이를테면 윔퍼가 1862년에 혼자서 하산하다가 굴러떨어진 일, 마

터호른 등정과 사고를 기술한 부분, 빙하와 지질학에 관한 내용 등을 통째로 가져다 인용했다.(이 부분은 출처를 밝혔다.) 더불어 윔퍼의 삽화 여러 장을 출처 표기나 감사의 말도 없이 무단 복제했으며, 마터호른 사고 장면을 그린 귀스타브 도레의 삽화를 형편없게 모작한 그림도 사용했다.[65] 마크 트웨인은 출판물의 불법 복제, 특히 본인 저작물의 불법 복제에 반대한 열렬한 활동가였지만, 그의 머릿속에는 국경을 기준으로 이중 잣대가 들어가 있었다.

윔퍼는 평생 『알프스 등반기』를 자랑스럽게 여겼으며, 기회가 닿을 때마다 친구와 지인들에게 선물했다. 찰스 라이엘 경에게 선물할 때는 자신을 낮추며 이렇게 썼다.

> 이 책의 대부분이 경께서 거의 혹은 아예 관심이 없으실 만한 내용으로 가득 차 있기 때문에 졸저를 올리면서도 그저 송구스러울 따름입니다. 경께서 보시고 싶어 하실 만한 내용과 삽화가 그래도 몇 장은 있을 것입니다.[66]

윔퍼는 빙하와 지질학, 양배암 관련 내용이 나오는 모든 부분의 쪽 번호를 꼼꼼히 표시했다. 바쁜 라이엘이 아무 연관도 없는 등반 이야기에 시간을 낭비하지 않게 하려는 세심한 배려 차원이었다. 이런 행동으로 볼 때 윔퍼에게는 이 위대한 지질학자가 마터호른에서 일어난 극적인 사건에 관심이 있을 리가 없다는 생각이 짙게 깔려 있었던 모양이다. 얼마나 자기 비하적인 표현을 썼든 윔퍼는 이 책이 단지 평범한 알프스 기행문에 그치지 않고 세상에 대한 인류의 지식에 아무리 미미한 정도일지라도 실용적이면서 학술적인 공헌을 하길 바랐다. "여가 여행"에 관해 쓴 책을 왕립지리학회의 에드워드 서빈에게 보내면서 윔퍼는 송구함을 이렇게 표현했다. "흥미롭게 쓰려고 나름대로 노력을 기울였습니다만, 장군께서 정독하실 만한 내용은 몇 장 되지 않을까 봐 걱정입니다."[67]

그해 여름, 이탈리아인들은 윔퍼가 책에서 공사 중이라고 언급했던 몽스니 철도터널의 공식 개통식에 윔퍼를 초대했다. 터널을 달리는 개통 열차에서 윔퍼는 철도 여행에 익숙하지 않은 이탈리아인들과 같은 객차에 탔는데, 다들 깊은 땅속으로 사라져 버리는 일에 대해 매우 불안해했다. 프랑스 쪽으로 터널을 다 빠져나왔을 때,

> 친구들의 행복한 모습을 봤어야 한다. 그들은 여전히 이승에 있었으니까! 그들은 연신 악수를 해댔다. … 기차가 (프랑스의) 모단에 진입했을 때는 상당히 기분이 상한 표정들이었다. 길고 우렁찬 갈채를 보내줄 군중이 없었기 때문이다.

개통 열차는 다시 반대로 터널을 통과해 성대한 연회장으로 돌아왔고, 윔퍼는 "길이가 족히 1미터는 되는 거대한 송어를 먹는 유쾌한 추억"을 만들 수 있었다.[68]

1기니에 출간된 『알프스 등반기』 초판은 순식간에 다 팔렸다. 그해 연말에 찍은 재판도 마찬가지였다. 이 책은 윔퍼에게 상당한 수익을 안겨주었다. (윔퍼는 존 머리에게 1872년 4월에는 600파운드짜리 수표를, 같은 해 12월에는 504파운드짜리 수표를 받았다고 기록했다.[69]) 재판은 초판을 거의 그대로 다시 찍은 판본이었지만, 그 무렵 윔퍼는 다른 구상을 품고 있었다. 서평들이 대개 중심 주제에 초점을 두

고 있었으므로, 이 책을 '마터호른 등정기The ascent of the Matterhorn'라는 이름으로 다시 찍기로 하고, 제목에 맞춰 편집을 바꾸고 삽화를 추가했다. 하지만 다른 계획이 끼어들면서 제목을 다시 붙인 3판이 세상의 빛을 보게 된 것은 그로부터 8년 후였다.[70]

14

저는 북극 지역에서 저보다…
더 높이 오른 사람은 없다고 믿습니다

윔퍼는 항상 그린란드에 다시 가고 싶어 했다. 1870년에 리버풀에서 열린 영국과학진흥협회 연례회의에 참석했을 때도 이듬해 여름에 할 그린란드 재도전을 위한 정보를 수집했다. 하지만 『알프스 등반기』 준비 때문에 런던을 떠날 수가 없었다. 그린란드 원정 준비에 착수한 것은 1871년 여름에 책이 출간되고 나서부터였다. 윔퍼는 어린 시절 템스강에서 노를 젓던 즐거운 기억을 다시 욕망의 수면 위로 끌어올렸다. 1867년에 그린란드에서 귀국할 때 바다표범 가죽으로 만든 이누이트 카약을 들여왔지만, 이 카약을 물속에서 똑바로 세우는 일은 쉽지가 않았다. 윔퍼는 런던에 있는 나무로 이 카약을 본떠 더 큰 카약을 제작해달라고 주문했다. 새로 만든 카약은 짐도 실을 수 있고, 잘 뒤집히지 않으며, 발로 페달을 돌려 추진하는 정교한 나선형 프로펠러도 달려 있었다. 윔퍼는 이 페달이 그린란드 원주민의 속도를 따라잡을 수 있게 해주기를 기대했다. 윔퍼가 '디 엑스페리먼트The Experiment'라는

1872년 4월 23일 램버스 공공수영장에서 시운전을 해본 윔퍼의 프로펠러 추진식 카약

별칭을 붙인 — 아마도 어릴 때 판화로 제작한 적이 있는 동명의 철도 엔진 이름을 딴 것으로 보이는데 — 이 카약은 1872년 4월 코펜하겐으로 출발하기 얼마 전에 램버스 집으로 배달되었다. 템스강에서 해본 시운전 결과는 형편없었다. 윔퍼는 다시 "실험을 해보기 위해" 카약을 집 근처에 있는 램버스 공공수영장으로 들고 갔다.[1] 1855년 개장 당시부터 이곳을 이용한 윔퍼는 아마도 이곳의 이용 규칙을 완벽히 숙지하고 있었을 테니, 그중에 이누이트 카약 사용을 콕 집어 금지하는 규칙이 없다는 점도 물론 알고 있었을 것이다. 윔퍼가 곧 하이드파크 공원의 서펜타인 호수Serpentine Lake로 연습 장소를 옮긴 사실로 보아 아무래도 프로펠러 추진식 카약은 수영장에서 환영받지 못했던 듯하다. 하이드파크 공원에서는 역시나 할 일 없는 '게으름뱅이들'이 우르르 몰려왔다.

그린란드 해안선 지도 작업과 디스코만 일대에 대한 지리 지식은 여전히 턱없이 부족했다. 웜퍼는 해안선을 탐사하고, 정확히 측량하고, 디스코만 북쪽에 있는 정착촌인 우메나크Umenak를 방문하고, 상황이 허락한다면 최북단 덴마크인 정착촌인 우페르나비크까지 방문하고 싶었다. 그리고 1872년 당시에는 거의 세상에 알려지지 않은 미지의 땅이었던 그린란드의 극북 지역 탐험을 머지않은 미래에 이루고도 싶었다. 웜퍼는 노르덴셸드Nordenskiöld가 1870년에 디스코만 남쪽 해안을 탐사하고 내륙 탐험까지 시도했던 사실도 알고 있었다.[*]

공방으로 줄줄이 찾아오는 방문자들을 응대하는 틈틈이 웜퍼는 원정 준비에 박차를 가하며, 도움을 주거나 정보를 줄 수 있는 친구들 ─ 프랜시스 골턴, 헨리 스콧, 옛 등반 동료인 맥도널드 등 ─ 과 식사를 같이 했다. 에드워드 서빈은 디스코섬 북서쪽에 있는 헤어섬Hare Island 탐사를 강력히 권유했다. 헤어섬은 50년도 더 전에 서빈이 방문한 후로 그 어떤 영국인 탐험가도 발을 들인 적이 없는 곳이었다. 런던에서의 마지막 날은 여느 때와 마찬가지로 막바지 준비로 정신없이 바쁘게 지나갔다.

> 이것저것 사느라 온갖 곳을 다 돌아다녔다. 오후에는 아버지와 장부를 정리했다. 저녁에는 충치를 때워보려고 돌아다녔는데, 문을 연 곳이 한 곳도 없었다.[2]

램버스 거주민 중에서 토요일 밤에 문을 연 치과를 찾을 수 있다고 생

---

[*] 1870년 7월 노르덴셸드는 그린란드 내륙으로 약 50킬로미터를 전진했지만, 난빙지대를 돌파하지 못하고 후퇴했다.

각하는 사람은 아마도 윔퍼가 유일했을 것이다. 그는 짐을 싸느라 밤을 꼴딱 새우고는 새벽에 택시를 집어타고 타워브리지에 있는 증기선 부두로 갔다. 놀랍게도 코펜하겐으로 가는 배에는 홀본 서커스단 단원과 말도 있었다. "서커스 단원들은 생각보다는 같이 있기 불편한 사람들이 아니었다. 단장 자만Jarman 씨는 정말 괜찮은 분이다."[3] 코펜하겐에 도착한 윔퍼는 5년 전에 친분을 쌓은 이르밍에르 제독과 스틴스트루프 교수, 존스트루프 교수의 환대를 받고 기쁨을 주체하지 못했다. 아버지에게 보낸 편지에다가는 코펜하겐에서 얼마나 잘 대접받았는지, 이르밍에르 제독과 얼마나 자주 식사를 같이 했는지 자랑을 늘어놓았다. 아버지에게 이르밍에르 제독이 덴마크 왕족과 특별히 가까운 사이라고 적을 때 윔퍼의 자존감은 하늘높이 치솟았다. 윔퍼는 티볼리 정원Tivoli Gardens을 여러 차례 방문했는데, 한번은 이르밍에르 제독과 함께 가서 홀본 서커스를 관람하기도 했다.

윔퍼가 챙긴 짐에는 상당히 많은 책 — 윌리엄 패리William Parry, 마틴 프로비셔, 엘리샤 케인, 셰익스피어, 프레더릭의 알래스카 책, 덴마크어 사전과 이누이트어 사전 등 — 이 들어 있었는데, 코펜하겐과 그린란드에 있는 지인들에게 자랑스럽게 한 권씩 나누어준 사실로 보아 『알프스 등반기』 몇 상자도 분명 있었던 것 같다. 코펜하겐에서 윔퍼는 마침내 치과를 찾아냈다. 한 서적상에게 『알프스 등반기』 덴마크어판 제작에 대한 구미가 당기게 하는 일은 실패했지만, 대형 카약 한 척을 더 사는 일은 성공했다. 이 카약에는 '디 인베스티게이터The Investigator'라는 별칭을 붙였다. 발피스켄호 — 1867년에 그린란드에서 돌아올

『일러스트레이티드 런던 뉴스』에 실린 30대의 윔퍼

때 윔퍼와 브라운, 텡네르가 탔던 배 — 에는 루돌프Rudolph도 타고 있었고, 마르가레테의 친척인 시그네 룬드스틴Signe Lundsteen 양 — "기분 좋은 동행"[4] — 도 타고 있었는데, 이때 싹튼 윔퍼와 룬드스틴 양의 우정은 오랫동안 지속되었다.

　매섭게 몰아치는 강풍을 뚫고 노르웨이 해안을 벗어나는 동안 윔퍼는 뱃멀미는 하지 않았지만 고질적인 불면증에 시달렸다. 배에 탄 지 3주일 만에 "간밤에 50번을 깨는 와중에 25분을 잘 수 있었다."[5] 룬드스틴 양은 윔퍼만큼 타고난 뱃사람은 아니었다. 윔퍼는 일기에 함축적으로 그녀가 "전혀 괜찮지 않은데도" 자신을 위해 덴마크 국기를 만들어주었다고만 적었다.[6] 윔퍼는 다윈의 『종의 기원』을 읽고 있었는데, 일기에 이렇게 적기도 했다.

> 최근에 강풍을 뚫고 항해하던 중 식탁 위에 놓인 유리잔들이 계속
> 부딪치는 모습에서 우리는 다윈이 그토록 강력히 주장해온 생존
> 을 위한 투쟁을 보여주는 현저한 예를 보았고, 약한 배들이 으스러
> 지는 모습에서는 '적자생존'의 명백한 증거를 볼 수 있었다.[7]

그로부터 일주일 후 그린란드가 처음 시야에 들어왔을 때 윔퍼는 흥분
을 감추지 못했다.

> 참 아름다운 나라였다. 왼쪽으로 몬테비소를 축소해놓은 듯한 날
> 카로운 봉우리가 너무도 선명하게 보였다. 나머지는 군데군데 구
> 름에 가려 있는데, 마치 알레치 빙하의 상부 권곡처럼 보였다.[8]

이 장면만으로도 이미 한껏 들뜬 마음은, 그가 사랑해 마지않던 친숙
한 알프스의 모습들이 눈에 들어오자 한층 더 부풀어 올랐다. 빙산들
이 나타나고, 고래 한 쌍이 배 뒤를 졸졸 따라왔다. 42일간 이어진 격
동의 항해 끝에 배가 고드하운에 닻을 내렸고, 윔퍼는 배에서 내리자
마자 첫 번째 원정 때 사귄 지인들의 환영세례를 받았다. 그중에는 파
프도 끼여 있었는데, 두 사람은 곧 술잔을 부딪치며 회포를 풀었다.
1867년에 실패로 끝난 썰매 탐험을 함께했던 올스비의 모습은 보이
지 않지만, 그에게 전해주라고 럼주 한 병을 들려 보냈다. 존경받던
그린란드인 암마크는 이미 세상을 떠난 후였다. 그 몇 달 전 찰스 홀
Charles Hall이 이끄는 미국 원정대가 폴라리스호를 타고 극북 지역으로
떠나면서 엽궐련을 몽땅 싹쓸이해 가버린 사실을 알게 된 윔퍼는 씁쓸
함을 감추지 못했다. 폴라리스호 원정대는 극북 지역에서 겨울을 나며
북극점 도전을 준비하고 있었는데, 1871년 11월에 지휘관 찰스 홀이

선원들에 의한 독살로 추정되는 사인으로 급사하는 일이 벌어졌다. 폴라리스호는 얼음의 압력을 이기지 못하고 부서져 버렸고, 생존한 대원들은 두 무리로 갈라졌다. 이누이트족 어린이 다섯을 포함한 19명은 1872년 겨울부터 6개월간 유빙을 타고 남쪽으로 표류하다가 1873년 4월 뉴펀들랜드Newfoundland 앞바다에서 구조되었고, 나머지 대원들은 해안가에서 겨울을 넘긴 후 1873년 여름에 던디에서 올라온 고래잡이배를 타고 탈출했다. 미국인들에게 어떤 일이 있었는가를 두고 덴마크인들 사이에서는 별의별 추측이 난무했다. 웜퍼는 마르가레테와, 또 룬드스틴 양과 서신을 왕래하면서 미국인들의 운명에 관한 새로운 소식이나 소문을 교환했다. 룬드스틴 양은 웜퍼에게 이누이트들은 찰스 홀이 커피로 독살된 것으로 생각하고 있다고 말했지만 "이누이트들은 천성적으로 의심이 많아요."라고 덧붙였다.[9]

웜퍼는 고드하운에 내리자마자 숨 돌릴 틈도 없이 최첨단 프로펠러 추진식 카약을 자랑했지만 그린란드 원주민들은 여전히 더 빨랐다. 현지인들은 수영에 대한 열정을 포기할 생각이 없는 웜퍼의 굳은 의지에 ─ 아연실색까지는 아니더라도 ─ 상당히 놀라워하며 혀를 내둘렀다. 스틴스트루프 교수의 아들에게 카약을 자랑한 웜퍼는 바닷물 입수를 위해 고드하운 항구로 나갔다. "뭍에서 150미터쯤 떨어진 곳에 작은 빙산들이 떠 있었고, 물은 아주 따뜻하지는 않았다. 때는 자정이었다."[10] 그린란드 노트의 '수영'이라는 표제어 밑에 웜퍼는 이렇게 기록했다.

그린란드에 있는 동안 바닷물 입수와 수영에 여러 번 도전했는데, 물속에서 대략 3분에서 5분 이상 통증 없이 담그고 있을 수는 없었지만, 연습을 했더라면 훨씬 더 오랫동안 머물 수 있었다고 생각한다.[11]

그린란드는 봄을 지나 여름까지 화창한 날씨가 계속되고 있었다. 들판에는 벌써 꽃이 만발해 나비도 날아오고 있었다.(윔퍼는 열성적으로 나비를 채집했다.) 윔퍼는 누구를 데리고 갈 건지도, 정확히 어디로 갈 건지도 확정하지 못한 상태였지만, 이러한 천상의 풍경 속에서 지인들과 어울리며 다양한 소문을 주워듣고 북극 생활과 야생동물 그리고 그곳의 풍경과 다시 친해지는 시간을 마음껏 즐겼다. "새벽 2시 반에 자러 갔는데, 잠자리에 들고 싶은 마음이 조금도 없었다. 구름과 안개가 말끔히 물러간 하늘은 눈이 부실 지경이었다."[12] 와이가트해협에 갔었던 일주일만 빼면 윔퍼의 2차 원정 기간 내내 완벽한 날씨가 이어졌다. 윔퍼는 그린란드 원주민 두 명을 조수로 고용했다. 그들의 이름은 각각 닐스Nils와 프레데리크 윌스Frederick Willes였는데, 프레데리크가 통역을 할 수 있다고 말해, 윔퍼는 그 자리에서 당장 자격요건을 시험해보았다.

"그러면 프레데리크, 영어를 할 줄 안다고요?" 내가 물었다. "네, 조금 말해요." 그가 대답했다. 그래서 "어떤 말을 할 수 있습니까?"라고 묻자, 그는 이렇게 대답했다. "아, 제가 할 수 있는 말은, 네, 아니요, 잘 가, 샐리 빨리 와, 신경 꺼, 출발해, 잠깐 서, 이쪽이야, 저쪽이야, 이 빌어먹을 놈아, 이 개자식아."[13]

프레데리크의 영어는 윔퍼의 그린란드어보다 전혀 낫다고 말할 수 없는 수준이었지만 "우리는 충분히 서로 대화가 가능했는데, 이는 원주민들의 다정다감한 기질 덕분이었다고 말해야겠다."[14] 윔퍼는 두 조수를 데리고 왕립그린란드무역회사의 정기선 율리안네호프호를 타고 디스코섬의 서해안을 돌아 북쪽으로 올라갔다. 그 배에는 우메나크로 가는 중인 크라루프 스미스와 크누드 플라이서, 파프도 타고 있었다. 윔퍼는 그들로부터 스웨덴 탐험가 노르덴셸드에 대한 많은 소문을 들을 수 있었다. 파프와 크라루프 스미스에게 노르덴셸드는 배은망덕하고 부정직한 사람으로 찍혀 있었다. 윔퍼와 두 조수가 카약 두 척을 가지고 내린 곳은 와이가트해협을 사이에 두고 디스코섬과 마주 보고 있는 누수아크Noussuaq반도의 작은 마을 누소아크Noussoak였다.

윔퍼는 곧 "원주민들을 즐겁게 해주기 위해" 새로 개발한 카약을 선보여 동네 꼬마들과 친해질 수 있었는데, "우리는 거의 곧바로 친구가 되었다."[15] 윔퍼는 와이가트해협을 건너 디스코섬으로 카약과 짐을 옮기기 위해 마을에서 그린란드 원주민 네 명을 추가로 고용했다. 그는 손수 디 엑스페리먼트호의 발 페달을 밟았다. 원주민들은 짐을 실은 우미악을 몰았다. 길쭉하게 만든 전통 카약인 우미악에 얽힌 사회적 관습은 윔퍼에게 매우 흥미롭게 다가왔다. 여자들은 카약을 자신들의 영역으로 생각했다. 윔퍼는 빅토리아시대에 나고 자란 남자로서 여자들이 그렇게 육체적으로 힘든 일을 하는 모습에 본능적인 불편함을 느꼈지만, 차차 이것이 그린란드 사회가 돌아가는 방식임을 받아들이게 되었다.

여자들이 노를 젓는 일은 그린란드의 관습으로 이에 맞서 항의해 봤자 소용없는 짓이다. 보통 남자 선원을 구하기는 굉장히 어렵고 여자 선원을 구하기는 굉장히 쉽다. 남자들은 노를 젓는 일이 하찮은 일이라고 여기는데, 여자들은 하나의 권리라고 여기는 듯하다. 나는 여자들이 노를 젓는 배를 탈 때마다 항상 남우세스러운 기분이 들었다. 비록 그들은 세상에서 가장 자연스러운 동작으로 그 일을 해냈지만 말이다.[16]

놀랍게도 훗날 윔퍼는 여성 등반가의 도전을 열렬히 지지하는 사람이 되었고, 생애 말년에는 분명 여자들이 산에서 상당히 잘 걸을 수 있다고 생각했다.

우미악 사용에 얽힌 또 하나의 관습은, 역시 보수적인 빅토리아 사회에는 이질적이지만 윔퍼의 유머 감각에는 흥미롭게 다가온 관습이었는데, 바로 그린란드 원주민들이 방귀 끼기를 좋아한다는 점이었다. 그린란드 선원들의 평소 습관을 윔퍼는 다음과 같이 묘사했다.

그들이 노를 젓기 시작하고 30분이 채 지나기 전에 폭발음이 들린다. 그들은 내면의 감정을 굳이 감추거나 억누르려고 애쓰지 않는다. 오히려 가장 큰 소리를 내고, 가장 지독한 냄새를 풍기는 사람을 최고의 익살꾼으로 생각한다. 처음 배를 타고 나갔던 날 거의 하루 종일 끔찍한 악취를 풍기고 다닌 한 사내가 있었다. 한 번씩 폭발음이 날 때마다 모두가 크게 웃었는데, 그 사내를 굉장한 익살꾼으로 여기는 분위기였다.[17]

윔퍼는 동쪽으로 더 나아가 5년 전에 다른 방향에서 접근하려다가 못한 아수크Assuk곳까지 나아가고 싶었지만, 오해는 의견 충돌로 이어졌고 "하마터면 디스코섬에 혼자 남겨질 뻔했다."[18] 윔퍼는 뇌물을 주고 엄포를 놓은 끝에 가까스로 새벽 4시에 원하는 곳에 도착해 식사를 할 수 있었다. 이 무렵에 윔퍼가 적은 일지는 도착과 출발 시각이 꼬박꼬박 기록되어 있지만, 너무 들쑥날쑥 적혀 있는 탓에 며칠에 무엇을 했는지 재구성해보기가 상당히 어렵다. 윔퍼 역시도 이렇게 적었다. "그린란드에서 한 식사에 어느 끼니인지를 기록하는 일은 불가능에 가깝다. 낮인지 밤인지 도무지 분간이 안 가니까."[19]

윔퍼는 덴마크와 영국 해군성에서 만든 지도와 해도에 있는 실수와 오류를 바로잡고자 며칠간 측량 작업에 집중했다. 첫날 밤에는 ― 밤이라고 해도 전혀 어두워지지는 않았지만 ― 프레데리크의 도움을 받아가며 밤을 꼬박 새워 일했다. 나머지 선원들에게는 곤충과 화석을 채집해 오라고 지시했지만, 다들 먹거나 자는 데만 열중했다. 윔퍼와 프레데리크는 내륙 쪽으로 뻗은 한 협곡을 탐사했다. 협곡은 해발 1,800미터 정도 되는 산봉우리까지 이어졌다. 윔퍼는 이 봉우리에 친구 맥도널드의 이름을 붙일 생각이었는데 "[봉우리는] 매우 픽처레스크한 풍경을 이루었다."[20] 바위투성이 사면 아래에서 물줄기를 따라 서둘러 전진하는 동안 운이 좋게도 윔퍼는 치명적일 뻔한 참사를 가까스로 피할 수 있었다.

> 그 아래를 지난 지 1분도 채 되지 않았을 때 엄청나게 큰 바윗덩어리 하나가 … 내가 지나온 바로 그 자리를 스쳐 강물에 빠졌다. 떨어진 덩어리는 … 아무리 못해도 20톤은 너끈히 나갈 듯했다. … 이미 충분히 긴 '위기일발의 고비' 목록에 또 한 줄이 추가되었다.[21]

바로 뒤에 서 있던 프레데리크는 막영지로 쏜살같이 줄행랑을 쳤다. 윔퍼가 막영지로 돌아갔을 때 "선원들은 아무래도 폭발 직전으로 보였다. 내 곁에서 멀찍이 떨어져 옹기종기 모여 있는 데다 다들 부루퉁해 보였기 때문이다."[22] 어찌나 게으른지 그의 침상에서 겨우 30미터 떨어진 곳에 놓인 커피를 마시려고조차 몸을 일으키지 않는 그린란드 원주민을 보면서 윔퍼는 혀를 내둘렀다. "내 경험으로는 그린란드 원주민이 커피를 마다하는 일은 철도원이 제 손에 쥐어진 동전을 돌려주는 일만큼이나 희귀한 일이다."[23] 별안간 몸집이 아주 큰 바다표범 한 마리가 물 밖으로 고개를 내밀었다. 원주민들은 단 한 명도 빠짐없이 잽싸게 총으로 달려갔고, 순식간에 녀석을 뭍으로 끌어내며 "기쁨의 환호성"을 질렀다. 윔퍼가 자주 경험했다시피 그린란드 원주민들은 기분이 금세 풀리고 뒤끝이 없었다. 윔퍼는 좋은 분위기를 계속 이어가고자 "슈납스를 한 잔씩 돌렸고, 총을 쏜 사내에게는 두 잔을 따라주었다. 그랬더니 다들 만족하는 눈치였다." 윔퍼가 챙겨간 장비 중에는 사진기와 유리판도 있었는데, 카약을 타고 그린란드 해안을 돌며 가지고 다니기에 수월한 물품은 결코 아니었다. 윔퍼는 바다표범을 잡은 사내를 슈납스 통 위에 앉혀놓고 사진을 찍었다. 안타깝게도 노출은 4분이 걸렸고 어찌해야 하는 줄을 모르는 원주민 사냥꾼이 수시로 자세를 바꿨으므로, 윔퍼는 다소 "흐릿한" 결과물이 나올 것이라고 생각했다.[24]

날씨가 좋지 않아 측량 작업을 이어갈 수도 없었고, 보급품도 떨어지고 있었다. 특히 커피와 설탕이 부족했다. 그린란드 원주민들은 본토로 돌아가기를 원했지만, 윔퍼는 날씨가 잠깐만 좋아지면 된다는 생각에 기다렸다가 측량 작업을 마저 끝내고 싶어 했다. 원주민들을 마을로 보내 신선한 보급품을 구해 오게 할까도 고민해보았지만, 프레데리크는 그들이 돌아오지 않고 윔퍼 혼자 디스코섬에 고립될 가능성이 크다고 경고했다. 윔퍼는 덴마크인 무역상 클라센Clasen이 마을에 있다면 그가 원주민들을 돌려보내줄 것이라고 생각했지만, 클라센이 마을에 있을지 없을지 모르는 일이었으므로 "그들과 함께 돌아가기로 마음의 결정을 내렸다." 윔퍼는 함께 돌아가는 대신 단 한 명의 이탈도 없이 모두 헤어섬으로 가야 한다고 강력히 주장했고 다들 이에 동의했으므로 "격렬한 분열이 될 뻔한 사태는 막을 수 있었다."[25]

그들은 이틀간 내린 비와 강풍을 뚫고 노를 저어 누소아크로 돌아갔다. 윔퍼는 우미악에 타고, 디 엑스페리먼트호는 뒤에 연결해서 끌었다. 클라센은 집에 있다가 "더없이 따뜻하게 맞아주었다." 그린란드로 이주한 지 27년이 된 클라센은 원주민 여자(기침을 너무 심하게 해서 윔퍼는 그녀에게 약을 내주었다.)와 결혼해 슬하에 열 명의 아이를 키우며 살고 있었다. 클라센은 윔퍼에게 곰 가죽으로 만든 침낭도 빌려주었고, 헤어섬으로 가는 길에 마시라며 맥주 네 병도 선물했다.[26]

윔퍼는 헤어섬에서 아주 알찬 사흘을 보냈다. 화석과 거미와 나비를 채집하고, 석탄 매장 층을 조사하고, 사진을 찍었다. 그곳에서 우연히 영국인 고래잡이 어부의 무덤을 발견했는데, 1815년에 묻혔다고 적힌 사실로 보아 윔퍼는 자신이 아마도 그때 이후로 처음 그곳을 방문한 사람이 아닐까 생각했다. 그는 닐스와 프레데리크를 데리고 헤어섬에서 가장 높은 지대로 올라갔다. 밋밋한 황무지에 살짝 튀어나온 혹처럼 생긴 그곳에 도착한 시각은 거의 자정 무렵이었다. 돌무덤을 쌓고 쪽지에 이름을 적어 병 속에 넣은 다음 룬드스틴 양이 만들어 준 덴마크 국기를 펼쳤다. 자정이었지만 글씨를 읽고 쓰는 데는 무리가 없을 만큼 환해서 윔퍼는 이렇게 적을 수 있었다. "헤어섬에 세운 두 막영지는 그린란드에서 내가 만든 막영지 중에서 가장 훌륭한 곳이었다."[27]

누소아크로 돌아갔을 때는 놀랍게도 파프를 만났다. 남쪽으로 데려다줄 선원들을 구하지 못해 그때까지 그곳에 남아 있던 파프는 그린란드 원주민들을 고용해 잘 데리고 있는 윔퍼를 못내 부러워했다. "사실 파프는 원주민들에게 인기가 없었고, 그것이 배와 선원들을 구하지 못한 이유였다."[28] 윔퍼는 파프와 클라센에게 주로 북극곰에 관한 지식을 전수받으며 시간을 보냈고, 선원들에게는 우미악을 타고 디 엑스페리먼트호를 끌고 누수아크반도 북쪽으로 먼저 출발하라고 지시했다. 윔퍼의 목표는 율리안네호프호를 타고 최북단 정착촌인 우페르나비크까지 올라가는 것이었지만, 배가 이미 떠났다는 말을 듣고 큰 실망감을 삼켜야 했다. 윔퍼는 마을 주민들의 만류를 무릅쓰고 원주민 조수 한 명만 데리고 북쪽 해안에 있는 니아코르네트Niaqornet까지 도보로 이동해 그곳에서 선원들과 합류하기로 했다. 저녁 7시에 출발해 반도의 척추를 이루는 능선을 넘었는데, 그 능선은 "사우스다운스*South Downs보다도 완만하고 쉬웠다."[29] 새벽 1시 반에는 능선의 최고점에 도달해 "우메나크 협만에 무수히 많은 섬이 떠 있는 장관"을 감상할 수 있

---

* 잉글랜드 남부에 있는 초지성 구릉지 — 옮긴이

었다. 만 주변으로 우뚝 솟은 가파른 설산들이 시선 끝까지 굽이치며 달려가는 협만의 풍경은 윔퍼가 디스코섬 주변에서 보았을 풍경과는 사뭇 달랐을 것이다. 윔퍼는 우메나크 주변의 극적인 장관에 크게 매료되었으며, 북쪽으로 더 멀리 가보지 못한 것은 평생의 한이 되었다. 이렇게 북극권에서 이동 수단을 일정이 수시로 바뀌는 무역회사 선박에 의지하는 원정 방식에 한계를 느낀 윔퍼는 작은 증기선을 직접 마련하는 방안을 고민하게 되었다.

밤사이 거의 40킬로미터를 주파해 오전 10시에 니아코르네트에 도착하자, 덴마크인 이주민 코르첸Cortzen이 맞아주었다. 윔퍼는 기분이 좋을 때면 항상 자기 이야기를 야유를 섞어 자세히 설명하기 좋아했는데, 그날 일기에는 이렇게 적혀 있다.

> 12~13일 밤에 한 야간 운행은 12일에 꼬박 걸은 후였음을 감안하면 꽤 잘 걸었다고 자평하고 있었는데, 누소아크에서 온 원주민은 — 스틴스트루프 말로는 — 마을로 돌아가서 내가 전혀 걷지 못하는 지경이었다고 말했단다!

윔퍼는 우메나크 협만 주변의 산들이 이루는 탁 트인 절경을 볼 수 있는 니아코르네트를 "매우 픽처레스크한" 곳이며 분명히 "그림 그리기 좋은" 곳이라고 생각했다. 다만 한 가지에는 만족할 수 없었는데, 바로 코르첸의 집에 있는 화장실이었다.

> 코르첸의 뒷간은 진기한 명물이었다. 똥이 떨어지면 개들이 똥을 받아먹었다. … 기다리는 음식이 늦어지면 개들은 턱을 앙다물고 울부짖었다.[30]

선원들은 기꺼이 윔퍼와 함께 해안선을 따라 우메나크까지 가겠다고 나섰다. 그 이유가 아마도 누소아크로 돌아간다면 "너무 적은" 보수를 주는 파프에게 고용될 수 있기 때문은 아닐까 윔퍼는 추측했다. 우메나크는 길이가 4킬로미터도 채 되지 않는 작은 섬이지만, 1,000미터가 넘는 아주 인상적인 바위 봉우리가 솟아 있는 곳으로, 중요한 덴마크인 정착촌이었다.

> 우메나크의 풍경은 그린란드에서 내가 둘러본 모든 장소 중에서 가히 최고로 손꼽을 만하다. 이곳에서 조망할 수 있는 산들은 알프스에서 가장 기품 있는 산들과 견주어도 손색이 없다. 우메나크 섬에 있는 산은 … 도피네 산군에 있는 그 어떤 봉우리에도 뒤지지 않는다.[31]

영어를 조금밖에 하지 못하지만 "매우 정이 많은" 덴마크인 이주민 에두아르 보예Eduard Boye와 윔퍼는 만나자마자 곧바로 친해졌다.[32] 보예는 윔퍼에게 현미경을 구해줄 수 있는지 물었고, 이듬해에 윔퍼는 훌륭한 현미경을 구해 우메나크에 있는 보예에게 선물로 보내주었다.[33] 윔퍼는 보예의 집에서 며칠간 편하게 쉰 후에 다시 내륙으로 건너가 주변을 둘러볼 수 있는 가장 높은 조망 지점으로 올라갔다. 윔퍼가 '켈레르팅가우이트Kelertingouit'라고 지칭한 이 봉우리의 높이는 약 2,000미터였다. 등반 과정은 매우 고생스러웠으며, 정상 부근에서는 거의 네 발로 기어야 했다. 윔퍼는 서빈에게 보낸 편지에서 이 등반 과정을 다음과 같이 설명했다.

저는 이것이 북극 지역에서 지금까지 인간이 오른 가장 높은 산이라고 믿습니다. 출발하기 전에는 과연 정상에 접근할 수 있을지 반신반의했습니다. 정상 근처에 현무암 기둥 두 개가 떡 하니 버티고 서 있었기 때문입니다. 어쨌든 이 구간을 돌파하는 데 성공했습니다만, 아주 아찔한 구간도 한 번 있었습니다.[34]

웜퍼가 고용한 그린란드 원주민 중에서 두 명이 웜퍼를 따라 정상까지 올랐는데, 마침 그중 한 명이 경위의 담당이었다. 그날은 구름 한 점 없이 맑았다. 웜퍼는 남쪽으로는 디스코섬이 건너다보이고, 북쪽으로는 우메나크 협만을 둘러싼 산등성이까지, 동쪽으로는 150킬로미터 이상 떨어진 곳에 광대한 얼음으로 덮인 내륙빙하까지 한눈에 들어오는 웅장한 대자연을 눈에 담을 수 있었다. 남북으로 약 300킬로미터 이상이 시야로 들어오는 그린란드 내륙을 바라본 그 순간, 웜퍼는 5년 전에 발견하고 싶었던 지역을 매우 가까운 거리에서 편안하게 볼 수 있었기에, 또한 노르덴셸드가 계획하고 있는 내륙 탐험이 헛되이 끝나리라는 사실을 눈으로 확인했기에 더없이 흡족했다.*

북쪽에서 남쪽까지, 동쪽에서 서쪽까지 그린란드 내륙 전체가 순전히 눈과 얼음으로 뒤덮여 있다. 이 차가운 불모지를 횡단해야만 조사할 수 있는 거의 모든 것을 외곽지대에 있는 산에서 … 훨씬 쉽게, 훨씬 적은 비용으로 알아낼 수 있다.[35]

해안선과 크고 작은 섬과 반도를 가르는 거대한 계곡을 내려다보면서 웜퍼는 이곳이 훨씬 더 흥미롭고 비용 대비 효과적인 탐사 지역이라고

---

* 노르덴셸드는 그린란드 내륙에 얼음이 아닌 초원이 있다고 믿고 있었다. —옮긴이

우메나크섬. 1872년 8월 20일 직접 촬영한 사진으로 윔퍼가 판각한 판화이며 『알파인 저널』(1873)
에 수록되었다.

확신했다. 그는 7년 전 마터호른 이후에 처음으로 산 정상에 서서 세상
을 내려다보는 기쁨을 만끽했다. "켈레르팅가우이트 등정은 완전한 성
공작이었다."[36]

　　때는 8월 말에 접어들고 있었다. 코펜하겐으로 가는 배를 타려면
고드하운으로 돌아가야 했다. 윔퍼는 와이가트해협을 따라 디스코섬
의 동해안을 따라 내려가 디스코섬 일주 항해를 완성하고 싶었다. 우
메나크 항구에 정박해 있던 발피스켄호가 곧 남쪽으로 갈 예정이었으
므로, 그는 장비를 배에 먼저 실어두고 보예와 함께 저녁 시간을 보냈
다. 자정이 되자 뱃고동이 울려 퍼졌다. 윔퍼는 허겁지겁 소지품을 챙
긴 다음, 보예에게 샤르트뢰즈 한 병을 보내겠다는 약속을 남기고 디
엑스페리먼트호를 타고 배를 뒤쫓았다. "아주 열심히 페달을 밟아 3킬

로미터를 달린 끝에 배를 따라잡을 수 있었다."[37] 발피스켄호의 항로는 디스코섬의 서해안을 돌아 곧장 고드하운으로 내려가는 것이었으므로 웜퍼는 누소아크에서 내렸다. 이번에도 덴마크인 이주민 클라센의 집에서 "여느 때처럼 즐겁게" 머물렀다. 아주 놀랍게도 디스코섬 일주를 함께하겠다는 그린란드 원주민 다섯 명을 구할 수 있었다. "내가 누소아크에 좋은 인상을 남긴 모양이다."[38] 파프는 그다지 운이 없었는데, 파프의 "수난사는 클라센이 들려준 모든 이야기를 내가 이해할 수만 있었다면 매우 재미난 내용이었을 것이다."[39] 웜퍼는 클라센과 그의 부인과 딸을 세워놓고 가족사진을 찍었지만, 5분이 소요되는 노출 시간 동안 모델들이 활발하게 움직이는 바람에 결과물이 잘 나올지는 확신할 수 없었다. 웜퍼는 코펜하겐에서 구입한 디 인베스티게이터호를 언젠가 다시 와서 사용할 수 있기를 바라는 마음에서 클라센에게 맡겼다.

웜퍼는 '카르카르소아크Karkarsoak'라고 지칭한 약 1,200미터 높이의 산을 등정하고 나서, 와이가트해협을 건너가 디스코섬에 있는 거대한 계곡을 하루 동안 탐사했다. 그런 다음 이수크까지 나아가 그곳에서 며칠간 머물면서 한 달 전에 다 끝내지 못한 측량 작업을 마무리했다. 웜퍼의 선원들은 말썽을 일으키지 않는 온순한 사람들이었던 것으로 보이는데, 그 이유는 아마도 웜퍼가 기분이 좋았기 때문일 것이다.(그리고 그가 품삯을 후하게 주었기 때문일 것이다.) 웜퍼는 새롭고 신기한 것을 보면 아이처럼 좋아하는 그린란드 원주민들의 순진무구한 모습에 매료되었다. 하루는 막영지에 돌아왔을 때,

나는 사람들을 기분 좋게 해주었다. … 우선 커피와 설탕을 넉넉
히 나눠주었고, … 그런 다음에는 주크박스를 틀었다. 텐트 주변
을 에워싼 호기심 많은 얼굴들은 참으로 가관이었다.[40]

웜퍼는 누구보다 예리한 관찰자였으며, 19세기에 살았던 사람들 중에
서는 아마도 가장 이누이트족의 관점에서 사고할 줄 아는 사람이었을
것이다. "그들은 지구에서 가장 널리 퍼져 사는 민족이며, 이 사실만으
로도 주목할 만한 민족이 될 자격이 충분하다."[41] 하지만 이것이 그들
을 주목해야 할 유일한 이유는 아니다. "영국인 관광객은 그들보다 훨
씬 더 널리 퍼져 있다. 하지만 영국인들은 비록 주목할 만한 민족일지
라도 극도의 무기력함으로 특징지어지는 반면, 이누이트들은 자립심
면에서 매우 비범하다." 이누이트들의 지적 능력에 주목하면서 웜퍼는
이렇게 덧붙였다.

그들의 지식은 물론 직접 경험해서 얻은 것 아니면 전통으로 물려
받아 습득한 것에 국한될지라도, 그들은 결코 어리석은 자들이 아
니다. 그들은 처음 본 물건의 쓰임새를 금세 이해하고, 새로운 지
식을 습득하는 데 적극적이며, 말을 흉내 내는 데 천부적인 사람들
이다.*

웜퍼는 그린란드 원주민들의 온순한 기질과 어떤 상황에 처해도 명랑
한 유머 감각을 잃지 않는 점을 특히 높이 평가했다. 웜퍼가 그린란드
에서의 두 번째 여름을 아주 유쾌한 경험으로 만들 수 있었던 것은, 그

---

* 다윈과 피츠로이 역시 뜻을 전혀 모르는 언어를 흉내 내는 티에라델푸에고Tierra del Fuego제도 원
  주민들의 비범한 능력에 놀라움을 감추지 못했다.

래서 훗날 로버트 브라운과의 불편하고 힘들었던 여름이 장밋빛 기억으로 덮이게 된 것은 그린란드 원주민들의 그런 면모 덕분이었다.

덴마크인 로데Rohde와 스틴스트루프 교수의 아들도 웜퍼 일행과 앞서거니 뒤서거니 하면서 해안선을 따라 남쪽으로 이동 중이었는데, 두 사람은 웜퍼에게 동행을 제안했다. 항해는 순조로웠다. 틈틈이 화석을 채집하고 자신이 5년 전에 자주 갔던 곳을 다시 들르면서 닷새 만에 고드하운에 도착했다. 발피스켄호는 코펜하겐으로 출항하기 직전이었지만, 좋은 날씨를 두고 그냥 가려니 웜퍼는 차마 발이 떨어지지 않았다. 그래서 좀 더 머물다가 율리안네호프호를 타고 가는 것으로 계획을 수정했다. 대신 발피스켄호에 아버지와 헨리 스콧에게 쓴 편지를 실었다. 헨리 스콧에게는 이렇게 적었다.

> 저는 더할 나위 없이 흡족하고 흥미진진한 여행을 했습니다. 수집품에는 1867년 때만큼이나 귀한 것들이 많습니다. … 심지어 식물화석은 저번보다 훨씬 더 많이 모았습니다. … 석기류도 상당히 다양하고 … 박물학 표본도 결코 적지 않아요. 전체적으로 굉장히 만족스럽습니다.[42]

웜퍼는 일주일 동안 서쪽으로 디스코 협만의 작은 만들을 탐사했고, 멜렘 협만Mellem Fjord의 끝까지 도보로 다녀오기도 했다. 그러나 배를 타고 고드하운으로 돌아오는 길에 마침내 계속 따라주던 날씨 운이 깨졌고, 몰아치는 폭풍 탓에 목적지를 십여 킬로미터 남긴 지점에서 배가 더는 나아가지 않았다. 웜퍼는 폭우를 맞으며 고드하운까지 걸어서 이동했고, "침수된" 장비는 나중에 다시 가서 찾아왔다.[43] 순백의 눈이 온 산을 뒤덮은 후 그린란드에서의 마지막 며칠 동안은 다시 좋은 날씨가 찾아왔다. 윔퍼는 크라루프 스미스의 가족들과 시간을 보내고, 룬드스틴 양을 비롯한 지인들의 사진을 촬영했으며, 일분일초라도 더 머물고 싶은 듯 마지막 순간까지 기다렸다가 배에 올라탔다. 율리안 네호프호가 남쪽으로 멀어지는 동안, 윔퍼는 눈이 시리도록 파란 하늘 아래 눈 덮인 시골 풍경에서 눈길을 떼지 못했다.

> 나는 마지막 순간에 해안을 떠났다. 산에는 신설이 쌓여 있었고, 대지에는 온통, 심지어 해안까지도 눈이 쌓여 있었다. 찬란하고 눈부신 아침이었다. 마침내 내가 유년시절 머릿속에 그리던 바로 그 그린란드를 볼 수 있었다.[44]

이 모습이 윔퍼가 마지막으로 본 북극의 모습이었지만, 뒤를 돌아보는 동안 그는 꼭 돌아오겠다는 생각을 하고 있었다. 그 후로 오랫동안 윔퍼는 그린란드에 있는 지인들에게 다시 만날 것을 가정하고 편지를 썼다. 하지만 직접 장만한 증기선을 타고 미지의 그린란드 북부 해안을 탐험하겠다는 그의 계획은 영국의 북극 탐험계에서 벌어진 일 때문에 이룰 수 없는 꿈이 되고 말았다.

고국으로 향할 때도 떠날 때만큼이나 폭풍과 싸워야 했다. 윔퍼는 얌전한 승객으로 있을 수가 없었다. 윔퍼는 선장을 "좀생이"[45]라고 생각했으며, 항로를 찾는 능력에 대해서는 — 면전에 대고는 아니었지만 — 다소 무례한 말도 내뱉었다. 배는 곧 강풍을 만났고, 선장은 배를 멈추도록 명령했다. 바람이 멎자마자 윔퍼는 선장을 흔들어 깨워 다시 배를 항해시키라고 말했다. 스코틀랜드의 오크니제도를 지나고 있었기 때문에 "해도에 표시된 섬들을 기준으로 우리 배의 위치를 잡는 일이 그리 어려운 일도 아니었건만, 선장은 터무니없는 실수를 했고 … 나는 할 말이 없었다."[46] 윔퍼는 알코올이 들어간 음료를 배에 실린 재고에만 의존할 사람은 아니었다. 그는 자신이 마실 양은 따로 챙겨두었다. 바다에서 3주일이 지나고 배에 있던 럼주가 동이 났을 때 윔퍼는 이렇게 썼다. "이제 다들 물 탄 럼주를 나에게 의존하고 있다."[47] 윔퍼는 직접 가져온 것을 제외하면 배에 병맥주가 한 병도 없다는 점, 그리고 "음식물 규정에 따라 우리가 먹을 자격이 있는 푸딩을 한 번도 제공받은 적이 없다."라는 점에 불만을 제기했다.[48] (왕립그린란드무역회사의 규정집은 당연히 덴마크어로 되어 있었겠지만, 승객으로서 하루에 배급받을 수 있는 푸딩 중량을 알아내기 위해 윔퍼가 그 규정집을 분석했음을 알 수 있는 대목이다.) 일주일 동안 헨리 스콧 앞으로 쓴 편지를 유리병에 넣어 배 밖으로 열심히 던졌지만, 놀랍게도 한 통도 도착하지 않았다. 윔퍼는 뱃멀미를 하지 않은 유일한 승객이었지만, 평소처럼 불면증에 시달렸다. 허리케인을 방불케 하는 강풍 속에서 선장은 노르웨이 남단에 있는 크리스티안산Kristiansand에 비상 정박을 감행했고, 윔퍼는 그 틈에 뭍으로 올라가 아버지에게 전보를 보냈다. 바다에서 닷새를 더 머무는 동안 윔퍼는 위기 대처능력이 부족한 점에 대해서 "선장에게 훈계를 늘어놓았고" 바다를 항해한 지 꼭 44일 만에 마침내 코펜하겐에 도착했다.[49]

윔퍼는 코펜하겐에 내리자마자 숨 돌릴 틈도 없이 친구와 지인들을 만나 서로의 근황을 주고받았다. 그리고 코펜하겐에서 발행되는 한 일간지에 자신의 귀국 소식을 다룬 기사가 실린 것을 보고 어깨가 으쓱해졌다. 그 일간지의 편집장이 원고를 청탁해와 윔퍼는 며칠 동안 원고에 매달렸다.[50] 윔퍼는 "즐겁고 성공적인 여행"에 대해 윌리엄 롱맨에게 쓴 편지에 켈레르팅가우이트 등정을 언급하면서 다음과 같이 말했다. "저는 북극 지역에서 저보다 높이, 혹은 그렇게 높이 오른 사람은 없다고 믿습니다."[51] 윔퍼는 코펜하겐에서 많은 사람과 어울리며 떠들썩하게 2주일을 보냈는데, 이 시기에 '그린란드의 현자'로 불리던 힌리크 링크도 자주 보았다. 윔퍼는 증기선을 타고 뉴캐슬로 이동해 그곳에서 값을 치르고 짐을 전부 찾은 뒤에 기차를 타고 런던으로 이동했다.[52] 킹스크로스역으로 마중 나온 남동생 찰스와 함께 윔퍼는 곧바로 램버스로 이동했다.

윔퍼는 언제나 그린란드에 다시 갈 마음이 있었기에 장비와 보급품을 디스코만 근처의 여러 장소에 분산해서 맡겨놓았다. 또한 그린란드에서 알게 된 덴마크인 지인들과도 오랫동안 편지를 교환했다. 파프와 보예에게 영어로 편지를 써서 보내면 덴마크어로 답장이 날아왔고, 영어에 능통한 룬드스틴 양과 영어에 능통한 마르가레테와는 장문의 편지를 주고받았다.[53] 룬드스틴 양은 오랫동안 윔퍼에게 흰올빼미와 바다꿩, 여러 가지 조류의 알 등 각종 진기한 것들을 보내주었다. 윔퍼는 그린란드에서 들렀던 해안 마을에 사는 아이들을 위해 책이나 장난감 또는 현지에서는 구하기 힘든 물건 등을 보냈다. 룬드스틴 양과 알고 지낸 지 5년째 되던 해에는 룬드스틴 양에게 결혼선물로 후식용 은수저를 보냈다. 파프에게는 증기 엔진과 어린이용 그림물감을 보냈으며, 야콥스하운의 플라이서에게는 2연발 산탄총을 보냈고, 크라루프 스미스에게는 몇 년에 걸쳐 꾸준히 양서들을 보냈으며, 우페르나비크의 루돌프에게는 샴페인을 보냈다.[54]

웜퍼는 두 번째 그린란드 원정을 놀라운 성과를 낸 탐험으로 여기지는 않았지만, 스스로 세운 목표 — 지도 제작과 측량 작업, 채집 작업, 그린란드에서 접한 모든 지식의 축적 등 — 내에서는 어느 정도 성공적인 여행이었다고 자평했다. 더불어 즐거움을 만끽한 여행이라고도 생각했다. 웜퍼는 1867년에 처음 구상한 계획, 즉 작은 증기선을 장만해 그린란드의 극북 지역을 탐험하겠다는 생각을 오랫동안 품고 있었다. 웜퍼는 이 대망의 배에 필요한 석탄을 모으기 위해 백방으로 노력했다. 보예에게도 석탄을 구할 수 있는 만큼 최대한 많이 구해서 우메나크에 보관해달라고 부탁했다. 보예는 결국 석탄 10통을 구하는 데 성공했지만, 영어를 완벽하게 이해하지 못한 탓에 발피스켄호의 세이스트루프 선장 편으로 코펜하겐으로 보내버려, 웜퍼는 선장에게 석탄을 다시 우메나크로 옮겨달라고 정중히 부탁해야 했다. "유감스럽게도 실수가 생겼네요. 제가 편지를 영어로 써서 생긴 일 같으니 관찰사 보예에게 책임을 지우는 것은 적절하지 않은 처사 같습니다."[55] 웜퍼는 북부 그린란드로 석탄을 실어 나르는 일에 힌리크 링크의 도움을 빌리려고 했지만, 링크는 비협조적인 태도를 보이며 웜퍼에게 이렇게 말했다. "제 일도 많이 바쁩니다."[56] 마르가레테는 링크가 인색하게 군다는 말을 듣고도 별로 놀라지 않았다. "채집가이자 그린란드에 관한 글을 쓰는 저자로서는 훌륭할지 몰라도 이 신사는 당연히 자기 것이라고 여기는 땅에 끼어드는 모든 사람을 질투한답니다."⁵⁷ 코펜하겐에 자주 머문 로버트 브라운은(그는 덴마크 여자와 결혼했다.) 힌리크 링크와 가까워졌다. 링크가 집필한 그린란드 관련 저서들의 영어판 편집을 브라운이 도맡았던 사실로 보아 링크가 윔퍼를 냉대한 것이 자의였다고 보기는 좀 어려운 면이 있다.

런던으로 돌아온 윔퍼는 에드워드 서빈 경의 초대를 받아 왕립지리학회 만찬에 참석했고, 일기에 자랑스럽게 썼듯이 그 자리에서 "연단에 불려 나가 30분 동안 연설을 했다. 맡은 일을 훌륭히 해냈다는 호평이 쏟아졌다."⁵⁸ 공적으로 인정받을 만큼 북극 탐험가로서의 자격을 충분히 얻었다고 기대한 윔퍼는 서빈에게 차기 원정을 위한 지원금을 받을 수 있도록 힘써 달라고 부탁했다. 북부 그린란드는 여전히 거의 미지에 가까운 곳이었다. 윔퍼는 두 차례 제한적으로나마 덴마크령 그린란드의 지도에 나온 지역을 탐험하는 과정에서, 북부 그린란드야말로 그때까지 아무도 가보지 않은 전인미답의 오지를 탐험할 독보적인 기회의 땅임을 깨달았다.

> 저는 그린란드의 양쪽 해안에 모두 관심을 가지고 있습니다. …
> 내륙을 관통하는 협만이 있을까 하는 의문에도 관심이 있고요. …
> 저는 올해에 어떤 유럽인도 가보지 못한, 서해안에 있는 거대한 협만을 발견했습니다.⁵⁹

윔퍼는 석 달을 그린란드에서 체류하기 위해 영국에서 그곳으로 오가는 데만 넉 달을 소요했다.

이것은 참으로 통탄할 만한 시간 낭비입니다. 제가 이 훌륭한 협회로부터 다른 탐험가들에게 그동안 제공된 만큼의 지원만이라도 받을 수 있다면, 런던에서 저를 구속하는 모든 일을 떨쳐내고 그린란드로 가서 두 번의 겨울과 세 번의 여름을 나려고 합니다.[60]

폭넓은 인맥을 쌓은 웜퍼는 협회의 공식적인 활동에 능숙해 여러 가지 계획에 필요한 협조를 받아내는 일에는 뛰어났다. 하지만 사교적 측면에서는 이 세계에 저절로 받아들여질 수 있는 일원이 아니었다. 웜퍼는 공식적인 행동 규범이 있는 동호회와 협회는 편하게 생각했지만, 막후에서 비공식적으로 일어나는 사교적 어울림에는 거부감을 느꼈다.

미국인들 — 엘리샤 케인, 아이작 헤이스, 찰스 홀 등 — 의 북극 활동은 영국 왕립지리학회의 국위선양 본능을 일깨웠다. 당시 왕립지리학회는 20년 전에 존 프랭클린 수색대에 참가했던 클레먼츠 마컴과 쉐라드 오즈번Sherard Osborn 같은 노련한 북극 전문가들이 주도하고 있었다. 1872년 4월에 오즈번은 북극에 대한 영국의 역량과 관심을 고취시킬 필요성을 느끼고 왕립지리학회에서 제안서를 발표했다. 그해 12월, 웜퍼가 왕립지리학회에 제출할 지원금 신청서를 작성하고 있을 무렵, 왕립지리학회는 영국 해군성과 재무성 앞으로 공개서한을 보내 왕립해군 원정대가 북극점 주변에 있는 미지의 지역을 탐험해야 할 당위성을 설파하며 이렇게 호소했다. "북극 탐험 분야에서 우리가 오랫동안 지켜온 우위를 확고히 다질 시간이 다시 다가왔습니다." 왕립지리학회는 북극 탐험을 추진할 위원회를 결성하고 국가 차원에서 북극 탐험대를 조직해야 한다고 지속적으로 정부를 압박했다. 증기선을 마련해 그린란드 해안을 개인적으로 탐험하는 데 필요한 지원금을 갈구하던 선의의 아마추어는 이 그림에는 전혀 들어맞지 않았다. 에드워드 서빈은 윔퍼에게 지원금 신청을 이듬해로 연기하는 게 좋겠다고 조언했다. 왕립해군이 주축이 된 북극점 원정대가 꾸려질 분위기가 무르익었지만, 윔퍼는 관심 밖으로 밀려났다. 북극점 원정대 추진에 관여한 유력 인사들 — 클레먼츠 마컴, 에드워드 서빈, 조지프 후커 등 — 과 모두 친분이 있었음에도, 윔퍼는 막후에서 벌어지는 암투와 책략에는 전혀 발을 담그지 않았다. 스무 살 때라면 그와 같은 모험에 뛰어들었을지도 모를 일이지만, 그 무렵 윔퍼에게는 자기만의 생각과 계획 그리고 자기만의 방식이 있었다. 마터호른에서 아픈 경험을 하고, 로버트 브라운과 여행을 하고, 혼자 했던 최근 원정에서 만족감을 경험한 윔퍼는 결정권을 유지하는 것이 얼마나 중요한 일인지 깨달은 터였다. 그림을 그리고 판화를 만드는 일은 여럿이 힘을 합쳐 무언가 이루는 세계가 아닌 개인으로서 인정받는 성취의 세계였다. 윔퍼는 다른 사람과 어울리는 일을 특별히 기피하지는 않았지만, 아주 어릴 때부터 개인적인 활동과 성취를 통해 명성을 쌓고자 노력해온 사람이었다.

한편, 브라운은 윔퍼와는 전혀 다른 행보를 취했다. 브라운은 이 북극점 원정대의 일원이 되기를 갈망해 자문 위원회에 들어갔다. 클레먼츠 마컴은 입수 가능한 모든 북극 관련 지식을 한 권으로 간추린 '북극 편람'을 편찬하자고 제안했고, 브라운이 그 일에 적임자라고 판단했다. 원정대가 지질학 및 박물학 관련 조사를 수행할 외부 출신 과학자를 몇 명 데려가리라는 점을 알고 있었던 브라운은 자신이 명백히 자격이 있는 후보라고 생각했다. 여전히 학술대원 자리에 욕심이 있었던 그는 공개적으로 지원했다가 탈락되는 일은 겪고 싶지 않았지만, 과학자 자리는 마땅히 자기 것이라고 생각했다. 브라운은 그린란드에서 돌아왔을 때부터 조지프 후커가 자신의 업적을 잘 알고 있다는 잘못된 믿음을 바탕으로 학술대원 자리를 얻기 위해 그에게 매달리고 있었다. 후커는 왕립지리학회의 회장으로서 북극 원정대에 합류할 과학자 임명권을 쥐고 있었으므로, 브라운은 후커에게 자격요건과 경험을 화려하게 나열한 장문의 이력서를 보내 자신의 자격을 호소하는 한편, 늘 그랬듯이 과학의 발전을 위하여 자신이 감수해야 했던 고난에 대한 장황한 설명도 빠뜨리지 않았다.

제가 그러한 자리에 임명될 지원자가 될 수는 없겠지만, 요청을 받는다면 그 제안을 당연히 수락할 것입니다. 저에게는 상당한 희생이 따르는 일이겠지만….

두 자리에 임명이 있을 것이고, 그중 하나는 제 자리가 되겠지요.

제 경력에 대해서 잘 모르지는 않으실 테니, 그럼 간략히 요점만 정리해드리겠습니다.

브라운은 석 장에 걸쳐 경력을 서술했다. 후커는 제임스 클라크 로스 원정대에 합류해 5년간 바다 생활을 했고, 히말라야에서 반정부군 족장에게 납치된 적도 있었다. 따라서 브라운이 자신의 이익을 위해 매우 자주 떠들어댔음에도 후커는 분명 그의 미약한 성취 혹은 그린란드에서 머문 짧은 기간에 그가 겪은 고생에 대해 좀 다른 생각을 가지고 있었을 것이다. 그 무렵 스물세 살의 나이에 요절한 아내를 떠나보낸 후커는 가까스로 위원회 일을 처리하고 있었다. 브라운은 운이 나쁘게도 후커에게 "위치 측정에 필요한 많은 천문 관측"을 했다고 말했는데, 아무래도 웜퍼가 1867년에 자신이 기록한 경위도 측정값의 부정확성을 공개했다는 사실은 몰랐던 것으로 보인다.[61] 과학자가 아닌 클레먼츠 마컴은 브라운을 강력히 지지하면서 후커에게 이렇게 썼다. "식물학자이면서 그린란드 빙하 운동에 정통한 실력 있는 지질학자라면 가장 유용한 인물일 듯싶습니다. 브라운이 바로 그런 인물입니다."[62]

웜퍼는 아마도 브라운이 이 원정대에 뽑히든 말든 관심이 없었겠지만, 누가 물어보면 브라운의 단점이 무엇인지, 그가 얼마나 설렁설렁 일하는지, 육분의 사용에 얼마나 서툰지, 수집품을 다루고 분류 도감을 작성하는 일에 얼마나 무성의한지 조목조목 강조했을 것이다. 브라운에 대한 웜퍼의 불신은 학계에 널리 알려져 있었다. 과학자인 후커는 마컴의 생각을 비공개적으로 정정해주었다. "브라운 박사가 그 정도로 엉성했는지는 전혀 몰랐네요. … 물론 그렇게 주도면밀하지 못하다면 브라운을 임명할 수 없겠지요."[63] 브라운은 덴마크 여자와 결혼한 후에 런던의 스트리탐Streatham으로 보금자리를 옮겨, 카셀 출판사의 과학책과 지리책을 집필하거나 자유 기고를 하면서 생계를 유지해나갔다. 그는 유럽과 북아프리카 등지를 자주 여행했지만, 마땅히 받아야 한다고 느끼던 인정은 받지 못한 채 쓸쓸히 생을 마감했다.[64] 브라운이 겨우 53세에 세상을 떠났을 때 왕립지리학회는 웜퍼에게 추모

기사를 부탁했다. 윔퍼는 거절하지는 않았지만 이렇게 말했다. "제가 쓰는 것이 유족들에게 좋은 일인지 모르겠습니다. 제가 면전에 대고 무뢰한이라고 했고, 그가 그 일로 죽을 때까지 저에게 적개심을 보였으니까요."[65]

윔퍼는 아이작 헤이스와 함께 스미스해협에 갔던 그린란드 원주민들과 어울린 후로 스미스해협을 통한 북극점 도달을 강력히 지지하는 입장이었다. 그린란드에서 돌아온 지 얼마 안 된 어느 날 윔퍼는 헨리 스콧의 집에서 조지프 후커, 에드워드 서빈과 함께 식사를 하면서 북극 위원회에 필요한 박물학과 기상학 지식은 물론 그린란드 원주민에 관한 지식도 아낌없이 나누어주었다.[66] 브라운은 북극점 원정대에 끼지 못했는데, 윔퍼는 그린란드에 있는 지인들로부터 1867년에 또 한 명의 인정받지 못한 대원, 즉 안톤 텡네르가 원정대에 끼려고 애쓰고 있다는 소식을 들었다.

> 텡네르가 독일 북극 원정대에 합류할 것이라는 소식을 들었을 때 보예의 가족들은 말했다. … 신은 공평해서 인간은 응당한 죗값을 치른다. 하지만 독일 원정대가 아닌 영국 원정대에 합류할 것이라는 소식을 들었을 때 우리는 코펜하겐 전투의 대가치고는 지나치게 훌륭한 죗값이라고 생각했다.[67]

영국 북극점 원정대는 텡네르도, 브라운도 고용하지 않았다. 대신 — 아마도 윔퍼의 추천에 따른 것으로 보이는데 — 디스코섬에서 윔퍼가 1872년에 조수로 고용했던 그린란드 원주민 프레데리크를 고용했다. 윔퍼는 프레데리크를 브라운이나 텡네르보다 훨씬 더 높게 평가했고 그와의 동행을 즐거워했는데, 그는 영국 최초 북극점 원정대에서도 같이 일하기 즐겁고 기여도가 큰 대원으로 평가받았다.[68] 영국 해군은 극동 지역을 항해하던 노련한 북극 전문가 조지 네어스George Nares를 소환해 원정대 지휘관 임무를 부여했다. 당시 네어스는 3년째 영국 군함 챌린저호를 타고 해양 조사와 심해 탐사를 하면서 전 세계를 누비던 중이었다. 윔퍼는 코펜하겐에서 챌린저호 계획을 처음 들었을 때 윌리엄 롱맨에게 챌린저호에 탈 수 있도록 손을 써달라고 부탁했었다.

> 제시간에 집에 도착했더라면 당연히 지원했을 텐데, 지금쯤은 대원 임명이 모두 끝났을 것 같네요. 하지만 특파원 형식으로라면 혹여 이 배를 탈 기회가 있지 않을까 하는 생각이 떠올랐습니다. 그 생각은 자연스럽게 『더 타임스』로 이어졌고요.

윔퍼는 "뱃멀미를 전혀 하지 않는다."라며 자신이 특파원 자리에 적임자라고 강조했지만, 자리를 얻을 수 없었다.[69]

네어스의 원정대는 얼러트호와 디스커버리호를 이끌고 1875년 봄에 출항해서 극북 지역의 로브슨 채널Robeson Channel에서 월동했다. 그리고 이듬해 봄 앨버트 마컴Albert Markham 대위(클레먼츠 마컴의 사촌동생)가 지휘한 썰매 탐험조는 인류의 최북단 도달 기록을 경신했지만, 대원들에게 괴혈병이 도져 북극점을 600여 킬로미터 앞둔 지점에서 철수할 수밖에 없었다. 네어스는 얼어붙은 북극해를 썰매로 이동하는 방법이 거의 현실성이 없다고 생각해, 돌아오는 길에 해군성에 '북극점 불가능'이라고 전보를 보냈다. 그때부터 20세기 초에 클레먼츠 마컴의 남극 항해에 대한 집념의 소산인 디스커버리호 원정대가 조직될 때까지 약 25년간 더 이상의 극지 도전은 없었다. 대장으로 발탁된 로버트 팰컨 스콧Robert Falcon Scott이 이끄는 디스커버리호 원정대가 1901년 여름 남극을 향해 출항했을 때 윔퍼는 그의 첫 남극점 도전에 행운을 비는 편지를 보냈다.

> 어떤 사람들은 제가 완전히 산에 빠져서 다른 종류의 여행에는 관심이 없을 것이라고 지레 짐작해버리곤 하지만, 사실은 정반대입니다. 제가 좀 더 원하는 인생을 살 수 있었더라면 아마도 극지 탐험에 거의 모든 것을 바쳤을 것입니다.[70]

스콧 대령이 첫 남극점 도전을 마치고 귀국했을 때 윔퍼는 세계 최초로 남극 탐험을 해낸 공로로 후원자 메달을 받는 그를 보기 위해 어린 조카 로버트Robert(남동생 윌리엄의 둘째아들)를 데리고 왕립지리학회 총회에 참석했다. 윔퍼는 애석한 갈망을 담아 가까운 친구에게 이렇게 털어놓았다.

> 내가 한 50년만 젊었어도 열정을 불태우며 그린란드에 매달렸을 걸세. … 1872년이 내 마지막 원정이 된 것은 내 뜻이 아니었다네.[71]

정말 기막힌 우연이었지만, 윔퍼는 네어스의 원정대가 귀국하고 3년이 지났을 때 에콰도르로 이동하는 배에서 앨버트 마컴과 동행하게 되었다. 네어스 제독은 퇴역한 후에 런던 남서부 서비턴Surbiton에 있는 이엉지붕을 얹은 한 시골집에서 여생을 보냈는데, 이곳은 남동생 윌리엄이 살던 템스디턴Thames Ditton의 바로 옆 동네였다. 윔퍼의 조카 로버트는 훗날 다음과 같이 회상했다.

그냥 보기에는 장미꽃 사이를 한가롭게 거니는 할아버지의 모습
이었지만, 여전히 내 눈에는 유빙 사이에서 그가 펼쳤던 놀라운 모
험에서 우러나오는 화려한 기운이 온몸을 감싸고 있었다. … 조지
네어스 경은 참 인자한 할아버지셨다. 그분은 양지 바른 테라스에
앉아서 우리 어린이들을 모아놓고 … 오로라와 바다표범, 북극곰
이야기나 북극해의 전설을 들려주시곤 했다.[72]

3부

아메리카 대륙

우리는 초록색 태양을 보았다. 그런 초록색은 이전에도 보지 못했을뿐더러 앞으로도 보지 못할 그런 색깔이었다. … 하늘을 물들인 이 기묘한 빛깔은 세상에 있는 그 어떤 말로도 부족한, 그 어떤 말로도 형언할 수 없는 것이었다. … 널리 알려진 이름이 있는 그 어떤 색깔과도 달랐다.

에드워드 윔퍼 『네이처』 29호(1883)

15

마터호른 사진 촬영과 트로이 유적
그리고 프랑스 학자들

두 번째 그린란드 원정에서 대만족하고 돌아온 윔퍼의 머릿속에는 앞으로의 여행과 탐험에 대한 새로운 구상이 꽉 들어차 있었다. 챌린저호 원정대에 참가하려고 노력한 사실로 보건대 윔퍼는 아버지가 한두 해쯤은 목판화 사업을 더 맡아줄 수 있으리라 믿었던 듯하다. 윔퍼는 챌린저호 원정대 합류에 실패했지만, 인체생리학과 고도가 인체에 미치는 영향에 대한 호기심을 좇아 유럽 대륙 밖에 있는 거대한 산맥으로 눈을 돌렸다.

안데스산맥은 오랫동안 세계에서 가장 높은 산맥으로 여겨졌다. 그 이유는 아마도 봉우리들이 히말라야산맥보다 인간이 거주하는 마을에서 훨씬 가까운 탓일 것이다. 그런데 1808년에 놀라운 사실이 드러났다. 웨브Webb 중위는 네팔에 있는 다울라기리Dhaulagiri의 높이가 — 지금 우리가 아주 정확하게 아는 대로 — 무려 8,100미터가 넘는다고 선언했다. 하지만 네팔 국경에서 수백 킬로미터 떨어진 곳에서 측량한 이 수치에 대해 당대 사람들은 오랫동안 회의적이었다. 1820년대에 네팔의 서쪽 국경에 접한 가르왈 쿠마온Garhwal-Kumaon 지역이 영국인들의 손아귀에 넘어갔을 때, 당시 'A2'라고 불리던 봉우리(난다데비Nanda Devi)는 7,600미터를 훌쩍 넘는 것으로 측량되었다. 1849년에 인도 북동부의 휴양도시 다르질링Darjeeling에서 측량한 칸첸중가Kanchenjunga의 높이는 약 8,500미터로 밝혀졌지만, 그 무렵 은둔의 땅 네팔 쪽으로 200킬로미터가량 서쪽에서 그보다 높을 것으로 추정되는 봉우리가 발견되었다. 측량 번호로 '15번 봉우리Peak XV'라고 불리던 이 산은 인도 측량국의 전임 국장이었던 조지 에베레스트 경Sir George Everest의 이름을 얻게 되는데, 1856년에 높이를 측량해본 결과 8,840미터[*]로 드러나 유력한 세계 최고봉임이 확인되었다. 1857년에 세포이 항쟁이 발발하면서 이 발견은 크게 주목을 받지 못했지만, 그 무렵 과학계에는 세계에서 가장 높은 산이 히말라야에 있다는 사실이 정설로 받아들여졌다.

1855년에는 슐라긴트바이트Schlagintweit 삼형제[†]가 티베트 쪽에서 인도 북부로 넘어가 그들이 카메트Kamet라고 생각한 봉우리에 도전했다. 그들이 오른 봉우리가 카메트7,756m가 아니었음은 거의 명백하지만, 그들 삼형제는 6,700미터 이상까지 도달했다고 주장했는데, 아마도 인접한 봉우리인 아비가민Abi Gamin이었을 가능성이 유력하다.[‡] 윔퍼

---

[*] 최초 측정값은 29,000피트(8,839미터)였지만, 정확한 수치가 아닌 근사치로 보일까 우려해 2피트를 추가한 29,002피트(8,840미터)를 공식 수치로 발표했다. ― 옮긴이

[†] 슐라긴트바이트가※의 오형제 중에서 헤르만Hermann, 아돌프Adolf, 로베르트Robert를 가리킨다. ― 옮긴이

[‡] 카메트는 윔퍼의 전기를 최초로 출간한 프랭크 스마이드Frank Smythe가 1931년 초등에 성공했다.

는 그들이 올랐다고 주장한 고도를 의심하지 않았으며 "현장에서 관측으로 확인된, 지금까지 지구상에서 인간이 달성한 가장 위대한 업적"이라고 추켜세웠다.[1] 슐라긴트바이트 삼형제의 탐험 역시 세포이 항쟁에 묻혀 크게 주목을 받지는 못했다. 그들의 등반 이야기는 쉽게 읽을 수 없는 여섯 권의 책 — 한 서평자에 따르면 "난해하고 과장된 이야기"[2] — 속에 담겨 있었는데, 그렇다고 해서 일독을 포기할 윔퍼가 아니었다.

그린란드에서 귀국한 직후에 윔퍼는 당시 생존해 있던 두 형제 앞으로 편지를 보냈다.[3] 인도 측량국에 소속된 측량사들을 논외로 친다면, 슐라긴트바이트 삼형제의 등반은 1880년대까지 히말라야에서 이루어진 거의 유일한 시도였다. 인도 측량국은 6천 미터급 고지 곳곳에 경위의 관측소를 세우고 이 관측소들을 중심으로 대대적인 지도 제작과 측량 사업을 벌였지만, 여전히 히말라야는 지도상에 광활한 공백으로 남아 있었다. 히말라야는 깊은 오지로 접근 자체가 어려웠고, 히말라야를 품은 소왕국들은 문을 단단히 걸어 잠그고 외부인의 출입을 통제했다.

윔퍼에게는 인도에 갈 만한 강한 개인적 동기가 있었다. 윔퍼의 아래아래 남동생인 헨리는 런던의 한 출판사에 잠깐 다니다가 그만둔 뒤에 할아버지의 대를 잇기로 결심하고 맥주 양조 기술을 배웠다. 양조 기술을 익힌 뒤에는 영국을 떠나 지금은 파키스탄 영토에 속하는 라왈핀디Rawalpindi의 북쪽 피르판잘Pir Panjal산맥의 해발 1,800미터 고지에 있는 머리Murree로 터를 옮겼다. 당시 세워진 지 얼마 되지 않은 머리 양조장˚에 취직한 뒤에 그는 곧 가정을 꾸렸으며, 1남 4녀를 남기고 향년 48세를 일기로 세상을 떠날 때까지 평생 머리에 살면서 공장장 자리까지 올랐다. 이곳이 남쪽의 라왈핀디와 북쪽의 스리나가르Srinagar와 카슈미르Kashmir 계곡을 잇는 관문에 위치한 탓에 헨리는 이곳을 지나는 식민지 관리들과 진취적인 여행자들에게 후한 대접을 해주면서 명성을 얻게 되었다.† 윔퍼는 이 양조장의 대주주였는데, 지분 관리는 보통 숫자에 밝은 남동생 윌리엄에게 맡겼다. 헨리는 예술이나 박물학, 등반 쪽으로는 조금도 흥미를 느끼지 못했다. 그가 열정을 쏟은 대상은 프리메이슨 단체였다. 이 집단 내에서 그는 매우 존경받는 인사였으며, 프리메이슨의 역사와 문화를 다룬 책을 여러 권 집필한 저자이기도 했다. 1889년 신년서훈명단에서는 — 비록 술에는 입도 대지 않는 절대금주주의 지지자인 한 하원의원이 의회에서 이 맥주 양조업자가 영국령 인도 제국에 정확히 어떤 기여를 했느냐며 이의를 제기했을지라도 — 인도 제국 훈장 3등급 수훈자로 선정되기도 했다.⁴

헨리는 남동생 조지프와 새뮤얼의 일자리도 마련해주었다. 둘은 형의 뒤를 따라 양조업에 뛰어들었다. 조지프는 머리에서 6년 동안 일을 배운 뒤에 머수리Mussoorie로 자리를 옮겼다. 머수리는 인도 삼각측량 사업본부가 있던 데라둔Dehra Dun보다 북쪽으로 약 2,000미터 고지에 위치한 휴양도시로, 조지 에베레스트의 별장이 있는 곳이었다. 조

---

* 머리는 영국에서 파견된 식민지 관리들의 여름 휴양을 위해 건설된 도시로, 머리 양조장은 1860년에 한 영국인이 설립했다. — 옮긴이

† 흥미롭게도 머리 양조장은 술이 사실상 금지된 이슬람 국가인 파키스탄에서 여전히 성업 중이다. 'A morning beer in Pakistan', Guardian, 30 August 2004 참조. 1892년에 출정한 마틴 콘웨이의 카라코람Karakoram 탐사 원정대도 머리를 통과했다.

지프는 사람들의 발길이 끊이지 않는 이 아름다운 휴양도시에 크라운 양조장을 개업하고 머수리 주민들에게 질 높은 맥주를 선보였다.* 조지프는 열한 명의 형제자매 중에서 가장 먼저, 향년 35세의 젊은 나이에 견차犬車 사고로 세상을 떠났다. 막내 남동생 새뮤얼은 대학에서 화학을 공부한 뒤에 1877년부터 머리에서 양조 일을 시작했다. 그리고 몇 년 후에는 머수리로 자리를 옮겨 조지프의 양조장에 일손을 보탰고, 나중에는 나이니탈Naini Tal에 있는 한 양조장의 공장장 자리까지 올랐다. 나이니탈은 카메트, 트리술Trisul, 난다데비 봉우리의 웅장한 파노라마가 한눈에 들어오는 경치가 빼어난 곳으로, 새뮤얼이 살았던 '글렌코†Glencoe'라는 이름의 생가는 아직도 이곳에 남아 있다. 조카 로버트의 기억 속에 "매력적인 삼촌"으로 기억되는 새뮤얼은 양조업에서 손을 뗀 후에 뉴질랜드에서 지내며 세계를 두루 여행했고, 그 후로는 노르웨이에서 낚시를 즐기며 은퇴 생활을 즐겼다.5

헨리는 남동생 프랭크의 일자리도 구해주었는데, 이번에는 양조장이 아닌 우체국이었다. 프랭크는 1872년 3월부터 인도 중부의 나그푸르Nagpur에서 경력을 시작했고 만달레이Mandalay, 랑군Rangoon, 아삼Assam으로 옮기면서 차차 승진을 거듭해 뭄바이Mumbai의 우체국장까지 지냈다. 윔퍼의 여동생들도 인도에 다녀왔다. 애닛은 헨리네 식구

---

* 널리 호평을 받은 새로운 맛의 기원은 한 술통이었다. "그 술통의 수위가 낮아지면서 완벽하게 발효된 인간의 시체가 나올 때까지!" 시음은 계속되었다. Ruskin Bond and Ganesh Saili, Mussoorie and Landour: days of wine and roses, rev. ed. (New Delhi: Roli Books, 1997), 37 참조. 소문에 따르면, 윔퍼 가문의 양조장은 맥주 맛을 좋게 하려고 첨가물로 약간의 고기를 사용했다고 한다. 훗날 양조장 건물이 철거된 자리에는 1953년에 수영장 — '윔퍼의 수영장Whymper's tank'으로 알려진 곳 — 이 들어섰다.

† 스코틀랜드에 있는 유명한 산악지대의 이름을 딴 것이다. — 옮긴이

들이 1880년에 영국에 다니러 왔다가 인도로 들어갈 때 함께 따라갔었고, 엘리자베스는 그로부터 4년 뒤에 형제들을 만나러 인도행을 택했다. 윔퍼는 평생 인도 관련 자료를 수집했는데, 그가 모은 자료는 지도를 비롯해 관련 기사, 이야기, 여행담은 물론 심지어 '우르두어 만담집'까지 있을 정도로 방대했다. 윔퍼가 인도 히말라야를 오랫동안 마음에 품고 있었음은 틀림없는 사실로 보이지만, 끝내 실행에 옮기지는 못했다.

인도 히말라야뿐만이 아니었다. 북극도 여전히 윔퍼의 마음 한구석을 차지하고 있었다. 머나먼 북녘 땅에 대한 추억은 그곳에서 했던 탐험을, 지구상에 남은 전인미답 지역을, 지나고 보니 즐거웠던 궁핍한 생활을 떠올리게 했다. 조지 네어스의 원정대가 스미스해협에서 월동을 하고 있을 무렵 윔퍼는 『레저 아워』에 초기 북극 원정을 주제로 쓴 기고문을 연재했는데, 이 기고문에는 "편안히 난롯가에 둘러앉아 있는 동안 … 궁핍한 생활을 견디고 북극의 겨울에 도사리는 많은 위험에 직면하는 … 두 척의 배에 탄 선원들"을 질투하는 마음이 은연중에 드러나 있다.[6] 1873년에 그린란드에서 돌아왔을 때 탐험가로서 명성을 떨칠 수 있다는 자신감으로 꽉 차 있었던 윔퍼의 머릿속에는 창의적인 구상들이 마구 샘솟고 있었다. 이 무렵 윔퍼가 리빙스턴의 마지막 여행을 주제로 쓴 장문의 기고문을 보면 윔퍼가 분명 스스로를 동료 탐험가로 인식하고 있으며, 여행 중에 겪게 되는 고난, 고용한 조수의 패악한 짓 혹은 그의 놀라운 충정에 대해 잘 아는 듯한 태도로 서술하고 있다는 느낌을 받을 수 있다.[7]

윔퍼는 체온 변화에 따른 신체의 움직임을 꾸준히 기록했고, 이러
한 인체생리학 관련 조사는 자연스럽게 당시로서는 거의 알려지지 않
은 고도와 고도가 인체에 미치는 영향에 대한 궁금증으로 이어졌다.[8]
고산증의 존재를 처음 기록한 사람은 1590년에 안데스산맥을 넘은
스페인의 성직자 호세 데 아코스타José de Acosta였다. 하지만 그는 불편
한 증상을 일으키는 원인이 바람이라고 생각했다. 그로부터 50년 후
에 발명된 기압계 덕분에 파스칼Pascal은 고도가 높아질수록 기압이 낮
아진다는 사실을 발견하게 되었지만, 고산증의 심각성을 몸소 깨우친
사람은 19세기 열기구 비행사들이었다. 1862년에 그리니치 천문대
소속의 기상학자 제임스 글레이셔James Glaisher와 비행사 헨리 콕스웰
Henry Coxwell은 열기구를 타고 약 8,000미터 상공까지 올라갔는데, 극

심한 고통을 경험한 끝에 가까스로 생환할 수 있었다. 프랑스 소르본 대학교의 교수인 폴 베르Paul Bert는 파리에 최첨단 실험실을 차리고, 그 곳에서 여러 종의 새와 동물 그리고 인체에 대한 다양한 실험을 꾸준 히 진행했다. 그의 감압 장치에 들어간 실험 자원자 중에는 테오도르 앙리 시벨Théodore Henri Sivel과 조제프 크로세 스피넬리Joseph Crocé-Spinelli 라는 비행사도 있었는데, 두 비행사는 폴 베르의 실험에 참가한 다음 해에 기상학자 가스통 티상디에Gaston Tissandier와 함께 열기구를 타고 에베레스트 높이까지 올라갔다. 시벨과 크로세 스피넬리는 고도를 급 격히 올린 탓에 다시는 살아서 땅을 밟지 못했다. 윔퍼는 이 사건이 일 어난 고도를 기록하지 못한 티상디에의 실수에 대수롭지 않은 반응을 보였다.(티상디에는 의식을 잃었었다.) 그때 이후로는 어떤 자료도 수 집되지 않았기에 윔퍼는 이 불행한 사고가 "비행사들에게 제지 효과를 발휘한 것 같다."라는 결론을 내렸다.[9] 그리고 나서 얼마 되지 않아 신 속하게 고도를 낮추면 고산증이 완화된다는 사실이 입증되었고, 폴 베 르는 낮은 곳으로 내려와 산소 주머니에 대고 호흡하면 증상이 호전된 다는 사실도 증명해냈다. 폴 베르는 연구 결과를 1878년에 책으로 발 표하면서 증상을 유발하는 원인이 낮아진 기압이 아닌 산소 부족이라 는 올바른 결론을 내렸다.[10] 실험실에서 피험자들을 단시간 내에 낮은 기압에 노출시켜 실시한 이 실험의 가치에 대해 회의적이었던 윔퍼는 더 긴 시간에 노출될 경우 인체가 그렇게 낮은 기압에 적응할 수 있는 지 직접 알아보고 싶어 했다.

조카 로버트는 삼촌 윔퍼를 회상하면서 "에베레스트에 대한 도전은 … 신중하게 검토하셨지만, 막대한 경비 때문에 접으셨다."라고 말했다.[11] 당시까지 유럽인 중에서 이 봉우리에 가까이 가본 사람은 아무도 없었다. 윔퍼는 아마도 이 봉우리에 접근하려면 다르질링에서 300여 킬로미터를 걸어가야 한다는 사실을 알았을 것이다. 경비도 경비였지만, 시간도 많이 바쳐야 하는 원정이었다. 19세기에 인류가 히말라야산맥에 대해 얼마나 무지했는가를 오늘날의 시각으로 상상해보기란 쉽지 않다. 당시 고도에 대한 지식이라고는 이것이 문제를 일으키는 것 같다 정도였을 뿐, 그 문제가 왜 생기는지, 어떤 사람에게 생기는지, 어떻게 대처해야 하는지는 전혀 알려진 바가 없었다. 그저 괴혈병처럼 빅토리아시대의 통념에 기댄 많은 헛소문이 나돌았을 뿐이다. 히말라야 고봉들은 단지 알프스보다 규모가 클 뿐 그 거대한 규모 때문에 기술적으로는 어렵지 않은 산으로 치부되었다. 히말라야 고봉이 얼마나 무시무시한 대상인지 전혀 인지하지 못했던 셈이다. 1895년에 머메리가 낭가파르바트Nanga Parbat에서 집으로 보낸 편지에는 이런 대책 없는 낙관론이 담겨 있었다. "낭가에서 몹시 어려운 구간을 만날 것 같지는 않소. … 올라갈 자신이 있으니 걱정할 필요는 없소. … 우리는 정상을 쟁취할 수 있으리라 생각하오. 단지 얼마나 꾸준히 몸을 단련하느냐가 관건일 뿐이라오."[12] 머메리는 돌아오지 못했다.*

1869년 수에즈 운하의 개통으로 뭄바이는 영국에서 3주면 도착

---

* 머메리는 디아미르벽Diamir Face으로의 등반이 여의치 않자 구르카 병사 두 명과 함께 낭가파르바트의 북벽으로 넘어갔지만, 그 후로 다시는 목격되지 않았다. 눈사태에 휘말려 사망했을 가능성이 가장 유력하다. 낭가파르바트는 1930년대에 독일 원정대가 두 차례의 막대한 희생을 치른 끝에 1953년에 초등이 이루어졌다.

할 수 있는 곳이 되었다. 1877년경에 조지프는 식민지 관리들이 델리와 캘커타의 여름철 무더위를 피할 수 있는 휴양도시로, 북쪽과 동쪽의 거대한 히말라야 설봉들이 찬란한 파노라마를 연출하는 머수리에 완전히 자리를 잡았다. 훗날 윔퍼는 1870년대에 히말라야에 가려고 했으나 정치적인 문제로 가로막혔었다고 술회했다. 1870년대 내내 쏟아진 고수익 일감 역시 어마어마한 경비와 시간을 요구한 미지의 땅 히말라야로의 원정을 계획할 엄두를 내지 못하게 한 중요한 요인으로 보인다.

윔퍼는 본격적인 원정등반을 떠나기 전에『마터호른 등정기』로 제목을 바꾼『알프스 등반기』신판을 마무리하려고 했다. 윔퍼는 요제프 볼프와 귀스타브 도레에게 새로운 그림을 의뢰했지만, 한편으로는 그린란드에서 사진기를 사용해본 후부터 사진의 잠재력에 대해 더 많은 고민을 했다. 그린란드에 사진기를 가져가려는 생각은 1867년에도 있었지만, 당시에는 비용이 터무니없이 높았다. 윔퍼는 신판에 사진을 바탕으로 제작한 삽화를 넣고 싶어 했다. 사진은 언제나 윔퍼의 삶에서 뗄 수 없는 부분이었다. 당대 판각공들이 대부분 그러했듯이 윔퍼는 사진을 판각할 기회가 아주 많았으며, 아주 어린 시절부터 언젠가 삽화에 쓰일 만하다고 생각한 사진을 따로 모아두었다. 1839년에 최초의 사진술인 다게르식 은판 사진술이 출현했을 때 사진은 화가들이 자연을 사실적으로 담은 이미지를 고정하는 데 사용할 수 있는 훌륭한 보조 수단으로 소개되었다. 사진술의 발달로 포착할 수 있는 이미지의 범위가 넓어지고 품질이 높아짐에 따라 화가들은 '사진이 주변 세계를 그토록 정확하게 포착할 수 있다면 화가는 불필요해지고 있는 것일까?'라는 딜레마에 빠졌다. 다게르식 은판 사진술이 처음 등장했을 때만 해도 열광적인 지지를 보낸 존 러스킨은 시간이 지나면서 라파엘 전파의 견해, 즉 인간의 그림이 기계적인 사진보다 자연의 세부를 훨씬 더 진실에 가깝게 복제할 수 있다는 견해를 지지하게 되었다. 사람들은 미술과 사진의 관계를 놓고 열띤 논쟁을 벌였으며, 사진작가가 진정한 화가로 간주되는 사람과 같은 공간에서 작품을 전시할 수 있어야 하는가 하는 물음에는 의견이 팽팽하게 맞섰다. 이런 와중에도 라파엘 전파를 포함한 거의 모든 화가들이 사진을 활용했다. 특히 초상화가들의 활용도가 높았는데, 사진을 활용하면 모델이 앉아 있어야 하는 시간과 모델을 사용하는 횟수를 줄일 수 있었다.[13]

사진술이라는 기계 예술은 전통적인 인간의 수작업, 특히 판각공들의 수작업을 대체하는 것으로 여겨졌다. 1860년대 중반부터 달지엘 형제 공방은 실험적으로 사진제판법을 사용해 이미지를 복제하기 시작했다. 사진제판법이란 반전 프리즘을 넣은 사진기로 원화를 촬영한 다음, 감광액을 바른 판목에 음화陰畵로 찍어 좌우가 반전된 이미지를 제작함으로써 원화와 방향이 같은 이미지가 인쇄되게 하는 기법이었다. 원화는 전혀 훼손되지 않았고, 원화를 판목에 옮겨 그릴 전문 제도공도 필요하지 않았다. 윔퍼는 출판업계에 등장한 이 신기술을 실리적인 관점에서 바라보고 있었지만, 자신의 저서에 들어갈 목판화에는 제도공이 판목에 옮겨 그리는 전통 방식을 고집했다. 수작업 방식이 더 높은 완성도를 보장한다는 생각에는 언제나 변함이 없었기 때문이다.

인쇄술을 통해 사진을 손쉽게, 능률적으로 복제하게 되어 판각공이 완전히 필요 없어진 시점은 1880년대 중반 이후였다.

『알프스 등반기』의 인기 요인은 무엇보다도 묘사의 현장감과 등반 과정의 생동감이었다. 윔퍼는 사진으로 제작한 삽화를 넣으면 이러한 부분이 더욱 보완되리라 생각했다. 윔퍼는 1874년 여름에 체르마트를 다시 찾았다. 5년 만의 재방문이었다. 윔퍼는 그사이 영국산악회 부회장이 되어 있었다. 9년 전 초등 이후 마터호른에는 많은 것이 변해 있었다. 타우그발더는 사고로 인한 충격이 너무 컸던 나머지 언제나 산 윗부분의 난이도를 과장해서 이야기했다. 1866년에는 단 한 명의 등정자도 나오지 않았다. 존 버크벡 — 윔퍼와 크로의 약속이 어그러진 계기를 제공한 인물 — 이 회른리 능선으로 도전해 숄더까지 올랐을 뿐이었다. 마터호른 제3등의 기록은 1867년에 크로퍼드 그로브가 차지했다. 그로브는 장 앙투안 카렐을 가이드로 대동하고 브로일 쪽에서 등정에 성공했다. 그해 여름이 끝나기 전에 마퀴냐츠 형제를 주축으로 브로일 가이드로 구성된 등반대가 제4등에 성공했다. 하지만 이들은 정상 턱밑에서 츠무트 능선 쪽으로 꺾어 갤러리 카렐을 통과하는 대신, 이탈리아 능선 상단부의 가파른 오버행 구간을 직등으로 돌파했다. 오버행 구간에는 곧 로프와 사다리가 설치되었고, 제4등 루트는 곧 이탈리아 쪽에서 정상에 오르는 노멀 루트로 굳어졌다.

같은 해에 존 틴들도 마터호른과의 남은 한을 풀기 위해 알프스를 다시 찾았지만, 카렐은 감당할 수 없을 정도로 높은 보수를 요구했다.(1862년의 등정 시도 때 틴들의 태도에 대한 앙금이 여전히 남아 있었을 가능성도 있다.) 틴들은 1868년에 다시 알프스를 찾아 마퀴냐츠 형제를 대동하고 그때까지 엄청난 노력을 쏟아부은 이탈리아 능선을 올랐다. 마터호른 정상 부근에서 구름에 휩싸였을 때 틴들은 이런 생각을 했다. "저 형체 없는 안개는 어쩌면 저리도 내가 마터호른을 생각하면 차오르는 슬픔을 담았을까?"[14] 틴들은 윔퍼의 초등 이후 회른리 능선으로 첫 하산을 기록하리라 믿고 있었지만, 놀랍게도 눈 위에는 이미 다른 발자국이 찍혀 있었다. 미국인 줄리어스 엘리엇Julius Elliott이 이틀 전 체르마트 쪽에서 윔퍼의 초등 루트 첫 재등에 성공하면서 남긴 발자국이었다. 틴들은 체르마트까지 하산해 마터호른 최초 횡단 기록을 달성했다. 1868년 여름에 알렉산더 자일러는 회른리 능선에 원시적인 형태의 산장을 짓는 데 사비를 보탰다. 이로써 마터호른에는 이탈리아 능선에 있던 산장과 더불어 두 개의 산장이 자리하게 되었다.

　1871년에 루시 워커는 아버지 프랭크 워커와 함께 멜히오르 안데렉을 가이드로 대동하고 마터호른에 올라 여성 최초 마터호른 등정 기록을 거머쥐었다. 윔퍼는 루시 워커의 가족과 모두 안면이 있었다. 루시 워커의 남동생이 바로 1864년 아돌푸스 무어와의 눈부신 도피네 대장정 때 함께한 호러스 워커였다. 윔퍼의 일기장에는 "브로일에 있는 호텔에서 떠나는 워커 양. 1865년 7월"이라는 설명과 함께 연필 소묘로 그린 루시 워커의 초상화가 들어 있다. 이 초상화는 마터호른 초등 직전의 산만하고 분주했던 일주일 동안, 윔퍼가 그의 계획이 와르르 무너졌다가 기적적으로 다시 세워지는 과정을 지켜보던 그 시기에,

루시 워커가 옆에 있었음을 암시한다. 그녀는 아마도 아버지와 남동생이 쿠르마예로 넘어가 아돌푸스 무어와 함께 브렌바 능선으로 역사적인 몽블랑 초등을 이루는 동안 그들을 기다렸던 것으로 보인다. 『알프스 등반기』에 실린 「체르마트의 클럽룸」이라는 윔퍼의 정교한 인물화에 등장하는 여성은 단 두 명으로, 윔퍼의 생애에서 가장 큰 격동이 일어난 시기에 며칠을 같이 보낸 것이 분명한 루시 워커와 윔퍼가 평생 연모의 정을 느꼈던 알렉산더 자일러의 부인 카타리나 자일러가 그들이다. 스물다섯 살의 윔퍼가 참담한 사고를 겪고 비통한 심경으로 체르마트로 돌아왔을 때 아마도 여성 특유의 동정심과 이해심은 윔퍼에게 감정이 결핍된 남성 동료들과의 세계로부터 벗어나게 해준 구원의 손길로서 오랜 잔상을 남겼을 것으로 보인다.

루시 워커의 등정 이후 체르마트 가이드들의 마터호른 기피 현상은 수그러들었다. 그때부터 회른리 능선은 오를 수 있는 루트로 여겨졌고, 불행의 늪에서 허우적거리던 타우그발더는 체르마트 가이드들이 브로일과 세인트니클라우스의 경쟁자들에게 밥줄을 빼앗기게 한 장본인으로 여겨졌다. 타우그발더는 미국으로 이민을 떠났지만, 4년 만에 고국으로 되돌아왔다. 타우그발더의 큰아들은 에귀 베르트와 그랑드 조라스를 포함해 많은 봉우리를 등정했지만, 마터호른만큼은 1872년에 가서야 재등에 성공했다.

1874년 8월에 윔퍼가 체르마트를 다시 찾았을 때 변한 것은 산 위만이 아니었다. 산 아래 마을에도 많은 변화가 있었다. 아버지에게 쓴 편지에서 윔퍼는 체르마트에 몰린 관광객 수와 자신에게 쏠리는 이목에 대해 불평했지만, 오늘날에도 그렇듯이 마을에서 조금만 벗어나면 인파에서 벗어날 수 있다는 점을 다행으로 생각했다.[15] 장 앙투안 카렐, 로흐마터, 비슈를 가이드로 대동한 윔퍼는 9년 전과 똑같이, 다만 이번에는 사진기와 유리판을 들고 동이 틀 무렵 회른리 능선으로 향했다. 로흐마터는 마터호른 참사 이틀 후, 빙하에 널브러진 시신들을 수습할 때 윔퍼를 도운 사람으로, 마터호른에 수차례 오른 가이드였다. 윔퍼 일행은 1865년에 막영지를 세웠던 곳, 즉 윔퍼가 의기양양하게 바위에 이름의 머리글자를 새겼던 곳에서 30분간 머물렀다. 윔퍼는 이 여행 때 따로 일기는 쓰지 않았지만 종이에 연필로 메모를 적었는데, 이 메모들은 지금도 전해진다. 윔퍼는 인생을 송두리째 바꾼 환희를 선사한 뒤에 곧바로 무시무시한 비극을 안겨준 그 발걸음을 되짚는 소회를 적지는 않았지만, 이 메모들은 여전히 과거의 무게에 짓눌린 그의 모습을 드러내고 있다. 불필요한 방종이었다는 자책감을 애써 밀어내기 위해, 아울러 충격적인 기억을 대면할 수도 없었기에 윔퍼는 1865년의 막영지보다 600미터 높은 고지에 세워진 산장의 누추한 외관을 설명하는 데 집중했다. "모든 것이 너무나 지저분했다. 산장 외벽을 빙빙 둘러 분변과 깨진 병, 통조림 깡통, 젖은 휴지, 코르크 마개, 성냥갑을 비롯한 온갖 쓰레기가 널려 있었다."[16] 산장으로 가는 길을 표시해놓은 케른을 본 윔퍼는 경멸에 찬 어조로 "이제 곧 기독교단에서 가장 우둔한 자도 올라갈 수 있게 될 것"이라고 적었다.[17] 정상에서 두 무리가 내려왔지만, 그들은 가로 세로가 각각 2미터, 4미터인 누추한 산장을 보더니 곧장 체르마트로 내려가 버렸다. 윔퍼에게는 다행스러운 일이었다. 얼마 지나자 또 두 무리가 나타났다. 영국산악회 회원으로 윔퍼와 안면이 있는 영국인 퍼클Puckle 일행과 스위스인 신사 린트Lindt 일행이었다. 그들이 도착했을 때 윔퍼는 산장 밖에서 자려고 바닥을 평평하게 고르던 중이었다. 하지만 린트와 퍼클은 변변치 못한 산장일지라도 윔퍼가 산장 안의 가장 좋은 자리에 누워야 한다고 강력히 주장했다. 린트는 윔퍼의 이탈리아인 가이드들과 함께 밖에서 잤는데, 가이드들이 그들 사이를 비집고 끼어든 침입자에게 다소 퉁명스럽고 적대적이라고 느꼈다. 린트는 윔퍼를 과묵하고 공손하고 굉장히 겸손한 사람이며, 단정하게 자른 머리에 평소처럼 면도를 깔끔하게 한 모습이, 수염이 덥수룩하고 머리가 헝클어진 이탈리아인 가이드들과는 상당히 대조적이었다고 묘사했다. 윔퍼가 마터호른에서 발견할 수 있는 식물 종에 대해 이야기하는 동안 콩 수프와 글뤼바인*glühwein으로 차려진 만찬에 각자 내놓은 별미가 더해졌다. 린트는 퍼클과 비교해 자신이 내놓은 음식이 변변치 못해 다소 부끄러움을 느꼈다. 다들 잠자리에 누웠을 때도 윔퍼는 촛불 옆에서 글을 쓰고 사진 장비를 정리했다.

윔퍼와 가이드들은 날이 밝는 대로 출발했다. 먼저 출발한 퍼클 일행과 린트 일행은 윔퍼 일행보다 먼저 정상에 도달했다. 윔퍼와 타우그발더 부자가 1865년 하산 때 매달아 놓은 낡은 로프 조각을 본 린트는 그것이 비극을 떠올리게 하는 오싹하고 "섬뜩한" 물건이라고 생각했다.[18] 정상 부근에는 강풍이 매섭게 몰아치고 있었다. 윔퍼와 가이

---

* 포도주에 향신료 등을 넣어 따뜻하게 마시는 칵테일의 일종 — 옮긴이

1874년에 웜퍼가 직접 촬영한 사진으로 제작한 목판화. 마터호른의 이탈리아 정상을 올려다보면서 찍은 것으로 『마터호른 등정기』(1879)에 수록되었다.

드들은 사진기가 날아가지 않도록 고정하기 위해 설원의 눈을 파야 했다. 웜퍼가 카렐의 머리 위로 마터호른 정상을 촬영하는 동안 카렐은 몸을 웅크린 채 기다려야 했다. 카렐과 비슈에게는, 1865년에 웜퍼가 정상을 밟은 사흘 뒤에 정상에 올라서서 빙하 위로 어지럽혀진 흔적을 내려다보았던 그들이기에 분명 그 자리에 윔퍼와 함께 서 있는 것 자체가 기묘하고 감동적인 경험이었을 것이다. 이것은 76번째 마터호른 등정이었다.

하산길은 무난했다. 윔퍼는 일출까지 기다렸다가 사진을 찍기 위해 카렐과 함께 산장에서 하룻밤을 더 머물기로 했다. 산장 밖에 앉아서 동쪽으로 굽이굽이 펼쳐진 산등성이 위로 라벤더 색깔로 물든 석양을 바라보는 동안, 윔퍼는 분명 9년 전이 어떻게 끝났어야 했는지에 대한 생각을 떨칠 수 없었을 것이다. 기억을 들춰내고 싶지 않았던, 혹은 차마 들춰낼 수 없었던 그는 혼자 돌아다니는 "작고 통통한 쥐"에 시선을 집중했다. 그놈은 산장 안으로 들어가더니 "바닥에 널린 쓰레기 사이를 헤집고 다니면서 달걀 껍데기 조각 따위를 주워 먹었다. … 귀가 먹었거나 적어도 내가 낸 소리를 듣지 못한 것 같았다. 털은 잿빛이었고 매우 깨끗하고 통통했다."[19] 윔퍼는 그놈을 잡을까도 생각했지만, 그렇게 할 수가 없었다.

체르마트에서 한 번의 산행을 더 하기로 마음먹은 윔퍼는 장 앙투안 카렐과 그의 사촌동생인 루이 카렐Louis Carrel을 대동하고 오버가벨호른의 서릉(아벤그라트Arbengrat)을 가로질러 치날 계곡으로 빠질 수 있는 새로운 고갯길을 찾아 나섰다. 결국 치날로 넘어가지는 못했지만, 치날에서 올라와 서릉을 통해 오버가벨호른 초등에 성공한 영국 등반대를 목격했으므로 통행이 가능한 고갯길을 찾아낸 셈이나 마찬가지였다. 윔퍼는 안부까지 올라가는 길이 "그렇게 어렵지는 않았다."

라고 생각했지만, 이 길은 푸석푸석하고 위험하고 지루한 탓에 지금도 거의 이용되지 않는다.[20] 그로부터 2년 후인 1876년에도 윔퍼는 체르마트에 잠깐 들러 장 밥티스트 크로(미셸 크로의 형)와 함께 막영지와 산장에 다시 올라갔다. 그해 스위스 방문의 주목적은 다른 때와는 달리 베르너오버란트와 쥐라Jura산맥 주변 사진 촬영과 관광이었다.

윔퍼에게 등반에 대한 야망이 다시 불타오르던 시기인 1874년에 또 하나의 오랜 인연이 시작되었다. 독일의 고고학자 하인리히 슐리만 Heinrich Schliemann은 터키의 히사를리크Hisarlik 언덕에서 유적 발굴 작업에 몰두하고 있었다. 히사를리크 언덕은 슐리만이 호메로스시대의 트로이 유적이 발굴될 것이라고 강력히 주장하던 곳이었다. 존 머리는 슐리만이 트로이 유적 발굴에 관해 쓴 첫 저서의 영어판을 출간하기로 계약했다. 앞서 출간한 책에서 사진을 사용했다가 만족스럽지 못한 경험을 한 슐리만은 프리아모스왕의 트로이라고 믿게 하려던 유적지와 자신이 발굴한 유물들을 목판화로 제작하는 비용을 손수 부담하겠다고 나섰다. 윔퍼는 이 책에 들어갈 전면 삽화 12점을 판각했는데, 그중 한 점이 슐리만이 소위 '프리아모스의 보물'이라고 명명한 정교한 판화였다. 윔퍼는 그때부터 10년간 영어로 출간된 슐리만의 모든 저서에 들어갈 삽화를 도맡았다. 고고학에 투신하기 전까지 사업가였던 슐리만은 야심이 크고 수단과 방법을 가리지 않는 자기 홍보의 귀재였다. 그는 자신이 발견한 유물을 자신이 발견할 것이라고 주장하던 호메로스시대의 그리스 이야기에 끼워 맞추기 위해서라면 무슨 짓이든 서슴지 않았다. 1874년 말에 출간된 영어판 『트로이와 트로이 유적Troy and its remains』은 뜨거운 찬사를 받았다. 슐리만은 이 책의 완성도에는 만족했지만, 후일로 갈수록 윔퍼와 조사이어의 판화에 대단히 까다롭게 굴면서 아테네 자택에서 수정사항을 잔뜩 적은 편지를 줄줄이 보내곤 했다.[21]

이 무렵 윔퍼 공방은 정신없이 바쁘게 돌아갔다.『레저 아워』의 편집장인 제임스 매콜리가『보이스 오운 페이퍼The Boy's Own Paper』와『걸스 오운 페이퍼The Girl's Own Paper』라는 정기 간행물을 창간했는데, 윔퍼는 이 두 잡지를 위해 그림으로 꾸민 제호를 디자인했을 뿐만 아니라 곧 두 잡지에 실릴 원고도 제공하게 되었다.[22] 당시 윔퍼 공방의 판화가 얼마나 높은 수준이었는지는『요제프 볼프의 삽화로 보는 야생동물의 삶과 습성The life and habits of wild animals, illustrated by designs by Joseph Wolf』이라는 책에서 여실히 드러난다. 이 책은 윔퍼와 조사이어가 사실상 출판의 전 과정을 직접 진행하다시피 했다는 점에서 특히 긍지를 느낀 작품이었다. 윔퍼 부자는 적어도 리빙스턴의『남아프리카 전도 여행기』때부터 박물화가 요제프 볼프와 꾸준히 협업했는데, 그들은 볼프의 작품을 — 그리고 자신들이 판각한 작품을 — 세상에 널리 알리고 싶었다. 윔퍼 부자는 삽화에 어울리는 산문을 함께 엮어 책으로 출간할 생각으로 볼프에게 전면 삽화 크기의 동물 그림 20점을 의뢰했다. 이 그림들은 1867년에 완성되었지만, 윔퍼의 그린란드 원정과 알프스 책 때문에 오랫동안 묵혀 있었다. 윔퍼 부자는 이 책의 삽화를 적절하게 배치하고, 삽화를 판각하고, 글을 의뢰하고, 책을 인쇄하는 일을 모두 직접 진행했다. 윔퍼는 1872년에 코펜하겐에서 돌아온 직후에 알렉산더 맥밀런Alexander Macmillan에게 이 책의 위탁출판을 요청했다. 이처럼 거의 출판업자 역할을 다 하면서도 다른 유명 출판업자의 이름을 빌려 출판하는 일은 달지엘 형제 공방에서도 자주 할 정도로 당시에는 흔한 관행이었다. 윔퍼 부자는 유명한 출판업자의 이름과 그의 유통망을 빌리는 대신 출간 작업에 필요한 일들을 직접 하고 모든 위험도 직접 감수했다. 특대 2절판으로 고급스럽게 장정한 이 책은 볼프의 삽화뿐만 아니라 윔퍼와 조사이어의 판각 기술도 엿볼 수 있는 아주 귀중한 자료다.『더 타임스』는 이 책을 일컬어 "삽화들은 그림으로도 훌륭할 뿐만 아니라 판각 기술의 표본으로도 똑같이 칭송할 만한 아름다운 책"이라면서 "소재 선택이 매우 탁월하다."라고 호평을 쏟아냈다. 서평자는 이 책이 그때까지 윔퍼 부자가 한 작업 중에서 최고의 역작이라고 생각했으며 "이에 필적할 만한 작품은 그 어디에서도 찾기 어려울 것"이라며 극찬을 아끼지 않았다.[23] 알렉산더 맥밀런은 뉴욕 지사로 책을 보냈는데, 그곳에서 "당신의 등반기"만큼 호평을 받지는 못했지만 자신이 보기에는 "책이 아름다워서 성공할 것"이라고 윔퍼에게 전했다.[24]

1851년 런던 만국박람회가 개최된 이후 이를 모방한 박람회가 줄을 이었다. 프랑스 정부는 프로이센과의 전쟁 패전과 파리 코뮌으로 인한 혼란스러운 정국을 수습했음을 과시하고자 파리에서 '만국박람회'를 개최하기로 했다. 1878년 여름 동안 파리의 샹드마르스Champs de Mars 광장에 세워진 거대한 궁전에는 전시품이 빼곡히 들어찼다. 조사이어는 셰익스피어의 고향인 스트랫퍼드어폰에이번Stratford upon Avon

『요제프 볼프의 삽화로 보는 야생동물의 삶과 습성』(1874)에 수록된 물수리. 요제프 볼프가 원화를 그리고 윔퍼 부자가 판각했다. 윔퍼는 그린란드에서 그림에 나온 것과 유사한 물수리 표본 한 종을 수집해 왔는데, 이것은 "그 나라에서 수집된 것으로 알려진 유일한 표본"이었다.

을 그린 수채화 작품 한 점을 전시했고, 요제프 볼프도 수채화 작품 몇 점을 전시했다. 윔퍼도 삽화 몇 점을 출품했는데, 인쇄출판 부문에서 은상을 받는 영예를 안았다. 윔퍼는 몇 년 동안 편지지 상단에 이 내용을 언급했을 정도로 공적인 인정을 받았다는 사실에 몹시 기뻐했다. 박람회에 참가한 영국인 심사위원 중에 조지프 후커와 존 길버트가 있었던 만큼, 윔퍼는 이들과의 개인적인 인연으로 덕을 본 셈이었다.

조사이어가 은퇴를 고민하던 시기와 맞물려 공방으로 의뢰되는 목판화 일감은 점점 더 늘어났다. 이는 인도 북부에 있는 남동생들이 강력한 동기를 제공했음에도 윔퍼가 히말라야 원정을 계획하지 못한 결정적인 원인이었을 것으로 보인다. (새뮤얼은 1877년에 머리에서 일을 시작해 1879년에는 관리자로 승진했다.) 슐리만의 트로이 책과 미케네 책 외에도, 윔퍼는 존 카셀이 1876년부터 1879년에 걸쳐 다섯 권으로 출간한 『픽처레스크 유럽Picturesque Europe』에 들어갈 수백 점의 판화도 맡았다.[25] 이 책에 들어간, 자연 풍경과 건축물, 픽처레스크한 명승지를 더없이 정교하고 아름답게 그린 삽화들은 윔퍼의 작품 중에서도 특히 수작으로 손꼽히며, 실로 금속판화의 정교함에 버금갈 만큼 성숙기에 오른 판각 기술을 보여주는 훌륭한 예이다.

윔퍼가 고용한 판각공들은 모든 삽화를 공동으로 작업했다. 인물과 하늘, 전경, 건축물, 자연 풍경을 각기 다른 판각공이 나누어 맡았다는 뜻이다. 제작은 윔퍼가 총괄했다. 밑그림을 감수하고, 세부를 손질하고, 판화가 완벽하게 찍혀 나오는지 확인했으며, 필요한 곳은 직접 판각하기도 했다. 카셀 출판사에서 의뢰받은 이 작업으로 윔퍼는 아마도 몇 년간 거의 쉴 틈이 없었을 것이다.

1878년 말에 윔퍼는 건강이 나빠져 — 거의 틀림없이 과로를 밥 먹듯이 한 탓일 텐데 — 한동안 집 밖을 나가지 못했다.[26] 마침내 1879년에 여행을 가기로 결단을 내렸을 때는 준비 시간이 부족하다 보니 아마도 상대적으로 거리가 가까운 남미 대륙이 인도 히말라야보다 준비 과정이 한결 수월하리라 생각했던 것 같다. 어디로 갈지 확정은 못하고 있었지만, 페루와 볼리비아, 칠레 쪽은 전쟁이 일어난 터라 윔퍼는 고심 끝에 목적지를 에콰도르로 정했다.

에콰도르는 1830년에 독립국이 되었지만, 놀랍도록 다양한 지형과 자연에 대한 탐사는 그때까지 산발적으로만 이루어졌다. 1530년대에 이 땅을 차지한 스페인 정복자들은 식민지 영토에 200년 동안 외부 여행자의 출입을 허락하지 않았다. 1735년 프랑스 과학원은 지구의 모양을 놓고 벌어진 첨예한 국제적 논쟁에 종지부를 찍고자 자국 회원들로 구성한 과학 탐사대 두 팀을 각각 적도지방과 극지방으로 파견하기로 했다. 영국의 아이작 뉴턴은 지구가 완전한 구체가 아닌 극 쪽이 납작하고 적도 쪽이 불룩한 타원체라고 생각한 반면, 프랑스 과학자들은 극 쪽이 더 불룩하다는 입장을 고수했다. 프랑스 국왕 루이 15세는 자신의 숙부인 스페인 국왕 펠리페 5세를 설득해 과학 탐사대가 자오선을 따라 위도 1도의 길이를 측정할 수 있도록 적도에 있는 스페인의 식민지 영토에 들어가도 좋다는 허락을 받아냈다. 또 이듬해에는 두 번째 탐사대를 극북 지역인 라플란드Lapland 지역으로 파견했다.

최고참 학자인 루이 고댕Louis Godin과 피에르 부게Pierre Bouguer, 샤

로마 티투스 황제의 개선문. 『픽처레스크 유럽』(1876-1879)에 판화로 수록되었다.

를 마리 드 라 콩다민Charles Marie de La Condamine은 조수 7명을 데리고,
그들을 호위하라는 임무를 받은 스페인 장교 후안Juan과 우요아Ulloa를
동반한 채 1735년에 배를 타고 남미로 떠났는데, 이들 중 어느 누구도
10년 이내에 고국 땅을 다시 밟지는 못했다. 에콰도르의 수학자이자
지도 제작자인 페드로 비센테 말도나도Pedro Vicente Maldonado까지 합류
한 탐사대는 키토를 중심으로 양옆에 남북으로 뻗은 두 산맥을 오르내

영국해협에 있는 저지섬Jersey Island의 포틀렛만Portelet Bay. 『픽처레스크 유럽』(1876~1879)에 판화로 수록되었다.

리며 지독한 고난과 역경을 딛고 2년에 걸쳐 약 300킬로미터에 달하는 자오선의 길이를 삼각측량법으로 측정해냈다. 키토 근교에 있는 피친차산Mount Pichincha에서는 4,200미터 이상 고지에서 삼각측량을 위해 무려 23일간 야영을 강행했다. 산을 내려온 후에 부게와 라 콩다민은 눈 덮인 코라손Corazón을 등정했는데, 코라손 정상의 높이는 4,790미터로 그때까지 어느 유럽인보다 높이 올라간 기록이었다. 키토에서 3년이 지났을 때 피에르 모페르튀이Pierre Maupertuis가 라플란드 지역에서 이미 위도 1도의 길이를 측정하는 데 성공해 뉴턴이 옳았음을 증명 했다는 소식이 들려왔다. 라 콩다민은 측정한 자오선이 위도 몇 칸에 걸쳐 있는지 알아내기 위해 그때부터 2년을 더 바쳐 놀라우리만치 정확한 천문 관측을 한 다음, 말도나도와 함께 안데스산맥에서부터 대서양까지 아마존강을 따라 내려간 네 번째 — 혹은 다섯 번째 — 탐사대가 되었다. 그들은 가는 곳마다 지도를 제작하고 일지를 기록했다. 라 콩다민은 떠난 지 10년 만에 파리로 돌아와 모페르튀이가 지구의 모양과 관련해 7년 전에 발견한 사실을 뒷받침하는 결과를 발표할 수 있었다. 비록 결과 발표는 뒷북치기가 되어버렸지만, 라 콩다민은 에콰도르 곳곳을 정확하게 측량해내고, 그때까지 유럽에 알려지지 않았던 고무나무와 백금, 기나나무를 이용한 말라리아 치료법에 대한 지식을 들여오는 공을 세웠으며, 세계에서 가장 높은 산인 침보라소를 보았다는 확신에 차 있었다.

탐사대의 다른 대원들은 신세계에서 각기 다른 엇갈린 운명을 맞았다. 루이 고댕은 스페인 정복자들의 요청에 떠밀려 리마Lima에 있는 한 대학에서 수학을 가르치다가 16년 만에 가족의 곁으로 돌아올 수 있었다. 조수로 따라간 이들 중에서 쿠플레Couplet는 말라리아로 죽고, 기술자였던 모렝빌Morainville은 비계가 무너지는 사고로 죽었으며, 의사였던 세니에르게Senièrgues는 투우장에서 한 소녀를 둘러싼 시비에 휘말려 관중들에게 살해당했다. 식물학자였던 쥐시외Jussieu는 지금은 볼리비아 영토에 속하는 포토시Potosí의 은광에서 몇 년간 의사로 일하다가 써놓은 논문 일체, 즉 평생 쌓아 올린 식물 연구자료를 몽땅 잃어버린 끝에 향수병에 걸린 채 35년 만에 파리로 돌아왔다. 라 콩다민의 조수였던 측량사 장 고댕Jean Godin(루이 고댕의 사촌동생)은 나이 어린 에 콰도르인 여자와 결혼해 네 아이를 낳은 뒤 처자식을 데리고 프랑스로 돌아갈 방법을 궁리하다가, 콜롬비아의 카르타헤나Cartagena까지 육로로 이동하는 대신 라 콩다민의 루트를 따라 아마존강으로 내려가기로 했다. 떠날 때만 해도 장 고댕은 루트를 정찰한 후에 되돌아가서 처자식을 데려올 수 있으리라 믿었지만, 다시 아마존을 거슬러 올라가는 일은 불가능했다. 사면초가에 갇힌 무기력한 장 고댕의 처지, 유럽 열강들 사이의 정치적 알력 다툼, 통행을 쉽게 허락지 않는 적대적인 정글로 인해 그의 아내 이사벨 고댕이 몸소 원대한 여정을 거쳐 프랑스령 기아나에 있는 남편과 재회한 것은 무려 21년 후였다. 38년 만에 장 고댕은 아내와 함께 프랑스로 돌아와, 초로에 접어들었지만 아주 유명해진 라 콩다민과 재회할 수 있었다. 윔퍼는 이사벨 고댕의 모험 — "의심할 나위 없이 지금까지 여성의 몸으로 해낸 가장 주목할 만한 여행" — 에 깊은 감명을 받아 그녀를 주제로 기고문을 썼다.[27] 라 콩다민과 말도나도가 파리에서 출판한 에콰도르 지도는 윔퍼가 원정을 준비할 당시 사실상 유일한 지도였으며, 라 콩다민이 남미에서의 경험담을 재미있게 서술한 책은 에콰도르에 관한 정보를 얻을 수 있는 몇 안되는 귀중한 자료 중 하나였다.[28]

스페인 식민지에 프랑스 학자들 다음으로 발길이 허락된 과학 탐험가는 독일인 알렉산더 폰 훔볼트Alexander von Humboldt였다. 훔볼트는 1799년에 카르타헤나에서 키토까지 육로로 이동했으며, 현지인 한 명

영국 더비셔Derbyshire주에 있는 치토Chee Tor. 『픽처레스크 유럽』(1876-1879)에 수록되었다.

을 데리고 침보라소에 도전했다. 훔볼트는 5,800미터 이상 고지까지 도달했다고 생각했는데, 에콰도르에 빙하가 없다는 다소 흥미로운 주장도 내놓았다. 훔볼트는 등반 루트에 대한 자세한 설명을 남기지 않았지만, 윔퍼는 그가 말한 수치를 면밀히 분석한 끝에 그가 5,500미터 — 당시에는 여전히 엄청난 높이였지만 — 를 넘지 못한 것이 거의 확실하다는 결론을 내렸다. 1859년에 숨을 거둘 때까지도 훔볼트는 침보라소가 세계에서 가장 높은 산이라는 믿음을 버리지 않은 채 이렇게 말했다. "모든 필멸의 존재 중에서 세상에서 가장 높은 곳에 올라간 인간이 바로 나였다는 생각을 나는 살면서 한시도 잊은 적이 없다."[29] 훔볼트는 주변 세계를 포괄적이고 종합적인 접근법으로 바라보았으며, 지리학에 과학적 접근법을 시도하면서 가는 곳마다 생물 종을 분류하고 현장에서 직접 조사한 수치들을 바탕으로 데이터의 패턴을 비교했다. 비글호를 타고 항해할 때 훔볼트의 여행기를 읽고 또 읽은 다윈은 훔볼트를 가장 위대한 과학 탐험가로 손꼽으며 다음과 같은 말을 남겼다. "나는 오직 훔볼트를 읽기 위해 지금 여기 있다. 그는 마치 또 하나의 태양처럼 내가 보는 모든 것을 비춘다."[30]

더글러스 프레시필드는 윔퍼에게 그 얼마 전 에콰도르의 코토팍시를 등정하고 돌아온 독일 외교관 막스 폰 틸만Max von Thielmann을 소개해주었다. 두 사람이 만난 장소는 벨기에의 오스탕드Ostende였다. 그날은 일요일이었는데, 윔퍼는 토요일에 일을 마치고 야간 페리를 타고 약속 장소로 갔다가 다시 야간 페리를 타고 월요일 아침에 런던으로 돌아왔다. 틸만은 윔퍼에게 에콰도르에서 만나볼 만한 사람을 몇 명

기압계를 만지고 있는 프랑스 학자의 모습을 담은 웜퍼의 판화. 『적도의 대산맥 안데스 여행기』(1892)에 수록되었다.

소개해주었지만, "에콰도르 사람들은 런던 토박이들만큼이나 산에는 문외한입니다."라는 말도 덧붙였다.[31] 틸만은 에콰도르에 몇 년간 체류하면서 지도 제작과 측량 작업을 한 빌헬름 라이스Wilhelm Reiss와 알폰스 스튀벨Alphons Stübel이라는 두 독일 과학자 이야기도 해주었다. 독일의 드레스덴Dresden에 사는 스튀벨 박사는 기꺼이 웜퍼를 만날 의향이 있었다. 당시 웜퍼가 바쁜 탓에 만남은 성사되지 않았지만, 스튀벨 박사는 아직 출간되지 않은 에콰도르 원고를 웜퍼에게 보내주는 호의를 베풀었다.

웜퍼는 어렵게 모은 지식들을 철저하게 활용했다. 헨리 베이츠는 웜퍼에게 식물학자 리처드 스프루스Richard Spruce에 대해 알려주었다. 스프루스는 1840년대에 베이츠와 월리스를 따라 아마존강을 탐험한 인물로, 열대우림에서 10년간 식물을 채집한 후에는 안데스산맥을 넘어 에콰도르로 이동해 5년간 채집 작업을 계속했다. 키토에 있던 거래 은행이 파산하면서 15년간 식물 채집으로 모은 돈을 몽땅 날린 스프루스는 윔퍼가 편지를 보낸 시점에는 1년에 100파운드씩 받는 연금에 기대 생활하고 있었다. 윔퍼는 침보라소에 있는 한 빙하에 스프루스의 이름을 붙였다.[32] 당시 영국산악회 회장은 외무장관에게 윔퍼에 대한 지원을 요청하는 서한을 보냈다. "저는 장관께서 … 더없이 자격이 출중한 탐험가의 더없이 흥미진진한 원정을 도와주시기를 간청합니다."[33] 윔퍼는 키토 주재 영국 총영사 프레더릭 해밀턴Frederick Hamilton 앞으로 쓴 소개장과 과야킬Guayaquil 주재 영국 영사 조지 체임버스George Chambers 앞으로 쓴 소개장을 받을 수 있었다.

윔퍼는 알프스의 가이드 세 명을 에콰도르로 데려갈 생각이었다. 선발 기준을 특별히 정해놓지 않았지만 스페인어를 구사하는 사람이면 좋겠다고 생각했다. 장 앙투안 카렐은 원래 윔퍼가 1순위로 염두에 둔 사람은 아니었다. 훗날 일기와 편지에서 자주 언급한 바에 따르면, 윔퍼는 샤모니에 있는 가이드 사무국에 남미에 갈 자원자를 구해달라고 요청했다. 그로부터 몇 년 후, 걸출한 가이드이자 등반가였던 에밀 레이Emile Rey와 체르마트에서 맥주를 마신 날 윔퍼는 일기에 다음과 같이 썼다. "그에게 내가 안데스에 데려가고 싶어 했다는 이야기를 들어본 적이 있느냐고 물었다. 그는 금시초문이라고 답했다."[34] 한두 해쯤 후에 샤모니에 갔을 때 가이드 에두아르 쿠프랭Edouard Cupelin이 한 말을 윔퍼는 이렇게 전하고 있다. "그는 나와 함께 남미에 가고 싶어 했지만, 아내의 출산이 임박한 시점이었던지라 이웃들에게 '아내가 그런 상황일 때 미쳤다고 미개인들한테 잡아먹히러 가느냐!'라는 핀잔을 들었다고 말했다."[35] 이러한 반응은 아마도 윔퍼의 요청에 대한 가장 흔한 반응이었을 것이다. 1879년까지만 해도, 1868년에 카프카스산맥으로 원정을 떠난 더글러스 프레시필드와 아돌푸스 무어를 제외하고 전문 가이드를 데리고 유럽이 아닌 다른 대륙으로 원정등반을 떠나는 일은 없었기 때문이다. 보수적인 알프스의 가이드들에게 지구 반대편에 있는 미지의 고산으로 떠나는 1년짜리 원정은 분명 위험천만한 일로 느껴졌을 것이다. 아무도 수락하지 않자 윔퍼는 직접 나서 장 앙투안 카렐에게 접근했다. 카렐은 갈 수 있다면 영광이라고 말했지만, 보조 가이드는 "내가 믿을 수 있는 사람", 즉 자신의 사촌동생인 루이 카렐이 되어야 한다는 조건을 붙였다.[36] 출발이 불과 몇 주일 앞으로 다가온 9월까지도 에콰도르에 갈 가이드가 확정되지 않았다. 윔퍼는 여전히 스페인어를 할 수 있는 사람을 원했고, 카렐은 사촌동생도 같이 가야 한다는 고집을 꺾지 않았다. 윔퍼는 "고약한 성미를 입증한" 카렐을 대신할 만한 사람을 이리저리 수소문했지만, 끝까지 구하지 못해 결국 에콰도르에서 조수를 한 명 더 찾아보기로 타협을 본 후에 장 앙투안 카렐과 루이 카렐이 동행하는 것으로 확정되었다.[37] 윔퍼는 카렐 형제에게 주급 2파운드를 주기로 하고, 정상 등정에 따른 성공 보수 및 경비 일체에 대한 지원도 약속했다.(장 앙투안 카렐이 애주가임을 잘 알고 있었을지라도 술값은 포함되어 있지 않았다.)

윔퍼는 램버스 집을 비우는 동안, 당시 런던의 셰퍼드 부시 Shepherd's Bush에서 빈민구제 활동에 열중하던 여동생 엘리자베스에게

엘리자베스 윔퍼(1848~1935).

(사진: 마이클 페터 제공)

집 관리를 부탁했다. 평생 독신으로 산 엘리자베스는 의지가 매우 굳은 윔퍼 가문 사람의 전형이었으며, 인도에 사는 여자 조카들이 영국에 올 때면 아주 엄하게 훈육하던 무서운 고모이기도 했다. 조사이어가 세상을 떠나기 전까지 엘리자베스는 런던의 가난한 노동자 계급의 삶을 개선하는 데 헌신했다. 인도에서 양조업을 하던 남자 형제들의 직업을 감안할 때는 매우 얄궂게도 엘리자베스와 애넷은 둘 다 절대금주협회의 부회장이었다. 엘리자베스는 오빠 윔퍼와 사이가 별로 좋지 않았지만, 언제나 마터호른 초등을 가문의 영광으로 생각했다. 헨리의 막내딸 에밀리Emily는 영국에 갔을 때 엘리자베스 고모가 윔퍼 삼촌이 오른 산의 이름을 물었을 때 대답을 못 하면 엉덩이를 때렸다고 기억했다.

엘리자베스와 남자 형제들과의 관계가 서먹해진 이유는 아마도 절대금주를 열렬히 지지한 그녀의 신조 때문일 것이다. 헨리의 둘째 딸 애넷Annette은 저녁마다 위스키 한 잔을 즐겨 마시는 남편과 함께 헤이슬미어 집을 방문했을 때를 기억했다. 처고모의 싸늘한 반응을 보고 싶지 않았던 애넷의 남편은 밤마다 빈 술병을 쓰레기통 맨 밑바닥에 쑤셔 넣었다. 엘리자베스는 토요일 밤마다 헤이슬미어 시내에서 금주 모임을 열었는데, 하루는 그 지역 담당 쓰레기 수거원이 관중석 뒤편에서 이렇게 외쳤다. "부인, 댁에 있는 쓰레기통 안을 한번 보세요."[38] 런던에서 빈민구제 활동을 마치고 헤이슬미어로 돌아온 엘리자베스는 구세군 정위가 되었다. 윔퍼는 엘리자베스보다는, 오빠를 우상으로 여기는 막내 여동생 애넷과 평생에 걸쳐 훨씬 더 가깝게 지냈다. 전도지 협회와 가문의 연줄을 이용해 책을 낸 오빠들의 뒤를 따라 애넷은 우화집을 출간하고, 종교 이야기를 담은 책과 경험을 바탕으로 인도에서의 선교 활동에 대한 조언을 담은 책도 출간했다.[39]

출발 날짜를 확정한 윔퍼는 9월부터 10월까지 매일 새벽 두서너 시까지 일했다. "사람들은 내가 탐험할 시간이 남아도는, 기가 막히게 운이 좋은 사람이라고 생각할 테지!"[40] 윔퍼는 인쇄소에 보낼『마터호른 등정기』신판 작업을 맹렬한 속도로 마무리했고, 슐리만이 트로이 신간에 관해 끊임없이 요구해대는 사항들을 처리하는 한편(윔퍼는 9월에 존 머리의 사무실에서 슐리만을 직접 만났다.) 필요한 과학 기구를 모으고, 장비를 미리 부치고, 편지를 쓰는 등 에콰도르 원정을 위한 만반의 준비도 동시에 해나갔다. 윔퍼는 카렐 형제가 런던에 도착했을 때 거의 얼굴을 볼 틈도 없었던 것 같다. 출발 전날에는 남동생 윌리엄과 함께 편지를 쓰고 유언장을 작성하느라 밤을 꼬박 새웠다. 윌리엄은 윔퍼 가문의 일원 중에서 가장 평범한 삶을 산 인물로, 17세에 런던 왕립보험회사Royal Exchange Assurance에 입사해 45년 후에 총무이사로 퇴직했다. 평생 템스디턴에서 살았으며, 별난 기질이 있는 형제들이 벌려놓은 재정 문제를 꼼꼼하게 처리해주는 해결사 역할을 도맡았다. 특히 윔퍼는 여행 중에는 윌리엄에게 재정 문제를 일임했다. 아테네에서 날아오는 슐리만의 부탁과 재촉, 불만은 아버지에게 인계했다. 슐리만이 존 머리에게 "제가 실수를 모조리 지적해서 돌려보낸 일리움 노붐Ilium Novum 지도에 대해 윔퍼는 또 묵묵부답입니다."라고 써서 보냈을 때쯤, 그가 지목한 탐험가는 지구 반대편에 있는 마차치Machachi라는 작은 마을에서 쉬고 있었다.[41]

16

해발 2만 피트

전날 밤을 꼬박 새운 윔퍼는 남동생 윌리엄의 배웅을 받으며 1879년 11월 3일 오전 7시 반에 집을 나서 워털루역으로 향했고, 그곳에서 장 앙투안 카렐과 루이 카렐을 만났다. 윔퍼는 이번 원정에 막대한 돈은 물론이고, 훨씬 더 중요하게는 개인적인 야망 전부를 쏟아부었다. 겨우 스물여섯 살에 처음 그린란드로 떠났을 때만 해도 윔퍼의 목표는 그리 구체적이지 않았다. 그 나라를 두루 구경하고, 발견한 것들을 수집해 오고, 자신의 능력을 확인하는 것 정도였다. 그때까지도 혈기 왕성한 젊은이다운 세계관으로 세상을 보았던 그는 머나먼 오지를 방문해서 지리학적·과학적·예술적 성과를 거두어 오면 자신의 사회적 지위를 높일 수 있다는 희망에 차 있었다. 반쯤은 운이 나빴던 탓이고, 반쯤은 로버트 브라운이 비협조적인 태도로 나온 탓이었는데, 윔퍼는 그린란드 원정을 통해 여행을 한다고 해서 항상 가치 있는 성과를 거둘 수는 없다는 깨달음을 얻을 수 있었다. 1872년의 목표는 좀 더 소박했

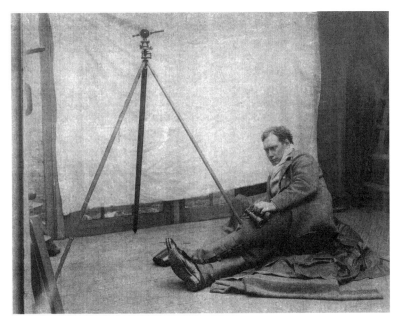

경위의를 옆에 놓고 찍은 윔퍼의 초상사진. 에콰도르로 출발하기 직전 런던에서 윔퍼가 직접 촬영한 사진이다. (© Alpine Club Picture Library)

다. 요컨대 두 번째 그린란드 원정의 주목적은 그 나라에 다시 가서 그 곳에 있는 친구와 지인들을 만나는 것이었다. 그러나 이번 에콰도르 원정은 훨씬 더 정성 들여 준비한, 더욱 야심 차고 헌신적인 계획이었 다. 이것은 그의 위대한 발걸음이었고, 역사에 길이 빛날 중요한 업적 을 남겨야 하는 원정이었으며, 실제로 그렇게 되었다. 윔퍼의 에콰도 르 원정은 그의 이름을 당대 최고의 고산 탐험가로 빛나게 하고 불후 의 명저를 낳게 하지만, 끝날 줄 모르는 악조건 속에서의 필사적인 고 군분투를 예고하고 있었다.

사우샘프턴역에 도착한 윔퍼는 뜻밖에도 클레먼츠 마컴과 마주쳤 다. 그는 사촌동생 앨버트 마컴을 윔퍼에게 소개해주었다. 앨버트는 조지 네어스가 이끈 영국 북극점 원정대의 부지휘관이었고, 북극점 도달에 도전했다가 실패한 썰매 탐험조를 직접 지휘한 인물로, 당시 영국 군함 트라이엄프호의 지휘관으로 부임하러 페루로 가는 중이었다. 두 사람은 과야킬까지 함께 이동했다. 웜퍼의 일기에는 사람들과 어울려야 할 때마다 겪은 자신감 부족 증세와 앨버트처럼 자부심 넘치는 해군 지휘관의 눈에 자신이 어떻게 비칠지 우려하는 마음이 은연중에 드러나는 반면, 앨버트가 훗날 웜퍼에게 보낸 편지들에는 친밀감과 우정이 담겨 있다. 앨버트는 북극 원정 당시 디스코만 일대를 돌며 고드하운과 리텐뱅크(둘 다 웜퍼가 잘 아는 곳이다.)를 방문했는데, 웜퍼와 친분이 있는 덴마크인 총독 크라루프 스미스와는 처음에 북진할 때도, 1년 후에 귀환할 때도 만났다고 했다. 앨버트와 이야기를 하다 보니 문득 편지가 쓰고 싶어졌던지, 웜퍼는 마르가레테 크라루프 스미스 앞으로 "2년치 편지의 답장에 해당하는 매우 긴 편지"를 써서 카리브제도Caribbean Islands에 내렸을 때 그린란드로 부쳤다.[1]

사우샘프턴항에서 파나마로 이동하는 데는 영국 왕립우체국 증기선 돈호를 이용했다. 웜퍼는 자신이 탈 자리는 일등실로, 카렐 형제가 탈 자리는 이등실로 예약했다. 웜퍼는 폰트프랙트Pontefract 지역구 하원의원이자 왕립우체국 회장인 휴 차일더스Hugh Childers 옆자리에 앉게 되었는데, 그는 웜퍼에게 스위스에서 산을 몇 번 올라보았다고 말을 건넸다.* 휴 차일더스, 앨버트와 함께 선장의 식탁에서 저녁을 먹은 웜

---

* 휴 차일더스(1827~1896)는 1868년부터 윌리엄 글래드스톤William Gladstone 내각에서 해군본부 위원회 수석위원을 지낸 인물로, 길버트William Gilbert와 설리번Arthur Sullivan이 공동 창작한 오페라 『군함 피나포어HMS Pinafore』에 등장하는 조지프 포터 경Sir Joseph Porter의 실제 모델로 추정된다.

퍼는 기분 좋은 동행을 만났다고 생각했다.(그들과 포도주 값을 나누어 낼 수 있었다.) 틸만의 조언에 따라 윔퍼가 '출항하는 배 안에서 해야 할 일' 중 제일 윗줄에 적어놓은 항목은 '스페인어 공부'였지만, 윔퍼의 스페인어는 절대 귀동냥 수준을 넘지 못했다. 윔퍼에게는 과학 기구를 점검하고, 페루와 에콰도르 관련 도서를 읽고, 프랑스 학자들의 활약상을 공부하고, 『레저 아워』에 싣기로 한 기고문 두 편을 쓰고, 밀린 편지를 읽고, 하루 3시간씩 갑판을 산책하는 일이 새로운 언어를 익히는 일보다 더 흥미로웠다. 여섯 번째로 해야 할 일은 카리브제도까지 항해하는 내내 뱃멀미에 시달린 '카렐 형제 위로해주기'였다.[2] 항구를 떠난 지 일주일이 되던 날, 윔퍼는 다음과 같이 기록했다. "카렐 형제는 여전히 뱃멀미가 심해 아무것도 하지 못하고 있다. 의무감에 하루에 서너 번씩은 찾아가지만, 내 시간을 이렇게 쪼개려니 상당히 성가신 일로 느껴진다." 바닷물 수영이 원기를 회복하는 데 도움이 된다는 설득은 그 두 사람에게 씨알도 먹히지 않았다.[3] 윔퍼에게는 곤혹스러운 일이었는데,

> 늘 그렇듯이 승객 대다수는 교양 없는 무지렁이들이었고, 원체 목적의식이라는 게 없는 사람들인지라 뱃멀미와 카드놀이, 소설책 읽기와 잡담으로 시간을 보냈다. 이런 소일거리들은 전부 내 눈에는 백해무익해 보인다.[4]

훗날 앤 블런트Anne Blunt의 아랍 여행에 관한 글을 쓸 때는 그녀가 한 족장의 하렘*을 방문한 대목을 읽고 경악을 금치 못했다. "하루 종일 무

---

* 일부다처제인 이슬람 사회에서 여자들의 거처를 이르는 말 — 옮긴이

얼 하세요?' 블런트 여사가 물었다. '우리는 궁전에서 살아요.' … '그래도 시간을 보내려면 무언가는 하시겠죠?' '아무것도 안 해요.'"[5] 윔퍼로서는 상상도 할 수 없는 세상이었다.

보름 후에 배는 버진아일랜드Virgin Islands에 잠시 들렀다가, 아이티의 수도 포르토프랭스Port au Prince에 정박했는데("일설에 따르면, 아이티는 무정부 상태가 계속되고 있다고 한다."[6]) 바다가 잔잔해지자 카렐 형제의 상태도 한결 나아졌다. 자메이카의 수도 킹스턴Kingston에 들른 날에는 체르마트에서 윔퍼를 만난 적이 있다고 주장한 도킨스Dawkins 대령과 앨버트가 둘이서만 급히 — 윔퍼가 소외감을 느낄 수밖에 없는 방식으로 — 나가버리는 바람에 윔퍼는 카렐 형제와 함께 하루를 보내야 했다. 셋이서 뉴캐슬 위쪽에 있는 세인트앤스피크St. Anne's Peak에 올라가 보려고 했지만, 뜨거운 적도의 열기는 동네 술집으로 발길을 돌리게 했고, 임페리얼 에일 맥주를 몇 병 들이켜고 나자 더 이상의 등반은 불가능했다.

결국 이렇게 장 앙투안 카렐과 그의 사촌동생 루이 카렐이 조수로 따라온 마당이었으므로 윔퍼는 감정을 배제하고 사무적인 태도로 두 사람을 대했다. 이 둘은 윔퍼에게 고용된 입장이었고, 탐험을 하는 대가로, 그것도 알프스에서 전문 가이드로 입지를 공고히 하는 데 득이 될 수밖에 없는 탐험을 하는 대가로 후한 보수를 받고 있었다. 윔퍼와 장 앙투안 카렐은 서로 안 지 거의 20년이 되었지만, 두 사람의 기질은 극명하게 달랐다. 석공으로 고된 육체노동을 하며 간간이 알프스에서 가이드 일을 하던 카렐은 쉴 수 있을 때 쉬는 것을 중요하게 생각했다.

반면 머리를 쓰는 일에 종사하는 윔퍼는 끊임없이 다음에 할 일을 생각하는 유형이었다. 윔퍼가 카렐 형제에게 기대하는 바는, 공방에 고용된 판각공이나 함께 일하는 인쇄공, 잉크 제조공, 제지공, 제도공, 화가, 출판업자에게 그가 기대하는 바와 똑같았다. 아버지의 내력을 이어받은 윔퍼는 정당한 보수를 주는 대신 성의 있는 일 처리와 최상의 결과물을 기대했다. 윔퍼는 두 형제를 정중하고 호의적인 태도로 대했지만, 항상 공적인 태도를 유지했다. 장 앙투안 카렐과 윔퍼는 단도직입적이고 좀처럼 속내를 겉으로 드러내지 않는 성격 면에서는 서로 닮은 데가 있었다. 윔퍼는 카렐이 무표정한 얼굴로 던지는 건조하고 신랄한 농담을 아주 좋아했고 에콰도르 원정 이야기를 책으로 쓸 때 그런 농담은 끼워 넣었지만, 일기에 적어놓은 카렐에게 느낀 분노와 짜증은 그 어디에도 공개하지 않았다. 윔퍼가 다른 사람 앞에서 카렐 형제를 깎아내리는 행동을 한 번도 하지 않았음은 자명한 사실이다. 오히려 원정을 끝내고 유럽으로 돌아왔을 때 에콰도르에서 두 사람이 어떤 활약을 하고 얼마나 큰 기여를 했는지 알리려고 최선을 다했다. 하지만 그들과의 동행은 윔퍼에게 쉽지 않은 일이었다. 윔퍼는 자신의 수많은 관심사 중에서 어느 하나에라도 관심이 있는 다른 여행자를 만났을 때 좀 더 편안함과 즐거움을 느낄 수 있었다.

루이 카렐은 사촌형보다 눈치가 빠르고, 자기가 해야 할 역할에 대한 인식이 높았으며, 이동과 야영을 할 때면 각종 허드렛일을 도맡았다. 윔퍼는 루이 카렐의 이런 점을 높이 평가했다. 쉰 살의 장 앙투안 카렐이 담배를 피우거나 포도주 한두 잔을 조용히 즐길 수 있는 시간에, 밖으로 나가서 딱정벌레나 잠자리, 잉카 도자기 따위를 채집해 오라는 웜퍼의 말을 순순히 받아들였을 것 같지는 않다. 에콰도르에 있는 동안 웜퍼는 카렐과의 관계나 마터호른에 얽힌 그 어떤 감정도 표출하지 않았다. 웜퍼는 안데스 여행기를 집필할 때 대중성을 의식해 일부 통속적인 요소를 가미하기는 했지만, 마터호른에서 벌어진 치명적인 쟁탈전을 신파적으로 암시하는 요소는 넣지 않았다. 카렐은 마터호른의 그림자 밑에서 한평생을 살아온, 애국심이 강한 남자였다. 그런 카렐로서는 우연들이 겹쳐 일어난 일련의 사건들 속에서 '나의 산'이라고 여겼던 그 산에 영원히 새겨진 이름이 자기 이름이 아닌 웜퍼의 이름이었다는 사실을 한시도 잊어본 적이 없었을 것이다.

당시 파나마는 작은 허리케인이 휩쓸고 지나간 지 며칠 되지 않은 때였다. 선장은 기상 조건이 좋아질 때까지 콜론Colon에 배를 대려고 하지 않았고, 웜퍼의 인내심은 바닥을 드러냈다. 게다가 겨우 배에서 내렸을 때는 그리 좋지 않은 소식마저 기다리고 있었다. 파나마 지협Panama Isthmus을 가로질러 파나마시티Panama City로 이어지는 철로가 홍수에 유실되었다는 소식이었다. "술독에 빠져 산다는 소문이 자자한 상냥하고 풍만한 여인"이 운영하는 그 마을 유일의 호텔에서 앨버트와 웜퍼는 같은 방에 머물면서 초조한 기다림을 시작했다.[7] 웜퍼는 카렐 형제에게 조개껍데기를 채집해 오라고 지시한 후에 앨버트와 함께 마을 주변을 둘러보고는, 콜론을 "픽처레스크하지 않다고 말할 수 없는" 곳이라고 생각했다. 웜퍼는 그곳에 서식하는 다양한 야생동물 — 참게, 이구아나, 나비, 벌새, "특이하게 생긴 황새", "한 자 길이의 도마뱀"

윔퍼가 1869년에 직접 찍은 사진을 바탕으로 판화로 제작한 장 앙투안 카렐의 초상화. 『알프스 등반기』(1871)에 수록되었다.

등 — 에 넋을 빼앗겼다.[8]

철로가 수리되려면 보름 정도는 더 기다려야 한다는 이야기가 들려왔다. 솟구치는 짜증을 간신히 억누른 윔퍼는 카렐 형제와 함께 철로를 따라 올라가서 상황을 직접 살펴보기로 했다. 콜론에서부터 철로를 따라 6킬로미터쯤 걸어가자 침수된 지점이 나왔다. 세 사람은 웃통을 벗어 서로의 몸을 묶고(물살 때문이었다.) 바지와 운동화를 흠뻑 적신 채 피켈을 꽉 움켜쥐고 물에 잠긴 철로를 따라 계속 나아갔다. "참으로 우스꽝스럽기 그지없는 모습이었다."[9] 곧 철로가 유실된 지점에 다다랐는데, 그곳에서 목격한 광경에 윔퍼는 대경실색하지 않을 수 없었다.

> 이것을 고치고 있어야 하는 아홉 명쯤 되는 장정들은 앉아서 파이프 담배를 피우고 있었고, 감독하는 사람도 태연히 그 꼴을 보고만 있었다.[10]

윔퍼는 배를 타면 다음 도시인 가툰Gatun까지는 이동할 수 있지만 그보다 멀리 갈 수는 없다는 사실과 어찌 되었든 가툰에는 먹을 것이 하나도 없다는 두 가지 사실을 확인할 수 있었다. 주요 다리는 모두 떠내려가고 파나마시티까지 이어진 전신망도 망가져 있었다. 윔퍼는 암담한 심정으로 콜론으로 돌아와 기다려야 했다. 당시 파나마 지협을 가로지르는 운하 건설 계획이 이미 착수된 터라 윔퍼는 곳곳에서 페르디낭드 레셉스Ferdinand de Lesseps의 기술자들과 마주쳤다.* 윔퍼는 훗날 파나마 운하에 대해 회의적인 논조의 기고문을 실으면서 다음과 같은 견해를 피력했다.

> 투자할 돈이 있는 사람들은 분명 그 돈을 똑같이 확실하게, 하물며 더 쉽게 날려버릴 방법이 있다는 생각을 품게 될 것이다. 바로 대서양 한복판에 던져버리는 것이다.[11]

---

* 소액 투자자들의 자금을 모아 설립한 한 프랑스 회사에서 재정 지원을 받은 페르디낭 드 레셉스는 1881년에 파나마 운하 건설에 착수했으나, 황열병으로 수많은 인명 피해가 발생해 완공이 지연되면서 회사는 파산에 이르고, 운하 건설 계획은 미국인들의 손으로 넘어갔다. 파나마 운하는 1914년에 개통되었다.

콜론에 남아 있던 돈호의 승객들은 파나마 지협을 건널 방안을 모색하기 위해 윔퍼를 회사 측과 상대할 대변인으로 선출했다. 윔퍼가 가져온 소식을 들었음에도 항해사 기질이 발동한 앨버트는 직접 배를 타고 지협을 건너보려고 시도했지만 실패했다. 공교롭게도 윔퍼가 콜론에 발이 묶인 시점은 콜롬비아의 독립기념일 주간과 겹쳤고, 그가 투숙한 호텔 창밖에는 밤샘 축제를 위해 커다란 천막이 설치되었다. 축제는 나흘간 이어졌다.

> 저녁이 되자 콜론에 있는 모든 선남선녀가 이 밑으로 모였다. 소처럼 목 놓아 울고 늑대처럼 울부짖으면서, 요란한 몸짓과 천박한 말투에 괴기스럽고 익살맞은 온갖 행동으로 콜롬비아의 독립기념일을 축하하기 위해서였다.[12]

새벽 2시에는 북과 트롬본 반주에 맞춰 "고막을 괴롭히는" 노랫소리가 시작되었다. 새벽 4시에는 온 도시의 개들이 짖는 소리로 바뀌었다. 이 소리는 돼지들을 자극했고, 돼지들은 "돼지 멱따는 소리"를 질러댔다. 질 높은 수면은 윔퍼가 남미에 머무는 동안은 포기해야 할 호사였다.

콜론에서 기다린 지 열흘 만에 철도 운행이 재개되었다. 윔퍼는 파나마시티로 가는 첫 기차에 세 좌석을 확보했다. 기차에서는 동승한 승객 새뮤얼 그리핀Samuel Griffin 대위와 함께 즐거운 시간을 보냈다. 미국인인 그리핀 대위는 30년 전에 프랭클린 탐험대를 찾으러 북극에 간 적이 있어 그린란드 해안에 대해 잘 알았으므로 "우리는 할 이야기가 넘쳤다."[13] 차그레스강Chagres River에 놓인 다리를 건너는 데는 거의 한

나절이 걸렸다. "보따리를 풀었다. 맥주와 … 뇌조를 먹고 마시며 즐거운 시간을 보냈고 … 악어 사냥에 몰두했다." 기차에서 벌인 술잔치로 풍경의 단조로움을 조금은 달랠 수 있었는데, "초기 스페인 탐험가들이 태평양을 보았을 때 느꼈을 황홀감을 이해할 만하다."[14]

증기선을 타고 과야킬로 가는 동안 윔퍼는 남미의 야생동물과 좀 더 친해질 수 있었다. "나는 크기가 푸들 강아지만 한 바퀴벌레를 선실에서 쫓아냈다. 한바탕 추격전 끝에 그놈을 수건으로 생포했다."[15] 바퀴벌레는 필사적으로 몸부림을 친 끝에 배 밖으로 던지려는 윔퍼의 손아귀에서 기어코 탈출했고, 그 모습은 갑판 위에 있는 사람들에게 큰 웃음을 선사했다. 과야킬에 도착하니 영국 영사 조지 체임버스가 기다리고 있었다. 그는 해밀턴으로부터 윔퍼의 편의를 봐주라는 부탁을 받았다고 말했다. 윔퍼는 체임버스에게 앨버트를 소개했고, 카렐 형제와 더불어 체임버스의 저택에서 숙박했다. 윔퍼는 체임버스의 환대에 매우 흡족해했던 것으로 보이지만, 카렐 형제는 음식에 대해 끊임없이 불평을 쏟아냈다.

에콰도르 원정에서 윔퍼가 가장 중요하게 생각한 목표는 높이 6,310미터*의 에콰도르 최고봉 침보라소였다. 18세기 프랑스 학자들은 침보라소의 높이를 측량한 후에 이 산이 세계 최고봉이라고 선언했고, 이러한 믿음은 19세기까지도 그대로 이어졌다. 라 콩다민이 4,700여 미터까지 오르기는 했지만, 침보라소에 대한 본격적인 첫 도전은 1803년 알렉산더 폰 훔볼트의 등반이었다. 침보라소가 세계 최고봉

---

* 침보라소의 해발고도를 6,268미터로 보기도 한다. ─ 옮긴이

이라는 훔볼트의 의견은 상당히 오랫동안 널리 믿어졌고, 영국의 여류 시인 엘리자베스 배럿 브라우닝Elizabeth Barrett Browning이 쓴 장편 서사시 「오로라 리Aurora Leigh」도 이 믿음을 퍼뜨리는 데 한몫했다. "… 몇 미터나 / 침보라소 산은 히말라야보다 높이 솟았을까."[16] 1831년에는 프랑스인 부상고Boussingault와 미국인 홀Hall이 두 번째 도전에 나섰다. 두 사람도 훔볼트와 마찬가지로 자신들이 오른 고도를 좀 더 높게 계산해 6,000미터까지 도달했다고 주장했다.* 훔볼트의 등반과 부상고의 등반에 관한 자료를 꼼꼼히 분석한 윔퍼는 곧 그들이 소위 등반 속도와 하산 속도라고 주장한 속도가 알프스의 훨씬 낮은 고도에서 자신의 평균 속도보다 빠르다는 사실을 알게 되었다. 부상고는 48년 전에 한 등반의 세부사항을 잘 기억하지는 못했지만, 윔퍼에게 건투를 기원하는 편지를 보내주었다. 그 편지는 윔퍼가 에콰도르로 떠나기 직전에 도착했다. 1856년에 프랑스인 레미Remy와 영국인 브렌츨리Brenchley는 침보라소의 정상에 도달했지만 안개가 너무 두껍게 끼어 주위 전망은 전혀 보지 못했다고 주장했다. 윔퍼는 그들이 물의 끓는점을 기준으로 계측한 고도에 심각한 오류가 있다고 생각했다. 왜냐하면 물의 끓는점으로 계측한 고도는 거의 틀림없이 오류가 있었기 때문이다.[17]

그때까지 히말라야에서 침보라소보다 더 높은 고도에 오른 사람은 있었지만, 6,000미터가 넘는 독립 봉우리를 등정한 사람은 없었다.†

---

* 홀은 이 등반을 끝내고 나서 얼마 후 키토에서 살해당했다.

† 지금은 남미 토착민들이 칠레와 아르헨티나 접경지대의 북부에 솟은, 눈은 없지만 침보라소보다 훨씬 더 높은 봉우리의 정상에 올랐다는 사실이 알려져 있다. 1950년에는 아메리카 대륙 최고봉인 아콩카과Aconcagua, 6,962m 정상에서 동물 사체가 발견되었는데, 이는 잉카인들이 아콩카과 정상에 올라가 동물을 제물로 바쳤을지도 모른다는 사실을 암시한다.

배가 항구에 진입함에 따라 윔퍼는 그린란드를 처음 보았을 때 뾰족한 산들이 눈앞에 나타났던 것처럼, 눈에 덮인 거대한 안데스 봉우리들이 안개 속에서 서서히 나타나기를 기대하고 있었다. 그러나 적도를 통과한 날의 일기에는 "큰 산은 하나도 보이지 않았다."라고 적혔고, 다음 날은 "침보라소는 보이지 않았다."라고 적혔다.[18] 윔퍼는 등반 대상지를 보고 싶은 마음이 간절했지만, 이런 일기는 그다음 주까지도 반복되었다. 그때부터 에콰도르에 머문 여덟 달 내내 큰 변화는 없었다. 그들이 오르려고 찾아온 산의 모습은 깨끗한 호텔 방보다도 더 보기가 힘들었다. 파나마시티에서 과야킬로 이동할 때 탄 증기선의 선장은 바다 생활 13년을 통틀어 침보라소를 딱 두 번 보았다고 말했다. 18세기 프랑스 학자들을 감시하는 임무를 맡았던 스페인 장교 후안과 우요아는 침보라소의 높이를 6,584미터로 측정했다. 60년 후에 훔볼트가 계산한 높이는 6,529미터였다. 비야비센시오Villavicencio가 1859년에 계산한 높이는 6,419미터였다. 라이스와 스튀벨이 계산한 높이는 6,309미터였으며, 윔퍼가 계산한 높이는 6,248미터였다. 윔퍼는 반어적으로 "침보라소가 가라앉고 있다는 명백한 증거가 있다."라고 요약했다.[19]

윔퍼는 체임버스가 추천해준 페링Perring을 통역사 겸 조수로 고용했다. 페링은 몇 년 전에 에콰도르로 이주한 영국인이었다. 윔퍼 일행은 체임버스가 침보라소 위에서 축배주로 마시라고 준 부르고뉴산 포도주 열 병 남짓을 받아들고, 증기선을 타고 강 상류 쪽에 있는 보데가스Bodegas까지 이동했다. 미리 전갈까지 띄워 노새를 예약해두었건만,

"노새들은 물론 준비가 되어 있지 않았다."[20] 그들은 가마솥처럼 푹푹 찌는 더위 속에서 노새 열 마리를 끌고 내륙 안쪽에 있는 침보라소를 향해 출발했다. 잠은 탐보*tambo라는 곳에서 해결했다. 기본적인 숙박 시설이라지만 판잣집에 가까운 경우가 허다했으며, 거의 예외 없이 벌레가 득실거렸다. 첫날 밤에 윔퍼가 일기에 남긴 말은 다음과 같았다. "나중에 자료로서 가치가 있을까 싶어 각종 벌레를 병에 넣었다. … 자정이 넘어가자 촛불 주변에 더는 벌레가 꼬이지 않았다. 벌레들도 자러 간 모양이다."[21] 탐보에서 잔 둘째 날 밤에는 원주민이 머리에서 골라낸 이를 그대로 입속에 넣고 씹어 먹는 모습을 보고 나서 그에게 산 채로 잡아먹힐까 봐 두려워 잠을 이루지 못했다고 적었다.

윔퍼는 에콰도르에 도착한 지 일주일 만에 침보라소의 모습을 잠깐이나마 처음 볼 수 있었다. 침보라소와 해안선 사이에 가로놓인 산맥을 넘고 있을 때였는데, 그에게 이 원대한 목표물을 처음 본 것보다 더 놀라웠던 부분은 이 산맥의 존재 자체였다. 어떤 지도에도 나와 있지 않은 산맥이었기 때문이다. 당시 활용할 수 있는 지도라고는 말도나도와 라 콩다민이 100년 전에 수집한 자료를 토대로 비야비센시오가 만든 지도뿐이었다. 윔퍼는 이 지도 앞에 "매우 창의적"이라는 수식어를 붙였다.[22] 그때까지 알려진 적이 없는 산맥을 발견한 윔퍼는 에콰도르 지도를 직접 만들어야 할 필요성을 느꼈다.

과란다Guaranda에 도착한 윔퍼 일행은 경찰서장이 제공해준 빈집에 여장을 풀었다. 해발 2,700여 미터 높이에 자리한 과란다는 크기를

---

* 잉카의 건축물로, 군대의 보급품을 넣어두는 창고나 여행자용 숙소 기능을 했다. ─ 옮긴이

떠나 침보라소에서 가장 가까운 마을이었는데, 침보라소 정상이 처음으로 깨끗하게 보여 윔퍼와 장 앙투안 카렐은 망원경을 꺼내 들고 산을 관찰했다. 그리 가파르지는 않았지만 얼음지대를 통과하려면 꽤 오랜 시간이 걸릴 듯했다. 윔퍼의 눈에는 오른쪽에 있는 루트가 가장 좋아 보였지만, 카렐은 왼쪽에 있는 루트가 더 마음에 든다고 했다. "주된 이유는 — 지금까지 파악한 바로는 — 내가 다른 쪽을 더 마음에 들어 했기 때문이다."[23] 카렐 형제는 일행 전체를 산으로 올리기 전에 그 루트를 좀 더 정찰해보고 싶다고 말했다. 윔퍼는 꼭 필요한 일인지 확신하지 못했지만 어쨌든 허락했다. 카렐 형제는 사흘 동안 4,900여 미터까지 올라갔다 와서는 "이쪽이 확실합니다."라고 말했다.[24] 윔퍼는 과란다에서 한나절 동안 사진을 찍다가 페링에게 "픽처레스크한 사람들"을 모아오라고 보냈는데, 페링은 "인정사정없이 거칠게 사람들을 끌고 왔다."[25] 사진 모델로 끌려온 사람 중에는 겁에 잔뜩 질린 원주민 할머니도 있었다. 할머니는 집행을 멈춰달라고 빌었고, 이 모습을 본 구경꾼들은 즐거워했다. 윔퍼는 카렐 형제가 정찰을 끝내고 돌아온 다음 날 바로 침보라소로 떠날 생각이었다. 하지만 그날은 성탄절 전날이었고, 에콰도르인 중에 성탄절을 포기하려는 사람은 없었다. 윔퍼는 딱정벌레를 채집해 오라고 카렐 형제를 내보낸 후에 성탄절 카드를 썼다. 12월 25일의 날씨는 매우 화창했다. 깨끗하게 보이는 침보라소를 바라보며 그들은 루이 카렐이 준비한 칠면조구이와 훈제한 돼지고기, 스테이크, 가금류 고기, 샐러드, 감자로 만찬을 즐기며 보르도산 포도주 몇 병을 비웠다. 지역 사제가 찾아와 원정대의 축복을 빌어주었고,

윔퍼의 몸에는 생애 처음으로 성수가 뿌려졌다. 다음 날 아침도 역시 화창했다. 윔퍼는 한시라도 빨리 출발하고 싶어 새벽 5시에 일어났지만, 그 후 7개월 동안 윔퍼를 괴롭히게 되는 에콰도르식 삶의 한 단면과 마주쳤다.

> 노새와 노새몰이꾼을 비롯해 이 시간에 이곳에 와야 하는 사람들 중 단 한 사람도 나타나지 않았다. … 어떤 사람들에게는 미덕으로 평가되는, 시간 엄수라는 덕목은 에콰도르에서는 어떤 경우에도 절대 빠져서는 안 될 악덕으로 여겨진다.[26]

노새 14마리, 노새몰이꾼 3명, 마지못해 끌려 나온 원주민 2명과 함께 윔퍼 일행은 보름달을 조명 삼아 약 4,300미터 고지에 막영지를 꾸렸다. 윔퍼가 "잘 먹이고 잘 챙겨줬다."라고 생각한 원주민 2명은 밤사이 줄행랑을 쳐버렸지만, 약 5,000미터 고지에 제2막영지를 세울 수 있었다.[27] 그리 가파른 오르막도 아닌 데다 노새까지 이용하고 있었는데도 윔퍼와 카렐 형제는 극심한 두통을 느꼈고 마른기침이 터져 나왔다. 윔퍼로서는 놀랍게도, 그가 게으른 인간이라고 생각한 조수 페링은 다른 이들이 겪는 어떤 증상도 보이지 않았다. 윔퍼는 에콰도르에 가기 전에 카프카스산맥에 가본 등반가들 ― 더글러스 프레시필드, 아돌푸스 무어, 크로퍼드 그로브, 호러스 워커 등 ― 로부터 가능한 모든 정보를 입수하고자 애썼지만, 고도가 인체에 미치는 영향은 당시에는 거의 밝혀지지 않았다. 윔퍼는 단숨에 100미터도 걸을까 말까 한 페링 같은 게으름뱅이가 아무렇지도 않은 상황에서 왜 카렐 같은 경험 많은 등반가가 그런 증상을 겪는지 이해할 수 없었다.

당시 윔퍼는 체력과는 무관하게 시간의 흐름에 따라 조금씩 이루어지는 고소순응이라는 개념을 알지 못했다. 윔퍼와 카렐 형제가 한 것처럼 그렇게 빨리 고도를 올리면 언제나 문제가 생긴다. 윔퍼는 죽을 때까지 고도가 일으키는 문제가 무엇인지 완전히 이해하지 못했다. 언제나 '희박한 공기'를 언급하며, 공기 중의 산소량이 감소하는 것보다는 기압이 낮아지는 것이 문제라고 생각했다. 마른기침, 일반 감기와 비슷한 증상들, 희박한 공기 때문에 모두 마실 물을 간절히 원했지만, 호흡 곤란과 조리 여건 때문에 갈증을 잠재울 만큼 충분한 물을 만들 수가 없었다. 다들 두통이 가라앉기를 바라며 한나절 내내 누워 있는 사이 루이 카렐이 음식을 준비했다. 윔퍼는 포도주를 연료로 쓸 수 있는 작은 스토브를 가지고 있었지만, 이것은 연료 효율이 낮아서 최후의 수단으로 남겨놓아야 했다. 노새를 이용해 장작을 제2막영지까지 올린 이유도 그 때문이었다. 그곳에서 구할 수 있는 식수는 눈 녹인 물뿐이었다.

카렐 형제는 4,900여 미터까지 올라갔다가 과란다로 돌아왔을 때 약간은 고소순응이 된 상태였지만, 제2막영지에만 있었던 윔퍼는 여전히 극심한 두통에 시달리고 있었다. 카렐 형제는 정찰을 하러 위쪽으로 올라갔다. 아침에는 날씨가 좋았지만 느닷없이 눈과 우박이 떨어지기 시작했다. 등반 여건이 한 번이라도 좋아질지 윔퍼는 궁금해했다. "이러한 여건에서 몸 상태가 나아질 가능성은 거의 없다. 이렇게 텐트 속에 처박혀 있으면 두통이 낫기는커녕 더 심해지리라."[28] 카렐 형제는 어둠 속에서 페링과 윔퍼가 외치는 소리를 길잡이 삼아 텐트까지 휘청거리며 걸어왔다. 두 형제의 모습에는 지친 기색이 역력했다.

> 나는 최선을 다해 먹게 했고, 그날 밤에는 자초지종을 캐묻지 않
> 았다. 그렇게 끔찍한 밤은 처음이었다. 그들이 내는 앓는 소리, 뒤
> 척이는 소리, 기침 소리, 담배를 피우고 술을 마시려고 부스럭대는
> 소리 때문에 수면은 아예 불가능했다. 나는 오후 6시 반부터 오전
> 6시 반까지 매시간 정시와 30분마다 여행용 시계가 울리는 소리
> 를 하나도 빼놓지 않고 들었다. 그들은 상당히 높은 곳까지 올라
> 갔었다고 한다.[29]

카렐 형제는 5,800미터 이상 올라갔지만, 내려온 후에는 설맹과 두통
으로 꼼짝도 하지 못했다. 윔퍼의 두통은 "여전히 참기 힘들지만 조금
나아진" 상태였다. 윔퍼는 프랑스인 마르세Marcet 박사가 조언해준 대
로 퀴닌과 염소산칼륨을 복용했다. 윔퍼가 약을 내밀자 루이 카렐은
고맙게 받았지만, 장 앙투안 카렐은 윔퍼가 제안하는 치료법이라면 덮
어놓고 거부했다. 안데스 책을 집필할 때 윔퍼는 장 앙투안 카렐이 포
도주 — 특히 적포도주 — 를 만병통치약으로 고집하는 모습과 그가
인간 지성에 대한 모욕이라고 생각하는 '약에 대한 혐오를 농담의 소
재로 이용했다. 그렇지만 당시에는 몸 상태를 회복할 생각이 없는 카
렐에게 짜증이 솟구쳤다.

> 그는 평생 약을 먹어본 적이 없으며, 앞으로도 절대 먹지 않을 것
> 이다. 어떤 사람들에게는 괜찮을 수 있지만 — 사람마다 체질이
> 다르기는 한데 — 그는 이런 내용을 잘 이해하지 못했다. 나는 이
> 런 설명을 무한정 반복해야 했다.[30]

폭설이 내리고 땔감이 떨어져 갔다. 윔퍼는 1879년의 마지막 날 밤에 따뜻하고 쾌적한 유치장에서 안락함을 누리는 꿈을 꾸었다.

> 간밤에 텐트 안이 얼마나 끔찍하게 추웠던지. 근처에 근린방해를 단속하러 다니는 사람이 있어 건장한 걸인*으로 나를 연행해 가서, 마른 볏짚 위에서 잠을 자게 해주고 가만히 있어도 수프 한 사발을 가져다주면 참 좋겠다는 생각을 떨칠 수가 없었다.[31]

윔퍼는 런던에서 어마어마한 양의 통조림을 비롯해 에콰도르에서 구할 수 없는 여러 가지 물품을 선편으로 부쳤지만, 신선한 과일과 채소, 고기는 현지에서 눈에 띄는 대로 조달했다. 산에서 야영할 때면 아침으로는 우유에 탄 코코아와 비스킷, 햄 통조림, 소고기 통조림 또는 양고기 통조림을 먹었고, 점심으로는 육수가 들어간 수프, 비스킷, 아침과 똑같은 소고기 통조림 또는 양고기 통조림, 건포도를 먹었으며, 저녁은 간단히 차와 비스킷, 수프로 해결했다. 카렐 형제는 햄 통조림을 먹지 않지만, 윔퍼는 햄 통조림이 훌륭한 식단이라고 생각했다. 비스킷은 남아돌았다. 카렐 형제가 항상 신선한 빵만 찾았기 때문이다. 캔에 든 연유는 갈색으로 변했지만 "상한 것 같지는 않았다."[32]

그들은 호흡 곤란과 마른기침, 극심한 두통에 시달리며 사흘 연속 세차게 휘몰아치는 눈보라와 우박 속에서 사투를 벌인 끝에 5,300미터 고지에 제3막영지를 세울 수 있었다. 그리고 이곳에서 6박을 했는데, 윔퍼는 그날 적은 일기에 훗날 다음 문장을 추가했다. "지금까지 그

---

* 노동력이 있는 빈민을 뜻하는 말로, 당시 영국에서 이런 빈민의 구걸 행위는 법으로 금지되었고, 노역을 거부하면 처벌했다. ─ 옮긴이

렇게 높은 고도에 올라가서 일부러 그렇게 오랫동안 야영한 사람은 없었으리라."[33] 기온이 영하 10도까지 내려가는 곳에서 그들은 과야킬에서 사 온 두꺼운 모직 판초와 양모로 짠 양탄자, 마른 풀로 속을 채운 범포지 주머니로 침구류를 대신했다. 윔퍼에게는 얼스터코트와 밤에 입는 드레스 가운뿐만 아니라 "가장 유용한 물건으로, 주로 입고 잔" 두꺼운 모직 스웨터도 있었다.[34] 또한 카렐 형제가 언제나 텐트 가운데의 가장 따뜻한 자리를 차지했다는 말도 적어두었다.

1880년 1월 3일 새벽 5시 반, 윔퍼와 카렐 형제는 얼어붙은 텐트를 뒤로하고 침보라소 1차 등정 시도에 나섰다. 그들은 2시간 만에 300미터 정도 고도를 올렸지만, 능선을 가로질러 툭 튀어나온 바위 띠 부분(윔퍼는 이곳을 '십자 바위'라고 명명했다.)에 이르자 살을 에는 듯한 매서운 바람이 몰아쳤다. 윔퍼는 포기할 마음이 전혀 없었고, 장 앙투안 카렐은 철수에 대한 책임을 지려 하지 않았다. 하지만 약간의 실랑이와 돌파 시도 끝에 윔퍼는 곧 이러한 조건에서는 등반이 불가능함을 깨달았다. 윔퍼는 훔볼트가 이쪽으로 접근했다면, 등반가도 아니었던 그가 이 바위 구간을 넘을 수는 없었을 것이라는 확신이 들었다. 그들은 오전 8시 반쯤 텐트로 돌아왔고, 그런대로 안식일을 지킬 수 있었다.

그다음 날은 새벽 4시에 맞춰놓았던 알람이 울리지 않아, 윔퍼는 자고 있던 카렐 형제를 깨워야 했다. 오늘날 침보라소를 오르는 등반가들은 동이 틀 무렵에 정상에 도달한 다음 눈이 녹기 전에 하산하기 위해 보통 자정 직후에 대피소('윔퍼 대피소'라는 이름이 붙어 있다.)에

등에 수은 기압계를 메고 침보라소 정상의 심설을 헤치며 앞장선 장 앙투안 카렐의 모습. 『적도의 대산맥 안데스 여행기』(1892)에 수록되었다.

서 출발하지만, 오늘날의 등반가에게는 윔퍼에게 없었던 건전지로 작동하는 헤드램프가 있다. 당시 윔퍼가 사용할 수 있는 유일한 광원은 유리에 넣은 초롱불뿐이었는데, 이것은 윔퍼가 늘 챙겨 다니던 장비는 아니었다. 에콰도르 고산지대의 밤은 보통 춥고 맑다가 새벽이 되면서 구름이 끼는데, 윔퍼와 카렐 형제는 동트기 훨씬 전에 출발한 적이 없었기에 맑은 아침의 덕을 거의 보지 못했다. 청명한 하늘 아래 침보라소 2차 등정 시도를 위해 오전 6시가 지나자마자 텐트를 뒤로한 그들은 곧 전날 오른 최고점을 통과했다. 9시 반이 되었을 때도 하늘은 여전히 맑았다. 그들은 멀리 구름 사이로 보이는 바다가 태평양이라고 생각했다. 그때까지 눈 상태는 양호한 편이었지만, 드문드문 스텝을 깎아야 하는 구간이 나타났다. 그들은 11시를 갓 넘긴 시각에 거의

6,100미터에 이르는 평평한 설원에 도달해, 곧 정상에 닿을 수 있으리라 생각했다. 그러나 정상까지는 6시간이 더 걸렸다.

침보라소 정상에는 두 개의 봉우리가 있는데, 어느 것이 더 높은지 알지 못했던 윔퍼와 카렐 형제는 거리가 더 가까운 서봉으로 올라갔다. 시간은 이미 정오가 된 터라 두꺼운 구름이 몰려오기 시작했고, 설원에는 발이 푹푹 빠지는 깊은 눈이 가득 쌓여 있었다. 지난 며칠간 내린 굳지 않은 눈에 세 사람은 거의 파묻힐 지경이었다. 앞으로 나아가는 유일한 방법은 시간이 얼마나 걸리든 눈을 다진 다음 그 위로 기어가는 것뿐이었다. 발밑에 단단한 것은 아무것도 밟히지 않았다. 윔퍼는 깊이를 알 수 없는 크레바스 밀집지대에 들어섰을까 봐 겁을 집어먹었지만, 다행히 단지 굳지 않은 눈인 것으로 밝혀졌다. 간신히 첫 번째 정상에 도달하고 보니 멀리 있는 동봉이 더 높았다. 윔퍼는 카렐 형제에게 돌아가도 좋다고 말했으나, 카렐 형제는 악전고투를 계속해 주봉인 동봉까지 나아가, 오후 5시경에 에콰도르 최고봉에 발자국을 찍었다. 이것은 유럽인이 최초로 등정한 6,000미터가 넘는 봉우리였다. 물론 기록으로도 인간이 최초로 올라간 고도가 분명했다. 정상까지 오르는 데 총 11시간이 걸리다 보니 해가 지기 전까지는 1시간 반 정도밖에 남아 있지 않았다. 영하 10도의 혹한을 견디며 윔퍼는 장 앙투안 카렐이 나무통에 넣어 등에 메고 올라온 수은 기압계를 삼각대에 세운 뒤에, 배를 깔고 엎드려 침보라소의 정확한 고도를 알려줄 눈금을 읽었다.

에콰도르 원정 때 윔퍼는 '등반 기록'이라는 제목을 붙인 노트를 가지고 다녔다. 각 등반에 대한 세부 정보 — 정상의 특징, 등정자의 이름, 바람, 기온, 식생, 동물을 비롯한 다양한 항목 — 를 적기 위해 미리 칸을 쳐두었는데, 가장 넓은 칸의 제목에는 '정상에서 본 전망 중에 가장 큰 특징 적기'라고 적혀 있었다. 침보라소의 등반 기록에는 윔퍼가 애써 적는 수고를 한 다른 등반 기록과 마찬가지로 "안개!"라는 단 한 단어가 적혀 있었다.[35] 정상에서 20여 분을 머문 그들은 눈 위에 다져 놓은 길을 따라 설원을 도망치듯 서둘러 하산했다. 광원이 없었으니 6,000미터 고지에서의 비박은 아예 고려 대상이 아니었다.

> 설원을 완전히 빠져나오는 데 거의 1시간이 걸렸다. 그때부터 우리는 필사적으로 달렸다. 그날 밤 막영지까지 가느냐 못 가느냐는 어둠이 깔리기 전에 십자 바위를 통과할 수 있느냐 없느냐에 달려 있었기 때문이다. 우리는 어둠이 깔리기 전에 가까스로 십자 바위 앞에 도착했지만, 그곳을 완전히 통과하기 전에 어둠이 깔렸다. 십자 바위를 통과하자 막영지의 모닥불이 보였고, 페링이 애타게 외치는 소리가 들렸다.[36]

그들이 텐트 안으로 비틀비틀 기어들어 간 시각은 9시경이었다. 온종일 거의 휴식도 없는 강행군이었다. 산 위로 챙겨간 보급품은 건포도와 비스킷, 소고기 통조림과 부르고뉴산 포도주 한 병(체임버스가 과야킬에서 챙겨준 것이다.)이 전부였다. 윔퍼는 비록 얼굴이 붓고 갈라지기는 했지만 아무도 고도로 인한 영향을 심하게 받지 않았다고 생각했다. 카렐 형제는 이따금 고글을 벗은 탓에 눈에 염증이 생겼다. 이튿날 아침 루이 카렐이 발에 동상이 걸렸다고 말했지만, 윔퍼는 아무것도 하지 않고 종일 텐트에서 쉬려는 핑계일 뿐이라고 생각했다. 장 앙투안 카렐은 자기 전에 브랜디 반병까지 마셨는데도 끄떡없었다. 윔퍼는 체임버스와 프레더릭 해밀턴, 앨버트 마컴, 과란다의 경찰서장 앞으로 편지를 써서 노새몰이꾼에게 들려 보냈다.[37] 해밀턴은 답장에서 "해발 5,000미터가 넘는 고지에 있어 접근조차 할 수 없는 산 위에 텐트를 치고 그런 높은 고도에서 차분히 편지를 써서 부치는" 남자와 소통하는 어려움에 대해 불평 아닌 불평을 쏟아냈다.[38]

윔퍼는 기압을 측정하고, 경위의로 각도를 재고, 고도가 인체에 미치는 영향을 관찰하기 위해 다시 한번 정상에 올라가 좀 더 오래 머물 생각이었다. 윔퍼는 카렐 형제를 텐트 밖으로 몰아내고 싶었는데, 차분히 기록을 정리하고 싶었기 때문이기도 했지만 "정말 지독해진 그들의 냄새 때문"이기도 했다. 윔퍼는 "그들이 몸을 씻은 적이 있다고는 믿지 않는다."라고 적었다.[39] (윔퍼는 보름 후에 카렐이 생애 처음으로 발을 씻었다고 기록했다.) 카렐 형제는 다시 올라가자는 말에 완강하게 거부 의사를 표명했다. 루이 카렐의 발은 심각한 동상이 진행되고 있었고, 추운 날씨가 싫었던 장 앙투안 카렐은 삭신이 쑤신다고 불평했다. 윔퍼는 과학 활동을 하지 못하게 발목을 잡는 카렐 형제에게 짜증이 났지만, 본인도 심한 치질에 걸렸다는 사실을 이내 알게 되었다. 카렐 형제가 제2막영지로 장비를 내리는 동안 윔퍼는 기회를 틈타,

> 내 몸을 직접 진찰했는데, 무섭게도 대장이 빠져나올 기세였다. 어찌해야 할지 모르겠다. … 해발 5,300미터에서 이 몸으로 통증을 견디며 내려갈 수 있을까? 종일 텐트 안에서 누워만 있었다. 섬

없이 우박이 후두두 떨어지는 소리에도 영 기운이 나지 않았다.[40]

웜퍼는 제2막영지로 기어 내려가 사람들을 모두 하산시키고 그곳에 혼자 남았다. 측정 작업을 마저 끝내고 등반 루트를 사진으로 찍겠다는 "헛된 기대" 때문이었다. 웜퍼는 그곳에서 2박 3일을 머물며 낮이면 제3막영지로 올라갔다. "안개가 짙게 끼고 바람이 불고 춥고 험악한 날씨였다. 나는 2시간 동안 각도를 겨우 세 개밖에 측정하지 못하고 낙심한 채 내려왔다."[41] 날씨는 험악하고 음식도 직접 챙겨 먹어야 했지만, 웜퍼는 소용돌이치는 안개와 거대한 빙하와 부서진 암벽이 자아내는 묵시록적 분위기에 둘러싸여 해발 4,900여 미터 고지에서 혼자 보낸 이틀 밤을 만끽했다.

> 빙하를 위에서 내려다볼 때 그 모습은 위대한 화가의 작품을 연상하게 할 정도로 장엄하다. 아래로는 설원지대가 보이고, 그 뒤로는 산 넘어 산이 겹겹이 펼쳐지고, 봉우리들 사이에서 화전을 일구는 연기가 피어오르고, 먼 곳으로 갈수록 희미하다.[42]

웜퍼는 추키포키오Chuquipoquio에 있는 탐보("끔찍한 장소")에서 일행과 다시 합류했고, 그곳에서 한 명 한 명의 건강 상태를 확인했다. 루이 카렐의 발가락은 "위험하게 생각할 정도는 아니지만" 검게 변하고 물집이 잡혀 거의 걸을 수 없는 상태였다. 루이 카렐은 침보라소 등반 때 게이터를 차지 않아 웜퍼를 상당히 거슬리게 했으며, 깊은 눈에 발이 다 젖어버려 동상에 걸렸다. 장 앙투안 카렐은 똑바로 걷지 못하고 비틀거렸다.

여기에 술을 마실 만한 더 좋은 시설이 있었다면, 그는 분명 폭음을 했으리라. 하지만 바스Bass라고 불리는 술이 여기서는 한 병에 4실링, 브랜디는 한 병에 8실링 6펜스였기 때문에 나는 그가 술을 양껏 마셨으리라고는 생각하지 않는다.

윔퍼는 간신히 장 앙투안 카렐에게 아편 팅크와 칡을 먹이는 데 성공했다. "그는 언제나 자신의 만병통치약인 포도주를 원했다."[43] 윔퍼의 상태도 좋지 않았다. 대변에 피가 섞여 나오고 속도 좋지 않았다. 윔퍼의 치질과 루이 카렐의 검게 변한 발가락을 치료받아야 했다. 다행히 이 모든 숙제는 암바토Ambato에서 해결할 수 있었다. 휴식을 취하고 치료를 받은 일행은 마차치로 이동했다. 키토에서 조금 남쪽에 있는 마차치는 산봉우리들 — 이이니사Illiniza, 코토팍시, 신촐라과Sincholagua, 코라손 등 — 이 병풍처럼 둘러싸고 있는 작은 마을로, 동쪽으로는 안티사나Antisana라는 거대한 봉우리도 보인다. 윔퍼의 관점에서 마차치 분지를 에워싼 산봉우리들의 파노라마에 대해 지도를 볼 때 가졌던 인상은 막상 그 자리에 섰을 때는 전해져 오지 않았다. 윔퍼는 에콰도르의 풍경에 실망감을 느꼈다. 그가 기대한 장면은 알프스나 그린란드에서 본 것처럼 호리호리한 봉우리들이 연이어 펼쳐진 극적인 장관이었지, 에콰도르에서 찾은 것처럼 황량한 벌판에 홀로 우뚝 선 육중한 외톨박이 산이 아니었기 때문이다. 윔퍼는 계모 에밀리에게 이렇게 썼다. "풍경은 시시하고 예술성이 떨어집니다. 영국의 픽처레스크한 아름다움에는 발끝도 따라올 수 없어요."[44]

윔퍼는 시간이 아무리 지나도 에콰도르의 지저분한 시설에는 전혀 적응할 수 없었다. 벌레와 위생에 관한 결벽증과 걱정은 불면증 완화에도 도움이 되지 않았다. 윔퍼는 우연히 좀 괜찮은 숙박시설을 만나기라도 하면 기뻐서 어쩔 줄 몰라 했다. 암바토와 마차치 사이에 있는 라타쿤가Latacunga라는 마을에서는 이렇게 적었다. "방케로 호텔은 어느 모로 보나 만족스러웠으니, 이 호텔을 들고 갈 수 없어서 아쉬울 따름이다."[45] 암바토에서 머물던 방에는 "동에 번쩍 서에 번쩍 떼 지어 침실 주변을 뛰어다니는" 벼룩이 가득했다.[46] 나중에는 탐보 주인이 자기 방을 내주었지만 그 방에는,

한곳에 이처럼 많이 뭉쳐 있는 것을 본 적이 없을 만큼 많은 파리 떼가 살고 있었다. 두어 군데 빈 곳을 뺀 천장 전체에 파리가 더덕더덕 붙어 있었다. 벽 윗부분에도 수만 마리가 있었다. … 내가 파리들을 거슬리게 하고 있는 것 같아서 녀석들이 나를 먹어치우지는 않을까 몹시 두려웠다.[47]

윔퍼는 무엇이 최선인지 확신이 서지 않았다. 루이 카렐은 아예 걷지를 못했다. 윔퍼는 여전히 치질로 몸이 불편했지만 등반을 못 할 정도는 아니라고 판단했다. 윔퍼와 장 앙투안 카렐은 자정 무렵에 마차치를 떠나, 오랜 시간 사투를 벌인 끝에 라 콩다민이 초등했던 봉우리인 눈이 거의 쌓여 있지 않은 코라손을 등반했다. 그들은 로렌소Lorenzo라는 이름의 에콰도르 현지인을 가이드로 고용했는데, 로렌소는 수시로 쏟아지는 비가 내리기 시작하면 바지가 젖지 않도록 바지를 벗어버려 윔퍼를 즐겁게 했다. 로렌소는 정상 근처에서 로프가 출현하고 그 로프로 윔퍼와 장 앙투안 카렐 사이에 높은 장소에 바치는 제물처럼 묶

이자 낮빛이 어둡게 변했다. 정상에서 보이는 전망의 가장 큰 특징은 역시나 "안개!"라는 한 마디로 충분히 설명되었다. 루이 카렐은 막영지를 지키기로 하고 장 앙투안 카렐과 윔퍼는 이이니사에 도전했다. 마차치 남쪽에 위치한 이이니사는 알프스 봉우리를 닮은 가파른 쌍봉의 산으로 높이가 5,304미터에 달했다. 그들은 이 산의 모습을 단 한 번도 제대로 볼 수 없었으며, 정상에서 조금 못 미처 칼날 능선에서 맞닥뜨린 가파른 빙벽은 난공불락이었다.

활화산을 탐사해보고 싶은 호기심에 사로잡힌 윔퍼는 고도에 관한 조사도 하고 활화산의 분화구 안쪽도 관찰할 겸 에콰도르 제2위봉인 코토팍시에 오르기로 했다. 코토팍시는 1872년에 라이스와 원주민 에스코바르Escobar에 의해 초등이 이루어졌고, 라이스의 동료인 스튀벨이 반년 후에 정상에 섰으며, 윔퍼가 과야킬에서 만난 적이 있는 볼프, 1년 전에 오스탕드에서 만난 틸만 등이 그 뒤를 이어 등정에 성공한 곳이었다. 5,944미터* 높이의 코토팍시는 비록 지금은 칠레와 볼리비아 국경 근처에 좀 더 높은 화산들이 있다는 사실이 알려졌지만, 당시에는 세계에서 가장 높은 활화산으로 여겨졌다. 윔퍼는 코토팍시를 관찰해본 결과 밤이 되면 훨씬 조용해지고 분화구에서 분출되는 수증기와 연기의 양도 훨씬 줄어든다는 사실을 알게 되었다. 그래서 정상에서 하룻밤을 야영하면 분화구 안쪽을 들여다볼 귀중한 기회를 잡을 수 있을 것으로 생각했다. 장 앙투안 카렐은 분화구를 볼 수 있다는 호기심 때문에 설득에 넘어갔다. 루이 카렐의 발은 별 차도가 없었지만

---

* 코토팍시의 해발고도를 5,895미터로 보기도 한다. ― 옮긴이

무리하지 않는 정도의 등반은 가능해 보였다. 코토팍시는 프랑스 학자들이 에콰도르에 체류하는 동안 분화한 적이 있으며, 최근에 분화한 때는 1877년이었다. 당시 시뻘건 용암류가 분화구에서 뿜어져 나오는 모습은 장관을 이루었으며, 하늘을 뒤덮은 화산재로 인해 키토 전체가 캄캄해졌다.*

윔퍼, 카렐 형제, 페링, 노새와 노새몰이꾼들, 억지로 따라온 원주민 짐꾼 여섯 명, 양 두 마리 — "도살자에게 끌려가기 싫은 기색이 역력한, 신에게 버림받은 짐승"[48] — 는 화창한 아침에 마차치를 떠났다. 가엾은 양의 고기가 목으로 잘 넘어가도록 짐에는 샹베르탱 포도주 두 병과 브랜디 한 병, 바스 맥주 여섯 병, 마요르카 허브 술 세 병, 포도주 여덟 병이 포함되었다.[49] 우연히 그들은 틸만이 4,600여 미터 고지에 세웠던 야영지를 발견했다. 윔퍼가 그곳에 남아서 양을 지키는 동안 카렐 형제는 텐트를 분화구까지 올렸다. 페링은 내려가고 싶어 안달이 난 원주민 몇 명을 데리고 마차치로 돌아갔다. 한 게으른 원주민은 다음 날 내려보냈다. (윔퍼는 일지에 "게으름뱅이는 사절"이라고 적었지만, 그래도 나흘치 보수는 쥐어 보냈다.[50]) '1번 양'을 불 위에 올려놓은 큰 솥에 넣고 삶는 동안, '2번 양'이 밧줄을 풀고 탈주를 시도했다. 윔퍼는 양을 쫓다가 솥을 건드렸고, 솥이 뒤집히면서 고기와 국물이 와르르 쏟아졌다. "진눈깨비와 우박을 맞아가며 음식에서 코토팍시 화산재를 털어내는 일은 힘들었다. … 이날은 하루 전체가 끔찍했다."[51] "성가심을 줄이기 위해" 이튿날 바로 '2번 양'도 잡았다.

---

* 코토팍시는 1877년 이후 지금까지 주요 분화는 없었다.

코토팍시 분화구 테두리에 세운 막영지를 묘사한 윔퍼의 삽화. 『적도의 대산맥 안데스 여행기』 (1892)에 수록되었다.

이튿날까지 굿은 날씨가 이어진 다음에야 비로소 화창한 아침이 찾아왔고, 윔퍼와 카렐 형제는 정상을 밟았다. 정상에서는 안티사나와 카얌베Cayambe를 뚜렷하게 볼 수 있었다. 장 앙투안 카렐이 텐트를 분화구에 최대한 가까운 곳에 치려고 고른 자리는 공교롭게도 가장 높은 지점이었다. 윔퍼는 오후에 번개가 내리치면 그 자리가 위험하다고 판단했다. 카렐은 텐트 칠 자리를 다시 찾아야 하는 상황에 대놓고 큰 소리로 불평했다. 윔퍼의 의견에 따라 재를 털고 평평한 곳을 만들어서 "지금까지 텐트를 쳐본 곳 중에서 가장 열악한 자리, 즉 열악할 뿐만 아니라 위험하고 불편하기까지 한 곳"에 텐트를 쳐야 했다.[52] 분화구 테두리에서 40미터 정도 아래에 텐트를 친 다음에는 테두리까지 고정로프를 설치했다. 바깥 기온은 영하에서도 한참 밑이었지만, 텐트 바닥에 놓은 온도계는 40도를 웃돌아 윔퍼는 바닥 천이 녹아버릴까 봐 애를 태워야 했다.[53] 조리용 연료로는 포도주를 이용했다. 포도주를 태워 수프를 만들고 포도주 한 병을 데웠다. 루이 카렐은 머리가 아프다고 투덜거렸지만, 장 앙투안 카렐은 아무 문제가 없다고 잘라 말했다. 다들 이미 침보라소에 올랐었기 때문에 통증이나 발열은 없었으며, 윔퍼는 가장 큰 장애라고 생각한 낮아진 기압에 몸이 훨씬 더 많이 적응했다고 생각했다.

윔퍼와 장 앙투안 카렐은 그날 밤 9시 밝은 반달 아래 날씨가 좋아진 틈을 타 미리 설치해놓은 고정로프를 따라 분화구 테두리로 올라간 다음, 배를 깔고 엎드린 채 이글거리는 화산 내부를 들여다보았다. 윔퍼는 그때 "[우리 중에] 누구도 그렇게 흥미롭고 볼만한 광경을 다시 보지는 못하리라."라고 생각했다.

> 대기는 무서울 정도로 고요하고 혹독하게 차가웠다. … 테두리로
> 올라가는 동안 분화구는 새까만 흑색이었지만 — 뒤에 강한 빛이
> 있어서 — 테두리에 도착하자마자 우리는 환한 빛에 감싸였다. 절
> 묘하게 위치한 반달이 우리와 마주 본 벽을 비추고, 나머지는 바닥
> 에서 불타는 화염이 밝히고 있었다. 연기가 거의 나오지 않아서,
> 우리는 난생처음으로 분화구 내부 전체를 볼 수 있었다. 무수히
> 많은 돌이 안쪽으로 굴러떨어졌는데, 돌이 떨어지면서 나는 소리
> 를 처음에는 분화구 바닥이 갈라지는 소리로 착각했다. 분화구 바
> 닥을 내려다보니 … 불의 장벽은 없었지만, 그야말로 불천지였다.
> … 섬광이 번쩍이는 모습을 뚜렷이 볼 수 있었다. 화염이 이리저
> 리 튀어 오르는 모습도 뚜렷이 볼 수 있었다.[54]

간헐적으로 바닥이 울리는 소리와 낙석이 일으키는 소리가 들릴 때마
다 윔퍼와 장 앙투안 카렐은 불안한 기운이 감도는 침묵 속에서 서로
를 쳐다보았다. 앞서 세 사람은 화산이 분화한다면 자기 앞가림은 자
기가 한다는 데에 모두 동의한 터였다. 장 앙투안 카렐은 분화구에서
본 장관에 얼마나 깊이 매료되었던지 이튿날 새벽 5시에 또 한 번 보기
위해 잠자리를 박차고 일어났다. 윔퍼가 사진기를 들고 그 뒤를 쫓아
가 세 장의 사진을 촬영했다. 촬영이 끝나자 곧 날씨가 나빠졌다. "우
박과 눈과 바람과 유황 수증기"를 견디며 코토팍시 정상에서 총 26시
간을 머문 끝에 무거운 짐을 들고 낑낑거리며 제1막영지로 내려와 보
니 현지인 짐꾼 둘은 "느긋하게 앉아서 쉬고" 있었다.[55]

    에콰도르 최고봉을 초등한 업적도 물론 자랑스러웠지만, 윔퍼에

게 활화산 가장자리에서 보낸 밤 — 1880년 당시로서는 인간이 그때까지 야영한 가장 높은 곳(윔퍼는 보니에게 "이 높이까지 생필품을 나르는 일은 정말 고역일세."라고 썼다.[56]) — 은 정말 잊지 못할 강렬한 경험이었다. 윔퍼는 밤에 들여다본 분화구의 모습을 훗날 이렇게 묘사했다. "아래쪽은 붉은 화염으로 빛나고, 위쪽은 휘영청한 달빛으로 빛나는 … 이 거대한 극장보다 더 극적인 장관은 상상하기조차 힘들다."[57] 그로부터 3년 후 크라카타우Krakatau 화산*이 분화했을 때 윔퍼는 이러한 지질 현상에 숨은 자연의 위력이 얼마나 가공할 만한 것인지, 또 자신이 얼마나 큰 위험을 감수했는지 제대로 실감할 수 있었다. 윔퍼는 보니에게 이렇게 썼다. "지금까지 살면서 내가 했던 가장 무모한 짓은 코토팍시 정상에서 한 야영이었네."[58]

코토팍시 등반은 카렐 형제에게는 지나치게 "과학적인" 등반이었던 데다, 루이 카렐의 발도 나아져서 윔퍼는 좀 더 모험적인 고산 등반을 여정에 집어넣기로 했다.[59] 장시간 사투를 벌인 끝에 세 사람은 4,800미터를 약간 넘는, 정상이 뾰족한 바위로 된 신촐라과 초등에 성공했다.(지금은 다 녹아버렸지만, 1880년 당시에는 만년설에 덮여 있었다.) 세 사람이 노새를 타고 산을 오를 때만 해도 맑게 갠 날씨였는데, 4,300여 미터에 이르자 느닷없이 사나운 우박이 떨어졌다. 천둥이 치고 번개가 내리치는 와중에 세 사람은 신설이 쌓인 가파른 사면을 기어올라 작고 뾰족한 정상에 다다랐다. 윔퍼의 과학 기구를 놓을 만

---

* 인도네시아 크라카타우섬에 있는 화산. 역사상 두 번째로 큰 피해로 기록된 1883년 화산 분화로 섬의 3분의 2가 무너져 내리고 36,000여 명이 사망했다. — 옮긴이

한 공간은 없었다. 그들은 전리품으로 돌멩이를 하나 줍고 나서 5분을 머문 후에 어찌나 좁은지 몸을 돌리기조차 힘들었기에 온 길을 되짚어 하산했다. 마차치 주변에서 한 달을 머물면서 지역 축제에서 신나는 하루를 보내기도 했다. 윔퍼가 "잉카 도자기로 추정되는 물건"을 충분히 수집한 후에 그들은 떠날 채비를 했다. 윔퍼 일행은 친구들과 마을 사람들의 배웅을 받으며, 윔퍼가 문명의 혜택을 누리고 집에서 온 첫 편지도 볼 수 있다고 기대한 키토로 향했다.[60]

17

그 일대는 온통 음산한 습지인 데다 그칠 줄 모르는 비가 계속 쏟아졌어요

윔퍼의 침보라소 등정 소식은 그들 일행이 키토에 당도하기 몇 주일 전에 이미 키토에 전해졌다. 대다수 에콰도르인은 등정 소식에는 일말 의 관심도 없었지만, 자국의 수도에 나타난 유럽인 여행자들에게만큼 은 비상한 관심을 보였다. 키토는 "내가 기대했던 것보다 더 깨끗하고 화사했으며, (키토에서 유일하다는) 호텔은 딱 기대한 만큼 양호했다." 라고 윔퍼는 생각했다.[1] 해밀턴은 키토 중앙 광장 근처에 있는 자코메 티Giacometti 씨의 호텔에 윔퍼와 카렐 형제가 머물 방을 잡아주었다. 해 밀턴은 윔퍼 일행이 도착하고 나서 30여 분 후에 우편물을 들고 호텔 로 찾아왔다. 아버지 조사이어가 갓 인쇄된 『마터호른 등정기』 두 권을 동봉해 보낸 편지에는 제목을 바꾼 개정판의 판매량이 저조하다는 내 용과 함께 백부 에비니저의 부고가 적혀 있었다. 앨버트 마컴은 편지 에서 윔퍼에게 갈라파고스제도를 탐험하러 가는 항해에 합류할 의향 이 있는지 물으며 다음과 같이 말했다. "함께 가게 된다면 … 크고 근사한 선실을 함께 쓰게 된다면 제가 얼마나 기쁠지 군이 말씀드리지 않아도 아시겠지요. 집필용 탁자는 실컷 쓰십시오."[2] 분명 유혹을 느꼈겠지만 윔퍼는 한번 계획을 세웠다 하면 좀처럼 바꾼 적이 없었다.

윔퍼는 키토에 도착한 다음 날 해밀턴의 주선으로 대통령을 알현하게 되었다. 당시 에콰도르의 대통령이었던 베인테미야Veintemilla 장군이 윔퍼를 만나보고 싶어 했기 때문이다. 에콰도르는 1830년에 독립국이 되었을 때부터 잦은 정권 교체에 시달렸다. 보수당의 가르시아 모레노Garcia Moreno는 1869년에 쿠데타를 일으켜 1870년에 스스로 대통령에 취임했지만, 1875년에 키토에서 암살되었다. 과야킬의 군사령관이었던 베인테미야 장군은 1876년에 혁명을 일으켜, 1878년에 스스로 대통령 자리에 올랐다. 교권 세력과 예수회에 대한 급진적 반대파로서 키토 대주교를 암살한 배후 인물이 바로 베인테미야 장군이었다. 사우샘프턴항에서 파나마까지 항해하는 배 안에서 이 이야기를 처음 들었을 때 윔퍼는 상당히 큰 충격을 받았었다. 베인테미야는 독재 권력을 휘두르다가 1883년에 실각한 후 망명했다. 윔퍼는 대통령 사저의 소박함에 놀랐지만 다음과 같이 적었다. "[대통령은] 나를 환영해 주셨으며, 황송하게도 내 여행에 상당한 관심을 보여주셨다. 지금까지 만나본 그 어떤 에콰도르인이 보여준 관심보다 높은 수준이었다."[3] 윔퍼는 "맛이 훌륭한 프랑스풍 케이크"와 바스 맥주를 마음껏 즐겼다. 두 사람이 프랑스어로 대화를 나누는 중간중간 해밀턴이 스페인어로 통역했는데, 해밀턴은 마침 탁자 위에 우연히 놓여 있던 검은색 장군 모자를 이용해 침보라소 등정 과정을 설명하는 기지를 발휘했다. 숫자상으로 적절한 이름이라고 생각한 윔퍼는 대통령에게 침보라소의 두 번째 정상에 '베인테미야'라는 이름을 붙여도 좋을지 허락을 구했지만, 대통령은 — 산에 조금이라도 관심이 있는 에콰도르인 대다수가 그랬듯이 — 침보라소가 적어도 9,000미터 이상이라고 믿었다. "나는 마땅히 더 높아야 하겠지만, 그렇지 않아서 기뻤다고 말씀드렸다." 윔퍼는 직접 만나본 에콰도르의 독재자를 "성품이 온화하고 친절한 분"이라고 생각했다.

윔퍼의 다음 목표는 남쪽인 과야킬로 돌아가 침보라소를 다시 오르기 전에 에콰도르 북부에 있는 고봉들을 등정하는 것이었다. 윔퍼는 페링이 에콰도르인들에게 주어야 할 품삯을 가로챈 사실을 알자마자 그를 해고했다. 페링을 대신해 한 달에 20파운드를 주기로 하고 고용한 사람은 실직한 기계공이자 키토에 거주하는 세 영국인 중 한 명인 베리티Verity였다.[†] 그와 더불어 마차치 출신의 에콰도르인 다비드 벨트란David Beltran도 합류해 남은 여정을 끝까지 함께했다.

첫 목적지는 해발 5,730미터의 에콰도르 제4위 봉 안티사나였다. 키토를 뒤로한 윔퍼 일행은 아마존 열대우림이 펼쳐진 동쪽으로 나아갔다. 윔퍼는 반半사막 고원지대에서 "픽처레스크한 반半열대 풍경"까지 다채로운 변화를 직접 볼 수 있었다. "길 양쪽으로 양치식물과 덩굴식물이 무성하게 자라 가지와 뿌리가 햇빛을 거의 다 차단할 정도로 빽빽하게 길을 덮어 이끼로 뒤덮인 아름다운" 풍경도 볼 수 있었고, "이

---

* 스페인어인 'veintemilla'에는 '2만'이라는 뜻이 있다. 2만 피트는 미터로 환산하면 6,096미터다. — 옮긴이

† 나머지 두 사람은 영국 총영사 해밀턴과 그의 보좌관 역할을 하던 상인 존스Jones였다.

나라에서는 아주 보기 드문 반짝이는 맑은 시냇물"도 보았다.[4] 그들은 에콰도르에서 가장 부유한 지주로 손꼽히는 레보예도Rebolledo의 사유지에 들어섰다. 레보예도는 윔퍼 일행이 에콰도르에서 머무는 내내 "굉장히 정중히 대해주었는데, 이 경우 정중함은 예의를 차리는 수준 이상이었다."[5] 화려한 복장을 갖추고 말을 탄 수행원 서른 명의 호위를 받으며 길을 가던 레보예도와 마주쳤을 때 윔퍼 일행은 마침 그의 대농장으로 가던 중이었다. 대농장에서는 아주 편안한 밤을 보낼 수 있었다. 그린란드에서 만난 덴마크인들은 낯선 오지에 있는 식민지에 윔퍼 못지않게 관심이 많았지만, 에콰도르에서 만난 스페인 통치자들은 그런 쪽으로는 전혀 호기심이 없었다. 윔퍼의 여행에 관심을 보인 것은 그저 예의상 하는 행동일 뿐이었다. 윔퍼는 '에콰도르의 미덕'이라는 제목 밑에 짧게 써둔 메모에 "내 나라에서 같은 기간을 여행했을 때보다 훨씬 더 적은 횟수의 무례한 일을 겪었다."라고 적었다.[6] 에콰도르에 관해 이것 외에 찾아볼 수 있는 유일하게 긍정적인 평가는 읽기와 쓰기 의무교육 덕분에 매우 많은 원주민이 글을 읽을 수 있으며 구걸하는 사람이 거의 없다는 내용이었다.* 비록 원주민들의 행동을 참을 수 없을 때가 많았을지라도 윔퍼는 그들의 곤궁한 생활을 잘 알고 있었고, 훗날 강연을 할 때는 그들의 정직함과 냉철함, 근면함, 친화력을 강조했다.

두꺼운 만년설로 덮인 안티사나는 한때 거대한 분화구가 있었다가 오래전에 있었던 대폭발로 서쪽 부분만 남아 있는 화산이다. 크레

---

* 의무교육의 도입은 베인테미야 장군의 전임자였던 가르시아 모레노의 업적이었다.

바스들이 복잡하게 얽혀 있는 탓에 오늘날에도 등정은 그리 만만치 않은데, 윔퍼와 카렐 형제의 첫 등정 시도 때도 마찬가지였다. 미로처럼 얽힌 크레바스 지대에서 두꺼운 안개 속에 갇힌 채 전진하던 세 사람 앞에 끝도 보이지 않는 커다란 크레바스 하나가 나타났다. 그 맞은편에는 빙벽이 버티고 서 있었다. 그들은 1시간 만에 간신히 크레바스를 통과했지만, 막다른 길에 막혀 갔던 길로 되돌아 나와야 했다. 크레바스와 씨름하는 내내 안개를 뚫고 애써 사물을 분간하느라 고글을 거의 벗고 있었으니 윔퍼의 눈에 염증이 생긴 것은 놀라운 일이 아니었으며 "자러 갔을 때 밤새 어떤 치료를 해야 하는지는 너무나도 잘 알고 있었다."[7] 윔퍼가 뼈저리게 배웠다시피 설맹에 걸릴 확률은 흐린 날이나 맑은 날이나 별반 차이가 없다. 설맹은 고지대에 있는 설원에 반사된 햇빛으로부터 눈을 보호하지 못했을 때 받게 되는 고통스러운 벌이다. 윔퍼가 다음과 같이 썼을 때 이는 과장이 아니었다.

> 눈이 빨갛게 충혈되고 화끈거릴 뿐만 아니라 그러한 병에 걸리면 바늘이 끊임없이 눈을 찔러대다 못해 뇌까지 침투한 듯한 고통이 찾아온다. 눈꺼풀이 단단히 붙어버려 평소처럼 해서는 도저히 눈을 뜰 수가 없다. 손가락으로 눈꺼풀을 강제로 들어 올리면 뜨거운 눈물이 줄줄 흘러내린다. 하지만 그렇게라도 강제로 눈꺼풀을 떼지 않으면 고름으로 인해 눈동자에 붙어버린다.[8]

윔퍼는 혼자서 아무것도 할 수 없었기에 베리티가 밤새 황산아연 용액으로 윔퍼의 눈을 씻어주었지만 "조금도 나아지지 않았는데 아침이 밝아왔다. 지금까지 살면서 이러한 원인으로 느껴본 최악의 고통이었

안티사나. 『적도의 대산맥 안데스 여행기』(1892)에 수록되었다.

다."[9] 오른쪽 눈의 통증은 두 달이나 더 지속되었다.

　폭설을 뚫고 빙하 기슭까지 장비를 올려 막영지를 꾸린 그들은 안락한 밤을 보낼 수 있었다. 이튿날 아침 하늘이 맑게 갠 터라 윔퍼는 아마존 분지를 내려다볼 수 있기를 기대했지만, 곧 구름이 몰려와 사위를 덮어버렸다. 정상에 선 그들은 어느 방향으로든 20미터 이상을 볼수 없었고, 정상까지 지고 올라간 경위의는 무용지물이었다. 안개가 살짝 걷힌 틈에 보니 진짜 정상인 것만은 확실했지만, 윔퍼는 그곳에 있었다는 분화구의 흔적을 전혀 찾을 수가 없었다. 하산 중에 히든 크레바스에 빠져 카렐 형제의 도움으로 구출되었을 때 윔퍼는 다음과 같은 말만 남겼다. "던디 야구 모자를 잃어버렸다. 정말 아깝다. 여기서는 다시 구할 수도 없는 물건인데."[10] 막영지로 돌아온 그들은 "온종일 사투를 벌인 끝에 … 대농장의 지주 레보예도가 친절하게 올려 보내준 훌륭한 적포도주 한 병"으로 축배를 들었다.[11] 윔퍼는 안티사나 등정을 에콰도르에서 해낸 가장 어려운 등반으로 꼽았다. 장 앙투안 카렐은 미로처럼 얽힌 까다로운 크레바스 지대와 빙벽지대를, 그것도 등에 수은 기압계까지 멘 채로 — 심지어 깨뜨리지도 않고 — 뚫고 나가면서 세 명을 인솔하는 발군의 실력을 뽐냈다.

키토로 돌아와 보름간 쉬면서 윔퍼는 밀린 편지를 읽고 침보라소 등정 소식을 전했다. 여러 신문에서 간략히 등정 소식을 다루기는 했지만 윔퍼가 상세한 내용을 발표하지 않은 터라, 런던에 있는 더글러스 프레시필드를 비롯한 영국산악회와 왕립지리학회 회원들은 윔퍼의 가족들에게 세부 내용을 캐물을 수밖에 없었다. 카렐 형제가 쓴 편지는 윔퍼의 우편물과 함께 외교 행낭에 담겨 윔퍼의 남동생 윌리엄의 손을 거쳐 다시 이탈리아로 보내졌다. 윔퍼는 키토에서 만난 프랑스인 샤를 위너Charles Wiener와 친해졌다. 위너는 1877년에 볼리비아에서 라파스La Paz를 굽어보는 고봉인 이이마니Illimani에 도전해 6,100미터보다 약간 높은 전위봉까지 도달했다.* 위너가 페루와 볼리비아를 여행하고 쓴 책은 1880년에 출간되었다. 위너에게 학구적인 여행에 필요한 과학 기구들이 부족하다고 생각한 윔퍼는 그에게 육분의와 성능 좋은 시계를 빌려주었을 뿐만 아니라 직접 기록한 기상 관측 자료도 몽땅 내주었다. 윔퍼는 키토에서 체류하는 동안 위너가 5월 말쯤 나포강

---

* 이이마니는 1898년에 마틴 콘웨이가 초등에 성공했다.

Napo River 유역으로 떠날 때까지 많은 시간을 함께 보냈다. 위너는 훗날 파리에서 열린 프랑스지리학회 연례회의에서 낭독된 윔퍼의 등정 보고서를 따로 간직했다.[12]

해발 5,790미터의 카얌베는 적도선상에서 가장 높은 지점으로, 동쪽에서 보이는 가파른 눈과 얼음의 지대가 히말라야 봉우리를 방불케 할 정도로 매우 인상적인 산이다. 윔퍼와 카렐 형제는 1880년 4월 4일 남쪽에서 접근해 카얌베 등정에 성공했다. 이때는 불빛을 사용한 덕분에 동트기 전 날씨가 맑은 틈을 타 막영지를 출발해 전날 밤에 깎아놓은 스텝을 따라 얼음 구간을 돌파할 수 있었다. 쉬지 않고 전진한 끝에 그들은 자욱한 구름 속을 내달려 정상에 닿았다. 9시 반에도 정상이 여전히 선명해, 구경 나온 카얌베 마을 주민들은 등반가들의 모습을 목격할 수 있었다. 윔퍼 일행은 올라온 방향인 남쪽 풍경은 얼마간 볼 수 있었지만, 정상을 코앞에 두었을 때 안개가 덮쳐와 막상 정상에 섰을 때는 아무것도 볼 수 없었다. "이렇게 큰 실망감을 느낀 적은 없었던 것 같다."[13]

1859년에 출판한 지도에서 비야비센시오는 동쪽에 있는 한 산에 사라우쿠Sara-urcu라는 이름을 붙였는데, 그가 추정한 이 산의 높이는 5,200미터 이상이었다. 에콰도르 제1위 봉부터 제4위 봉까지 모두 등정한 윔퍼는 사라우쿠가 제5위 봉이라고 믿었다. 라이스와 스튀벨은 일찍이 이 산을 찾아다녔지만 끝내 찾지 못했었다. 윔퍼가 키토에서 이 산의 소재를 수소문했을 때 돌아온 대답은 "적도 근처 어딘가에 있다."라는 말뿐이었다.[14] 카얌베 등반 때 이 산의 모습을 언뜻 볼 수 있었는데, 그때 윔퍼는 마음속으로 이 산을 그다음 목표로 정했었다. 20여 일 가까이 그칠 줄 모르고 줄기차게 내리는 빗속에서 그들은 제대로 본 적도 없는 산을 찾아 원시림 속에서 헤매고 다니며 갖은 고생을 겪어야 했다. 왕립지리학회 회장의 표현을 빌리자면 "지금까지 살면서 들어본 이야기 중에 존 밀턴John Milton의 사탄이 하늘과 땅 사이의 혼돈을 뚫고 날아가는 이야기와 가장 흡사한" 경험이었다.[15]

이 산이 자신의 사유지라고 주장한 한 지주는 "구름 속에 있는 희끄무레한 덩어리를 가리키며 그것이 사라우쿠라고 말했다."[16] 그 방향으로 나아간 장 앙투안 카렐은 숲속에 외따로 버려진 원주민 오두막 한 채를 발견하고 돌아왔고, 이 오두막은 그날의 막영지가 되었다. 윔퍼는 그곳이 "고즈넉한 장소로 은둔자에게 딱 알맞을 것 같다."라고 생각했다.[17] 루이 카렐과 윔퍼의 눈은 여전히 빨갛게 충혈이 된 상태였으며, 루이 카렐은 심한 치통에, 윔퍼는 발열까지 동반한 복통과 설사에 시달리고 있었다. 판초로 몸을 둘둘 만 윔퍼는 베리티와 원주민 일꾼들에게 카얌베 마을에서 찾을 수 있는 보급품을 모조리 구해 오라고 지시했다. "나는 빈둥거리고 있는 한 원주민에게 가금류 고기를 사 오게 했다."[18] 정찰을 나갔던 장 앙투안 카렐과 벨트란은 실망스러운 결과를 안고 돌아왔다.

> 길이란 길은 다 막혀 있었어요. … 먹을 것이라곤 아무것도 없었어요. … 막영지를 세울 곳도 없었어요. 그 일대는 온통 음산한 습지인 데다 그칠 줄 모르는 비가 계속 쏟아졌어요.[19]

두 사람은 이 산이 어디 있는지 도통 알 수가 없다고 말했다. 두 사람은 다음 날에도 정찰을 하고 돌아왔다. 그날 밤 역시 실망스럽기 그지없는 보고를 듣고도 윔퍼의 결연한 의지는 조금도 꺾이지 않았다. "나는 그들에게 이왕 시작했으면 끝을 봐야 한다고 말했다."[20] 윔퍼는 몸에서 열이 나는 것쯤은 아랑곳하지 않고 야생동물에 넋을 빼앗겼다. 숲에는 벌새와 작은 솔새와 나비들이(윔퍼는 나비를 채집하는 데 인력을 총동원했다.) 지천으로 날아다녔다. 루이 카렐이 잡아 온 딱정벌레의 반딧불은 윔퍼가 글을 쓸 때 유용했다. 들소 두 마리가 장 앙투안 카렐의 뒤를 쫓아온 일도 있었고, 커다란 흑곰 한 마리가 일행 앞을 가로막은 일도 있었다.

그들은 장 앙투안 카렐이 숲 안쪽에 점찍어 둔 야영지로 이동했다. 그가 앞장서고 윔퍼와 루이 카렐, 베리티, 벨트란이 뒤를 따랐다. 그러나 목적지에 미처 도착하기 전에 비가 쏟아지고 어둠이 깔렸다. 그들은 윔퍼가 일기에 "오직 신만이 아는 곳"이라고 한 곳에서 하루의 운행을 멈출 수밖에 없었다.[21] 텐트는 원시림을 통과하며 지고 다니기에는 너무 무거워 뒤에 놓고 온 터라 자연이 만들어준 대피소를 찾아야 했다. "땅에 있는 흙 알갱이 한 톨 한 톨이 몽땅 다 … 축축했다." 윔퍼는 거적때기와 나뭇가지, 건초 더미, 판초, 가방을 이용해 정성껏 잠자리를 만들고 나서 경위의 삼각대에 덮어씌우는 고무 방수포로 머리를 덮고, 방수 판초로 다리를 덮었다. 윔퍼는 눈비가 섞여 내리는 날씨에도 용케 젖지 않고 잠을 자는 데 성공했다.

매우 끔찍한 곳이었다. 다른 이들은 누울 엄두조차 내지 못하고 밤새 쪼그리고 앉아 방수 판초 속에서 몸을 웅크리고 있었다. 원주민과 가이드는 이렇게도 꽤 잘 잤다. … 불을 피우는 일이 여간 어려운 게 아니었다. … 한참을 끙끙거린 끝에 불을 피우는 데 성공한 베리티는 밤새 불씨를 지켜냈다. … 지금까지 살면서 이렇게 불쾌하기 그지없는 12시간은 처음이었다.[22]

진창에서 밤을 견딘 그들은 "굳이 잠자리에 있을 이유가 없었으므로" 동이 트기 전에 일어나 6시를 갓 넘긴 시각에 길을 떠났다.[23] 카렐이 점찍어 둔 막영지까지는 빽빽한 대나무 줄기를 헤치며 진창길 위에서 몇 시간을 이동해야 했다. 대나무 줄기 때문에 다들 손이 상처투성이가 되었다. "그 일대는 온통 물에 흠뻑 젖은 스펀지 같았다."[24] 카렐이 찾은 곳은 동굴은 아니었지만 커다란 오버행 바위 밑으로 그럭저럭 비를 피할 만한 곳이었다. 윔퍼는 베리티에게 보급품을 정리하라고 지시한 뒤에 카렐 형제만 데리고 그들이 사라우쿠라고 생각한 산 쪽으로 좀 더 올라가 보았다. 수중에 텐트도 없었는데, 여전히 비는 억수같이 퍼붓고 있었다.

4,200여 미터 고지에 도달했을 때 오버행 바위 하나가 나타났는데, 등반용 로프에 방수 판초를 걸쳐놓으니 "쓸 만할 정도로" 비를 피할 수 있는 곳이 만들어졌다.[25] 그들은 흙과 돌멩이로 피난처 주변에 담을 쌓아 "시린 겨울밤 영국에서 흔히 볼 수 있는 배수로에서 잘 때만큼은 안락한" 곳으로 만들었다.[26] 카렐 형제는 정찰을 나갔다가 정상에서 흘러내리는 빙하를 발견하고 돌아왔지만, 윔퍼는 날씨가 현 위치를 정확

히 파악할 수 있을 만큼 좋아질 때까지 기다리자고 말했다. 윔퍼에게
는 매우 의아한 점이었는데 "아무도 이 지역의 그칠 줄 모르고 퍼붓는
비에 관해 말한 적이 없었다. 나는 이 비가 절대 그칠 리 없다고 확신한
다."[27] 바람이 시시때때로 바뀌는 탓에 옷과 장비가 모두 젖었다. 사흘
째 되는 날 윔퍼는 다음과 같이 기록했다.

> 여전히 비가 내리고 있다. 카렐 형제는 둘 다 부루퉁한 얼굴을 하
> 고 있을 뿐 우리가 있는 곳을 젖지 않게 하려는 어떤 노력도 하지
> 않는다. 내 입에서 철수하자는 소리가 나오게 하려는 의도가 다분
> 하다. 나는 어쩔 수 없이 직접 밖으로 나가서 고무 방수포를 좀 다
> 른 방법으로 다시 고정해보다가 흠딱 다 젖고 몹시 더러워졌다.[28]

사흘째 오후에 윔퍼는 마침내 철수에 동의했다. 보급품 일부만 남겨둔
채 여전히 퍼붓는 빗속을 뚫고 첫 번째 막영지까지 내려갔다. "보통은
이슬비였지만, 간간이 소낙비도 퍼부었다."[29] 카렐 형제는 둘 다 몹시
시큰둥했지만, 윔퍼는 특히 온종일 누워서 아무것도 하지 않고 빈둥거
리며 음식만 기다리는 장 앙투안 카렐에게 화가 치밀었다.

> 카렐 형제는 도가 지나칠 정도로 게을렀고, 때로는 도가 지나칠 정
> 도로 무례했다. … 장 앙투안 카렐로 말할 것 같으면 매일같이 온
> 종일 누워 뒹굴며 음식을 잠자리로 갖다 달라고 한 다음, 할 수만
> 있다면 그냥 누운 채로 먹을 위인이다.[30]

윔퍼는 장 앙투안 카렐이 하루에 몇 시간씩 누워 있는지 일기에 꼼꼼
히 기록하기 시작했다. 하루는 그가 얼마나 코를 심하게 고는지 알아
보고자 그의 코에서 두 걸음 떨어진 곳에 양초를 놓았는데, 그가 자는

동안 콧바람으로 촛불이 꺼졌다. 식량이 점점 바닥을 보였다. 남은 식량이라고는 비스킷과 캔 우유, 통조림 햄, 즉 카렐 형제가 입도 대지 않는 것들뿐이었다. 다행스럽게도 보급품이 바닥 난 바로 다음 날, 카얌베 마을에서 설탕과 커피, 신선한 고기, 치즈, 마요르카 허브 술 두 병을 조달할 수 있었다. 초저녁에, 일주일 동안 내리 퍼붓던 비가 잠깐 멎은 틈을 타 아주 잠깐 안개가 걷히면서 사라우쿠의 모습이 보였고, 웜퍼는 이 기회를 놓치지 않고 경위의로 산의 위치를 고정하는 데 성공했다. 아주 짧은 찰나였지만 정상으로 갈 수 있는 길을 확인하는 데는 충분했다. 잠깐 날씨가 좋아진 틈을 타 "내일 출발해서 사라우쿠의 정상을 향해 돌진하기로 했다."[31] 마침내 어디에 있는지 알았으니 "이것의 운명은 정해졌다."

비가 계속 내리고 있었지만, 구름이 높아지자 유력한 등반선이 모습을 드러냈다. 일행은 두 번째 막영지를 지나쳐 곧 빙하 구간에 도달했다. 그곳에서부터는 로프를 묶고 나침반으로 방향을 잡았다. 돌아올 때 길잡이로 삼을 수 있도록 눈 속에 대나무 줄기를 박으며 이동한 것은 곧 신의 한 수로 밝혀졌다. 정상은 "지붕 꼭대기처럼 뾰족한" 좁은 아레트였으며 "한 치 앞도 헤아릴 수 없는 짙은 안개"가 전망을 다 가리고 있었지만, 사방으로 내리뻗은 빙하는 볼 수 있었다.[32] 그들은 등정자 명단을 적어 넣은 유리병을 정상에 묻었는데, 이 유리병은 1955년에 제2등이 달성될 때까지는 누구의 눈에도 띈 적이 없었을 것이다. 웜퍼가 측정한 사라우쿠의 높이는 4,724미터였으므로, 사라우쿠에 있는 빙하는 에콰도르에서 목격한 가장 낮은 고도에 있는 빙하였다.

피에르 부게는 프랑스 학자들이 겪은 고난의 시절에 대해 이렇게 불평했었다. "우리는 계속 구름 속에 갇혀 있었다. 구름은 우리가 딛고 선 바위 모서리를 제외한 모든 것을 우리 시야에서 완전히 가려버렸다."[33] 에콰도르에는 건기와 우기가 있으며 고지대의 경우 6월부터 9월까지가 강수량이 적은 시기이므로, 윔퍼와 카렐 형제는 연중 가장 좋을 때에 등반을 하고 있지는 않았다. '에콰도르 안데스의 날씨'라는 제목 밑에 윔퍼는 이렇게 적었다.

> 우리가 에콰도르에 머무는 내내 날씨가 나빴다. ⋯ 악천후를 무릅쓰고 꿋꿋이 야영하지 않았더라면, 평소보다 조금 덜 끔찍한 아침이 마침내 찾아올 때까지 몇 날 며칠을 기다리지 않았더라면, 앞서 말한 등정 중 어느 하나도 해내지 못했으리라. ⋯ 텐트가 마른 날은 단 하루도 없었다. 습기는 책과 종이, 장비, 식량, 옷가지 등 모든 것에 스며들었다.[34]

윔퍼는 다음 목표를 향해 적도를 넘어 북쪽으로 올라갔다. 다음 목표는 해발 4,968미터 높이의 코토카치Cotocachi였다. 코토카치는 지금은 푸석푸석한 바위로 된 위험천만한 산이지만 1970년대까지는 만년설로 덮여 있었다. 윔퍼 일행은 사나운 돌풍이 몰아치는 가운데 축축하고 질퍽질퍽한 땅에 막영지를 꾸렸는데, 다음 날 정상에 갔다가 돌아와 보니 텐트가 처참하게 쓰러져 있었다. 안데스 여행기의 표지 삽화에는 윔퍼와 카렐 형제가 강풍 속에서 쓰러진 텐트를 다시 세우려고 사투를 벌이는 모습이 담겨 있다. 코토카치를 초등한 후에 윔퍼는 카렐 형제에게 남쪽인 마차치로 내려가 이이니사를 오를 수 있는 루트를 찾아보라고 지시한 다음, 자신은 북쪽에 남아서 고대 유물을 수집했다. 여전히 배탈과 설사에 시달려 음식을 먹는 족족 거의 다 토해버렸으므로, 윔퍼는 마흔 번째 생일을 침대와 한 몸이 되어 보낼 수밖에 없었다.

윔퍼는 잠시나마 카렐 형제와 떨어져 있을 수 있어서, 장 앙투안 카렐의 불평불만을 듣지 않을 수 있어서 좋았다. 잉카 유물을 수소문하며 지역 정보를 모으는 동안 카렐 형제가 지루함을 토로하며 아무 도움도 주지 않을 것은 너무나도 뻔한 일이었다. 사라우쿠에서 종말이 올 것처럼 퍼붓는 비와 진창을 경험한 뒤였으므로, 윔퍼는 그들이 에콰도르에서 아직 보지 못한 가장 어려운, 알프스와 가장 비슷한 산에 도전하면 사기가 오를 것이라고 생각했다. 윔퍼에게 그때도 여전히 모험적인 등반을 향한 열망이 있었는지, 즉 열망이 있었는데 설사와 배탈 때문에 일시적으로 그 열망이 꺾인 것인지는 논란의 여지가 있다. 윔퍼는 에콰도르가 힘든 원정지임을 깨달아갔다. 에콰도르인들은 등반에는 조금도 관심이 없어 대부분은 윔퍼가 금을 찾고 있다고 생각했다. 불편하고 불결한 탐보와 대농장에서의 숙박은 윔퍼에게는 혹독한 시련이었다. 암바토에서는 한 민가에 머물렀는데, 집주인은 자신이 외교부 장관이라고 주장했다.

이곳에서 화장실을 찾는 행위는 물론 어리석은 짓이다. 에콰도르 전체에 그런 것은 없다고 믿으니까. 그렇기는 해도 이곳의 시설은 적어둘 만하다. 테라스는 널찍한 통로로 연결되고 통로는 뒤뜰로 이어진다. 뒤뜰 주변에는 원주민 몇 가구가 살고 있으며, 뒤뜰 안에는 돼지, 가금류, 염소 등이 살고 있다. 장을 비워야 하는 사람은 반드시 이곳으로 들어가야 하며, 구경을 하겠다고 작정한 많은 사람 앞에서 그 일을 해야 한다. 짐승들은 인간이 남긴 것을 먹기 위해 기다린다. '외교부 장관'은 이 시설에 익숙한 것 같지만, 나는 아니올시다.[35]

잠자리에 대해 언제나 까탈스러웠던 데다 고질적인 불면증에 시달리다 보니 윔퍼가 에콰도르에서 편안한 잠자리를 즐긴 날은 손에 꼽을 정도였다. 윔퍼는 에콰도르인들이 투계를 얼마나 좋아하는지도 알게 되었고, 이 스포츠가 영국에서 금지되었다는 사실을 그들이 믿지 않는다는 것도 알게 되었다. 최고의 싸움닭이 모조리 영국에서 온 탓이었다. 카얌베에서 윔퍼가 머문 방 밖에는 이러한 싸움닭 여덟 마리가 묶여 있었다. "그 녀석들과 아기 울음소리, 지근거리에서 들려오는 교회 종소리, 카렐 형제의 코 고는 소리 때문에 잠을 자기는 다 틀렸다."[36] 오타발로Otavalo라는 마을 주변에서는 일주일을 머물면서 지역 유지들을 두루 만나고, 지역 사제와 지방 군수도 만났다. 지역 사제는 중미와 북미를 여행한 적이 있어서 "내 여행에 조금은 관심이 있는 것 같았다. 어쨌든 지역 사제와 지방 군수는 그들이 할 수 있는 선에서 수집을 도와주겠다고 약속했다."[37]

왕개미, 무지갯빛 나비, 유리구슬, 잉카 도자기 및 각종 석기류를 수집품에 추가한 윔퍼는 길가에 있는 배수로에서 1박을 하면서 이틀에 걸쳐 노새를 타고 키토로 돌아왔다. 몹시 지치고 몸 상태에도 별 차도가 없었지만, 그는 키토에서 사귄 친구들을 다시 볼 수 있어 기뻤다.

윔퍼가 키토에서 한 달간 머무는 동안 카렐 형제는 마차치에 있었다. 윔퍼는 남는 장비를 팔거나 다양한 것 — 이를테면 그가 키토에서 머문 첫 일주일 동안 살아 있는 아르마딜로 두 마리와 잉카 도자기 여러 점, 박제한 호저 한 마리 — 과 맞바꾸었다. 윔퍼가 키토에 도착하자마자 샤를 위너가 찾아왔고 프랑스 총영사와 독일 총영사, 칠레 총영사도 찾아왔는데, 윔퍼는 이들과 우호적인 관계를 유지했다. 남는 장비의 대부분은 윔퍼에게 버금갈 정도로 유물 수집에 열성을 보인 프랑스인 남작 가브리엘 드 군즈부르크Gabriel de Gunzbourg에게 팔렸다. 그가 가장 탐낸 물건은 윔퍼의 사진 촬영 장비였다. 윔퍼는 이 장비를 과야킬에서 출항하기 전에 그에게 보내주고 파리 은행 소인이 찍힌 수표를 받았다. (그 수표는 알고 보니 부도 수표였다.) 하루는 프랑스 남작과 샤를 위너의 권유에 못 이겨 함께 극장에 가게 되었는데, 윔퍼는 "형편없는 공연이었다."라고 생각했다.[38]

18세기 프랑스 학자들은 적도 지방의 위도 1도 길이를 측정하는 데 사용한 기선*基線을 보존하기 위해 키토에서 20킬로미터 떨어진 곳에 2년에 걸쳐 벽돌 피라미드 두 동을 세웠다. 프랑스 국왕을 상징하는 백합 문양을 새긴 이 기념물은 스페인 정복자들의 자존심과 비위를 건드렸다. 그런 탓에 이 기념물은 라 콩다민이 에콰도르를 떠나자마자 철거되었고, 벽돌은 모두 강탈당했다. 피라미드 복구를 위해 사비를 보탠 프랑스 남작은 이 기념물이 보이는 곳에 있는 키토 외곽의 한 대농장으로 사람들을 초대했다. 윔퍼는 샤를 위너와 함께 그곳으로 갔는

---

* 삼각측량에서 기준이 되는 삼각형의 한 변 — 옮긴이

데, 그 자리에는 에콰도르 내무부 장관과 프랑스 총영사, 페루 총영사, 칠레 총영사, 독일 건축가, 프랑스 측량사 등 많은 사람이 와 있었다. 윔퍼는 1740년대에 축조된 원조 피라미드의 터를 둘러보았고 그때 발견한 돌 표면의 닳아버린 글귀도 직접 확인하며 사진으로 촬영했으므로, 복구된 피라미드가 원조도 아닐뿐더러 원래 자리에 있지도 않다는 사실을 이미 알고 있었다. 행사는 스페인어로 진행되어서 "그다지 감흥을 느끼지는 못했다. … 행사는 흥미로웠지만, 같이 온 여섯 명과 그 밖의 다른 사람들이 이 피라미드의 역사에 관해 조금이라도 아는 바가 있는지는 의문이었다."[39] 윔퍼는 프랑스 학자들이 측정한 값이 매우 정확하다는 사실에는 경탄해 마지않았지만, 피라미드를 재건하면서 이것을 세운 목적을 고려하지 않았다는 사실은 마뜩잖았다. "그에 따라 학자들의 노고는 미약하게나마 어느 정도 기념물에 남았지만, 기선의 길이는 라 콩다민이 우려했던 대로 영원히 유실되었다."[40]

윔퍼는 처음에는 베리티에 대해 만족했지만 ─ "그는 매우 유능한 사람이다."[41] ─ 5월에 키토로 돌아왔을 때 드러난 사실은 충격적이었다. 시내 곳곳에서 베리티가 돈을 빌리지 않은 곳이 거의 없을 정도였고, 베리티는 이로 인해 숨어 다니기에 급급했다. 베리티의 채권자들이 수시로 방문을 두드려대는 통에 윔퍼는 곧 인내심을 잃었다. 베리티가 필요할 때 나타난 적이 거의 없는 데다 나타났을 때마저 술에 취해 있었기 때문이다. 베리티는 프랑스 남작 일행에 합류하도록 남겨두고, 그를 대신할 조수 겸 통역사로 틸만이 추천한 하비에르 캄파냐 Javier Campaña를 고용했다. 키토 출신으로 작달막한 체구에 프랑스어를 구사하며 스튀벨에게도 고용된 적이 있는 캄파냐는 그때부터 남쪽으로 향하는 윔퍼 일행에 합류해 남은 여정을 끝까지 함께했다. 비록 얼마 후 캄파냐가 장 앙투안 카렐과 마지막 축하주를 진탕 마셔대고서 뒤치다꺼리에 진을 빼게 했을지라도 윔퍼는 그 일로 캄파냐를 원망한 적은 없었으며, 그가 에콰도르에서 고용한 일꾼 중에 가장 유능한 일꾼이었다고 생각했다.

키토에서 한 달 동안 쉬며 제 모습을 되찾은 윔퍼는 고지대에서 평균 보행속도가 얼마나 나오는지 측정해보았다. 그리고 전년도 8월에 런던에 있을 때 정확히 측정한 1마일(1.6킬로미터)을 걸으며 재둔 시간과 그 기록을 비교해보았다. 런던에서는 그만큼 걷는 데 평균 11분이 걸렸다.(7마일을 1시간 17분 25초에 주파했다.) 에콰도르에서는 해발 2,700여 미터에서 그만큼 걷는 데 평균 12분 4초가 걸렸다.(6마일을 1시간 12분 24초에 주파했다.) 윔퍼의 의견에 따르면, 에콰도르에서는 양 떼가 길을 막았으니 속도는 얼추 같은 셈이었지만, 체력 소모가 더 컸다.

5월 초에 드물게 찾아온 좋은 날씨를 틈타서 카렐 형제가 이이니사 초등을 해내는 동안, 윔퍼는 키토에서 몸을 추슬렀다. 윔퍼는 나포 강 유역으로 떠나는 ― "마지막까지 우호적인 관계를 유지했던" ― 샤를 위너에게 작별을 고한 뒤에 마차치로 이동해 카렐 형제와 합류했다.[42] 세 사람은 카렐 형제가 표시해둔 루트를 따라 이이니사에 도전했다. 남봉(주봉)과 북봉 사이에 꾸려둔 막영지에서부터 강풍에 맞서며 정상에서 100미터 이내까지 전진했다. 이이니사는 알프스 봉우리처럼 가파른 봉우리인데, 당시 바위 표면에는 얼음이 반짝이고 정상 부근에는 고드름이 달린 거대한 눈처마가 매달려 있었다. 카렐 형제는 이 마지막 몇십 미터 구간이 너무 가팔라 장비를 지고 오를 수 없겠다고 말했지만, 눈처마와 15미터에 육박하는 위협적인 고드름, 몰아치는 강풍은 전진 자체를 가로막았다. "전진은 미친 짓이었을 터이다. 카렐은 물론 철수 결정의 책임을 나에게 떠넘겼다."[43] 윔퍼는 이이니사 등정을 포기하고 내려와야 했다.*

　　산에서 내려온 그들은 남쪽인 리오밤바Riobamba라는 마을로 이동했다. 마을에 도착하니 프랑스 남작을 수행하는 대규모 짐꾼 행렬이 유일한 탐보를 독차지하고 있었다. "그는 나의 통역사였던 페링 씨와 베리티 씨를 고용했고, 프랑스인 하인과 푸들 개 한 마리를 데리고 있었으며, 여느 때와 달리 보급품이 매우 풍족했다."[44] 캄파냐의 활약으로 아쉬운 대로 묵을 만한 오두막을 발견할 수 있었다. 윔퍼는 프랑스 남작과 함께 식사를 하면서 그에게 여분의 로프와 온도계, 망원경을 팔아서 원정 경비를 충당했다. 라이스와 스튀벨은 1872년에 캄파냐와 함께 리오밤바 동쪽에 있는 엘 알타르El Altar라는 붕괴된 화산을 탐험했는데, 윔퍼는 이 산을 5개월 전에 한 번 얼핏 본 적이 있었다. 거대한 원뿔 모양의 화산이었던 엘 알타르는 지질 시간으로 비교적 최근에 일어난 화산 폭발에 의해 서쪽 부분 전체가 무너지면서 9개의 웅장한 봉우리가 3킬로미터 길이의 초승달 모양으로 연봉을 이루게 되었다. 윔퍼 일행은 분화구 바로 바깥쪽에 막영지를 꾸리고 그곳에서 4박을 했

* 카렐 형제의 초등 이후 이이니사의 제2등은 1939년에 이루어졌다.

다. 상당히 쾌적한 곳이었지만 여전히 눈이 쏟아지는 굿은 날씨가 이어졌다. 카렐 형제를 각각 가장 높은 봉우리와 두 번째 높은 봉우리에서 등반선을 찾아보라고 올려 보냈지만, 그들이 보고 온 것은 빙하와 가파른 절벽뿐이었다. 윔퍼는 산을 관찰하고 나서 주봉이 알프스의 아이거를 닮았다고 생각했다. "절벽의 웅장함은 [아이거에] 거의 필적할 만한 수준이며 빙하는 훨씬 더 가파르다." 윔퍼는 이 분화구를 "말굽 모양의 거대한 평원에 눈과 얼음이 가득 차 있고, 그 주위를 빙 둘러 600미터 높이의 가파른 절벽들이 치솟아 있다."라고 묘사했다.[45] 그들은 등반을 포기하고 리오밤바로 철수해 프랑스 남작과 다시 만났다. 엘 알타르의 초등은 1963년에 가서야 이루어졌다.

윔퍼는 에콰도르에 체류하는 동안 틈이 나는 대로 채집 활동을 계속했다. 과야킬에 있는 체임버스의 저택에서 머문 첫날에 체임버스의 딸이 날아다니는 딱정벌레에 물려 손이 부은 일이 있었는데, 그때 윔퍼가 즉각적으로 한 행동은 "그 벌레를 독주에 담그는 것"이었다.[46] 장 앙투안 카렐과 함께 코라손을 등반할 때는 "산비탈을 기어 내려오는 전갈 한 마리를 발견해 독주에 담갔다."[47] 윔퍼는 수시로 카렐 형제를 밖으로 내보내 딱정벌레, 나비, 거미를 비롯해 손으로 잡을 수 있는 모든 곤충과 동물을 잡아 오게 했다. 그렇다고 그들에게 그 일을 할 마음이 있다고는 생각하지 않았다. 하루는 장 앙투안 카렐에게 잠자리를 잡아 오라고 보냈더니 "달랑 세 마리만 잡아 왔다."라는 불평을 적기도 했다.[48] 카얌베로 가는 도중에는 "사람들에게 곤충을 채집해 오라고 보냈더니 상당히 많이 모아 오기는 했지만, 카렐 형제의 게으름 덕분에 내가 기대한 수준에는 한참 밑돌았다."⁴⁹ 윔퍼는 언제나 산 채로든 죽은 것이든 흥미로운 것이라면 살 의향이 있다고 소문을 내고 다녔다. 나이 든 원주민 한 명은 도랑에서 자고 있던 주머니쥐를 생포해 들고 왔는데, "뭘 가져왔는지 듣기 한참 전부터 냄새로 알아챌 수 있었다. 재미있는 일화였다."⁵⁰ 윔퍼는 이 주머니쥐 가죽을 훗날 남동생 찰스에게 팔았다. 도마뱀에 대한 윔퍼의 애정은 그런 동물을 혐오스럽다고 여기는 에콰도르인들에게는 특히 이해하기 어려운 면이었다. "그들에게 가금류 고기가 너무 비싸질 때를 대비해 저장 식품으로 보관하는 중이라고 둘러댔다. 그러자 다들 내 말에 폭소를 터뜨렸다."⁵¹

캄파냐는 베리티보다는 좀 더 열성적으로 채집에 임했다. 물건을 어디서 채집해 왔느냐고 물어보면 베리티는 출처를 대지 못했는데, 윔퍼는 그 이유가 그가 물건의 대부분을 그냥 돈을 주고 사 왔기 때문이라고 생각했다. 엘 알타르에서 돌아오는 길에 윔퍼와 캄파냐는 잉카 유물을 구하기 위해 눈에 보이는 모든 원주민 오두막에 빼놓지 않고 들렀다.

> 나는 남작이 이미 그곳을 한 번 싹 훑고 지나갔음을 알게 되었다. 80여 채에 들러 물어본 결과 상태가 썩 좋지 않은 도자기 두 점을 구했을 뿐이다. 나는 나중에 리오밤바에서 이 도자기 두 점을 남작에게 주면서, 다른 것은 전부 다 챙기고 이 두 점만 빼놓으면 섭섭할 것이라고 말했다.⁵²

윔퍼의 채집은 에콰도르를 떠난 후에도 끝나지 않았다. 특히 체임버스는 몇 년 뒤까지도 생물과 무생물을 망라한 갖가지 물건을 런던으로 보내주었다. 웜퍼가 에콰도르를 떠난 지 4개월이 지났을 때 체임버스는 이렇게 썼다.

> 왕립우체국 증기선 편으로 독성이 매우 강한 뱀 한 마리도 산 채로 보냅니다. 전에 구해달라고 부탁하신 그 종입니다. … 산 채로 도착하리라 믿습니다. 먹이로 작은 기니피그 한 마리도 같이 넣었습니다. 그런데 이 뱀이 무늬가 2분도 채 안 돼서 죽어버리더군요.[53]

8년 후에 체임버스는 웜퍼에게 또 다른 독사 한 마리를 증기선 편으로 부쳤다. 뱀의 탈출은 봉쇄하되 먹이는 줄 수 있도록 특수 제작한 나무상자에 넣어서 보냈지만, 안타깝게도 그 뱀이 낳은 열댓 마리의 새끼 뱀들이 상자의 작은 옹이구멍 사이로 탈출해 승객들을 공포에 몰아넣었다. 상자째 바다에 던져진 독사는 둥둥 떠내려가다가 파나마에 있는 어느 섬의 해안에 닿았을 때 총에 맞았다. "그것이 당신의 뱀이 맞이한 최후였습니다."[54] 웜퍼는 에콰도르에 있을 때 뱀은 거의 직접 보지 못했다. 그가 본 큰 동물이라고는 흑곰 한 마리, 사슴 몇 마리, 장 앙투안 카렐을 겁먹게 한 들소 두 마리를 제외하면 카얌베에서 본 퓨마 발자국들이 전부였다. 웜퍼의 의견에 따르면, 에콰도르의 야생동물을 통틀어 "가장 많은 개체 수를 자랑하는 동물은 벼룩이었다."[55]

웜퍼가 런던으로 보낸 물건은 매우 다양했다. 수백 점의 잉카 도자기, 쇠붙이류, 석기류, 원주민의 옷감, 부적 및 기타 장식품, 훗날 아내의 모자를 장식한 벌새, 역시 아내의 모자를 장식한 날쌘 원숭이 한 마리, 남동생 찰스에게 줄 날짐승 가죽과 요제프 볼프에게 줄 수사슴의 머리 여러 점, 치요Chillo 계곡에서 찾은 별 모양의 금속("의심스러운 고대 유물 중의 하나로, 베리티가 만든 것이라는 의혹이 있다."), 수천 마리의 딱정벌레, 거미, 집게벌레, 땅속에 사는 벌레, 전갈, 지네, 노래기, 개미, 나방, 나비, 개구리, 도마뱀 및 수천 종의 초본 식물, 목본 식물, 대나무, 돌멩이, 화산재 그리고 침보라소 5,500여 미터 고지에서 가져온 "일부가 화석화된 반추동물의 뼈" 등이 있었다. 이 뼈는 대영박물관의 리처드 오언에게 보냈는데, 그는 "돌려준다고 해놓고 약속을 지키지 않았다."[56] 웜퍼는 박물학자는 아니었지만, 19세기에 비슷한 배경을 지닌 많은 사람이 그랬듯이 애호가 수준의 흥미는 가지고 있었다. 웜퍼는 아마존에 갔던 친구인 헨리 베이츠나 지인인 리처드 스프루스와 앨프리드 월리스 등의 선례를 보고 열심히 수집하는 일이 중요하다고 생각했던 것 같다. 에드워드 피츠제럴드Edward Fitzgerald의 두 번째 아콩카과 원정은 비록 아메리카 대륙 최고봉 등정에는 성공했을지라도 웜퍼에게 다음과 같은 비판을 받았다. "수집품이 빈약해 보인다. 그 높은 데까지 올라가서 고작 돌멩이 몇 개를 제외하면 아무것도 가져오지 않은 것으로 보인다."[57] 웜퍼는 남미에서 가져온 수집품 대부분을 결국에는 팔거나 기증하지만, 그것은 그로부터 20~30년 후의 일이었다.*

시간은 어느덧 6월 말이었다. 7월 13일에 출항이 예정된 파나마행 증기선에 카렐 형제를 태우려면 그 전날까지는 과야킬로 가야 했다. 웜퍼는 벨트란과 캄파냐를 데리고 침보라소를 다시 오를 생각이었

---

* 이 수집품들은 상자에 담긴 채 여전히 대영박물관 이스트런던 별관에 소장되어 있다.

다. 윔퍼는 에콰도르인들이 산에 전혀 관심이 없으며, 있다손 치더라도 침보라소를 등정했을 리가 없다고 생각하기 일쑤라는 사실에 넌더리가 나 있었다. 그래서 에콰도르 최고봉을 에콰도르인이 최초로 오르면 조금이나마 사람들의 관심도 끌고 더불어 자신이 정말로 정상에 올랐다는 사실도 검증되리라 생각했다. 한편으로는 캄파냐와 벨트란이 개인적으로 성취감을 맛보고 이 등정을 통해 덕을 보기를 바라는 마음도 있었다. 앞서 1월에 윔퍼는 장 앙투안 카렐과 함께 침보라소 북벽을 마주 보고 있으며 침보라소보다 낮은 5,029미터 높이의 봉우리인 카리우아이라소Carihuairazo를 정찰했었다. 윔퍼는 자신이 이 산을 등정하고 싶기도 했지만, 이곳을 산이 처음인 두 에콰도르인을 위한 연습등반의 무대로 삼고자 했다. 다소 빠듯하지만 카리우아이라소와 침보라소를 둘 다 오를 시간이 남아 있다고 생각했던 것이다.

윔퍼는 에콰도르인 두 명을 데리고 해낸 이 마지막 두 차례 등반에 즐거운 마음으로 임했다. 이 무렵에 적은 일기에는 한결 여유롭고 기분 좋은 태도가 드러난다. 벨트란과 캄파냐는 윔퍼가 챙겨간 여벌의 부츠와 게이터, 양말, 피켈, 고글로 채비를 했다. 빗속에서 이틀 밤을 야영한 후에 윔퍼는 6월 29일이 카리우아이라소를 등정할 마지막 기회라고 판단했다. 엘 알타르에서 내려올 때부터 졸졸 따라오던 길잃은 개 한 마리도 등반대에 합류했다. 윔퍼는 산을 향한 의지와 열정만 있다면 누구에게든 언제나 감명을 받았는데 "그 미물에게는 뭔가 특별한 것이 있는 게 분명하다. 왜냐하면 오늘 아래쪽 막영지에서 안락과 사치와 … 따뜻한 모닥불을 누릴 수 있는 선택권이 있을 때 이 모든 것을 뒤로하고 안개 속에서 우리를 따라 올라왔기 때문이다."[58] 그들은 사라우쿠에서 했던 것처럼 안개 속에서 나침반으로 방위를 잡고 하산길을 표시하기 위해 눈 속에 막대기를 꽂으며 이동했다. 크레바스를 피하고, 루트를 결정하고, 정상 근처에 있는 커다란 베르크슈른트를 건너느라 자주 고글을 벗어야 했다. 두 에콰도르인은 크레바스 위에 걸린 스노브리지를 보고 아연실색했지만 세 등반가의 뒤를 따라 제법 잘 올라갔으며, 윔퍼는 "그들이 그날 내내 모범적인 모습을 보였다."라고 생각했다. 개는 돌아가기를 거부하다가 경사가 40도에 육박하는 가파른 설벽을 만났을 때 이내 겁을 집어먹었지만, 이미 돌아가기에는 너무 늦었을 때였다. 윔퍼는 개를 번쩍 들고서 장 앙투안 카렐이 깎아놓은 스텝을 디디며 설벽을 올라갔다. 작은 원뿔 모양의 정상은 눈이 쌓여 있었다. 마지막 남은 막대기 세 개를 기념비처럼 정상에 꽂는 동안 개는 "기뻐서 꼬리를 흔들었다." 정상에서 기압계 눈금을 읽었을 때 윔퍼가 혹시나 했던 대로 그곳은 주봉이 아닌 남동봉으로 밝혀졌다. 하지만 남동봉도 중요한 독립 봉우리였으며, 에콰도르인이 — 그리고 개 한 마리가 — 최초로 등정한 의미 있는 봉우리였다.* 막영지로 돌아왔을 때만 해도 다들 "산의 정기를 마셨다."라면서 들뜬 분위기였지만, 몇 시간 후에는 모두에게 설맹의 고통이 찾아왔다. 개를 포함해 정상에 올랐던 여섯 명 전원이 "애처롭게 끙끙 앓았다." 윔퍼는 통증이 몹시 심하지만 안티사나에서만큼은 아니었다고 적었다. 카렐 형제와 두 에콰도르인은 윔퍼보다 상태가 훨씬 더 안 좋아 고통 속에 밤

---

* 카리우아이라소의 주봉은 1951년에 초등이 이루어졌다.

을 견뎌야 했다. "에콰도르인들이 외치는 신음을 듣고 있자니 불쌍하기 그지없었다. … 무슨 일이 닥친 줄도 모른 채 그저 시력을 영원히 잃었다고 생각하고 있었다."[59] 다음 날은 아무 일도 할 수가 없었다. 어차피 비가 계속 퍼붓기도 했다. 웜퍼는 손으로 더듬어 간신히 고글을 쓰고 머리에 손수건을 동여맸지만, 나머지 일행은 종일 누워서 앓는 소리만 냈다. 이렇게 하룻밤을 더 견딘 후에 머리에 손수건을 동여매고 고글을 쓴 채로 막영지를 침보라소로 옮겼다.

어느덧 웜퍼가 등정에 쏟아부을 수 있는 마지막 날이 되었다. 동이 트기 전에 그들은 침보라소 북벽 4,900미터 고지에 세워둔 막영지를 출발해, 앞서 1월 초등 때와 다른 루트로 침보라소를 오르기 시작했다. 태양이 고개를 내밀기 전에 눈부시게 파란 하늘 ─ "우리가 에콰도르에서 만난 가장 화창한 아침" ─ 을 배경으로 코토팍시와 이이니사를 선명하게 볼 수 있었다. 에콰도르에서 처음 맞이할 정상 전망에 한껏 부풀었던 웜퍼의 기대는 기괴한 일이 벌어지면서 물거품이 되고 말았다. 그들이 등반을 시작한 지 얼마 되지 않은 때였다. 100킬로미터쯤 떨어진 코토팍시가 대규모 폭발을 일으키면서 6,000미터 상공까지 검은 연기 기둥이 솟구치기 시작했다. 1시간쯤 지나고부터는 미풍에 날린 화산재가 그들이 서 있는 곳까지 밀려오기 시작했다. 정상에 가까이 갔을 때쯤,

> 무시무시하고 섬뜩한, 곧 세상의 종말이 올 것만 같은 매우 기묘한 현상이 나타났다. … 잿빛 구름 사이사이로 황동색과 녹색을 띤 불가사의한 색조의 하늘이 보였다.[60]

3년 후, 크라카타우 화산 분화가 일으킨 놀라운 대기 현상을 본 윔퍼는 펜을 들고 침보라소에 오른 이날의 경험에 대해 다음과 같이 써 내려 갔다.

우리는 초록색 태양을 보았다. 그런 초록색은 이전에도 보지 못했을뿐더러 앞으로도 보지 못할 그런 색깔이었다. … 하늘을 물들인 이 기묘한 빛깔은 세상에 있는 그 어떤 말로도 부족한, 그 어떤 말로도 형언할 수 없는 것이었다. … 널리 알려진 이름이 있는 그 어떤 색깔과도 달랐다.[61]

이처럼 윔퍼는 수채화를 그려본 경험을 바탕으로 풍경과 자연 현상을 볼 때 눈에 보이는 그대로 보는 습관이 있었다. 전망은 그들이 고도를 높임에 따라 차츰 희미해져 정상에 다다랐을 때는 마지막 남은 조각까지 사라졌다. "그에 따라 에콰도르에서 한 우리의 마지막 등정은 첫 번째 한 등정처럼 그리고 그사이에 한 모든 등정처럼 전망을 전혀 볼 수 없는 등정이었다."[62] 정상에 섰을 때 "동료들 사이에서 함성과 파안대소가 터져 나왔다." 1월에 남겨놓은 "깃대가 그대로 있었기 때문이다." 벨트란은 올라올 때 신설이 쌓인 곳을 지나면서 녹초가 되어 내려가고 싶어 했었지만("나는 허락하지 않았다.") 정상에 선 벨트란과 캄파냐는 성취감에 기쁨을 주체하지 못했다. 루이 카렐이 윔퍼의 사진기를 정상까지 들고 올라갔으며(윔퍼는 경위의를 들고 올라갔다.) 윔퍼는 두 에콰도르인의 사진을 찍었다. 낙진 때문에 과학 기구를 사용하는 것이 사실상 불가능하기도 했지만, 윔퍼는 바람이 불고 혹독하게 추운 날씨 때문에 기압계의 나사를 조절할 만큼 오래 장갑을 벗고 있을 수도 없

침보라소 재등 때 찍은 사진으로 웜퍼가 제작한 판화. 왼쪽부터 다비드 벨트란, 장 앙투안 카렐, 하비에르 캄파냐. 『적도의 대산맥 안데스 여행기』(1892)에 수록되었다.

었다. 침보라소 정상 부근에 내려앉은 화산재는 순백의 눈을 "갈아놓은 밭" 색깔로 바꿔버렸다.

　이로써 웜퍼와 카렐 형제는 침보라소를 초등한 지 6개월 만에 재등에 성공했지만, 제3등과 제4등은 그로부터 30년이 더 걸렸다.* 노새 몰이꾼 세바요스Cevallos가 양 한 마리를 끌고 막영지까지 올라온 덕분에 "우리는 성대하되 죄책감에서는 자유롭지 못한 만찬을 즐겼다." 안타깝게도 공기 중에 화산재가 가득 차 있다 보니 다들 입안으로 들어오는 화산재를 막을 도리가 없었다. 1시간 일찍 어둠이 깔리고 바람은 사나운 돌풍으로 바뀌었다. "지금까지 했던 가장 성공적인 등정의 하나가 그렇게 막을 내렸다. 모든 것이 계획대로 정확히 그리고 아무 사

---

* 제4등은 에콰도르의 등반가 니콜라스 마르티네스Nicolás Martínez가 1911년에 성공했다.

고 없이 순조롭게 이루어졌다." 윔퍼는 에콰도르인들의 성공에 기뻐했으며, 화산 분화와 하늘을 기묘한 색깔로 물들인 대기 현상에 크게 매료되어 사방이 탁 트인 전경을 보지 못한 점도 아쉬워하지 않았다. 에콰도르에서 그러한 전경을 볼 수 있다는 기대는 이미 버린 지 오래였다. 윔퍼는 일기에 이렇게 적었다. "에콰도르에서의 마지막 등정이었지만, 결코 중요성이 떨어지지 않는 등정이었다."

윔퍼와 카렐 형제는 이번에는 6개월 전에 그들을 괴롭혔던 극심한 고산증을 겪지 않았다. 윔퍼는 "낮아진 기압에 어느 정도 적응한" 것이라는 결론을 내렸다.[63] 윔퍼는 이것이 고소에서 머문 시간과 관계가 있다고 생각했지만(윔퍼는 4,500미터 이상 고지대에서 총 27박을 했다.) 지금은 고소순응을 위해서는 낮에 가능한 한 높이 올라갔다가 밤에 낮은 곳으로 내려와서 자야 한다는 사실, 그리고 서서히 고도를 올리며 이를 반복해야 한다는 사실이 정설로 알려져 있다. 윔퍼는 높은 곳에 있으면 인체가 낮아진 기압에 서서히 적응한다고 생각했지만, 사실 고소에서 인체는 되돌릴 수 없을 정도로 악화되기 시작한다. 윔퍼는 폴 베르의 실험이 보조 산소의 유용성을 입증했다는 점은 인정하면서도 고산증이 공기 중에 산소가 부족해서 생긴다는 그의 결론에는 동의하지 않았다. 폴 베르는 산에 오르려는 사람들에게 산소를 가져가라고 조언했지만, 윔퍼가 셈을 해본 결과 권장 사용량이 분당 20리터라면 에베레스트의 마지막 1,500미터 구간에 도전하는 등반가에게 하루에 "약 4만 리터의 산소"가 필요하며, "그만큼을 … 운반하려면 당연히 어려움이 많을 터이다."라고 생각했다. 윔퍼는 폴 베르가 "현장에서 산소를 만드는 방법을 추천한다."라고 말한 부분을 꼬집었다.[64] 윔퍼는 고산증이 '희박한 공기', 즉 낮아진 기압에 의해 유발되며 기압이 낮아지면 호흡할 수 있는 공기의 양이 감소되어 체내에 있는 기체를 팽창시켜 내장에 압박을 준다고 믿었다. 결론은 틀렸을지 몰라도 윔퍼는 약 5,000미터에서 6,000미터까지는 보조 산소의 사용이 필수가 아니라는 사실은 확실히 입증한 셈이었다. (폴 베르는 파리 실험실의 감압 장치에서 실험할 때 같은 고도에서 보조 산소를 사용했다.) 기술은 계속 발전했고, 급기야 1922년에는 에베레스트에서 최초로 산소통이 사용되기에 이르렀다. 당시 영국 원정대는 산소통을 지고 약 8,200미터 고지까지 올라갔다. 이때 사용된 산소통은 실린더 4개가 장착되어 무게가 15킬로그램에 달했는데 7시간 분량의 산소를 주입할 수 있었다.

윔퍼가 에콰도르에서 한 등반은 지금 기준으로 보면 비교적 쉬운 등반으로 여겨지지만, 가능한 한 어려운 루트로 오르는 행위 자체를 목적으로 정상에 오른다는 개념이 문화적으로 깊이 뿌리내린 시대를 사는 우리로서는 19세기의 등반이 과학적 목적으로 이루어졌었다는 사실을 간과해버리기가 쉽다. 윔퍼는 어려운 루트로 산을 오르려는 욕망을 이해할 수 없었다. 윔퍼는 한 기고문에서 머메리에 대해서 이렇게 썼다. "우리는 잘못된 길로 산을 오르는 행위가 올바른 등반이라고 주장하는 사람과 굳이 논쟁할 생각은 없다."[65] 좀 더 훗날에는 이렇게 쓰기도 했다. "거대한 산을 오르기 위한 가장 쉬운 길을 찾는 데는 지혜와 지식이 필요한 반면, 어려운 길은 어떤 어리석은 자라도 생각해낼 수 있다."[66] 19세기에 과학은 연구실이나 컴퓨터에서 행해지지 않았다. 주변 세계를 직접 탐험하는 과정이 필수적이었다. 지구상의 생명체, 지구라는 행성, 이 행성의 탄생과 역사에 대해 당시에 알려진 사실은 거의 없었지만, 이 모든 신비가 탐험의 대상이라는 인식은 존재했으며, 19세기를 거치는 동안 극적인 발견이 줄을 이었다. 19세기 초에 이루어진 지질 탐험들은 인류가 억겁의 세월에 걸쳐 펼쳐진 지구의 복잡하고 극적인 과거를 엿볼 수 있는 창을 열어주었다. 조사이어는 찰스 라이엘의 『지질학 원론Principles of geology』에 들어간 삽화 작업을 맡았다. 지구의 나이를 밝히고 지구가 격변이 아닌 점변漸變으로 형성되었다는 이론을 처음으로 확립한 이 책은 남미를 여행하던 청년 다윈에게 큰 영향을 미쳤다. 출판업자 존 머리가 다윈의 『종의 기원』을 출간했을 때 윔퍼 역시 호기심을 주체하지 못하는 열아홉 살 청년이었다. 이 책에서 다윈이 지구상의 생명체에 대한 기존 신념에 도전하게 된 바탕에는 주변 세계와 생명체의 다양성에 대한 관찰이 있었다.

윔퍼에게는 프랑스 학자들의 뒤를 밟고 있다는, 그들이 지구의 모양과 크기를 측정하기 위해 적도에서 했던 영웅적인 노력의 뒤를 밟고 있다는 인식이 있었다. 또한 에콰도르 안데스의 탐험자로서 자신이 위대한 지리학자인 알렉산더 폰 훔볼트가 걸었던 길 위에 있다는 인식도 있었다. 윔퍼에게는 현대 등반가들처럼 미등봉의 정상을 밟고자 하는 욕망도 물론 있었지만, 지구와 지구의 구조, 지구상에 살고 있는 우리 존재에 대한 실마리를 알려줄 수 있는 단서들을 외면한 채 그럴 마음은 없었다. 윔퍼는 꼼꼼하고 세심한 접근법으로 측정할 수 있는 부분에 집중했다. 어쨌거나 1880년에는 6,000미터 이상 고지에 서식하는 생명체에 대해 알려진 바가 없었다. 그때까지 밤에 활화산의 내부를 들여다본 사람도 없었다.

윔퍼는 침보라소의 남쪽으로 에둘러 내려와 리오밤바에 도착함으로써 침보라소 일주를 완성했다. 프랑스 남작은 여전히 리오밤바에 체류하고 있었다. 수집품을 정리하느라 새벽 2시까지 깨어 있던 윔퍼는 오로지 일치단결의 노력만이 다음 날 일행을 출발시킬 수 있다고 믿었다. 7월 8일의 느지막한 오후에 일행은 리오밤바를 출발해 과야킬에서 오는 기차를 잡아타기 위해 남쪽으로 향했다. 7월 13일에 파나마행 증기선을 타려면 시간이 빠듯했기 때문이다. 윔퍼는 "간밤에 아무 일도 하지 않은 카렐 형제를 대신해서 성가신 일을 떠맡지" 않기를 절실히 바랐다.[67] 정보는 빈약하고 길도 헷갈리는 마당에 인적까지 드물고 상태가 좋지 않은 시골길을 힘들게 이동하려니 윔퍼의 인내심은 혹독한 시험대에 올라야 했다. 매일 "우리는 거리에 대한 극과 극의 정보를 들어야 했다. 정말이지 어느 두 사람이 서로 비슷하게라도 이야기하는 적이 한 번도 없었다."[68] 리오밤바에서 출발할 때 윔퍼는 그날 밤 과모테Guamote라는 마을까지 이동하고 싶었지만, "과모테는 우리가 나아갈수록 멀어졌다." 시골길은 "음울하고 그늘도 없고 지루한" 길이었다. 먹을 것을 찾기도 어려워 일행의 사기가 떨어졌고, 루이 카렐과 노새몰이꾼 세바요스는 자꾸만 뒤로 처졌다. 리오밤바를 떠난 지 사흘째 되는 날에는 매우 가파른 내리막길이 시작되었다. 안데스고원에서 해수면까지 내려가다 보니 표고 차가 약 3,000미터에 달했다. "볼 수만 있었다면 굉장히 훌륭한 경치였을 것이다." 윔퍼는 숲을 통과할 때

말 등에 탄 채로 졸다가 커다란 나뭇가지에 얼굴을 맞아 화들짝 잠에서 깨어났다. 입과 코가 찢어졌지만 큰 흉터는 남지 않아서 "과야킬에 도착하고 사나흘이 지나자 [상처는] 거의 눈에 띄지 않았다." 칠흑같이 어두운 숲에서 야영할 수밖에 없었기 때문에 물도 없었고 "맥주와 포도주 한 방울도 없었다. … 마실 것이라고는 아무것도 없었던 셈이다."

길에서 말 탄 남자 세 명과 마주쳤는데, 그들은 기찻길에서 오는 중이라고 말했다. "나는 마침내 정말 믿을 만한 정보를 얻었다고 생각했다. 그들은 우리가 3시간 후면 도착할 수 있다고 말했다. 그 말은 알고 보니 유사 이래 인간의 입 밖으로 튀어나온 가장 심한 거짓말이었다." 3시간 동안 윔퍼 일행은 잘못 가고 있는 줄도 모른 채 엉뚱한 방향으로 가고 있었다. "참 잔인한 깨달음이었다. … [기찻길이] 또다시 훨씬 더 멀어졌다. 되돌아가는 것 외에 다른 방법은 없었다. 다들 순순히 내 말을 따랐다." 7개월 만에 처음으로 해수면으로 내려왔을 때 윔퍼는 숲의 풍요로움에 매료되었다. 나무들은 곁가지 하나 없이 쭉쭉 뻗어 있었는데 50미터는 족히 되어 보였다. "낮은 곳으로 내려갈수록 나비가 지천으로 날아다녔다. 대부분 모양이 아주 예쁘고 몸집이 큰 나비들이었다. 우리는 시간에 너무 쫓기던 터라 나비에게 눈길을 줄 겨를이 없었다." 침보Chimbo강 근처 기찻길에 다 왔다고 생각했을 때 윔퍼는 실수 없이 꼭두새벽에 출발하기 위해 빗속에서 밤새 깨어 있었다.("카렐 형제는 금세 코를 골았다.") 아침 식단은 마지막으로 남은 식량인 약간의 연유가 전부였다. 극과 극으로 엇갈리는 정보를 듣고 기차역을 찾아 헤매다가 알게 된 사실은 다음과 같았다. "기차역은 없었다. 철로마저 갑자기 끊겨 있었다." 뻔한 일이지만 윔퍼의 "속은 바짝 바짝 타들어 가기 시작했다. … 길은 계속 이어졌다. … 이 저주받은 나라에서 계속 길을 잃고 헤매자 심히 우울해졌다." 마침내 기차를 잡아타고 보니 놀랍게도 영국인 기관사가 타고 있었다. 그는 기관실을 구경해도 좋다고 허락해 윔퍼의 기분을 나아지게 해주었으며, 윔퍼가 사진을 찍을 수 있도록 기차를 세워주기도 했다.

7월 13일, 동이 트기 전에 과야킬에 도착했을 때 강 하류 쪽으로 멀어지는 대형 증기선 한 척을 본 그들은 다급하게 체임버스를 깨웠는데, 다행스럽게도 그 배는 파나마행이 아니었다. 파나마행은 다음 날 떠날 예정이었다. 윔퍼는 카렐 형제를 위해 항구 근처에 있는 호텔 방을 잡아주었고, 보수 명목으로 장 앙투안 카렐에게는 40파운드를, 루이 카렐에게는 20파운드를 주면서 남들 앞에서 돈을 내보이지 말라는 경고도 덧붙였다. "그들은 경멸 어린 눈초리를 숨기지 못한 채 그 충고를 받아들였다."[69] 윔퍼는 장 앙투안 카렐에게 신세를 졌다고 말했지만, 카렐은 매우 만족했으면서도 "나에게 고맙다는 말 한마디도 하지 않았다." 카렐은 자존심이 강한 남자인 만큼 분명 윔퍼의 설교에 신물이 났을 테지만, 그날 그가 보인 퉁명스러운 태도는 심지어 루이 카렐조차도 당혹스러워할 정도였다. 윔퍼는 카렐 형제에게 아침 8시에 증기선을 탈 수 있도록 시간에 맞추어 나오라고 말했다.

다음 날 아침 윔퍼가 약속 장소에 나갔을 때 그 자리에는 루이 카렐만 있었다. 그는 사촌형이 윔퍼와 함께 체임버스의 저택에서 숙박한 줄로 알고 있었다. "나는 즉시 뭔가 사달이 났음을 직감했다." 좀 더 알아본 결과 캄파냐와 장 앙투안 카렐은 다 쓰러져 가는 경찰서에 갇혀 있었다. 전날 밤 사건에 대한 그 두 사람의 진술은 엇갈렸지만, 윔퍼는 두 진술을 토대로 사건을 재구성해보았다. 저녁 내내 술을 마신 후에 캄파냐가 자기 친구가 운영하는 술집에 가자고 꼬드겼다는 것이 장 앙투안 카렐의 설명이었고, 장 앙투안 카렐이 포도주 한 병을 사라고 자신을 부추겼다는 것이 캄파냐의 주장이었다. "나는 두 이야기가 모두 사실일 가능성이 높다고 생각한다." 두 사람은 카드 게임을 시작했고, 캄파냐는 윔퍼한테 받은 돈을 다 잃고도 자기가 게임 실력이 출중하니 반드시 이길 수 있다고 큰소리치며 카렐을 설득했다. 캄파냐는 카렐에게 빌린 돈마저 계속 잃었고 "못 말리는 양반인 카렐은 카드 게임을 하는 건달들의 면전에서 돈주머니를 다섯 번이나 꺼내 보였다." 캄파냐는 그날 저녁에 브랜디 한 병과 마요르카 허브 술 한 병을 비롯해 여러 가지 잔술을 섞어 마셨다. 카렐은 맥주 네 병과 포도주 대여섯 병 그리고 "온갖 종류의 술"을 해치웠다. 술에 취한 두 사람은 당연히 그 자리에서 곯아떨어졌다. 새벽 3시에 눈을 떴을 때 카렐의 40파운드는 온데간데없었다. 카렐은 캄파냐가 돈을 훔쳐간 범인이라고 의심했다. 지역 경찰이 길거리에서 싸우는 두 사람을 발견해 유치장에 가두었는데, 낮에 서장이 올 때까지는 카렐을 풀어줄 수 없다고 했다.

이것 참 야단이었다. 배가 곧 떠날 참이었기에 나는 어떻게든 이 난관을 수습하기 위해 그늘에서도 27도인 날씨에 이리저리 뛰어다녀야 했다.

인내심이 바닥 난 윔퍼는 실패했지만, 루이 카렐은 사촌형을 경찰서에서 빼내는 데 성공했다. 윔퍼는 장 앙투안 카렐에게 잃어버린 돈의 절반을 보상해주기로 약속했지만, 11시에 은행이 문을 열 때까지 기다려야만 그 돈을 줄 수 있었다. 결국 그들은 강 한복판에 정박해 있던 파나마행 증기선을 가까스로 탈 수 있었다. 윔퍼는 선장이 베푼 선한 은혜에 감사를 표하는 뜻에서 카렐 형제의 자리를 일등실로 예약했다. "[장 앙투안] 카렐이 그렇게 퉁명스럽게 가라앉아 있는 모습은 거의 처음 볼 정도였다. 그는 즉시 침대에 누워 잠을 청하더니 내가 작별을 고하러 갔을 때는 심지어 몸을 일으키지도 않았다. 전날 밤 폭음의 여파에 시달리고 있는 게 분명했다." 루이 카렐은 사촌형의 행동에 충격을 받았지만 아무리 구슬려도 그의 입은 굳게 닫혀 있었다. 이날은 7월 14일이었다. 윔퍼의 기억 속에 각인된 날짜, 즉 이 런던 토박이 청년이 마터호른 정상에서 패배한 카렐을 내려다보았던 그날로부터 정확히 15년이 되는 날이었다. 이날 본 모습이 윔퍼가 생전 마지막으로 본 카렐의 모습이었다. "나는 그가 얼굴을 찌푸리며 가장 안 좋은 모습을 보여줄 때 그와 헤어졌다. … 그들이 탄 배는 정오를 지나자마자 멀어져 갔고, 나는 그들이 떠나는 모습에 진심으로 안도감을 느꼈다."

윔퍼가 다시 알프스를 찾았을 때 장 앙투안 카렐은 2년 전에 죽은 뒤라 보지 못했지만, 루이 카렐은 체르마트나 발투르낭슈에서 종종 만났다. 윔퍼의 일기에는 편지나 공적인 글에서보다 내면의 감정이 좀 더 가감 없이 드러나 있는데, 이 점은 특히 에콰도르에서 쓴 일기에서 두드러진다. 윔퍼는 카렐 형제와 사뭇 다른 사람이었던 만큼 기분이 좋을 때면 그들의 별난 기질과 건조한 농담을 좋아할 때도 있었지만, 대부분은 그들과 같이 있는 시간을 힘들어했다. 날마다 겉으로는 그들을 정중하고 친절하게 대했을지 몰라도, 일기에서만큼은 그들의 개인위생, 그들의 음식에 대한 불평불만, 그들의 가공할 만한 코골이 능력을 자세히 기록했다. 하지만 그것만이 전부는 아니었다. 그들의 활약에 경의를 표하는 내용도 적었다. 침보라소 초등 당시 장 앙투안 카렐의 활약(그는 6,000미터 이상 고지까지 수은 기압계를 메고 오르고, 스텝 깎는 일을 도맡고, 선등자로서 훌륭한 역할을 했다.)에 대해 "지금까지 산에서 펼쳐진 가장 칭송할 만한 활약의 하나"였다고 표현했다.[70]

런던으로 돌아간 윔퍼는 영국산악회에 카렐 형제가 에콰도르에서 보여준 유례없는 등반 안내에 대한 공로를 인정하는 특별 감사장을 수여해달라는 탄원을 여러 번 넣었지만, 윔퍼의 바람은 이루어지지 않았다. 에콰도르에 관한 글을 쓰거나 강연을 할 때면 윔퍼는 카렐 형제의 공로에 진심으로 경의를 표했으며, 자신이 바랄 수 있는 모든 것을 그들이 해주었음을 인정했다. 오랫동안 기다린 에콰도르 책은 장 앙투안 카렐이 이 책을 통해 빛을 보기에는 너무 늦게 세상에 나왔지만, 윔퍼는 다음과 같이 썼다.

> 우리는 폭풍우와 끊임없이 맞서 싸웠다. 그와 그의 사촌동생이 견뎌낸 것과 비교하자면, 계단차* 위를 걷는 중노동은 차라리 즐거운 것이었으리라.[71]

---

* 영국에서 죄수를 고문하기 위해 개발한 물레방아처럼 생긴 기구 ― 옮긴이

카렐 형제는 경비 일체 외에도 보너스로 50파운드씩을 더 받았다. 그 결과 장 앙투안 카렐은, 술에 취해 잃어버린 20파운드를 포함해서 총 136파운드를 받았고, 루이 카렐은 94파운드를 받았다.[72] 윔퍼는 런던에 도착했을 때 장 앙투안 카렐에게 호의를 담은 편지를 보내며 이렇게 말했다. "기압계는 아직도 잘 작동하고 있습니다."[73] 발투르낭슈로 돌아간 카렐 형제는 이역만리 안데스에서 펼치고 온 성공적인 등반에 걸맞은 성대한 환영을 받았다.

카렐 형제를 증기선에 태워 보내고 돌아온 윔퍼 앞으로 가엾은 캄파냐가 보낸 애처로운 전갈이 도착했다. 캄파냐는 숙취에 시달리며 여전히 유치장에 갇힌 채 보석금을 내달라고 간청하고 있었다. 카렐 형제를 배웅한 뒤에 전형적인 에콰도르인처럼 행동하고 싶었던 윔퍼는 전갈을 가져온 심부름꾼에게 스페인어로 "마냐나"*라고 전하라고 시켰다. 카렐이 잃어버린 40파운드의 행방에 관한 수수께끼를 푸는 동안 윔퍼는 침보라소 등정 과정에 관한 캄파냐의 진술을 각각 영어와 프랑스어로 2부를 작성한 다음, 체임버스의 증인 서명을 받았다. 윔퍼는 그렇게 해두지 않으면 에콰도르인들이 캄파냐가 에콰도르 최고봉을 등정했다는 사실을 믿지 않으리라는 사실을 잘 알고 있었다. 이 진술서는 참으로 순박하기 그지없는데, 분명 대부분 캄파냐가 직접 구술한 내용일 것이다. 이것은 많은 에콰도르인이 여전히 의심의 눈초리를 풀지 않았던 업적, 즉 윔퍼와 카렐 형제가 이미 정상에 올랐다는 사실

---

* 스페인어로 'mañana'는 내일이라는 뜻으로 기약 없이 일을 미루는 습관을 상징하는 표현이다. — 옮긴이

도 입증한다.

> 윔퍼 씨는 자신이 4,900미터쯤 되는 곳에 … 텐트를 쳤었다고 나
> 에게 직접 말해주었다. 그리고 나와 벨트란이 산을 오르는 데 필
> 요한 물건들, 즉 커다란 징이 박힌 튼튼한 부츠와 따뜻한 장갑, 눈
> 에 반사되는 햇빛을 막아 눈을 보호해줄 고글, 전진할 때 사용할
> 피켈을 내어주었다.
>
> … 우리는 모두 튼튼한 로프에 한 줄로 묶었다. … 너무 추웠고
> 바람도 많이 불었다. … 눈이 발이 푹푹 빠질 정도로 부드러워서
> 우리는 깊이 파묻혔다. … 우리는 앞서 1880년 1월 4일에 윔퍼 씨
> 가 꽂아놓은 깃대를 발견했다. … 나는 산 아래에 있는 친구들에
> 게 자랑하려고 깃발 한 조각을 찢어 품속에 넣었다. 위대한 침보
> 라소의 정상에 오른 첫 번째 에콰도르인이 되었다는 사실에 가슴
> 이 뭉클했다!⁷⁴

윔퍼는 이 진술서의 사본을 키토에 있는 해밀턴에게 보내면서 발표를
부탁했다. 에콰도르를 떠나기 전에 윔퍼는 캄파냐를 위해 자잘한 일들
을 처리해주었고, 캄파냐가 드레스덴에 있는 스튀벨 박사에게 전하고
싶어 하는 소포도 맡았다. 14년 후에 윔퍼는 캄파냐의 키토 주소를 수
소문해서 에콰도르 책을 보내주었다.

윔퍼는 리오밤바에서 부친 짐을 기다리느라 과야킬에서 보름을
체류해야 했는데, 이 기간은 상당히 불유쾌한 나날이었다. 체임버스에
게서 자신을 달가워하지 않는 듯한 인상을 받았기 때문이다. 체임버스
는 과야킬에서 많은 영리사업에 관여하고 있었으므로 단순히 일에 치
여 바빴을 가능성도 있다. 윔퍼는 체임버스의 저택에 머무는 동안 하

루하루가 몹시 불편했다.

> 내 평생 (초대를 받아 머문) 어떤 집에서 이렇게까지 불편하고, 나
> 오니까 이렇게까지 홀가분한 적은 없었다. ⋯ 나는 거의 매일 물
> 을 달라고 말해야 했다. 그곳에 머무는 내내 그들은 수건 한 번 바
> 꿔준 적이 없었다. 침대가 정돈된 적도 거의 없었다. 나는 정돈해
> 달라고 부탁하느니 차라리 내 손으로 직접 하고 말았다. 뭐라도
> 필요한 것이 있느냐고 묻는 사람도, 식사 후에 마실 것을 원하느냐
> 고 묻는 사람도 없었다. 식사 종이 울렸을 때 '당장' 내려가지 않으
> 면 질책이 날아왔는데, 피가 거꾸로 솟는 기분이었다. 모기나 다
> 른 벌레를 죽이려고 밤에 촛불을 켜두면 "제가 보니까 밤새 촛불
> 을 켜놓으시네요."라는 말을 들었다. 그런 일이 수도 없이 많았다.
> 그곳에 명확히 초대받지 않았더라면, 호텔들이 그렇게 끔찍하지
> 않았더라면 그곳에 가지 않았을 것이다. 하지만 호텔이 제아무리
> 끔찍하더라도 그 집에 다시 들어가느니 호텔이 백배 천배는 나으
> 리라.[75]

이런 일이 있었음에도 윔퍼와 체임버스는 오랫동안 우호적인 편지를
주고받았다. 윔퍼는 온도계와 기압계를 비롯해 체임버스가 요청한 여
러 가지 물건을 에콰도르로 보내주었다. 체임버스는 윔퍼가 요청할 때
마다 뉴스와 소문을 전해주기도 하고, 유물이나 책자, 맹독성 독사도
구해서 보내주었다. 윔퍼는 떠나기 전에 체임버스의 가족에게 많은 선
물을 남겼다. 윔퍼는 아마도 그들의 지나친 배려를 자신에 대한 적의
로 오해했던 것 같다.

파나마행 증기선이 나타났을 때 윔퍼는 출항 전날 밤에 미리 승선

하고 싶은 마음이 간절했지만 너무 늦어 할 수 없이 마지막 밤을 체임버스의 집에서 보내야 했다. 다음 날, "나는 과야킬이 내 시야에서 사라져 갈 때, 바로 그때가 내 인생에서 가장 행복한 순간 중의 하나였다고 진심으로 말할 수 있다."[76] 파나마시티에 도착했지만 노동자 파업 때문에 짐을 콜론까지 옮길 수는 없었다. 윔퍼는 일단 짐을 놓아둔 채 길을 떠났다. 그랜드 호텔은 "그간 머문 끔찍하게 누추한 곳들에 비하면 꽤 괜찮은 곳 같았다. 그럼에도 불구하고 매우 허름한 건물이었지만 말이다." 그곳에서 북극에 다녀온 미국인으로 기차에서 만났던 그리핀 대위를 만나기도 했고, 샌프란시스코에 있는 형 프레더릭을 아는 사람도 만났다. 콜론에서는 영국 부영사가 떠들썩한 만찬에 초대해주었는데 그 자리는 새벽 4시까지 이어졌다. 하지만 그때부터 윔퍼는 집으로 돌아가는 내내 열이 났다.("알코올 섭취는 삼갔다.") 배가 자메이카의 킹스턴에 들렀을 때는 시내를 돌아다니고 나서 "콜론이나 파나마[시티], 과야킬보다는 낫지만, 형편없는 곳이다. 다시 보고 싶은 마음도 없다."라고 적었다.[77]

인도에서 가족과 함께 영국으로 가던 남동생 헨리는 사우샘프턴 항에서, 남동생 윌리엄은 런던의 워털루역에서, 남동생 찰스는 환영회를 준비하며 램버스 집에서 윔퍼를 기다리고 있었다. 즐거운 시간을 통해서가 아니라 불요불굴의 정신력과 인내심을 통해서 놀라운 성공을 거둔 원정에서의 귀환을 축하할 환영회였다.

18

윔퍼의 곤충도감

에콰도르 북부에서 만신창이가 되어 키토로 돌아온 윔퍼는 계모 에밀리에게 이렇게 썼다. "아버지께 제가 돌아가는 즉시 사업에 뛰어들어 아버지 일을 빨리 덜어드리겠다고 전해주세요."[1] 윔퍼가 없는 사이 조사이어는 분명 슐리만이 트로이 관련 신간에 들어갈 판화에 대해 줄기차게 보내는 요구사항에 시달리느라 바빴을 것이다. 조사이어는 곧 은퇴하고 아들에게, 에콰도르 원정에 1,750파운드를 쓴 — 그뿐만 아니라 거의 1년 동안 돈을 벌지 못한 — 아들에게 공방 일 전체를 물려줄 생각이었다. 오랫동안 자리를 비운 만큼 윔퍼는 분명 가업이 어떻게 돌아가고 있었는지도 궁금했겠지만, 한편으로는 수집품을 분류하고 에콰도르 원정을 책으로 쓰고 싶은 마음도 있었던 것으로 보인다. 그는 서둘러 에콰도르 원정에 대해 뜨거운 관심이 집중된 런던으로 돌아갔다.

영국산악회는 윔퍼가 키토에서 몸져누워 있는 동안 윔퍼의 귀국에 맞춰 "안데스 원정을 마치고 돌아온 에드워드 윔퍼를 환영하는" 임시총회를 열기 위해 바삐 움직였다.[2] 윔퍼의 원정에 대한 관심이 어찌나 뜨거웠던지, 참석 희망자를 모두 수용할 만한 런던 내 장소를 찾기 위한 소위원회까지 만들어졌다. 에콰도르 원정에 대한 윔퍼의 첫 대중 강연은 왕립과학연구소의 반원형 강당에서 약 1,000명을 앞에 놓고 이루어졌다. 그 자리에는 프랜시스 더글러스의 형인 9대 퀸즈베리 후작과 여동생인 플로렌스 딕시도 참석했으며, 웨일스 공Prince of Wales도 참석했다. 웨일스 공은 청중에게 감사의 박수를 보내자고 제안했으며, 강연이 끝난 후에 윔퍼는 그를 알현했다. 『더 타임스』는 "차분한 표정으로 던지는 유머 감각이 빛났기 때문에" 이렇게 짧은 기사로 "윔퍼가 들려준 이야기의 매력을 조금이라도 전달하는 일"은 불가능하다고 유감을 표했다.[3] 이때 윔퍼가 강연을 하면서 선보인 에콰도르 사진들은 훗날 영국산악회 연례 사진전의 최고 인기작이 되었다.

윔퍼는 이 강연을 하기 전에도 대중 강연을 많이 했던 만큼 연사로서는 노련했지만, 타고난 자신감이 부족한 탓에 지체 높은 청중 앞에서 많이 긴장했을 것으로 보인다. (예약석 네 줄은 귀빈을 위해 따로 비워둔 자리였다.) 유럽 너머 다른 세계에 있는 미지의 고봉과 화산을 불굴의 의지로 등반해낸 이야기가 세상에 처음 나온 이야기였던 데다가, 윔퍼의 탁월한 이야기꾼 자질 덕분에 에콰도르에 대한 강연 요구는 여기저기서 빗발치기 시작했다. 셰필드문학철학협회 강연 준비 과정을 보면 윔퍼의 철두철미한 준비성을 — 그뿐만 아니라 윔퍼 특유의 풍자적인 위트를 — 그대로 엿볼 수 있다. 윔퍼는 강연료로 21파운드를 요구한 다음, 가로 25센티미터로 인화한 사진 26장과 벽에 걸어놓을 대형 지도와 모식도를 준비했으며, 연단 앞 탁자 위에 전시할 각종 유물과 지질표본도 준비했다. 윔퍼는 강연 준비에 필요한 요구사항을 적어 보낸 편지에 즉각 답장이 오지 않자 재차 편지를 썼다. 처음 보낸 편지가 도착하지 않았거나 "혹시 제가 강연이 잡혀 있다는 착각에 빠진 건 아닌지" 걱정이 되어서였다.[4] 강연은 10월에 진행되었고 신문에는 "많은 대목에서 … 매우 재미있었다."라는 평이 실렸다.[5] 윔퍼는 기압 문제에 대한 장황한 설명을 곁들여 침보라소와 코토팍시 등정 과정과 코토팍시의 분화구 안쪽을 들여다본 경험을 이야기한 다음, '고산증'은 극복할 수 있으며 세계에서 가장 높은 산은 분명 오를 수 있다는 말로 강연을 끝맺었다.

존 머리는 1881년 여름 무렵부터 이미 출간 전부터 기대를 모은 윔퍼의 에콰도르 책을 홍보하기 시작했다. 그로부터 2년 후에 토머스 보니는 영국산악회 회장으로서 한 연설에서 친구가 쓴 안데스 책을 빨리 보고 싶다면서 이렇게 강조했다. "이 책이 곧 나온다고 하니 기쁩니다."[6] 윔퍼가 에콰도르를 떠난 지 8년이 되는 1888년에는 보데가스에서 윔퍼에게 노새를 마련해주었던 남자가 안경 선물에 대한 감사 인사를 담은 편지를 보내면서 다음과 같이 책 이야기를 꺼냈다. "저에게 한두 권 보내주시면 가치를 평가해드리지요."[7] 하지만 『적도의 대산맥 안데스 여행기』(이하 『안데스 여행기』)가 세상의 빛을 보기까지는 약 4년의 세월이 더 걸렸다.

은퇴한 조사이어는 아내 에밀리와 함께 어린 시절 추억이 서린 곳을 찾아 서픽주 곳곳으로 그림 여행을 다녔다. 윔퍼는 혼자 공방을 운영하면서 1년 동안 끊겼던 수입을 벌충해야 했다. 그것도 기술 변화가 목판화 사업의 본질을 급속히 바꿔놓던 시점에 그렇게 해야 했다. 1880년대 중반부터 도입되어 점진적으로 확산된 사진제판법은 도안을 판목 위에 새기는 숙련된 판각공의 일자리를 위협하고 있었다. 그 결과 1884년부터 1899년까지 15년 사이 런던 내 목판화 공방의 숫자가 반으로 줄었다. 사진제판법은 가장 훌륭한 수작업 판각본의 완성도와 정교함을 곧바로 구현하지는 못했지만, 훨씬 더 값싸고 제작 속도가 빠르다는 장점이 있었다. 아버지의 은퇴로 윔퍼는 자신의 생계는 물론 여동생들의 생계까지 책임져야 했다. 1885년에 그는 카셀 출판사의 편집주간 자리를 수락했다. 당시 이 출판사는 러드게이트 힐 Ludgate Hill 거리 근처에 '라 벨 소바주La Belle Sauvage'라는 대형 인쇄출판 공장을 두고 있었다. 당시 편집장이었던 토머스 쇼어Thomas Shore는 연봉 1,500파운드를 받았는데, 윔퍼가 목판화 일에서 완전히 손을 뗀 사실로 보아 아마도 그에 준하는 연봉을 제의받았던 것 같다. 윔퍼는 앞서 1870년대에 카셀 출판사에서 기획한 5권짜리 『픽처레스크 유럽』에 들어갈 삽화를 판각한 적도 있었고, 프레더릭 파라Frederick Farrar의 『예수의 생애Life of Christ』에 실린 100여 점의 판화는 윔퍼의 대표작으로 손꼽히는데 이것 역시 카셀 출판사에서 출간한 도서였다.

당시 이곳은 영국 내에서 가장 큰 규모의 출판사 축에 들었으며, 라 벨 소바주 공장에 고용된 직원만도 1,000명이 넘었다. 윔퍼가 맡은 일은 책의 제판과 인쇄 작업을 특히 삽화와 관련해 감독하는 일이었

을 것이다. 웜퍼가 몸담았던 시절에 출간된 도서로는『유괴Kidnapped』와
『솔로몬 왕의 보물King Solomon's Mines』이 대표적인데, 두 모험소설 모두
대성공을 거두었다. 1886년 말에 카셀은『레이디스 월드Lady's World, a
magazine of fashion and society』라는 여성 잡지를 창간하고 오스카 와일드
Oscar Wilde를 편집장으로 고용했다. 이때는 와일드가 퀸즈베리 가문과
불운하게 얽히기 몇 년 전이었으며, 이 무렵 웜퍼와 와일드가 자주 어
울렸던 것 같지는 않다. 카셀 출판사에는 건물 내 금연이라는 엄격한
규칙이 분명 있었으나, 주변을 신경 쓰지 않고 평생 골초로 살아온 웜
퍼와 와일드는 둘 다 이 규칙을 상습적으로 무시했다.[8] 이 시기에 카셀
출판사에서 왕성하게 활동하던 저자 중의 한 사람이 바로 로버트 브라
운이었다. 브라운은 교정본을 전달하거나 인세를 받으러 사무실에 들
렀다가 책상 뒤에 앉아 있던 — 틀림없이 독한 담배를 피우고 있었을
— 웜퍼와 우연히 마주쳤을 때 분명 당혹스러운 정도까지는 아니었더
라도 상당히 깜짝 놀랐을 것이다. 브라운은 당시 자유 기고가로 런던
에 정착한 채『인종Races of mankind』,『세계의 나라들Countries of the world』,
『지구와 지구 이야기Our earth and its story』,『세계의 민족Peoples of the world』
같은 간행물에 꾸준히 기고했다. 함께 그린란드 원정을 한 지 근 20년
이 흐른 그때에도 브라운은 여전히 웜퍼의 업적을 깎아내리는 일을 멈
추지 않았다. 브라운은 에콰도르와 이 나라의 최고봉 침보라소에 관
한 글을 쓰면서 — 부정확하게도 — 다음과 같이 썼다. "부상고와 홀이
5,983미터까지 올랐다. 50년 후, 스위스 가이드와 현지인 가이드를 대
동한 에드워드 웜퍼 씨가 남은 높이를 마저 올랐다."[9] 웜퍼 역시도 대

예루살렘에 있는 '거룩한 무덤 성당'. 프레더릭 파라의 『예수의 생애』(1880년, 제2판)에 수록되었다.

개 특유의 풍자를 곁들였을지라도 은근히 빈정댈 기회를 뿌리치지 못한 것은 마찬가지였다. 윌리엄 패리의 북극 항해에 관해 쓴 기고문에서 윔퍼는 경매장에서 우연히 발견한 책 이야기를 썼다. "그 책들에는 북극 원정에서 서빈이 수집했는데 나중에 식물학의 대가인 로버트 브라운의 이름이 올라간 식물표본이 들어 있었다. 그 자리에 온 어떤 사람도 이 책들의 가치를 모르는 것 같았으므로, 이것들은 몽땅 낮은 낙찰가에 필자의 수중에 떨어졌다."[10]

윔퍼가 태어나면서부터 평생 살았던 램버스 집의 50년 임대차 계약은 윔퍼가 카셀 출판사에서 일하던 때에 만료되었다. 1887년 초에 윔퍼는 라 벨 소바주 공장 맞은편으로 러드게이트 힐 거리에 있는 한 신축 건물 꼭대기 층에 세를 얻어 그때부터 20년간 이곳을 사무실로 운영했다. 세인트폴 대성당 앞을 지나는 빅토리아 여왕 즉위 60주년 기념식 행렬 사진은 바로 이 사무실 창가에서 촬영한 것이다.

원정 때 가져온 방대한 수집품을 치울 수밖에 없는 상황이 되자 윔퍼는 이누이트 두개골 — "상태가 양호한" — 을 "6파운드에 통째로" 대영박물관에 넘겼다.[11] 평생 간직한 것들로 판단해보건대 윔퍼는 가진 물건을 처분하는 일에 능하지 못했던 것 같다. 거의 50년 가까이 살았던 램버스를 떠나야 했을 때 윔퍼는 사우스엔드Southend에도 집을 마련했다. 복잡한 런던에서 벗어나 조용히 쉴 수 있는 집을 원했던 윔퍼는 사우스엔드에 있는 한 하숙집의 꼭대기 층을 빌렸는데, 그곳에서는 창밖으로 템스강이 바다로 흘러드는 어귀를 건너다볼 수 있었다. 그 집의 주인아주머니인 루이자 라이트Louisa Wright는 지하에 살고 있었는데, 윔퍼는 조용한 생활을 보장받기 위해 사이에 낀 세 층 전체를 빌려서 자신 외에는 다른 세입자를 받지 못하게 했다.

윔퍼는 신선한 바다 공기와 창밖으로 보이는 광활한 강어귀 위로 뜨고 지는 일몰과 일출을 특히 마음에 들어했다. 그는 약 15년간 이 집에 살면서 소설가 콜슨 커나한Coulson Kernahan과 우호적인 관계를 맺었는데, 커나한은 훗날 윔퍼에 대한 유쾌한 추억과 애정이 묻어 있는 회고록을 남겼다.[12] 이 회고록에서 커나한은 런던행 기차에서 유명인사였던 윔퍼의 느긋한 걸음걸이를 이렇게 설명했다. 호루라기가 울리고 기차가 막 떠나려는 찰나에 윔퍼는 "차장이 아무리 팔을 흔들어대도 아랑곳하지 않은 채, 단 한 치만큼도 보폭을 늘리지 않고, 단 1초만큼도 보행속도를 높이지 않고, 그저 기차가 1시간 후에나 출발할 것처럼 느긋하게 걸으면서" 아는 얼굴 — 커나한 — 을 찾아냈다.[13]

사우스엔드에 살던 시기에 윔퍼는 프랭크 에일릿Frank Aylett이라는 또 한 명의 직원을 주급 2파운드를 주기로 하고 고용했다. 에일릿은 판각공이었으면서도 윔퍼의 집사 노릇을 마다하지 않았고, 윔퍼가 부재중일 때는 런던에서 각종 사무와 서신들을 처리하면서 그때부터 20년간 남동생 윌리엄이 해주던 것 못지않게 신뢰할 수 있는 지원을 아끼지 않았다.[14] 빈틈이 없고 현실적인 에일릿은 윔퍼의 약점이나 기벽을 재미있어했지만, 이 별난 고용주를 충실히 보좌했다. 그는 실무적인 부분, 특히 재무 쪽 일을 도맡아 처리했는데, 재무는 윔퍼가 나이가 들수록 점점 더 다른 사람이 해줄 것이라고 생각하던 종류의 일이었다.

윔퍼가 램버스를 떠날 무렵 계모 에밀리가 세상을 떠났다. 막내 여동생 애넷은 그때부터 헤이슬미어에서 까다롭고 가부장적인 아버지를 봉양하는 데 전념했다. 그녀는 아버지를 위해 양고기 두 토막이 매

1897년 6월 22일에 거행된 빅토리아 여왕 즉위 60주년 기념식. 러드게이트 힐 사무실에서 윔퍼가 직접 촬영. (사진: 에바 우드게이트 제공)

일 식탁에 오르도록 했으며 집안 살림을 야무지게 꾸려나갔다. 조사이어는 헤이슬미어 사교계에서는 이미 존경받는 인물이었다. 그는 계관시인 앨프리드 테니슨 경과도 친분을 맺었다. 테니슨은 헤이슬미어 근교에 집을 짓고 '올드워스Aldworth'라는 이름을 붙였는데, 조사이어와 에밀리는 그 집에 종종 초대를 받았다.

웜퍼는 그린란드 책에 엄청난 정성을 쏟아부었고 존 머리의 관심을 붙들어두려고 애썼지만, 그린란드 책은 곧 에콰도르 책에 의해 관심 밖으로 밀려났다.[15] 에콰도르 책의 내용을 쓰고 삽화로 제작할 소재를 고르는 일은 금방 끝냈지만, 웜퍼는 이 책 역시 『알프스 등반기』처럼 전통적인 기행문 형식을 취할 생각이 없었다. 웜퍼는 프레시필드에게 이렇게 썼다. "『알프스 등반기』가 보통의 등반기와 다른 것처럼 이 책도 보통의 기행문과는 다르게 만들 생각이라네."[16] 『안데스 여행기』가 마침내 출간되었을 때 런던 발행 주간지 『스펙테이터The Spectator』는 웜퍼의 왕립지리학회 연설을 다룬 기사에서 웜퍼의 생각과 당대 유행하던 철학 사조를 간추려 소개하면서 "이 작은 행성을 샅샅이 탐험하는 것이야말로 이 행성 거주자들의 의무 중 하나라는 믿음을 우리와 같이하는 사람들에게 희망으로 가득 찬" 연설이었다고 평했다.[17] 웜퍼의 목표는 단순히 에콰도르에서 한 등반과 탐험 이야기를 풀어놓는 것이 아니었다. 그의 목표는 '이 작은 행성'의 수많은 미답 지역을 탐험하는 과정에서 그가 할 수 있는 '의무'를 다하기 위해 에콰도르에서 수집해 온 표본들 그리고 기압을 비롯한 기상 관측의 결과를 과학적이고 전문적인 방식으로 설명하고 예증하는 것이었다.

워퍼는 그린란드에서 돌아온 후에 방대한 표본의 동정同定 및 기재 작업을 위해 추천받은 여러 전문가에게 표본을 보냈다. 이 과정에서 헨리 베이츠에게 큰 도움을 받았다. 그때만 해도 워퍼는 동물표본 수집의 전문가와는 거리가 멀었다. 일례로 케임브리지Cambridge에 있는 앨프리드 뉴턴Alfred Newton에게 새의 깃털을 보낸 직후에 날아온 답장은 다음과 같았다. "안타깝게도 보내주신 표본을 나방이 죄다 갉아 먹었습니다."[18] 대영박물관의 알베르트 귄터Albert Günther는 워퍼가 수집해 온 그린란드 어류를 조사할 수 있는 영광을 차지했으나 통을 개봉하는 순간 그가 목격한 것은 완전히 부패된 사체뿐이었다. 워퍼는 그후로 베이츠에게 박물학 표본을 수집하는 기술을 전수받고, 독학으로 표본을 보존 처리하고 목록화하고 보관하는 법을 익혔다. 워퍼는 안데스에서 수집해 온 표본의 동정 및 기재 작업을 해줄 동물학의 각 하위 분야별 전문가를 수배했다. 이번에도 베이츠의 도움을 받았다. 결국 친구인 베이츠와 역시 친구이자 지질표본 조사를 맡은 토머스 보니 외에 13명이 최종본에 기여자로 이름을 올렸다. 워퍼는 런던으로 돌아오자마자 표본을 바로 챙겨 보내지는 않았다. 몇 년간은 너무 바쁜나머지 정리할 틈도 없었다. 1883년에는 베이츠의 제안에 따라 수집해 온 개미 일체를 피터 캐머런Peter Cameron에게 보냈다. 3년이나 시간을 끌다가 표본을 보냈으면서도 워퍼는 머지않아 캐머런에게 왜 아무런 반응이 없느냐고 재촉하는 편지를 보냈다. 베이츠 역시도 딱정벌레 12상자를 조사해야 했는데 까다로운 워퍼의 요구를 들어주느라 4명의 조수를 더 고용해야 했다.

기여자들을 열정적으로 채근한 덕분에 윔퍼는 1886년 여름에 표본에 대한 기재문을 담은 추가 부록의 인쇄 준비를 마칠 수 있었다. 이 부록에는 총 60여 점의 삽화가 실릴 예정이었는데, 기여자들이 그려준 정교한 그림을 윔퍼가 직접 판각했다. 그 결과 수작업의 장점이 극대화된 놀랍도록 생생하고 유려한 삽화가 탄생했다. 이 삽화들은 윔퍼가 수집해 온 딱정벌레와 나비, 개구리, 뱀, 애벌레 및 기타 '곤충'들을 마치 사진처럼 선명하게 보여주었다. 삽화의 품질에는 인쇄술 역시 큰 몫을 했다. 인쇄는 매우 정교한 기술로, 윔퍼는 『알프스 등반기』를 찍어낸 에든버러의 알앤드알클라크 인쇄소에 다시 일을 맡겼다. 본책과 부록을 인쇄하는 데만 글을 쓰고 삽화를 그리는 데 들어간 시간만큼이 걸렸다. 윔퍼는 품질이 가장 좋은 종이를 구해 인쇄소로 보냈고 틈만 나면 에든버러로 달려가 작업을 감독했다. 조판을 손보기도 하고 인쇄본을 직접 뽑기도 했다. 윔퍼는 인쇄소에 다음과 같은 편지를 썼다.

> 『알프스 등반기』와 같은 수준 혹은 그보다 높은 수준으로 인쇄하는 것이 제가 추구하는 목표이고 … 인쇄 작업이 용이하도록 제가 할 수 있는 모든 노력을 다했습니다.[19]

윔퍼는 증기 인쇄기를 이용한 기계 작업 대신 수작업을 고집했다. 열댓 부를 찍을 때마다 판목을 닦아내고 잉크를 다시 칠하기를 원했기 때문이다. 인쇄소는 라 벨 소바주 공장에 있는 윔퍼에게 인쇄 감리본을 보냈고, 윔퍼는 업무를 마친 후에 이를 검토하곤 했는데 어떤 세부 사항도 놓치지 않았다.

제가 보내드린 종이만큼 매끄럽기는 한데, 조금만 더 매끄러운 종이였다면 더 낫지 않았을까 하는 생각이 듭니다. 확대경으로 보니 몇몇 선이 종이에 찍히면서 핀홀링*pinholing이 생긴 듯합니다. 제가 원하는 품질만 나오게 해주신다면 종이를 어떤 식으로 처리하시든 상관없습니다.

가장 형편없는 페이지는 어류 부분입니다. … 굉장히 우중충하고 너저분해 보이는데 제 추측으로는 어떤 부분은 판목이 더러워진 탓이고, 어떤 부분은 잉크를 너무 얇게 발라서인 것 같고, 어떤 부분은 잉크를 너무 많이 발라서인 것 같습니다.

이 사안들에 대해 길게 쓰는 일은 여의치 않네요. 업무 시간 이후에 해야 하니까요.[20]

스트레스와 과로로 윔퍼는 건강이 나빠져 오랫동안 병석에 누워 있어야 했지만, 에든버러의 인쇄기는 멈추지 않았다. 윔퍼의 꼼꼼한 수정 지시는 다음과 같이 인쇄가 다 끝날 때까지 계속되었다.

이번에 보내주신 인쇄본들은 저번에 보내주셨던 아주 질이 낮았던 것보다는 좀 나아졌군요. … 선명한 검은색을 뽑아내려면 적당한 양의 오버레이가 들어가야 합니다. … 구할 수 있는 가장 진한 검은색 잉크를 소량만 써야겠습니다. 제게 보내주신 인쇄본에 쓴 잉크는 색깔이 형편없군요.[21]

출판업자들 사이에서 '윔퍼의 곤충도감'으로 통용되던 『추가 부록』은 마침내 1891년 말에 본책보다 먼저 세상에 나왔다. 부록의 속표지에는 다음과 같은 라틴어 잠언이 인용되어 있다. "견디기 힘든 것일수록

---

* 인쇄면에 바늘 구멍과 같은 형태의 잉크 전이 불량 부분이 발생하는 현상 — 옮긴이

달콤한 추억이 된다."[22] 헨리 베이츠는 이 부록을 위해 긴 서문을 썼지만 안타깝게도 1892년 3월에 존 머리가 펴내는『안데스 여행기』의 완성본을 보지 못하고 2월에 세상을 떠났기에, 윔퍼가 서평자 중의 한 사람이기를 바랐던 그의 서평은 나올 수 없었다. 책이 출간되자 아주 후한 서평이 쏟아졌는데,『더 타임스』에 실린 서평은 다음과 같이 칭찬 일색이었다.

> 윔퍼 씨만큼 다재다능한 여행가를 찾기란 쉽지 않다. 그는 예술가이자 예리한 과학 관찰자이고, 훌륭한 수집가이자 대담한 등반가이며, 그 길을 먼저 간 사람은 물론 자기 자신에게까지 가차 없는 비판을 하는 비평가인 데다가, 가장 건조한 농담을 구사하는 해학가이자 누구도 넘볼 수 없는 재담가이다. … 이 책은 확실히 기다릴 만한 가치가 있었다.[23]

윔퍼는 "내 오장을 긁어대지 않은 것에" 기뻐하면서 "배를 띄우는 데 탁월한 능력을 발휘해주었다."라며 존 머리에게 고마움을 표시했다.[24]

부록에서 압도적인 비중을 차지한 종은 베이츠의 전문 분야인 딱정벌레였지만, 그 밖에 윔퍼가 수집해 온 개미와 나비, 갑각류, 뱀, 개구리에 대한 기재문도 실려 있으며, 화산 분화구에서 튀어나온 것으로 추정되는 훔볼트의 물고기에 대한 언급도 실려 있다.

나방이나 거미, 파리를 비롯한 많은 종은 상세히 기재해줄 전문가를 구하지 못해 다음 부록을 기약해야 했다. (결국 세상에 나오지는 못했다.) 윔퍼가 발견한 수백여 종 가운데 130종은 학계에 처음 보고된 신종이었고, 많은 종은 너무나 뚜렷한 특징을 보여 속명 14개를 새로

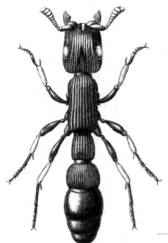

홀코포네라 브힘페리Holcoponera Whymperi. 웜퍼가 과야킬 숙소에서 잡은 개미이다. 『적도의 대산맥 안데스 여행기 추가 부록』(1891)에 수록되었다.

프리오노칼루스 브힘페리Prionocalus Whymperi. 웜퍼가 에콰도르에서 발견한 하늘소로 '곤충도감'에 넣기 위해 직접 판각했다. 『적도의 대산맥 안데스 여행기 추가 부록』(1891)에 수록되었다.

명명해야 했다. 과야킬 숙소에서 발견한 개미, 뱀, 개구리 각 한 종을 포함한 몇몇 종의 학명에 윔퍼는 자기 이름을 넣었다.

당시 종의 지리적 분포 — 앨프리드 월리스가 특히 관심을 가졌던 주제 — 와 종의 진화에 영향을 미치는 물리적 제약 요인, 혹은 촉진 요인은 많은 논쟁을 불러일으켰다. 온대 지방의 고위도에 있는 종과 열대 지방의 고지대에 있는 종 사이의 관계는 종의 분포와 진화의 비밀을 밝히는 데 매우 중요한 문제였지만 거의 연구가 이루어지지 않은 실정이었다. 적도 지방의 고지대에서 방대한 표본을 수집해 온 사람은 윔퍼가 처음이다시피 했고, 윔퍼가 가져온 표본들에는 이 문제를 풀어 줄 실마리가 담겨 있었다. 다윈은 칠레의 동식물상과 북아메리카의 동식물상 사이에 놀라울 정도의 유사성이 발견된다는 점을 근거로 북아메리카의 동식물이 열대림을 통해 안데스 고산지대로 이주했다는 매우 독창적인 가설을 발표했다. 윔퍼가 수집해 온 곤충은 이 가설의 신빙성에 약간의 의문을 던졌다. 그가 고지대에서만 서식하는 고유종을 발견했기 때문이다. 특히 열대 지방 고지대의 딱정벌레는 북반구든 남반구든 온대 지방의 고유종과는 유사성이 전혀 없었다. 하지만 윔퍼는 고지대와 열대림의 저지대에서 모두 서식하는 딱정벌레 종도 발견했다. 동일종인데도 해수면 높이에서는 항상 날개가 있는 채로 발견되는 딱정벌레가 고지대에서는 날개가 없는 채로 발견된다는 사실은 날개가 없는 종이 고지대와 대양도에서만 서식하는 고유종이라는 다윈의 관점을 뒷받침하는 증거였다. (다윈은 세인트헬레나St. Helena섬을 염두

---

* 육지와 연결된 적이 없는 해양에서 생성된 섬 — 옮긴이

에 두고 있었다.)

『안데스 여행기』의 제작에는 총 11년이 걸렸다. 윔퍼는 헨리 베이츠뿐만 아니라 "나의 오른팔이자 믿을 만한 조력자"로 여기던 장 앙투안 카렐도 이미 세상을 떠나 이 책으로 빛을 보지 못함을 안타까워했다. 이 책의 마지막 문장은『알프스 등반기』와 마찬가지로 빛바랜 기억과 세월의 무상함을 환기시키는 내용이었다.

> 적도의 대산맥 안데스 원정을 계획한 지 20년 이상이 지났다. 일에 열중하다 보니 세월이 쏜살같이 흘러갔다. … 이것은 성취해낸 계획이라기보다는 아직 실현되지 않은 꿈같은 느낌이다.[25]

키토에는 윔퍼의 이름을 딴 거리가 있고, 침보라소에는 가장 높은 정상인 '윔퍼 정상Cumbre Whymper' 등정을 기리는 뜻에서 윔퍼의 이름을 붙인 대피소가 있다. 침보라소의 두 번째로 높은 정상에 독재자 베인테미야의 이름이 새겨진 데는 윔퍼의 섬세한 외교적 수완이 작용했다.

『안데스 여행기』가 "거의 탐사된 적이 없는 나라를 여행한, 새롭고 유익한 이야깃거리가 풍부한 기행문"임에도,[26] 서평들은 "풍부한 일화로 생동감을 살린" 윔퍼의 "쉽고 유쾌한 문체"에 주목했다.[27] 윔퍼의 반어적인 유머 — 에콰도르 사람들과 그들의 특이한 관습, 카렐의 별난 기질 또는 본인의 까다로운 성미를 소재로 한 유머 — 와 과학이라는 대의에 바친 헌신에는 다음과 같은 찬사가 쏟아졌다.

> 윔퍼 씨는 산에 오를 때처럼 침착하게 서술한다. 예를 들자면 에콰도르의 침실에서 맞닥뜨릴 수 있는 곤충의 공포와 위험 속에서

그가 보인 차분함은 과연 1865년에 마터호른의 얼어붙은 절벽에 매달렸던 사람답다.[28]

『안데스 여행기』는 『알프스 등반기』처럼 숨이 멎을 정도로 극적인 감동을 생생하게 선사하지는 않는다. 이 책은 어느 것 하나 놓치지 않는 윔퍼의 철저한 조사 작업을 치밀하게 구성한 증언록이자 "불요불굴한 인내의 기록"이다.[29] 윔퍼의 ― 그리고 카렐의 ― 건조한 유머를 엿볼 수 있는 이 책에는 에콰도르에서의 여행과 그들이 이룩한 등반을 설명하는 굵직한 서사를 중심으로 여러 가지 학술적인 설명들이 중간중간 배치되어 있는데, 이를테면 라 콩다민과 훔볼트를 비롯한 다른 사람들의 업적, 고도 측정 작업, 기압계의 성능, 박물학, 지질학, 지형학, 기상학, 화산, 지진, 에콰도르의 관습과 역사 등을 다룬 내용이다. 한 서평에 실린 표현을 빌리자면 "정말 믿기 어려울 정도로 놀라운 과학 이야기"였다.[30]

또한 이 책에는 사라져 가는 판각 기술을 충분히 담아내려는 노력도 담겨 있다. 모두 윔퍼가 직접 판각한 140점의 삽화는 서사에서 중요한 역할을 차지한다. 즉, 어느 하나도 단순한 장식이 아니며, 모든 삽화가 이 책의 얼개에서 나름의 역할을 한다는 뜻이다. 노새 등에 탄 지쳐 보이는 사람이 무성한 숲 한복판을 지나는 모습을 담은, 정교하기 그지없는 이 삽화에 윔퍼는 「우리는 나비의 땅으로 다시 왔다We came again into the land of the butterflies」라는 제목을 붙였는데, 울창하게 우거진 열대 밀림이 종이에 찍힌 활자를 집어삼킬 듯한 모습은 윔퍼 일행이 황량한 고지대에서 몇 달을 보낸 후에 해수면 높이까지 내려왔을 때

we came again into the Land of Butterflies, and saw the great *Morphos* sailing to and fro, with myriads of attendant satellites in chrome, carmine and vermilion.   The last part of the march,

본문과 삽화(「우리는 나비의 땅으로 다시 왔다」)가 어우러진 내지 디자인. 『적도의 대산맥 안데스 여행기』(1892)에 수록되었다.

열대 밀림에 압도된 모습을 잘 표현하고 있다.

황량한 밤에 코토팍시 분화구를 들여다보는 장면은 윔퍼가 찍은 사진으로 제작한 삽화인데 자연의 힘과 인간의 극적인 대면을 담아냈다. 폭풍우가 몰아치는 산에서 고군분투하는 모습이나 그들이 세운 막영지를 보여주는 삽화도 있고, 그들의 별난 행동을 보여주는 삽화 — 기압계를 아기처럼 등에 업은 카렐을 그린 그림, 침보라소 정상에서 기압계 눈금을 읽기 위해 바닥에 배를 깔고 엎드린 윔퍼를 그린 그림, 활화산 내부를 경이로운 표정으로 들여다보는 윔퍼를 그린 그림 등 — 도 있다. 이 삽화들은 그들이 탐사한 나라를 생생하게 우리 눈앞에 펼쳐준다. 한 서평자는 "제작의 정성스러움 또는 화려함은 늦게 나올 만한 충분한 이유가 된다."라고 했다.[31] 『더 타임스』는 다음과 같이 인정했다. "우리는 이 오래된 기술을 정교하게 발휘해 이토록 풍부하게 꾸민 책을 앞으로는 많이 볼 수 없을 것이다."[32]

목판화 사업의 본질은 윔퍼가 에콰도르 책을 집필하는 사이에 급변하고 있었다. 윔퍼는 업계에서 일어나던 기술의 변화를 잘 이해하고 있었지만, 언제나 가장 정교하고 예술적인 목판화는 오직 수작업으로만 가능하다는 믿음을 버리지 않았다. 1880년대 중반부터 훨씬 더 값싼 사진제판법이 등장하면서 전통적인 목판화의 사용처는 값비싸고 권위 있는 책으로만 한정되었다. 윔퍼는 지형과 풍경에 대한 표현이 뛰어나다는 명성을 얻었다. 그 무렵 윔퍼가 의뢰받은 일감은 기행문에 들어갈 삽화 작업이 주를 차지했다. 판각공으로서 뿐만 아니라 등반가 겸 탐험가로서의 명성이 책 홍보에 도움이 되었기 때문이다. 1882년부터 1883년까지 수집품을 분류하는 동안 웜퍼는 슐리만의 트로이 관련 신간 작업에 매달렸다. 슐리만은 일정 지연에 대해 그 어느 때보다 격분했지만, 지연된 이유는 그 자신의 의도가 불분명한 탓이거나 계속해서 수정된 그림 탓인 경우가 많았다. 그 결과 사진과 인쇄물은 수시로 런던과 아테네 사이를 오가야 했다. 슐리만은 웜퍼가 제시한 가격에 불만을 제기했지만, 웜퍼와 조사이어는 판각 작업의 종류에 따라 항상 일관된 표준 단가를 청구했다. 슐리만의 『트로이』에 들어갈 작은 삽화 100점을 제작하는 비용으로 웜퍼가 356파운드를 청구하자 아테네에서 "잘못 적은 것이 아닙니까?"라는 답변이 돌아왔다.[33] 슐리만은 아테네 시장에서 호메로스시대의 보물을 찾아다닐 때처럼 흥정을 시도하며 존 머리에게 이렇게 썼다. "그가 훌륭한 작품을 만든다고 해서 높은 대가를 받을 권리가 있다는 논지는 불합리한 것입니다. … 이 사실을 그 온당치 못한 사람에게 설명해주시고, 현금 250파운드 지불로 정산을 끝낼 수 있도록 힘써 주십시오."[34]

웜퍼가 이 시기에 작업한, 예술적 의의가 큰 다른 작품도 작업 비용과 관련한 신랄한 논쟁을 초래했다. 1884년 4월에 케틀웰Kettlewell은 '마르케사Marchesa'라는 이름의 개인 유람선을 타고 인도네시아제도와 뉴기니섬, 캄차카반도를 유람한 후에 운이 좋게도 크라카타우 화산 분화를 피해 영국으로 돌아왔다. 이 여행을 다룬 책은 예정대로 집필이 끝났고, 존 머리가 위탁 출판을 맡기로 했으며, 출판 비용은 유람선 소유주인 케틀웰이 부담하기로 했다.[35] 이 책에 들어간 새와 동물의 원화는 대부분 웜퍼의 남동생 찰스가 그렸다.

찰스 윔퍼가 원화를 그리고 에드워드 윔퍼가 판각한
극락조. 『마르케사의 유람기』(1886)에 수록되었다.

찰스는 이탈리아를 여행한 후에 요제프 볼프와 함께 수채화가 겸
동물화가로 수련을 받은 다음, 둘째 형과 아버지가 판각하는 책들의
원화 작업을 하면서 박물화가로 명성을 쌓아나갔다. 여러 곳을 두루
여행한 찰스는 스물두 살에 처음 이집트를 방문한 후로 그곳을 수시로
들락거렸다. 그는 또 딸의 결혼식에 참석하러 인도를 방문하기도 했

다.(찰스 웜퍼의 딸은 사촌지간인 헨리 웜퍼의 아들 해리Harry와 결혼했다.) 성품이 온화하고 사교적인 데다가 바로 아래 동생 윌리엄처럼 야외 스포츠를 좋아한 찰스는 불행하게도 유전성 정신 질환의 가족력이 있는 나이 어린 여자와 결혼하게 되었고, 이 결혼은 "찰스의 인생에 끔찍한 비극"이 되었다.[36] 그는 결혼 후 헤이슬미어에서 10년간 살다가(이 시기에 아버지와 함께 헤이슬미어예술가협회 회원으로 활동했다.) 아내의 고향인 호턴Houghton으로 이사해 손수 집을 짓고 살았으며 그 지역 내에서 유명인사가 — 그리고 치안판사가 — 되었다.

『마르케사의 유람기The Cruise of the Marchesa』에 실린 이국적인 야생 동물, 푸른 열대 식물, 외딴 섬과 극동 지방의 풍경을 담은 수백 점의 판화들은 이미 사양길에 접어든 수작업 판각 기술의 가장 정교한 본보기를 보여주는 수작이다. 웜퍼는 그해 작업의 백미가 될 것이 틀림없는 이 책에 합의된 800파운드를 청구했지만, 케틀웰은 일단 책이 출판되자 흥정을 시도하면서 즉시 현금으로 받되 가격을 낮추는 데 합의한다면 법적 지연을 피할 수 있을 것이라는 뜻을 내비쳤다. 웜퍼는 물론 받아들이지 않았으며, 이 문제를 사무변호사인 토머스 로피의 손에 맡겼다. 케틀웰은 부자였지만 매우 부도덕한 사람이었다.[*] 유람선에 부인이 동행했는데도, 그는 버젓이 정부情婦를 배에 태웠다. 케틀웰과 그의 부인은 서로 이혼 맞소송을 제기했다. 케틀웰은 아내와 불륜을 저질렀다며 프레더릭 레인Frederick Lane 대령(케틀웰의 후견인이었다.)을 고

---

[*] 케틀웰은 영국으로 돌아오는 길에 마르케사를 "조심성과 주의" 없이 항해했다는 이유로 벌금을 선고받았다. 『더 타임스』 1884년 9월 30일 자 참조.

estimated at about
five thousand, quite
five hundred were
supposed to have
died in Siassi. Lapac,
too, suffered in like
proportion, and the

셀레베스Celebes섬(지금의 술라웨시Sulawesi섬) 북부의 경치를 판각한 윔퍼의 작품. 『마르케사의 유람기』
(1886)에 수록되었다.

소했고, 두 사람은 대법원에서 진흙탕 싸움을 계속했다. 웜퍼는 존 머리에게 쓴 편지에서 이렇게 말했다. "이 문제에 대해 저와 생각이 비슷하시다면 이들에게 환멸에 가까운 느낌을 받으실 것입니다."[37] 그래도 삽화는 완성되었고 웜퍼의 판각공 인생에 정점을 찍은 작품으로 남았다.[38]

업계는 변하고 있었지만 웜퍼는 여전히 견습공을 고용할 수 있었다. 웜퍼가 램버스에서 러드게이트 힐로 이사를 준비하던 무렵, 클래펌에 살던 토머스 휴잇Thomas Huitt이라는 사람이 웜퍼에게 찾아와 램버스 예술학교에 다니는 열여섯 살 아들 앨프리드 휴잇Alfred Huitt을 고용해달라고 부탁했다. 토머스 휴잇이 웜퍼에게 접근한 개인적인 이유가 따로 있었을 수도 있고, 1886년에 램버스에서 활동하는 현직 판각공이 거의 남지 않아서였을 수도 있는데, 웜퍼는 결국 앨프리드 휴잇을 도제로 고용하는 계약 조건에 동의했다. 계약 기간은 1887년 6월부터 4년 반이었다. 웜퍼는 토머스 휴잇에게 "저는 이 계약이 저에게 득이 될 것 같지는 않습니다."라며 솔직한 심정을 드러냈지만, 반년 뒤에는 이렇게 말할 수 있었다. "아드님의 실력이 일취월장했습니다. … 근면하고 규칙적인 태도는 더 바랄 나위가 없을 정도입니다."[39] 앨프리드 휴잇은 도제 생활을 마친 후에도 웜퍼의 여러 가지 일을 도우면서 가까운 사이가 되어 필연처럼 개인비서 노릇을 하게 되었다. 믿을 만하고 깍듯하며, 아마도 웜퍼의 이야기를 잘 경청했을 것으로 보이는 앨프리드 휴잇은 프랭크 에일릿과도 가까운 친구가 되어 두 사람의 공통 고용주인 "이 대단한 인물"에 대한 비밀을 평생 동안 공유하게 되

찰스 윔퍼(1853~1941). (사진: 마이클 페터 제공)

었다.[40] (둘은 나이가 비슷한 또래였는데, 에일릿은 1872년에 태어나 1931년까지 살았다.)

　이 시기에 짬을 내기가 굉장히 어려웠음에도, 윔퍼가 과학 기구 제작자인 제임스 조지프 힉스James Joseph Hicks와 10년에 걸친 고생스러운 실험을 시작한 것은 직접 측정해 온 수은 기압계 측정값과 아네로이드 기압계 측정값을 이해하고 그 값을 바탕으로 자신이 올랐던 산의 고도를 이해하고야 말겠다는 단호한 의지의 발로였다. 힉스는 해턴 가든Hatton Garden에 유리 온도계와 기압계를 만드는 거대한 공장을 소유하고 있었다. 윔퍼는 1차 그린란드 원정 때부터 힉스와 알고 지냈는데, 둘 다 크리켓을 좋아한다는 공통분모가 있었다.* 크기나 모양 면에

---

* 해턴 크리켓 클럽의 연례 만찬회 장소는 윔퍼가 즐겨 찾던 플리트가의 앤더튼 호텔이었다.

서 커다란 회중시계와 비슷했던 아네로이드 기압계는 1840년대부터 사용되었으며, 휴대가 편리한 덕분에 여행자들 사이에서 인기가 높았다. 윔퍼는 에콰도르에 갈 때 아네로이드 기압계 8개와 수은 기압계 3개를 챙겨 갔다. 정확도가 좀 더 높은 수은 기압계는 길고 가느다란 유리관 형태였는데, 그중 2개는 배낭에 묶을 수 있도록 특수 제작한 상자에 담긴 채 카렐의 등에 애지중지 업혀 다녔다. 윔퍼는 라 콩다민의 기압계 측정값 분석을 끝낸 후에 아네로이드 기압계와 수은 기압계의 성능을 비교해보고 싶어 했다. 아네로이드 기압계에는 부분적으로 진공 상태인 작은 캡슐이 내장되어 있는데, 보통 금속으로 만드는 이 캡슐이 대기압의 변화에 반응해 팽창 또는 수축함에 따라 용수철과 지렛대의 배열이 바뀌면서 바늘이 기압에 해당하는 눈금을 가리키게 되는 원리이다. 윔퍼는 에콰도르에서 아네로이드 기압계가 수은 기압계보다 항상 더 낮은 수치를 표시한다는 사실과 올라갈 때 잰 수치와 내려올 때 잰 수치가 늘 달라진다는 두 가지 사실을 발견했다. 침보라소 정상에서 윔퍼가 아네로이드 기압계 2개로 잰 수치는 훔볼트가 측정한 값보다 300미터 이상 높게 나왔다. 심사숙고 끝에 시간의 경과가 원인이었다는 결론을 내린 윔퍼는 힉스와 함께 각기 다른 시간대별로 기압에 변화를 주면서 아네로이드 기압계를 실험해보기로 했다.

1888년 봄, 에든버러의 알앤드알클라크 인쇄소에 맡긴, 에콰도르 책에 들어갈 목판화 인쇄 작업이 끝나기를 기다리는 동안 힉스와 윔퍼는 아네로이드 기압계 70여 개를 준비했다. 그리고 다양한 기압 조건에서 며칠에서 몇 달에 걸쳐 실험을 계속했다. 윔퍼는 이 실험 결과를 소논문 형태로 정리한 다음『아네로이드 기압계 사용법How to use the aneroid barometer』이라는 제목을 붙여서 에콰도르 책과 함께 내놓았다. 윔퍼는 다음과 같이 추천했다. "만약 불면증으로 고생하신다면 아네로이드 기압계에 대해 쓴 이 책을 넘겨보십시오."[41] 윔퍼의 소논문은 논문류 치고는 매우 높은 홍보 효과를 얻었으며, 그 덕분에 아네로이드 기압계는 한층 더 발전하게 되었다. 윔퍼와 힉스는 아네로이드 기압계에 대한 두 가지 개량 특허를 취득하고 1893년에 공동으로 개발한 신형 기압계를 내놓았다.[42] 윔퍼는 훗날 육군성의 왓킨Watkin 대령이 이 모델의 개량 특허를 취득할 수 있도록 돕기도 했다. 힉스와 함께 한 윔퍼의 실험은 점점 엉뚱한 곳까지 나아갔다. 25년 후 윔퍼의 조카 로버트는 음식 보존에 관해 쓴 기고문에서 다음과 같이 고백했다. "나는 1889년에 유리 속에 '진공 상태'로 보관된 익히지 않은 소고기 스테이크를 소장 중인데, 어느 모로 보나 놀라우리만치 보존 상태가 좋다."[43] 윔퍼와 힉스는 당시 진공에 대한 연구에 매진하고 있었다. "문제의 소고기 스테이크는 그들이 한 많은 실험 중 하나였으며, 삼촌은 언제나 이 특이한 물건에 지대한 관심을 보였다. 이 물건은 삼촌이 돌아가셨을 때 침실에서 발견되었다."[*]

윔퍼는 과학적 업적을 발판으로 왕립지리학회 정회원이 될 수 있기를 갈망했다. 윔퍼의 신청서는 저명한 과학계 인사들의 지지를 받았는데, 그중에는 당시 런던 자연사박물관 관장이었던 윌리엄 플라워

---

[*] 빌 윔퍼와 처음 만난 자리에서 나는 이 소고기 스테이크 이야기를 꺼냈다. 잠시 침묵 끝에 그는 아버지(로버트 윔퍼의 조카)가 남긴 잡동사니 중에서 이 유리관을 발견했지만 갖다 버렸다고 겸연쩍게 시인했다. 110년이 지난 고기가 신선도가 떨어졌으리라는 점에는 둘 다 이견이 없었다.

William Flower와 조지프 후커, 로버트 헨리 스콧, 토머스 헉슬리 등도 있었다. 윔퍼는 왕립지리학회 정회원이 되는 특별한 영광을 누리지는 못했지만, 에콰도르의 지도를 작성하고 산의 위치와 고도를 정립한 공로로 왕립지리학회 후원자 메달을 수상함으로써 그토록 중요하게 생각하던 공적인 인정을 받았다. 한 해 전인 1891년에 이 메달은 그린란드의 빙원을 횡단한 공로로 프리드쇼프 난센Fridtjof Nansen에게 수여되었다. 그린란드 빙원 횡단은 윔퍼가 난센보다 25년이나 앞서 추구했던 목표였다. 왕립지리학회는 매년 두 개의 상을 수여했는데, 1892년 창립자 메달은 결국 종의 진화와 지리적 분포에 관한 연구 업적을 인정받은 앨프리드 월리스에게 돌아갔다.[44] 학위도 없었고 학계와 과학계에 정식으로 발을 들여놓지도 못했던 윔퍼는 이탈리아 국왕으로부터 받은 메달이나 파리 만국박람회에서 받은 상처럼 공적으로 받는 상과 발표에 큰 의미를 부여했다. 1892년에 왕립지리학회에서 수여된 두 메달의 영광은 간접적으로나마 1848년에 월리스와 함께 아마존을 탐사하고 '윔퍼의 곤충도감'에 혁혁한 공을 세운 고故 헨리 베이츠의 생애에 바쳐졌다. 윔퍼는 메달을 수상한 후에 에콰도르에서 보낸 시간을 이렇게 요약했다.

> 저는 투덜거리지도 우는소리를 하지도 않겠지만, … 순전히 기쁨만을 목적으로 이렇게 높은 곳에 있는 봉우리들을 여행하려는 분들께 감히 한 말씀 올리자면 … 그분들은 아마도 여행 기간 중 절반은 비를 흠뻑 맞아 축축할 것이고, 남은 절반의 대부분은 말리느라 고생하실 것입니다.[45]

윌리스는 이런 모임을 좋아하지 않았던 터라 저녁 만찬 자리에는 참석하지 않았지만, 윔퍼는 식후 연설을 하면서 윌리스에게, 그리고 "25년 넘게 친구이자 조언자"였던 베이츠에게 경의를 표했다. 윔퍼의 연설은 간간이 웃음이 터져 나올 정도로 호응이 좋았다. 그 자리에 있는 저명한 인사들에게 뜨거운 호응을 받았다는 사실에 내심 자랑스러움을 느낀 그는 대학 교육의 과학적 효용성, 혹은 무용성에 대해 방백조로 말한 후에 마터호른 사고를 둘러싼 분노를 떠올리면서 아직 청년이던 시절 "인간이 할 수 있는 가장 우매한 행동의 화신"으로 남았다는 이야기를 꺼냈다.

윔퍼가 베이츠와 친구인 에드워드 클로드를 소개받은 곳은 왕립지리학회였다. 두 사람은 동갑내기인 데다 자란 배경도 비슷해서(클로드의 아버지는 올드버러 출신의 트리니티 하우스Trinity House 소속 도선사였고, 양친이 모두 침례교도였다.) 편안한 우정을 키울 수 있었다. 클로드는 열네 살 때 점원으로 일을 시작한 뒤에 런던의 한 은행에서 안정된 일자리를 구했다. 그는 낮에는 책상에 앉아 종일 일을 하고 밤에 퇴근한 후에는 독서에 빠지거나 무료 도서관에 가서 공부하거나 강연을 들으러 다녔다. 그가 종교의 역사와 본질, 예수의 생애, 민간 설화 같은 주제를 다룬 책을 잇달아 출간할 수 있었던 저력에는 폭넓은 독서가 자리 잡고 있었다. 문학단체인 오마르 하이얌 클럽의 창립자이기도 한 클로드는 종교가 있는 가정에서 자랐지만 단호한 합리주의자이자 불가지론자가 되었다.[46]

윔퍼는 거의 만나자마자 클로드가 마음에 들었다. '곤충도감' 작업을 끝낸 윔퍼는 올드버러에 있는 클로드의 집에서 열린 성령강림절 모임에 참석했다. 클로드가 문학계와 과학계에 인맥이 아주 두터웠던 데다 매년 열리는 이 행사의 인기가 아주 높았기 때문에 클로드는 초대 명단을 사전에 꼼꼼하게 추려야 했다. 윔퍼는 처음 갔던 모임을 "매우 재미있는 모임"이었다고 기록했다. 이때 초대받은 손님 중에는 화가 헨리 무어Henry Moore와 『일러스트레이티드 런던 뉴스』의 편집장 클레먼트 쇼터Clement Shorter도 있었다. 이듬해인 1893년 모임 때는 다 함께 배를 타고 강을 따라 올포드Orford까지 내려갔다. 윔퍼는 20년도 더 전에 그린란드 해안에서 카약을 타던 시절을 떠올리며 그린란드에 대한 추억담을 길게 늘어놓았다. 그 자리에서 매우 편안함을 느낀 윔퍼는 그린란드에서 목격한 로버트 브라운의 행실들을 희화적으로 이야기해 일행을 즐겁게 해주었다. 클로드는 일기에 "아무래도 브라운의 말도 한번 들어봐야겠다."라고 적었다.[47] 윔퍼와 클로드는 런던에서 자주 만났다. 클로드는 윔퍼의 알프스 강연과 에콰도르 강연에 참석했고, 강연이 끝난 후에는 보통 윔퍼와 저녁을 같이 먹었다. 어느 일요일 오후에는 윔퍼가 클로드의 집에서 차를 마시고 저녁까지 머물다 갔는데, 클로드는 그날 일기에 "윔퍼와 긴 한담을 나눔"이라고 적었다.[48] 1894년 성령강림절 모임 때 윔퍼는 토머스 하디 등과 함께 클로드의 집에 나흘간 머물렀다. 윔퍼가 직접 이야기해준 마터호른 비극 이야기를 듣고 그 자리에서 얼어붙은 하디는 그 사고소식을 들었던 날 자신이 가엾은 더글러스 해도우가 살던 곳인 해로Harrow에 있었음을 회상했다.[49] 하디는 윔퍼의 이야기에 완전히 사로잡혔고, 3년 후 체르마트에 머물 때 그 이야기를 다시 한번 상기했다.

웜퍼가 마터호른 비극 이야기로 토머스 하디를 사로잡았을 무렵, 웜퍼의 인생에 다시 들어온 산의 존재와 역사는 그의 남은 생애에서 점점 더 중요한 역할을 하게 되었다.

19

나는 그곳을 한눈에 알아볼 수 있었다

윔퍼가 에콰도르 책을 끝내고 나서 처음 오른 산은, 그럼에도 알프스가 아닌 스코틀랜드의 산이었다. 윔퍼는 앨프리드 휴잇과 프랭크 에일릿을 데리고 포트윌리엄Fort William으로 가서 보름 동안 머물렀다. 이 여행의 주목적은 1883년에 벤네비스Ben Nevis 정상에 세워진 유인관측소에 가보는 것이었다. 휴잇이 이때 남긴 일기에는 윔퍼의 별난 기질을 희화화하면서도 존경심이 묻어 있는 일화가 담겨 있을 뿐만 아니라, 19세기 말엽 포트윌리엄 관광업의 한 단면을 엿볼 수 있는 정보도 담겨 있다. 1892년 7월 말에 세 사람은 오번Oban으로 가, 그곳에서 데이비드 맥브레인David Macbrayne사社의 증기선을 타고 포트윌리엄까지 이동했다. (웨스트하일랜드 철도는 아직 건설 중이었다.)

　에든버러발 열차가 오번에 연착하는 바람에 일행은 간발의 차이로 점심시간에 운행되는 증기선을 놓쳤다. 휴잇은 일기에 이렇게 적었다. "윔퍼 씨는 그 일로 상당히 화가 나셨지만 내가 예상했던 것보다는 잘 참으셨다."[1] 포트윌리엄에 도착한 첫날 웜퍼는 혼자서 일반 등산로를 따라 벤네비스 정상까지 올라갔는데, 정상에 있는 관측소에서 휴잇과 에일릿에게 전보를 보내 하산 지점까지 마중을 나오라고 함으로써 두 청년의 일요일 오후를 빼앗았다. 이튿날에는 셋이서 다 함께 벤네비스로 향했다. 오번으로 가는 기차 안에서 만난 두 에든버러 청년도 합류했다. 휴잇은 먹을 것은 하나도 없으면서 무겁기만 한 배낭을 배정받았지만, 관측소에 도착했을 때 "우리가 웜퍼 씨와 있었기에 커피와 잼 바른 빵을 대접받았다."라고 적었다.[2] 정상에서 "보이는 것은 안개뿐이었다."[3]

에든버러 청년들과 친해진 웜퍼는 내친김에 다섯 명이 다 함께 배를 타고 글렌코까지 갔다 오자고 제안했다. 사실상 노를 저은 것은 웜퍼와 동행한 네 명의 청년들이었고, 그동안 "웜퍼 씨는 가는 길을 감독만 했다."[4] 벤네비스 정상에 다시 올라갔을 때 휴잇은 스케치를 하라는 지시를 받았고 "프랭크는 산 정상에 서식하는 곤충 종류를 파악하라는 지시를 받았다."[5] 웜퍼는 또 한 번 혼자서 벤네비스 정상에 올라갔는데, 정상에 있는 숙소에서 1박을 하고 다음 날 또 한 번 마중을 나오라는 전보를 보내 청년들의 일요일 오후를 빼앗았다. "가지고 내려올 짐이 산더미였는데 다 나르고 나자 홀가분했다."[6] 이 여행의 대미를 장식한 장소는 글렌로이Glen Roy 계곡에 있는 '평행한 길Parallel Roads'이었다. 그곳에서 웜퍼는 사진을 찍고 기압을 관측했다. 휴잇은 포트윌리엄을 떠나는 아쉬운 마음을 이렇게 토로했다. "그곳은 독특한 장소였는데, 우리 모두는 ― 웜퍼 씨를 포함해서 ― 그곳에서 즐거운 시간을 보냈다.”[7] 윔퍼는 벤네비스 정상에서의 전망은 한 번도 제대로 보지 못했지만, 북동쪽에 있는 가파른 벽으로 둘러싸인 원형 분지 — 지금은 암벽등반 루트가 많이 개척된 곳 — 를 보고 나서 『레저 아워』에 실린 기고문에 이렇게 썼다. “이 거대한 절벽은 우리나라에서 가장 훌륭한 암장으로 손꼽을 만한데, 지금까지 이 벽을 오른 사람은 아무도 없다.”[8]

그해 9월, 윔퍼는 16년 만에 알프스를 다시 찾았다. 오랫동안 자주 다니던 곳에 들르는 것 외에 다른 특별한 계획은 없었다. 윔퍼는 체르마트에 도착해 몬테로사 호텔에 여장을 푼 후에 혼자서 마터호른 맞은편에 있는 츠무트 계곡을 따라 산책했다. 1865년에 등반을 함께했던 프란츠 비너와 함께 오르기 쉬우면서도 전망이 훌륭한 메텔호른 Mettelhorn 정상에 다녀온 후에 이번에는 비너의 두 아들까지 데리고 회른리 능선에 세웠던 막영지를 찾아보기 위해 마터호른으로 향했다.

> 1874년에 가본 후로 처음이었는데도 나는 그곳을 한눈에 알아볼
> 수 있었다. 바위에 새겼던 이름의 머리글자가 없어져서 다시 새겨
> 넣었다. 텐트를 쳤던 자리는 흔적도 남아 있지 않았다.[9]

윔퍼는 비너의 두 아들에게 텐트 칠 자리를 다시 만들도록 지시했다. 그들이 돌멩이와 쓰레기를 치우는 동안 윔퍼는 바위에 이름의 머리글자를 다시 새겨 넣었다. 승리감에 도취된 채 그 자리에 이름을 새긴 지 꼭 27년 만이었다. 산에서 내려온 후에는 루이 카렐과 함께 고개를 넘어 브로일로 이동했다. 이때가 12년 전 과야킬에서 퉁명스러운 장 앙투안 카렐과 함께 파나마행 증기선에 올라탄 그 파란만장했던 날 이후

로 그와의 첫 대면이었다. 윔퍼는 며칠간 루이 카렐의 고향에 머물면서 눈 덮인 마터호른을 촬영하기도 하고, 심블랑슈에 오르며 에콰도르에 대한 추억담을 나누기도 했다.

옛 추억을 더듬는 여행은 산을 향한 윔퍼의 열망에 다시금 불을 붙였다. 이듬해인 1893년 여름, 윔퍼는 텐트를 챙겨 다시 알프스로 향했다. 윔퍼는 알프스 봉우리 위에 유행처럼 세워지던 대피소에는 별 관심이 없었다. "유럽 대륙의 산악회들은 산장을 짓는 데 혈안이 되어 있다. … 이 건물들 대부분은 관리인 없이 자율적으로 운영되는데 시간이 조금만 지나면 … 오렌지 껍질과 종이 쓰레기, 양초 토막, 정어리 통조림 깡통을 쌓아놓는 창고가 된다."[10] 윔퍼가 란다 마을에 도착했을 때는 마퀴냐츠 형제가 마중 나왔다. 루이 카렐까지 합세해 다 같이 림피시호른 정상의 코앞까지 올라갔지만 악천후 때문에 철수할 수밖에 없었다. 밤 7시가 지난 시각에 태쉬알프에 꾸려둔 막영지에 도착하니, 텐트가 다 짓밟혀 있었다. 들소의 소행이었다. 윔퍼는 그날 일기에 이렇게 적었다. "오늘은 극도로 피곤했다."[11] 핀델른 빙하를 넘어 체르마트로 돌아온 날에는 날씨가 나빠 플루베르크 호텔에 묵었다. 호텔로 찾아온 가이드 마티아스 추브리겐Matthias Zurbriggen은 그날 저녁 내내 윔퍼에게 마틴 콘웨이와 함께한 히말라야 원정 이야기를 들려주었다. 추브리겐은 한발 늦어 마실 거리를 확보하지 못했는데, 호텔에 먼저 도착한 윔퍼가 다음과 같은 행동을 했기 때문이다. "맥주가 두 병밖에 없었는데 내가 몽땅 차지했다."[12]

윔퍼는 3년 전 장 앙투안 카렐이 죽음을 맞은 장소에 세워진 십자가를 보기 위해 테오둘 고개를 넘어 마터호른의 기슭으로 올라갔다. 장 앙투안 카렐은 3년 전에 샤를 고레Charles Gorret와 젊은 청년이었던 레오네 시니갈리아Leone Sinigaglia와 함께 '그의 산'이라고 여긴 마터호른에 또 한 번 도전장을 내밀었지만, 폭풍우가 몰아쳐 '대암탑' 아래 산장에 며칠 동안 고립되었다. 보급품이 동나고 날씨가 너무 추워 카렐은 철수를 준비했다. 거칠게 몰아치는 눈보라 속에서 14시간 동안이나 사투를 벌이며 콜 뒤 리옹 아래의 완만한 경사면까지 손님들을 안내한 카렐은 마침내 탈진으로 쓰러졌다. 카렐은 그 자리에서 한 걸음도 더 떼지 못했다. 카렐의 사망 소식이 전보로 날아왔을 때 윔퍼는 이렇게 썼다. "이 사내를 알던 사람들은 그 이야기를 믿으려고 하지 않았다. 이 강건한 등반가가 세상천지 어디에서든 탈진으로 쓰러져 죽을 수 있다고는, 더욱이 '그의 산'에서 쓰러질 수 있다고는 아무도 생각하지 않았다."[13] 윔퍼는 카렐의 유족을 돕기 위한 기금을 모금했으며, 에콰도르에서 기압계를 잘 업고 다녀준 카렐의 공로에 대한 보상으로 20기니를 기부하도록 왕립지리학회를 설득하기도 했다. 윔퍼는 카렐의 영혼이 잠든 곳에 경의를 표한 뒤에 콜 뒤 리옹으로 올라갔다. 30년 만에 다시 찾은 그곳은 30년 전에는 카렐과 함께 서 있던 곳이었다.*

윔퍼는 산에서 내려와 자일러 부인을 찾아가 안부 인사를 나눈 후에 야영 산행을 계속 이어나갔다. 먼저 콜 드 발펠린 — 윔퍼가 빙하에 구멍을 뚫었던 곳 — 을 넘어 아롤라Arolla 위쪽에 있는 빙하로 넘어갔

---

* 윌리엄 글래드스톤은 물론 윔퍼의 가족들도 카렐의 유족을 위한 기금 후원을 종용받았다. 카렐을 위해 십자가를 세운 사람은 레오네 시니갈리아였다. 그는 토리노 출신의 변호사였는데, 제2차 세계대전 때는 반파시스트 운동가로 활약했다.

다. 그런 다음 생베르나르 고개를 넘어 쿠르마예까지 계속 고지대 산행을 이어가고 싶었지만, 안타깝게도 가이드들은 눈비를 맞아가며 야영할 생각이 없었다. 하는 수 없이 아오스타로 빠져야 했다. 윔퍼는 몽블랑 정상에 설치된 관측소에도 관심이 있었지만 알프스 최고봉인 몽블랑을 등정하고 싶은 마음도 있었다. 윔퍼는 일행과 함께 거친 돌로 뒤덮인 미아주 빙하 — 30여 년 전에 윔퍼와 애덤스 라일리가 최초로 이 빙하의 건너편을 관찰하며 서 있던 곳 — 의 끝까지 올라갔다. 이글거리는 태양 아래 윔퍼 일행은 비오네세이Bionnassay 빙하를 가로질러 구테Goûter 능선에 올라섰다. 정오를 갓 넘긴 시각에 정상에서 450미터 아래에 새로 지어진 지 얼마 되지 않은 발로Vallot 산장에 다다랐지만, 날씨가 급변해 텐트를 들고 정상까지 올라가는 일은 불가능했다. 밤사이 기온이 뚝 떨어지고 사나운 폭풍이 몰아쳤다. 루이 카렐은 날씨가 좋아질 때까지 산장에서 기다릴 마음이 없었다. 하는 수 없이 모두 샤모니로 하산했다.

윔퍼는 가이드 추브리겐과 사진기와 텐트를 운반할 짐꾼들을 데리고, 당시 피에르 장센Pierre Janssen의 관측소 건설을 추진하던 프레데리크 파요 — 마터호른 사고 직후 빙하에서 시신을 수습하는 작업을 도왔던 인물 — 와 함께 마침내 샤모니를 기점으로 하는 노멀 루트를 통해 몽블랑 정상에 올라섰다. 그날 밤은 그랑뮬레Grands Mulets 산장에서 묵었다. 다음 날 점심 무렵에 윔퍼는 다시 정상으로 올라가 텐트를 치고 알프스 산군 위로 석양빛이 물드는 숭고한 광경을 감상했다. 다음 날 새벽에는 더욱더 멋진 광경이 펼쳐졌다.

일출을 보았다. 이탈리아 쪽 계곡 위로 펼쳐진 거대한 운해는 미동조차 하지 않았다. … 봉우리들 사이로 빛이 비치고 … 몽블랑의 그림자가 공중에 비쳐 보였는데 … 처음에는 회색빛을 띠다가 … 점점 색이 진해지더니 이내 사라져 버렸다. 그림자가 사라질 때까지 40분이 걸렸다.[14]

윔퍼는 일출이 만들어내는 그림자에 휩싸인 채 정상에 선 가이드 쥘 시몽Jules Simond의 사진을 촬영했다.[*]

알프스로 떠나기 전에 윔퍼는 줄어든 수작업 판각 일감을 만회할 새로운 수입원을 고민한 끝에 한 가지 대안을 찾아냈었다. 바로 강연이었다. 메이즈폰드 침례교회에 다닐 때부터 여행이나 다른 관심 분야에 대한 강연을 해왔던 윔퍼는 아예 본격적으로 강연가로 나서기 위해 영국에서 가장 큰 규모의 강연대행사인 제럴드 크리스티Gerald Christy사社와 계약을 맺었다. 이 회사의 장부에는 윔퍼가 사우스엔드에서 사귄 친구인 콜슨 커나한의 이름도 있었다. 윔퍼는 알프스에서 등반가들이 사용하는 장비와 빙하 위에서 포즈를 취한 여러 가이드의 모습 그리고 등정한 봉우리들의 사진을 찍는 데 많은 시간을 할애했다. (하루는 망원 렌즈로 마터호른의 정상을 찍을 수 있었다.) 또 친구들을 데리고 몽돌랑과 콜 돌랑의 사진을 찍기 위해 아르장티에르 빙하 끝까지 걸어 올라가기도 했다. 콜 돌랑은 그가 1865년에 기념비적인 횡단을 해낸 곳이었다. 윔퍼가 콜 돌랑에서 프랑스 쪽으로 하산한 코스는 지금까지도 다시 밟은 사람이 없다. "파라가 그러는데, 후배 등반가들 사이에서

---

[*] 윔퍼보다 먼저 몽블랑 정상에서 야영했다고 알려진 인물은 1857년에 야영한 존 틴들과 구테 능선에 있는 산장의 책임자로 1887년에 야영한 조지프 발로Joseph Vallot 둘뿐이었다.

내가 실수로 콜 돌랑에서 내려왔다는 말이 떠돈다고 한다!"[15] 제네바에 도착한 윔퍼는 영국 영사 대니얼 바턴Daniel Barton 부부로부터 환대를 받았다. 또 오후마다 증기선을 타고 호숫가에 있는 로스차일드 남작Baroness Rothschild의 저택을 찾아가 그곳에서 얼음을 넣은 차가운 샴페인을 즐기기도 했다. 앞서 고도가 인체에 미치는 영향을 논의하러 런던으로 윔퍼를 찾아온 적이 있는 마르세 박사의 집에서 머물기도 했고, 드 소쉬르의 손자를 찾아가 몽블랑의 역사를 캐묻기도 했다.

윔퍼는 1893년에 런던으로 돌아온 직후부터 크리스티 대행사에서 기획한 강연을 시작했다. 에콰도르 원정을 주제로 한 이 강연에는 「해발 2만 피트」라는 제목이 붙었다. (풍자주간지 『펀치』에는 "장화 1만 켤레로군!'이라고 구두장이는 말한다."라는 논평이 실렸다.[16]) 이 제목은 1873년에 영국에서 초판이 출간된 프랑스 작가 쥘 베른Jules Vernes의 『해저 2만 리』를 의도적으로 환기시킨 제목임이 거의 틀림없었다. 이 강연에서 윔퍼는 직접 촬영한 사진으로 만든 100여 장의 유리 환등 슬라이드를 공개했는데, 이 사진들은 그 자리에 참석한 사람들에게는 아주 놀라운 경험이었을 것이다. "우리가 그 강연을 언어로 기술하려는 시도는 무의미할 것이다. 그 강연이 흥미를 불러일으킨 가장 큰 이유는 수많은 사진이었으며, 몇몇 사진은 짙은 애수의 감정을 불러일으켰다."[17] 윔퍼는 에콰도르 강연 대본을 수정해 짤막한 등반사 소개를 집어넣었다. 새로운 강연은 드 소쉬르와 파카르, 발마의 몽블랑 등정 이야기로 시작해, 등반 기술과 고산 등반 장비를 보여준 후에, 마터호른 도전기로 넘어갔다. 침보라소 등정과 고도가 인체에 미치는 영향

1893년 8월 10일 윔퍼가 몽블랑에서 하산한 후 샤모니에 있는 호텔 정원에서 에드워드 피츠제럴드와 에드워드 데이비드슨과 함께 앉아 있는 모습 (© Alpine Club Picture Library)

을 설명하는 부분은 강연의 절정을 이루었으며, 다음과 같은 기대감에 찬 발언으로 끝이 났다. "이 자리에 훗날 에베레스트 등정 이야기를 들려줄 소년이 앉아 있을지도 모릅니다."[18](이런 진취적인 젊은이들이 탄생할 곳은 강연 장소에 따라 매번 달라졌다.) 윔퍼의 강연을 보도한 신문 기사들은 크레바스와 우뚝 솟은 능선, 눈 덮인 화산 사진도 언급했지만, 윔퍼의 유머 감각도 빠짐없이 언급했다. 『더 타임스』에 실린 평은 다음과 같았다. "윔퍼 씨는 흥미진진한 강연 중간중간에 자주 환호를 받았다."[19]

윔퍼는 정기 강연을 시작한 첫 겨울에 슬라이드 쇼를 48회 진행했

빙하 위에서 이동하는 가이드들의 모습을 담은 윔퍼의 유리 환등 슬라이드. 1893년에 찍은 사진으로 추정된다. (© Alpine Club Picture Library)

다. 청중은 평균 1,000명에서 많을 때는 2,000명에 이르렀다. 크리스티 대행사에서 마련한 강연 외에도 초중고 및 대학교, 교회에서도 강연 요청이 들어왔다. 이는 당시 노팅엄에 살던 차분하고 부드러운 말씨를 지닌 남동생 앨프리드 덕분이었다. 에든버러의 인쇄소에서 도제 생활을 수료한 앨프리드는 1864년과 1865년에 윔퍼가 알프스에서 눈부신 업적을 세우는 동안 램버스에 내려와 가업을 돕다가, 윔퍼

앨프리드 윔퍼(1843-1904) (사진: 마이클 페터 제공)

가 첫 그린란드 원정을 마치고 돌아
왔을 무렵에는 더비로 이사해 철도
상점 관리인으로 일했으며 스코틀
랜드 여자와 결혼했다. 그는 교회와
지역학교에서 일하면서 유명인사
가 되었는데 이를 계기로 성공회 사
제 서품을 받아 보좌신부가 되었고,
나중에는 사우스웰Southwell, 노팅엄,
더비의 주임신부가 되었다. 앨프리
드는 다른 형제자매들과는 달리 외
국 여행을 별로 좋아하지 않았던 것
으로 보인다. 온두라스의 주교 자

리를 제안받았지만 거절한 일화가 있다. 문학 활동에 대한 관심은 다
른 형제자매들과 같아서 동화를 쓴 적도 있으며『이밴절리스트 먼슬리
Evangelist Monthly』라는 잡지의 초대 편집장을 지내기도 했다.[20]

앨프리드의 폭넓은 사회 활동 덕분에 윔퍼는 다양한 청중을 만
날 수 있었다. 1897년 가을의 2주일 일정표는 당시 윔퍼의 일정을 전
형적으로 보여주는 예이다. 윔퍼는 보름 동안 핼리팩스Halifax를 시작
으로 더비, 레스터, 레밍턴칼리지Leamington College, 버크햄스테드스쿨
Berkhamstead School, 루턴Luton, 리스커드Liskeard, 호니턴스쿨Honiton School,
플리머스칼리지Plymouth College, 버밍엄 근교의 모즐리Moseley, 새프런 월
든 문학과학연구소Saffron Walden Literary and Scientific Institute, 도버칼리지

Dover College를 순회했다. 크리스티 대행사에서 기획한 강연은 회당 15기니를 받았고, 앨프리드가 주선한 강연은 10~12기니를 받았으며, 교육 기관에는 7~8기니를 요구했다.[21] 트래펄가 광장 옆 세인트마틴 교회에서 강연할 때는 한 사람당 5실링이나 하프크라운(2실링 6펜스) 또는 1실링을 받았다.

침보라소 등정기를 절정으로 막을 내리는 강연을 몇 년간 충분히 시험해본 윔퍼는 새로 강연 대본을 짜고, 제목을 「알프스 등반기」로 붙였다. 슬라이드 첫 장에서는 요한 쉬우서Johann Scheuchzer가 글로 묘사한 알프스 정상에 살고 있는 용의 그림을 보여준 다음, 알프스 마을 사진을 보여준 뒤에 마터호른 도전기로 넘어갔다. 그리고 1862년에 산에서 미끄러져 간신히 살아남은 곳을 찍은 「추락의 모퉁이」 사진도 공개했다. 후반부는 샤모니와 몽블랑으로 무대를 옮겼다. 몽블랑 정상에 있는 장센의 관측소 슬라이드 다음에는 이 뚱뚱한 박사가 여러 가이드들이 힘을 합쳐 든 들것에 실려 몽블랑을 오르는 모습이 담긴 슬라이드가 이어졌다.[22] (장센은 다리가 불편했는데, 윔퍼가 장센의 용기를 매우 높이 평가했을 뿐만 아니라 장센과 그의 가족들과 우호적인 관계를 유지한 사실로 보아 장센도 이 슬라이드를 웃으면서 지켜보았으리라 짐작해볼 수 있다.)

윔퍼는 과거의 위업을 상세히 설명하면서도 이것이 앞으로도 이어질 것이라는 암시를 주면서 선도적인 산악 탐험가로 자기를 홍보함으로써 생계를 꾸릴 수 있었다. 1892년에 마틴 콘웨이는 카라코람산맥에서 최초로 본격적인 탐험을 이끌었다. 마틴 콘웨이 일행은 발토로

Baltoro 빙하를 걸어 올라가 고봉들이 병풍처럼 에워싼 원형 분지인 콩코르디아Concordia에 도달해 최초로 K2에 접근한 원정대가 되었다. 마틴 콘웨이는 윔퍼의 러드게이트 힐 사무실에 자주 들러 장비와 식량, 원정 계획에 대한 윔퍼의 지식을 섭렵했는데, 아마도 이 시기에 윔퍼가 수집한 방대한 인도 관련 도서와 지도도 훑어보았을 것으로 보인다.* 마틴 콘웨이와 윔퍼는 세계의 산들을 탐험하려는 욕망을 가지고 농담을 하곤 했다. 마틴 콘웨이는 윔퍼에게 이렇게 말했다. "만약 선생님과 저에게 1년에 5,000파운드씩 등반에 쓸 수 있는 돈만 있었더라도 지금쯤 세상에 있는 산을 모조리 다 밟았겠지요!"[23] 에콰도르에서 돌아온 해에는 윔퍼가 해발 5,895미터로 아프리카 대륙 최고봉인 킬리만자로Kilimanjaro 등반을 계획 중이라는 기사가 실린 적이 있었다.[24] 재정 상황이 이 원정을 허락하지 않았는데, 윔퍼가 카셀 출판사에 들어간 것이 그다음 해였기 때문이다.† 윔퍼는 인도에 사는 형제들 덕분에 인도에 계속 관심이 있었으니, 그가 언젠가 넉넉한 돈이 생긴다면 히말라야에 가고 싶다는 생각을 품었을 가능성은 충분하다. 윔퍼에 대해 다소 찬양 일색인 인터뷰 기사를 쓴 한 기자는 신문사의 후원을 받으면 "윔퍼가 히말라야 원정대를 이끌 수 있을 것이다."라는 희망을 표현했지만, 윔퍼 자신의 생각은 카라코람 원정을 다룬 마틴 콘웨이의 책을 읽고 쓴 서평에서 매우 잘 엿볼 수 있다. "고산 탐험가의 삶이 결코 순

---

* 마틴 콘웨이는 훗날 볼리비아의 산을 등반했으며, 북극권에 있는 스피츠베르겐섬을 최초로 횡단하기도 했다.

† 킬리만자로는 1889년에 초등이 이루어졌다. 초등자는 독일 지질학자 한스 마이어Hans Meyer와 오스트리아 등반가 루트비히 푸르첼러Ludwig Purtscheller였다.

수한 기쁨이 될 수 없다는 사실이 누구에게든 명백해질 것이다."[25]

산악회는 점점 늘어나고 있었는데, 그중 다수의 산악회에서 공로를 인정받았다는 사실은 윔퍼가 이 새로운 스포츠를 대중화하는 데 얼마나 중요한 역할을 했는지를 암시한다. 윔퍼는 스위스산악회와 이탈리아산악회의 명예회원으로 추대되었으며, 미국 샌프란시스코에 본부를 둔 시에라클럽Sierra Club의 첫 번째 명예회원으로 위촉되었다. 영국에서는 요크서산악회Yorkshire Ramblers Club가 윔퍼에게 후원자가 되어달라고 요청했고, 얼마 후 윔퍼는 리즈Leeds로 가서 「해발 2만 피트」 강연을 했다. 윔퍼가 낯선 사람과 어울리는 자리를 즐긴 적은 매우 드물었지만, 이때만큼은 — 전날 밤 퍼스Perth에서 강연을 하고 다음 날 버턴어폰트렌트Burton upon Trent로 가야 했음에도 불구하고 — 사람들과 잘 어울렸고 좋은 인상을 남겼다.[26] 윔퍼가 리즈에 올 때마다 만난 요크서산악회의 총무이사는 그가 요크서산악회를 배려해주었다고 기억했다. "그는 내가 만나본 그 어떤 사람보다도 즐겁게 해주기 쉬운 사람이었고, 에일 맥주 — 그가 가장 좋아하는 술 — 를 마시면서 이야기할 때는 … 세상에서 가장 재미있는 사람이기도 했다."[27] 윔퍼의 글도 그랬지만, 특히 풍부한 지식과 극적인 장면을 담은 사진을 수백 명, 때로는 수천 명 앞에서 대형 스크린에 투영해 보여준 윔퍼의 강연은 에베레스트가 등정되기 전까지 그 어떤 행위보다 등반이라는 스포츠를 대중화하는 데 기여했다. 윈스턴 처칠Winston Churchill은 해로스쿨 재학 시절 "위대한 윔퍼 씨가 사진으로 보는 것만으로도 몸이 움찔할 정도로 가파른 절벽에 아슬아슬하게 매달려 있거나 등을 붙이고 서 있는 가이드

와 관광객들의 모습이 담긴 멋진 사진을 곁들여서" 했던 강연을 기억했다.[28]

그러나 강연만으로 예전 수준의 수입을 벌어들이기에는 역부족이었다. 윔퍼는 아버지에게 쓴 편지에서 이렇게 푸념했다. "현재 진행 중인 판화는 사실상 없어요. 연초부터 지금까지 일한 것과 수중에 있는 얼마 안 되는 돈으로는 석탄과 가스 값 내기도 빠듯해요."[29] 윔퍼가 잘 알고 있었다시피 목판화 업계가 바뀌고 있었지만, 그래도 인기가 높은 정기 간행물은 쏠쏠한 수입원이었다. 윔퍼는 코토팍시와 벤네비스, 몽블랑, 산악 관측소, 히말라야, 난센과 북극점, 북극 탐험을 주제로 기고문을 썼을 뿐만 아니라 런던에 서식하는 새나 파나마 운하, 여성 등반가와 같은 다양한 주제도 다루었다.

『안데스 여행기』의 성공에 고무된 윔퍼는 다시 『알프스 등반기』를 손에 잡았다. 제목을 바꿔 다시 찍은 3판의 반응이 그리 신통치 않다는 것을 의식하고 있었기 때문이다. (한 서평자는 이름을 바꾼 3판에 대해 이렇게 평했다. "초판에 붙인 제목이 어느 모로 보나 딱 맞는 제목인데다 자연스럽게 저자의 이름을 연상케 한다는 점을 고려해볼 때 책 제목을 왜 바꿨는지 선뜻 이해하기가 힘들다."[30]) 알앤드알클라크 인쇄소는 초판 제목을 다시 붙인 고급스러운 개정판을 특수 처리한 종이에 새로 찍었다. 알프스에서 여름을 보내고, 몽블랑을 등정하고, 흥행과 수익을 모두 잡은 강연을 하는 과정에서 윔퍼의 머릿속에는 수입을 창출할 수 있는 또 하나의 아이디어가 떠올랐다. 바로 그가 속속들이 아는 지역인 샤모니와 체르마트에 대한 정확한 정보를 담은 여행 안내서를 쓰는 것이었다. 윔퍼는 존 머리가 제작한 유럽 여행 안내서 작업에 참여한 적이 있었으므로 여행 안내서에 어떤 점이 부족한지, 알프스에 가는 여행자와 등반가들이 어떤 정보를 원하고 어떤 부분을 가장 우려하는지 잘 알고 있었다. 윔퍼는 1894년 여름에 알프스를 찾아가 대부분 도보로 이동하며 여행 안내서를 쓰는 데 필요한 정보를 수집하고 검증했다.

닷새 동안 윔퍼는 가이드 마티아스 추브리겐과 가이드 다니엘 마퀴냐즈Daniel Maquignaz를 데리고 콜 드 보자와 콜 드 라 사이뉴를 넘어 발베니 계곡으로 간 다음, 쿠르마예에서 샤모니로 돌아올 때는 콜 뒤 제앙을 넘었다. (윔퍼가 이 오래된 고갯길을 넘은 것은 이때가 처음이었다.) 며칠간 쉬면서 쿠테 씨의 호텔에서 바턴 부부와 어울리고 샤모니 주변에서 사진을 찍은 후에는, 다시 장거리 이동을 감행해 아르장티에르 빙하를 넘어 콜 뒤 샤르도네까지 올라갔다. ("우리는 30년 전과 똑같은 길을 택했다.") 하산길은 가파른 동쪽 사면으로 잡고 살레나 빙하 분지까지 내려간 다음, 프네트르 드 살레나Fenêtre de Saleina와 콜 드 라 투르Col de la Tour를 차례로 넘어 아르장티에르로 돌아왔다. 윔퍼는 열흘 동안 강행군을 한 적도 있었지만, 이제 더는 예전만큼 기력이 왕성하지 않았다. 윔퍼는 일기에 이렇게 적었다. "하루에 세 고개는 벅차다."[31] 윔퍼는 두 번째로 — 그리고 마지막으로 — 몽블랑 정상에 올라가 당시 완공된 상태였지만 완전히 눈에 덮여 있던 정상 관측소에서 2박을 했다. "추운 데서 필름을 갈아 끼우는 일은 … 고역이다." 윔퍼는 일출과 함께 "비할 데 없는 파노라마"를 보는 행운을 또 한 번 얻었지

웜퍼가 말년에 제작한 목판화로 『뉴기니섬에서의 선교Pioneering in New Guinea』(1902)에 수록되었다.

만, 추브리겐을 제외한 다른 사람들을 "움직이게 하는 일은 불가능했다."[32] 콩코르디아와 K2를 최초로 목격한 원정대인 마틴 콘웨이 원정대에 참가했던 추브리겐은 몽블랑에서 본 일몰과 일출이 "등반 인생을 통틀어 전에 본 기억이 없는 광경"이라고 생각했다.[33]

윔퍼는 시에르에서 치날로 걸어가서 트리프트요흐를 넘어 체르마트로 이동했다. 그곳에서 거들스톤과 데이비드슨 같은 오랜 친구들도 만나고, 앨버트 머메리와 에밀 레이, 아브루치 공Duc d'Abruzzi 등 당대의 선도적인 등반가들도 만났다. 한편 그린델발트에서 헨리 런Henry Lunn(아널드 런의 아버지)이 요청한 강연도 할 예정이었다. 당시 헨리 런은 토머스 쿡*Thomas Cook을 견제하기 위해 관광업에 막 뛰어든 상태였다. 프랭크 에일릿이 런던에서 슬라이드와 장비를 챙겨 그린델발트까지 직접 들고 왔는데, 400명 앞에서 한 윔퍼의 강연은 "호응이 좋았으며" 강연이 끝난 후에 윔퍼는 지역 가이드들과 포도주를 마셨다.[34] 다음 강연을 하기 전에 윔퍼는 에일릿에게 알프스를 구경시켜주기 위해 겜미 고개에 데리고 갔는데, 에일릿은 고개를 넘다가 발에 물집이 생겨 고생을 해야 했다. 두 사람은 체르마트까지 걸었고, 그곳에서 루이 카렐을 만나 리펠베르크와 몬테로사에 있는 산장까지 올라갔다. 런던행 기차를 타고 떠나는 에일릿을 배웅해준 뒤에 윔퍼는 젊었을 때는 항상 피해 다녔던 기존 루트를 조사하면서 여행 안내서를 위한 답사를 이어나갔다. 체르마트에서 바이스토르Weissthor 고개를 넘어 마쿠냐가로 이동했고, 오르기 수월하지만 경치가 훌륭한 몬테모로

---

* 단체관광 상품을 처음 개발한 영국인으로 '관광의 아버지'라고 불린다. ─ 옮긴이

Monte Moro 고개를 넘어 사스 알마겔Saas Almagell까지 간 다음, 알프후벨 요흐Alphubeljoch를 넘어 체르마트에 도착, 환상종주를 완성했다. 다음으로 들른 제네바에서는 조지앤드컴퍼니George and Company의 헨리 퀸디히Henry Kündig를 만나서 『알프스 등반기』와 『안데스 여행기』 및 곧 나올 여행 안내서의 배포를 위한 계약 조건을 교섭했다.

여행 안내서는 그해 겨울에 완성되었다. 이듬해 여름에 윔퍼는 최종 검수를 위해 교정쇄를 들고 알프스로 갔다. 윔퍼는 호텔과 여관 주인들을 만나 주문 부수를 확인하고 광고란을 판매했다. 가이드 요금 정보도 수집했지만, 알머의 아들 울리히가 술에 만취하는 버릇이 있다거나 "추브리겐이 최근 제수弟嫂와 달아나 유명세를 탔다."라는 등의 흥미로운 소문도 들었다.[35] 체르마트에서는 그 지역 신문사의 편집장이 윔퍼를 인터뷰하고 사진을 찍었으며, 윔퍼는 이때 마터호른 등정에 관해 아주 길게 구술했다.[36]

윔퍼는 카렐의 임종을 지켜본 샤를 고레와 함께 브로일에서부터 마터호른의 '대암탑' 아래 새로 지어진 산장으로 올라갔다. 윔퍼가 스물세 살 때 이후로 처음 다시 밟은 곳이자 그가 젊은 날의 혈기를 오롯이 바친 곳인 마터호른의 이탈리아 능선을 오른 것은 이때가 마지막이었다. 세월이 흐르며 돌이 깨져나간 탓에 지형은 많이 달라져 있었다. "능선이 부서져 있었고, 낯익은 장소들 대부분은 알아볼 수 없었다." 젊은 시절 그가 자신감에 차서 수없이 오르내리던 '침니'는 절반이 날아가 버린 상태였다. 그 위쪽은 "어려웠던 구간은 쉬워지고 쉬웠던 구간은 어려워졌다."[37] 바로 그 전해에 지어진 산장이었지만, 윔퍼는 한

나절 내내 깡통과 빈 병을 치우다가 틈틈이 안개가 걷힐 때마다 사진을 촬영했다. 오후에는 에드워드 데이비드슨이 다니엘 마퀴냐츠와 크리스티안 클루커Christian Klucker를 데리고 산장으로 올라왔다. 그들의 계획은 정상을 밟은 후에 츠무트 능선으로 내려가는 것이었다. 웜퍼는 가이드들을 브로일로 내려보내 포도주를 더 가져오게 했고, 다 같이 "즐거운 밤"을 보냈다.[38] 다음 날 아침에는 눈이 쏟아졌다. 데이비드슨 일행이 먼저 하산하고, 몇 시간 후에 웜퍼 일행도 뒤따랐다. 그다음 날 다시 날씨가 좋아지자 웜퍼는 이미 산에서 내려와 버려 "사진 찍기 좋은 날씨를 놓친" 것을 못내 아쉬워했다.[39] 이것이 웜퍼의 마지막 마터호른 등반이었다. 테오둘 고개를 넘어 체르마트로 돌아온 웜퍼는 샤를 고레와 함께 오르기 수월한 브라이트호른을 올랐다. 이것이 웜퍼의 마지막 알프스 봉우리 등정이었다. 전망은 더없이 장엄했고, 수백 킬로미터 떨어진 몬테비소까지 보였다.[40]

웜퍼의 『샤모니와 몽블랑 산군 안내서A guide to Chamonix and the range of Mont Blanc』는 1896년에, 체르마트편은 1년 뒤에 출간되었다. 당시 스위스를 여행하는 영국 여행자는 여러 안내서를 구할 수 있었지만(일례로 존 머리가 출판한 『스위스 여행자를 위한 안내서Handbook for travellers in Switzerland』는 1838년에 초판이 출간되어 2~3년마다 개정판이 나왔다.) 웜퍼의 안내서는 지극히 개인적이었다. 독자가 기대하는 만큼 충분히 실용적이고 정확한 정보를 담고 있으면서도 풍자적인 유머와 개인적인 의견도 곁들여져 있어 오락용으로 휴대하며 읽을 만한 책이기도 했다. 한 서평자는 이렇게 썼다. "웜퍼 씨의 정보는 철저하고 실용적이다. … 게다가 신랄한 유머 감각까지 깔려 있다."[41] 『샤모니와 몽블랑 산군 안내서』는 철저하게 조사한 내용을 재미있게 풀어쓴 중세 샤모니의 역사로 서문을 연 뒤에, 드 소쉬르와 발마, 파카르가 등장하면서 몽블랑 초등에 관한 자세한 내용이 이어진다. 등반 사고를 다룬 무거운 장章이 있는가 하면, 몽블랑 정상에 세워진 장센의 관측소에 대한 설명도 있다. 꼼꼼하게, 그러나 독단적인 태도로 추천 코스를 설명한 뒤에는 이렇게 말하기도 한다. "샤모니를 떠날 시간이 되었다. 아쉬운 마음이 들겠지만 그래도 떠나야 한다!"[42] 이전에 나온 안내서들과 비교할 때 윔퍼가 만든 안내서가 가장 다른 점은 삽화였다. 수려한 목판화와 사진, 추천 코스를 손으로 그린 지도가 실려 있었기 때문이다. 일부는 『알프스 등반기』에서 가져왔지만, 대부분은 새로 제작했다. 윔퍼는 삽화의 완성도에 온 정성을 기울였다. 그 말인즉, 그가 인쇄를 감독하러 에든버러에 자주 행차했다는 뜻이다. 1897년에 나온 『체르마트와 마터호른 안내서A guide to Zermatt and the Matterhorn』에는 『알프스 등반기』 중에서 마터호른의 역사, 체르마트의 역사와 발전에 자신이 한 역할을 자세히 기술한 부분을 그대로 옮겨 실었다. 샤모니편과 마찬가지로 역시 윔퍼가 손수 제작한 훌륭한 목판화로 꾸며진 이 책에는 경험이 부족한 여행자에게 경종을 울릴 만한 등반 사고 내용이 자세히 기술되어 있다.

윔퍼는 그때부터 5년간 여름마다 알프스를 방문하면서 매년 새로 개정판을 내기 위해 수정할 정보를 수집하고, 팔린 책값과 광고료를 수금했으며, 지인들을 만나 알프스 관련 최신 소식을 모았다. 윔퍼가 알프스의 등반사에 공개적으로 개입하자마자 산악계에서 가장 유명한 논객과 공개적인 논쟁을 하게 되었는데, 그 논객이 바로 윌리엄 쿨리지였다. 쿨리지는 열다섯 살 때 작은이모와 함께 유럽으로 이주한 미국인으로 웜퍼의 비극으로 얼룩진 마터호른 등정이 있은 지 두 달 후에 체르마트에 있었다. 옥스퍼드 모들린칼리지의 연구원이 된 쿨리지는 등반사를 깊게 파고들었다. 그의 전기 작가에 따르면, 그는 "거의 읽기 힘들 정도로 백과사전적 지식으로 가득 찬" 책이 될 만큼 방대한 자료를 모았다.[43] "이름이 알파벳순인 신사(웜퍼는 쿨리지를 이렇게 부르기 좋아했다.)"는 시비를 거는 것으로 악명이 높았다. 마틴 콘웨이는 다음과 같이 술회했다. "쿨리지와 싸운 적이 없는 영국산악회 회원이라고는 나와 더글러스 프레시필드 씨 둘뿐이라는 얘기가 많았는데, 심지어 프레시필드 쪽도 확실하지는 않다."[44] 쿨리지는 그린델발트에 정착하기 전까지 몇 년간 『알파인 저널』 편집을 맡았다. 쿨리지와 웜퍼는 오랫동안 편지를 교환했으며, 웜퍼가 쿨리지를 위해 삽화를 판각해준 적도 많았다. 웜퍼는 그를 친구로 여겼지만 두 사람이 실제로 만난 적은 거의 없었다.[45] 쿨리지는 존 틴들처럼 유머 감각이 없는 사람이었으므로, 아마도 웜퍼 특유의 풍자적인 위트가 섞인 어떤 이야기에도 쉽게 발끈했을 것 같다. 1898년에 크리스티안 알머가 세상을 떠났을 때 쿨리지는 가까운 사이였던 이 전설적인 가이드의 추모 기사를 직접 썼다. 하지만 쿨리지는 이 지면을 구술자로서 웜퍼의 신뢰성에 흠집을 내기 위해 지나치게 지엽적이며 다소 악의가 담긴 날카로운 의심을 촉발시키는 기회로 삼았다.

『알프스 등반기』에는 1864년 푸앙트 데 제크랑에서 하산하던 중 윔퍼와 무어, 워커, 크로가 보고 있는 가운데 알머가 정상 능선의 뜀바위를 넘는 장면을 극적으로 묘사한 전면 삽화가 실려 있다. 쿨리지는 알머에게 들은 바에 따르면 이런 일이 일어난 적이 없다고 주장하면서 등반사상 명예의 전당에 이름을 올린 사건을 날조했다며 윔퍼에게 비난을 퍼부었다. 알머의 두 아들과 워커 — "무어는 천군天軍에 입대하려고 [하늘나라로] 떠났으므로, 그와 이야기해볼 방법은 알려드릴 도리가 없습니다."[46] — 는 알머가 뜀바위를 넘었다는 윔퍼의 말에 동의했다. 윔퍼는 영국산악회를 향해 한 회원이 같은 회원에게 거짓말을 하고 있다는 잘못된 비난을 쏟고 있는 상황의 의미를 생각해보라고 호소했다. 의심의 여지가 없는 사실은 윔퍼가 타고난 예술적 재능 덕분에 그 역사적인 날 중에 일어난 짧은 순간을 극적으로 표현해냈다는 점이다. 아마도 알머가 쿨리지에게 한 말은 그때 일이 삽화와 정확히 똑같이 일어난 것은 아니었다는 취지의 말이었을 것이다. 역시 의심의 여지가 없는 부분은 마터호른 사고 후에 목격한 브로켄 현상과 마찬가지로 윔퍼가 없는 일을 꾸며냈을 리는 없다는 점이다. 윌리엄 세실 슬링스비William Cecil Slingsby의 다음과 같은 견해는 당시에 널리 공감을 일으켰다. "쿨리지와 윔퍼는 한창 설전을 벌이고 있습니다. 제 마음은 전적으로 후자 쪽으로 기우네요. 이번 일은 그가 확실히 옳습니다."[47] 쿨리지는 영국산악회를 탈퇴했고, 윔퍼는 문제가 된 삽화와 많은 사람에게 받은 지지의 편지를 묶어서 소책자를 인쇄했다. 윔퍼가 쿨리지에게 요구한 것은 그저 오류 정정뿐이었다. 하지만 이 요구는 거절당했으며,

이 문제는 쿨리지가 해온 다른 설전들과 같은 전철을 밟았다. 5년 후 쿨리지는 다시 영국산악회 명예회원이 되었고, 데이비드슨은 이 일이 "불명예스러운 수치이자 자네에 대한 모욕"이라고 윔퍼에게 역설했지만, 당시 윔퍼는 무관심한 태도를 보이며 아무런 이의도 제기하지 않았다.[48] 좀처럼 앙금을 남기는 성격이 아니었던 윔퍼는 "[훗날 기회를 틈타서 쿨리지에게] 위로의 말을 보냈는데, 그 말은 잘 전달된 것처럼 보인다."라고 몬태니어에게 말했다.[49] 생애 말년에도 윔퍼는 쿨리지와 우호적인 서신을 주고받았으며 캐나다에 관해 이야기하기도 했고, 알프스의 등반사에 대한 조사 내용을 이야기하기도 했다.

윔퍼가 공개적으로 관여하기를 꺼린 논쟁은 또 있었다. 바로 터널을 뚫어 마터호른 정상까지 톱니레일을 설치하는 계획을 둘러싼 논쟁이었다. 아이거를 뚫고 융프라우까지 올라가는 톱니레일은 이미 설치된 상황이었고, 체르마트까지 철도가 들어오자 산악 철도는 확장의 호기를 맞았다. 체르마트 철도는 고르너그라트Gornergrat를 따라 3,600미터 고지까지 연장되었으며, 샤모니에서 몽땅베르에 있는 호텔까지 연결하는 철도 공사도 진행 중이었다. 그 무렵 상업주의에 물든 사람들은 마터호른에도 비슷한 것을 원하고 있었다. 체르마트에 있는 윔퍼의 지인들은 모두 이 발상에 반대했고, 다른 사람은 몰라도 윔퍼만은 그의 권위를 이용해 이 혐오스러운 발상에 맞서 반대 의견을 피력해주리라 기대했다. 윔퍼는 체르마트까지 철도가 들어온다거나 고르너그라트까지 연장되는 것에는 특별히 유감을 느끼지 않았지만, '그의 산'을 훼손하겠다는 발상에는 씁쓸함을 감추지 못했다. 마틴 콘웨이를 주축으로 스위스자연보전연맹 영국 지부가 꾸려졌고, 윔퍼는 이 단체에는 가입했으면서도 마터호른 철도 공사 계획에 대한 공개적인 입장 표명은 단호하게 거부해 스위스에 있는 모든 지인을 놀라게 했다. 하지만 윔퍼는 스위스를 위해 무엇을 할지 결정할 주체는 외부인이 아닌 스위스 사람이라고 생각했다.

> 그러나 나는 마터호른까지 철도가 놓인다는 사실을 개탄한다네. 우리가 단지 눈앞의 이익만을 위해 어머니를 살해한 사람을 바라볼 수밖에 없을 때 느낄 혐오감과 상당히 비슷한 감정으로 그런 일에 연루된 스위스 사람을 바라볼 수밖에 없을 테지.[50]

다행스럽게도 이 계획은 무산되었다.

윔퍼는 좀 더 개인적인 차원에서 알프스 관광객에게 생긴 문제에는 종종 관여했다. 물론 지역 상인들은 이런 간섭을 달가워하지 않았다. 윔퍼는 체르마트에 머물 때 영국 여자 두 명이 치날로 넘어가던 중 한 명이 낙석에 맞아 사망했다는 소식을 듣자마자 생존자를 도우러 한달음에 시에레로 달려갔고, 성공회 교회에서 장례식을 치러주기 위해 체르마트까지 관을 운구하는 일에 앞장섰다. 그날은 가장 뜨거운 여름날이었던 탓에 윔퍼는 이글거리는 태양 때문에 "그리고 쑥덕거리는 소리 때문에" 심한 두통에 시달려야 했다.[51] 이것이 윔퍼가 1895년 여름에 치른 유일한 장례는 아니었다. 윔퍼가 그해 8월에 만나 미셸 크로의 사진 두 장을 건넸던 자일러 부인의 장례식이 그해 9월 브리크에서 엄수되었다. 윔퍼는 데이비드슨과 함께 장례식에 참석했는데, 그녀의 죽음은 윔퍼의 삶에 또 하나의 큰 빈자리를 남겼다. 윔퍼가 그녀의 죽음에 얼마나 큰 의미를 부여했는지는 그의 일기에 남겨진 여백이 잘 드러내주고 있다. "자일러 부인의 장례식"이라는 제목만 적혀 있는 그 일기는 윔퍼의 깊은 감정은 드러내고 있지만 아쉽게도 두 사람의 관계에 대한 단서는 아무것도 주지 않는다.

윔퍼는 주로 남자보다 여자와 관계를 맺기가 더 쉽다고 느꼈으며 그린란드와 알프스에서, 혹은 여성 등반가 소모임에서 만난 강인하고 주체적인 여자들과 상당히 오랫동안 교분을 유지했다. 1897년 여름에는 체르마트에서 제임스 로버트 쿠퍼James Robert Cooper라는 중년의 영국인 관광객이 실종되는 사고가 발생했다. 윔퍼는 실종자의 딸인 이디스 쿠퍼Edith Cooper에게 연락을 취하고 『더 타임스』에 시신을 찾는 일을 도와줄 사람을 찾고 있으며 폭력 사건에 연루되었을 가능성보다는 쿠퍼 씨가 길을 잘못 들어 실족했을 가능성이 높다는 장문의 편지를 보냈다. 이디스 쿠퍼는 작은이모 캐서린 브래들리Katharine Bradley와 함께 몬테로사 호텔에 머물면서 아버지의 시신을 찾아다녔지만 끝내 찾을 수가 없었다. 이디스 쿠퍼는 일기에 『더 타임스』에 실린 윔퍼의 편지가 "체르마트에 내리친 청천벽력처럼" 보였고, "사람들은 우리가 한 일이라고 믿고 있었다."라고 썼다.[52] 체르마트 사람들은 경제적으로 관광 수입에 대한 의존도가 높다는 사실을 점점 더 의식하고 있었기에 사고나 실종 사건이 외부로 알려지는 일을 아무도 원하지 않았다. 이디스 쿠퍼는 가는 곳마다 아버지가 물에 빠져 익사했을 가능성이 유력하니 이 문제는 조용히 덮어야 한다는 말을 들었다. 몬테로사 호텔에서 이디스 쿠퍼와 캐서린은 윔퍼의 쓸데없는 개입에 항의하는 알렉산더 자

일러의 분노 — "용암 같은 속내의 분출" — 를 온몸으로 받아내야 했다.[53]

9월 말이 되어서야 체르마트에 갈 수 있었던 윔퍼는 마을에 도착하자마자 로버트 쿠퍼 씨에게 무슨 일이 생겼는지 알아보기 시작했다. 현지인들이 불필요한 소문이 나지 않기를 바란다는 사실은 잘 알고 있었지만, 그런 자기중심적인 걱정 따위는 무시해버렸다. 체르마트 계곡을 오르내리며 눈에 보이는 여관과 호텔마다 벽보를 붙이고 만나는 사람마다 아는 것이 있는지 캐물었지만, 모두 허사였다. 윔퍼는 이디스 쿠퍼가 이미 약정한 보상금과는 별도로 제보자에게 추가 보상금까지 약속했다. 하지만 추가 보상금도 실종된 관광객에 대한 현지인들의 관심을 끌어올리지는 못했다. 런던으로 돌아온 윔퍼는 자신이 예상했던 곳에서 크게 벗어나지 않은 곳에서 시신을 찾았다는 소식을 들었다.[*] 이 소식을 알려준 사람은 기차역으로 마중 나온 프랭크 에일릿이었다. 이디스 쿠퍼와 캐서린은 장례를 치르러 다시 체르마트로 돌아갔다. 마을에서는 다들 문제가 매듭지어졌다며 좋아하는 분위기였을 뿐 아무도 그들을 위로하는 사람이 없었다. 두 사람은 윔퍼가 자기 일처럼 발 벗고 나서 전심전력을 기울여주는 모습에 깊은 감명을 받아 일기에 "하늘이 우리에게 보내준 듯한 멋진 이방인 로엔그린[†]"이라고 적었지만, 윔퍼의 개입에 대한 마을 사람들의 강한 적대감도 피부로 느꼈다. ("체

---

[*] 로버트 쿠퍼는 오류가 있는 표지판 때문에 리펠 호텔로 가는 길을 찾지 못하고 가파른 계곡에서 미끄러져 10여 미터 아래로 추락했다.

[†] 중세 유럽의 전설에 나오는 인물로, 백조가 끄는 배를 타고 왔다고 해서 '백조의 기사'라는 별칭이 있다. — 옮긴이

르마트에서 그에게 모자를 벗어 보이거나 인사를 건네는 사람은 아무도 없었다."[54]

이디스 쿠퍼와 캐서린은 서리주 라이게이트Reigate에서 '로맨틱한 우정'을 나누며 함께 살고 있었는데, 대부분의 작품 해설자들은 두 사람이 연인 관계였다고 믿고 있다. 그들은 레즈비언 서정시와 운문극을 공동 집필해 '마이클 필드Michael Field'라는 필명으로 발표했으며, 여성 참정권 운동에도 관여하면서 비주류 유미주의자인 오스카 와일드나 그 부류의 인물들, 이를테면 헤이블록 엘리스Havelock Ellis와도 친분이 있었다. '마이클 필드'가 한 명의 남성이 아니라 동거하는 두 여성이라는 사실이 밝혀지자 그들이 발표한 작품에 대한 반응은 싸늘하게 식어버렸고, 그들은 전통적인 사회에서 수용받기 위해 투쟁했다. 두 시인은 체르마트에 있던 어떤 사람과도 다른 윔퍼의 배려에 깊이 감동해 그를 집으로 초대했다. "저희는 날마다 선생님으로부터 소식을 듣기를 바라고 있답니다. 언제 오시나요? 해드리고 싶은 이야기가 아주 많습니다. … 아무 때나 오셔도 좋습니다만, 꼭 와주시기 바랍니다."[55] 윔퍼는 크리스마스를 며칠 앞둔 날 그들을 만나러 갔으며 그때부터 그들에게 보낸 편지에 한결같이 여유가 묻어 있고 유난히 개인적인 이야기를 많이 털어놓은 사실로 보아, 이 자유분방한 여류시인들과의 만남에서 편안함을 느꼈던 것 같다. 윔퍼가 레즈비언 시에 대해 조금이라도 알았든, 아니면 전혀 몰랐든 — 후자 쪽인 듯하지만 — 그들이 정중하게 예의를 갖춘 모습 이상을 보지는 못했겠지만, 윔퍼는 그들과 함께 있으면 편했다. 격식을 따지지 않고 관습적인 빅토리아 사회의 규범에서 벗어나 책과 더불어 사는 그들의 모습은 윔퍼에게 매우 흥미롭게 다가왔다. 캐서린이 결혼한 적이 없다는 사실을 듣고 윔퍼는 매우 놀랐다. "왜 그렇게 생각했는지는 나도 모르지만, 그녀에게는 기혼 여성 같은 풍모가 있었다." 윔퍼는 스위스에서 날아온 그들의 청구서를 정리해주다가 때를 놓쳐 아침을 걸렀다. 세 사람은 라이게이트 힐까지 함께 산책을 즐겼고, 점심을 먹은 후에 윔퍼가 떠나려고 할 때 두 시인은 이렇게 말했다. "저희에게 온전한 기쁨만을 준 유일한 손님이 그리울 것입니다."[56] 윔퍼는 훗날 두 시인의 집을 다시 방문했고 강연 초대장도 보내주었으며 몇 년간 연락을 계속했다. 윔퍼의 별난 기질을 재미있어하던 두 시인은 '멋진 이방인'을 점점 더 좋아하게 되었다. 이들은 윔퍼가 다녀간 직후에 차우차우 한 마리를 구해 '윔차우Whym Chow'라고 이름을 지었으며, 침대 맞은편 벽에는 윔퍼가 준 체르마트 사진 아래에 그의 사진을 걸어두었다.

이듬해인 1898년 여름, 헨리 런이 강연 준비를 엉망으로 해놓을 때가 많고 강연료도 독촉하지 않으면 주지 않는 데다 술에 취해 무례한 행동을 범할 때가 많았음에도 윔퍼는 또 한 번 헨리 런의 회사를 위한 강연을 진행했다. 윔퍼는 헨리 런이 자신의 슬라이드를 무단으로 도용해 별도의 강연을 했다는 사실을 알게 되었지만, 그에게서도 제네바의 중개인에게서도 전혀 사과의 말을 듣지 못했다. 강연 준비를 도와준 프랭크 에일릿을 배웅한 후에 윔퍼는 기차를 타고 체르마트로 이동해 로버트 쿠퍼의 시신이 발견된 장소에 들렀다. 공교롭게도 이디스 쿠퍼와 캐서린은 윔퍼보다 먼저 체르마트에 머물고 있었는데, 그 전해와 마찬가지로 마을에서 따뜻한 환대를 전혀 받지 못했다. "점심때 우리는 절망감에 눈물을 흘릴 뻔했고, 너무나 외로웠고, 너무나 소외된 느낌을 받았다." 하지만 저녁때 교회 묘지에 갔다가 돌아오는 길에 "우리 둘 다 호텔 문 앞에 놓인, 몬테로사 호텔의 에드워드 윔퍼 앞으로 온 상자를 보자마자 태어나서 처음 느껴보는 강한 전율에 휩싸였다. 그가 올까? … 우리가 원하는 것은 마음이 맞는 사람과의 교류다."[57]

비록 보름 차이로 레즈비언 시인들과는 길이 엇갈렸지만, 그해의 체르마트 방문은 윔퍼에게 한 중년 여성과 또 다른 깊은 관계를 맺게 해주었다. 미셸 크로의 묘에 참배하고 돌아온 윔퍼는 "한버리 씨로부터" 쪽지를 받았다. 그녀는 다음 날 아침에 윔퍼가 산책하러 나가려고 할 때 말을 걸었다. 윔퍼는 보통 때는 관광객이 말을 거는 행동을 대단히 불쾌해했지만, 이번만큼은 한눈에 샬럿 한버리Charlotte Hanbury가 마음에 들었다. 열 살 연상인 그녀가 1856년에 처음 체르마트에 왔다는 말에 그는 크게 감명을 받았다. 그녀는 퀘이커교 집안 출신의 강인한 여자로 여행 경험이 아주 풍부했는데, 당시에는 모로코의 수감자들을 위한 자선 활동을 막 시작한 참이었다.* 겨울이 지나면서 윔퍼와 샬럿의 우정은 점점 깊어졌고, 두 사람은 이듬해 여름 같은 시기에 알프스에서 만나기로 약속했다. 윔퍼는 먼저 샤모니로 가서 샬럿이 9월 말에 도착하기 전까지 여러 가지 일을 처리했다. 두 사람은 샤모니 위쪽에 있는 상당한 체력을 요구하는 플레제르Flégère 꼭대기까지 걸어 올

---

* 샬럿 한버리의 어머니 엘리자베스Elizabeth는 1793년부터 1901년까지 3세기를 걸쳐 살았다. [엘리자베스는 퀘이커 교회에서 목사로 인정받았으며, 퀘이커 교도들은 개혁 활동의 일환으로 교도소 시설 개선 운동을 전개했다. ─옮긴이]

라갔고, 윔퍼는 "그녀가 나이에 비해 굉장히 잘 걷는다."라고 적었다.[58] 윔퍼의 일기를 통해 또 하나 알 수 있는 사실은 그의 감정이 놀랍게 변했다는 사실이다. 윔퍼는 일기에 개인적인 느낌이나 감정을 드러내고자 하는 의도가 전혀 없었지만, 여러모로 감정을 숨기지 못하는 성격 탓에 언제나 감정이 드러났다. 한버리 씨와 지낼 무렵 윔퍼는 감정을 의도적으로 분명하게 표현했다. 일례로 그녀의 이름을 언급할 때마다 소문자 엑스 세 개가 등장했고, '한버리 씨'는 곧 '샬리'가 되었다.* 두 사람은 샤모니에서 체르마트로 이동했고, 매일 밖으로 나갔다. 대부분은 윔퍼의 오랜 친구인 오귀스트 젠티네타Auguste Gentinetta와 함께였지만, 이따금 둘만 나간 적도 있었다. "오후에 한버리 씨와 함께 아래쪽에 있는 협곡으로 산책을 다녀왔다. 저녁식사 후에 그녀가 찾아왔다."[59] 오후 내내 이야기하는 날이 많아지면서 윔퍼는 분 단위로 시간을 쪼개 활용하려는 집착을 내려놓았다.

윔퍼는 동년배의 남자와 있을 때보다 성숙하고 독립적인 여자와 있을 때 좀 더 안정감과 편안함을 느꼈다. 다분히 개인적인 성격의 친밀한 관계를 발전시킨 사람은 카타리나 자일러와 마르가레테 크라루프 스미스였지, 그들의 남편들이 아니었다. 윔퍼가 『걸스 오운 페이퍼』에 「유명한 여성 탐험가들Famous Lady Travellers」이라는 제목으로 연재한 기고문에는 이사벨라 버드Isabella Bird(윔퍼는 그녀가 출간한 모든 기행문에 삽화를 제작해주었다.)와 앤 블런트 여사 같은 부류의 여성 탐험가들에 대한 그의 진심 어린 존경심이 담겨 있다. 만약 어떤 여성이 안

---

* 편지 말미 등에 적는 소문자 엑스 세 개는 키스를 뜻하며, 샬리는 샬럿의 애칭이다. ─ 옮긴이

데스산맥을 넘거나 나일강을 여행하거나 아라비아사막을 탐험하고 싶다면, 하지 못할 이유가 무엇인가? 실제로 윔퍼는 그들의 여정 소개에 많은 지면을 할애하면서도 그들이 굳은 의지와 독립심으로 견뎌낸 고난과 불편도 자세히 서술했다.

윔퍼와 샬럿 한버리는 10월 말에 런던으로 돌아왔다. 윔퍼의 일기는 이때 처음으로 집에 온 이후까지 이어졌다. 윔퍼는 리치먼드에 있는 한버리의 집에 초대받았다. 둘은 공원을 산책하고 교회 활동을 하면서 이틀을 보냈는데, 윔퍼는 월요일 일기에 다음과 같이 썼다. "11시쯤 샬리와 함께 집을 나서 피터샴Petersham으로 갔다." 런던의 사우스엔드 집으로 "샬리와 함께" 돌아온 윔퍼는 "다음 목요일로 약속을 잡았다." 일기에 적힌 샬리의 이름 뒤에는 두 사람이 함께 있었음을 암시하는 표시가 그려져 있다. 두 사람의 밀회는 런던에서 계속되었고("샬리가 1시 30분에 … 와서 3시간 동안 있다가 갔다.") 그 무렵 윔퍼는 "그녀에게 내 조건을 말했으나, 더 이상의 진전은 없었다."라고 썼다.[60] 샬럿 한버리에게 깊이 빠진 윔퍼가 결혼을 진지하게 생각해달라고 말했다는 뜻이다.

이듬해인 1900년 여름, 윔퍼는 여행 안내서 광고료를 수금하러 혼자서 샤모니와 체르마트를 돌았다.

돈을 받으러 피스터Pfister에게 들렀다. 그는 너무 바빠서 내 시중을 들어줄 수 없다고 말했다. 체르마트에 사는 거의 모든 사람이 이렇게 행동했는데, 지금까지 내가 경험한 바로는 체르마트에서뿐만 아니라 스위스 어디에서든 대체로 다르지 않았다.[61]

윔퍼는 마터호른에서 치명적인 사고로 동료를 잃고 체르마트로 돌아와 몸져누워 있던 겐티네타를 병문안했다. 샤모니에서는 신발을 만들어준 뒤크레이Ducrey와 아침식사 — "샤블리, 샴페인, 커피, 코냑에 럼주를 끼얹은 오믈렛으로 구성된 아주 멋진 아침식사" — 를 하기 위해 플레제르까지 걸어 올라갔다. 헤이슬미어에서『알프스 등반기』5판을 소개하는 책자 수천 부를 발송하던 절대금주주의자인 여동생 애넷이 알았더라면 절대 승인하지 않을 식단이었다.[62] 샬럿은 꾸준히 편지와 엽서를 보냈다. 그녀는 당시 리치먼드에 머물면서 말기 암으로 투병 중이었지만, 자신의 병에 대해서는 일절 내색하지 않았다. 윔퍼는 그녀의 건강이 좋지 않다는 소식을 듣고 런던으로 돌아온 다음 날 바로 리치먼드로 달려갔다. "그녀는 평소처럼 명랑했지만 그 만남은 매우 고통스러웠다." 윔퍼는 거의 하루도 빠짐없이 한버리의 집에 들렀고, 샬럿에게 "우리가 서로에게 어떤 관계인지" 가족에게 알리라고 설득했다.

윔퍼는 종종 미국에서 강연을 해보라는 제안을 받았는데, 마침내 보스턴의 한 중개인을 통해 강연 일정이 몇 건 잡혔다. 그가 샬럿에게 작별 인사를 했을 때 "그녀의 얼굴은 주름이 늘고 있었지만 그녀의 손은 힘이 넘쳤고 이런 상황에서도 그녀는 평소처럼 명랑했다."[63] 이틀 후 윔퍼는 리버풀에서 출항하는 보스턴행 증기선 울토니아호에 몸을 실었다.

20

신세계의 새로운 놀이터

배가 아일랜드의 퀸스타운Queenstown을 지날 때 윔퍼는 뭍에 내려 샬럿에게 편지를 보냈다. 윔퍼는 선장에게 에콰도르 책을 선물했는데, 그는 윔퍼처럼 반어적인 유머를 구사하는 사람이었던 듯하다. "나는 선장에게 옅은 안개가 언제 옅은 안개이기를 포기하고 짙은 안개가 되느냐고 물었다. 그는 이 문제가 아직 법원에서 판결이 나지 않았다고 답했다."[1] 30년 전에 북대서양을 건너던 생각에 아련히 잠겨 있던 윔퍼는 출항 일주일 후에 배가 그린란드 남단에 있는 페어웰곶과 같은 경도를 지나고 있다는 데 생각이 미쳤다. 윔퍼는 보스턴에 도착하자마자 "시설이 낡은" 터키탕에 들른 다음, 강연장의 음향 상태도 점검해볼 겸 헌팅던 홀Huntingdon Hall로 가서 다른 사람의 강연을 참관했다. "자기가 하는 말을 듣게 할 줄도 모르는 순 멍청이의 강연을 들으러 이렇게 많이 몰려오다니 정말 신기한 노릇이다." 윔퍼는 보스턴과 뉴욕 그리고 그 중간 지점에서 (더 많이 하길 원하고 있었지만) 10회의 강연을 했다. 강연료는 회당 10~12파운드를 받았다. (윔퍼는 뉴욕에 도착했을 때 윈스턴 처칠이 애스터 월도프 호텔에서 한 강연으로 500파운드를 받았다는 이야기를 들었다.)

보스턴에서 세 번째 강연을 준비하고 있을 때 샬럿의 남동생으로부터 누나가 세상을 떠났다는 전보가 날아왔다.

> 이 소식과 다른 여러 가지 일 때문에 나는 점심을 먹을 수가 없었다. 이 소식과 저녁의 후덥지근한 열기 때문에 강연을 하는 일이 힘에 부쳤다. 땀이 줄줄 흘러내려 여간 불편하지 않았다. 환등기 기사 또한 저번만큼 잘하지 못했다. 실수를 연발했고 '안녕히 계십시오.'라는 슬라이드를 보여주기도 전에 조명을 꺼버렸다. 그 강연을 위해 일부러 만든 슬라이드였는데 말이다. 강당에는 사람이 가득했다. 청중은 경청하는 태도였지만 지나치다 싶을 정도로 호응이 없었다. 얼굴에 흐르는 땀을 닦고 물을 마실 기회를 엿보던 차였던지라 그 점이 더욱더 짜증스러웠다. … 결국 내 옷은 땀으로 흠뻑 젖었다.

윔퍼는 환등기 기사를 용서하고 그다음 주에도 고용했다. 미국으로 떠나오기 전에도 분명 샬럿을 다시 볼 수 없으리라는 사실을 알고 있었겠지만, 윔퍼가 여동생 애넷에게 쓴 편지에는 괴로운 마음이 가득 담겨 있었다. 애넷은 샬럿이 죽기 일주일 전에 윔퍼 앞으로 쓴 마지막 편지를 보내주었다. 비록 이 소식은 힘들었지만, 그래도 윔퍼는 알코올이 들어간 음료가 빈약하게 제공되는 점만 제외하면 미국이 상당히 마음에 들었다. 미국이 이룬 발전과 고도화는 기대한 수준 이상이었다. 비록 쉽게 마음을 터놓고 관심을 솔직하게 드러내는 미국인들의 성향이 그의 성격에는 상당히 낯설게 다가왔을지라도 가는 곳마다 사람들에게 따뜻한 환영을 받았다. 보스턴에서 열린 환영회 자리에서,

30여 명에 이르는 박사와 교수, 판사 등을 소개받았다. 그중 어느 한 분도 다시 만났을 때 기억할 수는 없으리라. 그들은 모두 그 자리에서 나를 만난 것이 커다란 — 혹은 세상에서 가장 커다란 — 기쁨을 주었다고 말했고, 대부분은 마터호른 등정이 그들에게 깊은 감명을 주었다는 등의 말을 했다. 그들이 차례로 다가와 거의 토씨 하나 다르지 않은 같은 문장을 말한 것을 보면 사전에 어떤 모의가 있었음이 틀림없다. 어쨌거나 다들 정중하고 호의적이었다.

윔퍼는 강연이 끝난 후에 환등기 기사 — 이름이 테일러Taylor인 흑인 남자 — 에게 맥주를 사주곤 했는데, 이 모습은 보스턴 호텔 바에서는 분명 매우 보기 드문 풍경이었을 것이다. 윔퍼는 으리으리한 교외 주택들에 감탄을 연발했고, 뉴욕에 있는 것과 같은 마천루는 난생처음 눈에 담았으며, 누구나 쉽게 이용할 수 있는 보스턴 공공도서관에도 깊은 감명을 받았다. 미국인이 바퀴 달린 탈것에 예속되고 그에 따라 미국이 보행자에게 비친화적인 나라가 될 조짐은 이미 이때부터 보였다. 윔퍼는 코네티컷주의 해안선을 따라 브리지포트Bridgeport에서 뉴헤이븐Newhaven까지 걸은 날 이렇게 썼다. "걷는 사람은 보기 힘들었다. 내가 만난 몇 안 되는 사람은 2륜 아니면 4륜 마차에 타고 있거나 자전거를 탄 사람이었다. 나는 틀림없이 가난한 부랑자로 보였으리라. 한 여자는 내게 집배원이냐고 물었다."

그런가 하면 미국에 대해 그리 좋은 인상을 받지 못한 점도 있었다. 바로 강연에 대한 청중의 반응이었다. "강연이 끝날 때까지 웃음소리 한 번, 희미한 박수 소리 한 번 나오지 않았다. … 좋은 슬라이드든, 나쁜 슬라이드든, 관심이 없는 슬라이드든 그들 눈에는 아무 차이가 없는 듯했다." 영국의 청중은 윔퍼의 슬라이드에 경탄을 내뱉고, 그가 이룩한 업적에 환호를 보내고, 외국인의 우스꽝스러운 행동을 희화화한 농담에 폭소를 터트렸다. 윔퍼는 자신이 구사하는 반어적이고 자기 비하적인 농담이 미국인에게는 상당히 낯선 것임을 깨달을 수 있었다. 뉴욕에서는,

> 강연장이 만석이었지만, 내가 하는 말이나 슬라이드 내용에 대한 지적인 관심은 전혀 찾아볼 수 없었다. 이렇게 어리석은 청중을 대상으로 연설한 기억은 없는 듯했다. 보스턴에 이어 또 이런 경험을 하자 미국에 온 것이 실수였다는 생각이 들었다. 강연이 끝나자 사람들이 몰려와 내 책이 흥미를 불러일으켰다는 등의 이야기를 늘어놓았다. 그들 가운데 어느 한 명이라도 내 저서 중 어느 한 권이라도 본 적이 있는지 의심스럽다.

윔퍼는 생계를 유지할 방법, 나아가 등반의 권위자로서 지위를 높일 방법에 항상 골몰했다. 샬럿의 부고를 들은 다음 날 윔퍼는 캐나다 로키산맥을 등반한 적이 있는 근대 언어학 교수 찰스 페이Charles Fay를 만났다. 캐나다에서의 등반은 밴프를 통과해 키킹호스Kicking Horse 고개와 루이스Louise 호수, 북쪽의 로저스Rogers 고개를 넘어 로키산맥을 가로지르는 대륙횡단철도의 완공과 함께 사실상 1886년부터 겨우 움트

기 시작한 터였다.[*] 캐나다 태평양 철도회사(CPR)는 필드Field에 대규모 호텔을 짓고, 배경에 놓인 산 이름을 따서 스티븐 산장 호텔이라고 명명했다. 스티븐산Mount Stephen은 머지않아 캐나다에서 최초로 등정된 3천 미터급 봉우리의 주인공이 되었다. 그때부터 몇 년간 미국에서 온 아마추어 등반가들이 철도를 이용해 루이스 호수 및 필드 주변 봉우리들을 탐험하고 산세가 매우 인상적인 템플산Mount Temple을 올랐다. 1897년에 찰스 페이와 노먼 콜리Norman Collie가 레프로이산Mount Lefroy을 올랐고, 그보다 높은 빅토리아산Mount Victoria에도 올랐다. 앨버트 머메리가 조난사한 낭가파르바트 등반을 함께했던 노먼 콜리는 다시 캐나다를 찾아 철도 북쪽으로 펼쳐진 광대한 산악지대를 탐험했으며, 애서배스카산Mount Athabasca(지금은 아이스필드 파크웨이Icefields Parkway 옆의 명산이지만 당시에는 아무도 찾은 적이 없는 미답봉이었다.) 정상에 올라 산등성이가 끝없이 펼쳐진 압도적인 광경을 맞이했다.

> 우리 발아래로 신세계가 펼쳐져 있었다. 서쪽을 쳐다보니 그동안 아마도 인간의 눈에 띈 적이 없었을 거대한 빙원이 펼쳐져 있었으며, 그곳은 온통 미지未知와 미명未名, 미등未登의 봉우리들로 둘러싸여 있었다.[2]

이 황량한 대지는 노먼 콜리의 방문 이후 100년이란 세월이 흐른 지금도 거의 변하지 않았다. 1899년에 CPR사는 로키산맥의 관광업을 활

---

[*] 윔퍼는 캐나다의 풍경을 담은 책으로 이 철도가 공사 중일 때 출판된 다음 책에 들어간 삽화를 판각했다. John Campbell, Canadian pictures (London: Religious Tract Society, 1884) 참조.

성화시키기 위해 스위스인 가이드인 에두아르 푀즈Edouard Feuz와 크리스티안 하슬러Christian Hasler를 고용했다. 주로 맡은 일은 관광객에게 빙하를 안내하는 일이었지만, 두 가이드는 찰스 페이와 함께 주목할 만한 등정도 몇 차례 해냈다. 찰스 페이는 윔퍼에게 철도를 이용해 접근할 수 있게 된 만큼 태곳적 자연이 그대로 남아 있는 이 산악지대에 꼭 가보라고 등을 떠밀었다. CPR사는 철도 주변의 관광 명소와 자사 호텔을 홍보할 목적으로 윔퍼에게 밴쿠버까지 교통편을 무상 제공하겠다고 제안했었다. 약 9,600킬로미터에 달하는 철도 여행을 공짜로 할 기회를 놓치고 싶지 않았던 윔퍼는 본사의 운수과장인 로버트 커Robert Kerr를 만나러 "그 어디에 있는 것과 비교해도 손색없을 가장 훌륭한 철도 노선을 이용해" 눈 덮인 몬트리올로 이동했다.[3] 서부행 기차를 탄 첫날 저녁에는 본사 부사장인 맥니콜McNicoll의 특실에서 "환담을 나누며 스카치위스키를 마셨다."[4] 캐나다는 온 나라가 눈으로 덮여 있었는데, 윔퍼는 캐나다의 중앙 평원을 "성소를 훼파하는 미운 물건"이라고 생각했지만, 선명한 설산지대로 들어서자 풍경이 나아졌다.[5] 윔퍼는 기차에 동승한 승객 한 명과 함께 밴쿠버에서 하룻밤을 보내고 몬트리올로 되돌아왔다. 형 프레더릭이 자주 찾던 곳인 몬트리올에서는 12일을 머물렀다. 캐나다에 매료된 윔퍼는 CPR사에, 돌아오는 여름에 답사 경비를 지원해주면 로키산맥에 숨어 있는 관광 자원을 발굴해서 회사가 소유한 호텔로 관광객을 끌어모을 방안을 찾아보겠다고 제안했다.

보스턴으로 돌아온 윔퍼는 한 학교에서 강연을 한 번 더 했는데,

강연이 끝나고 "우유와 비스킷, 달걀, 물로 구성된 호화로운 식사"를 대접받고 경악을 금치 못했다.[6] 그는 이런 빈약한 식사를 흑인 환등기 기사 테일러와 함께 호텔 바에서 보충할 수 있어서 그나마 다행이라고 생각했다. 로키산맥의 지도와 사진을 펼쳐 놓고 찰스 페이와 또 한 번 저녁을 먹은 후에 윔퍼는 12월 중순경 뉴욕에서 배를 타고 영국으로 돌아왔다. 윔퍼는 CPR사와 조율 끝에 밴프와 필드 일대의 관광업 활성화를 목표로 두 도시를 잇는 철도 주변에 있는 산을 탐험하며 필드 주변 계곡에 트레일을 만들기로 했다. 제반 경비 일체와 스위스 가이드 네 명의 임금은 회사 측에서 부담할 예정이었지만, 윔퍼는 독립성을 유지하기 위해 본인의 보수는 거절했다. 윔퍼는 사실상 미지에 가까운 산악지대를 구경할 수 있다는 점에 끌렸고 로키산맥에 대한 책을 쓸 기회라고도 생각했지만, 무엇보다도 가장 큰 동기는 CPR사에서 원하는 일을 해주는 것이었다. CPR사는 윔퍼가 구체적으로 무엇을 해낼지에는 별 관심이 없었다. 그들의 관심사는 '마터호른의 정복자'라는 그의 이름을 이용하는 것과 그 이름이 캐나다 로키산맥 홍보에 가져다줄 공인 효과였다. 유럽의 알프스는 다른 지역의 봉우리들과 비교되는 척도였던 만큼 CPR사는 윔퍼의 이름에 숨은 마케팅 잠재력에 주목했다.

　윔퍼는 데이비드슨이 추천해준 크리스티안 클루커에게 캐나다 원정대의 주 가이드 자리를 제안하는 편지를 썼다. 스위스 엥가딘Engadine 출신으로 로망슈어를 구사하는 클루커는 윔퍼와 몇 년간 알고 지낸 사이였고, 마터호른 산장에서 윔퍼, 데이비드슨과 함께 즐거운 저녁을 보낸 적도 있었다. 윔퍼는 1901년 1월에 취리히로 직접 가서 클루커와 원정대 합류 조건을 교섭했다. 요제프 폴링거Joseph Pollinger와 조제프 보소니Joseph Bossonney도 윔퍼의 조건에 동의했고, 최종 결정권을 쥔 클루커도 두 사람의 합류에 찬성했다. 얼마 후에는 역시 데이비드슨의 추천에 따라 영입된 그린델발트 출신의 젊은 가이드인 크리스티안 카우프만Christian Kaufmann이 런던으로 윔퍼를 찾아왔다. 이렇게 꾸려진 일행은 5월 중순 런던에 집결해, 윔퍼의 남동생 윌리엄의 배웅을 받으며 리버풀행 기차에 올랐다. 당시 캐나다로 향하는 윔퍼에게는 CPR사에서 제안한 지역을 탐험하는 것 외에 특별히 세운 등반 목표도 없었을뿐더러 더 이상 모험적인 등반을 하고 싶은 야망도 없었다. 그 무렵의 윔퍼는 예순이 넘은 데다 항상 기력이 좋은 것도 아니었다. 그는 아버지에게 이렇게 썼다. "저희가 앞으로 무엇을 할지는 조그마한 실마리조차 알려드릴 수가 없어요. 왜냐하면 저희도 모르기 때문이에요. 저희는 탐험을 할 거예요."[7]

윔퍼의 로키산맥 원정대는 보통 거만한 윔퍼와 그가 고용한 느긋한 캐나다인 아웃피터*들, 등반 일정이 부족하다고 툴툴대는 스위스인 가이드 네 명의 이질적인 조합으로 묘사되곤 했다. CPR사에서 자금을 지원받아 대규모 탐험대를 운영하다 보니 캐나다인들은 윔퍼를 부자로 생각했다. 캐나다는 처음이었지만 경험이 풍부한 전문 가이드들과 함께였기 때문에 윔퍼의 부족한 자신감은 철두철미한 준비에 가려

---

* 등반이나 사냥 등의 야외 활동을 원하는 손님에게 장비와 숙박, 가이드 배정 등 모든 준비를 대신 해주는 업자 — 옮긴이

졌고, 그가 가장 잘 아는 방식을 고수하려는 모습은 결과적으로 캐나다인들의 눈에는 고압적인 태도로 보였다. CPR사가 낸 홍보 기사는 '마터호른의 정복자'가 캐나다에 온다는 점에 초점이 맞춰져 있었다. 윔퍼의 인정을 받는다면 캐나다 로키를 세계적으로 유명한 알프스와 어깨를 나란히 할 수 있는 위치로 올려놓을 수 있다고 보았기 때문이다. 윔퍼는 개인적으로 대중의 초점을 받는 일을 극도로 싫어했지만, 이런 식의 홍보가 CPR사를 홍보하는 데 기여할 뿐만 아니라 강연가이자 등반의 권위자로서 자신의 지위를 올려줄 수 있다는 점도 잘 알고 있었다. 신문 보도는 그의 명성을 이용했고, 그는 부족한 자신감을 숨기기 위해 항상 세워온 방어막과 행동 방식 뒤로 숨었다. 시간이 지날수록 윔퍼는 서서히 캐나다인들을 이해하게 되었고, 그들이 자신을 있는 그대로 받아들인다는 사실을 깨닫게 되었다. 윔퍼는 캐나다에 다시 갈 생각에 기뻤다. 그리고 이때 맺은 존중을 바탕으로 한 교우 관계 — 이를테면 아웃피터인 톰 월슨Tom Wilson과의 관계 — 를 평생 유지했다.

클루커가 캐나다에서 보낸 시간에 대해 쓴 회고록(윔퍼의 사후에 출판되었다.) 중에는 빈정거림과 불편한 심기를 적나라하게 드러낸 장章이 있다.[8] 그가 생각하기에 가이드들에게 요구된 일은 가이드라는 신분에 맞지 않는 일투성이였으며, 별로 중요하지도 않은 등반에 네 명은 필요 이상으로 많은 숫자였다. 중요한 등정을 해내지 못한다면 아무리 유명한 유럽인들이 홍보한다고 해도 CPR사가 별 이득을 얻을 리가 없다고도 생각했다. 클루커는 알프스에서 일하는 전문 가이드의 고압적인 방식, 즉 등반대를 통솔하고, 짐을 나를 짐꾼을 부리고, 보급품을 넉넉히 지급받는 방식에 익숙했다. 캐나다의 방식은 클루커에게나 윔퍼에게나 새롭기는 마찬가지였지만, 새로운 방식을 더 잘 받아들인 쪽은 윔퍼였다. 가이드들이 처음 온 나라에서 탐험에 즐겁게 임할 만큼 충분한 보수를 받고 있다고 생각한 윔퍼는 "이번 원정이 즐거운 여정이 되길" 바랐다. [9] 윔퍼는 그들이 불평할 때마다 당혹스러움을 느꼈으며, 힘든 일을 기피하는 태도를 참기 어려웠다. 특히 클루커의 무례한 행동과 난폭한 성미에는 매우 큰 충격을 받았다. "클루커와 매우 불유쾌한 일이 있었다."와 같은 표현은 윔퍼의 일기에 수시로 등장했다. [10] 캐나다에서는 짐을 동물에 실어 나르거나 일행 모두가 각자 몫을 나누어 들었다. 즉, 짐꾼을 고용하는 문화가 없었다. 가이드들은 특히 이 부분을 못마땅해했고, 클루커는 시종일관 자기 몫의 짐을 회피했다. 폴링거는 자주 투덜거리고 부루퉁했지만, 폴링거와 막내 카우프만은 윔퍼와 호의적인 관계를 유지하려고 노력했고 마지막에도 윔퍼와 웃으면서 헤어졌다. 카우프만은 이듬해에 다시 캐나다로 돌아가 눈부신 쾌거를 이루었다.

클루커는 처음부터 자신이 '마터호른의 정복자'라는 윔퍼의 명성에 압도되지 않았다는 점을 명확히 전달하려고 했다. 윔퍼 역시도 이렇게 지위가 확대되는 모양새를 싫어했지만 사업상 불가피한 부분으로 받아들였다. 몬트리올에서 기차를 타고 밴프로 가는 도중에 가이드의 침구류가 실린 객차가 떨어져 나가는 불상사가 일어났는데 "이 일로 클루커와 금이 갔다. 클루커는 굉장히 무례하게 말했다." 이 사고는 윔퍼와 아무런 관련도 없었지만, 다음 날 윔퍼는 가이드들에게 새 담요를 사주었다. [11] 윔퍼가 "매우 픽처레스크한 풍경"이라고 생각한 밴프 근처의 바우강Bow River에서 낚시를 즐긴 날은 클루커의 입에서 쏟아진 "비논리적이고 때때로 앞뒤가 안 맞는 맹렬한 폭언"으로 끝났다. [12] 클루커는 로키산맥에 남아 있는 매혹적인 미등봉에 도전하기를 바랐지만, CPR사와 한 약속과 자신의 호기심을 따르고자 했던 윔퍼는 철도 주변 지역을 샅샅이 탐험하는 데 집중할 생각이었다. 궂은 날씨 속에 윔퍼와 가이드들이 향한 첫 답사지는 버밀리언Vermillion 고개였다. "지금까지 본 그 어떤 것도 능가하는 모기떼" 속에서 그들은 북쪽으로 보이는 산군을 조망할 수 있는 위치를 찾아보며 모레인Moraine 호수와 루이스 호수로 가는 길을 탐색했다. [13] 한 봉우리를 오르기도 했는데, CPR사는 훗날 이 봉우리에 윔퍼의 이름을 붙였다. [14] 날씨가 가이드들의 사기를 떨어뜨려 답사는 중단되었고 다 함께 루이스 호수로 돌아왔다. 윔퍼는 일기에서 이런 볼멘소리를 뱉어냈다. "눈은 그칠 줄 모르고 계속 쏟아졌다. 지금은 한여름이다." [15]

아그네스Agnes 호수의 상류 쪽은 여전히 얼어 있었지만, 윔퍼는 새벽 5시에 루이스 호수에 몸을 담갔다. 가이드들이 게으름을 피우고 불평을 늘어놓았음에도 막영지는 화이트산Mount Whyte과 포프산Mount Pope 사이의 안부에 꾸려졌다. 약 2,900미터 고지인 그곳은 아마도 캐나다에서 인간이 야영한 가장 높은 지점이었을 것이다. 마멋들이 막영지에 놓아둔 장비를 습격해 "양말과 양모토시를 신어보며 즐거운 한때를 보낸 흔적이 역력했다. 그놈들은 갖가지 물건을 자기들 집 쪽으로 끌고 갔다. … 그놈들은 구덩이 입구 주변에 빙 둘러앉아 우리를 보고 웃고 있었다."[16] 카우프만은 바람 속에서 힘겹게 텐트를 친 후에 사진을 찍으려는 윔퍼 옆에 남기를 자청했다. 클루커와 카우프만, 폴링거는 안부를 기점으로 화이트산의 초등을 해냈고, 카우프만과 폴링거는 레프로이산 옆에 우뚝 솟은 웅장하고 까다로운 침봉인 더 마이터The Mitre의 초등도 해냈다. 보소니는 자주 몸이 아파서 — 클루커에 따르면 "향수병"이었는데 — 거의 등반에 참여하지 않았다.

다음 답사지는 이번 원정에서 가장 중요한 부분인 요호Yoho 계곡이었다. 이 지역의 답사 준비를 위해 빌 페이토*Bill Peyto가 필드에 있는 스티븐 산장 호텔로 윔퍼를 찾아왔다. 빌 페이토는 사람들이 윔퍼에게 추천한 아웃피터였다. 로키산맥 역사에서 전설적인 인물인 그는 노먼 콜리와 찰스 페이가 최초로 왑타 빙원Wapta Icefield과 컬럼비아 빙원Columbia Icefield을 탐험할 때 안내를 맡았었고, 윔퍼와 만났을 때는 보어 전쟁에 참전하고 돌아온 직후였다. 그의 인생 역정을 묘사하려면 "픽처레스크한" 단어를 동원해야 할 정도로 파란만장한 삶을 살다 간 인물이었다.[17] 빌 페이토는 윔퍼 일행을 버밀리언 고개로 인솔했다. 요호 계곡까지 트레일을 개척하는 동안 그는 머지않아 가이드들에 대한 인내심을 잃었다. 하나같이 있으나 마나였던 데다, 요리와 야영 기술도 부족했기 때문이다. 요리와 야영은 캐나다인들에게는 제2의 천성이었지만, 스위스인들은 그 일을 자기 일이라고 생각하지 않았다. 빌 페이토는 가이드들에게는 트레일 개척에 아무 기여도 하지 않는다는 이

---

* 본명은 에베니저 윌리엄 페이토Ebenezer William Peyto이다. — 옮긴이

유로, 윔퍼에게는 자신을 속였다는 이유로 툭하면 욕설을 퍼붓고 고함을 질렀다. 엄연히 계약서가 있는 데다 적정한 금액을 지불하고 있던 윔퍼에게 "그의 태도와 언사는 하나같이 터무니없었다."[18] 빌 페이토와 그의 조수들은 윔퍼가 영국의 자치령인 캐나다를 제국주의적 시선으로 깔보고 있다며 발끈했지만, 윔퍼가 자신의 지시를 따라주기를 기대한 것은 영국과 캐나다의 문제와는 무관하게 단순히 자신이 돈을 지불했기 때문이었다. 윔퍼는 돈을 지불한 만큼 실력과 예절을 겸비한 일 처리를 기대했다. 윔퍼는 항상 분주히 움직였고 다른 사람들도 그렇게 하기를 바랐다. "그들은 내 솔선수범으로 인해 자극을 받기는커녕 내가 일을 더 하면 할수록 더 할 마음이 없어지는 듯하다."[19]

윔퍼는 필드에 들렀을 때 찰스 페이를 만났다. 그 옆에는 영국인 성공회 신부로 휴식과 요양을 하러 온 듯 보이는 제임스 우트럼James Outram도 있었는데, 전년도 여름에도 로키산맥을 찾았던 그는 윔퍼의 합류 제안에 뛸 듯이 기뻐했다. 클루커가 경멸조로 '원시림'이라고 부른 숲에서 길을 만들며 닷새 동안 나아가자, 요호 계곡 상류로 이어지는 트레일*이 완성되었다. 오늘날 프레지던트 산군President Range으로 알려진 능선의 바로 북쪽인 이 계곡은 그때까지 사람의 발길이 전혀 닿지 않은 미답지였으며, 계곡 주변을 에워싼 봉우리들 중에 외딴 봉우리 하나를 제외한 모든 봉우리가 미등봉이었다. 윔퍼는 클루커, 카우프만, 폴링거와 함께 남서쪽에 있는 두 봉우리를 오른 후에 CPR사 임원의 이름을 따서 각각 커산Mount Kerr과 마폴산Mount Marpole이라는 이

---

* 이 트레일이 바로 오늘날의 아이스라인 트레일Iceline Trail이다. — 옮긴이

름을 붙였다. 아름다운 막영지에서 다들 화창한 날씨를 즐기며 하루를 쉬고 있었는데, 부루퉁한 표정으로 뒤늦게 돌아온 빌 페이토가 소란을 피우기 시작했다. 그는 "폭발이 일어나길 원하는 사람 같았다. 욕설과 저주를 퍼붓고 터무니없는 행동을 했다." 윔퍼는 "침착함을 잃지 않으며 그의 면전에 대고 분명한 어조로 나에게 욕을 해서는 안 된다고, 지금 하고 있는 처신으로 스스로를 망치고 있다고 말했다."[20] 윔퍼와 우트럼, 가이드들은 이 막영지를 기점으로 프왈산Mount des Poilus을 초등한 뒤에 좀 더 북쪽에 있는 콜리산Mount Collie의 초등도 해냈다. 노먼 콜리는 왑타 빙원을 탐험할 때 콜리산을 최초로 목격했으나 등정은 하지 않았다. 윔퍼는 콜리산 정상에 사진기를 들고 올라갔지만, 아쉽게도 100킬로미터가량 떨어진 곳에서 난 산불에서 날려 온 연기 때문에 전망을 전혀 볼 수 없었다. 가이드들은 비록 기술적 난이도나 여러 가지 면에서 캐나다 로키 봉우리들을 특별히 인정하지 않았지만, 이 봉우리들은 깊은 오지에 있으며 아무도 찾지 않은 데다 꼭대기에 올라서면 시야 가득 거대한 황무지를 내려다볼 수 있다는 매력이 있었다. 윔퍼는 프왈산에서 내려다본 전망에 관해 일기에 다음과 같이 썼다.

> 능선 너머에 능선이 겹겹이 겹치며 뻗어 나간 아득한 지평선, 무수히 솟아 있는 외딴 봉우리들, 광활하게 펼쳐진 숲, 산야를 휘돌아 굽이치는 물줄기와 호수가 만들어내는 놀라운 대자연을 보고 있노라니 어느 하나에 시선을 고정하기가 힘들었다.[21]

CPR사의 주요 목표는 곧 윔퍼의 주요 목표였는데, 이 요호 계곡을 개발해 필드에 있는 자사 호텔로 더 많은 관광객을 유치하는 것이었다.

윔퍼는 클루커를 대동하고 프레지던트 산군 바로 서쪽에 있는 새로운 고갯길을 넘었는데, 이 과정에서 에메랄드Emerald 호수와 필드에 이르는 새로운 길을 뚫을 수 있었다. 클루커는 볼멘소리로 "나는 윔퍼를 무사히 계곡까지 내려주느라 진이 다 빠졌다."라고 말했지만, 윔퍼는 아마도 그것이 빙하에서 가이드가 마땅히 해야 할 일이라고 생각했을 것이다.[22] 빌 페이토가 아직 행동만 취하지 않았을 뿐이지 이 일에서 손을 떼고 싶어 한다는 사실을 간파한 윔퍼는 필드로 가서 CPR사의 아웃피터인 톰 월슨을 고용했다. 톰 월슨의 조수이자 학교 교사였던 로버트 캠벨Robert Campbell은 윔퍼와 가까워졌고, 그로서는 윔퍼를 절대 이해할 수 없었음에도 60년 후에 회고록의 한 장章을 윔퍼에게 바쳤다. "윔퍼는 생판 모르는 남에게 다가가 60밀리리터짜리 병을 건네고 나서 '곤충'이라는 단어를 내뱉으면 그가 밖으로 나가서 곤충을 잡아다 주기를 기대하는 사람이다."(캠벨은 자신의 다섯 살짜리 딸이 찾아낸, 겉으로는 평범해 보인 파리가 희귀종으로 판명이 났을 때 윔퍼가 딸에게 1파운드짜리 지폐를 포상금으로 건넸다는 이야기를 적었다.[23]) 처음에는 문화적으로나 기질적으로나 서로 다른 점 때문에 조금 삐걱댄 일도 있었지만, 윔퍼는 차차 캠벨과 톰 월슨을 좋아하게 되었고, 이 '영감님'에 대한 캠벨의 추억담에는 애정과 존경심이 묻어 있었다.

필드에서 톰 월슨을 데리고 요호 계곡 상류 막영지로 돌아온 윔퍼는 과연 예상을 빗나가지 않고 "폴링거와 카우프만이 아무 일도 해놓지 않았다."라는 사실을 알게 되었다. 모범을 보이기 위해 윔퍼는 즉시 두 팔을 걷어붙이고 "몸집이 큰 호저 한 마리를 찾아내 그놈을 뒤쫓았다."[24] 다음 날 클루커와 윔퍼는 톰 윌슨이 잘 아는 깊은 오지인 아미스퀴강Amiskwi River 계곡을 답사했고, 긴 하루 끝에 밤 10시 30분에 필드에 도착했다. "오늘은 지금까지 중 가장 성과가 좋은 날이었다. … 우리의 성공은 윌슨 덕분"이라고 윔퍼는 생각했지만,[25] 클루커는 윔퍼가 길도 없는 숲에서 허우적대느라 시간을 낭비하는 이유를 도무지 이해할 수 없었다. "우리 셋은 키웨티녹Kiwetinok 고개를 넘어가 길도 없는 아미스퀴강 계곡을 끝에서 끝까지 헤집고 다녔다."[26]

우트럼은 카우프만과 폴링거를 대동하고 막영지 위쪽에 있는 더 프레지던트산The President과 더 바이스프레지던트산The Vice-President (CPR사를 기리기 위해 명명되었다.) 초등을 해냈지만 "아무도 가지 않은 봉우리와 빙하를 탐험하며 즐거운 나날을 보낸 곳인 윔퍼 씨의 요호 캠프에 피운 모닥불 곁에서" 했던 이야기의 주제는 언제나 어시니보인산Mount Assiniboine이었다.[27] 비록 로키산맥의 최고봉은 아니지만 하늘을 찌를 듯 우뚝 솟은 피라미드 모양의 이 산은 '로키의 마터호른'이라는 별명답게 초연하게 서 있는 자태로 유명하다. 톰 윌슨과 빌 페이토가 이끈 등반대가 이 산에 접근한 적은 있었지만 등정은 시도하지 않았다. 윔퍼에게는 이 미등봉에 반드시 오르겠다는 생각이 없었던 반면, 클루커는 등정 시도를 하지 않는다는 점이 못내 불만스러웠다. 우트럼은 윔퍼와 헤어지고 나서 그해 9월에 필드에서 활동하는 CPR사 소속 가이드 두 명을 대동하고 어시니보인산 초등을 달성했다. 우트럼에게 1901년 여름은 확실히 즐거운 시간이었다. "요호 캠프는 세상에 존재할 수 있는 가장 흥미진진한 곳으로 손꼽을 만했다. 윔퍼 씨와 폴링거가 남미 안데스에 갔다 온 덕분이었다."[28] 우트럼은 이듬해에 다시 로키로 돌아가 카우프만과 함께 여러 초등을 이루면서 기념비적인 하계 등반 업적을 쌓았다. 이때 초등한 산 중에는 산세가 매우 인상적인 브라이스산Mount Bryce도 있고, 노먼 콜리가 최초로 목격한 컬럼비아산Mount Columbia도 있다.

요호 계곡에서 윔퍼 일행의 마지막 등반지는 밸푸어산Mount Balfour의 스퍼에 있는 외딴 바위 봉우리 더 트롤틴더The Trolltinder였다. 이 봉우리의 등반은 윔퍼가 "결코 쉽지 않고 누구든 혼자서는 오르기 힘들다."라고 생각한 마지막 20여 미터만 제외하면 의외로 쉬운 편이었다. 우트럼은 "상당히 곡예와 같은 등반"이었다고 기억했지만, 클루커는 "우리는 윔퍼 씨를 꼭대기까지 올리느라 엄청난 인내심을 발휘하며 육체노동을 해야 했다."라는 불만을 터트렸다.[29] 그 무렵 윔퍼는 더 이상 40년 전에 마터호른을 오르내리던 건장한 청년이 아니었다. 막영지를 뒤로한 우트럼은 카우프만과 폴링거를 대동하고 밸푸어Balfour 고개를 넘어 바우강으로 가는 새로운 길을 찾으러 동쪽으로 가고, 윔퍼와 클루커는 필드로 돌아갔다. 빌 페이토가 돈을 받으러 찾아왔을 때 "그는 또다시 건방진 태도를 보이더니 법적 조치를 운운하며 나를 협박했다." 윔퍼는 답사가 완전히 끝날 때까지 정산을 보류한다고 말했고, 빌 페이토는 "어느 정도 얌전해졌다."[30] 마지막 주에는 굿서산Mount Goodsir의 남쪽으로 뻗은 아이스강Ice River 계곡을 답사했는데, 네 가이드는 "평소처럼 아무 일도 하지 않고 누워만" 있다가 윔퍼에게 작별을 고했다. "카우프만과 폴링거는 예의를 지켰고, 기차가 떠나는 동안 손을 흔들었다. 다른 두 명은 얼굴도 내보이지 않았다.”[31] (웜퍼는 요호 계곡에 있는 두 봉우리에 각각 카우프만과 폴링거의 이름을 붙였다.)

웜퍼는 필드에 머물면서 톰 윌슨의 도움을 받아 아이스강 계곡을 좀 더 오랫동안 답사하기 위한 준비를 했다. 톰 윌슨은 “내 의견으로는 … 방금 가버린 가이드 네 명을 다 합친 몫 이상을 해주었다.”[32] 웜퍼는 클루커가 포획한 새끼 독수리를 ― 5세 이하 유아 자격으로 ― 밴쿠버 동물원까지 무료로 수송해달라고 CPR사 역무원에게 부탁했지만 설득은 먹히지 않았고, 그들은 6달러를 징수했다. 10월이 되었을 때 웜퍼는 로버트 캠벨과 함께 비버풋Beaverfoot 계곡을 거쳐 아이스강 계곡으로 다시 들어갔다. 서리가 내려앉은 가을 아침도, 이따금 내리는 눈도 차가운 강물에 입수하려는 웜퍼의 열정을 막지 못했다. 따지기 좋아하는 빌 페이토가 없는 데다, 네 명의 우수한 스위스 등반가들에게 빈정거리는 눈초리를 받지 않아도 되어 웜퍼는 홀가분했다. 웜퍼는 쉬면서 방소다석*을 찾고 별난 기질에 걸맞은 운동을 하며 시간을 보냈다. 하루도 거르지 않고 수영을 하고 벌거벗고 달리기를 했다. “키킹호스 Kicking Horse강에 몸을 담근 다음에 알몸으로 800미터를 가볍게 즐기며 달렸다.”[33] 웜퍼는 알몸으로 있는 것을 즐기게 되었는데, 그의 일기를 보면 벌거벗고 있는 것이 원기를 되찾는 데 아주 좋은 방법이라고 생각했음을 알 수 있다. “계곡을 따라 3킬로미터를 알몸으로 걸었다. … 해가 떠오르자 산책은 더 즐거워졌는데, 햇볕 아래에서라면 온종일 벗고 있어도 좋을 것만 같다. 돌아오는 길에는 말을 타고 가는 두 원주민

* 광물의 일종 ― 옮긴이

청년과 마주쳤다. 그들은 분명 나를 보고 적잖이 놀랐을 것이다."[34] 윔퍼는 간간이 마주치는 원주민들에게 관심이 많았으며 반응이 있든 없든 항상 "좋은 아침입니다."라고 정중하게 인사를 건넸다. 캐나다의 깊은 오지에서 알몸으로 서 있는 백인을 보고 깜짝 놀란 두 원주민 청년은 그날 오후에 차와 설탕을 구하러 윔퍼의 막영지로 찾아왔다. 윔퍼는 차와 설탕을 내주었으며, 한 청년이 값을 물어왔는데 "나는 '공짜입니다.'라고 말했고, 청년은 '값이 싸네요.'라고 대답했다."[35]

윔퍼는 눈이 많이 오기 전에 철수해야 한다는 캠벨의 주장을 받아들여 한 달간의 야영을 끝내고 11월 1일에 필드로 돌아갔다. 윔퍼는 몬트리올에 있는 로버트 커에게 "비버풋 계곡과 아이스강 계곡은 관광과 상업적인 관점에서 매우 중요한 곳입니다."라는 전보를 보냈다.[36] 윔퍼는 샬럿을 추모하기 위해 아이스강 위쪽에 있는 한 봉우리에 한버리산Mount Hanbury이라는 이름을 붙였다. 팔꿈치 부상도 회복할 겸 그는 11월과 12월 두 달 동안 필드에 머물렀다. 팔꿈치 때문에 일기는 쓸 수 없었지만 눈 덮인 대분수령을 보는 기쁨은 누릴 수 있었다. (놀랍게도 윔퍼는 시종일관 호텔이 너무 덥다고 불평했다.) 남동생 앨프리드에게서 온 편지에는 맏형 프레더릭이 외롭고 쓸쓸하게 이승을 떠났다는 소식이 적혀 있었다. 프레더릭은 알래스카 책을 출간한 후에 샌프란시스코로 돌아가 신문과 잡지에 기고문을 쓰는 일로 근근이 생계를 유지하면서 미국 서부를 여행했는데, 1875년에 런던으로 돌아온 후에는 바다와 북극 여행, 등대, 세계의 어업을 주제로 여러 권의 책을 쓰고 연극 비평문도 썼다. 유콘에서 겨울을 나다가 건강이 나빠진 뒤로는 알코올 중독에 빠져 63세의 나이로, 유일한 재산인 석탄을 잔뜩 쟁여놓은 런던의 누추한 자택에서 홀로 생활하다 생을 마감했다. 윔퍼는 밴쿠버 지역 신문과 샌프란시스코 지역 신문에 실릴 형의 추모 기사 3편을 썼다.[37]

1901년 12월 26일, 마멋 두 마리와 다람쥐 한 마리 그리고 그 세 마리를 보살필 스티븐 산장 호텔 종업원과 함께 윔퍼는 몬트리올행 기차에 올라탔다. 윔퍼가 로키산맥에서 데려온 야생동물 세 마리는 무사히 도착해 런던 동물원에 맡겨졌지만, 다람쥐는 기어이 자기 흔적을 남기고 떠났다. 리버풀로 가던 배의 선실에서 운동을 하던 녀석은 크게 도약했다가 윔퍼의 이마에 착지하며 할퀸 상처를 남겼다. 상처 부위가 곪고 부풀어 올라 윔퍼는 눈을 제대로 뜰 수가 없었다. 이마에 난 상처와 팔꿈치 부상, 류머티즘성 가슴통증 때문에 윔퍼는 겨우내 칩거 생활을 해야 했다. 1902년 4월에는 짧은 일정으로 샤모니와 체르마트에 다녀왔다. 그는 이때 세인트니클라우스에서 체르마트까지 걸어갔다가 폴링거와 함께 돌아왔다. 폴링거와는 여전히 서로 예의를 지키는 우호적인 관계였다. 데이비드슨은 그해에는 클루커와 같이 등반하지 않았지만 윔퍼에게 이렇게 말했다. "듣자 하니 자네와 클루커가 북아메리카에서 서로 잘 맞지 않았다던데 매우 유감스럽네."[38] CPR사는 윔퍼에게 그해 여름에는 그의 도움이 필요하지 않다고 말했지만, 설령 필요하다고 말했다 한들 어차피 윔퍼는 류머티즘성 가슴통증 때문에 7월까지는 사우스엔드를 떠나기 힘들었다.

윔퍼는 CPR사가 경비를 지원해주지 않더라도 다시 캐나다로 갈 생각이었으며, 카나나스키스Kananaskis에서 예일Yale까지 철도를 따라 약 800킬로미터를 종주하겠다는 계획을 세웠다. 1903년 3월에 샤모니와 체르마트를 돌며 여행 안내서를 수정하고 목표한 종주를 위한 훈련을 하고 있을 때 프랭크 에일릿이 보낸 전보가 날아왔다. 아버지가 아흔 번째 생일을 며칠 앞두고 돌아가셨다는 내용이었다. 가부장적이었던 조사이어 윔퍼는 딸 애넷의 보살핌 덕분에 여든을 훌쩍 넘긴 나이에도 헤이슬미어예술가협회 회장으로 선출될 정도로 왕성한 삶을 살았다. 코에 자란 종양 때문에 얼굴이 변하기 전까지는 다들 그가 100세까지 천수를 누리리라 생각했다. 윔퍼는 제네바에서 파리까지 야간 급행기차를 타고 이동했지만, 런던에 도착했을 때는 이미 헤이슬미어에서 엄수된 장례식이 끝난 후였다. 윔퍼는 장례식에는 늦었지만 발길을 돌리지 않고 헤이슬미어로 가서 부활절 주말을 애넷과 엘리자베스와 윌리엄네 식구들과 함께 보냈다. 애넷과 엘리자베스는 이제 타운하우스를 비워야 했으며, 몇 년 후에 헤이슬미어 교회 부근에 있는 주택을 공동으로 매입한 다음에 가문이 오래전에 잃어버린 조상 전래의 집 이름을 따서 '글레버링'이라고 이름 붙였다.[39]

1903년 6월 말, 윔퍼는 에일릿과 윌리엄의 배웅을 받으며 세 번째 캐나다 여행을 떠났다. 하루는 리버풀 외곽에서 17명의 밀항자가 "아주 더러운 곳"에서 발각되었지만, 윔퍼는 기분 좋은 항해 끝에 몬트리올에 도착했다.[40] 윔퍼는 뉴욕 발행 월간지『스크리브너스 매거진Scribner's Magazine』에「신세계의 새로운 놀이터A new playground in the New World」라는 제목의 기고문을 실었다. 윔퍼와 그의 조수 프랭클린

Francklyn이 촬영한 사진도 여러 장 넣었다. 이 기고문은 요호 계곡을 널리 알렸고, CPR사의 수익을 증대시켰다. CPR사는 비슷한 기고문을 좀 더 많이 써주기를 원했을 뿐, 윔퍼가 하려는 종주에는 관심이 없었다. 그래서 윔퍼에게 필드와 요호 계곡 주변에 있는 다른 트레일과 크로우스네스트Crowsnest 고개 주변의 트레일을 좀 더 평가해달라고 요청했다. 윔퍼는 계획을 바꿀 생각이 전혀 없었기에 예정대로 필드로 이동했다. 그리고 가는 길에 위니펙Winnipeg에 잠깐 들러 오랜 친구이자 사무변호사인 토머스 로피의 아들을 만났다. 윔퍼는 종주에 데려갈 사람으로 캠벨의 동료인 해리 태트리Harry Tattrie를 고용한 다음, 8월 6일에 카나나스키스에서 출발해 첫날 밤은 밴프 스프링스 호텔에 묵었다. 윔퍼의 걷기에 대한 열정은 알앤드알클라크 인쇄소의 한 임원이 젊은 날 에든버러에 찾아왔던 윔퍼를 회상하며 쓴 편지에서 엿볼 수 있다.

> [런던으로] 출발하기 전날 밤 윔퍼 씨는 고인이 된 로버트 클라크와 아들 에드워드 클라크 그리고 제임스 커크우드James Kirkwood와 함께 … 뭔가를 타러 갔다 왔었지. 나는 그게 회전목마였다고 믿는다네. 다음 날 아침 윔퍼 씨는 네 명 가운데 가장 활력이 넘쳤으며, 런던까지 걸어갈 준비를 다 한 채로 등에 배낭을 짊어지고 이 사무실로 들어오셨네.[41]

그때 에든버러에서 런던까지 도보 이동은 8일이 걸렸다. 하지만 1903년에 윔퍼는 장거리를 걷는 훈련을 자주 하지 않았다. 윔퍼는 8월 6일 자 일기에 이렇게 썼다. "오늘 걸은 거리는 우회한 것을 포함해 고작 45킬로미터밖에 안 되는데도 피로가 느껴진다. 시작 부분은 길이 매우 나빠서 시간당 평균 3킬로미터 정도밖에 걷지 못했다."⁴² 다음 날 수직으로 치솟은 캐슬산Castle Mountain의 절벽을 보며 걸을 때는 한결 기분이 좋아졌다. "바우강의 맑고 푸른 물은 아무리 보아도 싫증이 나지 않는다. 잠깐 보는 것만으로도 기분이 좋아진다."⁴³

윔퍼는 호텔이 있는 곳에서는 호텔에 묵었지만, 주로 역사驛舍나 막영지에서 잤다. 태트리의 주요 임무는 윔퍼를 따라다니며 같이 맥주를 마시고 목적지에 먼저 도착해 그날 밤 잘 곳을 찾는 일이었다. 캠벨은 짐을 나르는 일을 맡았는데, 가장 큰 비중을 차지한 짐은 윔퍼의 사진기와 수시로 보충되는 맥주였다. 태트리와 캠벨은 별난 기질이 있는 영국인 고용주에게 애정이 있었지만, 그래도 틈틈이 그의 유머 감각을 시험해보려는 유혹을 뿌리칠 수가 없었다. 태트리는 화물열차 칸의 짐을 싣고 내리는 일꾼들을 부추겨 열차를 세우고 윔퍼에게 태워준다고 말하라고 했다. 윔퍼는 그럴 때마다 노여움을 참지 못했다. 호텔에 숙박하던 어느 날은 태트리와 캠벨이 이디시어밖에 할 줄 모르는 루마니아인 이민자 여종업원에게 윔퍼를 부유한 독신자이자 훌륭한 신랑감이라고 소개하면서 잘 꼬셔보라고 부추겼다. 그녀가 구운 사슴고기에 신선한 채소와 블루베리 파이를 곁들인 훌륭한 만찬을 내놓자 윔퍼는 기분이 매우 좋아져서 그녀에게 맥주 한 병을 건넸다. 그녀는 그 행동이 호의를 의미한다고 믿어 윔퍼 곁에 찰싹 붙어 있었다. 윔퍼가 숫기가 없다는 말을 미리 들은 탓이었다. 윔퍼는 합석이 너무 불편한 나머지 그녀의 말을 잘랐지만, 그녀는 훗날 윔퍼에게 편지를 보내 다시 잘해볼 수 없느냐고 물었다. 윔퍼는 이 사건에 관해서 단 한 줄도 일기에 쓰지 않았을 정도로 이 일에서 어떠한 재미도 느끼지 못했다.[44] 윔퍼는 태트리의 짓궂은 장난에 자주 화를 냈지만, 몇 번째인지도 모를 만큼 해고당한 태트리는 맥주 한 병을 들고 마중 나가 윔퍼와 함께 그날의 숙소로 돌아오곤 했다. 모기도 극성을 부리는 데다 발도 아파서 윔퍼는 로저스 고개에 있는 CPR사 소유의 글레이셔 하우스 호텔에서 일주일간 머물렀는데, 그곳에서 캐나다 로키가 아직 미지와 미답의 세계였던 1858년과 1859년에 이곳을 탐험한 제임스 헥터 경Sir James Hector을 만났다. 일주일을 쉰 윔퍼는 잉글랜드 북부의 레이크 디스트릭트와 스코틀랜드 북부의 고원지대를 연상시키는 풍경을 지나치며 25일 동안 걸은 끝에 예일에 도착했고, 그 즉시 태트리와 캠벨에게 전보를 보내 필드로 가는 기차에서 마실 수 있도록 스타우트 맥주 두 병과 배스 맥주 두 병을 준비하라고 했다. 필드에서 윔퍼는 태트리에게 주기로 한 임금에 20달러를 보너스로 얹어주었는데, 태트리는 이 돈을 곧바로 술에 탕진해버렸다.

1903년에 윔퍼는 CPR사의 지원을 받지 않고 자비로 여행했다. 태트리와 캠벨의 짓궂은 장난에도 불구하고(그래도 그들의 붙임성은 감사히 생각했다.) 윔퍼는 세 번째 캐나다 여행에 만족했다. 그는 로키산맥을 가로질러 800킬로미터를 종주한 기록을 자랑스러워했고, 그 이야기를 하는 것을 좋아했다. (당연히 루마니아인 구혼자 이야기는 뺐다.) 몬트리올로 돌아와, 자신이 묵는 호텔에 "이성친구와 방에 들어갈 수 없음. 그런 용도를 위해 응접실이 있음."이라고 쓰인 문구를 본 호기심 많은 윔퍼는 "무슨 이유 때문일까?"라고 생각했다.[45] 몬트리올에서 배를 타려고 할 때 그 배에 소음과 악취의 근원인 소가 잔뜩 실려 있다는 사실을 알게 된 윔퍼는 표를 취소해버리고 뉴욕에서 출항하는 배를 예약했다. 런던에 도착하고 나서 열흘 후에는 3주일 일정으로 스위스로 떠났다.

여름을 캐나다에서 보내기를 갈망하던 윔퍼는 1904년 여름에 CPR사가 원하던 크로우스네스트 고개 주변 답사를 해주기로 결심했다. 앨프리드 휴잇을 데려가고 싶었지만 여행을 떠나기 직전에 경비 지원이 결정되는 바람에 그렇게 하지는 못했다. 비록 결정은 늦었지만 CPR사는 리버풀에서 출항하는 배편에 시설이 좋은 1인실을 예약해주었고, 배 안에서 윔퍼는 "인도에 사는 내 형제 네 명"과 전부 아는 사이였다는 한 승객을 만났다.[46] 윔퍼는 몬트리올에 도착해 로버트 커와 맥니콜을 만나 요구사항이 무엇인지 물었다. 윔퍼가 서부행 기차 여행에 대해 쓴 일기에는 "맥주"라는 제목의 일기가 있는데, 금주를 해야 했다는 몹시 슬픈 이야기였다. 차장이 술 저장고의 열쇠를 잃어버려서 "우리는 [맥주] 없이 갔다." 위니펙에 도착하자마자 아들 로퍼를 큰 호텔로 보냈지만 8시 반 이후에는 맥주를 팔지 않는다는 정보만 들고 빈손으로 돌아왔다. 다음 날 무스조Moose Jaw에서는 윔퍼가 직접 CPR사의 호텔로 찾아갔지만 일요일인지라 "맥주가 없었다."[47]

1904년 여름에 돌아본 지역은 크로우스네스트 고개 주변과 탄광촌인 프랭크Frank였다. 1년 전 산사태로 터틀산Turtle Mountain의 일부가 무너져 70명의 목숨을 앗아간 사건은 마을에서 거의 잊혀 있었다. 윔퍼는 CPR사 소속 스위스인 가이드 두 명을 데리고 톰 윌슨과 함께 크로우스네스트산Crowsnest Mountain 주변에 트레일을 만들 생각이었지만, 가이드들은 그런 고된 육체노동을 하려는 의욕이 별로 없었다. 윔퍼가 산사태로 무너져 내린 토사를 조사하고 화석을 채취하는 동안 가이드들은 크로우스네스트산 초등을 해냈다. 윔퍼는 그들에 대한 분노를 삭이지 못했는데, 가장 큰 이유는 — 그들이 초등을 해냈기 때문이 아니라 — 그들이 하기로 되어 있는 일을 하지 않았기 때문이었다.

그해 가을에 윔퍼는 다시 스위스를 찾았다. 아르장티에르 주변을 산책하던 중이었는데, 윔퍼는 전보를 들고 뛰어온 심부름꾼과 마주쳤다. 남동생 앨프리드의 죽음을 알리는 전보였다. 이로써 남자 형제 여덟 명 중에서 모두 네 명이 세상을 떠나, 그 무렵 남은 형제는 인도에 사는 프랭크와 새뮤얼, 영국에 사는 윌리엄과 찰스뿐이었다.(찰스는 겨울에는 대부분 이집트에서 지냈다.) 바로 아래 동생의 죽음으로 생긴 빈자리는 다른 우정의 시작으로 채워졌다. 윔퍼의 말년에 생기를 불어넣어 준 친밀한 우정의 주인공은 바로 제네바에서 강연 중개인 헨리 퀸디히와의 저녁식사 자리에서 만난 미국인 청년 헨리 몬태니어였다. 일하지 않아도 될 만큼 풍족한 재산이 있었던 몬태니어는 미국에서 프린스턴대학교를 졸업한 뒤에 유럽에 거주하면서 틈틈이 히말라야와 남미, 아프리카 등지를 여행했는데, 여러 나라 언어를 구사했고, 등반에 대한 관심이 지대했으며, 알프스 등반사 관련 도서와 자료를 방대하게 모은 열성 수집가이기도 했다. 윔퍼는 한눈에 그가 마음에 들었다. 두 사람은 이틀 후에 다시 만나 점심을 같이 먹었고, 두 사람의 대화는 오후 내내 이어졌다. 윔퍼는 몬태니어에게 알프스 등반사에서 자신의 흥미를 끈 부분, 그중에서도 특히 몽블랑 초등과 발마와 파카르 사이에 벌어진 논란을 좀 더 파고들어 보라고 조언했다. 의사 파카르의 이야기가 알려지고 그의 명예가 회복된 것은 몬태니어가 샤모니와 제네바 등지의 자료실을 파헤쳐 찾아낸 자료 덕분이었다. 헨리 퀸디히와의 저녁식사 자리에는 윔퍼의 오랜 친구였던 레지널드 맥도널드의 딸도 있었다. 아버지를 여의었을 때 그녀의 나이는 겨우 세 살이었다. "나는 그녀가 모르는 아버지 이야기를 많이 들려줄 수 있었다."[48]

아마도 윔퍼의 생애 후반에서 가장 중요한 관계는 남동생 윌리엄의 차남인 조카 로버트와의 관계였을 것이다. 윌리엄은 템스디턴에 살면서 런던 시내까지 통근하는 바쁜 삶 속에서도 가족들에게 재정 문제

윌리엄 너새니얼 윔퍼
(1855~1917) (사진: 마이클 페터 제공)

가 생기면 언제나 발 벗고 나섰다. 아내 앨리스Alice와의 슬하에 2남 1
녀를 두었는데, 장남이 윌리엄William이었고, 차남이 1885년에 태어난
로버트였으며, 막내딸이 에이미Amy였다.

조카들이 보기에 윔퍼 삼촌은 매우 바쁜 사람이었다. 윔퍼는 종종
템스디턴 집을 방문했지만 그 자신이 불면증 탓에 런던에서도 규칙적
인 생활을 하지 못하는 사람인지라 매일 아침 런던으로 출근해야 하는
윌리엄의 처지를 이해하지 못했다. 로버트는 윔퍼에 대해 이렇게 썼
다. "삼촌에 대한 가장 생생한 기억은 말도 안 되는 늦은 시간에 자주
디턴 힐Ditton Hill에 있는 우리 집까지 걸어오셔서 따뜻한 저녁상을 차
려달라고 하시고는 끝없이 말씀을 하시다가 … 자정쯤에 녹초가 된 우
리 식구들을 뒤로하고 걸어서 런던의 삼촌 집으로 돌아가시곤 했던 모
습이다."[49] 윔퍼는 언제나 젊은이들과 어울리기를 좋아했고 그들이 삼
라만상에 분출하는 무비판적인 호기심을 좋아했는데, 그러다 보니 조
카인 로버트와 윌리엄과도 많은 시간을 함께 보냈다. 로버트는 과학적
호기심을 넓혀갔으며(그는 빵과 초콜릿의 권위자가 되었다.) 윔퍼는
자신의 관심사와 이론을 잘 들어주는 조카들을 좋아했다. (물론 로버트
의 관심사에 대해 토론하는 일은 드물었다.) 세 사람은 사우스엔드 하
숙집에서, 러드게이트 힐 사무실이나 플리트가의 앤더튼 호텔에서 자
주 만났다. 특히 로버트는 조금씩 삼촌의 비서 역할을 떠맡게 되면서
앨프리드 휴잇, 프랭크 에일릿과 더불어 윔퍼의 폐쇄적인 최측근 대열
에 합류했다.

로버트는 어렸을 때 항상 둘째 큰삼촌인 윔퍼가 자신의 부모에게

1890년대에 촬영한 윔퍼의 초상 사진 (© Alpine Club Picture Library)

100파운드를 주고 자신을 상속자로 입양하고 싶다는 제안을 했다고
믿고 있었지만, 여동생 에이미는 그 제안을 했던 사람이 여섯 번째 큰
삼촌인 프랭크 윔퍼라고 믿었다. 인도에 살던 프랭크 윔퍼는 랑군에서
우체국 부국장으로 오래 재직한 끝에 뭄바이의 우체국장까지 지냈으

며, 은퇴한 후에는 올드버러에 있는 시골집으로 내려가 그곳에서 40년을 더 살았다. 로버트는 프랭크 에일릿과 더불어 윔퍼가 여자 문제를 털어놓을 정도로 신뢰하는 사람이 되었는데, 윔퍼가 1905년 여름에 캐나다로 떠나기 직전에 로버트는 다음과 같은 짤막한 편지를 받았다.

> 사랑하는 로버트에게,
> 철저히 비밀에 부쳐야 하는 이야기를 너에게 하려고 한다. 내가 너에게 준 신뢰를 배반하지 않았으면 좋겠구나. 너의 아버지나 어머니에게 이 소식을 알려야만 한다면, 혹시 필요할지도 모르니까 소다수 한 병과 후자극제*를 준비해놓은 다음에 조심스럽게 전하려무나. 내가 결혼을 하려고 한다.[50]

---

* 의식을 잃은 사람의 코 밑에 묻혀 정신을 차리게 하던 화학 물질 — 옮긴이

21

우리 아기는 훌쩍이지 않고
크게 웁니다

이디스 르윈Edith Lewin은 런던 이스트엔드East End 출신인 부유한 정육
업자의 아리따운 딸이었다. 그녀는 이모할머니 루이자 라이트가 운영
하는 하숙집 일을 돕고자 종종 사우스엔드를 방문했는데, 그 하숙집에
는 윔퍼가 — 그의 요청에 따라 — 유일한 세입자였다. 19세기에는 기
반이 잡힌 나이 많은 남자와 한참 어린 여자와의 결혼이 좀 더 용인되
는 분위기였다고는 해도 이디스는 윔퍼보다 마흔세 살이나 어렸다. 윔
퍼는 아마도 샬럿이 세상을 떠난 후부터 안락한 가정을 꿈꾸었던 것
같다. 비록 윔퍼는 강박에 가까울 정도로 주변에 대한 통제 욕구가 강
한 사람이었지만, 대화를 원한 것은 아닐지라도 항상 곁에 사람이 있
기를 바랐다. 윔퍼는 1905년 봄에 이디스와 상당히 가까워졌으며 그
무렵 결혼을 약속하고 나서 그녀에게 일주일에 10실링씩 용돈을 주기
시작했다. 윔퍼는 "내가 개방성*이라고 부르는 것에 관해" 이디스가 어

---

* 관습에 따라 행동하는 보수적인 여자인지 관습에 얽매이지 않는 여자인지 확인하고 싶다는 뜻으

머니와 상의하기를 원했지만, 이디스는 쉽게 설득되지 않았다. 포레스트게이트Forest Gate에 있는 이디스의 집에 인사하러 간 윔퍼는 예비 장모에게 "따님이 의사나 조산사의 검진을 받아야 하며, 만약 남자와 관계가 있었다는 결과가 나온다면 따님과 결혼하지 않겠다."라고 말했다.[1] 결혼을 사업적 거래로 생각했던 만큼 윔퍼는 강박적이고 통제적인 시선으로 이디스를 보았지만, 분명히 상속자를 원했고, 화목한 가정이라는 맹목적인 희망에도 끌렸다. 내심 아리따운 어린 여자를 붙잡는 데 성공했다는 만족감도 있었다.

윔퍼는 이디*의 사진을 가방에 넣은 채 유스턴역에서 남동생 윌리엄과 프랭크 에일릿, 이디스와 그녀의 남동생 레너드Leonard의 배웅을 받으며 CPR사를 위한 마지막 캐나다행이 될 여행을 떠났다. 윔퍼는 레너드를 특별히 아꼈고, 런던 곳곳에 있는 동물원과 박물관으로 데리고 다니며 수많은 지인과의 연줄을 통해 아무나 들어갈 수 없는 곳들을 구경시켜주었다. 체커 게임도 가르쳐주었는데, 한번은 레너드가 이겨 하프크라운 한 닢이라는 거액을 내준 적도 있었다.[2]

리버풀에서 출발하는 증기선에 올라탄 윔퍼는 항상 그랬듯이 새로운 삶을 찾아 미국으로 떠나는 삼등실에 탄 아이들에게 과자와 캐러멜, 오렌지를 나누어주었다. 윔퍼는 7월 14일 자 일기에 '마터호른 초등 40주년 기념일'이라는 제목을 붙이고, (마치 잊고 있었다는 듯이!) 밑줄을 그었다. CPR사는 윔퍼에게 배표와 기차표는 제공했지만 딱히

로 속뜻은 처녀성 검사를 하자는 말이다. — 옮긴이
* 이디스의 애칭 — 옮긴이

요청할 만한 일은 찾지 못했으므로 위니펙에 있는 사무소에 들러달라고 말했다. 위니펙은 어차피 윔퍼의 여정에 들어 있는 곳이었다. 헤이슬미어 출신인 에드워드 거니Edward Gurney 신부의 유언 집행자인 남동생 찰스가 부탁한 일을 처리하느라 위니펙에 가야 했기 때문이다. 찰스가 부탁한 일은 거니 신부가 위니펙 곳곳에 소유한 부동산을 아들 로피(런던에 있는 토머스 로피의 회사에서 수임한 일이었다.)의 도움을 받아 매각하는 일이었다. 윔퍼는 캐나다 대초원에 있는 위니펙 곳곳을 차를 타고 돌아다니는 틈틈이 CPR사의 사무소에 들렀는데, 그러다 우연히 맥니콜이 보낸 편지를 보게 되었다. 편지에는 다음과 같이 쓰여 있었다. "우리는 앞으로 몇 년치 작업을 뒷받침할 만한 충분한 지도를 얻었네. … 그러니 자네가 거기에 맞춰 윔퍼 씨를 적절하게 응대해주었으면 하네."[3] 윔퍼는 몬트리올에 있는 로버트 커에게 전보를 보냈지만 회신은 오지 않았다. 캐나다 정부가 국립공원 조성 사업을 추진하면서 윔퍼가 몇 년간 CPR사를 위해 해준 것과 같은 일은 정부 소관으로 넘어갔다. 윔퍼는 기고문 한 편을 낸 이래로 더 이상 기고문을 쓰지 않았고, 반쯤 약속한 로키산맥에 관한 책도 내지 않았다. CPR사는 윔퍼와의 관계를 정중하게 끊으려 했다.

무언의 시위라는 방법에 좀 화가 났을 뿐 윔퍼는 이 일을 특별히 마음에 담아두지는 않았다. 윔퍼는 더 이상 캐나다에 오지 않는 대신 데이비드슨에게 말했듯이 "내게 남은 시간을 사랑과 기쁨에 바치기로" 결심했다.[4] 윔퍼는 로버트 캠벨과 함께 필드에서 한 달간 머물렀다. 그동안 장비들을 경매로 처분하고 지난 4년간 알고 지내던 사람들을 두루 만났다. 캠벨과 함께 영국산악회에서 만든 등반용 로프의 강도를 실험해보기도 했다. 실험은 큰 나무의 밑동에 로프를 묶고서 말 두 마리를 이용해 양쪽에서 잡아당기는 방식으로 진행했다. "나는 로프가 끊어지기보다는 나무가 쓰러질 가능성이 높다고 생각했다. 하지만 내가 틀렸다." 삼으로 만든 로프는 1865년보다 별반 나아진 것이 없었다. 윔퍼가 필드에 머무는 동안 지역 운동회도 열렸다. 마을 주민 전체가 참가한 가운데 윔퍼가 사회를 맡았다. 한 멕시코인과 덫사냥을 하며 즐거운 시간을 보낸 뒤에 윔퍼는 그에 대해 이렇게 적었다. "아주 정중하고 예의 바른 사람이었다. 그가 마음에 들었다."[5] 스티븐 산장호텔의 터줏대감 같은 존재가 된 윔퍼가 동부로 돌아가는 기차를 타던 날은 역에서 성대한 송별회가 열렸다. 몬트리올 외곽에서 일어난 사고는 분명 탐험을 그만두기로 한 윔퍼의 결심을 또 한 번 굳힌 계기였을 것이다. 그가 탑승한 기차와 맞은편에서 달려오던 기차가 충돌한 사고였는데, 윔퍼는 잠시 의식을 잃기는 했지만 부상이 가장 심한 승객은 아니었다. "요리사는 펄펄 끓고 있던 물을 뒤집어썼다."[6] 몬트리올에서는 로버트 커와 맥니콜을 만났는데, 그들은 귀국 여비를 지원하겠다고 했다. 윔퍼는 굳이 장비를 처분했다는 말을 꺼내지 않았으며 "우리는 우호적으로 이야기를 끝냈다."[7] 비록 리버풀까지 소 170마리와 여정을 함께해야 했지만 윔퍼는 집으로 가는 길을 즐겼다. 배 안의 휴게실에서는 매일 하루의 운항 거리를 맞추는 내기가 벌어졌는데, 윔퍼는 해도를 자주 살폈기 때문에 언제나 돈을 땄다.

런던에서 찰스와 사무변호사들을 만나 위니펙에서 회수해 온 돈을 전달한 윔퍼는 곧 스위스로 넘어갔다. 돌아오는 여름을 로키가 아닌 낯익은 얼굴과 친숙한 장소가 많은 알프스에서 보낼 수 있다는 생각에 윔퍼는 한없이 들떴다. 아리따운 어린 신부가 체르마트와 샤모니와 제네바에서 열렬히 환영받을 것이라는 기대에 부풀어 만나는 모든 사람에게 곧 있을 결혼 소식을 알렸다. 윔퍼는 이디에게 줄 패물을 준비하면서 축음기까지 샀다. "호텔에 도착하자마자 나는 총지배인에게 축음기 조립법을 설명해달라고 부탁했다. … 이것은 엄청난 소란을 야기해 2~3분이 흐르자 자일러가 끄라고 말했다." 윔퍼는 "잘 작동하면서 우렁찬 소리를 내는" 이 장난감을 가지고 놀기 위해 호텔 꼭대기 방으로 갔다.[8] 굉장히 마음이 편안했던 그날의 일기에는 그해에 처음으로(11월이었다.) 숙면을 취한 날이라고 적혔고, 그다음 날에는 이렇게 적혔다. "올해 두 번째로 밤에 잘 잤다!"[9]

윔퍼의 일기에는 66번째 생일 이틀 전날 이스트런던에 있는 포레스트게이트 지역 교회에서 결혼식을 치렀다는 내용은 적혀 있지만, 그날 있었던 사건 이야기는 빠져 있다. 매우 보수적인 결혼관을 가지고 있던 윔퍼였지만 자신감과 사교성이 부족하다 보니 예식을 잘 치를 수는 없었다. 혼인미사는 40년 전 마터호른 사고 직후에 윔퍼를 도와주었던 조지프 매코믹 신부가 집전했다. 어쩔 수 없이 들러리 역할을 하게 된 로버트 윔퍼를 빼면 신랑 측 하객은 프랭크 에일릿뿐이었다. 로버트는 매코믹을 마음에 들어 하지 않았는데, 특히 그가 젊은 여자와 나이 많은 남자의 결혼에 대해 늘어놓는 설교를 싫어했다. 로버트는 여동생에게 설교에 관해 이렇게 말했다. "말할 수 없을 만큼 끔찍했어. 적어도 이 어울리지 않는 결혼의 내막을 모두 알고 있는 나한테는 말이지."[10] "형편없는 결혼 피로연"에 초대된 나머지 하객은 모두 이디스의 가족이었다. 그들은 웜퍼가 준비한 샴페인을 흥청망청 마셔댔다. 웜퍼는 수줍음을 타고 극도로 긴장한 탓에 피로연 자리에 끼지 못하고 혼자 방에 앉아 술을 마셨다. 급기야 에일릿과 로버트가 웜퍼를 데리고 아래층으로 내려갔지만, 그때부터 너무 무례해져서 다시 위층으로 올려 보내야 했다. 에일릿과 로버트는 하객들이 식기를 호주머니에 슬쩍하는 장면을 너무 많이 본 터라(신랑 들러리에 따르면 "그들은 손버릇이 나쁜 자들이었다!") 문 앞을 지키고 서 있었지만 시비라도 붙으면 웜퍼에게 큰 피해가 갈까 봐 감시를 단념했다. 마침내 피로연을 끝낸 웜퍼와 이디스는 신혼여행지인 본머스Bournemouth로 떠나기 위해 워털루역으로 향했다.

웜퍼와 이디스는 스와니지Swanage와 코페성Corfe Castle, 와이트섬, 뉴포리스트New Forest구(일기에 따르면 "즐거운 날"이었다.[11]), 솔즈베리Salisbury로 각각 당일 여행을 다녀왔다. 솔즈베리에서 블랙모어 박물관에 들렀을 때는 내부에 들어서자마자 북극 전시관으로 갔다. "그린란드 원주민, 즉 이누이트족의 석기류나 골각기류는 겨우 열 손가락 안에 꼽을 정도"였으므로 웜퍼는 박물관장에게 자신의 수집품을 팔겠다고 제안했지만, 관장은 "정중한 말투로 예산이 없다고 대답했다."[12] 짬을 내서 당시 본머스에 머물던 윔퍼의 여동생들을 만나러 가기도 했다. 윔퍼 가문 사람들은 아무도 윔퍼의 어린 신부를 마음에 들어 하지 않았다. 애넷은 이디스가 변덕이 심하고 교양이 없고 예쁜 옷에만 관심이 있는 여자라고 생각했는데, 가엾은 이디스에게 이 무서운 독신녀들과 함께한 자리는 분명 가시방석이었을 것이다. (헨리 윔퍼의 손녀인 필리스Phyllis의 눈에 비친 구세군 '참령'이 된 고모할머니 엘리자베스는 고압적인 사람이었다. 헤이슬미어 집에 머물 때 — 아마 대여섯 살쯤일 때 — 였는데 필리스는 고모할머니가 계단에서 발을 헛디뎌 굴러떨어지는 모습을 보자마자 기뻐서 날뛰며 "엘리자베스 할머니가 죽었어요, 엘리자베스 할머니가 죽었어요."라고 외쳤다. 그러자 불멸의 고모할머니는 바닥에서 천천히 일어나서 먼지를 탁탁 털더니 공포에 질린 조카손녀에게 그에 상응하는 벌을 내렸다.[13])

윔퍼는 어린 신부를 여동생들에게 인사시킨 후에는 한 달 동안 런던 내에 있는 박물관과 화랑을 순회하면서 그가 알고 지내는 각계각층의 지인들에게 자랑했다. 윔퍼가 에콰도르에서 기록해 온 고도 측정값을 모두 계산해준 윌리엄 엘리스William Ellis의 초대를 받아 그리니치 천문대에 가서 차를 마시기도 했고, 윔퍼가 대영박물관에서 알게 된 사서 리처드 홈스Richard Holmes와 윈저성Windsor Castle에서 점심을 먹고 차를 마시기도 했다. 또 램버스 로드를 따라(당시 이 길은 전찻길 개설을 위해 끝에서 끝까지 파여 있었다.) 산책하면서 자신이 태어난 집이자 거의 평생 동안 산 집을 보여주기도 했다. 템스디턴을 방문했을 때는 샌프란시스코의 지진 피해를 조사하러 출장을 갔다가 막 돌아온 윌리엄에게도 인사시켰다. 윔퍼는 7월 14일 마터호른 초등 기념식에 맞춰 체르마트에 갈 예정이었으며 이디스를 데리고 갈 생각이었는데, 기념식 전에 제네바에서 며칠 머물기 위해 6월의 마지막 날에 빅토리아역에서 기차를 탔다.

제네바에서 윔퍼는 헨리 몬태니어와 어울렸고, 이디스는 퀸디히 부인과 시장 구경을 다녔다. 윔퍼는 아내를 자랑하고 싶기도 했지만, 알프스에서 자신의 위상이 어느 정도인지를 아내에게 자랑하고 싶기도 했다. 윔퍼는 알프스의 등반 거점에 있는 거의 모든 사람을 알고 있었고, 마음이 편안하고 자기 방식대로 이야기할 수 있는 자리에서는 자신이 유쾌한 사람이라고 증언해줄 만한 사람도 꽤 있었다. 그렇지만 윔퍼는 사람들이 쉽게 다가설 수 있는 사람은 아니었다. 샤모니와 체르마트에서 그는 여행 안내서 판매 대금이나 광고료를 수금하러 다닐 때나 만날 수 있는 사람이었다. 로버트 윔퍼는 "체르마트에 여러 번 갔었지만, 누군가 삼촌에게 하는 따뜻한 말 한마디 한 번 들어본 적이 없다."라고 인정했다.[14] 자일러 부부가 몸소 깨우쳤듯이 체르마트는 절대 외부인에게 호의적이지 않았다. 윔퍼는 마을이 유명해지는 데 마터호른 초등의 비극이 큰 몫을 한 만큼 마을 사람들이 자신에게 빚을 졌다는 생각을 잊지 않았다. 또한 호텔과 여관 주인을 비롯해 날로 성장하는 관광업에 종사하는 많은 상인으로부터 여행 안내서 판매 대금을 회수하는 일로 아무리 바빠도 마을 아이들에게 나누어줄 장난감과 사탕과 간식거리를 챙기는 일만은 잊지 않았다.

윔퍼와 이디스는 먼저 몬테로사 호텔에 묵다가 고르너 고지 빌라

*Gorner Gorge Villa*에서 일주일을 보내고, 세인트니클라우스에서 며칠, 사스페에서 일주일을 머물렀다. 7월 14일 마터호른 초등 기념일에는 행사가 채 끝나기도 전에 자리를 떴다. 불꽃놀이를 볼 수 있도록 두 사람의 좌석을 미리 준비해두지 않아 기분이 언짢아진 탓이었다. 두 사람은 슈탈덴에서 사스페까지 걷기도 했는데, 차를 마신 시간을 포함해서 8시간이 걸렸다. 매트마크Mattmark 호수에서 물놀이를 한 다음에는 뙤약볕 아래 슈탈덴까지 걸어서 돌아왔다. "그런 여건에서도 이디가 꽤 잘 걷는다고 생각했다."[15]

웜퍼는 화가인 알베르 고스Albert Gos와도 시간을 보냈다. 고스는 세 아들과 함께 세인트니클라우스에 머물고 있었는데, 그중 두 아들이 마터호른을 올랐다. 마터호른을 등정하고 돌아온 그들을 만난 웜퍼는 고스 못지않게 기뻐하며, '그의 산'에 오른 과정을 자세히 캐물었다. 고스 가족과 친분이 있는 발터 돌푸스Walter Dolfuss는 웜퍼 부부에 대한 감동적인 추억담을 남겼다. 의지가 강한 등반가였던 발터의 어머니가 돔Dom 하계 시즌 초등을 해냈는데, 웜퍼가 먼저 다가가 축하를 전하며 등반 과정에 대해 자세히 캐물어 소년 발터를 놀라게 했던 것이다. 당시 여덟 살이었던 발터 돌푸스는 훗날 이렇게 회상했다.

> 웜퍼의 맑고 파란 눈은 그에게 공감하는 사람에게 말할 때, 특히 산에 관한 얘기를 할 때는 가장 인자하게 빛났던 반면에 단순한 호기심이나 충동 때문에 접근하거나 허락도 없이 말을 거는 사람들에게는 차갑다 못해 얼음장 같았다.[16]

소년 발터는 어느 날 저녁 윔퍼의 호텔에 책을 전달하는 심부름을 하러 갔다가 윔퍼 부부가 식사 중임을 알고 문밖에서 조용히 기다렸다.

> 윔퍼는 나를 발견하더니 자리에서 일어나서 내 쪽으로 걸어왔다. 그리고는 내 손을 잡고 거대한 식당을 가로질러 식탁까지 데리고 가더니 나를 의자에 앉히고 나서 커다란 유리잔에 스파클링 샴페인을 따라주었다. 하지만 잔이 너무 커서 흘리지 않고 마시려면 의자에서 다시 일어나야 했다. 그 맛은 환상적이었다.

손님들 사이에서 놀라운 시선을 한 몸에 받은 이 여덟 살 소년은 흥분한 상태로 마을 곳곳을 뛰어다녔다.*

윔퍼는 샤모니로 넘어가 한 달 동안 머물면서 수금을 하지 않을 때는 이디스에게 등반 기술을 가르쳤다. 당시 건설 중이던 몽땅베르 철도 위쪽 메르드글라스에서 "이디는 생애 첫 빙벽등반을 했다."[17] 이디스의 등반 경력은 그것으로 막을 내렸지만, 딸이 그 뒤를 이었다. 윔퍼 부부는 장센의 집을 방문하기도 하고, 화가 가브리엘 로페Gabriel Loppe와 부부 동반 모임을 가지기도 했다. 몬테니어와는 거의 매일 만났다. 일정을 마치고 영국으로 돌아간 후에는 요크셔산악회에서 강연 요청이 들어와 윔퍼는 이디스를 데리고 리즈로 갔다.

윔퍼는 결혼을 했으니 독신일 때 생활 방식을 버리고 가구가 잘 갖춰진 집을 구해야 한다고 생각했다. 러드게이트 힐 사무실에서, 잘

---

* 윔퍼는 발터의 어머니 프라우 돌푸스Frau Dolfuss에게 1858년 돔의 초등자였던 요한 춤 타우그발트Johann zum Taugwald에 관해 쓴 소책자를 건넸다. 아들 발터는 훗날 에베레스트에서 돌아온 에드먼드 힐러리Edmund Hillary를 만나 그 소책자를 내밀면서 윔퍼의 서명 아래에다 서명을 부탁했다. 발터는 그 일을 두고 이렇게 말했다. "마터호른 정복자와 에베레스트 정복자의 친필 서명이 동시에 담긴 종이가 이 세상에 또 존재하리라고는 생각하지 않는다."

정돈되어 있기는 하지만 빈틈없이 꽉 찬 평생 모은 물건들 — 각종 기구를 비롯한 그림, 책, 박물학 수집품 등 — 을 치워보려고 시도는 했지만, 물건을 버리는 일은 그의 성격상 매우 어려운 일이었다. 1907년 봄에는 이사할 집을 구하기 위해 엑서터Exeter까지 먼 거리를 다녀왔지만 소득이 없었다. 윔퍼가 런던을 영원히 떠나는 것은 있을 수 없는 일이었다.(윔퍼는 생애 마지막으로 쓴 편지에서 런던을 "나의 고향"이라고 불렀다.[18]) 런던을 떠나는 대신 윔퍼는 런던 남서쪽 테딩턴Teddington 근교에 있는 새로 지은 주택을 장만하고 나서, 그해 여름에 사우스엔드 하숙집과 러드게이트 힐 사무실을 정리한 다음, 수백 상자에 달하는 잉카 도자기와 그린란드 원주민의 유골, 판목, 등반 관련 수집품, 기압계, 책자와 서류, 북극에서 가져온 썰매를 비롯한 평생 모은 수집품을 몽땅 새집으로 옮겼다.* 이사 때문에 그해에는 11월 말이 되어서야 스위스 연례 방문에 시간을 낼 수 있었다. 그해 12월은 영국산악회 창립 50주년이 되는 달이었는데, 윔퍼는 샤모니에서 친구들과 모여서 이를 기념했다.

윔퍼가 그달에 런던이 아닌 샤모니에 있었던 것은 분명 굉장히 이례적인 일이었을 것이다. 젊은 회원들의 눈에 비친 윔퍼는 차갑고, 다가서기 힘들고, 그를 잘 모르는 사람만이 거부당할 위험을 무릅쓴 채 말을 걸 정도로 주로 혼자 있는 사람이었다. 50년간 영국산악회의 공식행사는 윔퍼의 삶을 지탱해준 기반이었다. 윔퍼는 연례 만찬에 한

---

* 월드그레이브 로드Waldegrave Road 82번지였던 윔퍼의 주택은 여학교가 되었다가 지금은 병원이 들어섰다.

번도 빠짐없이 참석했다. 그리고 모임이 끝난 후에는 친구들 — 마틴 콘웨이, 터켓, 매슈스, 데이비드슨, 프레시필드 등 — 을 집으로 초대해 함께 저녁을 먹었다. 젊은 회원들의 눈에 "[윔퍼의] 낯익은 네모진 턱과 변함없이 별난 복장은 언제나 지난 세기인 1860년대 체르마트를 상기시켰다. 그가 만든 신화는 그를 단절된 과거의 인물이 아닌 전설적인 인물 자리에 올려놓았다."[19] 청년 아널드 런은 윔퍼에게 비호의적이었는데, 영국산악회에서 아버지를 통해 윔퍼를 만난 후에 이렇게 썼다. "내가 윔퍼를 만난 게 분명한 건가? 이런 무뚝뚝한 영감이(내가 만났을 때 그는 68세였다.) 내가 어릴 때 혼자서 철자를 말할 수 있던 첫 번째 어른 책에 들어간 그 불후의 명작들을 그린 그분이라는 사실을 실감하기 어려웠다."[20] 윔퍼의 오랜 친구였던 더글러스 프레시필드는 추모 기사를 쓰면서 윔퍼가 차가운 사람이었다는 평판을 바꾸고 싶은 마음에 다음과 같은 구절을 넣었다. "대화를 나눌 때면 위트와 풍자가 넘쳤던 그는 친구들 사이에서 오랫동안 사랑받는 인물이었다."[21] 생애 말년에 영국산악회 행사에 정기적으로 참석한 것은 윔퍼의 불면증 완화에도 도움이 되었다. 『알파인 저널』의 편집장이었던 존 퍼시 파라John Percy Farrar는 윔퍼를 이렇게 기억했다. "훌륭한 노인이었네. 내게 항상 정중하게 대해주셨지. 그리고 회의만 했다 하면 순식간에 잠들곤 하셨네."[22] 윔퍼의 친구이자 강연가였던 콜슨 커나한은 윔퍼가 결혼하기 전의 몇 년에 대해 애정 어린 초상을 남겼다. "나에게, 또 내가 알고 있는 많은 이에게 그는 친절을 베풀고 끊임없는 우정을 보여주었다."[23]

테딩턴으로 이사하고 처음 찾아온 봄에 딸 에설 로사Ethel Rosa가

윔퍼의 부인 이디스 르윈(1883~1914)과 딸 에설 로사(1908~1969). (사진: 나이젤라 홀 제공)

태어났다. 딸의 중간 이름 '로사'는 의심의 여지없이 윔퍼의 삶에서 많은 부분을 결정지었던 체르마트의 호텔, 즉 영국산악회의 "굉장히 용감한 사나이들"과 처음 만난 곳이자 5년 뒤에 큰 상처를 안고 자일러 부부의 품으로 돌아온 곳에서 따온 이름일 것이다.*

윔퍼는 처음에는 딸을 자랑스럽게 여겼고 딸의 목청에 대해 다음과 같이 농담을 하기도 했다. "우리 아기는 홀쩍이지 않고 크게 웁니다."[24] 몬태니어에게는 "여기는 날씨도 좋고 아기의 폐도 좋단다."라고 썼지만, 그 무렵은 분명 혹독한 시련의 시간이었던 것으로 보인다.[25] 윔퍼는 자신의 일상이 방해받는 일을 견디지 못했다. 콜슨 커나한의 눈에 비친 그는 "내가 여태껏 만나본 사람 중에서 자기 방식대로의 삶을 가장 좋아했던 사람"이었다. 하지만 커나한은 윔퍼가 아이들에게 이타적인 태도를 보였던 몇 가지 추억담으로 윔퍼에 대한 회고록을 마무리했다. "아이들과 함께 있으면 그는 딴사람이 되었다. … 아이들은 항상 그를 좋아하고 따랐다."[26] 아마도 윔퍼가 가진 천성적인 관대함의 최대 수혜자는 아이들이었을 것이다. 어른들과는 달리 아이들은 윔퍼의 자신감에 문제를 일으키지 않았다. 알프스와 그린란드, 캐나다에서 만난 아이들에게 또 그의 조카들에게 윔퍼가 친절을 베푼 일화는 상당히 많다. 커나한은 자신의 양아들이 "윔퍼에게 푹 빠져 있었으며, 이 위

---

* 1904년 몬트리올로 가는 배에서 윔퍼는 승객들을 대상으로 캐나다 로키산맥의 캔모어Canmore 위쪽으로 우뚝 솟은, 지금은 세자매봉Three Sisters으로 알려진 봉우리들의 이름을 정하기 위한 투표를 진행했다. 윔퍼는 참가자들이 고를 수 있는 이름을 많이 준비했는데, 모두 에드워드 윔퍼의 첫 글자인 'E'로 시작했다. Edward Whymper, 'Notes on a journey made in Canada in 1904,' 15 June, SPRI MS 822/28; BJ.

대한 등반가가 친히 등반 요령을 가르쳐주는 수고를 아끼지 않았다는 점을 특히 자랑스럽게 생각했다.”라고 썼다.[27]

물론 윔퍼의 가르침을 감사한 마음으로 새겨들은 어린이와 생후 몇 개월밖에 되지 않은 시끄러운 아기는 달랐을 것이다. 그의 불면증은 갑작스러운 생활의 변화 때문에 전혀 나아질 기미가 없었지만, 그 무렵 윔퍼는 일기에 이렇게 썼다. “또 한 가지 사실은 침대에 여자와 함께 있으면 잠이 잘 오는 편이라는 것이다. 그녀는 나에게 안정감을 주는 것 같다.”[28] 이디스는 딸을 깊이 사랑했지만, 윔퍼에게는 분명 처자식에게 에너지를 쏟는 일이 매일같이 삶에 태풍이 몰아치는 느낌이었을 것이다. 또 그에게 가치관이 전혀 다른 타인과의 삶에 적응하는 일도 매우 힘든 일이었을 것이다. 윔퍼는 대외적으로는 아내에 대해 다음과 같은 농담도 했다. “내 마누라는 너에게 장수와 번영을 기원하는 데는 나와 뜻을 같이하지만, 올해 제네바에 갈 때는 나와 같이하지 않을 예정이란다. 모자 상자를 아직 다 풀어보지 못했거든.”[29] 남에게 내색은 하지 않았지만 실상 윔퍼는 아내의 시간 관념과 소비 습관, 일상을 방해하는 아기를 견디지 못할 때가 많았고, 그런 날은 보통 ‘구경거리’(일상적인 부부 싸움을 가리키는 프랭크 에일릿의 표현이었다.)로 끝났다. 윔퍼의 과음 습관은 부부 싸움의 주범이었다. 딸 에설이 10개월이 되었을 때 이디스는 집을 나가 별거 명령을 신청했다. 그 말인즉, 참을성 많은 에일릿(당시 결혼해서 가정을 이루고 있었다.)이 “넋두리를 듣기 위해” 일요일 오후에 불려 나와야 했다는 뜻이다.[30] 변호사들의 편지를 받고 이디스는 한 달 만에 집으로 돌아왔다. 윔퍼가 생활비 지급을 거부했기 때문이다. 에일릿은 휴잇에게 이렇게 적었다. "두 분은 … 사이좋은 암수 멧비둘기처럼(?) 다정하다네. 한 가지 좋은 소식이 있는데 말이야. 웜퍼 씨가 예전만큼 술을 많이 드시지 않아."[31] 에일릿은 그 무렵 웜퍼의 고용인 신분이 아닌 왕립보험회사 — 윌리엄이 총무이사로 있는 회사 — 의 직원이었지만, 웜퍼의 삶에 위기가 닥칠 때면 여전히 불려 나오곤 했다.

그해에 웜퍼는 캐나다산악회로부터 로키산맥에 있는 오하라 O'Hara 호수에서 열리는 연례 여름 캠프에 참석해달라는 초대를 받았다. 주최자인 아서 휠러Arthur Wheeler와의 친분 — 혹은 가만히 있으면 좀이 쑤시는 성격 — 으로 인해 웜퍼는 참석은 하되 사흘만 있다가 오기로 타협을 보았다. 리버풀에서 출항한 배의 선장은 새로 장만한 마르코니 무선 전신기를 시험해보고 싶은 마음에 웜퍼에게 전보를 보내라고 부추겼다. 웜퍼는 이디스에게 다음과 같은 전보를 보냈다. "나는 육지가 보이지 않는 곳에 있지만 배 위에서 잘 있으며, 배가 승객들만큼 한결같다는 소식을 전할 수가 있구려."[32] 기차를 타고 헥터Hector에 내려 오하라 호수까지 걷는 데는 5시간이 걸렸다. 지인의 조카인 열한 살짜리 소년이 길동무도 되어주고 가방도 들어주었다. 모기는 풍족했지만, 웜퍼의 의견에 따르면 음식은 부족했다.

> 어제와 오늘 나는 거의 아무것도 먹지 못하고, 늘 마시던 음료도 구할 수 없었다. 나는 당연히 휠러가 준비해놓을 줄 알았다. 캠프에는 고기도 없었고, 맥주는 물론 어떤 종류의 마실 것도 없었다. 수프도 없었고, 치즈도 없었다.[33]

차와 커피, 빵, 콩, 잼, 포리지(이것은 윔퍼가 혐오하는 음식이었다.)가 식단의 전부였다. 기분이 썩 좋지 않았던 윔퍼를 캠프 참가자들은 차가운 사람으로 기억했다. 윔퍼의 기억은 "나는 질문과 바보 같은 대화에 끊임없이 시달렸다."라는 것이었다.[34] 윔퍼는 특유의 풍자와 유머를 섞어 연설을 마친 후에 쿨리지와 보니 및 다른 영국산악회 회원들이 보내온 편지를 대독했다.

> 여러분과 여러분이 하는 행사에 특별한 관심을 보인 사람들이 있습니다. 제 신발을 만들어준 구두장이가 명함 열 장을 보내와 여러분 모두와 친해지고 싶다는 바람을 내비쳤습니다. … 신사 숙녀 여러분, 이것은 제가 여러분 앞에서 연설하는 영광을 가질 수 있는 처음이자 마지막 행사가 될 것입니다. 저는 일부러 이 모임을 위해 유럽에서 왔고 내일 돌아갑니다.[35]

캠프에서 2박을 한 후에 윔퍼는 헥터까지 다시 걸어가 그날 오후에 출발한 몬트리올행 기차를 탔으며, 5주일 후에 테딩턴 집에 도착했다. 그는 캐나다를 횡단하는 기차 안에서 연례 캠프에 관한 기고문을 썼는데, 다음 날 기고문이 실린 『몬트리올 가제트Montreal Gazette』를 들고 배에 탈 수 있었다.[36]

윔퍼는 런던에서 일주일을 체류한 후에 기차를 타고 체르마트로 이동했다. 새로 지은 쇤빌 산장Schönbiel Hut 개장식에 참석해달라는 초청을 받았기 때문이다. 그는 이번에는 운에 맡기지 않고 맥주가 반드시 제공되어야 한다고 콕 집어 요구했다. 쇤빌 산장까지 4시간쯤 걷는 동안 마터호른의 북벽을 지났는데, 한 교수가 옆에 바짝 붙어 졸졸 따라왔다. "그는 귀찮게 달라붙어서 … 가는 내내 떠들어댔다."[37] 그 일만 빼면 점심은 훌륭했고, 저녁에는 스위스산악회 간부들과 맥주를 마셨다. 그 무렵 런던의 여느 길 못지않게 속속들이 아는 알프스의 길을 걸으면서 윔퍼는 문득 가버린 청춘을 실감했다. "내가 기준으로 설정한 시간보다 훨씬 더 많이 초과했다."[38] 그리고 몽땅베르에서 샤모니로 돌아오는 데 2시간 가까이 걸린 날에는 슬픈 어조로 이렇게 적었다. "전에는 이 거리를 60분에 한참 밑돌게 주파했었는데…."[39] 윔퍼는 일기에 이디스에게서 기다리는 편지가 오지 않는다는 불평을 적었지만, 체르마트를 돌아다니는 동안 "이디에게 줄 꽃을 꺾어 가야겠다."라고 생각했다. 다음 여름에는 이디스와 딸을 데리고 알프스를 찾고 싶었지만, 그런 일은 일어나지 않았다. 그는 마르티니 근처를 걸으며 한 의사와 이야기를 나누었다.

> 나는 그에게 내 몸에 별 이상은 못 느낀다고, 다만 오래된 심장이 딱딱해졌거나 아니면 차가워진 탓에 충분히 사랑을 느낄 수 없어서 새 심장을 원하고 있다고 말했다. "저는 정말 감사하게 여길 것입니다. 만일 선생님께서 오래된 것을 꺼내고 따뜻하고 힘차게 박동하는 새것을 넣어주신다면 말입니다." 그러자 그는 이미 파리에서 그렇게 되었다고 말했다.[40]

겉으로는 한동안 아내와 화해한 것처럼 보인 윔퍼는 여행과 친구에 대한 열정을 되찾았다. "나이에 비하면 나는 꽤 건강한 편이지. … 말도 안 되는 생각이네만, 어린아이가 된 기분이라니까."[41] 윔퍼는 에드워드 클로드의 1910년 부활절 모임에 초대받았다. 토머스 하디가 윔퍼가 들려준 마터호른 비극을 잊지 못하고 그를 다시 만나고 싶다고 청했기 때문이다. 성 목요일*에 토머스 하디와 에드워드 클로드는 올드버러행 기차 안에서 이디스와 두 살배기 딸 에설을 동반한 윔퍼를 만났다. 부활절 모임에서 윔퍼는 그린란드와 그곳에서 했던 화석 수집 작업에 대해 자세히 이야기했으며, 클로드와 옛 추억담을 나누기도 했다. 하디는 마터호른을 소재로 쓴 소네트(14행시)를 윔퍼에게 읽어주었다.

> 그대를 바라볼 때면 나의 마음은 비상하노니
> 그날 비극으로 끝난 남자다운 위업은

소장하던 『마터호른 등정기』 책을 가져온 하디의 요구에 따라 윔퍼는 1865년 등반 이야기를 다시 해주었다.[42] 부활절 월요일에 윔퍼의 세 식구는 토머스 하디와 함께 해변으로 가서 새우를 잡았다. 클로드가 기억하는 윔퍼의 마지막 모습은 이러했다. "새우 한 자루와 크림 한 병, 새우 껍질을 까러 부엌으로 가는 길, 크림에 묻힌 새우 요리 한 접시를 들고 다시 나온 그. 그리고 완벽하게 조화를 이룬 맛."[43] 윔퍼가 하디에게 자랑스럽게 아내와 딸의 사진을 보낸 지 두 달 만에 이디스는 짐을 싸서 집을 나가버렸다. "아내는 1910년 6월 16일에 나를 버렸네. 그때부터 나를 괴롭히고 힘들게 하려고 최선을 다하고 있지. 그래서 나는 완전히 무너지기 일보직전이라네."[44]

윔퍼는 당대의 관습대로 이디스를 자신의 삶 속으로 편입시키려고 했다. 매주 생활비를 받았지만, 그녀에게 윔퍼는 분명 같이 살기에

---

* 부활절 직전의 목요일로 예수가 제자들의 발을 씻어준 날이다. ― 옮긴이

는 너무나 다른 사람이었을 것이다. 이디스와 비슷한 또래였던 로버트는 그녀의 '잔인한' 결혼 생활에 대해 연민을 느꼈으며, 이디스는 비밀을 털어놓을 정도로 로버트를 신뢰했는데, 삼촌 윔퍼에 대해 윔퍼의 전기 작가 프랭크 스마이드에게 털어놓은 다음과 같은 이야기가 이를 증명해준다.

> 성생활에서 삼촌은 생애 말년에도 참으로 '난폭한 남자'였던 게 분명합니다. 이 사실을 알 수밖에 없는 적어도 한 사람에게 직접 들었거든요.[45]

이디스의 남동생 레너드는 윔퍼가 집 안에서 벌거벗고 돌아다니는 악의 없는 습관 때문에 여자 가정부를 두기가 곤란했었다고 기억했다.[46] 윔퍼는 부자라고 말할 수는 없었지만 꽤 부유한 편이었다. 그가 남긴 유산의 절반 정도는 머리 양조장의 지분이었는데, 거의 5,000파운드 — 현재 가치로는 약 20만 파운드 — 에 달했으므로 이디스는 이만큼을 상속받을 수 있었다. 윔퍼는 사랑 때문에 결혼한 것은 아니었으면서도 결혼의 신성한 의무에 대해 고정적이고 전통적인 결혼관을 가지고 있었다.

윔퍼는 앨프리드 휴잇에게 이디스가 제기한 이혼소장의 사본을 보내면서 여백에 이렇게 적었다. "이 문서를 보면 지난 2년 동안 내가 겪은 일을 조금이나마 이해할 수 있을 것이다."[47] 윔퍼는 폭력적인 행동을 한 적이 전혀 없다고 부인하면서 "내가 술 취한 모습을 본 사람은 아무도 없을 것"이라고 주장했지만, "내가 아이 아버지라는 말을 믿지 않는다고 한 적은 가끔 있다."라고 시인했다. 이디스가 양육권을 요청한 것에 대해 윔퍼는 "그 아이는 그녀의 아이임이 틀림없다."라고 했다. 윔퍼는 항상 딸을 자랑했고 여행을 갈 때도 '아기' 사진을 가지고 다녔지만, 윔퍼 가문 사람들은 끝까지 에설을 완전히 받아들이지 않았으며 오랫동안 에설이 윔퍼의 딸이 아니라고 믿었다. 아내와 딸이 빠진 윔퍼의 유언장은 사후 소송으로 번졌지만, 명백하게 관습을 깬 행동에 대한 결과로 아내를 유산 상속에서 배제한 것은 윔퍼의 성격과 완전히 부합하는 행동이었다. 12월에 이혼이 성립되었다. 윔퍼는 휴잇에게 성격 증인*이 되어달라는 부탁은 했지만, 항소는 하지 않았다. 몬태니어에게는 "나는 힘든 한 해를 보냈단다."라고 썼다.[48]

윔퍼는 여름과 가을에 걸친 석 달을 알프스에서 보냈다. 이디스와 '아기'는 옆에 없었다. 체르마트 사람들이 저마다 이디스의 안부를 물어와 윔퍼는 어쩔 수 없이 '아내와의 이혼 소식'을 전해야 했다. 윔퍼는 폴링거와 알베르 고스, 오랜 친구인 겐티네타를 만났으며, 시니갈리아 — 카렐이 죽던 날 카렐의 손님이었던 젊은 변호사 — 와도 저녁 시간을 함께 보냈다. 또 '비행술' 시연을 보러 심플론Simplon에서부터 브리크까지 걸어가, 시속 16킬로미터라는 속도 제한을 훨씬 웃도는 거리 이동의 20세기 현상을 지켜보기도 했다. '산악 사진의 아버지'로 손꼽히는 사진작가 비토리오 셀라Vittorio Sella는 차를 타고 가다가 윔퍼를 알아보고는 차를 세우고 말을 걸었다.

굉장히 실제적인 사람이었던 윔퍼는 당대에 발전한 새로운 기술

---

* 법정에서 원고나 피고의 성격과 인품 등에 관해 증언하는 인물 — 옮긴이

들에 매료되었는데, 특히 사진술에 심취했다. 그는 1906년에 이미 몽블랑 등반 과정을 움직이는 영상으로 촬영할 수 없는지 고민하고 있었고, 1909년에는 어니스트 섀클턴Ernest Shackleton이 남극점 근처 도달 과정을 촬영한 시네마토그래프를 보러 앨버트 홀에 갔었다. ("강연은 잘했지만, 그가 쓴 책이 문학적 역량을 보여줄지는 의심스럽다."라고 말한 윔퍼의 지적은 날카로웠다. 섀클턴의 책은 상당 부분 대필로 쓰였다.⁴⁹) 윔퍼는 런던 시내에 철도가 놓이는 과정을 보면서 자랐고, 톱니바퀴식 철도가 알프스를 깎고 뚫는 과정도 보았다. 정확도가 떨어지는 기압계의 활용도를 높이고자 직접 다수의 기압계로 오차를 실험하느라 여러 해를 보냈지만, 보수주의에 입각한 사고방식을 기반으로 기술이 인간의 행동 양식에 미칠 영향에 대한 경각심은 풀지 않았다. 윔퍼는 알프스에서 사람들이 자동차를 타는 모습을 보고 의아해하면서 몬태니어에게 이렇게 썼다. "자동차와 택시 또 그런 종류의 모든 탈것을 싫어하는 너와 뜻을 같이한단다." 타고난 호기심 덕분에 1870년대 런던에서 이루어진 초기 전화 실험 때는 갔었지만, 훗날 전화기 사용은 비판적인 관점으로 보았다. 1903년에 800킬로미터 종주를 마치고 돌아오는 길에 윔퍼는 뉴욕에서 한 호텔 종업원과 실랑이를 벌였다. 그 종업원은 지시받은 대로 배에 탑승할 시간에 맞춰 전화를 걸어 윔퍼를 깨웠지만, 윔퍼는 소리 때문에 깼을 뿐 전화를 받지는 않았다. 윔퍼는 전화가 특별한 경우에나 쓰는 것이지 "보편적으로 쓸모 있는" 물건이 아니라고 하면서 전화 받기를 거부했다.⁵¹ 하루는 밤중에 샤모니까지 걸어서 돌아가고 있었는데, 윔퍼와 동행한 이가 전화로 마차를 부르자고 제안했다. 윔퍼는 그날 일기에 이렇게 적었다. "이것은 유용한 물건이었다. 전화로 이득을 본 첫 번째 경우이다."[52] 한두 해쯤 후에 아서 휠러는 캘거리Calgary에 있는 호텔에 머무는 윔퍼에게 전화를 걸었다. 잠깐의 침묵 후에 "윔퍼 씨는 전화가 마음에 들지 않아 오지 않겠다고 말했다." 휠러는 윔퍼와 관심사를 공유하고, 그의 별난 기질을 잘 견뎌주고, "더할 수 없이 오만한 사람"을 받아들여준 사람이었지만, 한편으로는 윔퍼를 "친절하고 유쾌하고 인간적인" 사람으로 기억했다.[53]

이혼 후 삶의 의미를 잃어버린 윔퍼는 몬태니어에게 "하루 종일 짜증이 솟구치고 지루하고 불행했다."라고 털어놓았다.[54] 윔퍼는 손수 집필하려는 '소년을 위한 100가지 이야기'라는 책을 존 머리에게 제안했다. 체르마트 여행 안내서 1910년판에는 이 책을 준비 중이라는 광고가 실렸지만, 결국 이 책은 세상에 나오지 않았다. 프랭크 에일릿은 그 이야기 중 상당 부분을 읽고 나서 "일부 다소 저속한 부분이 있으며, 어떤 출판업자도 허락하지 않을 묘사도 있다."라고 생각했다. 더 훌륭한 책을 쓸 수 있을 것이라고 자부한 에일릿은 '아는 사람이 적은 위대한 윔퍼의 100가지 이야기'를 제안했다. 그 책의 첫 번째 꼭지에는 '에드워드 윔퍼의 무기고'에 대해 쓸 예정이었다.

이 위대한 인물은 강도로부터 신변을 보호하기 위해 반만 장전한 2연발총을 서재에 놓아두는 습관이 있었다. … 하루는 중요한 볼일이 있어 집을 잠깐 비울 일이 생겼는데, 그가 다소 예기치 않게 돌아왔더니 정원사가 … 그 총을 만지작거리고 있었다. 이 위대한 인물은 "거기서 뭘 하는 거요?"라고 물었다. 정원사는 황급히 무기를 제자리에 갖다 놓고 혼란스러운 표정으로 자리를 떴다. 정원사가 가고 난 후에 이 위대한 인물은 총을 더 안전한 곳으로 옮겨야겠다고 생각하고 공이치기를 조심스럽게 내렸다. 하지만 그 총은 정원사가 만지면서 완전히 장전이 되어 있었다. 이 위대한 인물이 방아쇠를 건드리자마자 총알이 날아가 그의 명저인 안데스 책 삽화의 인도지紙 교정쇄가 들어 있는 커다란 액자를 산산이 조각내 버렸다.[55]

웜퍼는 마침내 방에서 물건을 치우기 시작했다. 잉카 공예품과 그린란드 원주민의 유골, 각종 도구 및 소장품 수백 점은 대영박물관에 기증했다. 그해 생일에는 선물을 받기보다는 주기로 마음먹고 크로의 초상화를 영국산악회에 기증했다. 1911년 8월 8일, 웜퍼는 빅토리아역에서 기차를 타고 파리를 거쳐 제네바로 이동했다. 직접 만난 적이 거의 없었던 쿨리지를 만나는 일정을 넣은 것으로 보아, 웜퍼는 이 무렵에 생을 마감할 시간이 점점 다가오고 있음을 예감하고 있었던 것 같다. 제네바에서는 여러 친구들과 함께 "밤늦게까지 깨어" 있었으며, 그 다음으로는 한여름이라 사람들로 북적이는 체르마트로 넘어갔다.[56] 8월 마지막 주에는 몬테로사 호텔에서 2박을 한 후에 쿨리지를 만나러 그린델발트로 이동했다. 당시『알파인 저널』의 편집장이었던 조지 옐드George Yeld도 함께 만났다. 하루 동안 그들과 함께 보내면서 "주로 일반적인 얘기만 하고 나는 그[쿨리지]를 자극할 만한 주제는 모두 피했다. 그는 내가 예상했던 것보다는 훨씬 좋아 보였지만 살이 많이 불어 있었다."[57] 다음 날 웜퍼는 베른으로 가서 스위스산악회에 있는 친구

뒤비Dübi를 만난 후에 곰 공원에 들렀다. "그곳에 있는 곰 여덟 마리가 스위스산악회보다 훨씬 더 흥미로웠다."[58] 9월 9일 토요일 늦은 오후, 웜퍼는 제네바에서 샤모니까지 이동했다. 마지막 알프스 방문을 축복이라도 하듯 하늘은 더없이 청명했다. 웜퍼는 프레데리크 파요를 만나 1870년에 몽블랑 등반 중 실종된 미국인들의 운명에 관한 이야기와 그들의 흔적이 곧 발견될 것이라는 이야기를 나누면서 그 흔적을 함께 찾아보기로 의기투합했다.[*]

웜퍼의 마지막 일기는 다음과 같은 말로 끝난다. "밤이 될수록 몸 상태가 썩 좋지 않았다."[59] 그날 웜퍼는 취리히 주재 영국 영사인 친구 헨리 앵스트 경에게 프랑스어로 편지를 썼다. 그가 샤모니로 와주기를 바란다고 쓰면서 니스Nice를 거쳐 집으로 돌아갈 계획이라고 말했다. 평소와는 달리 의사는 찾지 않았다. 웜퍼는 쿠테 씨의 호텔에 도착한 지 일주일이 되던 날 방에서 숨을 거둔 채 발견되었다. 웜퍼는 오래전부터 류머티즘성 가슴통증과 간헐적인 어지럼 발작에 시달렸으며 시력도 부쩍 나빠지고 있었다. 아브루치 공이 르웬조리산맥Rwenzori Mountains 원정에 관해 쓴 책에 서평을 써주기로 약속한 것을 후회하면서 웜퍼는 몬태니어에게 쓴 편지에서 언제나 그랬던 것처럼 이 일을 철저하게 해내고 싶지만 너무 많은 글자를 읽어야 한다고 불평했다. "오! 내 눈, 내 불쌍한 눈! 아무리 넘겨보아도 선명한 페이지가 한 장도

---

[*] 웜퍼는 1820년 몽블랑에서 실종된 러시아인 요제프 하멜Joseph Hamel 일행의 시신이 약 40년 후에 보송 빙하에서 발견된 전례에 따라 1870년 몽블랑에서 실종된 미국인 존 체이스 랜들John Chace Randall 일행의 시신이 40~50년 후에 브렌바 빙하나 보송 빙하에서 발견될 것이라고 생각했다. —옮긴이

없구나."[60] 몬태니어에게 캐나다에서 겪은 철도 사고를 설명한 편지에서는 이렇게 털어놓기도 했다. "나는 통나무처럼 사는 삶에는 관심이 없기에 자살에 대해 자주 생각한다."[61] 아마도 윔퍼는 마지막 숨이 다할 때까지 떠나버린 아내와 딸을 생각하고, 늘 그랬듯이 샤모니 계곡에서 가장 훌륭한 가이드였던 미셸 크로의 죽음을 고통스럽게 상기하면서 홀로 죽음을 맞았을 것이다.

윔퍼의 장례식은 나흘 후에 치러졌다. 장례식에 참석하기 위해 남동생 찰스와 윌리엄, 윌리엄의 딸 에이미가 런던에서 샤모니로 왔고, 이디스는 윔퍼의 관에 올려놓을 화환을 보냈다. 마을 사람 모두가 윔퍼의 관 뒤에서 장례 행렬을 따랐다. 성공회 교회에서 장례식이 엄수된 후에는 "구름 떼처럼 몰려든 사람들이 지켜보는 가운데" 쿠테 씨의 호텔 정원에 있는 묘지에서 추도문이 낭독되었다.[62] 윔퍼의 묘는 훗날 샤모니 공동묘지로 이장되었고, 윌리엄은 화강암 비석을 마련해 다음과 같은 비문을 새겼다.

에드워드 윔퍼

저술가 - 탐험가 - 등반가

찬미하는 추모 기사 중의 몇 편은 윔퍼의 친구였던 더글러스 프레시필드가 썼는데, 『영국인명사전Dictionary of National Biography』에 수록될 윔퍼의 인물 소개를 쓴 사람도 그였다.* 프레시필드는 윔퍼가 "예술가로서 지닌 드문 기술과 예술적 감각" 그리고 그가 한 그린란드 탐험을 높

---

* 흥미롭게도 더글러스 프레시필드의 인물 소개를 쓴 사람은 로버트 브라운의 아들인 러드머스 브라운Rudmose Brown이었다.

1911년 9월 20일 샤모니에서 엄수된 윔퍼의 장례식 행렬 (사진: 에바 우드게이트 제공)

이 평가하면서 윔퍼를 "위대한 등반가"로 칭송했다.[63] 윔퍼는 분명 전문 가이드가 아닌 사람 중에서 등반으로 생계를 유지한 최초의 인물이었을 것이다. 『알프스 등반기』가 전달한 생생함은 등반에 관한 그 어떤 책보다도 효과적이었다. 윔퍼의 강연은, 삽화를 곁들여 극적으로 표현하고 런던 남부 억양을 쓰며 자기 비하적인 유머로 웃음을 자아낸 그의 강연은 지상 최대의 환희가 순식간에 사라져 버린 그 충격적인 이야기로 수천수만의 청중을 사로잡았다. 생애 마지막 20년 동안 윔퍼는 등반의 권위자이자 현역 등반가라는 이미지 속에서 살았다. 그는 등반에 노련했던 만큼 이런 이미지를 만드는 데도 노련했다.

　그가 알프스를 등반한 기간은 매우 짧았지만 강렬했다. 아무 경험도 없이 단지 젊은 혈기만을 앞세워 맥도널드와 함께 약 30년 전에 올라간 사람이 있는 산을 '초등'한 것을 시작으로, 짧고 과감했지만 성공하지 못한 두 차례의 마터호른 등정 시도, 등반 영웅들의 세계로 이끌어준 애덤스 라일리와 아돌푸스 무어와 함께한 1864년의 하계 등반, 그리고 등반사에 큰 획을 그은 대망의 1865년 4주짜리 등반까지 아마도 윔퍼의 짧은 알프스 등반 경력에서 가장 놀랍고 중요한 측면은 이것이 이루어졌다는 데 있을 것이다. 수공업에 종사한 이 런던 남부 토박이 청년은 산은 도전하면 오를 수 있다는, 그러면 영국산악회의 일원이 될 수 있다는 철저한 자기 믿음이 있었다. 이렇게 겉으로 보인 굳건한 의지는 사립학교 출신의 명망 있는 사회 구성원이 아니라는 자각에서 비롯된 내적인 자신감 부족을 가려주었다. 전형적인 빅토리아 시대 인물다운 자만심과 함께 스물여섯의 윔퍼는 혼자 힘으로 — 정기 운항 선박을 이용해 — 북극을 탐험할 수 있다고 믿었다. 철두철미하게 준비한다면 미지의 땅을 탐험하는 법도 배울 수 있다고 믿었다. 만약 북극에 다시 갔었더라면 북부 해안을 탐험하는 데 성공했을 테지만, 그가 이룩한 인생 최대의 업적을 쌓은 무대는 적도 안데스였다. 안데스 원정을 통해 윔퍼는 철저하게 준비된 원정대가 위대한 산을 발견하고 등반하는 과정을 보여주었다.

산악계 내부에서는 윔퍼가 하는 자기 홍보와 등반으로 돈을 벌려는 시도를 곱지 않은 시선으로 바라보았다. 이런 일은 80~90년 후에 크리스 보닝턴에게도 일어났다. 윔퍼는 이 여가 활동이 하나의 사업이 될 수 있음을 인식하고 있었지만, 등반은 윔퍼의 타고난 소질이기도 했다. 스물한 살 때 윔퍼는 이렇게 썼다. "대체 산에는 왜 올라가는 것입니까?'라고 사람들은 으레 묻는다. 그 질문에 나라면 이렇게 답하겠다. '높은 산에 올라가 보면 알게 될 것입니다.'라고." 50년 후, 윔퍼는 몽블랑 정상이 바라다보이고 에귀 베르트가 굽어볼 수 있는 묘지에 묻혔다.

윌리엄과 그의 아들 로버트는 윔퍼의 테딩턴 집을 정리했다. 프랭크 에일릿에게 남긴 유산과 세계 곳곳에 있는 많은 산악회와 산악 단체에 조금씩 기부하도록 남긴 돈을 제외한 나머지는 전부 윌리엄 앞으로 상속되었다. 윌리엄은 형 윔퍼가 아내와 딸을 유산 상속에서 배제했다는 사실에 화가 난 나머지 자기 앞으로 남긴 유산의 절반을 떼어 그들을 위한 신탁기금을 만들었다. 그 일이 진행되는 와중에 이디스는 변호사의 부추김을 받고 유언장 이의 제기를 신청했으며, 이 소송은 사람 좋은 윌리엄의 마음을 상당히 혼란스럽게 만들었다. 이디스는 다른 사람과 재혼했지만 윔퍼가 세상을 떠나고 나서 3년 후에 생을 마감했다.[64] 딸 에설은 잠시 보육원에 맡겨졌다. 윔퍼의 여동생들은 에설을 데려오고자 손을 썼다. 르윈 가문 사람들과 그들의 변호사와 얼마간 실랑이가 오간 끝에 결국 애넷이 양육을 맡기로 하고 에설을 헤이슬미어로 데려왔다. 애넷은 헤이슬미어에서 권위적이고 활동적이지만 친절하고 사랑받는 인물로 알려져 있었으며, 주변 사람을 돕는 일에 언제나 발 벗고 나섰다. 애넷은 금욕적이고 종교적인 삶을 살았기 때문에 "에설에게 연극이나 무용은커녕 영화를 보러 가는 것도 절대 허락하지 않았다."[65] 그러나 에설이 스물한 살이 되었을 때 애넷은 이제 아버지의 발자취를 따라가 볼 때가 되었다고 말한 뒤에 그녀를 체르마트로 데려갔다. 그곳에서 에설은 유명인사로 대접받았다. 아버지의 산,

알프스 봉우리들을 보자마자 산에 매료된 에설은 이듬해에 마터호른을 올랐다. 다만 아버지의 루트가 아닌, 그보다 더 까다로운 츠무트 능선을 택했다. 그녀는 쉰빌 산장 ─ 개장식 때 윔퍼가 알코올이 들어간 음료를 제공해달라고 요구했던 산장 ─ 에서 출발해 브로일로 하산했다. 마터호른 등정 이후에는 돔과 치날로트호른, 바이스호른을 올랐으며, 브렌바 능선을 통해 몽블랑에도 오름으로써 제2차 세계대전이 일어나기 전까지 놀라운 알프스 등반 경력을 쌓았다. 그녀는 영국산악회 회원인 에드워드 블랜디Edward Blandy와 결혼했는데, 전후에는 등반을 하지 않았다. 그래도 스위스는 자주 찾았는데, 1965년에 체르마트에서 열린 마터호른 초등 100주년 기념식에 참석했을 때는 관심을 한 몸에 받았다.

윔퍼가 살아 있었다면 에설을 자랑스럽게 여겼을 테지만, 윔퍼는 에설이 겨우 세 살일 때 눈을 감았다. 윌리엄은 왕립보험회사에 45년을 몸담은 후에 은퇴했는데, 그리고 나서 단 몇 달 만에 세상을 떠났다. 엘리자베스는 1935년에 세상을 떠나 윔퍼와 '그의 산'을 다룬 첫 번째 장편 극영화인 「더 챌린지The Challenge」(1938년)의 개봉을 보지 못했지만, 애넷과 찰스, 새뮤얼, 프랭크는 영화의 개봉을 지켜보았다. 마터호른을 향한 초등 경쟁을 극화하고 사랑 이야기까지 가미한 이 영화의 줄거리는 그들을 상당히 거북하게 만들었다. 그들은 언제나 『알프스 등반기』에 실린 윔퍼의 마터호른 등정기가 꾸밈없는 진실이라고 생각했으며, 사건의 무작위성, 즉 윔퍼가 원하는 서사에 맞게 사건을 취사선택했다는 사실을 쉽게 이해하지 못했다. 마터호른 참사 당시 겨우 다섯 살이었던 애넷은 오빠 윔퍼의 전기 작가였던 프랭크 스마이드에게 이렇게 썼다.

> 오빠가 오합지졸을 데리고 갔고, 결함이 있는 로프를 발견하지 못
> 했다는 사실은 오빠가 — 생이 끝나는 날까지 — 어느 세세한 것
> 하나 놓치지 않을 정도로 꼼꼼했었다는 사실을 아는 사람에게는
> 믿기 어려운 일입니다.[66]

윔퍼는 자신이 쓰고자 하는 내용을 이미 마음속에 굳히고 있었다. 영원히 떠나와 다시는 갈 수 없는 장소를 아로새기듯, 그의 혈기 왕성하고 호기로웠던 젊은 날을, 말 그대로 세상을 발아래 둔 젊은 날을 한 글자 한 글자 아로새겼다. 형 프레더릭의 그늘에서 벗어나겠다는 단호한 결의와 가업에서 맡게 된 역할을 바탕으로 윔퍼는 개인의 성취를 추구했지만, 마터호른 참사는 그를 완전히 다른 사람으로 바꿔놓았다.

　겨우 스물다섯 살에 마터호른의 비좁은 정상에 두 발을 딛고 섰을 때 윔퍼는 자신이 세계를 정복했음을 실감했을 것이다. 그 순간 그 자리에 오르려고 고군분투했던 5년의 세월을 돌이켜보았을 테고, 이미 승리를 쟁취한 알프스 봉우리들을 발아래로 내려다보았을 것이다. 1시간 후에 일어날 대참사에도 불구하고 『알프스 등반기』는 정상에 오른 그 순간 젊음의 역동과 노력을 생생하게 전달한다. 청년 시절 윔퍼는 도서 삽화가로서, 등반가로서, 또 극지 탐험가로서 무한한 야망을 품었다. 나이가 들수록, 그리고 그린란드에서 놀라운 성취를 이루겠다는 꿈이 점차 희미해질수록 윔퍼의 마음속에서 마터호른은 그가 이룩

샤모니에 있는 웜퍼의 묘. 바로 옆자리에는 『무상의 정복자』의 저자 리오넬 테레이Lionel Terray의 묘가 있다. (사진: 이언 스미스)

한 다른 성취들을 점점 더 무색하게 만들며 윔퍼의 내면 깊숙이 파고들었다. 『알프스 등반기』의 마지막 문장을 썼을 때 그는 앞날이 창창한 20대 후반의 청년이었지만, 이 문장은 인생의 무상함과 기억의 영원함을 감동적으로 환기시켰다.

> 최근에 있었던 슬픈 기억이 여전히 내 주위를 맴돌며 이따금 떠도는 안개처럼 부유하면서 햇빛을 가리고 행복했던 추억을 차갑게 일깨운다. 말로 표현할 수 없을 만큼 커다란 기쁨도 있었고, 되새길 엄두조차 내지 못할 만큼 커다란 슬픔도 있었다. 이런 감정들을 담아 말하건대, 산에 오르고 싶다면 오르되 용기와 체력은 신중함이 없다면 아무 소용이 없다는 점과 한순간의 불찰이 일생의 행복을 망칠 수도 있다는 점을 꼭 기억하기 바란다.[67]

끝까지 시대를 앞선 탐험가로 살다간 마터호른 초등자

이 책은 에드워드 윔퍼 서거 100주기에 맞춰 2011년에 영국에서 출간된 그리고 국내 최초로 번역·출간되는 그의 전기다. 2015년에는 마터호른 초등 150주년에 맞춰 스위스의 체르마트에서 기념식이 거행되었다. 이 기념식의 압권은 마터호른의 능선 위에 초등 루트를 따라 헤드램프를 촘촘히 놓아 불을 밝힌 점등 행사였다. 150년 전인 1865년 7월 14일, 그 루트로 기념비적인 마터호른 초등을 해낸 사람이 바로 이 전기의 주인공 에드워드 윔퍼다. 1786년 발마와 파카르의 몽블랑 초등이 알프스에 대한 미신을 타파하며 근대 등반의 서막을 열었다면, 1865년 윔퍼의 마터호른 초등은 알프스 등반 황금기의 막을 내려 등반사의 무대를 알프스에서 히말라야로 옮겨가게 한 분수령이었다.

하지만 승리의 기쁨은 잠시뿐이었다. 저자 이언 스미스는 생애에서 가장 빛나는 영예와 생애에서 가장 처참한 비극을 하루에 모두 겪은 윔퍼에 대해 이렇게 서술한다. "1865년 이후에도 극적인 등반 사고는 자주 일어났지만, 윔퍼가 마터호른 정상을 밟고 내려오면서 목격한 사고만큼 충격적인 장면을 목격하는 등반가는 아마 앞으로도 많지 않을 것이다. 비록 찰나의 순간이었겠지만 더글러스의 뒤를 따라 산에서 떨어져 나가는 자신의 환영을 보는 동안 인간이 필멸의 존재라는 삭막한 자각은 젊은이 특유의 자신감을 파괴해버렸다." 하산 중에 일어난 추락사고로 빙하에 떨어진 네 동료의 처참한 시신을 수습했을 때 윔 퍼의 나이는 겨우 스물다섯이었다.

사고의 후폭풍은 거셌다. 가장 어리고 미숙했던 해도우가 미끄러지면서 크로와 허드슨과 더글러스가 줄줄이 넘어지고 충격이 실린 로프가 끊어지면서 네 명 다 절벽 아래로 추락한 만큼 윔퍼가 사고의 직접적인 원인 제공자는 아니었 지만, 당대 사람들은 산에 오르는 행위 자체를 어리석은 짓으로 규정하고 윔퍼 를 향해 맹비난을 퍼부었다. 윔퍼는 그 후로도 알프스를 자주 찾기는 했지만, 더 이상 전위적인 등반은 시도하지 않았다.

윔퍼는 1911년 9월 16일 향년 71세의 나이로 알프스의 산악마을 샤모니 에서 홀로 죽음을 맞았다. 스물다섯 살에 쓰라린 상처를 안고 마터호른에서 내 려온 후 생을 마감할 때까지 그 적지 않은 세월 동안 윔퍼는 어떻게 살았을까?

그동안 마터호른 초등과 초등 당시 사고에 관해서는 어느 정도 알려져 있 었다. 윔퍼가 직접 쓴 저서인 『알프스 등반기』의 번역본도 출간된 적이 있는 데 다, 등반사상 워낙 극적인 내용인 만큼 몇몇 편저본에도 단편적으로나마 소개 되었기 때문이다. 하지만 마터호른 초등 이후 윔퍼가 어떻게 살았는지에 관한 자료는 찾아보기 어려웠다.

마터호른에서 내려온 윔퍼는 북극으로 눈을 돌렸다. 바다를 항해하고 싶었 던 어릴 적 꿈을 이루고 학술적인 업적을 세우기 위해서였다. 해군을 주축으로 북극 탐험이 이루어지던 시대에 자비로 원정대를 꾸려 그린란드를 탐험했던 그 의 발자취는 그저 놀라울 따름이다. 1888년 그린란드 횡단에 최초로 성공한 프 리드쇼프 난센보다도 앞서 1867년에 내륙탐험을 시도했던 윔퍼의 선구자적 면 모를 엿볼 수 있는 대목이다. 비록 극북 지역까지 도달한다는 원대한 꿈은 이루 지 못했지만, 윔퍼는 약 2,000미터 높이의 봉우리에 올라 미지로 남아 있던 그 린란드 내륙을 자세히 관찰하는 쾌거를 올렸으며, 마이오세 식물화석을 비롯한 방대한 수집품을 들고 귀환했다.

윔퍼의 다음 목적지는 안데스였다. 이 원정의 가장 큰 목표도 역시 학술적 인 업적을 세우는 것이었다. 즉, 당시 전모가 밝혀지지 않은 고산증을 연구하고,

광범위한 표본을 수집하고, 지도를 만드는 것이었다. 윔퍼가 묘비명에 '저술가 - 탐험가 - 등반가'로 살다간 사람으로 남은 가장 큰 동기가 학술적 명성이었다는 점은 그의 일대기를 훑으면서 알게 된 새로운 사실이었다.

윔퍼는 19세기 빅토리아시대 영국에서 수공업에 종사하는 집안의 차남으로 태어났다. 빅토리아시대는 신분이 중요한 시대였다. 가업인 목판화 공방 사업이 번창하면서 어느 정도 부유한 생활을 누릴 수는 있었지만, 경제력만으로는 신사의 반열에 오를 수 없었다. 장남이 아닌 만큼 당연히 받을 수 있는 부분도 많지 않았다. 이러한 성장 배경 속에서 윔퍼는 열일곱 살 때 주목받는 인물이 되고 싶은 마음을 일기에 적을 정도로 성취욕이 남달랐다. 그렇다. 그가 칠전팔기의 정신으로 마터호른을 초등하고, 변변한 지원도 없이 자비로 개인 원정대를 조직해 그린란드를 탐험하고, 시대를 앞선 원정등반으로 안데스를 탐험한 밑바탕에는 모두 입신의 꿈이 깔려 있었다.

윔퍼의 안데스 원정은 유럽 대륙 밖으로 향한 최초의 원정등반으로 평가된다. 이 원정에서 윔퍼는 에콰도르의 최고봉 침보라소를 비롯해 7개 봉우리를 초등하는 성과를 올렸다. 저자는 "그때까지 히말라야에서 침보라소보다 더 높은 고도에 오른 사람은 있었지만, 6,000미터가 넘는 독립 봉우리를 등정한 사람은 없었다."라고 밝힌다. 윔퍼는 코토팍시 화산 분화구 바로 밑 5,900여 미터 고지에서 야영을 감행하며 활화산 내부를 들여다보았으며, 침보라소 2차 등반 때는 기막힌 우연으로 코토팍시 화산의 분화를 직접 목격하기도 했다. 비록 왕립지리학회 정회원이 되겠다는 오랜 꿈은 끝내 이루지 못했지만, 윔퍼는 안데스 원정에서 쌓은 과학적 업적을 발판으로 1892년 왕립지리학회 후원자 메달을 수상함으로써 마침내 숙원이었던 공적인 인정을 받는다.

윔퍼는 대중 강연가로서, 저술가로서 등반을 대중화시키는 데 크게 기여한 인물로도 평가되며, 만년에는 캐나다의 한 철도회사의 지원을 계기로 원정대를 꾸려 미답 지역이었던 캐나다 로키를 탐험하기도 했다.

에드워드 윔퍼의 전 생애를 다룬 이 전기는 치밀한 조사의 산물이다. 기록광이었던 윔퍼 스스로 많은 일기와 원정일지를 남기기도 했지만, 이토록 역동적인 삶을 살다간 한 인물의 생애를 이처럼 입체적으로 재현하는 데는 저자의 많은 노고가 있었으리라 보인다. 저자 이언 스미스는 윔퍼 가문의 후손들을 직접 인터뷰하고, 윔퍼가 올랐던 알프스 봉우리들을 직접 오르고, 그동안 발굴되지 않았던 자료들을 비롯해 300편이 넘는 참고 문헌을 조사해 이 전기를 완성했다. 그러한 노력 덕분에 윔퍼의 그린란드 원정 내용이 최초로 공개된 출판물이라는 타이틀과 함께 이 책이 나올 수 있었다.

우리나라의 사정으로 보자면, 역시 윔퍼의 저서인 『적도의 대산맥 안데스 여행기』가 아직 번역되지 않은 탓에 자세히 알려지지 않은 윔퍼의 남미 안데스 원정에 대해, 또 만년에 감행한 그의 캐나다 로키 원정에 대해, 또 그의 유년 시절에 대해 알 수 있는 귀중한 자료이기도 하다.

감사의 말 끝부분에서 스스로 집필 의도를 밝혔다시피, 저자는 동정적인 입장에서 윔퍼를 그렸다. 윔퍼가 마터호른 참사 때 사고 수습을 위해 할 수 있는 최선을 다했으며, 평생 자신의 책임을 통감했다고, 특히 몇 차례 등반을 같이한 크로의 죽음에 가장 큰 책임을 느꼈다고 기술한다. 동행자와 갈등이 없는 원정이 거의 없었을 만큼 윔퍼에게는 많은 대인 관계가 난관이었는데, 그러한 갈등 관계들을 세밀하게 복원한 것도 이 책의 특징이다. 특히 마터호른 초등 경쟁에서 윔퍼에게 승리를 빼앗긴 이탈리아 가이드 장 앙투안 카렐이 윔퍼의 안데스 원정에 동행하는 가이드로 재등장하는 대목은 드라마 같은 실화로서 눈길을 끈다. 저자는 윔퍼와 카렐이 서로 정반대의 기질을 가진 만큼 불편한 관계였지만, 안데스 원정 때 카렐이 펼친 활약을 인정받게 하려고 윔퍼가 노력했다고 기술한다.

한편, 저자는 윔퍼의 일기와 편지글 등을 풍부하게 인용해 윔퍼의 인간적인 면모도 다채롭게 드러내려고 시도했다. 남에게든 자신에게든 게으름을 용서하지 못하고 분초를 아껴 쓰는 윔퍼의 모습이라든가, 지저분한 곳을 혐오해 오지에서 최선을 다해 잠자리를 꾸미는 윔퍼의 모습, 또 타인에게 존중을 받으면 뛸 듯이 기뻐하고 그렇지 못하면 낙담하는 윔퍼의 모습이 마치 눈앞에서 보는 것처럼 생생하게 묘사된다. 특히 윔퍼가 목판화의 인쇄 품질을 직접 감수하고자 1864년의 알프스 등반 일정을 단축하고 서둘러 귀국하는 대목에서는 완벽주의자의 깐깐함이 엿보인다. 만약 윔퍼가 1864년에 마터호른에 도전했다면 아마도 등반사는 다르게 쓰였을 것이다.

이 책은 또한 산악인으로서만 알고 있던 윔퍼에 대한 우리의 시야를 넓혀 줄 수 있는 책이다. 저자는 윔퍼가 뛰어난 판각공이었으며, 뛰어난 저술가이자, 뛰어난 강연가였다고 소개한다. 윔퍼는 목판화로 제작할 밑그림을 그리러 스위스로 갔다가 난생처음 알프스를 접했고, 목판화로 번 돈으로 그린란드 원정을 떠났으며, 알프스 원정과 안데스 원정을 각각 목판화를 곁들인 새로운 형식의 여행기 두 권으로 펴내 불후의 고전으로 남겼다. 이처럼 목판화는 윔퍼의 삶 전체를 관통한 키워드였다고 해도 과언이 아니다. 최근 미술사적으로 재조명받고 있다는 윔퍼의 수준 높은 목판화들을 책 곳곳에서 볼 수 있는 것도 이 책에서 얻을 수 있는 커다란 즐거움이다.

마터호른이 오르지 못하는 산이라는 편견을 깨고 당당히 그 정상에 올라 세상을 놀라게 한 마터호른 초등자 에드워드 윔퍼. 그러한 영광과 함께 큰 시련을 겪지만 그린란드와 아메리카 대륙을 누비며 끝까지 시대를 앞선 탐험가로 살다간 그의 생애를 이해하는 데 이 책이 마중물 역할을 할 수 있다면, 아직 지구상에 미답 지역이 남아 있으며 발로 지도를 그리고 손으로 도판을 그리던 19세기 탐험 시대를 살다간 그의 생애 속에서 오늘을 사는 우리에게 의미 있는 영감을 발견할 수 있다면 옮긴이로서 그보다 큰 보람이 없겠다.

2018년 봄, 전정순

후주·참고문헌·찾아보기

약어 ───

ACL(Archives, Alpine Club Library, London): 영국산악회 도서관 자료실, 런던

BL(British Library, London): 대영박물관 도서관, 런던

NLS(National Library of Scotland, Edinburgh): 스코틀랜드 국립도서관, 에든버러

RGS(Library, Royal Geographical Society): 왕립지리학회 도서관

SPRI(Archives, Scott Polar Research Institute, Cambridge): 스콧극지연구소 자료실, 케임브리지

1 · 그의 산

1   에드워드 윔퍼가 헨리 앵스트에게 보낸 편지, 1911년 9월 12일 자, Manuscript Department, Central Library, Zürich

2   에드워드 윔퍼가 에드워드 데이비드슨에게 보낸 편지, 1911년 4월 27일 자, ACL

3   Edward Whymper, Scrambles amongst the Alps in the years 1860-1869 (London: John Murray, 1871), 383. [*한글 번역본으로는 에드워드 윔퍼, 『알프스 등반기』, 김영도·김창원 옮김, 평화출판사, 1988 참조]

4   이디스 윔퍼가 에드워드 클로드에게 보낸 편지. 1911년 9월 26일 자. Edward Clodd Collection, Brotherton Library, Leeds University

5   Richard Little Purdy and Michael Millgate, eds., The collected letters of Thomas Hardy: volume two - 1893-1901 (Oxford: Clarendon Press, 1980), 168-169

6   Edward Clodd, 'Edward Whymper and the Matterhorn: reminiscences of the famous conqueror of the Alps,' Sphere, 23 September 1911, supplement

7   George Abraham, 'Recollections of a great mountaineer and his mountains,' Fell and Rock Climbing Club Journal 4, no.3 (1918): 168-169

8   에드워드 윔퍼가 토머스 보니에게 보낸 편지, 1880년 3월 20일 자, ACL

9   Guido Rey, The Matterhorn, trans. J. Eaton, rev. R. L. G. Irving (Oxford: Blackwell, 1946), 153-154

2 · 가문의 분열과 램버스 그리고 목판화

1   에드워드 윔퍼가 에드워드 데이비드슨에게 보낸 편지, 1905년 10월 29일 자, Add MS 63112, f. 316, BL

2   윔퍼가 그린 가계도는 대영박물관에 소장되어 있다(Add MS 63112, f.1). 1840년대와 1850년대에 조사이어 윔퍼는 자신이 판각한 삽화에 서명할 때 'Whymper'와 'Whimper'를 섞어서 사용했다. 언뜻 보기에는 무작위로 섞어 쓴 듯한데, 여기에 특별한 이유가 있었을 가능성도 전혀 배제할 수는 없지만, 없었을 가능성이 높다. 1856년경부터 조사이어 윔퍼는 'Whymper'라는 철자만 사용하기 시작했다. 이전까지 에드워드 윔퍼의 학교 성적표나 일기장에 사용된 철자는 모두 'Whimper'였다. 본 책에서는 조사이어 윔퍼와 그의 직계비속들에게는 'Whymper'를 사용하고, 입스위치파는 'Whimper'라는 철자를 고수한 만큼 그들을 지칭할 때는 'Whimper'를 사용할 것이다. 윔퍼는 가문이 네덜란드 출신이라고 생각했지만, 윔퍼 가문이 언제 네덜란드에서 이주했는지, 혹은 정말로 네덜란드에서 이주했는지는 알려진 바가 없다. 윔퍼 가문의 초기 가계도 부분은 해리 스미스Harry Smith의 연구에서 도움을 받았다.

3   메리 앤의 사망은 그들이 살던 집 바로 옆에 있던 램버스 성모마리아 교회에 보관된 문서에 1835년 10월로 기록되어 있다. 1837년 8월 조사이어 윔퍼가 재혼할 당시 결혼 증명서에는 '사별했음'이라고 적혀 있다. 다음 자료도 참조할 것. Seymour J. Price, 'Maze Pond and the Matterhorn.' Baptist Quarterly 10, no. 4 (Oct 1940): 204

4   Ian Smith, ed., The apprenticeship of a mountaineer: Edward Whymper's London diary 1855 - 1859 (London: London Record Society, 2008), 72

5   엘리자베스 클라리지의 초기 생애에 관한 내용은 막내딸 애넷이 작성한 날짜 미상의 노트에 적혀 있으며, 현재
    에바 우드게이트가 소장하고 있다.

6   Smith, ed., Apprenticeship of a mountaineer, 79

7   1935년 11월 찰스 윔퍼가 조카 글라디스Gladys를 위해 작성한 노트. 상단에는 연필로 "읽고 나서 태워버릴
    것"이라고 적혀 있다. 이 노트는 조사이어 윔퍼부터 뻗어나간 윔퍼 가문의 집안 내력을 담은 기록물의 일부로,
    윌리엄 너새니얼 윔퍼의 손자인 존 윔퍼John Whymper에게 전해졌다가 현재는 고인이 된 존 윔퍼의 부인인 조앤
    윔퍼Joan Whymper가 소장하고 있다. 조사이어 윔퍼와 조부 너새니얼 윔퍼에 대한 정보는 찰스 윔퍼가 남긴 이
    노트에서 참고했다.

8   조사이어 윔퍼가 헨리 윔퍼에게 보낸 편지, 1883년 11월 11일 자, 조앤 윔퍼 소장

9   찰스 윔퍼가 1935년 11월에 적은 노트, 조앤 윔퍼 소장

10 Smith, ed., Apprenticeship of a mountaineer, 87

11 조사이어 윔퍼는 뷰익이 삽화를 그린 책의 신판에 들어갈 동물, 새, 곤충 삽화를 판각했다. Thomas Boreman,
    The entertaining naturalist, new ed. by Mrs. Loudon (London: Henry Bohn, 1843). 에드워드 윔퍼의
    애장품이었던 뷰익의 판목은 대영박물관 인쇄회화부에 소장되어 있다.

12 Charlotte Brontë, Jane Eyre (London: Penguin, 1985), 40. 샬럿 브론테의 『제인 에어』는 1847년에 영국에서
    초판이 발행되었다.

13 『더 타임스』 1892년 5월 24일 자

14 Smith, ed., Apprenticeship of a mountaineer, 159. 다음 자료를 참조할 것. Ann Thwaite, Glimpses of the
    wonderful: the life of Philip Henry Gosse 1810-1888 (London: Faber & Faber, 2002), 116-117

15 [루시] 도라 비에르나츠키Lucy Dora Biernacki가 에이미 우드게이트에게 보낸 편지, 날짜 미상(1954년으로 추정),
    에바 우드게이트 소장

16 『더 타임스』 1841년 3월 1일 자

17 신수채화협회New Water-Colour Society는 1804년에 창설된 보수적인 수채화가협회Society of Painters in Water-
    Colours(지금의 왕립수채화가협회Royal Watercolour Society — 옮긴이)에 반기를 들고 1832년에 창설된 단체로,
    1863년에 수채화가회Institute of Painters in Water Colours로 개칭했다가 1884년에 현재 명칭인 왕립수채화가회Royal
    Institute of painters in Water Colours로 개칭했다.

18 『더 타임스』 1858년 4월 19일 자

19 Smith, ed., Apprenticeship of a mountaineer, 167

20 The Industry of Nations 1851: the Art Journal illustrated catalogue (London: George Virtue, 1851)에는 조사이어
    윔퍼가 정교하게 판각하고 서명을 넣은 판화 3점이 실려 있다.(41쪽, 195쪽, 269쪽)

21 Smith, ed., Apprenticeship of a mountaineer, 119

22 Edward Lane, The thousand and one nights, commonly called, in England, The Arabian Nights' Entertainments
    (London: Charles Knight, 1839)는 아랍어 원서에서 처음으로 영역한 판본이다. 영역본의 원화는 토머스
    뷰익의 제자였던 윌리엄 하비William Harvey가 그렸으며, 조사이어 윔퍼는 이 책에 들어간 삽화 37점을 판각했다.
    Christopher Wordsworth, Greece: pictorial, descriptive and historical (London: William S. Orr, 1839)에 들어간
    삽화 22점도 조사이어 윔퍼가 판각했다.

23 Walter Scott, Marmion: a tale of Flodden Field. Edinburgh: A & C Black, 1855; The lay of the last minstrel.
    Edinburgh: A & C Black, 1854; Lord of the Isles. Edinburgh: A & C Black, 1857

24 새뮤얼 리가 소장했던 도서와 그림은 소더비경매장에서 팔렸는데, 윔퍼는 경매장에 갔었다. Smith, ed.,
    Apprenticeship of a mountaineer, 86. 새뮤얼 리가 소장한 그림 중에는 '거룩한 땅'에 관해 쓴 데이비드
    로버츠David Roberts의 책에 실린 삽화도 몇 점 있었다.

25 Smith, ed., Apprenticeship of a mountaineer, 156

26 이 건물은 여전히 케닝턴 로드 164번지에 있다.

27 윔퍼의 1849~1853년 학교 성적표, 공책, 작문 연습 삼아 프랑스어로 아버지에게 쓴 듯한 편지는 SPRI MS
    822/39; Boxed and MS 822/1/1-9; BJ에 소장되어 있다.

28 『더 타임스』 1892년 5월 24일 자

29 Smith, ed., Apprenticeship of a mountaineer, 1, 39

3 · 윔퍼 군은 많은 일을 너무나 훌륭하게 해냈습니다

1   Smith, ed., Apprenticeship of a mountaineer, 41

2   위의 책 17-18쪽

3   위의 책 43쪽

4   위의 책 35쪽

5   위의 책 137쪽

6   위의 책 109쪽

7   John George Marks, The life and letters of Frederick Walker A. R. A. (London: Macmillan, 1896), 7에 윔퍼 공방의 도제 계약 조건이 나와 있다. Smith, ed., Apprenticeship of a mountaineer, 5

8   Smith, ed., Apprenticeship of a mountaineer, 92

9   [Edward Whymper], 'The reading-room of the British Museum,' Leisure Hour (1880): 685-688. 이 기고문은 윔퍼가 1879년 11월에 파나마로 향하던 배 안에서 작성한 것이다.

10   Smith, ed., Apprenticeship of a mountaineer, 64

11   Price, 'Maze Pond and the Matterhorn.' 202-208

12   다음 자료를 참조할 것. Smith, ed., Apprenticeship of a mountaineer, xix-xxi

13   위의 책 38쪽

14   위의 책 99쪽

15   J. Panton Ham, The pulpit and the stage: four lectures, with illustrative notes by Fred Whymper (London: C. H. Clarke, 1878), 98-99

16   Smith, ed., Apprenticeship of a mountaineer, 130

17   Edward Whymper, 'The opening of the Mont Cenis tunnel,' Leisure Hour (1872), 121

18   Smith, ed., Apprenticeship of a mountaineer, 85

19   위의 책 45쪽

20   사례는 다음 자료에서 참조할 것. 위의 책, 1쪽, 3쪽. Beaufoy papers at Minet Library, London Borough of Lambeth. 에드워드 윔퍼가 헨리 몬테니어에게 보낸 편지, 1910년 8월 24일 자, BL Add MS 63112, f. 102. "램버스 뷰포이 가문이 몽블랑을 오른 뷰포이와 연관이 있다는 생각은 해본 적이 없었어. … 어머니는 뷰포이 가문과 많은 관련이 있었지."

21   Smith, ed., Apprenticeship of a mountaineer, 133. 새프츠베리 백작은 빈민학교연합의 회장이었다.

22   위의 책 162쪽

23   위의 책 39-40쪽. 배젤제트의 하수도 시설과 템스 제방은 1860년대에 완공되었다.

24   위의 책 164쪽. 덜튼의 도자기 공장은 램버스 로드 끝에 있었다.

25   Edward Whymper, '1872 Diary,' SPRI MS 822/4; BJ

26   너새니얼 윔퍼는 1848년 4월 케닝턴 커먼 대규모 시위가 있은 지 며칠 뒤에 선거권 확대를 요구하기 위해 입스위치에서 열린 차티스트 회의에서 의장을 맡았다. 다음 자료를 참조할 것. Ipswich Journal, 22 February 1840, 2 November 1844, 22 April 1848

27   Smith, ed., Apprenticeship of a mountaineer, 115

28   위의 책 133쪽

29   Baily's Monthly Magazine of Sports and Pastimes 93 (1 November 1867)

30   Smith, ed., Apprenticeship of a mountaineer, 161

31   위의 책 100쪽

32   위의 책 163쪽

33   위의 책 173쪽. South London Chronicle, 30 June 1860. 1860년도 경기 득점은 다음과 같았다. 1이닝 득점: 노스브릭스턴 43점, 노스램버스 39점. 2이닝 득점: 노스브릭스턴 21점, 노스램버스 12점

34   Smith, ed., Apprenticeship of a mountaineer, 168

35   위의 책 155쪽

36 위의 책 159쪽

37 에드워드 윔퍼가 제임스 로버트슨에게 보낸 편지, 1869년 6월 23일 자, ACL

38 Coulson Kernahan, In good company: some personal recollections of Swinburne, Lord Roberts, Watts-Dunton, Oscar Wilde, Edward Whymper, S. J. Stone, Steven Phillips, 2nd ed. (London: Bodley Head, 1917), 158

39 Smith, ed., Apprenticeship of a mountaineer, 97

40 위의 책 20쪽. 에드워드 윔퍼가 헨리 몬태니어에게 보낸 편지, 1910년 3월 8일 자, BL Add MS 63112, f.100

41 Smith, ed., Apprenticeship of a mountaineer, 63-64

42 위의 책 102-104쪽

43 Thomas Gray, An elegy written in a country churchyard (London: Sampson Low and Son, 1856). Smith, ed., Apprenticeship of a mountaineer, 104

44 Smith, ed., Apprenticeship of a mountaineer, 149-150

45 위의 책 134쪽

46 위의 책 41쪽

47 위의 책 26쪽

48 위의 책 130쪽

49 위의 책 130쪽

50 위의 책 95쪽

51 위의 책 120쪽

52 볼프의 말은 다음 자료에서 재인용. A. H. Palmer, The life of Joseph Wolf: animal painter (London: Longman, 1896), 124

53 데이비드 리빙스턴이 존 머리에게 보낸 편지, 1852년 5월 22일 자. 다음 자료에서 재인용. David Livingstone and the Victorian encounter with Africa (London: National Portrait Gallery, 1996), 180. 이 삽화는 리빙스턴의 『남아프리카 전도 여행기』 13쪽에 실려 있다.

54 Smith, ed., Apprenticeship of a mountaineer, 93

55 David Livingstone, Missionary travels and researches in South Africa (London: John Murray, 1857). Smith, ed., Apprenticeship of a mountaineer, 115

56 Ledgers, 30 June 1857, John Murray Archive, NLS MS 42729-MS 42730. 리빙스턴의 『남아프리카 전도 여행기』 초판은 다양한 판본으로 출간되었는데, 그중에는 다색 석판화 몇 점이 실린 판본도 있었다. 다음 자료를 참조할 것. Frank Bradlow, 'The variants of the 1857 edition of Livingstone's Missionary Travels and Researches in South Africa,' in Livingstone 1873-1973, ed. B. W. Lloyd (Cape Town: C. Struik, 1973), 6-19. 『남아프리카 전도 여행기』는 총 7만 부가 팔렸다.

57 Smith, ed., Apprenticeship of a mountaineer, 174; Edward Whymper, 'Livingstone's last journals,' Leisure Hour (1875), 124-128, 134-140

58 Smith, ed., Apprenticeship of a mountaineer, 105

59 Encyclopaedia Britannica, 8th ed. (A and C Black: Edinburgh, 1857-1858); Smith, ed., Apprenticeship of a mountaineer, 105

60 위의 책 107쪽

61 위의 책 61쪽

62 위의 책 125쪽

63 위의 책 91쪽

64 위의 책 103쪽. 윌리엄 우즈가 초석을 놓은 날짜는 1858년 9월 2일이었다. 억지로 떠맡은 열일곱 살짜리 관각공이 설계한 줄은 아마도 모른 채, 영국의 건축사학자 니콜라우스 페프스너Nikolaus Pevsner는 "그 형편없는 침례교회는 1858년에 지어진 노란 벽돌 건물로, 둥근 아치로만 되어 있고, 이탈리아식 지붕을 얹은 코너 타워 두 개가 붙어 있다."라고 설명했다. Buildings of England - Norfolk 2: North-West and South (Harmondsworth: Penguin, 1999), 683. 교회 그림은 그레이엄 닐Graham Neale을 통해 입수했다.

65 R. W. Browne, A history of Rome, from A. D. 96 to the fall of the Western Empire (London: SPCK, 1859)

66 Smith, ed., Apprenticeship of a mountaineer, 125. 이 삽화는 다음 도서에 수록되어 있다. Handbook to the cathedrals of England: Eastern division - Oxford, Peterborough, Norwich, Ely, Lincoln (London: John Murray, 1862)

67 Smith, ed., Apprenticeship of a mountaineer, 137

68 위의 책 137쪽

69 위의 책 138쪽

70 새뮤얼 스마일스가 존 머리에게 보낸 편지, 1858년 7월 6일 자, John Murray Archives, NLS Acc 12604/0295

71 동료들의 증언은 다음 자료에서 재인용. Leo De Freitas, 'Commercial engraving on wood in England, 1700-1880' (Ph.D. diss., Royal College of Art, 1986), 313-314

72 Smith, ed., Apprenticeship of a mountaineer, 116

73 위의 책 156쪽

74 위의 책 139쪽

75 위의 책 143쪽

76 위의 책 141쪽

77 George Byron, Childe Harold's Pilgrimage: a romaunt (London: J. Murray, 1859). Smith, ed., Apprenticeship of a mountaineer, 154

78 Smith, ed., Apprenticeship of a mountaineer, 131

79 Edgar Allen Poe, The poetical works of Edgar Allan Poe: with original memoir (London: Sampson Low, Son and Co, 1858); John Bunyan, The pilgrim's progress (London: J. Nisbet, 1860). Smith, ed., Apprenticeship of a mountaineer, 130

80 'Sir John Gilbert R.A.' Leisure Hour 1880: 183-185. 이 기고문은 따로 작성자가 표시되지 않았지만, 1879년 11월 사우샘프턴항에서 파나마까지 증기선을 타고 항해하는 도중에 윔퍼가 작성한 것이다.

81 Smith, ed., Apprenticeship of a mountaineer, 153. W.M. Thomson, The land and the book; or Biblical illustrations drawn from the manners and customs, the scenes and scenery of the Holy Land (London: Nelson, 1860) 이 책은 1859년 중반부터 12개월 분책 방식으로 출판되었다. 윔퍼 공방에서 대부분의 삽화를 관각했고, 12점은 다색 삽화인데, 그중에서 베들레헴, 바알베크, 헤브론Hebron은 윔퍼가 맡았을 가능성이 높다. 1858년 11월부터 1859년 5월까지 윔퍼의 일기에 이 장소들에 대한 삽화 작업을 했다는 기록이 있기 때문이다.

82 Smith, ed., Apprenticeship of a mountaineer, 168

4 · 생애 첫 알프스 여행길

1 Smith, ed., Apprenticeship of a mountaineer, 25-27

2 위의 책 131쪽, 140쪽

3 위의 책 140쪽

4 위의 책 38쪽

5 William Ellis, Three visits to Madagascar during the years 1853-1854-1856 (London: J. Murray, 1858); Arthur S. Thomson, The story of New Zealand (London: John Murray, 1859); Paul B. Chaillu, Explorations and adventures in Equatorial Africa (London: John Murray, 1861); Alexander Kinglake, Eothen, new ed. (London: John Murray, 1859); S.W. King, The Italian valleys of the Pennine Alps (London: John Murray, 1858)

6 Herbert Alexander, 'John William North, ARA, RWS c1842-1924' The Old Water-Colour Society's Annual Volume 5 (1927-8): 40

7 윔퍼는 처음으로 떠난 외국 출장이 필요한 일감에 대해 다음 기고문에서 설명했다. 'The first ascent of the Matterhorn,' Young England (April 1894), 160

8 조사이어 윔퍼는 이 무렵 롱맨이 기획 중인 화려한 삽화본을 맡고 있었다. Jacob Cats and Robert Farlie, Moral emblems with aphorisms, adages, and proverbs, of all ages and nations (London: Longman, 1860)

9 Whymper, Scrambles amongst the Alps, 1

10 Edward Whymper, '1860 diary,' 6 August, SPRI MS 822/39; Boxed. 사실 윔퍼는 일주일 후에 슈탈덴으로 다시 돌아왔을 때 일기를 처음 쓰기 시작했으며, 그날 8월 5일부터 11일까지의 일기를 썼다. 융프라우를 그린 수채화 스케치는 1860년 7월 30일로 날짜가 기록되어 있고, 현재 에바 우드게이트가 소장하고 있다.

11 Whymper, Scrambles amongst the Alps, 4. 노스가 그린 그림은 대영박물관 인쇄회화부에 소장되어 있다. 전경에 있는 인물은 일기와 저서에서 정확하게 그 풍경을 묘사한 윔퍼일 수밖에 없다.

12 Whymper, '1860 diary,' 7 August

13 F. Vaughan Hawkins, 'Partial ascent of the Matterhorn,' in Vacation tourists and notes of travel in 1860, ed. Francis Galton (London: Macmillan, 1861), 282

14 Whymper, '1860 diary,' 8 August

15 위의 자료 8월 9일 자

16 위의 자료 8월 9일 자

17 위의 자료 8월 6일 자로 적혀 있으나 실제로는 8월 12일에 쓴 것임.

18 위의 자료 8월 12일 자

19 위의 자료 8월 13일 자

20 위의 자료 8월 21일 자

21 위의 자료 8월 11일 자, 12일 자. 윔퍼는 리펠베르크에서 돌아온 이야기를 다음 기고문에서 설명했다. 'Under the Matterhorn,' Leisure Hour (1862): 631-635

22 Whymper, '1860 diary,' 15 August

23 위의 자료 8월 16일 자

24 위의 자료 8월 17일 자

25 위의 자료 8월 19일 자

26 위의 자료 8월 22일 자

27 Whymper, '1860 diary,' 23 August. 다음 자료도 참조할 것. Edward Whymper, 'Notes on journey in 1911,' 4 September, SPRI MS 822/33; BJ

28 Whymper, '1860 diary,' 24, 25 August

29 위의 자료 9월 1일 자

30 위의 자료 9월 2일 자

31 위의 자료 9월 3일 자

32 위의 자료 9월 7일 자

33 위의 자료 9월 9일 자

34 위의 자료 9월 11일 자

35 위의 자료 9월 12일 자

36 위의 자료 9월 12일 자. 19세기에는 여행자들이 여권을 휴대하고 다닐 필요도 없었고, 그런 사람도 거의 없었지만, 윔퍼는 올바른 절차를 좋아했다. 여권이 발행된 날짜는 1860년 7월 13일이었다. FO 611/9, National Archives, Kew

37 Smith, ed., Apprenticeship of a mountaineer, 17

38 Whymper, '1860 diary,' 13 August

39 위의 자료 9월 14일 자 일기에는 14일부터 15일까지 걸은 내용과 런던으로 돌아온 여정이 적혀 있다.

40 위의 자료 9월 13일 자

41 에드워드 윔퍼가 아서 밀맨Arthur Millman에게 보낸 편지, 1904년 12월 28일 자, Millman Correspondence, Bodleian Library, Oxford. 1904년에 윔퍼는 자신이 가진 1859년도 인명부가 유일하게 남은 사본이라고 생각했다.

42 T. G. Bonney, 'The Val de St. Christophe and the Col de Sais' in Peaks, passes and glaciers: second series, vol. 2 (London: Longman, Green, Longman and Roberts, 1862), 198

43 Edward Whymper, 'The ascent of Mont Pelvoux.' In Peaks, passes and glaciers: second series, vol. 2 (London: Longman, Green, Longman and Roberts, 1862), 231

44 위의 책 234쪽

45 위의 책 238쪽

46 위의 책 242쪽

47 위의 책 246쪽

48 위의 책 251쪽

49 『더 타임스』 1861년 8월 13일 자

50 Whymper, Scrambles amongst the Alps, 39

51 위의 책 80쪽

52 John Tyndall, 'Journal,' volume 3 1855-1872, Archives, Royal Institution

53 L. Seylaz, 'Au Cervin avant Whymper,' Die Alpen 16 (1940), 267

54 Whymper, Scrambles amongst the Alps, 82

55 여기부터 이어지는 인용은 모두 다음 자료에서 참조. Whymper, Scrambles amongst the Alps, 92-94

5·역대 추락사고 중에서 가장 멋진 생환

1   Ronald Clark, The Victorian mountaineers (London: Batsford, 1953), 81-82

2   Smith, ed., Apprenticeship of a mountaineer, 139. 앨버트 스미스의 지인이었던 판각공 헨리 비즈텔리Henry Vizetelly는 앨버트 스미스가 몽블랑의 마지막 구간을 가이드 등에 업혀 올라갔다고 말했다. Glances back through seventy years: autobiographical and other reminiscences (London: Kegan Paul, 1893), 319

3   프랑스어 원문은 다음과 같다. 'Voici un grand militaire, un sapeur sans doute'. Whymper, 'The ascent of Mont Pelvoux,' 230

4   John Tyndall, Mountaineering in 1861: a vacation tour (London: Longman, 1862)

5   [Edward Whymper], 'Under the Matterhorn,' Leisure Hour (1862), 631

6   Edward Whymper, 'Camping out,' Alpine Journal 2 (1865), 7

7   Whymper, Scrambles amongst the Alps, 101-102

8   Edward Whymper, 'Notes of a journey in summer of 1863,' 10 August, SPRI MS 822/2; BJ

9   Whymper, Scrambles amongst the Alps, 103

10 한 어려운 구간에서 타우그발더는 "겁먹은 소녀처럼 얼굴이 창백해지더니" 선두에 설 수 없고, 케네디 뒤를 따라가지도 못한다고 선언했다. Thomas Kennedy, 'Ascent of the Dent Blanche,' Alpine Journal 1 (1863-4), 34

11 Thomas Kennedy, 'Zermatt and the Matterhorn in winter,' Alpine Journal 1 (1863-4), 80

12 1865년 마터호른 참사 후에 윔퍼가 울모어 위그람 — 케네디와 함께 당블랑슈에 오른 인물 — 에게 보낸 편지에서 1862년 체르마트에서 윔퍼가 케네디와 위그람을 만난 적이 있음을 확인할 수 있다. 에드워드 윔퍼가 윌모어 위그람에게 보낸 편지, 1865년 8월 9일 자, 'Letters on the Matterhorn accident 1865,' SPRI MS 822/35; BJ

13 [Edward Whymper], 'On the Matterhorn,' Leisure Hour (1862), 634

14 Whymper, Scrambles amongst the Alps, 109

15 위의 책 118쪽

16 에드워드 윔퍼가 조사이어 윔퍼에게 보낸 편지, 1862년 8월 1일 자, John Murray Archives, NLS MS 41269

17 조사이어 윔퍼가 존 머리에게 보낸 편지, 1862년 8월 8일 자, John Murray Archives, NLS MS 41269

18 Whymper, Scrambles amongst the Alps, 122. 이후에 나온 판본에서는 "친절한 숙녀"의 이름을 다니엘 부인 Mrs. J.H. Daniell이라고 명시했다.

19 위의 책 124쪽

20 위의 책 124쪽

21 에드워드 윔퍼가 조사이어 윔퍼에게 보낸 편지, 1862년 8월 1일 자, John Murray Archives, NLS MS 41269

22 Edward Whymper, 'Professor Tyndall's attempt on the Matterhorn in 1862,' Alpine Journal 5 (1870-2), 331

23 Whymper, Scrambles amongst the Alps, 129

24 위의 책 134쪽

25 에드워드 윔퍼가 조사이어 윔퍼에게 보낸 편지, 1862년 8월 1일 자, John Murray Archives, NLS MS 41269. Whymper, Scrambles amongst the Alps, 129

26 Whymper, 'Professor Tyndall's attempt on the Matterhorn in 1862,' 331

27 Whymper, 'Notes of a journey in summer of 1863,' 1 August

28 Whymper, Scrambles amongst the Alps, 134

29 John Tyndall, Hours of Exercise in the Alps, 2nd ed. (London: Longman, 1871), 166-167

30 Francis Fox Tuckett, A pioneer in the High Alps: Alpine diaries and letters of F. F. Tuckett - 1856-1874 (London: Edward Arnold, 1920), 145

31 「아직 오르지 못한 마터호른The Matterhorn still unscaled」, 『더 타임스』, 1862년 8월 19일 자

32 프랜시스 폭스 터켓이 제임스 데이비드 포브스에게 보낸 편지, 1862년 8월 28일 자, JD Forbes Collection, St. Andrews University Library

33 [Whymper], 'On the Matterhorn,' 634-635

34 Whymper, 'Notes of a journey in summer of 1863,' 29 July

35 위의 자료

36 위의 자료 8월 1일 자. 맥도널드는 아돌푸스 무어와 함께 몽블랑에 올랐다.

37 위의 자료 8월 3일 자

38 위의 자료 8월 4일 자

39 Whymper, Scrambles amongst the Alps, 155

40 Whymper, 'Notes of a journey in summer of 1863,' 5 August

41 위의 자료 8월 6일 자

42 위의 자료 8월 6일 자

43 여기부터 이어지는 인용은 모두 다음 자료에서 참조, 위의 자료 8월 8일 자

44 위의 자료

45 여기부터 이어지는 인용은 모두 다음 자료에서 참조, 위의 자료 8월 10일 자

46 Whymper, Scrambles amongst the Alps, 171-172

47 여기부터 이어지는 인용은 모두 다음 자료에서 참조, Whymper, 'Notes of a journey in summer of 1863,' 10 August

6 · 우리밖에는 아무도 본 적이 없는 경치가 눈앞에 펼쳐졌다

1 English sacred poetry of the olden time (London: Religious Tract Society, 1864). 『더 타임스』 1863년 12월 15일 자에 이 책에 대한 광고가 실렸다.

2 Josiah Gilbert and G. C. Churchill. The Dolomite mountains: excursions through Tyrol, Carinthia, Carniola and Friuli in 1861, 1862 and 1863 (London: Longman, 1864)

3 Whymper, 'Camping out,' 1-11

4 Anthony Adams Reilly, 'A rough survey of the chain of Mont Blanc' Alpine Journal 1 (1863-4): 257-274

5 에드워드 윔퍼가 애덤스 라일리에게 보낸 편지, 1864년 1월 18일 자, ACL

6 Edward Whymper, 'Notes of a journey in France, Switzerland and Piedmont in the summer of 1864,' 17 June, SPRI MS 822/2; BJ

7 Whymper, Scrambles amongst the Alps, 193-194

8 A. W. Moore, The Alps in 1864: a private journal (London: Vickers and Harrington, 1867), 35. 무어는 등반 일지를 친구들에게 돌리기 위해 100여 부만 개인적으로 인쇄했다. 윔퍼가 『알프스 등반기』를 집필할 때 무어는 윔퍼와 원고를 공유했다.

9 Whymper, 'Notes of a journey in France … in the summer of 1864,' 23 June. 이때부터 6월 25일까지 브레시 드 라 메이주를 횡단하고 푸앙트 데 제크랑을 등정한 부분에 대해 쓴 윔퍼의 일기는 기억할 만한 단상, 시간, 계획만 간략히 적혀 있다. 더 상세한 일기는 6월 26일부터 쓰기 시작했다.

10 Moore, The Alps in 1864, 35

11 위의 책 52쪽

12 위의 책 52쪽

13 Whymper, Scrambles amongst the Alps, 203-204

14 Moore, The Alps in 1864, 62

15 Whymper, Scrambles amongst the Alps, 215

16 위의 책 216쪽

17 Edward Whymper, 'The ascent of the Pointe des Ecrins,' Alpine Journal 2 (1866), 236

18 Whymper, 'Notes of a journey in France … in the summer of 1864,' 26 June

19 Moore, The Alps in 1864, 82

20 Whymper, 'Notes of a journey in France … in the summer of 1864,' 26 June

21 Moore, The Alps in 1864, 110

22 위의 책 116쪽

23 Whymper, 'Notes of a journey in France … in the summer of 1864,' 30 June

24 위의 자료 7월 1일 자

25 위의 자료 7월 5일 자

26 위의 자료 7월 6일 자, 7일 자

27 Anthony Adams Reilly, '1864 Journal,' 8 July, ACL

28 Whymper, Scrambles amongst the Alps, 239

29 모두 다음 자료에서 인용. Whymper, 'Notes of a journey in France … in the summer of 1864,' 9 July

30 Whymper, 'Notes of a journey in France … in the summer of 1864,' 11 July

31 Adams Reilly, '1864 Journal,' 11 June

32 Whymper, 'Notes of a journey in France … in the summer of 1864,' 12 July

33 Adams Reilly, '1864 Journal,' 12 June

34 Whymper, 'Notes of a journey in France … in the summer of 1864,' 12 July

35 Whymper, Scrambles amongst the Alps, 251

36 Whymper, 'Notes of a journey in France … in the summer of 1864,' 16 July

37 위의 자료 7월 16일 자

38 위의 자료 7월 14일 자

39 여기부터 이어지는 인용은 모두 다음 자료에서 참조. 위의 자료 7월 17일 자

40 Moore, The Alps in 1864, 264-265

41 Whymper, Scrambles amongst the Alps, 258. 무어는 그날에 대해 다음 기고문에서 설명했다. A. W. Moore, 'The Moming Pass,' Alpine Journal 2 (1865), 191-206

42 Whymper, 'Notes of a journey in France … in the summer of 1864,' 18 July

43 위의 자료 7월 18일 자

44 Adams Reilly, '1864 Journal,' 18 July

45 Whymper, 'Notes of a journey in France … in the summer of 1864,' 21 July

7 · 어떻게든 내려는 가겠어요

1 에드워드 윔퍼가 앤서니 애덤스 라일리에게 보낸 편지, 1865년 4월 22일 자, ACL

2 위의 자료

3 에드워드 윔퍼가 앤서니 애덤스 라일리에게 보낸 편지, 1865년 5월 1일 자, ACL

4 Edward Whymper, 'Notes of an Alpine tour in 1865,' 16 June, SPRI MS 822/2; BJ

5 위의 자료

6   위의 자료

7   여기부터 이어지는 인용은 모두 다음 자료에서 참조. 위의 자료 6월 17일 자

8   Whymper, Scrambles amongst the Alps, 280

9   Whymper, 'Notes of an Alpine tour in 1865,' 18 June

10 위의 자료 6월 19일 자

11 글러버는 마터호른 초등 직후인 1865년 7월 27일 자 『더 타임스』에 실린 편지에서 윔퍼와 가이드들과 함께 이탈리아로 넘어간 날에 대해 설명했다.

12 이 이야기는 다음 자료에서 재인용. Guido Rey, The Matterhorn, trans. J.E.C. Eaton (Oxford: Blackwell, 1946), 268

13 Whymper, 'Notes of an Alpine tour in 1865,' 21 June

14 위의 자료 6월 21일 자

15 위의 자료 6월 22일 자

16 위의 자료 6월 24일 자. 윔퍼는 1865년 9월 12일 버밍엄에서 열린 영국과학진흥협회 연례회의에 참석해 1865년도 몽블랑 산군 원정등반 보고서를 발표했다. Edward Whymper, 'On some new expeditions in the chain of Mont Blanc, including the ascent of the Aiguille Verte,' in British Association: report of the proceedings at the Birmingham meeting (London: Robert Hardwicke, 1865), 280-286

17 Whymper, 'Notes of an Alpine tour in 1865,' 25 June

18 위의 자료 6월 26일 자

19 위의 자료

20 Whymper, Scrambles amongst the Alps, 348

21 Whymper, 'Notes of an Alpine tour in 1865,' 26 June

22 위의 자료

23 Edward Whymper, A guide to Chamonix and the range of Mont Blanc (London: John Murray, 1896), 127

24 Whymper, 'Notes of an Alpine tour in 1865,' 26 June

25 여기부터 이어지는 인용은 모두 다음 자료에서 참조. 위의 자료 6월 27일 자

26 위의 자료 6월 29일 자

27 Whymper, 'On some new expeditions in the chain of Mont Blanc, including the ascent of the Aiguille Verte,' 284

28 위의 자료 284쪽

29 Whymper, 'Notes of an Alpine tour in 1865,' 29 June

30 위의 자료

31 위의 자료 6월 30일 자

32 조르다노가 7월 7일 자, 11일 자로 퀸티노 셀라에게 보낸 편지들은 다음 자료에서 인용. Guido Rey, The Matterhorn, trans. J.E.C. Eaton (Oxford: Blackwell, 1946), 97-98. 귀도 레이는 퀸티노 셀라의 조카이다.

33 위의 책 97-98쪽

34 다음 자료에서 재인용. T. Graham Brown, 'Girdlestone and the Matterhorn accident' Alpine Journal 57 (1949-1950), 373

35 앤서니 애덤스 라일리가 제임스 데이비드 포브스에게 보낸 편지, 1865년 7월 15일 자, Forbes papers, St. Andrews University Library. 애덤스 라일리는 7월 17일에 브로일로 돌아왔다.

36 더글러스가 오버가벨호른 등정에 관해 설명한 내용은 다음 자료에 발표한 보고서에서 찾아볼 수 있다. Alpine Journal 2 (1866), 221-222

37 Michael Rupert Taylor, 'Ascott R. Hope: tales out of school,' Scottish Book Collector 5, no. 11 (n.d.): 16-18; 더글러스가 1865년 5월 25일 자로 쓴 편지는 현재 앨런 리올Alan Lyall이 소장하고 있다.

38 앤서니 애덤스 라일리가 제임스 데이비드 포브스에게 보낸 편지, 1865년 7월 19일 자, Forbes papers, St. Andrews University Library. 다음 자료도 참조할 것. Henry Day, 'A Matterhorn postscript: John and Henry Venn's visit to Zermatt in 1865,' Alpine Journal 109 (2004), 230-233. 윔퍼가 브로일에 머문 나흘 동안 윔퍼가 브로일에 있다는 소문은 윔퍼와 헤어지자마자 국경 능선을 넘은 알페 또는 비너를 통해 체르마트에 전해졌던 것

같다. 하지만 애덤스 라일리의 의견에 대한 다른 확증은 없다. 윔퍼는 3년 전부터 브로일에 텐트를 보관해두면서 원하는 사람에게 사용하게 했다. 더글러스가 어떤 생각을 품고 있었는지는 아마 영원히 알 수 없겠지만, 더글러스가 우연히 나타나 윔퍼의 마터호른 도전에 합류하기로 했다는 윔퍼의 설명은 거들스톤의 증언과도 일치한다.

8 · 마터호른 초등은 눈부신 성공이 될 수 있었다

1   다음 자료에서 재인용. T. S. Kennedy, 'Ascent of the Aiguille Verte,' Alpine Journal 3 (1867), 68-76

2   매코믹은 그해 가을 리버풀에서 강연할 때 다사다난했던 여름 한직에 대해 설명했다. Joseph McCormick, A sad holiday (London: Cassell, Petter and Galpin, 1865)

3   Kennedy, 'Ascent of the Aiguille Verte,' 76

4   마터호른 초등과 당시 사고에 관해서는 앨런 리올의 다음 저서에 상세히 기록되어 있으며, 리올은 이 책에 많은 원본 자료를 전재해놓았다. Alan Lyall, The first descent of the Matterhorn: a bibliographic guide to the 1865 accident and its aftermath (Llandysul: Gomer Press, 1997)

5   Leslie Stephen, 'Mr. Whymper's Scrambles amongst the Alps,' Alpine Journal 5 (1871), 237

6   거들스톤은 아마도 문학적인 이유로 익명으로 처리되었을 것이다. 그는 마터호른 초등에서 중요한 인물이 아니었으며, 윔퍼는 거들스톤 이야기를 집어넣을 때 특별히 추가될 내용이 없다고 생각했다. 거들스톤의 저서인 『가이드 없는 알프스 고산 등반The High Alps without guides』은 1870년에 출간되었으며, 이 책을 통해 윔퍼가 가이드 없는 등반을 옹호하는 거들스톤의 입장에 대한 논란을 경계했음을 알 수 있다. 거들스톤의 저서에 들어간 유일한 삽화는 윔퍼가 판각한 작품이다. 거들스톤(1842-1908)은 영국산악회 회원은 아니었다.

7   에드워드 윔퍼, 「마터호른 사고The Matterhorn accident」『더 타임스』 1865년 8월 8일 자

8   1865년 7월 19일 자로 체르마트에서 애덤스 라일리가 포브스에게 쓴 편지는 사고에 대한 윔퍼의 진술 중 가장 초기에 쓰인 문헌 중 하나이다. James David Forbes papers, St. Andrews University Library

9   찰스 허드슨이 조지프 매코믹에게 보낸 편지, 1865년 7월 13일 자. 다음 자료에서 재인용. Lyall, The first descent of the Matterhorn, 391

10 McCormick, A sad holiday, 17

11 다음 자료에서 재인용. T. Graham Brown, 'Girdlestone and the Matterhorn accident,' Alpine Journal 57 (1949-1950), 375

12 Whymper, Scrambles amongst the Alps, 393-394

13 Guido Rey, The Matterhorn, trans. J. E. C. Eaton (Oxford: Blackwell, 1946), 100. 전신국은 브로일에서 계곡 아래쪽으로 도보 7시간 거리에 있었다.

14 일주일 후에 심문회에서 증언할 때 타우그발더는 "손님들은 기분이 좋았고 환호성을 질렀다."(독일어 원문으로는 'Die Herren waren guten Mutes und jauchzten.')라고 말했다. Lyall, The first descent of the Matterhorn, 482. 질문과 답변을 기록하는 과정에 약간의 착오가 있었다. 타우그발더의 말은 바로 앞 질문에 대한 답변이 아니고, 기록에는 없지만 정상에서 보낸 시간에 대한 질문에 대한 답변이었음이 분명하다.

15 다음 자료에서 재인용. Lyall, The first descent of the Matterhorn, 391

16 Edward Whymper, 'Mountaineering tragedies,' Strand Magazine 37 (January 1909), 56

17 『더 타임스』 1865년 7월 22일 자에 실린 조지프 매코믹의 편지. 이 편지는 다음 자료에 실려 있다. Lyall, The first descent of the Matterhorn, 394-396

18 다음 자료에서 재인용. Graham Brown, 'Girdlestone and the Matterhorn accident,' 375

19 앤서니 애덤스 라일리가 제임스 데이비드 포브스에게 보낸 편지, 1865년 7월 19일 자, Forbes papers, St. Andrews University Library

20 Rey, The Matterhorn, 100-101

21 위의 책 106쪽

22 [저자가 영어로 번역한 문장을 옮긴이가 한글로 번역함] 비문碑文은 세월이 흐를수록 조금씩 수정되었지만, 다음 자료에 실려 있다. Lyall, The first descent of the Matterhorn, 73

23 'How did the unfortunate catastrophe come about?' Lyall, The first descent of the Matterhorn, 476. 앨런 리올은

이 책에 심문회 자료를 전재해놓았다. 앨런 리올은 자료가 작성된 경위를 철저히 분석했고, 심문회가 어떤 식으로 진행되었을지 묘사했다.

24 'Was the rope used between yourself and Lord Douglas, in your opinion, sufficiently strong for the purpose?' Lyall, The first descent of the Matterhorn, 488

25 1865년 8월 17일 자로 적힌 에드워드 윔퍼의 메모는 다음 자료에서 재인용. Lyall, The first descent of the Matterhorn, 448

26 에드워드 윔퍼가 에드문트 폰 펠렌베르크에게 1865년 7월 25일 자로 보낸 편지는 다음 자료에서 재인용. Lyall, The first descent of the Matterhorn, 396-399

9 · 그 이름마저도 증오합니다

1 『더 타임스』 1865년 7월 27일 자

2 『모닝 스타Morning Star』 1865년 7월 21일 자

3 『올 더 이어 라운드』 1865년 8월 19일 자, 85-87쪽

4 에드워드 윔퍼가 제임스 로버트슨에게 보낸 편지, 1865년 8월 27일 자, ACL

5 Whymper, 'The ascent of Mont Pelvoux,' 256

6 에드워드 윔퍼가 제임스 로버트슨에게 보낸 편지, 1865년 8월 27일 자, ACL

7 『올 더 이어 라운드』 1865년 9월 2일 자, 135-137쪽. 윔퍼는 이 사설을 복사해서 소장했으며, '이 두 번째 사설은 내가 쓴 편지에 대한 디킨스의 답신이었다.'라는 주석을 달아놓았다. 'Letters on the Matterhorn accident 1865'에 들어 있다.

8 「더 높이!Excelsiores!」 『펀치』 1865년 8월 19일 자, 64쪽

9 이때 모아둔 사설은 윔퍼의 스크랩북인 'Letters on the Matterhorn accident 1865'에 들어 있다. 한 사례를 들자면, 「분노에서 도망치기Flee from the wrath to come」라는 제목의 사설은 윔퍼에게 다음과 같이 훈계했다. "마터호른에서 일어난 비극을 통해 당신에게 주어진 목숨이 알프스의 산양을 흉내 내는 것보다 나은 목적을 위해 살라고 주어졌다는 사실을 깨닫지 못했다면, … 당신은 대단히 완고하고 어리석은 자일 것이다."

10 울모어 위그람이 에드워드 윔퍼에게 보낸 편지, 1865년 8월 9일 자. 다음 자료에서 재인용. Lyall, The first descent of the Matterhorn, 429-430

11 윌리엄 롱맨이 에드워드 윔퍼에게 보낸 편지, 1865년 8월 7일 자, 'Letters on the Matterhorn accident 1865'

12 앨프리드 윌스가 에드워드 윔퍼에게 보낸 편지, 1865년 8월 6일 자, 'Letters on the Matterhorn accident 1865.' 앨프리드 윌스는 1895년 오스카 와일드 재판의 판사였다.

13 에드워드 윔퍼가 제임스 로버트슨에게 보낸 편지, 1865년 8월 27일 자, ACL

14 에드워드 윔퍼, 「마터호른 사고The Matterhorn accident」 『더 타임스』 1865년 8월 8일 자. 이 편지는 다음 자료에 전문이 실려 있다. Lyall, The first descent of the Matterhorn, 420-426

15 Edward Whymper, 'Mountaineering tragedies,' 55. 젊은 청년이었던 버크벡은 몽블랑 산군의 얼어붙은 사면을 600여 미터를 추락했다가 겨우 목숨을 건졌는데, 그때 찰스 허드슨을 따라간 길이었다.

16 30년 뒤에 한 인터뷰에서도 여전히 윔퍼의 고통을 엿볼 수 있다. [저자가 영어로 번역한 문장을 옮긴이가 한글로 번역함] "나는 사고 후에야 마터호른이 해도우의 첫 등반이나 다름없다는 사실을 알게 되었다. … 이것은 분명 허드슨의 불찰이었다." 프랑스어 원문은 다음과 같다. 'C'est seulement après la catastrophe que j'entendis dire que le Cervin était la première ascension sérieuse de Hadow. … C'était une imprudence incroyable de la part de Hudson.' Journal de Zermatt, 25 August 1895

17 캐럴 허드슨Carol Hudson이 로널드 클라크Ronald Clark에게 보낸 편지, 1965년 3월 31일 자, Ronald Clark Papers, NLS Acc 5589. 찰스 허드슨의 며느리인 캐럴 허드슨은 남편과 함께 런던에서 윔퍼를 만났고 다음과 같이 썼다. "남편은 머리끝까지 화가 났었다. … 그렇게 무례한 사람은 평생 처음이었다. 그 남자는 사고가 전적으로 시아버님의 책임이었다고 우겼다."

18 앨프리드 윌스가 에드워드 윔퍼에게 보낸 편지, 1865년 8월 20일 자, 'Letters on the Matterhorn accident 1865'

19 Whymper, Scrambles amongst the Alps, 404

20 퀸즈베리 9대 후작인 존 숄토는 1844년부터 1900년까지 살았다. 다음 자료를 참조할 것. Brian Roberts, The mad bad line: the family of Lord Alfred Douglas (London: Hamish Hamilton, 1981)

21 John Sholto Douglas, The spirit of the Matterhorn (London: privately printed, 1881). 윔퍼는 이 책을 소장했었다.

22 캐롤라인 퀸즈베리 여사Caroline, Lady Queensberry가 에드워드 윔퍼에게 보낸 편지, 1865년 12월 7일 자, 'Letters on the Matterhorn accident 1865'

23 Florence Dixie, Across Patagonia (London: R. Bentley, 1880), and, In the land of misfortune (London: R. Bentley, 1882). 찰스 윔퍼는 플로렌스 딕시의 파타고니아 책에 들어간 원화를 제공했다.

24 Alan Lyall, 'The Matterhorn lithographs of 1865: Gustave Doré and his links with Edward Whymper,' Alpine Journal 100 (1995), 215-221

25 Edward Whymper, 'Notes of a tour in the Alps. 1866,' 27 July, SPRI MS 822/2; BJ

26 위의 자료. 『레저 아워』 1867년 10월 1일 자에 실린 「다리우스의 시신을 보고 있는 알렉산더Alexander viewing the dead body of Darius」라는 도레의 정교한 삽화는 윔퍼가 판각한 작품이다.

27 Edward Whymper, 'Mountaineering tragedies,' 56. 도레는 1832년에 태어나 1883년에 사망했다.

28 『버밍엄 저널Birmingham Journal』 증보판, 1865년 9월 16일 자

29 『더 타임스』 1865년 9월 13일 자

30 『버밍엄 데일리 가제트Birmingham Daily Gazette』 1865년 9월 13일 자

31 제임스 데이비드 포브스가 앨프리드 윌스에게 보낸 편지, 1866년 1월 2일 자. 다음 자료에서 재인용. John Shairp, Peter Tait, A. Adams Reilly, Life and letters of James David Forbes, F. R. S. (London: Macmillan, 1873), 429

32 George Forbes, 'Diary,' 10 July 1927, St. Andrews University Library MS 38080/12. 에드워드 윔퍼가 제임스 데이비드 포브스에게 보낸 편지, 1866년 3월 23일 자, James David Forbes Papers, St. Andrews University Library MS Dep 7

33 에드워드 윔퍼가 리처드 글러버에게 보낸 편지, 1865년 8월 18일 자. 다음 자료에서 재인용. Lyall, The first descent of the Matterhorn, 438

34 Whymper, 'Notes of a tour in the Alps. 1866,' 3 August

35 위의 자료 8월 4일 자

36 위의 자료 8월 8일 자

37 위의 자료 8월 9일 자

38 Edward Whymper, 'On a novel experiment to determine the formation of glaciers,' In The British Association for the Advancement of Science: Nottingham Meeting, August 1866 - report of the papers, discussions, and general proceedings (London: Robert Hardwicke, 1866), 230-232. 프레더릭 윔퍼는 베링해협을 가로지르며 설치된 전신에 관해 쓴 보고서를 샌프란시스코에서 부쳤는데, 이 보고서도 노팅엄 연례회의 때 발표되었다.

39 Edward Whymper, 'The veined structure of glaciers,' Nature, 6 January 1870 266-267; Thomas Bonney, 'Veined structure in ice,' Nature, 27 January 1870, 337

40 에드워드 윔퍼가 브록Brock에게 보낸 편지, 1865년 8월 5일 자, BL Add MS 63112, f.11

41 Edward Whymper, 'Mountaineering tragedies,' 49-56

42 [Edward Whymper], 'Mountaineering in the Alps and Caucasus,' review of My climbs in the Alps and Caucasus, by A. F. Mummery, Saturday Review 27 July 1895, 114

43 에드워드 윔퍼가 제임스 로버트슨에게 보낸 편지, 1866년 9월 29일 자, ACL

44 에드워드 윔퍼가 제임스 로버트슨에게 보낸 편지, 1870년 11월 23일 자, BL Add MS 63090, f.285

45 Arthur Fenton Hort, Life and letters of Fenton John Anthony Hort, vol. 2 (London: Macmillan, 1896), 39-40

10 · 원대한 목표는 내륙으로 들어가는 것입니다

1 Smith, ed., Apprenticeship of a mountaineer, 87, 90, 175

2 위의 책 87쪽

3 윔퍼는 1909년에 배를 타고 캐나다로 가던 중에 1865년에 노먼 로키어의 집(윔블던Wimbledon)에서 자신을 보았다고 주장한 사람을 만났다. Edward Whymper, 'Notes on a journey made to and in Canada in 1909,' 18

July, SPRI MS 822/31; BJ. 로키어의 아내는 윔퍼와 로키어와 포브스 로버트슨Forbes-Robertson이 1868년 7월에 독일 남서부의 흑림Black Forest으로 함께 여행을 갔다고 기술했지만, 그 연도는 아마도 1869년이나 1870년일 가능성이 높다. T. Mary Lockyer and Winifred L. Lockyer, Life and work of Sir Norman Lockyer (London: Macmillan, 1928), 36-37. 윔퍼가 남긴 편지들에 따르면 그는 1868년 여름 내내 런던에서 몹시 분주한 나날을 보냈다.

4 Journal of the RGS 36 (1866), clxxxix–cxv

5 전기적 정보는 다음 자료에서 참고했다. Grønland: i tohundredaaret for Hans Egedes landing (C.A. Reitzel: Copenhagen, 1921)

6 Proceedings of the RGS 10, no. 6 (1888), 386-387. 그린란드의 동쪽과 아이슬란드 사이를 흐르는 이르밍에르 해류Irminger Current는 그의 이름을 딴 것이다.

7 조사이어 우드 윔퍼가 월간지 『런던 소사이어티London Society』 앞으로 발급한 판화 작업비 영수증은 다음 자료를 참조했다. 1868년 7월 1일 자, BL Add MS 46666, f.106. 1870년 9월 12일 자, BL Add MS 46664, f.3. 1860년대 목판화에 관해서는 다음 자료들을 참조할 것 Paul Goldman, Victorian illustrated books 1850-1870. the heyday of wood-engraving, the Robin de Beaumont collection (London: British Museum Press, 1994); Forrest Reid, Illustrators of the sixties (London : Faber and Gwyer, 1928); Joseph White, English illustration - 'the sixties' 1855-1870 (London: Constable, 1897). 1867년의 900파운드는 오늘날의 구매력으로 환산하면 거의 5만 파운드에 맞먹는다. 당시 숙련직 노동자 기준으로 주급 10파운드 이상을 받으면 꽤 잘 받는 편이었고, 전문 사무원이나 공무원의 연봉은 200파운드 정도였다. 윔퍼는 알프스에 한 번 갈 때마다 약 50파운드를 썼다. (1865년에는 100파운드를 썼다.)

8 존 레이가 에드워드 윔퍼에게 보낸 편지, 1866년 6월 29일 자, ACL

9 Edward Whymper, 'Greenland' Alpine Journal 5 (1870), 5. 윔퍼는 그린란드를 주제로 강연을 할 때마다 이 농담을 즐겨 썼다.

10 Edward Whymper, 'Notes on Greenland,' SPRI MS 822/34; BJ

11 다음 자료를 참조할 것. The correspondence of Charles Darwin: vol. 11 - 1863 (Cambridge: Cambridge University Press, 1999), 99-100, 107

12 John Hayman (ed), Robert Brown and the Vancouver Island exploring expedition (Vancouver: University of British Columbia Press, 1989), 9. 로버트 브라운에 관한 정보는 이 책에서 가장 많이 참고했다. 다만 윔퍼와 동행했던 그린란드 원정에 대한 이야기는 거의 담겨 있지 않다.

13 Frederick Whymper, Travel and adventure in the territory of Alaska, formerly Russian America - now ceded to the United States - and in various other parts of the North Pacific (London: John Murray, 1868), 41

14 다음 자료에서 재인용. E.H.M. Cox, 'The plant collector who failed,' Scotsman, 4 January 1964

15 위의 자료

16 Frederick Whymper, 'A journey from Norton Sound, Bering Sea, to Fort Youkon' Journal of the Royal Geographic Society 38 (1868): 219-237

17 로버트 브라운이 조사이어 윔퍼에게 보낸 편지, 1866년 10월 8일 자, ACL

18 로버트 브라운이 에드워드 윔퍼에게 보낸 편지, 1866년 10월 11일 자, ACL

19 에드워드 윔퍼가 로버트 브라운에게 보낸 편지, 1866년 10월 12일 자, SPRI MS 441/14/1; D

20 Henry W. Bates, The naturalist on the River Amazons (London: John Murray, 1863)

21 헨리 베이츠가 에드워드 윔퍼에게 보낸 편지, 1866년 12월 19일 자, ACL

22 로버트 헨리 스콧(1833-1916)은 아일랜드 더블린에서 태어나 트리니티칼리지를 졸업했다. 피츠로이에 관해서는 다음 자료들을 참조할 것. The correspondence of Charles Darwin: vol. 13 - 1865 (Cambridge: Cambridge University Press, 2002), 135-138; Jim Burton, 'Robert Fitzroy and the early history of the meteorological office,' British Journal for the History of Science 19 (1986): 147-176

23 에드워드 윔퍼가 헨리 베이츠에게 보낸 편지, 1866년 12월 20일 자, ACL

24 에드워드 윔퍼가 로버트 헨리 스콧에게 보낸 편지, 1866년 12월 22일 자, ACL. 협의된 조건은 다음과 같았다. 지원금 수령은 아타네케케르들루크 — 화석 산지가 있는 곳 — 를 방문하는 것으로 제약하지 않는다. 아무것도 발견하지 못할 경우 지원금을 반납한다. 수집해 온 표본을 제출하되 동일한 표본이 여러 개 있으면 나머지는 가진다. 수집해 온 표본이 유실될 경우 손해는 영국과학진흥협회에서 감수한다. 윔퍼가 사망할 경우 윔퍼의 유저 관리자에게는 책임이 없다.

25   Smith, ed., *Apprenticeship of a mountaineer*, 81

26   『사우스 런던 프레스South London Press』 1866년 12월 8일 자

27   에드워드 윔퍼가 로버트 브라운에게 보낸 편지, 1867년 2월 5일 자, SPRI MS 441/14/2; D

28   에드워드 윔퍼가 로버트 브라운에게 보낸 편지, 1867년 2월 9일 자, SPRI MS 441/14/3; D

29   로버트 브라운이 조지프 후커에게 보낸 편지, 1867년 2월 25일 자, Directors Correspondence 81, Kew Gardens Library

30   Robert Brown, 'The interior of Greenland,' *Field Quarterly Magazine and Review* 3 (1872), 173

31   Edward Whymper, 'Exploration of Vancouver Island,' *Athenaeum*, 11 February 1865, 198

32   Edward Whymper, 'Notes for lawyers, February 1875,' ACL. 프레더릭 윔퍼는 훗날 동생 에드워드 윔퍼에게 밴쿠버섬에서 브라운은 항상 브라운 박사로 알려져 있었으며, 신문에도 늘 그렇게 나왔고 본인도 이에 대해 반박한 적이 없었다고 말했다. 몇 년 후 브라운은 페터만Petermann과의 연줄을 이용해 독일의 라이프치히대학교로부터 명예박사 학위를 받았다.

33   조지프 후커가 존 머리에게 보낸 편지, 1854년(날짜 미상), John Murray Archives, NLS, MS 40573. 본문에서 언급한 책은 다음 책이다. Joseph Hooker, *Himalayan journals* (London: John Murray, 1854). 후커는 이 책을 친구 찰스 다윈에게 헌정했다. 이 책을 위해 삽화 80점을 판각해준 대가로 조사이어 윔퍼는 330파운드를 받았다.

34   조지프 후커가 에드워드 윔퍼에게 보낸 편지, 1867년 2월 27일 자, BL Add MS 63084, ff.235-236

35   에드워드 윔퍼가 토머스 로피에게 보낸 편지, 1867년 3월 3일 자, BL Add MS 63112, ff.333-334

36   에드워드 윔퍼가 로버트 브라운에게 보낸 편지, 1867년 3월 29일 자, SPRI MS 441/14/6; D

37   Edward Whymper, 'Exploration of Greenland,' *Athenaeum*, 15 June 1867, 790

38   로버트 브라운이 에드워드 윔퍼에게 보낸 편지, 1867년 3월 28일 자, ACL

39   『이브닝 스탠더드Evening Standard』 1867년 4월 16일 자

40   Robert Brown, 'Journal of the Greenland Expedition: volume 1,' SPRI MS 441/2/1; BJ

11 · 모닥불마저 내 희망과 함께 꺼져버렸다

1   브라운의 원정일지와 윔퍼의 원정일지, 윔퍼가 알파벳순으로 정리한 — 몇 년에 걸쳐 써온 — 노트인 'Notes on Greenland'는 SPRI에 소장되어 있다. 윔퍼의 개인 일기는 ACL에 소장되어 있다. 나는 브라운의 개인 일기를 본 적이 없으며, 현존 여부도 알지 못한다.

2   Brown, 'Journal of the Greenland Expedition: volume 1.' 오스발 보길Osvald Boggild은 앞서 3월에 사촌지간이었던 카롤리네Caroline와 결혼식을 올렸다.

3   에드워드 윔퍼가 앨프리드 윔퍼에게 보낸 편지, 1867년 5월 10일 자, BL Add MS 63112, f.335-336

4   Edward Whymper, 'Notes for lawyers, February 1875,' ACL. 이 자료에는 윔퍼와 브라운의 관계에 대해 자세히 나와 있다.

5   Edward Whymper, 'Voyage journal,' 30 May, SPRI MS 822/3/1; BJ

6   위의 자료 5월 31일 자

7   위의 자료 6월 3일 자

8   위의 자료 6월 4일 자

9   소프후스 크라루프 스미스(1834-1882)는 부임 후에 세상을 뜰 때까지 북부 그린란드 총독을 역임했다.

10   Edward Whymper, 'Greenland,' *Alpine Journal* 5 (1870), 22

11   Brown, 'Journal of the Greenland Expedition: volume 1,' 7 June

12   위의 자료 6월 10일 자

13   위의 자료 6월 14일 자

14   에드워드 윔퍼가 윌리엄 터너William Turner에게 보낸 편지, 1868년 9월 23일 자, ACL

15   로버트 브라운이 에드워드 윔퍼에게 보낸 편지, 1867년 10월 25일 자, ACL

16   Edward Whymper, 'Notes for lawyers, February 1875,' ACL

17 브라운에 대한 이러한 언급들은 다음 자료를 참조했다. Whymper, 'Notes on Greenland,' under 'Brown'

18 크누드 플라이서(1815-1877)는 덴마크인이었지만 고드하운에서 태어나 평생을 그린란드에서 살았다. 이누이트의 혈통을 이어받은 탐험가 크누드 라스무센Knud Rasmussen(1879-1933)이 그의 외손자이다.

19 Brown, 'Journal of the Greenland Expedition: volume 1,' 19 June

20 브라운은 이 계약서에 시간과 장소를 4월 27일 코펜하겐이라고 명기했지만, 윔퍼는 이 문서를 6월에 야콥스하운에서 처음 보았다고 단호히 주장했다. 런던으로 돌아왔을 때 윔퍼는 계약서를 타자로 입력해 사본을 여러 장 찍어낸 뒤에 브라운과의 분쟁과 관계가 있는 모든 사람에게 한 부씩 보냈다. 이 사본은 현재 영국산악회와 BL Add MS 63084, f.248-250에 소장되어 있다. 윔퍼는 브라운이 실수한 철자를 일부러 고치지 않고 그대로 두었다.

21 Edward Whymper, 'Explorations in Greenland,' Good Words 25 (1884), 42

22 위의 자료 42쪽

23 위의 자료 43쪽

24 위의 자료 43쪽

25 Brown, 'Journal of the Greenland Expedition: volume 1,' 24 June. 옥타비우스 닐센Octavius Nielsen(sic)은 1833년에 태어나 1878년까지 살았다.

26 Edward Whymper, 'Journey journal,' 25, 27 June, SPRI MS 822/3/2; BJ

27 Brown, 'Journal of the Greenland Expedition: volume 1,' 27 June

28 위의 자료

29 Whymper 'Notes on Greenland,' under 'Mosquitos'

30 Whymper, 'Explorations in Greenland,' 96-97

31 Whymper 'Notes on Greenland' under 'Pneumonia'

32 위의 자료

33 위의 자료

34 Whymper 'Notes on Greenland' under 'Brown'

35 에드워드 윔퍼가 앨프리드 윔퍼에게 보낸 편지, 1867년 7월 14일 자, BL Add MS 63112, f.339-340. 겨우 열 살일 때도 막내 남동생 새뮤얼은 열정적인 조류 연구가였다.

36 Whymper, 'Explorations in Greenland,' 98

37 위의 자료

38 에두아르 보예가 소프후스 크라루프 스미스에게 보낸 편지, 1867년 7월 5일 자, Inspectorate for North Greenland Expeditions and Journeys 1867-1884, Greenland National Museum and Archives, Nuuk, 01.02/19.50

39 Edward Whymper, '1867 diary,' 10 July, ACL

40 Whymper 'Notes on Greenland' under 'Brown'

41 Brown, 'Journal of the Greenland Expedition: volume 1,' 6 July

42 Robert Brown, 'Journal of the Greenland Expedition: volume 2,' 18 July, SPRI MS 441/2/2; BJ

43 Brown, 'Journal of the Greenland Expedition: volume 2,' 20 July

44 위의 자료

45 Edward Whymper, 'Journey journal,' 23 July

46 Edward Whymper, 'Journey journal,' 25 July

47 Brown, 'Journal of the Greenland Expedition: volume 2,' 24 July

48 Robert Brown, 'The interior of Greenland,' Field Quarterly Magazine and Review 3 (1872), 174

49 Brown, 'Journal of the Greenland Expedition: volume 2,' 24 July

50 위의 자료

51 Edward Whymper, 'Journey journal,' 25 July

52 위의 자료. 아마도 끝없이 이어지는 백야, 또 실패한 날을 묘사하기 싫은 심리적 방어 기제가 원인으로 추정되는데, 윔퍼는 7월 26일의 일기를 따로 적지 않았다.

12 · 식물화석과 바다표범 선지수프

1   에드워드 윔퍼가 크라루프 스미스에게 보낸 편지, 1867년 8월 13일 자, Inspectorate for North Greenland Expeditions and Journeys 1867-1884, Greenland National Museum and Archives, Nuuk, 01.02/19.50

2   크리스티안 파프Christian Pfaff(1823-1882)는 코펜하겐 태생으로 1876년까지 야콥스하운에 거주했다.

3   Brown, 'Journal of the Greenland Expedition: volume 2,' 7 August

4   Whymper 'Notes on Greenland' under 'Brown'

5   위의 자료

6   Robert Brown, 'Geological notes on the Noursoak Peninsula, Disko Island, and the country in the vicinity of Disko Bay, North Greenland,' Transactions of the Geological Society of Glasgow 5 (1873-1876): 66-67

7   Robert Brown, 'Letter from Mr. Robert Brown, of the Greenland Scientific Expedition,' Journal of Botany 62 (February 1868): 63. 브라운은 고작 스무 번의 경위도 측정을 했을 뿐이다.

8   로버트 브라운이 조지프 후커에게 보낸 편지, 1867년 10월 28일 자, Joseph Hooker Papers, Archives, Kew Gardens Library

9   Whymper, '1867 diary,' 11 August, ACL

10 위의 자료 8월 12일 자

11 Brown, 'Journal of the Greenland Expedition: volume 2,' 12 August

12 위의 자료 8월 19일 자

13 Whymper, '1867 diary,' 19 August. 크리스티안 안데르손Christian Anderson(1815-1893)은 1862년부터 1870년까지 리텐뱅크에 거주했다.

14 위의 자료 8월 21일 자

15 위의 자료. 쇠렌 옌센Søren Jensen은 1849년부터 사카크에 거주했다.

16 위의 자료

17 Edward Whymper, 'Some notes on Greenland and the Greenlanders,' Alpine Journal 6 (1873), 210

18 수집품은 다음 자료에 기재되어 있다. Oswald Heer, 'Contributions to the fossil flora of North Greenland, being a description of the plants collected by Mr. Edward Whymper during the summer of 1867,' Philosophical Transactions 159 (1869): 445-488

19 Edward Whymper, 'Report of proceedings to obtain a collection of fossil plants in North Greenland for the Committee of the British Association,' in Report of the thirty-ninth meeting of the British Association for the Advancement of Science (London: John Murray, 1870), 6. 윔퍼와 브라운은 디스코섬 해안에 있는 지명에 다양한 번역어와 철자를 사용하고 있다.

20 Whymper, '1867 diary,' 28 August

21 Whymper, 'Journey journal,' 25 August

22 Brown, 'Journal of the Greenland Expedition: volume 2,' 27 August

23 Whymper, 'Notes on Greenland,' under 'Brown'

24 Brown, 'Journal of the Greenland Expedition: volume 2,' 28 August

25 위의 자료 8월 29일 자

26 Whymper, '1867 diary,' 31 August

27 Whymper, '1867 diary,' 2 September

28 발피스켄호는 1801년에 건조된 200톤급 쌍돛대 범선으로 길이는 27미터, 너비는 6미터였다. 1899년까지 그린란드 정기선으로 사용되었다. 1949년에 침몰했고, '고래' 모양의 선수는 현재 덴마크 스벤보르Svendborg 항구에 전시되어 있다. 율리안네호프호는 발피스켄호보다 12일 늦게 코펜하겐에 도착했다. 결과적으로 윔퍼는 자기도 모르게 더 나은 선택을 했던 셈이다.

29 Whymper, 'Voyage journal,' 10 September

30 위의 자료 9월 29일 자

31 위의 자료 10월 1일 자

32 에드워드 윔퍼가 조사이어 윔퍼에게 보낸 편지, 1867년 10월 5일 자, BL Add MS 63112, f.341-342

33 Brown, 'Journal of the Greenland Expedition: volume 2,' 10 September

34 Whymper, 'Notes on Greenland,' under 'Brown'

35 Whymper, 'Voyage journal,' 21 October

36 Whymper, '1867 diary,' 22 October

37 로버트 브라운이 에드워드 윔퍼에게 보낸 편지, 1867년 10월 22일 자, ACL

38 Whymper, '1867 diary' 22 October

39 에드워드 윔퍼가 로버트 브라운에게 보낸 편지, 1867년 10월 24일 자, ACL

40 로버트 브라운이 에드워드 윔퍼에게 보낸 편지, 1867년 10월 25일 자, ACL

41 오토 토렐(1828-1900)은 노르덴셸드의 첫 북극 원정이었던 1858년 스피츠베르겐섬 원정대를 이끌었다.

42 야페투스 스틴스트루프Japetus Steenstrup(1813-1897)는 코펜하겐대학교의 동물학 교수였다. 요하네스 존스트루프Johannes Johnstrup(1818-1894)는 1866년 동同 대학교에서 지질학과 광물학 교수가 되었다.

13 · 한낱 여가 여행의 기록

1 Robert Brown, 'Miscellaneous notes on Greenland,' SPRI MS 441/3; BJ, and 'Notes on the fauna and flora of Greenland,' SPRI MS 441/4; BJ

2 로버트 브라운이 에드워드 윔퍼에게 보낸 편지, 1868년 1월 9일 자, ACL

3 에드워드 윔퍼가 윌리엄 로더 린지William Lauder Lindsay에게 보낸 편지, 1869년 11월 11일 자, ACL

4 에드워드 윔퍼가 워딩턴 스미스Worthington Smith에게 보낸 편지, 1869년 10월 18일 자, ACL

5 로버트 헨리 스콧이 에드워드 윔퍼에게 보낸 편지, 1868년 1월 3일 자, ACL

6 아치볼드 가이키가 로버트 헨리 스콧에게 보낸 편지, 1869년 6월 10일 자, ACL

7 [Robert Brown], 'Friends in high latitudes,' Cornhill Magazine 115 (July 1869): 52-67. 윔퍼는 이 기고문의 사본(ACL에 소장됨)에 '69년 10월 7일에 처음 봄'이라는 주석을 달아놓았다.

8 중앙아메리카연합Central American Association이 에드워드 윔퍼에게 보낸 편지, 1868년 7월 20일 자, ACL

9 오스발트 헤어가 에드워드 윔퍼에게 보낸 편지, 1868년 10월 16일 자, ACL

10 Edward Whymper, 'Report of proceedings to obtain a collection of fossil plants in North Greenland for the Committee of the British Association,' in Report of the thirty-ninth meeting of the British Association for the Advancement of Science (London: John Murray, 1870), 1-8

11 에드워드 윔퍼가 오스발트 헤어에게 보낸 편지, 1868년 9월 16일 자, Manuscripts Department, Central Library, Zürich

12 여기부터 이어지는 인용은 모두 다음 자료에서 참조. Edward Whymper, 'Journey in 1868,' SPRI MS 822/2; BJ

13 Oswald Heer, 'Preliminary report on the fossil plants collected by Mr. Whymper in North Greenland, in 1867,' in Report of the thirty-ninth meeting of the British Association for the Advancement of Science (London: John Murray, 1870), 9

14 Kernahan, In good company, 170-171

15 로버트 브라운이 오스발트 헤어에게 보낸 편지, 1868년 2월 6일 자, Manuscripts Department, Central Library, Zürich

16 로버트 브라운이 오스발트 헤어에게 보낸 편지, 1869년 7월 5일 자. 오스발트 헤어가 로버트 브라운에게 보낸 편지, 1869년 7월 11일 자, Manuscripts Department, Central Library, Zürich

17 로버트 브라운이 오스발트 헤어에게 보낸 편지, 1869년 7월 22일 자, Manuscripts Department, Central Library, Zürich

18 Robert Brown, List of memoirs read before scientific societies, and published in their transactions, or of other reports and communications (Edinburgh: privately printed, 1870); Robert Brown, 'Geological notes on the Noursoak Peninsula, Disko Island, and the country in the vicinity of Disko Bay, North Greenland,' Transactions of the Geological Society of Glasgow 5 (1873-1876): 67

19   에드워드 윔퍼가 로버트 브라운에게 보낸 편지, 1867년 10월 26일 자, ACL

20   에드워드 윔퍼가 에드워드 서빈에게 보낸 편지, 1871년 6월 26일 자, Sabine Archive, Royal Society

21   에드워드 윔퍼가 존 머리에게 보낸 편지, 1869년 8월 9일 자, John Murray Archives, NLS MS 41269. 조사이어 윔퍼가 존 머리에게 보낸 편지 1868년 5월 29일 자, John Murray Archives, NLS MS 41269. 두 자료를 보면 존 머리가 에드워드 윔퍼의 원고를 검토는 했으나 퇴짜를 놓았음을 알 수 있다. 이것이 『알프스 등반기』 초안이었는지, 그린란드 원고의 초안이었는지는 불분명하다.

22   애넷 윔퍼가 에이미 우드게이트에게 보낸 편지, 1937년 6월 7일 자. 이 편지는 에바 우드게이트가 소장하고 있다.

23   『뉴캐슬 데일리 크로니클Newcastle Daily Chronicle』 1869년 1월 5일 자, 7일 자

24   에드워드 윔퍼가 헨리 베이츠에게 보낸 편지, 1868년 1월 8일 자, ACL

25   Frederick Whymper, Travel and adventure in the territory of Alaska, formerly Russian America now ceded to the United States and in various other parts of the North Pacific (London: John Murray, 1868). 조사이어 윔퍼는 아들 프레더릭의 책에 들어간 삽화의 판화 작업비로 존 머리에게 141파운드 10실링을 받았다.

26   에드워드 윔퍼가 제임스 로버트슨에게 보낸 편지, 1869년 6월 23일 자, ACL

27   다음 자료를 참조할 것. Ruari McLean, Victorian book design and colour printing, 2nd ed. (London : Faber and Faber, 1972), viii

28   J.G. Lockhart, Ancient Spanish ballads; historical and romantic, new and rev. ed. (London: John Murray, 1842). 조사이어 윔퍼는 이 책에 들어간 삽화 4점을 판각했다.

29   다음 자료에서 재인용. Joan Stevens, '"Woodcuts dropped into the text": the illustrations in The Old Curiosity Shop and Barnaby Rudge,' Studies in Bibliography 20 (1967), 133

30   W. Minto, ed., Autobiographical notes of the life of William Bell Scott: volume II (London: James R Osgood, 1892), 36

31   George Dalziel and Edward Dalziel, The Brothers Dalziel: a record of fifty years' work in conjunction with many of the most distinguished artists of the period 1840-1890 (London: Methuen, 1901), 86

32   다음 자료를 참조할 것. Julia Thomas, Pictorial Victorians: the inscription of values in word and image (Athens, Ohio: Ohio University Press, 2004), 53-76

33   에드워드 윔퍼가 아치볼드 가이키에게 보낸 편지, 1870년 3월 13일 자, Manuscripts, Edinburgh University Library, GEN 526/12

34   James R. Thursfield, 'Recent Alpine literature,' Academy, 15 October 1871, 470.

35   에드워드 윔퍼가 헬렘 머리Hallam Murray에게 보낸 편지, 1905년 7월 4일 자, John Murray Archive, NLS, MS 41269

36   여백에 윔퍼의 메모가 적힌 『알프스 등반기』 교정쇄는 SPRI에 소장되어 있다.

37   윌리엄 맥스웰William Maxwell이 윔퍼의 딸 에설에게 보낸 편지, 1938년 10월 21일 자, BL Add MS 63112, f.178

38   에드워드 윔퍼가 앨프리드 윔퍼에게 보낸 편지, 1867년 5월 10일 자, BL Add MS 63112, f.335-336

39   「알프스 관련 도서들Books on the Alps」『더 타임스』 1871년 8월 24일 자

40   Geoffrey Winthrop Young, 'The legend of Edward Whymper,' Observer, 18 February 1940

41   Frederic Maitland, The life and letters of Leslie Stephen (London: Duckworth, 1906), 102

42   Leslie Stephen, 'Mr. Whymper's Scrambles amongst the Alps,' Alpine Journal 5 (1871), 235-236

43   Leslie Stephen, 'Mr. Whymper's Scrambles amongst the Alps,' Macmillan's Magazine 24 (May-October 1871), 306

44   Smith, ed., Apprenticeship of a mountaineer, 157

45   위의 자료 122쪽

46   Whymper, '1860 diary,' 9 August

47   John Ruskin, Modern painters (London: J.M. Dent, 1907), 4: 87

48   위의 자료 4: 232쪽

49   Whymper, Scrambles amongst the Alps, 156

50 위의 책 109쪽

51 위의 책 408쪽. 일례로 『알프스 등반기』의 마지막 구절은 노르웨이 북부 헤닝스베르Henningsvær에 있는 등반가들이 자주 모이는 한 술집의 대들보에도 적혀 있다.

52 웜퍼가 마터호른에서 목격한 브로켄 현상을 연구해온 존 하드윅John Hardwick이 친절하게도 이 주제에 관해 직접 쓴 기고문을 보내주었다. (참고 문헌 목록 참조) 존 하드윅은 웜퍼가 예술적으로 표현한 현상이 그 무렵에 있었을 법한 대기와 기상학적 조건에 놀랍도록 들어맞는다는 사실을 입증하고 있다. 브로켄 현상은 무지개와 흡사하지만, 빗방울이 아닌 훨씬 더 작은 안개 알갱이에 의해 햇빛이 굴절·반사되며, 얼음 알갱이에 의한 굴절 효과가 합쳐져 나타난다는 특징이 있다.

53 Whymper, Scrambles amongst the Alps, 331. 에드워드 웜퍼가 존 틴들에게 보낸 편지, 1871년 6월 17일 자, Archives, Royal Institution. 에드워드 웜퍼가 존 틴들에게 보낸 편지, 1871년 6월 22일 자, BL Add MS 53715, ff.4v-19

54 Whymper, Scrambles amongst the Alps, 38

55 위의 자료 155쪽

56 Geoffrey Winthrop Young, 'Mountain prophets,' Alpine Journal 54 (1943), 103

57 Alphonse Daudet, Tartarin on the Alps (London: Routledge, 1887), 305. [*한글 번역본으로는 알퐁스 도데, 『알프스의 타르타랭』, 정구창 옮김, 교학사, 1999 참조]

58 Lucien Daudet, Vie d'Alphonse Daudet (Paris: Gallimard, 1941), 187. 마틴 콘웨이의 일기장에는 도데가 적어도 한 번은 1895년 5월 24일에 파리에 갔다는 기록(케임브리지대학교 도서관 Add 7676/Y26)이 있다. 웜퍼의 지인이었던 찰스 고스Charles Gos는 도데의 아들로부터 두 사람이 만난 적이 있다는 말을 들었다.

59 Cecil Power [Grant Allen], Philistia (London: Chatto and Windus, 1884), 45-50

60 이 이야기는 다음 자료에 나온다. Kernahan, In good company, 181-185

61 Maitland, The life and letters of Leslie Stephen, 222-223

62 위의 책 223쪽. 웜퍼는 이 삽화의 원화, 판각, 인쇄 작업비로 14파운드를 받았다. (Longman Archive, Reading University Library)

63 John Tyndall, Hours of exercise in the Alps (London: Longmans, Green, 1871), vii

64 Mark Twain, A tramp abroad (Hartford, Conn.: American Publishing Co., 1888), 456

65 Beverly David, 'Tragedy and travesty: Edward Whymper's Scrambles amongst the Alps and Mark Twain's A Tramp Abroad,' Mark Twain Journal 27, no. 1 (1989): 2-8

66 에드워드 웜퍼가 찰스 라이엘에게 보낸 편지, 1871년 11월 7일 자, Edinburgh University Library GEN 117 (Lyell 1/5962-3)

67 에드워드 웜퍼가 에드워드 서빈에게 보낸 편지, 1871년 6월 26일 자, Sabine Archive, Royal Society

68 웜퍼는 이 사건을 다음 자료에서 묘사했다. 'The opening of the Mont Cenis tunnel,' Leisure Hour (1872): 104-108, 118-122

69 Edward Whymper, '1872 diary,' 30 April

70 1872년 12월 18일 자 일기에 '마터호른 등정기'라는 제목을 제안했다는 기록이 있다. Edward Whymper, '1872 diary'

14 · 저는 북극 지역에서 저보다 … 더 높이 오른 사람은 없다고 믿습니다

1 Whymper, '1872 Diary', 23 April

2 위의 자료 5월 4일 자

3 위의 자료 5월 6일 자

4 에드워드 웜퍼가 조사이어 웜퍼에게 보낸 편지, 1872년 5월 23일 자, BL Add MS 63112, f.344. 크리스티안 루돌프Christian Rudolph(1811-1882)는 그린란드에서 여러 해 동안 거주했다.

5 Whymper, '1872 Diary', 14 June

6 위의 자료 5월 28일 자, 30일 자

7 위의 자료 6월 17일 자

8 위의 자료 6월 25일 자

9 시그네 룬드스틴이 에드워드 윔퍼에게 보낸 편지, 1873년 8월 23일 자, ACL

10 Whymper, '1872 Diary', 13 July

11 Edward Whymper, 'Notes on Greenland,' under 'Swimming'

12 Whymper, '1872 Diary', 10 July

13 Whymper, '1872 diary,' introductory notes

14 Edward Whymper, 'Explorations in Greenland,' Good Words 25 (1884), 102. 프레데리크에 대해 더 알고 싶다면 다음 자료를 참조할 것. Anders Odsbjerg, De uundværlige: Eskimoiskedeltagere i de store polarekspeditioner (Copenhagen: Aschehoug, 2001), 97-115

15 Edward Whymper, 'Journal kept in Greenland 1872,' 21, 24 July, SPRI MS 822/6; BJ

16 Edward Whymper, 'Notes on Greenland,' under 'Rowing'

17 위의 자료, 표제어 'Names.'

18 Whymper, 'Journal kept in Greenland 1872,' 27 July

19 위의 자료 7월 27일 자

20 위의 자료 7월 28일 자

21 위의 자료 7월 29일 자

22 위의 자료 7월 29일 자

23 위의 자료 7월 29일 자

24 위의 자료 7월 29일 자

25 위의 자료 8월 2일 자

26 위의 자료 8월 6일 자. 페르디난 클라센Ferdinand Clasen(1824-1899)은 누사크에서 20년을 보냈고, 그린란드에서 사망했다.

27 위의 자료 8월 8일 자

28 위의 자료 8월 11일 자

29 도보 이동에 대한 내용은 다음 자료에서 인용. 위의 자료, 8월 12일 자, 13일 자

30 위의 자료 8월 14일 자

31 위의 자료 8월 16일 자

32 위의 자료. 에두아르 보예(1830-1883)는 1849년에 그린란드로 이주했고, 1870년부터 1882년까지 우메나크의 관찰사를 지냈다.

33 에두아르 보예가 에드워드 윔퍼에게 보낸 편지, 1873년 7월 30일 자, ACL. 보예는 덴마크어로 "훌륭한 현미경"(번역: 엘리너 홀솔)을 보내주어 감사하다는 편지를 썼다.

34 에드워드 윔퍼가 에드워드 서빈에게 보낸 편지, 1872년 11월 18일 자, Sabine Archive, Royal Society. 윔퍼는 1870년에 동부 그린란드에 있는 파예르 슈피츠Payer Spitze를 독일인들이 오른 사실을 알고 있었다. 높이는 2,130미터라고 말했다. 당시에 윔퍼는 분명 자신이 오른 산이 조금 더 높다고 생각하고 있었다. Edward Whymper, 'The second German Arctic expedition,' Leisure Hour 20 (1871), 729

35 Whymper, 'Explorations in Greenland,' 184

36 Whymper, 'Explorations in Greenland,' 183. 마터호른 이후 윔퍼가 유일하게 오른 산은 1866년에 빙하에 구멍을 파는 동안에 두꺼운 안개 속에서 올랐던 테트 드 발펠린뿐이었다.

37 Whymper, 'Journal kept in Greenland 1872,' 23 August

38 위의 자료 8월 25일 자

39 위의 자료 8월 26일 자

40 위의 자료 9월 1일 자

41 다음 자료에서 인용. Edward Whymper, 'Arctic expeditions of the nineteenth century,' Leisure Hour 25 (1876), 858

42 Edward Whymper, 'Researches in Greenland,' Nature, 7 November 1872, 8. 이것은 윔퍼가 로버트 헨리 스콧에게 보낸 편지이다. 이 편지는 아마도 그가 발표해주기를 바라고 썼던 것 같다.

43 Whymper, '1872 diary', 21 August

44 Edward Whymper, 'Return voyage from Godhavn to Copenhagen on board Julianehaab,' 27 September, SPRI MS 822/5; BJ

45 위의 자료

46 위의 자료 10월 21일 자

47 위의 자료 10월 16일 자

48 Whymper, '1872 diary', 25 October

49 위의 자료 11월 5일 자

50 Edward Whymper, 'Opdagelsesrejser I Grønland,' Dagbladet (Copenhagen) 21, 23 November 1872. 윔퍼는 원고료로 50달러를 받았다.

51 에드워드 윔퍼가 윌리엄 롱맨에게 보낸 편지, 1872년 11월 17일 자, BL MS 63084, ff.242-243

52 Whymper, '1872 diary', 26 November

53 윔퍼가 덴마크 지인들과 주고받은 서신은 ACL에 소장되어 있다.

54 윔퍼는 다음 자료의 뒷면에 그린란드로 보낸 물품을 기록해두었다. 'Voyage journal from Copenhagen to Greenland in 1872.' SPRI MS 822/5; BJ

55 에드워드 윔퍼가 세이스트루프에게 보낸 편지, 1874년 12월 4일 자, ACL

56 힌리크 링크가 에드워드 윔퍼에게 보낸 편지, 1873년 4월 18일 자, ACL

57 마르가레테 스미스가 에드워드 윔퍼에게 보낸 편지, 1873년 9월 8일 자, ACL

58 Whymper, '1872 diary', 5 December

59 에드워드 윔퍼가 에드워드 서빈에게 보낸 편지, 1872년 11월 30일 자, Sabine Archive, Royal Society

60 위의 자료

61 로버트 브라운이 1867년부터 1875년까지 조지프 후커에게 보낸 편지는 Archives, Kew Gardens Library, Directors Correspondence and Joseph Hooker Papers에 소장되어 있다. 본 인용문들은 1875년 1월 9일과 1월 20일로 기록되어 있다.

62 클레먼츠 마컴이 조지프 후커에게 보낸 편지, 1875년 1월 9일 자, Archives, Kew Gardens Library, Joseph Hooker Papers JDH/1/15

63 클레먼츠 마컴이 조지프 후커에게 보낸 편지, 1875년 1월 11일 자, 27일 자, Archives, Kew Gardens Library, Joseph Hooker Papers JDH/1/15

64 A. J. Wilson, 'In memory,' in The adventures of John Jewitt. ed. Robert Brown (London: Clement Wilson, 1896), 5-8

65 에드워드 윔퍼가 존 켈티John Keltie에게 보낸 편지, 1895년 11월 1일 자, RGS, Correspondence Block 1881-1910

66 윔퍼는 1873년 4월 28일의 쉐라드 오즈번의 발표를 듣기 위해 왕립지리학회에 참석했다. Proceedings of the RGS 17 (1872-3), 182. 다음 자료도 참조할 것. 에드워드 윔퍼가 존 머리에게 보낸 편지, 1875년 5월 20일 자, John Murray Archives, NLS MS 41269. Whymper, '1872 diary,' 10 December

67 Whymper, 'Notes on Greenland,' under 'Tegner'

68 다음 자료를 참조할 것. George Nares, Narrative of a voyage to the Polar Sea during 1875-6 in H.M. Ships 'Alert' and 'Discovery,' 2nd ed. (London: Sampson Low, Marston, Searle and Rivington, 1878), 24

69 에드워드 윔퍼가 윌리엄 롱맨에게 보낸 편지, 1872년 11월 17일 자, BL Add MS 63084, ff.242-243

70 에드워드 윔퍼가 클레먼츠 마컴 경에게 보낸 편지, 1901년 5월 9일 자, RGS, Correspondence block 1881-1910

71 에드워드 윔퍼가 헨리 몬태니어에게 보낸 편지, 1908년 11월 22일 자, BL Add MS 63112, ff.63-66

72 Robert Whymper, 'Edward Whymper: mountaineer, writer, artist, and scientist,' Quarterly Review 609 (July 1956), 294

15 · 마터호른 사진 촬영과 트로이 유적 그리고 프랑스 학자들

1 Edward Whymper, Travels amongst the Great Andes of the Equator (Salt Lake City: Peregrine Smith, 1987), vi. [*한글 번역본은 아직 나와 있지 않다.]

2   John Keay, When men and mountains meet: the explorers of the Western Himalayas 1820-1875 (London: Century Publishing, 1983), 187

3   Whymper, '1872 Diary', 22 December

4   『더 타임스』 1889년 3월 19일 자. 헨리의 여동생 애넷은 오빠가 기아 구호 사업에 대한 공로로 훈장을 받았다고 말했다. [Annette Whymper], 'Family record', BL Add MS 63112, f.143

5   윔퍼의 형제자매에 대한 정보는 대부분 윔퍼의 조카 로버트 윔퍼가 1954년 10월 27일 자로 여동생 에이미 우드게이트에게 보낸 장문의 편지를 참조했다. 이 편지는 현재 에이미 우드게이트의 며느리인 에바 우드게이트가 소장하고 있다.

6   Edward Whymper, 'Arctic expeditions of the nineteenth century,' Leisure Hour 25 (1876), 84

7   Edward Whymper, 'Livingstone's last journals,' Leisure Hour (1875): 124-128, 134-140

8   "에드워드 윔퍼 삼촌의 체온 기록 일부를 아버지가 (사진 건판과 함께) 없애버리셨다. 감정적 스트레스(!!) 상태에서 남녀의 체온과 관계가 있었기 때문이래. 그 당시 과학적으로는 흥미로웠을지 몰라도 특별히 다르게 나타나지는 않았다고 하더라." 로버트 윔퍼가 에이미 우드게이트에게 보낸 편지, 1954년 10월 27일 자

9   Whymper, Travels amongst the Great Andes of the Equator, 379. 티상디에, 시벨, 크로세 스피넬리의 치명적인 열기구 사고가 일어난 때는 1875년이었다. 프레더릭 윔퍼는 비행술의 역사에 관한 다음 기고문을 썼다. 'Adventures above the clouds: a retrospect of a century's work,' Good Words 24 (1883): 425-431, 516-523

10 Paul Bert, La pression barométrique (Paris: G. Masson, 1878)

11 로버트 윔퍼의 답장은 다음 자료에 있다. 에이미 우드게이트가 R. W. 클라크에게 보낸 편지, 1960년 8월 27일 자, Clark Papers, NLS

12 다음 자료에서 재인용. A. F. Mummery, My climbs in the Alps and Caucusus (Oxford: Basil Blackwell, 1936), xvii-xxi. [*한글 번역본으로는 앨버트 머메리, 『알프스에서 카프카스로』, 오정환 옮김, 수문출판사, 1994 참조]

13 다음 자료를 참조할 것. Aaron Scharf, Art and photography. Rev. ed. (London: Pelican, 1974). [*한글 번역본으로는 아론 샤프, 『미술과 사진』 문범 옮김, 미진사, 1986 참조]

14 Tyndall, Hours of exercise in the Alps, 292

15 에드워드 윔퍼가 조사이어 윔퍼에게 보낸 편지, 1874년 8월 18일 자, BL Add MS 63090, f.286

16 Edward Whymper, '[Notes on 1874 ascent of Matterhorn],' SPRI MS 822/39; Boxed

17 위의 자료

18 R. Lindt, 'Eine Besteigung des Matterhorns,' Jahrbuch des Schweizer Alpenclub 10 (1874-5), 251-283

19 Whymper, '[Notes on 1874 ascent of Matterhorn]'

20 Alpine Journal 7 (1874-1876), 152-153

21 "존 머리의 서신 모음에는 [슐리만의] 편지가 많이 들어 있다. 가장 얇은 외국 종이에 쓴 ⋯ 대부분은 지도, 판목, 교정쇄에 대한 불만으로 가득 차 있었다. ⋯" George Paston, At John Murray's: records of a literary circle 1843-1892 (London: John Murray, 1932), 251. 슐리만에 관해서는 다음 자료도 참조할 것. David Traill, Schliemann of Troy: treasure and deceit (London: Penguin, 1996)

22 'Adventures upon the Alps,' The Boy's Own Paper (27 September 1879), 580-584. 윔퍼가 새로 쓴 것은 아니고, 『알프스 등반기』에서 글과 그림을 발췌해 실은 기고문이다.

23 「크리스마스 도서Christmas books」 『더 타임스』 1873년 12월 25일 자

24 알렉산더 맥밀런이 에드워드 윔퍼에게 보낸 편지, 1873년 10월 22일 자, Macmillan Archive, BL Add MS 55394, f.517. 이 책은 성만 적지 않고 알렉산더 맥밀런이라는 성명 전체를 넣어 출판한 유일한 책이었다.

25 Picturesque Europe (London: Cassell, Petter, Galpin and Co, 1876-1879). 윔퍼의 메모가 달린 교정쇄 두 권이 SPRI MS 822/37/1-2; BJ에 소장되어 있다. 이 책에 실린 판화들의 교정쇄는 에바 우드게이트와 대영박물관 인쇄회화부도 소장하고 있다.

26 에드워드 윔퍼가 W. A. B. 쿨리지에게 보낸 편지, 1878년 12월 3일 자, Manuscript Department, Central Library, Zürich

27 Edward Whymper, 'The adventures of Madame Godin,' The Girl's Own Paper, 15 November 1884, 105. 윔퍼는 이 기고문에서 장 고댕과 프랑스 과학원 회원 루이 고댕을 혼동해 적었다.

28 Robert Whitaker, The mapmaker's wife: a true tale of love, murder and survival in the Amazon (London:

Doubleday, 2004)은 라 콩다민과 프랑스 학자들에 대해 가장 정확한 이야기를 담고 있는 책이다. [*한글 번역본으로는 로버트 휘터커, 『이사벨 고댕, 지도 제작자의 아내』 김소연 옮김, 조선일보사, 2004 참조] Victor von Hagen, South America called them: explorations of the great naturalists (London: Robert Hale, 1949)에는 일부 오류가 있는데, 이 오류만 제외하면 대단히 흥미롭게 서술한 책인 Anthony Smith, The lost lady of the Amazon: the history of Isabela Godin and her epic journey (London: Constable, 2003)에도 그대로 실렸다.

29 다음 자료에서 재인용. Loren McIntyre, 'Humboldt's way,' National Geographic 168, no. 3 (Sept 1985), 344

30 다음 자료에서 재인용. Janet Browne, Charles Darwin: voyaging (London: Jonathan Cape, 1995), 212

31 막스 폰 틸만이 에드워드 윔퍼에게 보낸 편지, 1879년 8월 14일 자, 'Letterbook,' SPRI MS 822/38; BJ

32 Joseph Ewan, 'Tracking Richard Spruce's legacy from George Bentham to Edward Whymper,' in Richard Spruce (1817-1893): botanist and explorer, ed. M. R. D. Seaward and S. M. D. Fitzgerald (London: Royal Botanic Gardens, Kew, 1996), 41-49. 리처드 스프루스가 에드워드 윔퍼에게 보낸 편지, 1879년 9월 15일 자, 'Letterbook'

33 찰스 E. 매슈스가 솔즈베리 후작Marquess of Salisbury에게 보낸 편지, 1879년 7월 24일 자, National Archives, Kew, FO 25/70

34 Edward Whymper, 'Journal July 7th - Sept 24th 1894,' 28 August, SPRI MS 822/19; BJ

35 Edward Whymper, 'Journal 1897-1898,' 25 October 1897, SPRI MS 822/21; BJ

36 프랑스어 원문은 다음과 같다. 'une personne de ma confiance'. 장 앙투안 카렐이 에드워드 윔퍼에게 보낸 편지, 1879년 8월 21일 자, 'Letterbook'

37 에드워드 윔퍼가 토머스 보니에게 보낸 편지, 1879년 9월 17일 자, ACL

38 질 헤더링턴Jill Hetherington(헨리 윔퍼의 딸 애넷 웨브Annette Webb의 손녀)과 저자와의 대화. [루시] 도라 비에르나츠키(헨리 윔퍼의 딸)가 에이미 우드게이트에게 보낸 편지, 1954년. 에바 우드게이트 소장

39 애넷 윔퍼의 저서는 다음과 같다. Celia's fortunes (London: Religious Tract Society, 1901); Keziah Crabbe, spinster (London: Religious Tract Society, 1902); What can I do? Or, How to help missions (London: Religious Tract Society, 1904)

40 Edward Whymper, 'Journal and general notes in Ecuador, 1879-1880,' 3 November 1879, SPRI MS 822/7/1; BJ

41 하인리히 슐리만이 존 머리에게 보낸 편지, 1880년 2월 26일 자, John Murray Archive, NLS MS 41067, ff. 32r-33v

16 · 해발 2만 피트

1 Edward Whymper, 'Journal and general notes in Ecuador, 1879-1880,' 3 November. 윔퍼는 다음 자료에 서신왕래에 대해 자세히 기록해두었다. 'Notes for reference 1879-1880,' SPRI MS 822/8; BJ. 귀국 후 왕립지리학회에서 한 강연에서 윔퍼는 다음과 같이 말했다. "여러분의 회원 중에서 가장 인품이 좋고 가장 기량이 뛰어난 회원 중의 한 명과 동행하는 크나큰 즐거움을 누렸습니다. 저는 그가 언젠가 영국 깃발을 북극점에 꽂기를 바랍니다. 그는 북극점을 향해 지금까지 그 누구보다 멀리까지 영국 깃발을 가져가는 영광을 누린 사람입니다." Edward Whymper, 'A journey among the Great Andes of the Equator,' Proceedings of the RGS: new series 3 (1881), 451

2 Whymper, 'Notes for reference 1879-1880.' 윔퍼가 버진제도의 세인트토머스St. Thomas섬에서 부친 기고문은 다음 두 편이다. 'Sir John Gilbert, R. A.' Leisure Hour (1880): 183-185; and, 'The reading-room of the British Museum.' Leisure Hour (1880): 685-688

3 Whymper, 'Journal and general notes in Ecuador, 1879-1880,' 6, 11 November

4 위의 자료 11월 3일 자

5 Edward Whymper, 'A great Arabian traveller - Lady Anne Blunt,' The Girl's Own Paper, 29 August 1885, 759

6 Whymper, 'Journal and general notes in Ecuador, 1879-1880,' 19 November

7 위의 자료 11월 25일 자

8 위의 자료 11월 26일 자, 27일 자

9 위의 자료 11월 28일 자

10 위의 자료

11 Edward Whymper, 'The Panama Canal,' Contemporary Review 55 (March 1889), 340

12 Whymper, 'Journal and general notes in Ecuador, 1879-1880,' 28 November. 오늘날 파나마의 영토는 당시 콜롬비아에 속해 있었다.

13 위의 자료, 12월 4일 자. 새뮤얼 그리핀은 1850-1851년에 파견된 1차 그린넬Grinnell 원정대의 일원이었다.

14 위의 자료 12월 7일 자

15 위의 자료 12월 5일 자

16 이 시는 1856년에 처음 발표되었는데, 윔퍼는 안데스 책에 이 시의 한 구절을 넣었다. Whymper, Travels amongst the Great Andes of the Equator, 33

17 Edward Whymper, 'Note on an alleged ascent of Chimborazo in 1856' Alpine Journal 10 (1882): 226-231

18 Whymper, 'Journal and general notes in Ecuador, 1879-1880,' 8, 9 December

19 Whymper, 'A journey among the Great Andes of the Equator,' 462. 현재 인정된 침보라소의 높이는 6,310미터이다.

20 Whymper, 'Journal and general notes in Ecuador, 1879-1880,' 14 December

21 위의 자료

22 Whymper, 'A journey among the Great Andes of the Equator,' 453. 라 콩다민과 말도나도의 지도는 1750년부터 1751년까지 파리에서 출판되었다. 라이스와 스튀벨은 당시 에콰도르에 관한 어떤 출판물도 내놓기 전이었지만, 윔퍼에게 세부 자료를 보여주었다.

23 Whymper, 'Journal and general notes in Ecuador, 1879-1880,' 21 December

24 위의 자료 12월 23일 자. 프랑스어 원문은 다음과 같다. 'la chose est certaine'

25 위의 자료 12월 22일 자

26 위의 자료 12월 26일 자

27 위의 자료 12월 27일 자

28 위의 자료 12월 29일 자

29 위의 자료 12월 29일 자

30 위의 자료 1월 13일 자

31 위의 자료 12월 31일 자

32 Whymper, 'Notes for reference 1879-1880'

33 위의 자료 1월 2일 자. 처음에 쓴 일지는 연필로, 나중에 추가한 내용은 펜으로 적혀 있다.

34 위의 자료 1월 3일 자, 6일 자에 추가한 메모

35 Edward Whymper, 'Notes on ascents,' SPRI MS 822/10; BJ

36 Edward Whymper, 'Ascent of Chimborazo and Cotopaxi,' Journal of the Society of Arts (11 March 1881), 358. 1880년 1월 4일 자 윔퍼의 일기는 여백으로 남아 있다. 그들의 침보라소 등반에 대한 자료는 윔퍼의 일기와 조수의 노트에 산발적으로 흩어져 있다.

37 Whymper, 'Journal and general notes in Ecuador, 1879-1880,' 5 January

38 프레더릭 해밀턴이 에드워드 윔퍼에게 보낸 편지, 1880년 2월 5일 자, 'Letterbook'

39 Whymper, 'Journal and general notes in Ecuador, 1879-1880,' 7 January

40 위의 자료 1월 8일 자

41 위의 자료 1월 11일 자, 12일 자

42 위의 자료 1월 12일 자

43 여기까지 다음 자료에서 인용. 위의 자료 1월 12일 자, 13일 자

44 에드워드 윔퍼가 계모 에밀리 윔퍼에게 보낸 편지, 1880년 3월 18일 자, BL Add MS 63090, ff. 289-291

45 Whymper, 'Journal and general notes in Ecuador, 1879-1880,' 25 January

46 위의 자료 1월 19일 자

47 위의 자료 2월 7일 자

48 Whymper, Travels amongst the Great Andes of the Equator, 136

49 Whymper, 'Journal and general notes in Ecuador, 1879-1880,' 14 February

50 위의 자료 2월 17일 자

51 위의 자료 2월 16일 자

52 위의 자료 2월 18일 자

53 이날 밤 기온은 영하 11도로 윔퍼가 에콰도르에서 기록한 최저 기온이었다.

54 Whymper, 'Journal and general notes in Ecuador, 1879-1880,' 18 February

55 위의 자료 2월 19일 자

56 에드워드 윔퍼가 토머스 보니에게 보낸 편지, 1880년 3월 20일 자, ACL

57 Whymper, 'Ascent of Chimborazo and Cotopaxi,' 361

58 에드워드 윔퍼가 토머스 보니에게 보낸 편지, 1880년 3월 20일 자, ACL. 윔퍼와 친분이 있었던 기상국의 로버트 헨리 스콧은 왕립지리학회 총회에서 크라카타우 분화에 관한 보고서를 발표했다.

59 Whymper, 'Journal and general notes in Ecuador, 1879-1880,' 23 February

60 위의 자료 2월 29일 자

17·그 일대는 온통 음산한 습지인 데다
그칠 줄 모르는 비가 계속 쏟아졌어요

1 Whymper, 'Journal and general notes in Ecuador, 1879-1880,' 1 March

2 앨버트 마컴이 에드워드 윔퍼에게 보낸 편지, 1880년 2월 6일 자, 'Letterbook'

3 윔퍼의 대통령 알현에 관해서는 다음 자료에 나와 있다. Whymper, 'Journal and general notes in Ecuador, 1879-1880,' 3 March

4 Whymper, 'Journal and general notes in Ecuador, 1879-1880,' 5 March

5 위의 자료 3월 5일 자

6 Whymper, 'Notes for reference 1879-1880'

7 Whymper, 'Journal and general notes in Ecuador, 1879-1880,' 7 March

8 위의 자료 6월 30일 자

9 위의 자료 3월 8일 자

10 위의 자료 3월 10일 자

11 위의 자료

12 윔퍼와 위너와의 대화는 위너가 윔퍼에게 보낸 편지와 윔퍼가 프레시필드에게 보낸 편지에 실려 있다, Whymper's 'Letterbook'

13 Edward Whymper, 'Expeditions among the Great Andes of Ecuador,' Alpine Journal 10 (August 1881), 246

14 Edward Whymper, 'A journey among the Great Andes of the Equator,' Proceedings of the RGS new series 3 (1881), 466

15 Comments made after Whymper's lecture to the RGS on 9th May 1881, Proceedings of the RGS: new series 3 (1881), 470

16 Whymper, 'Expeditions among the Great Andes of Ecuador,' 247

17 Whymper, 'Journal and general notes in Ecuador, 1879-1880,' 9 April

18 위의 자료 4월 7일 자

19 Whymper, 'A journey among the Great Andes of the Equator,' 466

20 Whymper, 'Journal and general notes in Ecuador, 1879-1880,' 8 April

21 다음 자료에서 재인용. 위의 자료 4월 10일 자, 11일 자

22 위의 자료 4월 10일 자

23 위의 자료 4월 11일 자

24 Whymper, Travels amongst the Great Andes of the Equator, 242

25 Whymper, 'Journal and general notes in Ecuador, 1879-1880,' 12 April

26 위의 자료 4월 13일 자

27 위의 자료 4월 14일 자

28 위의 자료

29 위의 자료

30 위의 자료 4월 15일 자

31 위의 자료 4월 16일 자

32 Whymper, Travels amongst the Great Andes of the Equator, 249

33 다음 자료에서 재인용. John Wilford, The mapmakers, 2nd ed. (New York: Knopf, 2000), 128

34 Whymper, 'Notes for reference 1879-1880'

35 Whymper, 'Journal and general notes in Ecuador, 1879-1880,' 19 January

36 위의 자료 4월 25일 자

37 위의 자료 4월 29일 자

38 위의 자료 5월 6일 자

39 위의 자료 5월 17일 자

40 Whymper, Travels amongst the Great Andes of the Equator, 292-293

41 Whymper, 'Journal and general notes in Ecuador, 1879-1880,' 12 April

42 위의 자료 1880년 5월 21일 자. 일주일 후 위너는 동쪽에서 편지를 보냈으며, "내 친애하는 친구여 늘 행복하시게."라고 적었다. 샤를 위너가 에드워드 윔퍼에게 보낸 편지, 1880년 5월 28일 자. 'Letterbook'

43 Whymper, 'Journal and general notes in Ecuador, 1879-1880,' 9 June

44 Whymper, 'Expeditions among the Great Andes of Ecuador,' 428

45 Whymper, 'Journal and general notes in Ecuador, 1879-1880,' 19 June

46 위의 자료 12월 10일 자

47 위의 자료 1월 27일 자

48 위의 자료 2월 25일 자

49 위의 자료 3월 29일 자

50 위의 자료 2월 25일 자

51 위의 자료 3월 27일 자

52 위의 자료 6월 22일 자

53 조지 체임버스가 에드워드 윔퍼에게 보낸 편지, 1880년 11월 17일 자, 'Letterbook'

54 조지 체임버스가 에드워드 윔퍼에게 보낸 편지, 1888년 10월 22일 자, 'Letterbook'

55 Whymper, 'Journal and general notes in Ecuador, 1879-1880,' 22 January

56 Edward Whymper, 'Catalogue of collections made in Ecuador etc in 1879-1880,' SPRI MS 822/9; BJ. 윔퍼의 지질표본 및 동물표본에 관해서는 다음 자료에 기술되어 있다. Edward Whymper, Supplementary Appendix to Travels amongst the Great Andes of the Equator (London: John Murray, 1891). 대영박물관 자연사박물관에는 윔퍼가 침보라소에서 발견한 지네류가 소장되어 있다.

57 Edward Whymper, 'Fitzgerald's highest Andes,' Nature, 10 May 1900, 41

58 다음 자료에서 인용. Whymper, 'Journal and general notes in Ecuador, 1879-1880,' 29 June

59 위의 자료 6월 30일 자

60 위의 자료 7월 3일 자

61 Edward Whymper, 'The remarkable sunsets,' Nature 29 (1883-1884), 199-200

62 여기부터 다음 자료에서 인용. Whymper, 'Journal and general notes in Ecuador, 1879-1880,' 3 July

63 Whymper, Travels amongst the Great Andes of the Equator, 373

64 위의 책 378쪽

65 Edward Whymper, 'Mountaineering in the Alps and Caucasus,' review of My climbs in the Alps and Caucasus, by A. F. Mummery, Saturday Review (27 July 1895): 113

66 Edward Whymper, 'Mr Mummery's climbs,' Sphere, 30 January 1909, 110

67 Whymper, 'Journal and general notes in Ecuador, 1879-1880,' 13 July

68 다음 자료에서 인용. 위의 자료 7월 8일 자부터 12일 자까지

69 에콰도르에서 카렐 형제와 헤어진 날에 대한 윔퍼의 설명은 다음 자료에서 인용. 위의 자료 7월 13일 자, 14일 자

70 위의 자료 1880년 1월 4일 옆 칸

71 Whymper, Travels amongst the Great Andes of the Equator, 392

72 Whymper, 'Notes for reference 1879-1880.' 약 50배를 곱하면 대략 현재 가치가 된다.

73 프랑스어 원문은 다음과 같다. "vos enfants les barometres sont encore en plein activité." 에드워드 윔퍼가 장 앙투안 카렐에게 보낸 편지, 1880년 9월 15일 자, 'Letterbook'

74 Whymper, Travels amongst the Great Andes of the Equator, 435-436

75 Whymper, 'Journal and general notes in Ecuador, 1879-1880,' 28 July

76 위의 자료 7월 29일 자

77 여기까지 다음 자료에서 인용. 위의 자료 8월 2일 자부터 9일 자까지

18 · 윔퍼의 곤충도감

1   에드워드 윔퍼가 계모 에밀리 윔퍼에게 보낸 편지, 1880년 5월 8일 자, BL Add MS 63090, f. 296

2   'Committee meetings,' 4 May 1880, ACL

3   『더 타임스』 1881년 2월 2일 자

4   에드워드 윔퍼가 벤저민 배그쇼Benjamin Bagshawe에게 보낸 편지, 1881년 10월 8일 자, Bagshawe Collection, Sheffield Archives

5   Sheffield and Rotherham Independent, 14 October 1881

6   Alpine Journal 11 (1884), 375

7   식스턴Theakston이 에드워드 윔퍼에게 보낸 편지, 1888년 10월 24일 자, 'Letterbook'

8   Simon Nowell-Smith, The house of Cassell 1848-1958 (London: Cassell, 1958)

9   Robert Brown, Countries of the world: volume 2 (London: Cassell, 1884): 93. 부상고는 그 정도로 높이 오르지 못했다.

10 Edward Whymper, 'Arctic expeditions of the nineteenth century,' Leisure Hour 25 (1876), 263

11 에드워드 윔퍼가 앨버트 귄터에게 보낸 편지, 1886년 4월 9일 자, Archives, Natural History Museum

12 Kernahan, In good company, 149-186

13 위의 책 152쪽

14 Edward Whymper, 'Journal 1897-1898,' SPRI MS 822/21; BJ에는 에일릿에게 주급으로 2파운드 15실링을 주었다는 기록이 있다.

15 에드워드 윔퍼가 존 머리에게 보낸 편지, 1875년 5월 20일 자, John Murray Archive, NLS MS 41269

16 에드워드 윔퍼가 더글러스 프레시필드에게 보낸 편지 1882년 5월 20일 자, Manuscript Department, Central Library, Zürich

17 The Spectator (28 May 1892), 740

18 앨프리드 뉴턴이 에드워드 윔퍼에게 보낸 편지, 1870년 7월 11일 자, Archives, Natural History Museum. 윔퍼의 박물학 표본과 관련된 노트와 기록은 런던에 있는 대영박물관 자연사박물관 도서관에 소장되어 있다.

19 에드워드 윔퍼가 R.R. 클라크에게 보낸 편지, 1890년 7월 4일 자, R. and R. Clark Collection, NLS

20 에드워드 윔퍼가 R.R. 클라크에게 보낸 편지, 1887년 11월 2일 자, R. and R. Clark Collection, NLS

21 에드워드 윔퍼가 R.R. 클라크에게 보낸 편지, 1890년 7월 4일 자, R. and R. Clark Collection, NLS

22 라틴어 원문과 출처는 다음과 같다. Seneca, Hercules furens, 'Quae fuit durum pati, Meminisse dulce est.' "윔퍼의 곤충도감"에 관한 언급은 다음 자료에 있다. 에드워드 윔퍼가 헨리 몬태니어에게 보낸 편지, 1909년 11월 17일 자, BL Add MS 63112, f. 94

23　『더 타임스』 1892년 3월 26일 자, 15

24　에드워드 윔퍼가 존 머리에게 보낸 편지 1892년 3월 26일 자, John Murray Archive, NLS MS 41269

25　Whymper, Travels amongst the Great Andes of the Equator, 392

26　'The Equatorial Andes and mountaineering,' Quarterly Review 175 (1892), 354

27　The Spectator, 16 April 1892, 531

28　'Mr. Whymper among the Andes,' Literary World, 23 April 1892, 140-141

29　Athenaeum, 30 April 1892, 558

30　Review of Travels amongst the Great Andes of the Equator, by Edward Whymper, The County Gentleman, Sporting Gazette and Agricultural Journal, 24 September 1892, 1295

31　'The Equatorial Andes and mountaineering,' 354

32　『더 타임스』 1892년 3월 26일 자, 15

33　하인리히 슐리만이 존 머리에게 보낸 편지, 1883년 3월 6일 자, John Murray Archive, NLS MS 41067, ff. 143r-144v. 슐리만의 다음 저서는 1884년에 존 머리가 출간했다. Schliemann's Troja: results of the latest researches and discoveries on the site of Homer's Troy

34　하인리히 슐리만이 존 머리에게 보낸 편지, 1883년 4월 15일 자, John Murray Archive, NLS MS 41067

35　F. H. H. Guillemard, The cruise of the Marchesa to Kamschatka and New Guinea (London: John Murray, 1886)

36　로버트 윔퍼가 에이미 우드게이트에게 보낸 편지, 1954년 10월 27일 자, 이 편지는 에바 우드게이트가 소장하고 있다.

37　에드워드 윔퍼가 존 머리에게 보낸 편지 1887년 8월 3일 자, John Murray Archive, NLS MS 41269

38　대영박물관 인쇄회화부에 이 판화들의 교정쇄가 소장되어 있다.

39　에드워드 윔퍼가 토머스 휴잇에게 보낸 편지, 1887년 6월 16일 자, 1888년 1월 2일 자. 이 편지들은 프랜시스 콜게이트Frances Colegate가 소장하고 있다.

40　프랭크 에일릿이 앨프리드 휴잇에게 보낸 편지, 1909년 5월 25일 자. 이 편지들은 프랜시스 콜게이트가 소장하고 있다.

41　에드워드 윔퍼가 이디스 쿠퍼에게 보낸 편지, 1898년 12월 20일 자, BL Add MS 45856, f.263. 『아네로이드 기압계 사용법』의 1부는 『적도의 대산맥 안데스 여행기』의 부록 C를 재판한 것이다.

42　윔퍼와 힉스의 특허는 1892년 6월 11일 자, 1893년 2월 18일 자로 취득되었다. 다음 자료를 참조할 것. Anita McConnell, King of the clinicals: the life and times of J. J. Hicks (1837-1916) (York: William Sessions, 1998)

43　Robert Whymper, 'The influence of age on the vitality and chemical composition of the wheat berry,' Knowledge 36, new series 10, (1913), 85

44　월리스는 진화론에 혁혁한 공헌을 끼쳤음에도 불구하고 평생 심령론을 믿었던 것 때문에 논란이 되었다. 또 강력한 사회주의자 관점과 반중두론자 관점을 가지고 있었다. 다음 자료를 참조할 것. Ross A. Slotten, The heretic in Darwin's court: the life of Alfred Russel Wallace (New York: Columbia University Press, 2004)

45　윔퍼의 연설은 다음 기사에서 보도되었다. 『더 타임스』 1892년 5월 24일 자

46　허버트 조지 웰스H.G. Wells는 『분Boon』이라는 자신의 소설에서 클로드를 다음과 같이 풍자했다. '에드윈 도드 Edwin Dodd는 … 합리주의자언론협회의 선도적인 회원으로 … 우주에서 신을 추방하기 위해 커다란 희생과 수고를 아끼지 않은 뒤에 결코 신을 다시 허락하지 않겠다는 굳은 결심을 … 매일 밤 도드는 침대 밑에서 신을 찾아보고 신의 계시를 받을까 두려워 베개 밑에 커다란 권총을 놓고 잔다.' H. G. Wells, Boon, the mind of the race, the wild asses of the devil, and the last trump (London: Fisher Unwin, 1915), 44-45

47　Edward Clodd, 'Diary,' 23 May 1893, Brotherton Collection, Leeds University Library

48　Clodd, 'Diary,' 5 November 1893

49　Michael Millgate, ed., The life and work of Thomas Hardy (London: Macmillan, 1984), 280

19 · 나는 그곳을 한눈에 알아볼 수 있었다

1　Alfred Huitt, [Diary], 30 July 1892, 프랜시스 콜게이트 소장

2　위의 자료 1892년 8월 1일 자

3   위의 자료

4   위의 자료 1892년 8월 2일 자

5   위의 자료 1892년 8월 4일 자

6   위의 자료 1892년 8월 7일 자

7   위의 자료 1892년 8월 10일 자

8   Edward Whymper, 'On the top of Ben Nevis,' Leisure Hour 43 (1894), 699. 그해 9월 홉킨슨Hopkinson 형제의 등반 사실은 윔퍼를 포함해 아무도 모르고 있었다. 당시 홉킨슨 형제는 북동 버트레스North-East Buttress로 올라가 타워 능선Tower Ridge으로 내려왔다.

9   Edward Whymper, 'Journal for 1893 and 1892,' 28 September 1892, SPRI MS 822/18; BJ. 윔퍼는 1892년 알프스 여행 때는 일기를 남기지 않았지만, 5년 후에 1893년 일기 뒷면에 적은 메모는 남아 있다. 1890년대에서 1900년대에 이르는 윔퍼의 일기에는 작은 부분이나 날짜를 착각한 경우가 종종 있었는데 윔퍼는 1876년의 알프스 방문을 기억하지 못했다.

10   Edward Whymper, 'The Alps revisited,' Graphic (6 October 1894), 404. 이 발췌문은 윔퍼의 1893년 여행 내용과 윔퍼가 촬영한 사진이 함께 실린 기고문에서 따온 것이다.

11   Edward Whymper, 'Journal for 1893 and 1892,' 9 July 1893

12   위의 자료 1893년 7월 11일 자

13   Edward Whymper, 'The Matterhorn disaster,' Daily Graphic, 20 September 1890, 8

14   Whymper, 'Journal for 1893 and 1892,' 9 August 1893

15   위의 자료 1893년 8월 18일 자

16   『펀치』, 1893년 10월 28일 자, 202쪽

17   『브릭스턴 프리 프레스Brixton Free Press』, 1898년 2월 11일 자

18   『더 타임스』, 1894년 5월 2일 자

19   위의 자료

20   『더비 머큐리Derby Mercury』, 1881년 10월 12일 자. [애넷 윔퍼가 프랭크 스마이드를 위해 적은 노트], BL Add MS 63112, f.143. 앨프리드 윔퍼는 다음 저서를 썼다. Alfred Whymper, Taken up: a tale for boys and girls (Edinburgh: William Nimmo, 1873)

21   윔퍼의 강연 일정은 다음 자료에 기록되어 있다. Edward Whymper, 'Journal 1897-1898,' SPRI MS 822/21; BJ. 크리스티 강연 대행사에 대해서는 다음 자료를 참조했다. 'Lecturing in England,' New York Times, 27 November 1897

22   92점의 유리 슬라이드는 나무 상자 두 개에 담긴 채 영국산악회에 소장되어 있으며, 다음 자료에 설명되어 있다. Peter Berg, 'Edward Whymper's lecture slides,' Alpine Journal 102 (1997), 209-213

23   마틴 콘웨이가 에드워드 윔퍼에게 보낸 편지, 1898년 3월 24일 자, Cambridge University Library ADD 7676 Y72. 케임브리지대학교 도서관에 소장된 콘웨이의 일기에는 자주 윔퍼를 만나러 갔다는 기록이 있다.

24   『에든버러 커런트Edinburgh Courant』, 1884년 5월 30일 자, 3쪽

25   Raymond Blathwayt, 'In the Andes and the Alps: a talk with Mr. Edward Whymper,' Great Thoughts 7 (October 1900), 26; Edward Whymper, 'Conway's journey in the Himalayas,' Leisure Hour 43 (1894), 562

26   세실 슬링스비가 T. 그레이에게 보낸 편지, 1894년 3월 15일 자, West Yorkshire Archives, Leeds; '그가 그 자리에서 그렇게 사교적으로 행동했다니 기쁘구먼.' 이 주의 윔퍼의 강연 일정은 다음 자료에 나와 있다. 에드워드 윔퍼가 헬렌 머리에게 보낸 편지, 1894년 2월 26일 자, John Murray Archive, NLS MS 41269

27   벨하우스Bellhouse가 프랭크 스마이드에게 보낸 편지, 1938년 11월 6일 자, BL Add MS 63112, ff.171-172

28   Winston S. Churchill, My early life: a roving commission (London: Fontana, 1959), 49. 몇 년 후 처칠은 체르마트를 방문해 몬테로사를 등반했는데, 이것이 그가 해본 유일한 등반이었다. Whymper's 'Journal 1897-1898,' 28 July 1898에는 윔퍼가 6미터짜리 스크린을 가지고 있었다고 적혀 있다.

29   에드워드 윔퍼가 조사이어 윔퍼에게 보낸 편지, 1894년 3월 17일 자, Add MS 63090, ff.298-299, BL

30   『새터데이 리뷰Saturday Review』, 1879년 12월 13일 자, 728쪽

31   Edward Whymper, 'Journal July 7th – Sept 24th 1894,' 18 July

32   위의 자료 1894년 7월 26일 자, 27일 자

33 Matthias Zurbriggen, From the Alps to the Andes: being the autobiography of a mountain guide (London: Fisher Unwin, 1899), 140-141

34 Whymper, 'Journal July 7th - Sept 24th 1894,' 15, 16 August

35 Edward Whymper, 'Journal for 1895,' 13 August 1895, SPRI MS 822/20; BJ

36 'La première ascension du Cervin,' Journal de Zermatt, 25 August 1895

37 Edward Whymper, Scrambles amongst the Alps, 5th ed. (London: John Murray, 1900), v-vi

38 에드워드 데이비드슨이 에드워드 윔퍼에게 보낸 편지, 1895년 12월 24일 자, BL Add MS 63112, ff.234-237

39 Whymper, 'Journal for 1895,' 26 August 1895

40 위의 자료 1895년 8월 29일 자

41 Review of A guide to Chamonix and Mont Blanc, by Edward Whymper, Academy 52 (1897): 110

42 Edward Whymper, A guide to Chamonix and Mont Blanc. 3rd ed. (London: John Murray, 1898), 162

43 Ronald Clarke, An eccentric in the Alps: the story of W.A.B. Coolidge, the great Victorian mountaineer (London: Museum Press, 1959), 133

44 Martin Conway, Episodes in a varied life (London: Country Life, 1932), 61

45 윔퍼와 쿨리지는 많은 서신을 주고받았는데, 이 서신은 현재 취리히 중앙도서관에 소장되어 있다.

46 Edward Whymper to T. Gray, 2 October 1908, West Yorkshire Archives, Leeds

47 세실 슬링스비가 T. 그레이에게 보낸 편지, 1900년 5월 22일 자, West Yorkshire Archives, Leeds. 다음 자료도 참조할 것. Claud Schuster, Postscript to adventure (London: Eyre and Spottiswoode, 1950), 194-214

48 에드워드 데이비드슨이 에드워드 윔퍼에게 보낸 편지, 1905년 1월 5일 자, BL Add MS 63112, f.303

49 에드워드 윔퍼가 헨리 몬태니어에게 보낸 편지, 1908년 11월 22일 자, BL Add MS 63112, ff.63-66

50 에드워드 윔퍼가 헨리 앵스트에게 보낸 편지, 1909년 11월 28일 자, Manuscript Department, National Library, Zürich

51 Whymper, 'Journal for 1895,' 1 September, 1895

52 Edith Cooper, 'Works and days,' BL Add MS 46786, f.95

53 Cooper, 'Works and days,' BL Add MS 46786, f.95

54 Cooper, 'Works and days,' BL Add MS 46786, f.122, f.145

55 Cooper, 'Works and days,' BL Add MS 46786, f.157

56 T. and D.C. Sturge Moore, eds., Works and days: from the journal of Michael Field (London: John Murray, 1933), 230. 캐서린 브래들리(1846-1914)와 이디스 쿠퍼(1862-1913)에 대한 정보는 다음 자료를 참조할 것. Abigail Bloom, ed., Nineteenth-century British women writers: a bio-bibliographical critical sourcebook (London: Aldwych Press, 2000), 181-183

57 Cooper, 'Works and days,' BL Add MS 46787, f.68

58 Edward Whymper, 'Journal 1899-1901,' 24 September 1899, SPRI MS 822/22; BJ

59 위의 자료 1899년 10월 5일 자

60 위의 자료 1899년 11월 10일 자부터 30일 자까지

61 위의 자료 1900년 8월 11일 자

62 위의 자료 1900년 8월 27일 자

63 위의 자료 1900년 9월 3일 자부터 28일 자까지

20 · 신세계의 새로운 놀이터

1 윔퍼의 미국 방문은 다음 자료에 기록되어 있다. 'American Journey in 1900,' 2 October - 22 December 1900, SPRI MS 822/22; BJ

2 Hugh Stutfield and J. Norman Collie, Climbs and explorations in the Canadian Rockies (London: Longmans, 1903), 107

3 Edward Whymper, 'Round about the Great Divide I.' Times, 16 December 1902, 15

4   Whymper, 'American Journey in 1900,' 18 November

5   위의 자료 11월 21일 자

6   위의 자료 12월 3일 자

7   에드워드 윔퍼가 조사이어 윔퍼에게 보낸 편지, 1901년 4월 30일 자, BL Add MS 63112, f.24

8   Christian Klucker, Adventures of an Alpine guide (London: John Murray, 1932)

9   Edward Whymper, 'A journal kept on a journey in Canada in 1901,' 27 June, SPRI MS 822/24; BJ. 윔퍼가 캐나다에서 쓴 일기 사본은 밴프에 있는 화이트 박물관에도 소장되어 있다.

10 위의 자료 6월 27일 자

11 위의 자료 6월 7일 자

12 위의 자료 6월 15일 자

13 위의 자료 6월 30일 자

14 윔퍼의 등정 기록이 담긴 병은 1957년 여름에 발견되었다. Canadian Alpine Journal 41 (1958), 66-67

15 Whymper, 'A journal kept on a journey in Canada in 1901,' 24 June

16 Edward Whymper, 'A new playground in the New World,' Scribner's Magazine, June 1903, 647

17 Gordon Burles, 'Bill Peyto,' Alberta History 24, no. 1 (1976): 5-11

18 Whymper, 'A journal kept on a journey in Canada in 1901,' 29 July

19 위의 자료 7월 27일 자

20 위의 자료 8월 1일 자

21 위의 자료 8월 15일 자

22 Klucker, Adventures of an Alpine guide, 185

23 Robert E. Campbell, I would do it again: reminiscences of the Rockies (Toronto: Ryerson Press, 1959), 46-65. 캠벨의 회고록은 날짜와 윔퍼 가문의 세부 내용에 관해서는 부정확하다. 윔퍼와 남동생 찰스의 관계에서 캠벨은 깊은 인상을 받았지만, 다른 곳에서는 찰스 대신, 프레더릭이나 프랭크, 앨프리드라고 혼동해 적었다.

24 Whymper, 'A journal kept on a journey in Canada in 1901,' 7 August

25 위의 자료 8월 8일 자

26 Klucker, Adventures of an Alpine guide, 185

27 James Outram, In the heart of the Canadian Rockies (London: Macmillan, 1905), 46

28 위의 책 199쪽. 폴링거는 마티아스 추브리겐과 함께 1897년 피츠제럴드의 아콩카과 원정에 참가했었다.

29 Whymper, 'A journal kept on a journey in Canada in 1901,' 21 August; Outram, In the heart of the Canadian Rockies, 226; Klucker, Adventures of an Alpine guide, 186

30 Whymper, 'A journal kept on a journey in Canada in 1901,' 24 August. 윔퍼는 페이토에게 645달러(약 130파운드)를 지급했다.

31 위의 자료 9월 4일 자, 8일 자

32 위의 자료 9월 14일 자

33 위의 자료 10월 7일 자

34 위의 자료 10월 17일 자

35 위의 자료 10월 17일 자

36 위의 자료 11월 2일 자

37 프레더릭 윔퍼의 죽음은 다음 자료에 기술되어 있다. 로버트 윔퍼가 에이미 우드게이트에게 보낸 편지, 1954년 10월 27일 자

38 에드워드 데이비드슨이 에드워드 윔퍼에게 보낸 편지, 1903년 2월 5일 자, BL Add MS 63112, ff.292-293

39 아버지의 코에 생긴 암에 관한 윔퍼의 언급은 다음 편지에 들어 있다. 에드워드 윔퍼가 헬렘 머리에게 보낸 편지, 1902년 9월 29일 자, John Murray Archive, NLS MS 41269. 여동생들은 1908년에 헤이슬미어의 비치 로드Beech Road로 이사했다.

40 Edward Whymper, 'Journey to and in the Canadian Rocky Mountains in 1903,' 24 June, SPRI MS 822/27; BJ

41   윌리엄 맥스웰이 윔퍼의 딸 에설에게 보낸 편지, 1938년 10월 21일 자, BL Add MS 63112, f.178. 윔퍼가
     에든버러에서 런던까지 걸은 때는 1893년 아니면 1894년으로 추정된다.

42   Whymper, 'Journey to and in the Canadian Rocky Mountains in 1903,' 6 August

43   위의 자료 8월 7일 자

44   이 이야기는 다음 책에 적혀 있다. Campbell, I would do it again, 60-62

45   Whymper, 'Journey to and in the Canadian Rocky Mountains in 1903,' 23 September

46   Edward Whymper, 'Notes on a journey made in Canada in 1904,' 15 June, SPRI MS 822/28; BJ

47   위의 자료 7월 1일 자

48   Edward Whymper, 'Notes made upon a journey in the Alps in Sept. 1904,' 22 October, SPRI MS 822/28; BJ

49   Robert Whymper, 'Edward Whymper: mountaineer, writer, artist, and scientist,' Quarterly review 609 (July
     1956): 288-289

50   에드워드 윔퍼가 로버트 윔퍼에게 보낸 편지, 1905년 6월 5일 자, 에바 우드게이트 소장

21 · 우리 아기는 훌쩍이지 않고 크게 웁니다

1   Edward Whymper, 'Journal 1905,' 1 July 1905, SPRI MS 822/29; BJ

2   프랭크 르윈Frank Lewin(레너드 르윈의 아들)과 저자와의 대화

3   Whymper, 'Journal 1905,' 26 July

4   에드워드 윔퍼가 에드워드 데이비드슨에게 보낸 편지, 1905년 10월 29일 자, BL Add MS 63112, f.315

5   Whymper, 'Journal 1905,' 13 September

6   위의 자료 9월 26일 자

7   위의 자료 9월 27일 자

8   위의 자료 11월 8일 자

9   위의 자료 11월 10일 자

10   결혼식 내용은 다음 자료에서 찾을 수 있다. 로버트 윔퍼가 에이미 우드게이트에게 보낸 편지, 1954년 10월
     27일 자

11   Edward Whymper, 'Journal 1906,' 25 May, SPRI MS 822/30; BJ

12   Edward Whymper, 'Journal 1906'

13   질 헤더링턴(필리스 베네딕Phyllis Bennedick의 조카)과 저자와의 대화

14   Robert Whymper, 'Some rough notes for guidance of Mr Frank S. Smythe, E.W.'s biographer,' BL Add MS
     63112, f.159

15   Edward Whymper, 'Journal 1906,' 9 August

16   다음 자료에서 재인용. Walter Dolfuss, 'A young boy remembers Edward Whymper.' 타이프로 입력한 원고가
     윔퍼의 딸 에설에게 전해져서 현재 조앤 윔퍼가 소장하고 있다.

17   Whymper, 'Journal 1906,' 15 September

18   에드워드 윔퍼가 헨리 앵스트에게 보낸 편지, 1911년 9월 12일 자, National Library, Zürich

19   T. Graham Brown, 'Mountain prophets,' Alpine Journal 54 (1943), 105

20   Arnold Lunn, Matterhorn centenary (London: Allen and Unwin, 1965), 37

21   Douglas Freshfield, obituary of Edward Whymper, Geographical Journal 38 (October 1911), 441

22   J.P. 파라Farrar가 헨리 몬태니어에게 보낸 편지, 1917년 1월 18일 자, ACL

23   Kernahan, In good company, 185-186

24   윔퍼가 쓴 이 문구는 다음 자료에서 전해진다. 윌리엄 맥스웰이 윔퍼의 딸 에설에게 보낸 편지, 1938년 10월
     21일 자, BL Add MS 63112, f.178. [*윔퍼의 이름인 'Whymper'와 발음이 비슷한 영어 단어 'whimper'에는
     훌쩍이며 운다는 뜻이 있다. ─ 옮긴이]

25   에드워드 윔퍼가 헨리 몬태니어에게 보낸 편지, 1908년 7월 5일 자, 1909년 4월 29일 자, BL Add MS 63112,
     ff.59-60, f.79

26 Kernahan, In good company, 185-186

27 위의 책 187쪽

28 Edward Whymper, 'Notes upon a journey on the continent, 1910,' 26 September, SPRI MS 822/32; BJ

29 에드워드 윔퍼가 헨리 몬태니어에게 보낸 편지, 1907년 10월 28일 자, BL Add MS 63112, f.49

30 프랭크 에일릿이 앨프리드 휴잇에게 보낸 편지, 1909년 4월 7일 자, 프랜시스 콜게이트 소장. 에일릿은 1896년에 결혼했다.

31 프랭크 에일릿이 앨프리드 휴잇에게 보낸 편지, 1909년 5월 25일 자, 프랜시스 콜게이트 소장

32 Edward Whymper, 'Notes on a journey made to and in Canada in 1909,' 17 July 1909, SPRI MS 822/31; BJ

33 Whymper, 'Notes on a journey made to and in Canada in 1909,' 7 August

34 위의 자료

35 Canadian Alpine Journal 2, no. 2 (1910), 215-216

36 [Edward Whymper], 'The Alpine Clubs,' Montreal Gazette, 13 August 1909, 4

37 Whymper, 'Notes on a journey made to and in Canada in 1909,' 12 September

38 위의 자료 9월 26일 자

39 위의 자료 10월 10일 자

40 위의 자료 10월 19일 자

41 에드워드 윔퍼가 헨리 앵스트에게 보낸 편지, 1909년 11월 28일 자, Manuscript Department, National Library, Zürich

42 올드버러에서 보낸 이 부활절 주간은 다음 자료에 기술되어 있다. Edward Clodd, 'Diary,' Brotherton Collection, Leeds University Library. 마터호른 소네트는 다음 책에 발표되었다. Thomas Hardy, Poems of the past and present (London: Harper and Brothers, 1902). 윔퍼의 지인인 제임스 로버트슨도 마터호른 비극을 주제로 소네트를 썼다. James Robertson, "To E. W.," in Arachnia, occasional verses (London: Macmillan, 1904)

43 Edward Clodd, 'Edward Whymper and the Matterhorn: reminiscences of the famous conqueror of the Alps,' Sphere, 23 September 1911, supplement

44 에드워드 윔퍼가 헨리 앵스트에게 보낸 편지, 1911년 8월 1일 자, Manuscript Department, National Library, Zürich

45 Whymper, "Some rough notes for guidance of Mr Frank S. Smythe, E. W.'s biographer," f.154

46 그렉 르윈Greg Lewin(레너드 르윈의 손자)과 저자와의 대화

47 주석이 달린 이디스 윔퍼의 이혼소장 사본은 다음 법원에서 발급되었다. Probate Divorce and Admiralty Division, High Court, 1910년 7월 1일 자, 프랜시스 콜게이트 소장

48 에드워드 윔퍼가 헨리 몬태니어에게 보낸 편지, 1910년 12월 12일 자, BL Add MS 63112, ff.104-105

49 Whymper, 'Journal 1906,' 7 September 1906; 에드워드 윔퍼가 헨리 몬태니어에게 보낸 편지, 1909년 7월 2일자, BL Add MS 63112, f.80

50 에드워드 윔퍼가 헨리 몬태니어에게 보낸 편지, 1909년 4월 29일 자, BL Add MS 63112, f.79

51 Edward Whymper, 'Journey to and in the Canadian Rocky Mountains in 1903,' 13 October. 이 일기에 전화기가 처음 개발될 당시 윔퍼가 어떤 경험을 했는지 나와 있다.

52 Edward Whymper, 'Notes about a journey to Zermatt and Chamonix in the autumn of 1903 for the revision of my two guide books,' 14 November, SPRI MS 822/27; BJ

53 Arthur O. Wheeler, 'Some memories of Edward Whymper,' in The Canadian mountaineering anthology, ed. Bruce Fairley (Vancouver: Lone Pine, 1994), 303, 305

54 에드워드 윔퍼가 헨리 몬태니어에게 보낸 편지, 1909년 4월 16일 자, BL Add MS 63112, f.114

55 프랭크 에일릿이 앨프리드 휴잇에게 보낸 편지, 1909년 5월 25일 자, 프랜시스 콜게이트 소장. 윔퍼의 산탄총은 텡네르의 아버지 도움으로 코펜하겐에서 구입한 것으로 보인다.

56 Edward Whymper, 'Notes on journey in 1911,' 13 August, SPRI MS 822/33; BJ

57 쿨리지와 만난 날은 다음 자료에 기술되어 있다. 위의 자료 1911년 9월 3일 자

58 위의 자료 1911년 9월 4일 자

59 위의 자료 1911년 9월 12일 자

60 에드워드 윔퍼가 헨리 몬태니어에게 보낸 편지, 1909년 1월 13일 자, BL Add MS 63112, f. 70

61 에드워드 윔퍼가 헨리 몬태니어에게 보낸 편지, 1908년 11월 22일 자, BL Add MS 63112, ff. 63-66

62 프랑스어 원문은 다음과 같다. 'en presence d'une foule immense,' Revue de Mont Blanc, 25 September 1911

63 『더 타임스』 1911년 9월 18일 자

64 필리스 베네딕이 나이젤라 홀에게 보낸 편지, 1985년 1월 14일 자, 윔퍼의 손녀 나이젤라 홀 소장. 그렉 르윈은 이디스에 대한 정보를 제공해주었다.

65 엘리자베스 새터스웨이트Elizabeth Satterthwaite가 나이젤라 홀에게 보낸 편지, 2001년 6월 11일 자, 나이젤라 홀 소장. 새터스웨이트는 헤이슬미어 비치 로드에서 자랐고, 어린 시절 에설의 친구였다.

66 애넷 윔퍼가 프랭크 스마이드에게 보낸 편지, 1939년 2월 25일 자, BL Add MS 63112, f. 141

67 Whymper, Scrambles amongst the Alps, 408

참고문헌 ———————————————————

Unpublished material

Material has been consulted at the following collections.

Alpine Club Library
Bodleian Library, Oxford
Boston Museum of Fine Arts
       Hartley Collection
British Library
British Museum
       Department of Prints and Drawings
Cambridge University Library
Central Library, Zurich
Edinburgh University Library
Essex Record Office, Chelmsford
Greenland National Museum and Archives, Nuuk
Haslemere Educational Museum
Kew Gardens Library
Leeds University Libray
       Brotherton Collection
Minet Library, London Borough of Lambeth
National Art Library, Victoria and Albert Museum
National Library of Scotland, Edinburgh
       John Murray Archive
       R. W. Clark papers
       T. Graham Brown papers
       Blackwood papers
       R. and R. Clark papers
Natural History Museum
Reading University Library
       Longman Archive
Regent's Park College
       Baptist Library
Royal Geographical Society
Royal Institution

Royal Society

    Sabine Archive

Saint Andrews University Library

Scott Polar Research Institute

Sheffield City Archives

West Yorkshire Archives, Leeds

Works by Edward Whymper

Whymper, Edward. 'The ascent of Mont Pelvoux.' In Peaks, passes and glaciers: second series. Vol. 2, 223-256. London: Longman, Green, Longman and Roberts, 1862.

[_____]. 'Under the Matterhorn.' *Leisure Hour* 11 (1862): 631-633.

[_____]. 'On the Matterhorn.' *Leisure Hour* 11 (1862): 633-635.

_____. [Attempt on the Matterhorn]. *Athenaeum*, 29 August 1863, 278-279.

_____. 'Exploration of Vancouver Island.' *Athenaeum*, 11 February 1865, 198.

_____. 'Camping out.' *Alpine Journal* 2 (1865): 1-11.

_____. 'On some new expeditions in the chain of Mont Blanc, including the ascent of the Aiguille Verte.' In *British Association: report of the proceedings at the Birmingham meeting*, 280-286. London: Robert Hardwicke, 1865.

_____. 'A novel experiment to determine the formation of glaciers.' In *The British Association for the Advancement of Science: Nottingham Meeting, August 1866 — report of the papers, discussions, and general proceedings*, 230-232. London: Robert Hardwicke, 1866.

_____. 'Ascent of the Aiguille Verte.' *Leisure Hour* 15 (1866): 520-524.

_____. 'Exploration of Greenland.' *Athenaeum*, 15 June 1867, 790.

_____. 'The Greenland expedition.' *Athenaeum*, 12 October 1867, 467.

_____. 'Greenland exploration.' *Athenaeum*, 7 December 1867, 767.

_____. 'The veined structure of glaciers.' *Nature*, 6 January 1870, 266-267.

_____. 'Greenland.' Alpine Journal 5 (1870-1871): 1-23

_____. 'Report of proceedings to obtain a collection of fossil plants in North Greenland for the Committee of the British Association.' In *Report of the thirty-ninth meeting of the British Association for the Advancement of Science*, 1-10. London: John Murray, 1870.

_____. 'The second German Arctic expedition.' *Leisure Hour* 20 (1871): 725-730.

_____. *Scrambles amongst the Alps in the years 1860-1869*. London: John Murray, 1871.

_____. 'On Alpine maps.' *Nature*, 11 July 1872, 203-205.

_____. 'The opening of the Mont Cenis tunnel.' *Leisure Hour* (1872): 104-108, 118-122.

_____. 'Researches in Greenland.' *Nature*, 7 November 1872, 8.

_____. 'Opdagelsesrejser I Grønland.' *Dagbladet* (Copenhagen) 21, 23 November 1872.

_____. 'Some notes on Greenland and the Greenlanders.' *Alpine Journal* 6 (1873): 160-168, 208-220.

_____. 'Livingstone's last journals.' *Leisure Hour* (1875): 124-128, 134-140.

_____. 'Arctic expeditions of the nineteenth century.' *Leisure Hour* 25 (1876): 84-88, 200-204, 260-264, 356-359, 468-470.

_____. *The ascent of the Matterhorn*. London: John Murray, 1880.

[_____]. 'Sir John Gilbert, R.A.' *Leisure Hour* (1880): 183-185.

[_____]. 'The reading-room of the British Museum.' *Leisure Hour* (1880): 685-688.

_____. 'Expeditions among the Great Andes of Ecuador.' *Alpine Journal* 10 (1880-1882): 49-56, 113-122, 185-194, 241-251, 369-377, 425-442.

_____. 'The ascent of Chimborazo.' *Leisure Hour* 30 (1881): 16-21, 65-71.

_____. 'The ascent of Cotopaxi, with remarks on earthquakes and volcanoes.' *Leisure Hour* 30 (1881): 647-653.

_____. 'On the practicability of living at great elevations above the level of the sea.' *Nature*, 17 March 1881, 459-461.

_____. 'Ascent of Chimborazo and Cotopaxi.' *Journal of the Society of Arts* 29 (1880-1881): 353-363.

_____. 'A journey among the Great Andes of the Equator.' *Proceedings of the Royal Geographical Society*: new series 3 (1881): 449-471.

_____. 'Note on an alleged ascent of Chimborazo in 1856.' *Alpine Journal* 10 (1880-1882): 226-231.

_____. 'General hints on outfit.' In *Hints to travellers, scientific and general*, ed. H.H. Godwin-Austen, J. Laughton and D.W. Freshfield, 285-288. 5th ed. London: Royal Geographical Society, 1883.

_____. 'The remarkable sunsets.' *Nature* 29 (1883-1884): 199-200.

_____. 'Explorations in Greenland.' *Good Words* 25 (1884): 38-43, 96-103, 183-189.

_____. 'The adventures of Madame Godin.' *The Girl's Own Paper*, 15 November 1884, 104-107.

_____. 'The adventure of Lady Baker.' *The Girl's Own Paper*, 7 March 1885, 353-356.

_____. 'Miss Constance F. Gordon-Cumming.' *The Girl's Own Paper*, 25 July 1885, 676-679.

_____. 'A great Arabian traveller — Lady Anne Blunt.' *The Girl's Own Paper*, 29 August 1885, 755-759.

_____. 'A world-wide traveller: Ida Pfeiffer.' *The Girl's Own Paper*, 3 October 1885, 4-7.

_____. 'Two lady Alpine climbers: Mrs. Burnaby — Miss Walker.' *The Girl's Own Paper*, 12 December 1885, 164-167.

_____. 'The travels of Miss Bird.' *The Girl's Own Paper*, 16 January 1886, 248-252.

_____. 'Birds in London.' *Atalanta* 2, no. 3 (Dec 1888): 139-142.

_____. 'The Panama canal.' *Contemporary Review* 55 (March 1889): 323-340.

_____. 'The ascent of Cotopaxi.' *Good Words* 31 (1890): 737-745, 807-816.

_____. 'The Matterhorn disaster.' *Daily Graphic*, 20 September 1890, 8-10.

_____. 'Jean Antoine Carrel — obituary notice.' *Alpine Journal* 15 (1890-1891): 284-289.

_____. *How to use the aneroid barometer*. London: John Murray, 1891.

_____. Review of *The first crossing of Greenland*, by Fridtjof Nansen. Proceedings of the Royal Geographical Society 13 (1891): 55-59.

_____. *Supplementary appendix to Travels amongst the Great Andes of the Equator*. London: John Murray, 1891.

_____. *Travels amongst the Great Andes of the Equator*. London: John Murray, 1892.

_____. 'Ascents in the Himalayas.' *Leisure Hour* 42 (1893): 193-197, 228-231.

_____. 'Conway's journey in the Himalayas.' Review of *Climbing and exploration in the Karakoram Himalayas*, by W.M. Conway. *Leisure Hour* 43 (1894): 558-562.

_____. 'On the top of Ben Nevis.' *Leisure Hour* 43 (1894): 694-703.

_____. 'To the top of Cotopaxi.' *Young England* 15 (1894): 73-76.

_____. 'The first ascent of the Matterhorn (14,780 feet).' *Young England* 15 (1894): 160-164, 208-210.

_____. 'The Alps revisited.' *The Graphic* (Sept.-Oct. 1894): 371-374, 402-405, 435-438, 467-470.

_____. 'Some high mountain observatories.' *Leisure Hour* 44 (1895): 699-707.

_____. 'The first ascent of the great white mountain.' *Leisure Hour* 44 (1895): 615-624.

[_____]. 'Mountaineering in the Alps and Caucasus.' Review of *My climbs in the Alps and Caucasus*, by A.F. Mummery. *Saturday Review*, 27 July 1895, 113-114.

_____. *Chamonix and the Range of Mont Blanc: a guide*. London: John Murray, 1896.

_____. 'On mountaineers and mountaineering.' *Leisure Hour* 45 (1896): 150-158.

_____. 'Jackson and Franz Josef Land.' *Leisure Hour* 45 (1896): 430-437.

_____. 'Nansen and the north pole.' *Leisure Hour* 46 (1896-1897): 25-32.

_____. Review of *Farthest north*, by Fridtjof Nansen. *Leisure Hour* 46 (1896-1897): 369-372.

_____. 'The first ascent of Mount St. Elias.' *Leisure Hour* 46 (1896-1897): 626-631.

_____. *A guide to Zermatt and the Matterhorn*. London: John Murray, 1897.

_____. 'A discovery of Roman coins on the summit of the Théodule Pass (Matterjoch).' _Numismatic Chronicle and Journal of the Numismatic Society._ 3rd series. 17 (1897): 127-133.

_____. 'The great avalanche on the Gemmi in 1895.' _Leisure Hour_ (1897-1898): 363-371.

_____. 'Lathe-made stone objects from the Riffelalp.' _Proceedings of the Society of Antiquaries of London._ 2nd series. 17 (1897-1899): 245-253.

_____. 'A new mountain aneroid barometer.' _Journal of the Manchester Geographical Society_ 14 (1898): 384-388.

_____. 'Mountain-climbing in the Alps.' In _The cost of sport_, ed. F.G. Aflalo, 348-355. London: John Murray, 1899.

_____. 'A new mountain aneroid barometer.' _Geographical Journal_ 13, no. 1 (January 1899): 79-83.

_____. 'The first ascent of Aconcagua.' _Leisure Hour_ 49 (1899-1900): 607-615.

_____. 'Fitzgerald's highest Andes.' Review of _The highest Andes_, by E.A. Fitzgerald. _Nature_, 10 May 1900, 38-41.

_____. _A letter addressed to the members of the Alpine Club._ London: privately printed, 1900.

_____. 'Round about the Great Divide I.' _Times_, 16 December 1902, 15.

_____. 'Round about the Great Divide II.' _Times_, 27 December 1902, 10.

_____. 'A new playground in the New World.' _Scribner's Magazine_, June 1903, 642-660.

_____. 'Mountaineering tragedies.' _Strand Magazine_ 37 (January 1909): 49-56.

_____. Review of _My climbs in the Alps and Caucasus_, by A.F. Mummery. _The Sphere_, 30 January 1909, 110.

_____. _A right royal mountaineer._ London: privately printed, 1909.

[_____]. 'The Alpine Clubs.' _Montreal Gazette_, 13 August 1909, 4.

_____. 'The exploits of the Duke of the Abruzzi.' _Wide World Magazine_ 23 (April-September 1909): 323-330, 426-432.

General

Abraham, George. 'Recollections of a great mountaineer and his mountains.' _Fell and Rock Climbing Club Journal_ 4, no. 3 (1918): 167-174.

Aldis, James A. 'Reminiscences of the Rev. John Aldis of Maze Pond.' _Baptist Quarterly_ 5 (1930): 1-10.

Berg, Peter. 'Edward Whymper's lecture slides.' _Alpine Journal_ 102 (1997): 209-213.

Bernstein, Jeremy. 'Whymper and Mummery.' _New Yorker_, 13 March 1965, 130-166.

Blathwayt, Raymond. 'In the Andes and Alps: a talk with Mr. Edward Whymper.' _Great thoughts_ 7 (oct 1900): 24-26.

'Books on the Alps.' _Times_, 24 August 1871.

Browne, G.F. _The recollections of a bishop._ London: Smith, Elder, 1915.

Casella, Georges. 'Edward Whymper.' In _Pèlerinages_, 229-257. Paris: Librairie Payot, 1918.

Chamson, Max. _Whymper: le fou du Cervin._ Paris: Librarie Académique Perrin, 1986.

Clark, Ronald. _The day the rope broke: the story of a great Victorian tragedy._ London: Secker and Warburg, 1965.

_____. _The early Alpine guides._ London: Phoenix House. 1949.

_____. _An eccentric in the Alps: the story of W.A.B. Coolidge, the great Victorian mountaineer._ London: Museum Press, 1959.

_____. _Six great mountaineers: Edward Whymper, A.F. Mummery, J. Norman Collie, George Leigh-Malory, Geoffrey Winthrop Young, Sir John Hunt._ London: Hamish Hamilton, 1956.

_____. _The Victorian mountaineers._ London: Batsford, 1953.

Clodd, Edward. _Memories._ London: Chapman and Hall, 1916.

Conefrey, Mick and Tim Jordan. _Mountain men._ Cambridge: Da Capo Press, 2002.

Conway, Lord, of Allington. _Episodes in a varied life._ London: Country Life, 1932.

Cooke, Herbert. 'Whymper again.' _Alpine Journal_ 53 (1942): 362-367.

Coolidge, William Augustus Brevoort, ed. _A pioneer in the High Alps: Alpine diaries and letters of F.F. Tuckett — 1856-1874._ London: Edward Arnold, 1920.

Cunningham, Frank. _James David Forbes: pioneer Scottish glaciologist._ Edinburgh: Scottish Academic Press, 1990.

Dangar, D.F.O. and T.S. Blakeney. 'A word for Whymper: a reply to Sir Arnold Lunn.' *Alpine Journal* 71 (May 1996): 111-132.

Daudet, Alphonse. *Tartarin on the Alps*. Translated by Henry Frith. London: Routledge, 1887.

David, Beverly R. 'Tragedy and travesty: Edward Whymper's Scrambles amongst the Alps and Mark Twain's A tramp abroad.' *Mark Twain Journal* 27, no. 1 (Spring 1989): 2-8.

Douglas, John Sholto. *The spirit of the Matterhorn*. London: privately printed, 1881.

Dübi, Heinrich. 'Zur Erinnerung an Edward Whymper.' *Jahrbuch des Schweizer Alpenclub* (1912): 183-216.

Engel, Claire-Elaine. 'Introduction.' In *Escalades, Edward Whymper*, translated by Claire-Elaine Engel, 7-24. Neuchâtel, 1944.

_____. *Mountaineering in the Alps: an historical survey*. rev ed. London: Allen and Unwin, 1971.

_____. *They came to the hills*. London: Allen and Unwin, 1952.

Eve, A.S. and C.H. Creasey. *Life and work of John Tyndall*. London: Macmillan, 1945.

Fleming, Fergus. 'Cliffhanger at the top of the world.' *Guardian*, 21 November 2002.

_____. *Killing dragons: the conquest of the Alps*. London: Granta, 2000.

Gos, Charles. *Alpine tragedy*. London: Allen and Unwin, 1948.

_____. *Le Cervin*. Neuchâtel: Editions Victor Attinger, 1948.

_____. 'Edward Whymper.' In *Près des névés et des glaciers: impressions Alpestres*. Paris, Librairie Fischbacher, 1912.

Hardwick, Cedric John. 'Simulation of the Whymper apparition.' *Weather* 57, no. 12 (Dec 2002): 457-463.

_____. 'The subtlety of rainbows.' *Physics World*, 17, no. 2 (Feb 2004): 29-33.

Hardwick, Cedric John and Jason C. Knievel. 'Speculations on the possible causes of the Whymper apparition.' *Applied Optics* 44, no. 27 (20 September 2005): 5637-5643.

Head, Mrs Albert, ed. *Charlotte Hanbury: an autobiography*. London: Marshall Brothers, 1901.

Hevly, Bruce. '"The heroic science of glacier motion.' *Osiris*, 2nd series, 11 (1996): 66-86.

Hopcraft, Arthur. 'The day the boot slipped.' *Sunday Times Magazine*, 4 July 1965, 6-15.

Hort, Arthur Fenton. *Life and letters of Fenton John Anthony Hort*. London: Macmillan, 1896.

'Hours of scrambling exercise — Tyndall and Whymper.' Review of *Hours of exercise in the Alps*, by John Tyndall, and *Scrambles amongst the Alps*, by Edward Whymper. *Saturday Review*, 8 July 1871, 59-60.

Jouty, Sylvain. *Le roman du Cervin*. Paris: Fayard, 2003.

Kernahan, Coulson. 'Edward Whymper as I knew him.' *Strand* (June 1912): 638-645.

_____. *In good company: some personal recollections of Swinburne, Lord Roberts, Watts-Dunton, Oscar Wilde, Edward Whymper, S.J. Stone, Steven Phillips*, 2nd ed. London: Bodley Head, 1917.

Lang. Cecil Y. and Edgar F. Shannon, eds. *The letters of Alfred Lord Tennyson*. Vol. 3, 1871-1892. Oxford: Clarendon Press, 1990.

Lehner, Paul. *Festschrift: Jubiläum 125 Jahre Erstbesteigung des Matterhorns*. Zermatt: Kur und Verkehrsverein, 1990.

Lindt, R. 'Eine Besteigung des Matterhorns.' *Jahrbuch des Schweizer Alpenclub* 10 (1874-1875): 251-283.

Locke, A. Audrey. *The Hanbury family*. London: Arthur L. Humphreys, 1916.

Longstaff, Tom. *This my voyage*. London: John Murray, 1950.

Lunn, Arnold. 'Edward Whymper and the Matterhorn: a study in Alpine revaluation.' *British Ski Year Book* 10, no. 21 (1940): 370-395.

_____. *Matterhorn centenary*. London: Allen and Unwin, 1965.

_____. 'Taugwalder and the Matterhorn.' *Alpine Journal* 55 (1945-1946): 290-296.

_____. 'Whymper again.' *Alpine Journal* 71 (November 1966): 228-235.

Lyall, Alan. *The first descent of the Matterhorn: a bibliographic guide to the 1865 accident and its aftermath*. Llandysul: Gomer Press, 1997.

_____. 'The Matterhorn lithographs of 1865: Gustave Doré and his links with Edward Whymper.' *Alpine Journal* 100 (1995): 215-221.

McCabe, Joseph. *Edward Clodd: a memoir*. London: Bodley Head, 1932.

McConnell, Antia. *King of the clinicals: the life and times of J.J.Hicks (1837-1916)*. York: William Sessions, 1998.

McCormick, Joseph. *A sad holiday*. London: Cassell, Petter and Galpin, 1865.

'Men who are talked about.' *Boy's Own Paper*, 26 August 1882, 764-765.

Millgate, Michael. *Thomas Hardy: a biography*. Oxford: Clarendon Press, 1982.

————. ed. *The life and work of Thomas Hardy*. London: Macmillan, 1984.

Moon, H.P. *Henry Walter Bates FRS 1825-1892: explorer, scientist and Darwinian*. Leicester: Leicester Museum, Art Galleries and Records Service, 1976.

Moore, A.W. *The Alps in 1864: a private journal*. London: privately printed, 1867.

Mumm, A.L. *The Alpine Club register*, 3 vols. London: Edward Arnold, 1923-1928.

Mummery, Albert F. *My climbs in the Alps and Caucasus*. London: T. Fisher Unwin, 1895.

'New books.' *Blackwood's Edinburgh Magazine* (October 1871): 458-469.

Nowell-Smith, Simon. *The house of Cassell*. London: Cassell, 1958.

Power, Cecil [Grant Allen]. *Philistia*. London: Chatto and Windus, 1884.

'La première ascension du Cervin.' *Journal de Zermatt*, 25 August 1895.

Price, Seymour J. 'Maze Pond and the Matterhorn.' *Baptist Quarterly* 10, no. 4 (Oct 1940): 202-208.

Purdy, Richard Little and Michael Millgate. *Collected letters of Thomas Hardy: volume 2 1983-1901*. Oxford: Clarendon Press, 1980.

————. *Collected letters of Thomas Hardy: volume 4 1909-1913*. Oxford: Clarendon Press, 1984.

Rébuffat, Gaston. *Men and the Matterhorn*, rev ed., trans E. Brockett. London: Kaye and Ward, 1973.

Rees, Ioan Bowen. 'Edward Whymper (1840-1911),' In *Galwad y Mynydd: chwe dringwr enwog*. Llandybie: Llyfrau'r Dryw, 1961.

Review of *A guide to Chamonix and the range of Mont Blanc*, by Edward Whymper. *Athenaeum*, 3 October 1896, 454.

Review of *A guide to Zermatt and the Matterhorn*, by Edward Whymper. *Athenaeum*, 18 September 1897, 381-382.

Review of *The ascent of the Matterhorn*, by Edward Whymper. *Saturday Review*, 13 December 1879, 728-730.

Review of *Scrambles amongst the Alps*, by Edward Whymper. *Athenaeum*, 8 July 1871, 39-40.

Review of *Scrambles amongst the Alps*, by Edward Whymper. *Examiner*, 24 June 1871, 637-638.

Review of *Scrambles amongst the Alps*, by Edward Whymper. *Hawthorn: a magazine of essays, sketches and reviews* 1 (1872): 46-52, 132-139.

Review of *Scrambles amongst the Alps*, by Edward Whymper. *Leisure Hour* (1872): 584-587.

Review of *Scrambles amongst the Alps*, 4th. ed. by Edward Whymper. *Black and White*, 16 December 1893, 774-775.

Rextroth, Kenneth. 'The phoenix and the tortoise.' In *The collected longer poems*. New York: New Directions, 1968.

Rey, Guido. *The Matterhorn*, rev ed. R.L.G. Irving, trans J.E.C. Eaton. Oxford: Blackwell, 1946.

Ring, Jim. *How the English made the Alps*. London: John Murray, 2000.

Roberts, Brian. *The mad bad line: the family of Lord Alfred Douglas* (London: Hamish Hamilton, 1981).

Robertson, James. 'To E.W.' In *Arachnia, occasional verses*. London: Macmillan, 1904.

Rocchietta, S. 'Edward Whymper (1840-1911): explorer, naturalist, writer and painter and the first man to climb Mount Cervino.' *Panminerva Medica* 3, no. 5 (1961): 244-246.

Schuster, Claud. *Postscript to adventure*. London: Eyre and Spottiswoode, 1950.

[————]. Review of *Edward Whymper*, by Frank Smythe. *Alpine Journal* 52 (1940): 147-151.

Schipton, Eric. 'Edward Whymper and the 'Golden Age.'' In *Travels amongst the Great Andes of the Equator*, Edward Whymper, vii-xxii. London: Charles Knight, 1972.

Slotten, Ross A. *The heretic in Darwin's court: the life of Alfred Russel Wallace*. New York: Columbia University Press, 2004.

Smith, Ian, ed. *The apprenticeship of a mountaineer: Edward Whymper's London diary 1855-1859*. London: London Record Society, 2008.

Smith, Ian. 'Edward Whymper's London.' *Alpine Journal* 109 (2004): 234-240.

Smythe, Frank. *Edward Whymper*. London: Hodder and Stoughton, 1940.

_____. 'Introduction.' In *Travels amongst the Great Andes of the Equator*, Edward Whymper, 5-20. London: John Lehmann, 1949.

Stephen, Leslie. 'Mr. Whymper's 'Scrambles amongst the Alps." *Alpine Journal* 5 (1871): 234-240.

_____. 'Mr. Whymper's 'Scrambles amongst the Alps." *Macmillan's Magazine* 24 (May-October 1871): 304-311.

_____. *The playground of Europe*, new ed. London: Longmans, 1899.

Stevens, E.H. 'Portraits of Whymper.' *Alpine Journal* 53 (1941): 156-158.

Stewart, Gordon T. 'Whymper of the Matterhorn: a Victorian tragedy.' *History Today* 33, no. 2 (February 1983): 5-13.

Sturge Moore, T. and D.C., eds. *Works and days: from the journal of Michael Field*. London: John Murray, 1933.

Thursfield, James R. 'Recent Alpine literature.' *Academy*, 15 October 1871, 469-471.

Twain, Mark. *A tramp abroad*. London: Chatto, 1880.

Tyndall, John. *Hours of exercise in the Alps*. London: Longmans, 1871.

Unsworth, Walt. *Hold the heights: the foundations of mountaineering*. London: Hodder and Stoughton, 1993.

_____. *Matterhorn man: the life and adventures of Edward Whymper*. London: Gollancz, 1965.

Warwick, Alan R. *With Whymper in the Alps*. London: Frederick Muller, 1964.

Whymper, Charles. *Egyptian birds, for the most part seen in the Nile Valley*. London: A and C Black, 1909.

Whymper, Frederick. 'A journey from Norton Sound, Bering Sea, to Fort Youkon.' *Journal of the Royal Geographical Society* 38 (1868): 219-237.

_____. *Travel and adventure in the territory of Alaska, formerly Russian America — now ceded to the United States — and in various other parts of the North Pacific*. London: John Murray, 1868.

Whymper, Robert. 'Edward Whymper: mountaineer, writer, artist, and scientist.' *Quarterly review* 609 (July 1956): 283-296.

Williams, Cicely. *A church in the Alps: a century of Zermatt and the English*. London: Commonwealth and Continental Church Society, 1970.

_____. *Zermatt saga*. London: Allen and Unwin, 1964.

Young, Bert Edward. *Edward Whymper — Alpinist of the heroic age: a paper delivered before the Round Table of Nashville*. Nashville: privately printed, 1914.

Young, Geoffrey Winthrop. 'The legend of Edward Whymper.' Review of *Edward Whymper*, by Frank Smythe. *Observer*, 18 February 1940, 4.

_____. 'Mountain prophets.' *Alpine Journal* 54 (1943): 97-117.

Zurbriggen, Matthias. *From the Alps to the Andes: being the autobiography of a mountain guide*. London: Fisher Unwin, 1899.

Wood-engraving

Alexander, Herbert. 'John William North, A.R.A., R.W.S., c1842-1924.' *The Old Water Colour Society's Club Annual Volume* 5 (1927-1928): 35-52.

Anderson, Patricia. *The printed image and the transformation of popular culture 1790-1860*. Oxford: Clarendon Press, 1991.

Andrews, Martin. 'Hare and Co., commercial wood-engravers: Jabez Hare, founder of the firm, and his letters 1846 to 1847.' *Journal of the Printing Historical Society* 24 (1995): 53-106.

Beegan, Gerry. 'The mechanization of the image: facsimile, photography, and fragmentation in nineteenth century wood engraving.' *Journal of Design History* 8, no. 4 (1995): 257-274.

Blachon, Remi. *La gravure sur bois au XIXe siècle: l'âge du bois debout*. Paris: Les Editions de l'Amateur, 2001.

Black, Clementina. *Frederick Walker*. London: Duckworth, 1902.

Bliss, Douglas Percy. *A history of wood-engraving*. London: Spring Books, 1964.

Buchanan-Brown, John. 'British wood-engravers c.1820-c.1860: a checklist.' *Journal of the Printing Historical Society* 17 (1982-1983): 31-61.

_____. *Early Victorian illustrated books: Britain, France and Germany 1820-1860*. London: British Library, 2005.

Dalziel, George, and Edward Dalziel. *The Brothers Dalziel: a record of fifty years' work in conjunction with many of the most distinguished artists of the period 1840-1890*. London: Methuen, 1901.

De Freitas, Leo. 'Commercial engraving on wood in England, 1700-1880.' Ph.D. diss, Royal College of Art, 1986.

De Maré, Eric. *The Victorian wood-block illustrators*. London: Gordon Fraser, 1980.

Engen, Rodney. *Dictionary of Victorian wood engravers*. Cambridge: Chadwick-Healey, 1985.

Fildes, Paul. 'Phototransfer of drawings in wood-block engravings.' *Journal of the Printing Historical Society* 5 (1969): 87-97.

Garret, Albert. *A history of British wood engraving*. Tunbridge Wells: Midas Books, 1978.

Goldman, Paul. *Victorian illustrated books 1850-1870: the heyday of wood-engraving — the Robin de Beaumont collection*. London: British Museum Press, 1994.

_____. *Victorian illustration: the Pre-Raphaelites, the Idyllic School and the High Victorians*. Aldershot: Scolar Press, 1996.

Harland, J. Whitfield. 'The prospects of wood engraving.' *Printing Times and Lithographer*. New series 1, no. 1 (July 1892): 41-42.

Hartley, Harold. *Eighty-eight not out: a record of happy memories*. London: Frederick Muller, 1939.

_____. 'George John Pinwell.' *Print Collector's Quarterly* 11 (1924): 163-189.

Hodnett, Edward. *Five centuries of English book illustration*. London: Scolar, 1988.

Houfe, Simon. *The dictionary of 19th century British book illustrators and caricaturists*, rev ed. Woodbridge: Antique Collectors Club, 1996.

Ingram, Glen. 'Joseph Wolf: wildlife artist supreme.' *Wildlife Australia* 26, no. 2 (1989): 16-17.

McLean, Ruari. *Victorian book design and colour printing*. 2nd ed. London: Faber and Faber, 1972.

Mallalieu, H. L. *The dictionary of British watercolour artists up to 1920: volume 1 — the text*. 2nd ed. Woodbridge: Antique Collectors Club, 1986.

Marks, John George. *The life and letters of Frederick Walker ARA*. London: Macmillan, 1896.

Muir, Percy. *Victorian illustrated books*. London: Batsford, 1971.

Ormond, Leonée. 'The Idyllic School: Pinwell, North and Walker.' In *Imagination on a long rein: English literature illustrated*, ed. Joachim Möller, 161-171. Marburg: Jonas Verlag, 1988.

Peppin, Bridget, and Lucy Micklethwait. *Dictionary of British book illustrators: the twentieth century*. London: John Murray, 1983.

Ray, Gordon. *The illustrator and the book in England from 1790-1914*. 2nd ed. Oxford, 1991.

Reid, Forrest, *Illustrators of the sixties*. London: Faber and Gwyer, 1928.

Reynolds, Jan. *Birket Foster*. London: Batsford, 1984.

Schulze-Hagen, Karl, and Armin Geus, eds. *Joseph Wolf (1820-1899): animal painter*. Marburg an der Lahn: Basilisken-Presse, 2000.

Smith, Ian. 'Edward Whymper — mountaineer and wood engraver.' *Multiples: newsletter of the Society of Wood Engravers* 5, no. 8 (March 2004): 228-229.

Thomas, Julia. *Pictorial Victorians: the inscription of values in word and image*. Athens, Ohio: Ohio University Press, 2004.

Thomas, Llewellyn. 'Happy England in Haslemere.' *Country Life*, 7 June 1984: 1630-1631.

Trimpe, Pamela White. *George John Pinwell: a Victorian artist and illustrator, 1842-1875*. New York: Peter Lang, 2001.

Uglow, Jenny. *Nature's engraver: a life of Thomas Bewick*. London: Faber and Faber, 2006.

Wakeman, Geoffrey. *Victorian book illustration — the technical revolution*. Newton Abbott: David and Charles, 1973.

_____. *Victorian colour printing*. Loughborough: Plough Press, 1981.

Wakeman, Geoffrey, and Gavin Bridson. *A guide to nineteenth century colour printers*. Loughborough: Plough Press, 1975.

White, Joseph William Gleeson. *English illustration — 'the sixties' 1855-1870*. London: Constable, 1897.

Williams, Graham. 'The printing of wood-engravings,' *Matrix* 5 (1985): 100-108.

Williamson, George C. *George J. Pinwell and his works*. London: George Bell, 1900.

Wood, Christopher. *Victorian painters: 1 — the text*. Woodbridge: Antique Collectors Club, 1995.

Greenland and the Arctic

Bossey, Paul. 'Edouard Whymper au Groenland.' *Die Alpen* 37, no. 1 (1961): 75-80.

Brown, Robert. 'Observations on the Miocene beds of Greenland.' *Transactions of the Botanical Society of Edinburgh* 1, no. 2 (1868): 194-196.

_____. 'Florula Discoana: contributions to the phyto-geography of Greenland, within the parallels 68° and 70° North Latitude.' *Transactions of the Botanical Society of Edinburgh* 9, no. 2 (1868): 430-465.

_____. 'Friends in high latitudes.' *Cornhill Magazine* 115 (July 1869): 52-67.

_____. 'Das Innere von Grönland.' *Petermann's Geographische Mitteilungen* 10 (1871): 377-389.

_____. 'The interior of Greenland.' *Field Quarterly Magazine and Review* 3 (1872): 170-179. [Translation of above]

_____. 'Geological notes on the Noursoak Peninsular, Disco Island, and the country in the vicinity of Disco Bay, North Greenland.' *Transactions of the Geological Society of Glasgow* 5 (1873-1876): 55-112.

Hayman, John, ed. *Robert Brown and the Vancouver Island Exploring Expedition*. Vancouver: University of British Columbia Press, 1989.

Heer, Oswald. 'Contributions to the fossil flora of North Greenland, being a description of the plants collected by Mr. Edward Whymper during the summer of 1867.' *Philosophical Transactions* 159 (1869): 445-488.

Holland, Clive. *Arctic exploration and development c500 BC to 1915: an encyclopedia*. New York: Garland, 1994.

Nares, George. *Narrative of a voyage to the Polar Sea during 1875-1876 in H.M. Ships 'Alert' and 'Discovery'*. 2nd ed. London: Sampson Low, Marston, Searle and Rivington, 1878.

Odsbjerg, Anders. *De uundværlige: Eskimoiskedeltagere i de store polarekspeditione*. Copenhagen: Aschehoug, 2001.

Ecuador and the Andes

'Alexander von Humboldt: South American explorer and progenitor of explorers.' *Natural History* 24, no. 4 (1924): 449-453.

'The Andes of Ecuador.' *Saturday Review*, 18 February 1882, 200-202.

'The ascent of Chimborazo.' *Saturday Review*, 4 December 1880, 699-701.

'The ascent of Chimborazo.' *Leisure Hour* (1881): 65-71.

Bole, Bert. *Barometers*. Woodbridge: Antique Collectors' Club, 1984.

Echevarria, Evelio A. and Michael Richie. 'Scaling the heights: then and now.' *Américas* 35, no. 5 (September-October 1983): 23-31.

'The equatorial Andes and mountaineering.' *Quarterly Review* 175 (July-October 1892): 348-371.

Ewan, Joseph. 'Tracking Richard Spruce's legacy from George Bentham to Edward Whymper.' In *Richard Spruce (1817-1893): botanist and explorer*, ed. M.R.D. Seaward and S.M.D. Fitzgerald, 41-49. London: Royal Botanic Gardens, 1996.

'Extraordinary mountain ascents.' *Times*, 4 May 1880, 6.

Freshfield, Douglas Review of *Travels amongst the Great Andes of the Equator*, by Edward Whymper. *Proceedings of the Royal Geographical Society* 14, no. 4 (April 1892): 263-265.

Hagen, Victor von. *South America called them: explorations of the great naturalists*. London: Robert Hale, 1949.

McIntyre, Loren. 'Humboldt's way.' *National Geographic* 168, no. 3 (September 1985): 318-351.

'A modern Mandeville.' Review of *Travels amongst the Great Andes of the Equator*, by Edward Whymper. *Black and White*, 25 June 1892, 804-805.

'Mountaineering.' *Saturday Review*, 13 May 1882, 597-598.

'Mountaineering and natural history in the Andes of South America.' *Spectator*, 16 April 1892, 530-531.

'Mr. Whymper's ascents in the Andes.' *Saturday Review*, 20 August 1881, 232-233.

'Mr. Whymper's ascent of Chimborazo.' *The Eclectic Magazine of Foreign Literature, Science, and Art*. New series 33 (April 1881): 541-548.

'Mr. Whymper on the Andes.' Review of *Travels amongst the Great Andes of the Equator*, by Edward Whymper. *Saturday Review*, 30 April 1892, 513-514.

'Mr. Whymper's recent ascents.' *Times*, 5 August 1880, 10.

'Mr. Edward Whymper.' *Illustrated London News*, 28 May 1881.

Review of *Travels amongst the Great Andes of the Equator*, by Edward Whymper. *The County Gentleman, Sporting Gazette and Agricultural Journal*, 24 September 1892, 1295.

Review of *Travels amongst the Great Andes of the Equator*, and *How to use the aneroid barometer*, by Edward Whymper. *Athenaeum*, 30 April 1892, 557-558.

Smith, Anthony. *The lost lady of the Amazon: the history of Isabela Godin and her epic journey*. London: Constable, 2003.

Spindler, Frank M. *Nineteenth century Ecuador: a historical introduction*. Fairfax, VA.: George Mason University Press, 1987.

'Travels in equatorial America.' *Edinburgh Review* 176 (July-October 1892): 33-57.

West, John B. *High life: a history of high-altitude physiology and medicine*. Oxford: Oxford University Press, 1998.

Whitaker, Robert. *The mapmaker's wife: a true tale of love, murder and survival in the Amazon*. London: Doubleday, 2004.

Canada

Bonney, T.G. 'On some rock-specimens collected by E. Whymper, esq., F.R.S.E., in the Canadian Rocky Mountains.' *The Geological Magazine*, new series 9, no. 12 (December 1902): 544-550.

Burles, Gordon. 'Bill Peyto.' *Alberta History* 24, no.1 (1976): 5-11.

Campbell, Robert E. *I would do it again: reminiscences of the Rockies*. Toronto: Ryerson Press, 1959.

Hart, E.J. *The selling of Canada: the CPR and the beginnings of Canadian tourism*. Banff: Altitude Publishing, 1983.

Hayman, John. 'Matterhorn Whymper rides the CPR: England's celebrated Alpinist in the Switzerland of America.' *Beaver* 67, no. 6 (1987-1988): 39-47.

Huel, Raymond. 'Edward Whymper in the Rockies: part I.' *Alberta History* 29, no. 4 (1981): 6-17.

_____. 'Edward Whymper in the Rockies: part II.' *Alberta History* 30, no. 1 (1982): 28-39.

_____. 'The CPR and the promotion of tourism in Western Canada: Edward Whymper and the Crowsnest Pass.' *Prairie Forum* 11, no. 1 (1986): 21-32.

Klucker, Christian. *Adventures of an Alpine guide*. London: John Murray, 1932.

Marsh, John. 'The Rocky and Selkirk mountains and the Swiss connection 1885-1914.' *Annals of Tourism Research* 12, no. 3 (1985): 417-433.

Outram, James. *In the heart of the Canadian Rockies*. London: Macmillan, 1905.

_____. 'Notes on new ascents in the Canadian Rockies.' *Appalachia* 10, no. 1 (May 1902): 85-88.

'Roaming the Rockies.' *Vancouver Daily News — Advertiser*, 7 January 1902.

Sandford, R.W. *The Canadian Alps: the history of mountaineering in Canada*. Banff: Altitude Publishing, 1990.

Stutfield, Hugh, and J. Norman Collie. *Climbs and explorations in the Canadian Rockies*. London: Longmans, 1903.

Wheeler, Arthur O. 'Some memories of Edward Whymper' In *The Canadian mountaineering anthology*, ed. Bruce Fairley, 302-305. Vancouver: Lone Pine, 1994.

Woodward, Henry. 'On a collection of Middle Cambrian fossils obtained by Edward Whymper, esq., F.R.G.S., from Mount Stephen, British Columbia.' *The Geological Magazine*, new series 9, no. 12 (December 1902): 528-544.

찾아보기

윔퍼 가문의 가계도

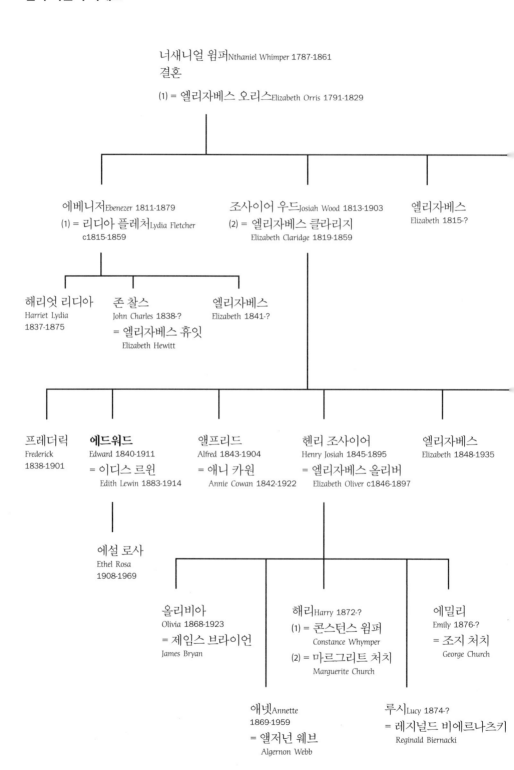

너새니얼 윔퍼Nthaniel Whimper 1787-1861
결혼

(1) = 엘리자베스 오리스Elizabeth Orris 1791-1829

에베니저Ebenezer 1811-1879
(1) = 리디아 플레처Lydia Fletcher
c1815-1859

조사이어 우드Josiah Wood 1813-1903
(2) = 엘리자베스 클라리지
Elizabeth Claridge 1819-1859

엘리자베스
Elizabeth 1815-?

해리엇 리디아
Harriet Lydia
1837-1875

존 찰스
John Charles 1838-?
= 엘리자베스 휴잇
Elizabeth Hewitt

엘리자베스
Elizabeth 1841-?

프레더릭
Frederick
1838-1901

에드워드
Edward 1840-1911
= 이디스 르윈
Edith Lewin 1883-1914

앨프리드
Alfred 1843-1904
= 애니 카원
Annie Cowan 1842-1922

헨리 조사이어
Henry Josiah 1845-1895
= 엘리자베스 올리버
Elizabeth Oliver c1846-1897

엘리자베스
Elizabeth 1848-1935

에설 로사
Ethel Rosa
1908-1969

올리비아
Olivia 1868-1923
= 제임스 브라이언
James Bryan

해리Harry 1872-?
(1) = 콘스턴스 윔퍼
Constance Whymper
(2) = 마르그리트 처치
Marguerite Church

에밀리
Emily 1876-?
= 조지 처치
George Church

애넷Annette
1869-1959
= 앨저넌 웨브
Algernon Webb

루시Lucy 1874-?
= 레지널드 비에르나츠키
Reginald Biernacki